Anja Thürnau

Systemischer Kinderschutzkompass

Denk- und Handlungsimpulse für die Praxis

VANDENHOECK & RUPRECHT

Anja Thürnau, Dipl.-Sozialpädagogin/-arbeiterin, staatlich anerkannte Erzieherin, Systemische Therapeutin und Beraterin (SG) sowie Systemische Supervisorin (SG), Fachkraft im Kinderschutz (InsoFa) und Koordinatorin des Netzwerks HiKip (Hilfen für Kinder psychisch kranker Eltern im Landkreis Hildesheim), Arbeit als Beraterin und Supervisorin in freier Praxis in den Kontexten Kinder- und Jugendhilfe und mit Jugendämtern, Institut für systemischen Kinderschutz (Fachberatung, Supervision, Fort-/Weiterbildung und Empowerment für Fachkräfte im Kinderschutz), Autorin zahlreicher Fachpublikationen.

Kontakt und Informationen:
www.anjathuernau.de

Mit 45 Abbildungen

Bibliografische Information der Deutschen Nationalbibliothek:
Die Deutsche Nationalbibliothek verzeichnet diese Publikation in der Deutschen Nationalbibliografie; detaillierte bibliografische Daten sind im Internet über https://dnb.de abrufbar.

© 2023 Vandenhoeck & Ruprecht, Robert-Bosch-Breite 10, D-37079 Göttingen, ein Imprint der Brill-Gruppe
(Koninklijke Brill NV, Leiden, Niederlande; Brill USA Inc., Boston MA, USA; Brill Asia Pte Ltd, Singapore; Brill Deutschland GmbH, Paderborn, Deutschland; Brill Österreich GmbH, Wien, Österreich)
Koninklijke Brill NV umfasst die Imprints Brill, Brill Nijhoff, Brill Hotei, Brill Schöningh, Brill Fink, Brill mentis, Vandenhoeck & Ruprecht, Böhlau, V&R unipress und Wageningen Academic.

Alle Rechte vorbehalten. Das Werk und seine Teile sind urheberrechtlich geschützt. Jede Verwertung in anderen als den gesetzlich zugelassenen Fällen bedarf der vorherigen schriftlichen Einwilligung des Verlages.

Umschlagabbildung: © Tatiana Gordievskaia/shutterstock
Innenabbildungen 12. Kapitel (PEP-Selbstfürsorgemann): © Aaron Thürnau
Innenabbildung »Die Hüte der InsoFA«: © HappyPictures/shutterstock, bearbeitet

Satz: SchwabScantechnik, Göttingen
Druck und Bindung: ⊕ Hubert & Co, Göttingen
Printed in the EU

Vandenhoeck & Ruprecht Verlage | www.vandenhoeck-ruprecht-verlage.com

ISBN 978-3-525-40017-3

Inhalt

	Vorwort der Autorin	11
Kapitel 1	Einführung ins Thema	15
Kapitel 2	Ein Plädoyer für den Kinderschutz	17
2.1	Kinderschutz stiftet Sinn und hält gesund!	18
2.2	Jede Fachkraft ist eine Kinderschutzkraft!	19
2.3	Kinderschutz schafft emotionale Intelligenz!	20
2.4	Kinderschutz ist Top-of-the-Pops!	23
Kapitel 3	Den Kompass kalibrieren – welchen Kinderschutz wollen wir?	25
3.1	Intervenierender – präventiver – inklusiver – kinderrechtsbasierter Kinderschutz	26
3.2	Institutioneller Kinderschutz	31
3.3	Systemischer Kinderschutz	32
Kapitel 4	Kompassthemen im Kinderschutz	35
4.1	Kinder psychisch kranker Eltern	35
	Die unauffällige Auffälligkeit der Kinder – ein großes (Bindungs-)Risiko	40
4.2	Kinder von Eltern mit Bindungsstörungen und frühen Traumatisierungen	42
	Parentifizierung – wenn Kinder kleine Erwachsene sind	48
4.3	Transgenerationale Übergabe von Traumata und Bindungsmustern	51
4.4	Copingstrategien für Eltern und Risikofaktoren für Kinder	53
4.5	Kinder, Eltern und Fachkräfte mit hohem Stressniveau	56

Kapitel 5	**Problemkompass im Kinderschutz**	61
5.1	Die 180-Grad-Dynamik	63
5.2	Verstörungen, Verstrickungen und isomorphe Muster auf der Erwachsenenebene	69
5.3	Loyalitäten, Lösungsblockaden und andere Stolpersteine....	77
	Lösungsblockaden im Kinderschutz	80
	Loyalitäten im Kinderschutz	88
5.4	Es kann nicht sein, was nicht sein darf!?..................	91
5.5	Den Wald vor lauter Bäumen nicht sehen	95

Kapitel 6	**Lösungskompass im Kinderschutz**.....................	99
6.1	Das professionelle Sehen der betroffenen Kinder...........	101
	Kinder verhalten sich immer entwicklungslogisch!	104
	Kinder haben Rechte!	106
6.2	Von der Blockade zur Lösung.............................	109
	Kernbedürfnisse, Embodiment und somatische Marker	110
	Würdigung des Problems und Utilisation	117
	Big-Five-Lösungsblockaden erkennen und transformieren.....	122
	Haltung der Hoffnung	131
	Beobachtungen und Wissen weitergeben	136
	In der Ruhe liegt die Kraft	138
	Bindungsbasiertes und konsequentes Dranbleiben...........	141

Kapitel 7	**Haltungskompass – systemische Paradigmen im Kinderschutz**	147
7.1	Kontext und Kontextsensibilität............................	149
7.2	Anwältin der Ambivalenz respektive »Anwältin des Kindes«	157
	Die Haltung der Neutralität und Allparteilichkeit...............	158
	Die Haltung der Neugier....................................	161
	Respekt und Respektlosigkeit	163
	Die Kinderschutzkraft als »Anwältin des Kindes«	166
7.3	Rollenklarheit und Prozessorientierung	168
	Die Hüte der Kinderschutzkraft..............................	170
	Navigation im Nebel – auf Sicht fahren	173
7.4	Auftragsklärung im Kinderschutz	178
	Der kleine Dreisprung: Kunde – Klagender – Besucher........	180
7.5	Ressourcen- und Lösungsorientierung.....................	185

Kapitel 8 | Methodenkompass – systemisches Handwerkszeug im Kinderschutz ... 191

- 8.1 Visualisierende und bildgebende Methoden ... 191
  - *Prozessorientierte Genogrammarbeit* ... 192
  - *Die Bild-Methode* ... 201
  - *Das Bild vom sicheren Ort* ... 203
  - *Der systemische Papierkorb* ... 204
- 8.2 Sprachliche und narrative Methoden ... 205
  - *Systemische Fragen* ... 205
  - *Reframing, Verstörung und Externalisierung* ... 208
  - *Geschichten erzählen – Storytelling* ... 212
- 8.3 Reflektierende und perspektivgebende Methoden ... 213
  - *Reflektierendes Team* ... 214
  - *Kinderschutzbrett* ... 219
  - *Schutzraum und Schutzlinie* ... 223
  - *Die Kinderschutzwolke* ... 224
  - *Den Körper fragen: Bauch – Herz – Kopf* ... 225

Kapitel 9 | Entscheidungskompass – systemische Diagnostik im Kinderschutz ... 227

- 9.1 Fachberatung der InsoFa ... 229
- 9.2 Das Genogramm als systemisches Diagnoseinstrument ... 233
  - *Kontext erweitern* ... 234
- 9.3 Systemischer Blick ... 236
  - *Systemische Ebenen – wer braucht was?* ... 236
  - *Multifokale Kinderschutzbrille* ... 239
  - *Kinderschutzkompass* ... 240
  - *Kinderschutzthermometer* ... 241
- 9.4 Kontextsensible Gefährdungsabschätzung im Dreiklang: Erkennen – Beurteilen – Handeln ... 242
  - *Trilogie der Risikofaktoren – Schutzfaktoren – offenen Fragen* ... 246
  - *Hypothesenbildung – Einschätzung der Mitwirkungsbereitschaft im System* ... 251
  - *Reduktion von Komplexität* ... 254
  - *Ergebnis der Gefährdungseinschätzung* ... 254
  - *Nächste Schritte und Abschluss* ... 255

Kapitel 10	Beratungskompass – systemische Gesprächsführung im Kinderschutz 257
10.1	Beteiligung von und Gespräche mit Kindern im Kinderschutz 258
	Rahmenbedingungen 264
	Leitlinien und Gesprächsstruktur 265
	Gesprächskompass mit Kindern 267
	Anlassbezogene Fragen 273
	Vorfallbezogene Fragen 275
	Emotions- und embodimentbezogene Fragen 276
10.2	Kinderschutzgespräche mit Eltern 277
	Gesprächskompass mit Eltern 278
	Kinderschutzgespräche mit psychisch erkrankten Eltern 283
10.3	Kinderschutzgespräche mit Familien 287
10.4	Kinderschutzgespräche mit Fachkräften 289
10.5	Beratung im Zwangskontext 290
10.6	Konflikt und Widerstand im Kinderschutz 294
	V-Check 300
10.7	Wirkfaktoren und Goodies 304
	Bonding, Präsenz und Setting 304
	Humor, Leichtigkeit und Zuversicht 306
	Best Practice 310

Kapitel 11	Impulskompass – systemischen Kinderschutz verankern 313
11.1	Schutzkonzept versus systemischer Schutzprozess? 313
11.2	Verankerung in der Organisation 315
11.3	Kinderschutzlots:innen 316

Kapitel 12	Resilienzkompass – Selbstfürsorge im Kinderschutz 319
12.1	Emotionen im Kinderschutz 320
12.2	Sekundäre Traumatisierung 323
12.3	Selbstfürsorge im Kinderschutz – aber bitte mit PEP 327
	Emotionale Temperatur messen 329
	Kurbeltrick und Selbststärkungstechnik (Kurbelübung) 331
	Klopfen 333
	Big-Five-Lösungsblockaden 334
12.4	Selbstwertpflege im Kinderschutz 342

Kapitel 13 | Den Kompass ausrichten – Ausblick 345
    13.1 | Fazit 346
    13.2 | Dank 347

Kapitel 14 | Arbeitsmaterialien 349
    14.1 | Kinderschutzthermometer 349
    14.2 | Notfallbesteck im Kinderschutz 350
    14.3 | Defibrillator im Kinderschutz 351
    14.4 | Selbstwertpflege 352
    14.5 | Kinderschutzkompass – Essenz 353

Kapitel 15 | Quellenverzeichnis 359

Kapitel 16 | Stichwortverzeichnis 375

                 Downloadmaterial 384

Vorwort der Autorin[1]

Für alle Kinder[2], die in ihrer Familie nicht die Erfahrung von Schutz, Sicherheit und Urvertrauen machen konnten.

Bevor ich ein Buch beginne, frage ich mich jedes Mal, wozu die Fachwelt dieses Buch braucht. Ich nehme Sie nachfolgend in meine Reflexionen mit: Der Kinderschutz und der systemische Ansatz begleiten mich seit vielen Jahren in meiner Berufstätigkeit und beides sind *Herzensthemen* für mich. Allerdings kam das Thema »Kinderschutz« in meinen frühen Berufsjahren nicht mit der Intensität vor wie in der jetzigen Zeit. Interessanterweise hat der Kinderschutz auch in meinen systemischen Weiterbildungen keine Rolle gespielt. Ich möchte mit diesem Buch zu dieser Querverbindung etwas beitragen.

Dabei unterscheidet es sich von anderen Fachbüchern mit dem Fokus *Kinderschutz,* da hier die oftmals starke rechtliche Gewichtung außen vorgelassen wird. Stattdessen lege ich den Schwerpunkt auf das systemische Paradigma. Dieses Buch ist rechtskreisübergreifend für alle Fachkräfte geschrieben, für die das Thema nützlich erscheint. Genauso wie für alle am Kinderschutz interessierten Menschen, die sich weiterbilden möchten. Dabei orientiert es sich an der Perspektive der Fachkräfteberatung im Kinderschutz. Da der Kinderschutz nicht nur für die pädagogischen Berufsfelder ein wichtiges Thema ist, bleibt die Aufgabe bei Ihnen, die Inhalte dieses Buches auf Ihren persönlichen beruflichen Kontext anzupassen und sich die Aspekte auszusuchen, die für Sie interessant und nützlich sind.

Der Titel *Systemischer Kinderschutzkompass* macht dabei einen großen Aufschlag. Ich möchte zu Anfang gern sagen, um was es mir geht: Ich bin Praktikerin und fasse in meinem Buch die Erkenntnisse, Haltungen, Dynamiken und Methoden zusammen, die sich in meiner Praxis bewährt haben. Das Buch fokussiert die Lösungen im Kinderschutz und betont dabei auch die Wichtigkeit des Problems. Dabei schaue ich über den *systemischen Tellerrand* hinaus, wie beispielsweise auf die embodimentalen Methoden und bifokal-multisensorischen Interventionstechniken, die sich in meiner Tätigkeit bereits mit dem systemi-

---

1 Ich verwende im Text in zufälliger Folge die männliche und weibliche Form sowie den Gender-Doppelpunkt als gendersensible Schreibweise und Laune der Autor:in. Im Sinne einer genderfairen Sprache mögen sich bitte alle angesprochen und gesehen fühlen.
2 Begriffsbestimmungen: Mit dem Ziel der besseren Lesbarkeit benutze ich den Begriff *Kinder* gemäß dem SGB VIII auch für Jugendlichen bis zum Alter von 18 Jahren. Ältere Jugendliche werden als Heranwachsende oder junge Erwachsene bezeichnet.

schen Paradigma vereinigt haben. Besonders die Methode PEP®[3] hat sich wie eine Membran um mein »systemisches Herz« gelegt, trennt und schützt vor äußeren Einflüssen, zum Beispiel als Selbstfürsorgetechnik, und hält meine systemischen Haltungen lebendig, weil es sich auch um eine zutiefst systemische Methode handelt. Egal welche Methoden Sie nutzen, diese sollten Sie in der anspruchsvollen Arbeit bestmöglich in Ihrer Kompetenz, Sicherheit und Zuversicht im Kinderschutz unterstützen. Auch benötigen Sie unbedingt eine gute Selbsthilfetechnik, die Sie vor der Gefahr einer sekundären Traumatisierung schützt. In diesem Sinne hat dieses Buch das Ziel, für Sie mehr Orientierung in dem unübersichtlichen Terrain des Kinderschutzes zu ermöglichen und hier als Kompass für Ihre gelingenden Prozesse zu fungieren.

Sie finden viele Zeichnungen in diesem Buch. Einige davon, wie beispielsweise die Genogramme, wirken wie »gerade ans Flipchart gezeichnet«. Da ich viel visualisiere, aber nicht wirklich perfekt zeichnen kann, bitte ich diese Imperfektion zu entschuldigen. In den meisten Fallbeschreibungen wird die Perspektive der InsoFa (Insoweit erfahrene Fachkraft im Kinderschutz) eingenommen. Die Praxisbeispiele in diesem Buch wurden selbstverständlich anonymisiert und pseudonymisiert.

Mein Wunsch ist, dass Sie in meinem Buch anregende Haltungen, inspirierende Methoden, Sichtweisen und Werkzeuge für Ihre Arbeit entdecken oder wiederentdecken können. Folgende *Symbole* führen Sie dabei orientierend durch dieses Buch:

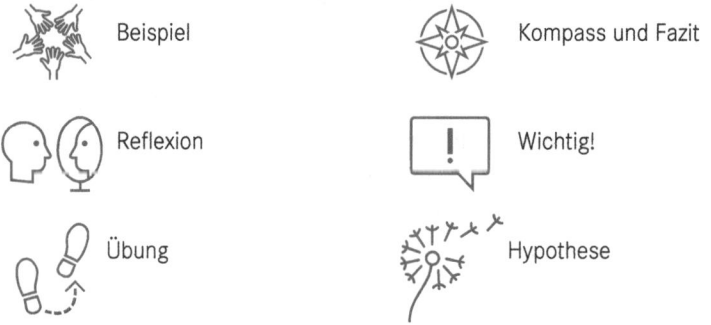

---

3   Die Abkürzung PEP® steht für Prozess- und Embodimentfokussierte Psychologie (▶ Kapitel 5.3, 6.2 u. 12.3).

Bitte nutzen Sie dieses Buch im besten Sinne als *Praxisbuch,* indem Sie es entweder klassisch von vorn nach hinten lesen oder alternativ einfach in das Kapitel reinlesen, das Sie gerade benötigen oder das Sie interessiert.

Ich wünsche Ihnen spannende Perspektiven für Ihren Wirkungskreis.

Sarstedt, im Januar 2023
Anja Thürnau

Kapitel 1

Einführung ins Thema

»Kompasse sind die wichtigsten Navigationsinstrumente an Bord von Schiffen und Flugzeugen. Sie dienen der Bestimmung der Fahrt- bzw. Flugrichtung.«
(Seibert/Wendelberger 1976, S. 2908)

In diesem Buch möchte ich die von mir in der Praxis erprobten systemischen Ansätze und Methoden mit einer prozess- und lösungsorientierten Haltung im Kinderschutz verbinden, die sich an den sich stetig ändernden Voraussetzungen und Realitäten in diesem Bereich weiterentwickeln darf. Kinderschutz in Verbindung mit dem systemischen Ansatz ergibt nach meiner Erfahrung den größtmöglichen Sinn. Dabei entwickeln sich im Laufe dieses Buches immer wieder Hypothesen wie die folgende.

In diesem Buche gehe ich handlungsleitend von der systemischen Grundannahme aus, dass Kindeswohlgefährdungen, wie sie sich unter anderem in Vernachlässigungen, Misshandlungen und auch sexuellem Missbrauch von Kindern zeigen – lässt man eine systemische Sichtweise zu – *ebenfalls als Versuche der Erwachsenen zu betrachten sind, Probleme zu lösen* und nicht als deren Ursache (Conen 2014, S. 10).

Diese Sichtweise sollte zu einer systemischen Arbeitsweise im Kinderschutz als Hypothese hinzugezogen werden, fällt aber möglicherweise auch auf den ersten Blick schwer. Sie fußt auf der ressourcenorientierten Haltung, dass Menschen über Ressourcen und Möglichkeiten verfügen, ihre Probleme zu lösen, diese jedoch auch blockiert sein können. Wir trauen also den Eltern grundsätzlich die Lösung des Problems zu. Wir werden an der ein oder anderen Stelle und besonders im Haltungs- und Entscheidungskompass (▶ Kapitel 7 u. 9) darauf zurückkommen.

Das Thema Kinderschutz ist aktueller denn je und betrifft alle Bereiche der Kinder- und Jugendhilfe. Im Kontext der Sozialen Arbeit treffen die Fachkräfte häufig auf Kinder und Jugendliche, die keine sicheren Bindungserfahrungen machen konnten und sich auf den ersten Blick »auffällig« zeigen. Viele dieser Kinder sind von Vernachlässigung, Misshandlung, Gewalt oder Missbrauch betroffen. Mit ihrer eigenen »Sprache« teilen sie uns mit, dass sie Hilfe und Unterstützung benötigen.

Der Wunsch in Kinderschutzfällen den Spagat zwischen dem Schutz des Kindes und der Einbeziehung der Eltern zu bestehen, ist in der Praxis für die psycho-sozialen Fachkräfte sehr herausfordernd. Auch die Eltern haben begründete Ängste, wie etwa, die Kinder könnten ihnen weggenommen werden.

Hilfreich und kooperierend mit den Eltern gemeinsam an einer Verbesserung der familiären Problemstellung zu arbeiten, ist eine spannende Aufgabe, die besondere Fähigkeiten und Wissen benötigt und nicht immer gelingt. Die systemischen Ansätze in Verbindung mit einem präventiven, kinderrechtsbasierten und lösungsorientierten Kinderschutz (▶ Kapitel 3) bieten sehr gute Möglichkeiten, die Kinder zu stärken und zu schützen. Hier ist es das Ziel, mit den Eltern in Kommunikation zu kommen (▶ Kapitel 10.2), zu bleiben und im Sinne einer Verbesserung der familiären Situation zu kooperieren. Sinnbildlich gesprochen bedeutet dies, mit den Eltern gemeinsam »in einem Boot zu bleiben«.

Besonders zu beachten sind dabei die eigene Sprache des Kindes (▶ Kapitel 3) und die Loyalitäten im Familiensystem (▶ Kapitel 5.3). Die Kinder geraten in Kinderschutzprozessen nicht selten aus dem Fokus, da die überwiegende Kommunikation auf der Erwachsenenebene stattfindet. Ich beschreibe dies in dem Kapitel über die Dynamiken im Kinderschutz unter »Verstrickung auf der Erwachsenenebene« (▶ Kapitel 5.2) sowie im Kapitel der systemischen Gesprächsführung unter »Beteiligung von und Gespräche mit Kindern im Kinderschutz« (▶ Kapitel 10.1).

Das Thema Kinderschutz ist ein *Engpassthema*. Viele Fachkräfte suchen Lösungen und passgenaue Antworten für die Herausforderungen, die es mit sich bringt. Das systemische Grundparadigma »Jeder Mensch hat die Lösung bereits in sich, wir helfen als Fachkraft lediglich dabei, diese zu finden« lässt uns systemisch arbeitenden Fachkräfte hoffnungsvoll bleiben. Die Haltung der Hoffnung (▶ Kapitel 6.2) ist darüber hinaus ein Wirkfaktor im Kinderschutz (vgl. Conen 2014, 2015).

Mit dem klaren Ziel vor Augen, eine neue Lösung mit den Eltern und Familien zu erarbeiten, in der die Kinder geschützt sind, sollten wir als Fachkräfte im Kinderschutz auch gut für uns sorgen und somit hoffnungsvoll und hilfreich für die Familien bleiben. Dies wird im Kapitel »Selbstfürsorge im Kinderschutz – aber bitte mit PEP« (▶ Kapitel 12.3) behandelt.

Ich fahre an dieser Stelle nicht fort, Ihnen jedes weitere Kapitel einzeln vorzustellen, dafür finden Sie ein sehr detailliertes Inhaltsverzeichnis zu Ihrer Orientierung durch dieses Buch sowie im Verlauf jeweils unter dem Kürzel ▶ Kapitel die Querverweise zu wichtigen Themen und Aspekten. An diesen Stellen haben Sie dann bei Interesse die Möglichkeit, vor- oder zurückblättern und nachzulesen. Alle Kompasse und Fazite sind in der *Essenz* (▶ Arbeitsmaterialien u. Downloadmaterial) noch einmal zusammengefasst. Zusätzlich haben Sie im ▶ Stichwortverzeichnis die Möglichkeit, wichtige Begriffe direkt zu finden und nachzusehen.

Ich wünsche Ihnen nun viel Spaß beim Lesen und dass möglichst vielfältige Perspektiven, Möglichkeiten und Herangehensweisen für Sie entstehen mögen.

Kapitel 2 Ein Plädoyer für den Kinderschutz

»Kaum ein Begriff in der Sozialen Arbeit hat in diesem Jahrhundert einen solchen Bedeutungszuwachs erfahren, wie der Begriff Kinderschutz.« (Schone 2018, S. 32)

Wer sich näher mit dem Thema Kinderschutz beschäftigt, merkt schnell, dass es, so einfach und griffig sich dieser Begriff auch liest, in der Praxis in vielerlei Hinsicht nicht so ist (vgl. Böwer/Kotthaus 2018, S. 9). Oft treffen wir auf unterschiedliche Meinungen darüber, wie Kinderschutz aussehen sollte (vgl. Conen 2014, S. 7) und wie verhindert werden kann, dass Kinder gefährdet sind.

Aus einer systemisch-familientherapeutischen Perspektive heraus steht nicht zuletzt die Stärkung des Systems Familie und der Eltern im Mittelpunkt. Der Hinweis »Kinderschutz ist ein Elternrecht« (vgl. DGSF 2020, S. 31) mit dem Ziel der Partizipation von Eltern steht direkt dem Kinderrecht auf gewaltfreie Erziehung und den Beteiligungsrechten gegenüber. Möglicherweise stehen sie sich gar nicht gegenüber, sondern ergänzen sich und betonen umso mehr, dass dem Kinderschutz ein besonderes thematisches Gewicht beigemessen werden sollte.

 Die Grundhaltung in meinem Buch lautet: Der Schutz von Kindern ist anderen wichtigen Themen übergeordnet und hat die *allerhöchste Priorität*.

Kinderschutz bewegt uns (▶ Kapitel 12.1). Es scheint so, als ob hier Freud und Leid besonders eng beieinander liegen. Berichte, Fälle oder Erfahrungen in diesem Kontext erzeugen nicht nur bei Fachkräften vielfältige *emotive Reaktionen*: Gefühle wie beispielsweise Traurigkeit, Furcht, Wut, Verachtung, Mitgefühl, aber auch Freude, Bewunderung, Neid oder Eifersucht, die alle unter dem Oberbegriff der Affekte zu verorten sind (vgl. Damasio 2017, S. 117 f.). »Affekte haben einen schlechten Ruf, was an einigen negativen Emotionen liegt [...]: Man glaubt sie seien vorwiegend negativ und könnten Tatsachen und vernünftiges Denken untergraben« (Damasio 2017, S. 120). Die meisten Emotionen und Gefühle sind jedoch als Antrieb und Leitradar für den intellektuellen und kreativen Prozess (vgl. Damasio 2017, S. 117 f.) im Kinderschutz unentbehrlich und sogar sehr hilfreich. Haben wir die Möglichkeit, unsere Affekte zu reflektieren, geben diese uns Fachkräften wichtige Hinweise und können als *Leitplanken* für gelingende Prozesse wirken.

Es macht auch die Herausforderungen deutlich, die an die Fachkräfte im Kinderschutz gestellt wird. So hört man in diesem Kontext oft Adjektive wie:

herausfordernd, schwierig, belastend oder traumatisch. Weniger oft gesprochen wird hingegen über die positiven Effekte für Fachkräfte, wie etwa darüber, eine sinnstiftende oder gar gesundheitsförderliche Tätigkeit auszuüben und mit einer großen Gemeinschaft von Kolleg:innen ein gemeinsames höheres Ziel zu verfolgen, nämlich den *Schutz von Kindern* sicherzustellen.

In diesem Kapitel soll deshalb dem Kinderschutz der rote Teppich ausgerollt und eine Bühne bereitet werden.

2.1 Kinderschutz stiftet Sinn und hält gesund!

> »Eine Sinn-geleitete Grundhaltung gegenüber dem Leben und eine prosoziale Einstellung gegenüber seinesgleichen, also Gemeinsinn, haben beim Menschen ein positives, gesundheitsdienliches Aktivierungsmuster der Gene zur Folge.« (Bauer 2021a, S. 11)

Was *Joachim Bauer* im Rahmen der *Social Genomics*-Forschung beschreibt, ist faszinierend, besonders wenn wir Aspekte daraus in Bezug zu der Tätigkeit im Kinderschutz setzen: »Die Entdeckung, dass die innere Grundeinstellung, die ein Mensch gegenüber seinem Leben und seinen Mitmenschen einnimmt, die Aktivität von Genen beeinflusst und sich auf das Erkrankungsrisiko auswirkt«, bezeichnet *Bauer* als »Durchbruch und eine echte Sensation« (Bauer 2021a, S. 25 f.).

Das Fazit mehrerer Studien bekräftigt, dass Humanität, also anderen Menschen Gutes zu tun, ein genetisches Muster aktiviert, das unserem Körper dabei hilft, die eigene Gesundheit zu bewahren (vgl. Bauer 2021a, S. 31). Bauer beschreibt Studien mit Schulbegleitungen, die als Mentor:innen an Schulen tätig waren und nach kurzer Zeit das Gefühl hatten, dass ihr Leben einen Sinn habe. Diese Erfahrung habe ich besonders in meiner Zeit im Jugendamt gemacht. Wenn wir dies auch für Fachkräfte, die im und für den Schutz von Kindern arbeiten, zugrunde legen, bedeutet dies etwa Folgendes:

> »Menschen, die – wie die Mentorinnen und Mentoren – Gemeinsinn entwickeln und anderen Menschen aus freien Stücken helfen, tun nicht nur anderen Gutes. Sie verbessern nicht nur ihre eigene Lebensqualität und ihr psychisches Befinden. Sie rufen, indem sie Gutes tun, im eigenen Körper ein Genaktivitätsmuster hervor, welches das Risiko für Herz-Kreislauf-, Krebs- und Demenzerkrankungen vermindert.« (Bauer 2021a, S. 33)

Bauer nennt darüber hinaus die wichtigen Faktoren *Freiwilligkeit* und *Autonomie*.

Denken Sie an dieser Stelle doch einmal kurz darüber nach, wie Sie Ihren eigenen Arbeitskontext bewerten:

- *Arbeiten Sie freiwillig in dem Bereich?*
- *Fühlen Sie sich autonom?*
- *Haben Sie eine positive Grundeinstellung zu Ihrer Tätigkeit? Ist es eine Berufung?*
- *Haben Sie das Gefühl, die Arbeit einer/eines Mentors/Mentorin zu leisten?*
- *Haben Sie das Gefühl, eine sinnvolle Arbeit zu leisten?*

Das bedeutet, wenn wir unsere Tätigkeit im Kinderschutz aus einer tiefen inneren, als sinnstiftend empfundenen und freiwillig gewählten Tätigkeit und dem gleichzeitigen Erleben von Autonomie in diesem Arbeitsbereich wahrnehmen, profitieren wir sehr wahrscheinlich von der von Bauer als »empathisches Gen« beschriebenen Dynamik. Ich kenne viele Fachkräfte, die genau diese tiefe Verbindung zum Thema wahrnehmen und deshalb in diesem Bereich arbeiten, wie beispielsweise im Jugendamt, in den Kinderschutzambulanzen und -zentren oder in den Kitas, Schulen, der Jugendhilfe usw.

 Die Hypothese, dass die Arbeit im und mit dem Kinderschutz unter den erwähnten Voraussetzungen zuträglich für die Gesundheit von Fachkräften sein kann, finde ich sehr erwähnenswert und äußerst spannend. Besonders, wenn wir davon ausgehen, dass dies eine große Zahl an Fachkräften betrifft.

2.2 Jede Fachkraft ist eine Kinderschutzkraft!

Kinderschutz ist eine gesamtgesellschaftliche Aufgabe. (vgl. Kindler / Rauschenbach 2016)

Denken wir darüber nach, welche Fachkräfte im Kinderschutz arbeiten, dann fallen den meisten Menschen zuerst die die weitergebildeten Kinderschutzfachkräfte, die insoweit erfahren Fachkräfte[4] und die Fachberatungen im Kinderschutz ein. Diese werden – regional ganz unterschiedlich – mit den Abkürzungen IeF, Isef, InsoFa oder Isofak bezeichnet.

! Die Grundhaltung in meinem Buch lautet jedoch: *Jede Fachkraft ist eine Kinderschutzkraft.*

---

4 Die insoweit erfahrenen Fachkräfte im Kinderschutz werden im Weiteren mit InsoFa abgekürzt.

Warum? In dem oft zitierten nigerianischen Sprichwort heißt es: »Um ein Kind aufzuziehen, braucht es ein ganzes Dorf.« Neben den Eltern, die in erster Linie den *Kinderschutz als Elternrecht* (vgl. DGSF 2020, S. 31) innehaben, kommt dem sozialen System mit den vielfältigen pädagogischen und psychosozialen Fachkräften, die ein Kind im Laufe der Jahre begleiten, eine wichtige Rolle zu. »Es macht einen Unterschied, der eine Unterschied ausmacht« (Bateson 2014, S. 582), ob sich alle Fachkräfte auch als *Kinderschutzkräfte*[5] verstehen oder eben nicht.

Die Sensibilisierung aller Erzieherinnen, Kindertagespflegepersonen, Lehrer, Hebammen, ASDler uvm. ergibt diesen besagten Unterschied. Systemisch betrachtet bildet dies für das Kinder umspannende psycho-soziale und pädagogische Netz eine erhebliche Feinheit und Verbindlichkeit in der Wahrnehmung von Gefährdungen und Risikomerkmalen aus. Dies könnte etwa in einer klaren gemeinsamen Grundhaltung formuliert sein, wie:

»Wir Kinderschutzkräfte – gemeinsam mit den Eltern – für den Schutz aller Kinder.«

2.3 Kinderschutz schafft emotionale Intelligenz!

»Use it or lose it.« (Joachim Bauer)

Das wichtigste Utensil im Gepäck für die Reise durch das Leben ist es nach Bauer, »Spiegelzellen zu haben, die tatsächlich spiegeln« (2016a, S. 61). Diese Fähigkeit beinhaltet wichtige Aspekte für den Schutz von Kindern: »Das System der Spiegelneurone ist ein soziales Orientierungssystem. Es gibt uns, [...] Sicherheit im sozialen Umfeld« (Bauer 2016a, S. 116). Fällt dieses Orientierungssystem, dem wir die Vorhersehbarkeit unseres Umfelds verdanken, aus, bedeutet das für Kinder eine Unberechenbarkeit von Situationen und Gefahr (vgl. Bauer 2016a). Das sehen wir beispielsweise bei den »Still Face«-Versuchen oder wenn Eltern kurzzeitig der Magie ihres Smartphones erliegen. Dann sind sie auch nicht mehr in Resonanz mit dem Säugling.

> »Das System der Spiegelneurone ist nur eines von mindestens zwei neurobiologischen Instrumenten, mit denen der Mensch Motive, Gedanken, Gefühle und Absichten eines anderen Menschen verstehen kann. Spiegelneurone

---

5 Deshalb bezeichne ich auch nachfolgend im Buch alle pädagogischen, medizinischen, psychosozialen und anderweitigen Fachkräfte im Kinderschutz als »Kinderschutzkräfte«.

ermöglichen uns, andere Menschen spontan und intuitiv, also schnell und ohne langes Nachdenken zu verstehen oder zu fühlen, was andere fühlen.« (Bauer 2016a, S. 8)

Tatsächlich hat die Natur uns Menschen, zusätzlich zum intuitiv arbeitenden System der Spiegelzellen, mit einem neuronalen Instrument ausgestattet, mit dem wir ganz bewusst über die Motive und Absichten anderer Menschen nachdenken können. Dieses System hat seinen Sitz im Stirnhirn, im sogenannten präfrontalen Cortex. Dieser analytische Verstand kann jedoch auch hinderlich dabei sein, intuitiv das Richtige zu erkennen (Bauer 2016a, S. 20).

Es ist jedoch von entscheidender Bedeutung, ob dem Säugling, dem Kleinkind oder Kind die Chance gegeben wird, solche Aktionen zu realisieren, denn eine Grundregel unsers Gehirns lautet: »Use it or lose it« (Bauer 2016a, S. 61). Unbenutzte Nervenzellsysteme gehen verloren, daher müssen die Spiegelneurone des Säuglings eingespielt werden. Sie entwickeln sich nicht allein, sondern benötigen einen Partner (vgl. Bauer 2016a).

Damit Kinder sich gut entwickeln, lernen und an der Gesellschaft teilhaben können, müssen sie sich sicher fühlen. Bauer (2016a, S. 39) unterstreicht dies in seinen Ausführungen über die Bedeutung der Spiegelneurone:

»Untersuchungen zeigen, dass Angst, Anspannung und Stress die Signalrate der Spiegelneurone massiv reduzieren. Sobald Druck und Angst erzeugt werden, klinkt sich alles, was vom System der Spiegelneurone abhängt, aus: das Vermögen, sich einzufühlen, andere zu verstehen und Feinheiten wahrzunehmen.«

Dort, wo Angst und Druck herrschen, nimmt noch eine weitere Fähigkeit ab, »die von der Arbeit der Spiegelneurone lebt: Die Fähigkeit zu lernen. Stress und Angst sind daher in allen Bereichen, wo Lernvorgänge eine Rolle spielen, kontraproduktiv« (2016a, S. 39).

Wenn man Bauer folgt, verstehen wir, dass es ohne Spiegelnervenzellen keine Intuition und keine Empathie gäbe. »Spontanes Verstehen zwischen Menschen wäre unmöglich und das, was wir Vertrauen nennen, undenkbar« (2016a, S. 12). Wenn das aber so klar ist, warum gibt es dann Kinder, die sich einfühlen können, und andere, bei denen wir sehen, dass ihnen dies nicht gelingt?

»Empathiedefizite sind Spiegelungsdefizite. Kindern, die selbst nur wenig Einfühlung, Rücksicht und Zärtlichkeit erlebt haben, stehen wegen fehlender Spiegelungserfahrungen keine eigenen neurobiologischen Programme zur Verfügung, die es ihnen ermöglichen würden, Mitgefühl zu empfinden und zu zeigen.« (Bauer 2016a, S. 130f.)

Umso wichtiger ist, dass diese *Risikofolie der emotionalen Resonanz* und das präventive Erkennen dieser Defizite in den Kinderschutz miteinfließen. Denn Empathie- und Spiegelungsdefizite lassen sich auch in höherem Alter der Kinder bis zu einem gewissen Grad verbessern (vgl. Bauer 2016a, S. 131).

 Bitte tauschen Sie sich mit Ihren Kolleg:innen oder im Team darüber aus, ob Sie diese Spiegelphänomene (Risikofolie) bei Kindern und Jugendlichen kennen und ob Sie diese Auswirkungen in Ihrer Arbeit beobachten können.

Es seien noch – als kleine bittere Pille – andere Experten erwähnt, die eine solche »Empathiehypothese« kritisch hinterfragen und dort keine schlüssigen Beweise für deren Existenz sehen. Demnach müssen auch Spiegelneuronen trainiert und mit präfrontalen Kompetenzen, wie beispielsweise Werthaltungen, verknüpft werden.

> »Möglicherweise tragen Spiegelneurone also zwar dazu bei, Bewegungen anderer zu registrieren und innerlich nachzuahmen. Die soziale Bedeutung und Intention der Handlung interpretieren dagegen soziale neuronale Netzwerke, ebenso wie die affektive Anreicherung bei z. B. empathischem Verhalten. Auch Psychopathen können sich in andere einfühlen, aber sie nutzen ihre Erkenntnisse nicht für Mitgefühl, sondern dazu, um des eigenen Vorteils willen andere auszunutzen oder zu manipulieren.« (Trost 2018, S. 78)

Es gibt zahlreiche Programme für die Frühen Hilfen, Kitas, Schulen und Eltern, die es zum Ziel haben, die *emotionale Intelligenz* in Form von Förderung sozial-emotionaler Kompetenzen zu bewirken. Besonders zu erwähnen sind hier die zahlreichen Projekte, Forschungen und Programme von Manfred Cierpka.[6]

Gelingender Kinderschutz nimmt die emotionale Intelligenz von Kindern in den Blick und macht sich dessen Förderung zur Aufgabe!

---

6 Beispielsweise »Faustlos«, »Fäustling« oder »Keiner fällt durchs Netz«. Infos unter: http://www.cierpka.de/Faustlos.html (Zugriff am 12.08.2022).

2.4 Kinderschutz ist Top-of-the-Pops![7]

> *»Die ganze Welt ist voll von Sachen, und es ist wirklich nötig, dass jemand sie findet.«* (Pippi Langstrumpf)[8]

Der Kinderschutz sollte in jeder Einrichtung der Kinder- und Jugendhilfe, wie auch in Schulen, Vereinen und Ausbildungsbetrieben, ganz oben auf der Agenda stehen. In der Praxis fällt der Kinderschutz manchmal jedoch in die zweite oder dritte Reihe zurück. Aus vielerlei nachvollziehbaren Gründen gibt es immer wieder andere Themen, die aktueller, dringender oder interessanter sind. Es gibt jedoch Gründe, die dem unwiderruflich entgegenstehen:
- Kinder, je kleiner desto vulnerabler, können sich nicht selbst schützen!
- Kinder müssen sich sicher fühlen, damit sie sich gut entwickeln können!

Wir Erwachsenen sind die Pflichterfüller der Schutzrechte von Kindern und deshalb
- hat der Kinderschutz Vorrang vor anderen Themen,
- gehört der Kinderschutz in jeder Dienst-, Fall- oder Teambesprechung ganz oben auf die Agenda,
- ist es wichtig, dass Fortbildungen in Kinderschutzthemen Vorrang haben – die Träger der Einrichtungen sollten dies im Blick haben,
- sollte jeder pädagogischen oder psycho-sozialen Einrichtung das Angebot regelmäßiger Supervision zuteilwerden,
- muss der Kinderschutz in viel stärkerem Maße in den Ausbildungscurricula und Studienpläne aller Fachkräfte, die Kinder in allen Entwicklungsstufen begleiten, enthalten sein. Das gilt auch für Berufsgruppen, die eher mit Erwachsenen, den Eltern und Familien in Berührung kommen, wie beispielsweise die medizinischen, psychiatrischen und psychotherapeutischen Berufe, Richter:innen, Polizist:innen, Jurist:innen usw.

Es gibt nichts Wichtigeres als einen gelingenden (systemischen) Kinderschutz, denn dieser bildet das Fundament für gesunde Menschen, fördert alle Formen von Intelligenz, spart soziale Folgekosten ein und sichert eine stabile, demokratische Gesellschaft.

---

7   Im Sinne von »oben auf der Agenda« oder »Spitzenreiter«.
8   Lindgren 2020.

Kapitel 3   **Den Kompass kalibrieren –
welchen Kinderschutz wollen wir?**

*»Kinderschutz stellt, weit gefasst, die gesellschaftliche Bemühung und Bewegung dar,
Kinder vor Verhältnissen und Maßnahmen zu schützen, die dazu führen, dass das Recht
der Kinder auf ein menschenwürdiges Leben, freie Entfaltung der Persönlichkeit
und wirkliche Förderung beschnitten wird.«* (Wolff 2021, S. 508)

Es gibt für den Kinderschutz zahlreiche Begriffsbestimmungen, wie etwa »Kinderschutz soll Kinder und Jugendliche vor Gefährdungen des Kindeswohls schützen« (Schone 2018, S. 34). Reinhold Schone beschreibt ihn als *Universalformel* und stellt fest, dass kaum ein Fachbegriff mit derart unterschiedlichen Inhalten gefüllt und mit derart unterschiedlichen Konnotationen verknüpft wird wie der Begriff *Kinderschutz* (vgl. Schone 2018).

> »Je nach praktischer und theoretischer Orientierung der jeweiligen Akteure ist der Begriff des Kinderschutzes heute entweder ein Oberbegriff für alle Aktivitäten der Gesellschaft, die darauf ausgerichtet sind, Kindern und Jugendlichen ein geschütztes Aufwachsen zu ermöglichen *(breites Verständnis)* oder ein spezieller Begriff für die Aufgabe der Abwendung unmittelbarer Gefahren für Kinder und Jugendliche *(enges Verständnis)*. Im ersten Verständnis ist Jugendhilfe (z. B. Familienförderung, Kindertageseinrichtungen) nur ein Teil des Kinderschutzes, der neben anderen Professionen, Disziplinen und Handlungsfeldern (Gesundheitswesen, Schule, materielle Sicherung) ein geschütztes, gelingendes Aufwachsen gewährleisten soll. Im zweiten Verständnis wäre Kinderschutz als hoheitliche Aufgabe ein kleiner – wenn auch zentraler – Teil der Jugendhilfe. Hier geht es um Gefährdungseinschätzung und ggf. entschlossenes Handeln, um solche Gefährdungssituationen zu beenden.« (Schone 2018, S. 35)

Zusammenfassend konstatiert er eine »Erosion« der Begrifflichkeit »Kinderschutz«. »Sie ist zu einer umfassenden Chiffre geworden, derer sich die verschiedenen mit Kindern befassten gesellschaftlichen Instanzen bedienen, um ihren Beitrag zu einem gelingenden und geschützten Aufwachsen von Kindern und Jugendlichen zu charakterisieren« (Schone 2018, S. 42). In diesem Spannungsfeld – oder man könnte auch sagen, in diesem spannenden Feld – bewegt sich mein Buch. Es wird deutlich, dass der Terminus »Kinderschutz« nicht eindeutig definiert ist:

»Der Begriff Kinderschutz wird weder in der Literatur noch von Fachkräften eindeutig definiert. Wird unter dem Begriff auf den ersten Blick der Schutz von Kindern und Jugendlichen vor Gefährdungen ihres Wohls verstanden, differenziert er sich bei genauerer Betrachtung. So gibt es beispielsweise präventiven, erzieherischen, intervenierenden und kooperierenden Kinderschutz.« (DKSB LV NRW 2019, S. 8)

Es bleibt dabei jedoch offen, wovor sie geschützt werden sollen und welche Art des Schutzes Kindern zuteilwerden soll. Da es Kinderschutz heißt, könnte man durchaus auch annehmen, dass zwar Kinder, nicht jedoch Jugendliche als schutzwürdig angesehen werden (vgl. Biesel/Urban-Stahl 2022). Sonst würde man eher von einem »Kinder- und Jugendlichenschutz« sprechen.[9]

3.1 Intervenierender – präventiver – inklusiver – kinderrechtsbasierter Kinderschutz

> »Jeder denkt und argumentiert mit dieser Begrifflichkeit in einer eigenen individuellen Rahmung und Bedeutungszuschreibung.« (Schone 2018, S. 34)

Es wird deutlich, dass der Begriff Kinderschutz ein komplexes Thema beschreibt, das ganz unterschiedlich verstanden und interpretiert wird. Ein kleines Beispiel verdeutlicht, dass es bei Kinderschutzkräften – neben der Definition – auch ganz unterschiedliche Auffassungen über den Stellenwert von Kinderschutz gibt. In einem Gespräch mit einem Fachkollegen entgegnet dieser mir: »Ja, sicher. Kinderschutz ist schon wichtig. *Aber* momentan haben wir andere Themen.« Ich selbst gehe in diesem Buch von der Grundhaltung aus, dass der Kinderschutz das übergeordnete Thema in jeder Einrichtung der Kinder- und Jugendhilfe ist (vgl. Thürnau 2023, S. 79).

Zusätzlich wird der Kinderschutz mit zahlreichen Adjektiven versehen, um bestimmte Schwerpunkte und Fokusse zu betonen. Einige dieser Formulierungen werden im Folgenden zur besseren Zuordnung beschrieben.

---

9 An dieser Stelle sei noch einmal darauf hingewiesen, dass sich die Begriffsbestimmung »Kinderschutz« in diesem Buch ausdrücklich auf Kinder und Jugendliche bezieht. Die Betitelung »Kinder« schließt immer explizit Jugendliche mit ein und wird lediglich mit dem Ziel der besseren Lesbarkeit verwendet.

Intervenierender Kinderschutz

Unter dem eingreifenden oder auch intervenierenden Kinderschutz ist ein eher enges Verständnis in Form des bekannten Verfahrens zu verstehen, bei dem bei vorliegender Kindeswohlgefährdung das Jugendamt in Ausübung ihres *staatlichen Wächteramtes* und ebenso das Familiengericht berechtigt und verpflichtet sind, das Kind auch gegen den Willen der Eltern vor Gewalt, Vernachlässigung oder Missbrauch zu schützen (vgl. DKSB LV NRW 2019, S. 8). Mit intervenierendem Kinderschutz werden also vor allem die Inobhutnahmen und die Gefährdungseinschätzungen bezeichnet, die die Arbeitsstelle Kinder- und Jugendhilfestatistik (AKJ[Stat]) in einer jährlichen Ausgabe der Kom[Dat] (Kommentierte Daten der Jugendhilfe) mit vielfältigen anderen Themen veröffentlicht.[10]

Präventiver Kinderschutz

Fasst man den aktiven (intervenierenden) und den präventiven Kinderschutz zusammen, geht man von einem mittleren Verständnis aus, dem als Quelle das Bundeskinderschutzgesetz zugrunde liegt. Dieses regelt den präventiven und aktiven Kinderschutz in Deutschland und zielt insbesondere auf den Aus- und Aufbau von Frühen Hilfen, die Qualifizierung des Schutzauftrags, die Stärkung von Kooperation und Vernetzung, die Qualitätsentwicklung sowie die Erweiterung der Datenbasis zum Kinderschutz ab. Die Zielgruppen dieses präventiven Kinderschutzes sind einerseits grundsätzlich alle Eltern, in Form von primärer Prävention, andererseits aber vor allem belastete Eltern, beispielsweise in Bezug auf sekundäre Prävention, wie etwa psychisch kranke Eltern (vgl. DKSB LV NRW 2019). »Beide Formen der Prävention verfolgen das Ziel, Unterstützung und Hilfen für Familien anzubieten, ohne dass klar umrissene Problemlagen vorliegen, so dass es gar nicht erst zu einer Gefährdung von Kindern kommt« (DKSB LV NRW 2019, S. 8).

Besonders in Fallberatungen und Supervisionen entstehen im Kinderschutz immer wieder Irritationen zwischen dieser präventiven Sichtweise im Zwiespalt zur engeren Sichtweise (intervenierender Kinderschutz).

»Dreimal ist besser als zweimal«

In einer Fallsupervision in einer Kita frage ich nach: »Haben Sie in diesem Fall schon eine Gefährdungseinschätzung (GA) mit einer InsoFa gemacht?« Die Leitung antwortet mir, dass sie bereits zweimal eine Beratung für das besagte Kind in Anspruch genommen habe. Die InsoFa habe keine gewichtigen Anhaltspunkte für eine Kindeswohlgefährdung gesehen. Die Kita ist nach wie vor der Meinung, dass diese vorliegt. Es wird besprochen, ein drittes

---

10 Siehe unter: https://www.akjstat.tu-dortmund.de/ (Zugriff am 27.08.2022).

Mal eine GA anzufragen und die besprochenen Anhaltspunkte aus einer präventiven Kinderschutzbetrachtung als Fragestellung einzubringen. Da die Entwicklung des Kindes nicht nur verzögert, sondern sogar rückläufig ist, wird ein deutlicher Handlungsbedarf gesehen.

Das Ziel eines präventiven Kinderschutzes ist es auch, dass jedes Kind die gleichen Chancen erhält, beispielsweise von einem annähernd gleichen Unterstützungsniveau der Frühen Hilfen zu profitieren (vgl. NZFH 2018, S. 5), aber dies auch in weiteren Präventionsschritten bei älteren Kindern und Jugendlichen fortzuführen. Das obige Beispiel zeigt uns, dass es zwischen den Kinderschutzkräften im Helfersystem manchmal zu Verständigungsproblemen kommen kann, da die eine Seite beispielsweise von präventivem Kinderschutz spricht und die andere ein eher enges Verständnis nutzt.

Inklusiver Kinderschutz

Die Muster in Familien mit Elternteilen, die mit einer Behinderung wie etwa der Diagnose eines »Hörschadens« leben, ähneln denen von Familien mit chronisch kranken Kindern, in der vielfältige Belastungen und großer Druck entstehen können (vgl. Tsirigotis 2015). Der Verlust von elterlicher Kompetenz und elterlichem Selbstwirksamkeitserleben in Familien mit einem beeinträchtigten Kind spielt auch im Kinderschutz und in Elterngesprächen eine wichtige Rolle. Es stellt uns Kinderschutzkräfte vor die Frage, wie wir angemessen mit Eltern und/oder Kindern kommunizieren können, die betroffen sind.

Im Zuge der SGB VIII Reform wird im Gesetz zur Stärkung von Kindern und Jugendlichen (Kinder- und Jugendstärkungsgesetz – KJSG) nun insbesondere auch den spezifischen Schutzbedürfnissen von Kindern und Jugendlichen mit Behinderungen Rechnung getragen. Diese Entwicklung steht im Rahmen der »inklusiven Lösung« des KJSG in der Zusammenführung der Eingliederungshilfe für junge Menschen unter dem Dach der Kinder- und Jugendhilfe zum 1. Januar 2028, deren Änderungen unter dem Begriff »Inklusive Erziehungshilfen – Hilfen aus einer Hand« zusammengefasst werden können (vgl. Modellprojekt Inklusion jetzt! 2022). Zur Umsetzung der Schnittstellenarbeit zwischen Eingliederungs- und Jugendhilfe werden zwischen den Jahren 2024 und 2028 Verfahrenslots:innen eingesetzt. Es stellen sich für die Kinderschutzkräfte und InsoFas Fragen, wie die nachfolgende Reflexion aufzeigt.

 Reflektieren Sie gern Ihre inklusive Perspektive im Kinderschutz mit den nachfolgenden Fragen:
- *Wie können Kinder und Jugendliche mit Beeinträchtigungen und Behinderungen in das Verfahren einbezogen werden?*

- *Wie können Kinder, die nicht im gewohnten Sinne reagieren, verstehen und sprechen können, verstanden, professionell gesehen und beteiligt werden?*
- *Was müssen wir über Menschen mit Behinderungen und Elternschaft wissen (vgl. Hollweg/Kieslinger 2022, S. 7f.)?*
- *Wie können Eltern mit Beeinträchtigungen und Behinderungen partizipieren und am Verfahren angemessen beteiligt werden?*
- *Müssen sich InsoFas nun spezielleres Wissen über Behinderungen aneignen, benötigen sie ein dementsprechendes Netzwerk oder sind multiprofessionelle Teams, beispielsweise mit Heil- und Sonderpädagog:innen, sinnvoll?*

Notieren Sie sich wichtige Aspekte, sprechen Sie mit Ihren Kolleg:innen über das Thema und multiplizieren Sie Ihre Erkenntnisse.

Seit der SGB VIII Reform im Juni 2021 bekam der inklusive Kinderschutz mit zahlreichen Fort- und Weiterbildungsangeboten starken Zuwachs und ist als ein Fortschritt auf dem Weg zu einer inklusiven Kinder- und Jugendhilfe zu begrüßen.

Kinderrechtsbasierter Kinderschutz oder Kinderrechtsschutz

Der Kinderrechtsansatz bildet den Rahmen zur Ausrichtung des Handelns von Personen und Organisationen an den Prinzipien der UN-Kinderrechtskonvention (vgl. Maywald 2022, Arbeitsmaterial, S. 17). Er ist ein auf die besonderen Bedürfnisse und spezifischen Rechte von Kindern ausgerichteter Menschenrechtsansatz. Zum Kinderrechtsansatz gehören die folgenden *vier Prinzipien*.

- *Universalität:* Alle Kinder sind hinsichtlich ihrer Rechte gleich.
- *Unteilbarkeit:* Alle Rechte sind gleich wichtig und untrennbar miteinander verbunden.
- *Erwachsene als Verantwortungsträger:* Erwachsene sind Pflichtenträger und haben die Verantwortung für die Umsetzung der Kinderrechte.
- *Kinder als Rechtsträger:* Kinder sind von Beginn an und unveräußerlich Träger eigener Rechte (vgl. Maywald 2022, Arbeitsmaterial, S. 17).

Der kinderrechtsbasierte Kinderschutz geht weit über den Gewaltschutz und den Präventionsansatz hinaus und hat somit ein eher weites Verständnis (vgl. DKSB LV NRW 2019, S. 8). Er orientiert sich an der UN-Kinderrechtskonvention mit den darin enthaltenen Schutz-, Förder- und Beteiligungsrechten. Das Leitbild und Konzept einer kinderrechtsbasierten Haltung im Kinderschutz sind

- am Vorrang des Kindeswohls mit den Grundbedürfnissen und Grundrechten der Kinder

- sowie am Recht jedes Kindes auf gewaltfreie Erziehung orientiert (vgl. Maywald 2019a, S. 88).

»Dann essen sie nur Nachtisch«

Ich habe vor einigen Jahren auf einem Fachtag an einem Workshop zum Thema »Kinderrechte« teilgenommen. Den Workshop haben zwei Kitaleitungen angeboten, die jeweils in ihren Einrichtungen die Kinderrechte in der Konzeption fest verankert haben. So erzählten Sie viele interessante Beispiele, wie etwa, dass die Kinder bei Vorstellungsgesprächen neuer Mitarbeiter:innen für eine gewisse Zeit dazukommen. Oder, dass die Kinder sich ihr Essen ohne Regeln und Vorgaben auswählen. Zu dem Thema gab es viele Nachfragen: »Was ist, wenn die Kinder nur Nachtisch essen?« Die Leitung: »Dann essen sie nur Nachtisch, das ist in Ordnung. Wenn sie Hunger bekommen, lernen sie daraus.« Ich hatte mehrere Nachfragen zu den Beteiligungsrechten im Kinderschutz gestellt. Zum institutionellen Kinderschutz gab es ein Beispiel, bei dem mit dem Kind gesprochen wurde. Auf meine Nachfrage, wie die Kinder innerhalb von Kinderschutzverfahren einbezogen und beteiligt werden, sahen sich die beiden Kinderschutzkräfte an und zuckten mit den Schultern. Dazu hatten sie noch keine Erfahrungswerte.

Sie können sich den kinderrechtsbasierten Kinderschutz als Dachthema vorstellen. So kann man die Einrichtungen der Kinder- und Jugendhilfe exemplarisch als sicheren Ort oder sogar als »Kinderrechtsschutz« (vgl. Maywald 2019b, S. 88) bezeichnen, der sich aus der Berücksichtigung der Kinderrechte sowie einem in der Einrichtung integrierten kinderrechtsbasierten und institutionellen Kinderschutz (Gewaltschutzkonzept ▶ Kapitel 12.3) zusammensetzt. Der »Kinderrechtsschutz als Dach« schützt wortwörtlich das Gebäude vor äußeren Einflüssen und hat somit auch Einfluss auf das Fundament. Auch wenn dies noch ein neuer Begriff ist, finde ich die Idee dahinter bahnbrechend. Indem man ihn so auslegt, dass jedes Kind ein verbrieftes, gesetzlich definiertes Anrecht auf einen *Kinderrechtsschutz* besitzen sollte. Ähnlich einer Rechtsschutzversicherung, der alle Erwachsenen als Rechtserbringer verpflichtet sind.

> *Kinderrechtsschutz ist viel mehr als Kinderschutz.* Es ist ein klar an den Kinderrechten orientierter Kinderschutz, der das Kind als eigenständigen Träger von Schutz-, Förder- und Beteiligungsrechten anerkennt.

3.2 Institutioneller Kinderschutz

Mit Kinderschutz verbinden wir in erster Linie die Sicherstellung des Kindeswohls im häuslichen und familiären Umfeld. Kinderschutz beinhaltet jedoch auch die Sicherheit und den Schutz von Kindern und Jugendlichen in den Einrichtungen der Kinder- und Jugendhilfe. Soziale Phänomene wie Gewalt und Grenzverletzungen können zwar in Organisationen nicht gänzlich abgeschaltet werden, es ist aber möglich, diesen durch vielfältige Strategien entgegenzuwirken (vgl. Böwer 2018, S. 239). Auch hier gibt es – ähnlich wie beim Kinderschutz – wieder mehrere Begriffe, die hier jedoch dasselbe meinen: *Gewaltschutzkonzept, Schutzkonzept, Kinderschutzkonzept* oder im § 45 (2) Nr. 4 SGB VIII als *Konzept zum Schutz vor Gewalt* bezeichnet.[11] Der institutionelle Kinderschutz hat mit seinem Instrument des Schutzkonzeptes das Ziel, Kinder und Jugendliche vor sexueller Gewalt in den Einrichtungen zu schützen.

> »Eigentlich haben Fälle des sexuellen Missbrauchs von Schutzbefohlenen durch Professionelle die gesamte Debatte um Schutzkonzepte in Gang gesetzt und vielfach werden Schutzkonzepte auch nur auf diese Thematik verkürzt.« (Wolff 2021, S. E2)

Das Tabuthema »Gewalt durch pädagogische Fachkräfte« (vgl. Maywald 2019a) bezieht sich jedoch auf *alle Formen von Gewalt*. Denn, jede Form der Gewalt hinterlässt auch Spuren bei den Kindern, egal von wem diese ausgeht: von Eltern, Verwandten, Geschwistern, Freund:innen, Bekannten, Lehrer:innen, Ärzt:innen, Erzieher:innen, Sozialpädagog:innen, Sporttrainer:innen, Unbekannten usw.: »Es besteht immer eine hohe Gefahr, dass junge Menschen dadurch Schaden nehmen und traumatisiert werden können« (Wolff 2021, S. E3).

Institutioneller Kinderschutz ist in Form des Schutzkonzeptes in der pädagogischen Konzeption verankert.

Allerdings kann dieses Schutzkonzept nicht »aufgestülpt«, abgeschrieben oder von einer anderen Einrichtung übernommen werden.

---

11 Es wird hier weiter als »Schutzkonzept« betitelt.

> »Um zuverlässig mit dem stets bestehenden Risiko von Gewalt in Organisationen umzugehen, bieten sich achtsame Kulturen und small wins als Veränderungsstrategien an, um die eigene Wahrnehmung zu schulen, schwache Signale frühzeitig zu erkennen, blinde Flecken auszuleuchten, Transparenz und Dialog zu fördern und so möglicher […] Gewalt kompetent […] zu begegnen.« (Böwer 2018, S. 239)

Die hier beschrieben kleinen Schritte führen auch zum Ziel und können in Organisationen nachhaltig eine Kultur des Schutzes von innen heraus fördern. Somit spielen sie in der Entwicklung von Schutzkonzepten eine Rolle und sind für eine *Schutzkultur* innerhalb der Einrichtung wichtig. Jede Institution entwickelt und beschreibt darin ihres, auf den eigenen Kontext angepasstes Konzept, wie der institutionelle Kinderschutz (innerhalb der Einrichtung) und der Schutz des Kindes im häuslichen, familiären Umfeld umgesetzt wird. Mehr dazu finden Sie im Impulskompass (▶ Kapitel 11.1).

3.3 Systemischer Kinderschutz

> »Von systemisch spricht man, wenn Veränderungen einzelner Elemente Veränderungen anderer Elemente mit sich bringen.« (Heiko Kleve 2017)

Da wir es im Kinderschutz sowohl mit familiären Systemen als auch mit meist multiplen Helfersystemen zu tun haben, eignet sich die systemische Sichtweise hier ganz besonders – auch um Wechselbeziehungen und -wirkungen zu erfassen und Perspektivwechsel anzuregen (vgl. Alle 2010, S. 28). Der Blick auf die Ressourcen und Kompetenzen von Familien, Eltern und Kindern ist die Basis systemischen Arbeitens. Bei der Arbeit im Kinderschutz verbindet sich diese Grundhaltung mit der diagnostischen Einschätzung der (gewichtigen) Anhaltspunkte einer Gefährdung und den Risikofaktoren im System.

Systemischer Kinderschutz beinhaltet die oben genannten Bereiche, wie den intervenierenden, präventiven, inklusiven, kinderrechtsbasierten sowie den institutionellen Kinderschutz.

Der systemische Blick im Kinderschutz bezieht sich insbesondere auch auf transgenerationale (▶ Kapitel 4.3) und isomorphe (▶ Kapitel 5.2) Muster, Dynamiken und Beziehungen im jeweiligen System. Diese können als Risiko-, als Schutzfaktoren oder als interessante Informationen Aufschluss über ein familiäres System geben, das wir einschätzen müssen. Ebenso werden alle *systemischen Ebenen* (▶ Kapitel 9.5) der Familie berücksichtigt. Das Wort »System« stammt vom griechischen Wort »systema« ab und bedeutet ein aus mehreren Teilen zusammengesetztes Ganzes, in dem die einzelnen Teile in Wechselwirkung aufeinander bezogen sind. Eine viel genutzte Metapher für den Begriff »systemisch« ist das *Mobile*, um zu verdeutlichen, was systemisches Denken bedeutet (vgl. SG 2021): Nimmt man an einer Stelle des Mobiles eine Veränderung vor, verändert sich gleichzeitig auch etwas an den anderen Bereichen. Möglicherweise nur schwach an der einen Stelle, dafür stärker an einer anderen. Fast alle Bereiche, in denen Menschen mit Menschen arbeiten, lassen sich als solche »Mobiles« sehen. Dies gilt vor allem auch für Systeme im Kinderschutz, die wir betrachten und – häufig sehr schnell – einschätzen müssen.

Diskutieren Sie mit Ihren Kolleg:innen und/oder in Ihrer Einrichtung oder Ihrem Kinderschutznetzwerk einmal darüber, wer welches Verständnis über den Begriff Kinderschutz besitzt:
- *Welches Verständnis haben Sie, ein eher enges (intervenierender, inklusiver Kinderschutz), ein mittleres (präventiver Kinderschutz) oder ein weites (kinderrechtsbasierter und/oder systemischer Kinderschutz)?*
- *Wie nennen Sie den Kinderschutz, den Sie bisher praktizieren (intervenierend, inklusiv etc.)?*
- *Welchen Kinderschutz wollen Sie zukünftig in Ihrer Praxis anwenden?*

Es ist sinnvoll, erst einmal den *Kontext* zu erweitern, um aus der Metaebene die wichtigen Aspekte im System zu erfassen, um danach wieder die Komplexität zu verringern, quasi »heranzuzoomen«. Systemischer Kinderschutz berücksichtigt auch die unterschiedlichen Ebenen im Familiensystem mit dem Fokus: Wer braucht was? (▶ Kapitel 9.5).

Folgende Fragen können handlungsleitend sein:

- *Wer gehört zum familiären System? Gibt es ein familiäres oder freundschaftliches unterstützendes Netzwerk?*
- *Wie lebt die Familie? Ist sie von Armut oder sozialer Isolation betroffen?*
- *Wie ist die Bindung der Eltern zum Kind und wie sind die Beziehungen untereinander einzuschätzen?*
- *Gibt es bei den Eltern eigene traumatische Erlebnisse in der Biografie?*
- *Welche Risiko- und welche Schutzfaktoren gibt es?*
- *Was wissen wir noch nicht? Wo sind »blinde Flecken«?*
- *Welche Informationen ergeben sich aus den systemischen Ebenen (Eltern, Kinder, Familie, Institution, Kontext)?*

In diesem Buch nehmen wir also eine systemische Perspektive ein und nutzen damit ein weites Verständnis von Kinderschutz, das darauf ausgerichtet ist, Kindern und Jugendlichen ein geschütztes Aufwachsen zu ermöglichen (vgl. Biesel/Urban-Stahl 2022, S. 22) sowie das gesamte familiäre System zu unterstützen. Damit beschäftigt sich nun der mittlere Teil dieses Buches – viel Vergnügen!

Kapitel 4   Kompassthemen im Kinderschutz

»Veränderungsbereitschaft ist ein Schlüsselthema.«
(Heribert Meffert 2018)

Über die Jahre zeigen sich bestimmte Themen, die immer wieder – fast wie ein Muster – in den familiären Systemen im Kinderschutz auftauchen. Im Folgenden finden Sie also die *BIG-FIVE der Schlüssel- bzw. Kompassthemen im Kinderschutz,* die sich für mich über die Jahre herauskristallisiert haben und die auf die Veränderungsbereitschaft und -möglichkeit von Eltern großen Einfluss haben.

4.1   Kinder psychisch kranker Eltern

*»Ein besonderes Thema – ich nenne es mittlerweile das **Schlüsselthema im Kinderschutz** – ist das der Kinder, die mit einem psychisch erkrankten Elternteil oder Eltern leben.«*
(Thürnau 2023)

In meiner Arbeit im Jugendamt traf ich auf viele Familien mit multiplen Problemlagen, die sogenannten *Multiproblemfamilien.* Bei einem sehr hohen Prozentsatz würde ich mit meinem Wissen von heute bei den Eltern vor allem Bindungsstörungen wie auch verschiedenste psychische Erkrankungen, die zu einem großen Teil nicht diagnostiziert waren, vermuten. Seitdem beschäftigte ich mich mit dem Thema »Kinder psychisch kranker Eltern«[12] und lerne stetig über krankheitsspezifische Aspekte, Belastungen und Risikofaktoren, über Ressourcen und Schutzfaktoren sowie den gesamten bindungstheoretischen Hintergrund dazu. Es ist ein sehr komplexes Thema, das ein vielfältiges Wissen benötigt. Dieses Wissen half mir dabei, die Situation der Kinder besser zu erkennen, zu verstehen und ihnen in vielen Fällen helfen zu können. Für mich wenig überraschend, begegnet mir das Thema auch in meinem aktuellen Arbeitsfeld regelmäßig. Ich bin jedoch immer wieder erstaunt, dass es verhältnismäßig oft ein paradoxerweise lange – für das im Vergleich so junge Leben der Kinder – nicht erkanntes Hintergrundthema darstellt.

---

12   Wird im Folgenden zum Teil mit »KpkE« abgekürzt. Hier zähle ich die Suchterkrankungen selbstverständlich hinzu und erwähne diese nicht extra, denn: »Suchtstörungen zählen nach allgemeiner Auffassung zu den psychischen Störungen; viele Suchtkranke weisen weitere psychische Störungen auf, und umgekehrt besteht auch für psychisch Erkrankte ein erhöhtes Risiko, an einer Suchtstörung zu leiden« (AFET 2020, S. 3).

Allzu häufig wurden die Auswirkungen psychischer Erkrankungen der Eltern auf ihre Kinder aus dem fachlichen Diskurs verbannt, weil sie bei den Fachkräften in den Bildungsinstitutionen als nicht erkennbar, nicht verstehbar oder nicht beeinflussbar galten (vgl. Hipp 2021, S. 7). Dabei darf die »psychische Erkrankung als das letzte große Tabu in unserer ›Spaßgesellschaft‹ angesehen werden« (Pretis/Dimova 2016, S. 27). Kinder psychisch kranker Eltern haben kaum eine Lobby in der Gesellschaft und sind häufig sozialer Stigmatisierung und sozialem Ausschluss ausgesetzt. Denn psychische Symptome werden noch immer stark mit Schuld in Verbindung gebracht. Vonseiten der Eltern können die Kinder mit einem Kommunikationsverbot belegt werden, da diese befürchten, dass ihnen bei Bekanntwerden des »Geheimnisses« die Kinder weggenommen werden (vgl. Pretis/Dimova 2016). Häufig besteht für die Kinder auch ein aktives oder unausgesprochenes Kommunikationsverbot in der Familie. Die Kinder befürchten dann, ihre Eltern zu verraten, wenn sie über ihre Schwierigkeiten zu Hause erzählen (vgl. Mattejat/Lisofsky 2014).

Eine psychische Erkrankung bei den Eltern oder bei einem Elternteil stellt einen oft noch tabuisierten *Hochrisikofaktor* für die Entwicklung der Kinder dar, denn sie kann die Ausübung der Elternrolle grundlegend beeinträchtigen. Und KpkE wachsen mit einem erhöhten Risiko auf, ebenfalls im Verlauf ihres Lebens eine psychische Erkrankung zu entwickeln (vgl. Plass/Wiegand-Grefe 2012). Deshalb ist ein differenzierter diagnostischer Blick der Kinderschutzkräfte im Sinne einer frühen Forderung der Entwicklung sinnvoll und hilfreich. Kinder profitieren davon, über die Krankheit ihrer Eltern informiert zu werden und darüber mit weiteren Bezugspersonen oder Fachkräften der Kinder- und Jugendhilfe reden zu dürfen. Insbesondere weil diese Kinder oft den subjektiven Eindruck haben, dass es verboten ist, über die Situation in ihrer Familie zu sprechen. Eltern geben oft an, dass sie besonders ihre jüngeren Kinder schützen möchten, indem sie ihre Erkrankung nicht thematisieren (vgl. Plass/Wiegand-Grefe 2012).

Ben Furman schreibt in seinem Buch »Es ist nie zu spät, eine glückliche Kindheit zu haben«, dass das Zurechtkommen in belastenden Situationen stark davon abzuhängen scheint, ob Menschen in ihrer Kindheit jemanden hatten, mit dem sie reden konnten. Der Autor nennt dies die Möglichkeit zum »Debriefing« – im Sinne einer Nachbesprechung, Reflexion oder gemeinsamen Analyse einer belastenden Situation. »Das Reden hilft den Kindern, Abstand zu den Schwierigkeiten der Familie zu bekommen, und sie lernen, die Sache gelassener und nicht so persönlich zu nehmen« (Furman 2013, S. 37). Er fügt folgendes Beispiel an:

»Ich wusste, dass meine Mutter Alkoholikerin war, schreibt Richard. Es wurde oft darüber in der Familie gesprochen. Sie hat es übers Herz gebracht, uns abends allein zu lassen und in die Kneipe zu gehen. Ganz zu schweigen davon, wie oft sie uns etwas versprach und ihr Versprechen nicht einhielt. Natürlich war das jedes Mal eine Enttäuschung, aber ich wusste ja, dass sie Alkoholikerin war, und die sind nun mal so.« (Furmann 2013, S. 37)

Familien mit psychisch kranken Eltern (oder Elternteilen) gelten als *Hochrisikofamilien,* denn viele psychische Erkrankungen beeinträchtigen grundlegend die Ausübung der Elternrolle. Allgemeine *psychosoziale Risikofaktoren* für KpkE sind:
- sozioökonomische Aspekte, wie zum Beispiel Armut der Familie, Arbeitslosigkeit der Eltern, enge oder unzureichende Wohnverhältnisse;
- soziokulturelle Aspekte, wie soziale Randständigkeit oder Isolation, kulturelle Diskriminierung;
- niedriger Ausbildungsstand bzw. Berufsstand der Eltern,
- unzureichendes oder fehlendes soziales Unterstützungssystem der Familie;
- geringe reale und emotionale Verfügbarkeit von Bezugspersonen außerhalb der Familie;
- Misshandlung und/oder Vernachlässigung;
- Verlust wichtiger Bezugspersonen.

(vgl. Plass/Wiegand-Grefe 2012; Wiegand-Grefe/Halverscheid/Plass 2011)

Die Risiko- und Belastungsfaktoren mit ihren Auswirkungen interagieren, das heißt, sie beeinflussen, sich gegenseitig und multiplizieren sich dadurch (Plass/Wiegand-Grefe 2012), wie das folgende Beispiel verdeutlicht:

»Arians Rückzug«

Die Mitarbeiterinnen einer Kita bitten um eine Fachberatung, da sie sich Sorgen um den vierjährigen Arian aus ihrer Gruppe machen. Der Junge lebt gemeinsam mit seinen Eltern und seinem zweieinhalb Jahre älteren Bruder seit zwei Jahren in Deutschland, nachdem die Familie aus dem Iran immigriert ist. Die pädagogischen Fachkräfte konnten beobachten, dass der Junge in der Gruppe so gut wie nichts isst oder trinkt. Außerdem vermeidet er den Toilettengang. Die Mutter, die sich nach einem Sprachkurs recht gut mit den pädagogischen Fachkräften verständigen kann, bestätigt die Sorge, da Arian zu Hause ebenfalls die Toilette meidet. Die Eltern hatten schon versucht, ihm wieder eine Windel anzulegen. Der Kinderarzt stellte fest, dass Arian unter einer starken Verstopfung leidet. Er scheint den Kot zurückzuhalten, musste bereits starke Schmerzen haben und wurde daraufhin medizinisch behandelt.

In einem darauffolgenden Elterngespräch in der Kita kann die Einrichtungsleitung die Eltern zu bestehenden Belastungen und Sorgen befragen. Unter anderem, ob es physische oder psychische Krankheiten in der Familie gibt. Die Mutter berichtet, dass beide Eltern im Iran studiert haben. Sie war dort Lehrerin, ihr Mann Physiker. Seit der Flucht aus ihrem Heimatland entwickelte der Vater Symptome einer *Depression,* die zu diesem Zeitpunkt jedoch noch nicht diagnostiziert war, wodurch ihm bisher noch keine Hilfe zugutekam. Der Vater stimmt im Gespräch zu, dass seine Kontaktdaten an den Sozialpsychiatrischen Dienst weitergeleitet werden. Darüber hinaus entscheiden sich die Eltern dazu, eine Sozialpädagogische Familienhilfe beim Jugendamt zu beantragen. Dieser Kontakt wird durch die Kita und die Fachberatung in einer Art Lotsenfunktion übergeleitet.

Arian integriert sich in der nächsten Zeit besser in der Kita, beginnt regelmäßig zu essen und mehr zu sprechen. Als sein Vater eine Psychotherapie in der Tagesklinik beginnt, können die Eltern und die Fachkräfte gleichermaßen beobachten, wie sich die Situation des Vierjährigen mehr und mehr entspannt und normalisiert.

Die unterschiedlichen Reaktionsweisen von Kindern auf die Belastungen weisen *alterstypische Charakteristika* auf. Das kindliche Erleben ist abhängig vom kognitiven Reifungsgrad, von den emotionalen Bedürfnissen und den sozialen und körperlichen Fertigkeiten. Ein Kind, das seit dem Säuglingsalter aufgrund stationärer Behandlungen eines Elternteils (speziell der Mutter) wiederkehrend Trennungen durchlebt hat und keine tragfähige Bindung entwickeln konnte, ist in seiner psychischen Entwicklung stärker gefährdet (vgl. Wiegand-Grefe et al. 2011; Pretis/Dimova 2016) als ein älteres, sicher gebundenes Kind, dessen Vater oder Mutter eine psychische Krankheit entwickelt.

Kinder psychisch kranker Eltern haben ein *erhöhtes Risiko,* selbst einmal psychisch zu erkranken, und weisen die drei- bis siebenfach erhöhte Rate[13] internalisierender[14] und externalisierender[15] Auffälligkeiten gegenüber der Normalbevölkerung auf. Alle Kinder psychisch erkrankter Eltern zeigen sowohl ein erhöhtes spezifisches als auch ein erhöhtes allgemeines psychiatrisches

---

13 »Rate« meint hier das Verhältnis zwischen zwei statistischen Größen, dass die Häufigkeit von bestimmten Ereignissen bestimmt.
14 »Sammelbezeichnung für Angststörung und Depression im Kindes- und Jugendalter mit überkontrollierten Verhaltensstrategien. Klinisch zeigen sich passives, defensives und vermeidendes Verhalten, Zurückhaltung und Scheu im Sozialkontakt und z. T. auch psychosomatische Störungen. Die Symptomatik ist im Gegensatz zur externalisierenden Störung durch klinische Beobachtung schwer erfassbar« (Pschyrembel Online o. J.a).
15 »Sammelbezeichnung für Störungen des Sozialverhaltens, ADHS und Störungen mit oppositionellem Trotzverhalten im Kindes- und Jugendalter (expansive Verhaltensstörung). Die Symptomatik ist im Gegensatz zur internalisierenden Störung durch klinische Beobachtung leicht erfassbar« (Pschyrembel Online o. J.b).

Erkrankungsrisiko. Insgesamt entwickeln rund sechzig Prozent der betroffenen Kinder in ihrem Leben irgendeine psychische Auffälligkeit (vgl. Wiegand-Grefe et al. 2011). Diese Kinder bewegen sich in ihrem jungen Leben bildlich gesprochen wie kleine Akrobaten auf dem Drahtseil.

> ! Kinder psychisch kranker Eltern benötigen ein *Sicherheitsnetz* und daraus stellen sich für die Gefährdungseinschätzung im Kinderschutz weiterführende Fragen, wie z. B.:
> - *Gibt es (ausreichend) verlässliche Personen, die einen möglichen »Absturz« sichern können?*
> - *Gibt es einen gesunden Elternteil? Hat das Kind Kontakt zu diesem Elternteil?*
> - *Ist der erkrankte Elternteil krankheitseinsichtig und bereit, Hilfe anzunehmen? Gibt es eine Diagnose? Wie ist die Compliance*[16]*?*
> - *Ist der erkrankte Elternteil auf sich allein gestellt oder steht bereits eine Hilfe oder Fachkraft der Kinder- und Jugendhilfe als professionelles Helfernetz zur Seite?*
> - *Sind weitere Bindungspersonen für das Kind zur Stelle, wie zum Beispiel andere Familienangehörige oder Freunde?*
> - *Gibt es weitere Helferinnen, die das Netz spannen, wie etwa eine Patenfamilie?* Je weniger Personen um das Sicherheitsnetz stehen, desto gefährlicher ist die Situation für das betroffene Kind.
> - *Was können Kinderschutzkräfte also tun, um die Situation für Kinder psychisch kranker Eltern zu verbessern?*
> - *Was kann das System Kinderschutz aus sich heraus für Kinder psychisch kranker Eltern leisten?*

Aktuelle Erhebungen gehen von 3,8 Millionen Kindern aus, die in Deutschland im Laufe eines Jahres mit einem psychisch erkrankten Elternteil leben (vgl. Pillhofer et al. 2016; Müller/Schmergal 2017) – mit stark steigender Tendenz. Diese Zahlen bilden jedoch immer nur die Kinder ab, deren Eltern über eine Diagnose und damit über eine gewisse Krankheitseinsicht verfügen, das ist das Hellfeld. Die Eltern, die uns jedoch im Kinderschutz mindestens genauso beschäftigen, sind diejenigen, die über *keine Diagnose* verfügen. Entweder weil sie es nicht wissen oder weil sie aktiv eine Diagnose und damit auch eine Behandlung vermeiden. Deshalb muss in den Fokus von systemischem Kinderschutz rücken, diese Familien zu erkennen, zu verstehen und sie zu stärken, unter anderem durch aktive Netzwerke für KpkE (Landkreis Hildesheim 2023) und ihre Familien.

---

16 »Compliance« hat sich international als Fachausdruck für die Therapiemitarbeit und -motivation von Klienten und Klientinnen bei der Inanspruchnahme von professionellen Gesundheitsdienstleistungen in klinischen Kontexten etabliert. Vgl. https://dorsch.hogrefe.com/stichwort/compliance (Zugriff am 25.01.2023).

Für die Jugendämter und deren Steuerung der Hilfen zur Erziehung ist es wichtig, zu wissen, dass diese Familien so lange Hilfe benötigen, wie die Eltern psychisch krank sind, Hilfe in Anspruch nehmen möchten und die Kinder noch nicht selbstständig leben können. Eine Befristung der Hilfen schafft hier oft zusätzlichen Druck, der sich kontraproduktiv auswirkt. Außerdem ist eine Kooperation mit dem Bereich der Erwachsenenpsychiatrie, wie beispielsweise den Sozialpsychiatrischen Diensten (SpDi), grundlegend wichtig. Vielerorts gibt es diesbezüglich bereits Kooperationsvereinbarungen zwischen dem Jugendamt und dem SpDi, die in unterschiedlicher Form »gelebt« werden. Empfehlenswert ist es, dass, sobald die Idee entsteht, dass es sich im Kontext des Kinderschutzes um einen psychisch erkrankten Elternteil handelt, der SpDi mit am Tisch sitzt und auch im Hilfeplanverfahren begleitend hinzugezogen wird.

Die unauffällige Auffälligkeit der Kinder – ein großes (Bindungs-)Risiko

»Das Wichtigste in der Kommunikation ist, zu hören, was nicht gesagt wird.« (Peter Drucker)

Ein großes Risiko von Kindern psychisch kranker Eltern liegt in ihrer unauffälligen Auffälligkeit (vgl. Pretis/Dimova 2016). Deswegen werden sie oft auch als »vergessene Kinder« bezeichnet, denn:
- Ihre Botschaften werden vonseiten der Erwachsenen – auch der Fachkräfte – oft nicht gesehen, missdeutet oder erst sehr spät wahr- und ernst genommen;
- Fachkräfte (auch berufserfahrene) unterschätzen häufig die Anzahl psychisch erkrankter Eltern, sodass die von den Kindern kaum zu artikulierende Belastung nicht erkannt wird (vgl. Pretis/Dimova 2016).

Besonders erwähnen möchte ich im Kontext von KpkE und Kinderschutz die unsicher-vermeidend gebundenen Kinder in Einrichtungen der Kinder- und Jugendhilfe. Warum? Wir laufen als Kinderschutzkräfte Gefahr, diese Kinder in ihrem großen Stress nicht so wahrzunehmen, wie sie es brauchen. Es scheint nach außen hin so, als ob sie mit der Situation sehr gut zurechtkommen, denn sie wirken autonom, selbstbewusst und selbstgenügsam. Sie holen sich keine Hilfe und die Fachkräfte können in Belastungssituationen oder auch unter veränderten Familienkonstellationen, wie der Geburt eines Geschwisterkindes oder dem Tod eines Großelternteils, beobachten, dass das Kind augenscheinlich gut zurechtkommt.

»Vermeidend gebundene Kinder ziehen sich dann eher zurück, sitzen in ihrem Zimmer, spielen allein vor sich hin, bei Kenntnis darüber [und genauer Beobachtung] erkennt man aber, wie groß ihr Stress und ihre innere Anspannung sind. Solche Kinder haben bereits in ihrem ersten Lebensjahr gelernt, ihre Wünsche [und Bedürfnisse] nach Nähe, Schutz, Sicherheit und Geborgenheit und die damit verbundenen Gefühle zu unterdrücken und gegenüber ihren Bindungspersonen nicht mehr zu zeigen. Zu oft haben die Kinder in der Vergangenheit erfahren, dass sie in solchen Situationen eher zurückgewiesen als unterstützt werden. Sie haben daher schon im ersten Lebensjahr gelernt, mit ihrem Stress allein zurechtzukommen, diesen zu verstecken. Dabei blieb aber ihre Fähigkeit, zu spielen, zu erkunden, Freude und Spaß am Leben und den Beziehungen zu haben, teils auf der Strecke.« (Brisch 2015b, S. 56 f.)

Da diese Kinder als stabil und scheinbar autonom erlebt werden, fühlen sich Eltern und andere Bezugspersonen besonders in stressvollen Situationen entlastet, wenn die Kinder mit ihrem bindungsvermeidenden Muster so wenig fordern, dass die Erwachsenen glauben, sich nicht mehr um das Kind kümmern oder nach ihm sehen zu müssen. Allerdings ist genau dies der Fehler, denn die Eltern und auch die pädagogischen Fachkräfte sollten erkennen können, wie belastet dieses Kind ist, das nicht weint, um Hilfe bittet und auf den ersten Blick keine Symptome entwickelt. Diese Kinder benötigen in ihrer Not, dass die erwachsenen Bindungspersonen aktiv auf sie zugehen (vgl. Brisch 2015b) und sie in ihrem *Stress ko-regulieren*[17]. Sonst besteht die Gefahr, dass sie langfristig Symptome entwickeln:

»Diese Symptome entstehen, wenn die bindungsvermeidenden Kinder ihren großen Stress nicht mehr allein regulieren können und kompensieren können. [...] [Die Symptome] können psychosomatischer Art sein – wie Einnässen, Einkoten, Schlafstörungen oder Essstörungen, aber auch Aggressivität, Hyperaktivität und Konzentrationsschwierigkeiten können die Folge sein.« (Brisch 2015b, S. 57)

---

17 Die Fähigkeit zur Selbstregulation wird durch vielfältige Erfahrungen der *Ko-Regulation* durch die Bindungspersonen gelernt (vgl. Kißgen/Heinen 2011, S. 293).

4.2 Kinder von Eltern mit Bindungsstörungen und frühen Traumatisierungen

>*»Systemischer Kinderschutz bedeutet für mich Eltern dabei zu unterstützen, so zu handeln, wie sie es sich von ihren eigenen Eltern wünsch(t)en.«* (Tom Levold zit. n. DGSF 2020, S. 55)

Immer wieder ist mir in meiner Arbeit deutlich geworden, wie wichtig das Thema der Bindung für den Bereich Kinderschutz ist. Alexander Trost (2018, S. 13) fragt in seiner Einleitung: »Bindung ist alles – ist ohne Bindung alles nichts?« Er bezieht sich dabei auf den Begründer der Bindungstheorie, John Bowlby, der bereits im ersten Band seiner Trilogie »Attachment and Loss« die Wichtigkeit einer interdisziplinären Perspektive betonte, indem er diese als essenziell dafür bezeichnete, Entwicklungsprozesse bei Menschen zu erforschen. Bowlby, der in den Sechzigerjahren durch seine Arbeit mit hochbelasteten Familien erste bindungstheoretische Konzepte entwickelte, verstand es – obwohl er selbst nicht als »Systemiker« bezeichnet werden konnte –, Bindungsbeziehungen systemisch zu beschreiben: »als zirkuläre Prozesse zwischen der in einem sozioökonomischen Kontext eingebetteten primären Bezugsperson, damals in aller Regel die Mutter, und dem sich entwickelnden Säugling« (Trost 2018, S. 14). Heute sind die bindungstheoretischen Erkenntnisse unter anderem aufgrund ihrer Nützlichkeit weder aus der systemischen Praxis noch aus dem Kinderschutz wegzudenken.

Brisch (2017a) bezeichnet die sichere Bindung als das stabile Fundament der Persönlichkeit. Die emotionale Bindung des Kindes ist für sein Überleben so grundlegend wie die Luft zum Atmen und die Ernährung. Man kann so weit gehen, zu sagen, dass sie das Überleben und die Entwicklung des Säuglings sichert. In deutscher Sprache weist er darauf hin, dass wir bei dem Begriff der Bindung unterscheiden sollten, ob wir die Bindung der Eltern an das Kind oder aber die Bindung des Kindes an die Eltern meinen. Bindung ist auf Seiten des Kindes eher ein Schutzsystem *(Attachment)*, während sie auf Seiten der Bindungspersonen ein Pflege- und Schutzsystem *(Bonding)* darstellt. Auf diese Weise entwickelt sich schon beim Säugling ein Gefühl von Urvertrauen, das ihm zeitlebens als stabiles Fundament seiner Persönlichkeit zur Verfügung steht (vgl. Brisch 2017a, S. 21 f.).

Eine sichere Bindung wirkt also wie ein Schutzschirm für die psychische und physische Entwicklung von Kindern, auf den sie zurückgreifen können, wenn sie im Leben mit Belastungen konfrontiert werden (vgl. Brisch 2017a). Eine sichere Bindung sowie das Sammeln von korrigierenden, verlässlichen Bindungssituationen mit externen, feinfühligen Bindungspersonen zählen zu den wichtigen sozialen resilienzfördernden Schutzfaktoren für Kinder, denen wir im Kinderschutz begegnen.

Das bindungsunsichere Muster, wenn wir also von eher unsicher vermeidend, ambivalent oder sogar desorganisiert gebundenen Kindern sprechen, gilt als ein Risiko für die psychische Entwicklung. Das bedeutet, dass die Kinder gegenüber psychischen Belastungen weniger widerstandsfähig sind und unter Belastung eher psychische Auffälligkeiten entwickeln als bindungssichere Kinder (vgl. Brisch 2017a).

Wenn die Bindungsentwicklung nicht gelingt, können desorganisierte Bindungsmuster und Bindungsstörungen entstehen. Brisch (2017a, 2017b) fasst diese unter dem Begriff der Bindungspathologie zusammen. Damit gemeint sind bereits im ersten Lebensjahr des Kindes im Gehirn abgespeicherte pathologische Muster der Bindung, etwa zwischen Eltern und Säugling. Diese Bindungserfahrungen prägen maßgeblich das Bindungsverhalten, aber auch das Denken und Handeln des Kindes bis ins Erwachsenenalter (vgl. Brisch 2017a, 2017b).

Denken Sie bitte über Beispiele aus Ihrer Praxis zu sicherer und unsicherer Bindung nach:
- Fallen Ihnen jeweils Kinder aus Ihrer Praxis dazu ein?
- Sind darunter auch Kinder, die Sie im Kontext Kinderschutz verorten würden?
- Was denken Sie, wofür die Beschäftigung mit der Bindungsqualität in Ihrer beruflichen Praxis im Kinderschutz nützlich sein kann?

Die Unterscheidung zwischen der Bindung vom Kind zu den Eltern und umgekehrt den Eltern zum Kind ist ein Schlüsselaspekt im Rahmen von *Gefährdungsabschätzungen im Kinderschutz* und ist auch für das Thema der Kinder psychisch kranker Eltern wesentlich, wie das nachfolgende Beispiel verdeutlicht.

»Das liebe Kind«

Bei einer jungen werdenden Mutter, deren erster Sohn bereits in einer Pflegefamilie lebte und die ich im Rahmen meiner Arbeit im Jugendamt kennenlernte, zeigte sich dieser oben aufgeführte Unterschied erschreckend auffallend. Aufgrund wiederholter häuslicher Gewalt durch den aktuellen Partner und Vater des ungeborenen Kindes und der damit einhergehenden Gefährdung für Mutter und Kind, zog Frau Schmidt auf Hinwirken des Jugendamtes direkt nach der Geburt ihres Säuglings in eine Mutter-Kind-Einrichtung. Die Fachkräfte stellten fest, dass, sobald niemand anwesend war, die Mutter ihrem wenige Tage alten Säugling das Fläschchen in sein Bettchen legte und sich aus dem Zimmer entfernte. Sie konnte dabei nicht einschätzen, dass ihr Sohn diese Flasche noch nicht selbst halten konnte. Sie wurde auch dabei beobachtet, das Babyfon leiser zu drehen und sich heimlich von ihrem Säugling räumlich zu entfernen. Die Bezugsbetreuerin sagte im darauffolgenden Krisengespräch zu mir: »*Gott sei Dank hat Frau Schmidt so ein liebes Kind. Er hat noch nicht einmal geweint, obwohl er großen Hunger haben musste.*« Bei Frau Schmidt wurden kurz darauf eine emotional instabile Persönlichkeitsstörung (Borderline-Typ) sowie eine leichte Intelligenzminderung diagnostiziert.

Es handelt sich hier um ein Praxisbeispiel, bei dem sehr gut zu beobachten ist, wie das Urvertrauen von Säuglingen in den ersten Tagen und Wochen bereits extrem irritiert werden kann. Die psychisch kranke Mutter war durch ihre gesamte psychosoziale Belastungslage und ihre eingeschränkten kognitiven Möglichkeiten nicht in der Lage, einfachste Zusammenhänge zu verstehen und ihr Kind zu versorgen. Die Fachkräfte wussten jedoch bei Aufnahme nichts von der Diagnose, da Frau Schmidt bislang noch nie psychiatrisch untersucht wurde. Sie stimmte jedoch einer Diagnostik durch die Psychiaterin des Sozialpsychiatrischen Dienstes und einer darauffolgenden ambulanten Therapie in der Tagesklinik zu. Wir sehen hier auch eine klassische Fehleinschätzung der Fachkraft, denn Frau Schmidt zeigte sich nicht in der Lage, ihren neugeborenen Sohn sicher zu versorgen (Pflege- und Schutzsystem »Bonding«). Der Säugling war eben nicht »besonders lieb«, sondern er hatte in seinem kurzen Leben erlebt, dass sein Schutzsystem (»Attachment«) nicht verlässlich ist. Hier zeigten sich möglicherweise auch die Auswirkungen von pränatalem Stress im Mutterleib *in utero* und es stellt sich die Frage, welche Auswirkungen mütterlicher Stress und Trauma auf die fetale und frühkindliche Entwicklung des Kindes haben können (vgl. Buß 2016). In seinen ersten Lebenstagen ging es buchstäblich um das Überleben des Säuglings, denn er stand unter *Hochstress* und gelangte damit wiederholt aus seinem Stress-Toleranzfenster. Es war zu beobachten, dass der Säugling zwischenzeitlich »dissoziiert« war. Er hatte sich abgeschaltet.

Antonia Pfeiffer (2022, S. 42 f.) weist darauf hin, dass *Stress* sprichwörtlich aus Mücken Elefanten machen kann, wobei der Neurotransmitter Noradrenalin dabei eine bedeutsame Rolle spielt:

> »Wenn im Labor ein Medikament gegeben wird, das den Spiegel von Noradrenalin im Gehirn ansteigen lässt, führt das dazu, dass aus harmlosen Konditionierungen starke Ängste werden – ohne dass die ›objektive Gefahr‹ tatsächlich verändert wurde […]. Bei Kindern kommt dabei noch ein weiterer Faktor ins Spiel, denn sie haben bis zum Alter von etwa vierzehn Jahren oft stärkere Ängste vor Dingen oder Phänomenen […]. Ein dauerhafter erhöhter Stresspegel, wie durch Gewalt in der Familie, […] und eine dadurch

erhöhte Sensibilisierung der Amygdala, kann nun zum Beispiel dazu führen, dass sich ›harmlose‹ Ängste festigen […].«

Sie beschreibt in dem Abschnitt »Alles Amygdala, oder was?«, dass die Amygdala (auch Mandelkern genannt) oder genauer gesagt die zwei Amygdalae als »Emotionszentren« unseres Gehirns gelten, und bezeichnet diese als »wichtigste ›Festplatte‹ für unbewusste emotionale Erinnerungen« (Pfeiffer 2022, S. 43 f.).

»Eine traumatische Erfahrung unterscheidet sich nun von einer einfachen, schlimmen Erfahrung vor allem dadurch, dass wir sie als ausweglos wahrnehmen. Andere Worte, die in diesem Kontext verwendet werden, sind: Kontrollverlust, Hilflosigkeit, das Gefühl sich ausgeliefert zu fühlen oder tiefe Erniedrigung. Das entscheidende also ist nicht die objektive Gefahr, sondern wie sehr uns eine Erfahrung erschüttert und ob wir aktiv etwas tun können, um uns aus ihr zu befreien.« (Pfeiffer 2022, S. 51)

Leiden gar beide Eltern unter einer psychischen Störung, kann es zu Auseinandersetzungen zwischen beiden Elternteilen kommen. Grund dafür ist, dass beide nicht in der Lage sind, ihre Affekte zu regulieren. Erlebt ein Säugling solche Streitigkeiten oder sogar körperliche Gewalt zwischen den Eltern, muss man davon ausgehen, dass seine Hirnreifung, insbesondere die Stressregulation und die Fähigkeit zum Bindungsaufbau zu den Eltern, beeinträchtigt ist. Es ist sehr gut vorstellbar, dass diese frühen (auch vorgeburtlichen) Erfahrungen des Säuglings auf die von Pfeiffer erwähnte »Festplatte für unbewusste emotionale Erinnerungen« gelangen. Das Kind wird so massiv in seiner Entwicklung behindert und eingeschränkt. Auch nach Beendung eines Streits kommt sein Gehirn dann nicht zur Ruhe. Denn wenn ein Elternteil das Baby dann beruhigen möchte, löst dies noch größeren Stress aus: Die Mutter oder der Vater, die eben noch als aggressiv wahrgenommen wurden, nehmen nun Körperkontakt auf. Unter solchen Bedingungen kann sich das Stressregulationssystem des kindlichen Gehirns nicht normal entwickeln, sondern stellt sich auf einem hoch erregten Niveau ein. Das Baby reagiert nach der Erfahrung von häuslicher Gewalt sehr sensibel auf kleinste äußere Reize oder es schaltet sehr früh ab und dissoziiert (»friert ein«). Das Gehirn des Babys bleibt trotzdem in höchster Erregung, wodurch es dauerhaft mit dem Stresshormon Cortisol überflutet wird. Dies wiederum wirkt wie Gift auf die Gehirnzellen, die in der Folge absterben (vgl. Brisch 2013). Wir können als Kinderschutzkräfte beobachten, dass Kinder sich abschalten, wenn der Stress für sie zu hoch wird. Hier bedarf es der feinfühligen Ko-Regulation ihres Stresses durch die pädagogische Fachkraft. Diese kann beispielsweise ein visuelles (lächeln, gutes Gesicht), vokales (summen, brummen, singen) oder haptisches (berühren, über den Arm streicheln usw.) Bondingangebot sein, indem wir dem Kind Sicherheit vermitteln und es damit in seinem Stress regulieren.

Kindheitstraumata gelten mittlerweile als ein gesicherter *Risikofaktor* für die Entwicklung psychischer Störungen im späteren Leben. In epidemiologischen Studien zeigen sich bei Teilnehmern mit Traumaexposition in der Kindheit weltweit signifikant erhöhte Lebenszeitprävalenzen nahezu jeder psychischen Störung im Vergleich zu Probanden ohne Kindheitstrauma (vgl. Brückl/Binder 2017). Eine posttraumatische Belastungsstörung (kurz PTBS) kann dabei einerseits als Reaktion auf eine selbst erlebte Traumatisierung entstehen, andererseits aber auch, wenn man eine solche nur beobachtet[18] hat (vgl. Pfeiffer 2022, S. 51), wie bei dem obigen Beispiel des »lieben Kindes« der jungen Mutter Frau Schmidt. Auch sie selbst hatte frühe Traumatisierungen in ihrer Kindheit erlebt und ihre Kinder wiederum in ihrer Obhut.

> »Es handelt sich dabei nicht um normale biografische Erinnerungen an einen besonders emotionalen Moment aus der eigenen Geschichte, sondern um unbewusste emotionale Erinnerungen. Dies sind im Fall von Angst und Trauma die abgespeicherten Informationen darüber, dass ein Ort, ein Mensch oder eine Situation gefährlich sind – einhergehend mit einer schnellen, automatisierten Reaktion des Körpers. Wird diese ›Erinnerung‹ später durch etwas aus der Gegenwart oder durch bestimmte Gedanken ›getriggert‹, dann aktiviert die ›Festplatte‹ der Amygdala wiederum ihren zentralen Kern, die ›Kommandozentrale‹. Diese aktiviert dann Gehirnareale, die in Kopf und Körper für Stress sorgen.« (Pfeiffer 2022, S. 51)

Der Begriff »Trauma« stammt ursprünglich aus der Unfallmedizin und bedeutet eigentlich »die Verletzung lebenden Gewebes« (Trost 2018, S. 165). *Psychotraumata* gehören seit jeher zu den Grunderfahrungen der Menschheit und wurden doch erst in der zweiten Hälfte des 20. Jahrhunderts begrifflich geprägt. Auch wenn der Begriff Trauma heute fast umgangssprachlich und bisweilen sogar inflationär benutzt wird, ist damit eigentlich immer ein Psychotrauma gemeint (vgl. Trost 2018, S. 165). Trauma wird nach Fischer und Riedesser definiert als: »Vitales Diskrepanzerlebnis zwischen bedrohlichen Situationsfaktoren und individuellen Bewältigungsmöglichkeiten, welches mit dem Gefühl

---

18 Dies kann ebenso für Kinderschutzkräfte gelten, die Schilderungen über Gewalt, Misshandlung und Missbrauch hören, und wird als »Sekundäre Traumatisierung« bezeichnet (▶ Kapitel 12.2).

der Hilflosigkeit und schutzlosen Preisgabe einhergeht und so eine dauerhafte Erschütterung von Selbst- und Weltverständnis bewirkt« (Trost 2018, S. 165). Traumatypen werden wie folgt unterschieden.

- *Typ-1-Trauma:* Beschreibt ein einzelnes, unerwartetes und kurzes Trauma, wie einen Verkehrsunfall, eine Naturkatastrophe, einmalige traumatische Erfahrungen, einen Überfall, eine Misshandlung oder Vergewaltigung.
- *Typ-2-Trauma:* Wird auch als Komplextraumatisierung bezeichnet und definiert eher länger andauernde zwischenmenschliche Gewalterfahrungen, die als Opfer oder als Zeuge erlebt wurden, wie Gefangennahmen, Entführungen, länger andauernde Flucht- und Vertreibungsperioden mit entsprechenden Misshandlungs- und/oder Foltererfahrungen, längere körperliche oder seelische Misshandlung oder Missbrauch in der Familie. Diese Erfahrungen sind meist mit großer Scham der Betroffenen verbunden und ziehen eine große Tendenz zur Dissoziation[19] nach sich (vgl. Trost 2018, S. 166).

Traumata können bei den Eltern tatsächlich zu Erinnerungslücken führen oder auch nur zu einem verzerrten, bruchstückhaften Abspeichern des Erlebten.

> »Man könnte es auch so formulieren, dass die Erinnerungen einen dann nicht spüren lassen, dass sie vergangen sind. Dies gilt im besonderen Maß für die sogenannten Flashbacks. Dies sind Erinnerungen, die unwillkürlich und spontan im Alltag aktiv werden und meist sensorische Eindrücke der traumatischen Erinnerung aktivieren, *als würde das Trauma jetzt und hier erneut geschehen.* Das heißt, Körper und Geist erleben es und reagieren auch so, als wäre ›damals‹ tatsächlich ›jetzt‹.« (Pfeiffer 2022, S. 53)

Die in der Kindheit erlebte Gewalt wird häufig in der einen oder anderen Form an die Folgegeneration weitergegeben. Etwa in der Form, dass die unverarbeiteten Erlebnisse aus der eigenen Kindheit im Hier und Jetzt mit den eigenen Kindern wieder wachgerufen, also »getriggert« werden (vgl. Brisch 2013, S. 158). Die Neurobiologie mit ihren Forscherinnen ergänzt und bestätigt bestehendes Wissen aus der Frühförderung, Pädagogik und Psychologie. Zum Beispiel die »Bedeutung des Gehirns als auf Soziales, nicht primär auf ›Denken‹ aus-

---

19 »Dissoziation« kann auch mit »Abschaltung« übersetzt werden: »Diese Fähigkeit ist zunächst adaptiv und ermöglicht uns abzuschalten, d. h. schwierige Erfahrungen auszublenden, und so den Organismus zu schützen. [...] Dies ist in der Akutsituation sinnvoll, nicht aber im posttraumatischen Alltag, wo das fragmentarische Wiedererleben zur Übererregung und Vermeidung mit dem Verlust der Handlungskompetenz führen kann« (Trost 2018, S. 166).

gerichtetes System« (Trost 2018, S. 48). Dazu mehr im übernächsten Abschnitt. Zuerst schauen wir jedoch auf das Beziehungsphänomen der Parentifizierung als Ausdruck familiärer – adaptiver oder destruktiver – Loyalitätsbindungen.

Parentifizierung – wenn Kinder kleine Erwachsene sind

> »›Parentifizierung‹ eines Kindes veranschaulicht eine [...] Widersprüchlichkeit: wie das beschützte Objekt zugleich eine Quelle der Kraft [...] werden kann.«
> (Boszormenyi-Nagy/Spark 1995, S. 459)

Wirklich bewusst bin ich auf dieses Beziehungsphänomen in meiner Arbeit im Jugendamt (ASD) gestoßen. Ich hatte den Eindruck, dort überdurchschnittlich oft auf Eltern zu treffen, bei denen ich das unbestimmte Gefühl hatte: Hier stimmt irgendetwas nicht. Dieses Gefühl resultierte daraus, dass mein Gegenüber häufig nicht in der Lage war, mit mir ein Gespräch zu führen. Es fiel den Eltern schwer, den Blick auf das Wohl ihrer Kinder zu richten und ihre Verantwortung als Eltern zu übernehmen. Ich nahm dieses Verhalten der Eltern als eine Art eigene Bedürftigkeit wahr. So, als ob ich mich eigentlich um sie kümmern müsste bzw. sie schützen müsste anstatt ihrer Kinder. Die Eltern schätzen sich selbst oft

> »als weniger kompetent ein und ihre Beziehung zu den Kindern ist dann geprägt von Schuldgefühlen und Ängsten, die Kinder ›seelisch zu zerstören‹. Ist der elterliche Selbstwert so beeinträchtigt oder gibt es Konflikte auf der Elternebene, übernehmen die Kinder eine emotionale Stützfunktion im Sinne einer Triangulierung. Sie fühlen sich mitverantwortlich und werden mitverantwortlich gemacht für das Befinden des psychisch erkrankten Elternteils.« (Müller 2008, S. 145)

Diese beobachteten Verhaltensweisen von Eltern führen in vielen Fällen zu Verstrickungen und zum Phänomen der Parentifizierung, das am ehesten mit einer *Rollenumkehr* beschrieben werden kann (vgl. Boszormenyi-Nagy/Spark 1995). Brisch (1999) bezeichnet diese als Bindungsstörung mit Rollenumkehrung (Typ VI), sobald die folgenden Aspekte vorliegen: Das Kind zeigt Fürsorgeverhalten gegenüber der Bezugsperson und fühlt sich für diese verantwortlich. Es bleibt sowohl in einem ihm vertrauten wie auch in einem unvertrauten Umfeld stets in der Nähe seiner Bezugsperson, ist dieser gegenüber dabei freundlich zugewandt, zeigt sich übersorgt oder versucht, sie zu kontrollieren. Die Sorge des Kindes um das Wohlergehen der Bezugsperson fällt dabei als ungewöhnlich stark auf. In Bezug auf das Bindungsverhalten hat eine Umkehrung der Eltern-Kind-Beziehung stattgefunden.

Besonders in Ein-Eltern-Familien übernehmen Kinder Teile der elterlichen Aufgaben und tragen häufig übermäßig viel zur Organisation des Haushalts bei. So kümmern sie sich zum Beispiel um jüngere Geschwister, den (erkrankten) Elternteil und darum, dass dieser versorgt ist und wichtige Medikamente einnimmt. In Familien, in denen ein gesunder Elternteil vorhanden und berufstätig ist, kann es auch hier zur Überforderung kommen und ein Gefühl der Hilflosigkeit entstehen, allein als Familienmanager dazustehen (vgl. Müller 2008).

Mir hat die Differenzierung zwischen der *adaptiven und destruktiven Parentifizierung* sehr geholfen, zu unterscheiden, ob sich das Kind in der Situation noch gut entwickeln kann, obwohl es möglicherweise zeitweise, zum Beispiel durch die psychische Erkrankung eines Elternteils, belastet ist. Eine *adaptive Parentifizierung* ist besonders gekennzeichnet durch (vgl. Plass/Wiegand/Grefe 2012, S. 29 f.):

- die Berücksichtigung der kindlichen Bedürfnisse durch die Eltern,
- die Unterstützung des Kindes in der Verrichtung seiner Aufgaben
- und die Anerkennung der kindlichen Bemühungen durch die Eltern, andere Familienangehörige oder Bindungspersonen.

Müller schildert das Moment der adaptiven Parentifizierung so:

»Wie viele Kinder aus psychosozial belasteten Familien ›funktionieren‹ diese Kinder – vor allem Mädchen – gut, sie wirken reif und kompetent. Im Idealfall und bei resilienten Kindern können diese Erfahrungen biografisch integriert und verarbeitet werden. Häufig ist es jedoch zwar so, dass die Position als stabilisierendes Element im Familiensystem für die Kinder eine gewisse selbstwertstützende Funktion hat. Durch die Anpassungsleistung und ihre Rolle als kleine Helfer bzw. Erwachsene lernen die Kinder aber, ihre eigenen Erfolge und alltäglichen großen und kleinen Sorgen in den Hintergrund zu stellen. Es fällt ihnen schwer, die eigenen Bedürfnisse und Grenzen wahrzunehmen und ihre Wünsche zu äußern. Viele Kinder kämpfen als Erwachsene noch jahre- oder jahrzehntelang um Selbstbestimmung und Eigenständigkeit.« (Müller 2008, S. 146)

Auch wenn diese Sicht ein wenig negativ anmutet, sehen wir in der Praxis dass sich Kinder, die von einer adaptiven Parentifizierung betroffen sind, oft erstaunlich gut entwickeln und sich in manchen Fällen damit der Grundstein für die eigene Helferinnenkarriere im psychosozialen Arbeitsgebiet begründet.

Die *destruktive Parentifizierung* wird nach Plass und Wiegand-Grefe (2012) folgendermaßen beschrieben: Die Eltern geben ihre Elternfunktion auf und

missbrauchen das Kind für die Befriedigung eigener Bedürfnisse. Dabei werden die Bedürfnisse des Kindes vernachlässigt und es wird in eine nicht kindgerechte Rolle gedrängt, die die Generationengrenze überschreitet. Das Kind:
- übernimmt Verantwortung, die nicht alters- und entwicklungsangemessen ist,
- ordnet eigene Bedürfnisse den von den Eltern gestellten Anforderungen unter,
- erhält für die Übernahme der Anforderungen keine angemessene Anerkennung.

Dieses Beziehungsphänomen ist besonders im Kontext der Kinder mit psychisch erkrankten Eltern zu finden. Eine Metaanalyse von Studien mit insgesamt etwa 2.500 Teilnehmer:innen von der University von Alabama zeigt interessanterweise, dass die Parentifizierung allein zu einem geringeren Anteil als erwartet für das Erkrankungsrisiko von Kindern verantwortlich ist, was ebenfalls für eine differenzierte Betrachtung spricht (vgl. Plattner 2019). Berühmte Kinder psychisch erkrankter Eltern wie René Magritte und Hans-Peter (Hape) Kerkeling scheinen dies zu bekräftigen. Der Maler Magritte, der in seinem Porträt »Der Geist der Geometrie« das Verhältnis zu seiner psychisch kranken Mutter und deren Suizid aufarbeitete, zeigte damit auf sehr eindrückliche Weise die Hauptdynamik der Parentifizierung auf. Hape Kerkeling erzählt in seiner Biografie[20] »Der Junge muss an die frische Luft« von sich, seiner psychisch kranken Mutter, die sich das Leben nahm, und seiner Familie: »Immer hat da irgendwer schützend seine Hand über mich gehalten, manchmal ganz konkret, manchmal auf mir unbegreifliche Weise. Jetzt sollen Sie mich mal kennenlernen. Ich habe jetzt schon Kreislauf!« (Kerkeling 2020, S. 14).

! Der Aspekt der Parentifizierung von Kindern (psychisch kranker Eltern) hat große Bedeutung und sollte in der Einschätzung von Belastungen sowie Risiko- und Schutzfaktoren im Kinderschutz Berücksichtigung finden.

---

20 Der 2018 erschiene Film zur Biografie ist sehr zu empfehlen, bewegend und brillant gespielt.

4.3 Transgenerationale Übergabe von Traumata und Bindungsmustern

> »Das transgenerationale Geschehen bei Kindesmisshandlung und Vernachlässigung zu verstehen, bedarf einer Auseinandersetzung mit dem gesamten Familiensystem und Lebensumfeld [...].«
> (Thomas Meysen zit. n. DGSF 2020, S. 16)

Besonders interessant für den Kontext Kinderschutz im Bereich der Bindungsforschung finde ich die Frage, ob und in welcher Weise die Bindungsqualität von der Eltern- an die Kindergeneration weitergegeben wird (vgl. Brisch 2015a). Mark Wolynn, der Direktor des Family Constellation Institute in San Francisco, schreibt dazu Folgendes:

> »Aus eigener Erfahrung sowie durch meine Ausbildung und klinische Praxis ist mir heute klar, dass die Ursache womöglich gar nicht in unserer eigenen Geschichte zu suchen ist. Sie verbirgt sich eher in der Geschichte unserer Eltern, Großeltern und sogar Urgroßeltern. Auch Ergebnisse der neuesten wissenschaftlichen Studien [...] sagen uns: Traumafolgen können von einer Generation an die nächste weitergegeben werden.« (Wolynn 2020, S. 9)

Brisch (2015b) beschreibt einen eindeutigen Zusammenhang zwischen den Bindungserfahrungen der Eltern, ihrem Verhalten gegenüber ihrem Säugling und den Bindungsmustern der Kinder. Die Bindungserfahrungen der Eltern aus ihrer eigenen Kindheit und die Interaktionen mit ihren Kindern stehen also eindeutig in Zusammenhang. Dieser Aspekt kann sich im Positiven auswirken, wenn die Kindheit der Eltern geprägt war von Sicherheit, Geborgenheit, Schutz, liebevoller Unterstützung und Versorgung sowie hilfreicher und feinfühliger Pflege und altersgerechter Exploration der Welt. Dann können die Eltern ebenso feinfühlig auf die Signale ihres Kindes eingehen.

Mir ist in vielen Fällen aufgefallen, dass dieser Zusammenhang leider auch bei Eltern zutrifft, die Bindungserfahrungen gemacht haben, die von Angst, Zurückweisung, Einsamkeit, Alleinsein oder sogar von Gewalt, Vernachlässigung, emotionalem, körperlichem und/oder sexuellem Missbrauch geprägt waren. Dann besteht ein großes Risiko, dass sie genau diese Erfahrungen mit ihrem Kind wiederholen. Es sei denn, die betroffenen Eltern konnten das Erlebte mithilfe einer Trauma- bzw. Psychotherapie verarbeiten (vgl. Brisch 2015b, S. 35). Die allermeisten Eltern möchten gern mit ihrem Kind anders umgehen, als sie es selbst in ihrer Kindheit erfahren haben, und die eigene schmerzliche Kindheit auf keinen Fall wiederholen. Bedauerlicherweise haben sie jedoch oft kaum eine Chance, sich anders zu verhalten, da sie keine positiven alternativen Erfahrungen gemacht haben oder auch über keine Ressourcen verfügen, auf die sie zurückgreifen könnten: »Es ist unter Umständen ein sehr schmerzliches Erlebnis, wenn Eltern feststellen, dass sie – trotz guter Absichten – in Situationen, in denen ihr Kind etwa einen Wutanfall bekommt, ihre eigenen Gefühle und Affekte nicht mehr kontrollieren können und ›ausrasten‹[21]« (Brisch 2015b, S. 36).

Die Eltern werden durch alte Erfahrungen affektiv verstrickt und durch das aktuelle Verhalten ihrer Kinder getriggert. Deshalb sind kognitive Vorsätze wie »Ich mache mit meinem Kind alles besser« oder »Ich werde mein Kind niemals schlagen« unwirksam. Denn die Erfahrungen der Eltern stammen aus einer Zeit, in der ihre Erinnerungen und Sprache noch nicht in einer bewusstseinsnahen Form abgespeichert wurden: »Vielmehr werden die frühen Erfahrungen in sogenannten ›prozedualen‹ Erinnerungsspuren abgebildet, d. h. sie werden körpernah abgespeichert und der Körper erinnert sich an die Erinnerungen mit entsprechenden körperlichen Reaktionen« (Brisch 2015b, S. 37 f.).

Bei der transgenerationalen Weitergabe, insbesondere von unsicheren oder sogar desorganisierten Bindungsmustern, handelt es sich um eine Art *Schneeballeffekt*. »Die direkte Vererbung von Risikogenen, aber auch die direkte Weitergabe epigenetischer Veränderungen über Generationen können die Aufrechterhaltung nicht optimalen Verhaltens und hiermit auch das Risiko für psychische Erkrankungen und Verhaltensstörungen verstärken« (Strüber 2016, S. 238). Das verstärkt die Dynamik im Kinderschutz um ein Vielfaches.

Die Erkenntnisse aus der Epigenetik lehren uns, dass die Fähigkeit zur Stressverarbeitung bei Kindern, die unter diesen Umständen geboren wurden und aufgewachsen sind, deutlich verringert sein kann: »Unterschiede in der Stressverarbeitung zwischen den Kindern, die eine pädagogische Fachkraft im Alltag wahrnimmt, können also bereits durch vor- und nachgeburtliche Erfahrungen des Kindes und eine entsprechende Umprogrammierung seiner genetischen Stressempfindlichkeit bedingt sein« (Haug-Schnabel/Bensel 2017, S. 26).

> ! Eltern, die von einer transgenerationalen Übergabe von Traumata und Bindungsmustern betroffen sind, leben oft wie auf einem Minenfeld. Sie sind gewissermaßen »auf der Flucht« vor Fachkräften und Gesprächen, in denen es um Auffälligkeiten oder Probleme mit ihren Kindern geht. Teilweise kennen Sie diese Art von Gesprächen bereits

---

21 In der sehr sehenswerten Dokumentation »Wenn Eltern ausrasten« (Wieskerstrauch 2018) zeigt die Ärztin einer Kinderschutzambulanz u. a. die Gehirne, die in einem MRT aufgenommen wurden, von einem gut entwickelten, sicher gebundenen Kind und einem vernachlässigten Kind. Der Unterschied ist frappierend.

aus ihrer eigenen Biografie. Es ist für Kinderschutzkräfte wichtig, diese guten Gründe zu verstehen und auf diesen Zwangskontext, denn so erleben es die Eltern meist, zu reagieren.

4.4 Copingstrategien für Eltern und Risikofaktoren für Kinder

> »Ein Mensch, der eine bestimmte Art zu handeln gewohnt ist, ändert sich nie und muss, wenn die veränderten Zeitverhältnisse zu seinen Methoden nicht mehr passen, scheitern.«
> (Niccolò Machiavelli)

Michael Hipp (2016, S. 69–83) hat in seinem Beitrag »Kriterienkatalog zur Einschätzung der Erziehungsfähigkeit bei psychisch belasteten Eltern« sehr eindrücklich dargestellt, dass die Verhaltensweisen von insbesondere psychisch labilen und belasteten Eltern, seien sie noch so »verrückt«, erst einmal als Copingstrategien zu sehen sind. Eine genaue Abwägung im Kinderschutz, inwiefern diese eine Beeinträchtigung der Erziehungsfähigkeit nach sich ziehen, ist die andere Seite der Medaille. Denn was für die Eltern – oft eine lebenslange – Stress- und Bewältigungsstrategie darstellt, ist nicht selten auf der anderen Seite ein Risikofaktor aus Sicht des Kinderschutzes.

Allgemeine Kriterien der Erziehungsfähigkeit (vgl. Plattner 2019) betreffen die nachfolgend aufgeführten drei Bereiche:

I. Körperliches Kindeswohl
- körperliche u./o. sexuelle Gewalt,
- körperliche Misshandlungen, Münchhausen-by-Proxy-Syndrom

II. Vernachlässigung
»Kindesvernachlässigung ist eine meist längerdauernde Unterlassung fürsorglichen Handelns. Der Begriff beschreibt Unkenntnis oder Unfähigkeit von Eltern, die körperlichen, seelischen, geistigen und materiellen Grundbedürfnisse eines Kindes zu befriedigen, es angemessen zu ernähren, zu pflegen, zu kleiden, zu beherbergen, für seine Gesundheit zu sorgen, es emotional, intellektuell, beziehungsmäßig und erzieherisch zu fördern. Vernachlässigung hat eine körperliche, eine kognitive und eine psychische Ebene« (Kreis Stormarn zit. n. Plattner 2019, S. 17). Die Merkmale von Vernachlässigung sind weit gefächert und betreffen die Bereiche der psychischen (emotionalen/seelischen) sowie körperlichen Vernachlässigung, wie beispielsweise: dentale Kindeswohlgefährdung, Mangel- oder Überernährung, mangelnde

Körperhygiene, nicht ausreichende ärztliche Versorgung, nicht witterungsgerechte Kleidung, häufige Infekte, Sprachentwicklungsstörungen, Konzentrations- und Wahrnehmungsstörungen, auffälliges Sozialverhalten, Hyperaktivität, Inaktivität bis Apathie, Essstörungen und sogenannte Fütterstörungen bei Säuglingen und Kleinkindern, gestörter Schlaf-Wach-Rhythmus.

Einzelne Experten, wie z. B. Christof Radewagen, nennen auch den Substanzmittelkonsum als pränatale, vorgeburtliche Vernachlässigungsform. Hier kann sicherlich diskutiert werden, ob diese nicht eher zu einer vorgeburtlichen körperlichen Gewaltform zu zählen ist. Interessant ist es in jedem Fall, den Bereich der pränatalen Kindeswohlgefährdung generell zu benennen und damit »einschätzbar« zu gestalten.

III. Seelische Kindeswohlgefährdung

Psychische Misshandlungen umfassen Handlungen und Beziehungsformen von Sorgeberechtigten zu ihren Kindern, die in ihrer Qualität und ihrem Ausmaß chronisch ungeeignet, unzureichend und nicht dem Alter der Kinder entsprechend sind (vgl. Plattner 2016, S. 18).

Seelische Kindeswohlgefährdung ist besonders schwierig festzustellen.

Merkmale psychischer Misshandlung (nach Kindler et al. 2006) sind: Ablehnung des Kindes oder bestimmter Eigenschaften des Kindes ignorieren, herabsetzen, ängstigen, terrorisieren, isolieren, korrumpieren, zuschreiben von Eigenschaften, vorenthalten eigener Entwicklungsschritte (z. B. durch Einbindung in Sekten), chronisches Überfordern, parentifizieren und ausbeuten. Sonderformen sind das häufige Miterleben häuslicher Gewalt oder hochstrittiger, eskalierter Trennungs-/Scheidungskonflikte und damit einhergehende Loyalitäts- und Autonomiekonflikte bei den betroffenen Kindern.

Die Schwelle zu einer Kindeswohlgefährdung ist betreten bei:
- einer Einschränkung der Erziehungsfähigkeit des hauptsächlich betreuenden Elternteils oder beider Elternteile aufgrund kognitiver Verengung auf den Elternkonflikt,
- behandlungsbedingter Belastungssymptomatik auf Seiten der Eltern oder/und des Kindes,
- eingeschränkter Bewältigung altersentsprechender Entwicklungsaufgaben des Kindes
- und Fehlentwicklungen in der Eltern-Kind-Beziehung (vgl. Plattner 2019, S. 18).

Wir finden alle drei Kriterienbereiche im Feld der Eltern mit psychischen Erkrankungen (mit und ohne Diagnose)!

Hipp nennt als *Kriterien zur Einschätzung der Erziehungsfähigkeit bei psychisch belasteten Eltern* (2016, S. 71–83):
- Persönlichkeitsstruktur,
- Realitätswahrnehmung,
- dynamische Defizite,
- Bindungsregulation,
- Copingstrategien,
- defizitäre und destruktive Strukturen auf der Familienebene.

Er ergänzt, dass besonders psychisch kranke oder belastete Menschen in psychosozialen Stresssituationen von emotionalen Krisen bedroht sind.

»Um der Auslösung dieser mit existenziellen Ängsten verbundenen Zuständen vorzubeugen und die Affektregulation zu verbessern, entwickeln viele Betroffene ein ausgeprägtes Vermeidungsverhalten gegenüber belastenden Anforderungen des alltäglichen Lebens. Familien geraten dadurch in Multiproblemlagen, die sich für die beteiligten Kinder zu Hochrisiko-Konstellationen entwickeln können.« (Hipp 2016, S. 69)

Als Beispiele für *Bewältigungsstrategien der Eltern* nennt er
- ein ausgeprägtes Vermeidungsverhalten: »Hopping-Verhalten« gegenüber Institutionen (Jugendamt, Kita, Schule, Arzt).
- eine Einschränkung der Introspektionsfähigkeit: fehlende Krankheits- und Problemeinsicht (Verleugnung oder Dissoziation der Defizite und Symptome) sowie Selbstreflexion mit beeinträchtigter Fähigkeit zur Selbstkritik und Selbstbestätigung.
- eine fehlende Veränderungs- und Therapiemotivation.
- eine ungenügende Hilfeakzeptanz: ungenügende Kooperationsbereitschaft mit den unterstützenden Institutionen; mangelhafte Verbindlichkeit, Verlässlichkeit, Beständigkeit, Absprachefähigkeit.
- eine Überbetonung der Opferrolle: fehlende Verantwortungsübernahme für das eigene Verhalten, geringe Selbstwirksamkeitserwartungen, Schuldzuweisungen an die Kinder (Täterübertragung).

Diese Verhaltensweisen sind Fachkräften im Kinderschutz und aus den Jugendämtern nur zu gut bekannt. Hier ist es wieder wichtig, zu betonen, dass die Bewältigungsstrategien der Eltern in fast allen Fällen Risikofaktoren für die Entwicklung der Kinder darstellen – wie zwei Seiten einer Medaille. Es gilt diese Dynamik offenzulegen und den Eltern transparent zu machen:

- Was müssen die Eltern tun, um das Jugendamt oder die Einrichtung, die gewichtige Anhaltspunkte festgestellt hat, loszuwerden?
- Was müssen die Eltern tun, damit die Kinderschutzkräfte ihre soziale Kontrolle weiter ausbauen müssen?
- Was ist der Preis für das Ausbleiben von Veränderung?
- Was ist der Preis für eine Veränderung?

Bei *familiären Traumatisierungen,* wie plötzlichen Todesfällen oder anderen Verlusten, der Diagnose einer psychischen oder unheilbaren Krankheit sowie bei transgenerationalen Dynamiken, wie beispielsweise vergangene Holocausterfahrungen, sind mehrere Familienmitglieder, wenn nicht sogar die gesamte Familie, betroffen (vgl. Trost 2018). Einzelne Familienmitglieder können je nach Betroffenheit, Vorbelastung und Konstitution eine posttraumatische Belastungsstörung entwickeln oder wie Bessel van der Kolk es in seinem Buch »Verkörperter Schrecken« beschreibt: »Für viele Menschen beginnt der ›Krieg‹ zu Hause« (2018, S. 31). Häufig geht das gesamte Familiensystem in eine »Traumaresonanz« und entwickelt einen desorganisierten, eingefrorenen Interaktionsstil (vgl. Trost 2018). Alexander Korittko hat dazu die Metapher des »erstarrten Mobiles« geprägt, dessen bezogene, ausgewogene Bewegungen wie durch eine Schockgefrierung angehalten wurden. Die *traumabezogene Kommunikation* kann sich auf das gesamte Familiensystem ausweiten. Zudem kann das Familiensystem durch diese plötzliche Starre hoch fragil werden und das Stresssystem bei den einzelnen Familienmitgliedern in Schach halten (vgl. Trost 2018).

4.5 Kinder, Eltern und Fachkräfte mit hohem Stressniveau

»Auch unsere Stress-Autobahn braucht eine Geschwindigkeitsbegrenzung.« (Helmut Glaßl)

Wir Kinderschutzkräfte haben es in den letzten Jahren deutlich öfter mit sogenannten *verhaltensoriginellen* Kindern zu tun, die das »System Kinder- und Jugendhilfe« in Einzelfällen immer wieder an seine Grenzen führen. Dies beginnt oft schon in der Kita. Auch hier gibt es bereits stark belastete, meist externalisierende Kinder, die ich als »Kinder mit Systemsprenger-Qualitäten« beschreiben würde und die in vielen Fällen nur noch mit der Unterstützung einer Zusatzkraft betreut werden können. In manchen Fällen wird den Eltern dieser Kinder sogar der Kitaplatz gekündigt, weil die Kita nicht über genügend Kapazitäten verfügt, um die Kinder mit den üblichen Rahmenbedingungen zu betreuen. Hier beginnt vielfach bereits eine Stressspirale, die sich mit zunehmendem Alter der Kinder fortsetzt. Nicht selten führen diese Fälle direkt in den Kinderschutz, andere Kinder fallen erst als Jugendliche und andere gar nicht auf.

Die betreffenden Kinder stehen häufig im Mittelpunkt eines ganzen Systems von Hilfsangeboten, sorgen sie doch durch ihr Verhalten für Aufmerksamkeit und Handlungsbedarf. Es wird jedoch zumeist übersehen, dass in den Familien dieser Kinder eine besondere Not herrscht. Werden den Eltern und der Familie selbst keine passenden Hilfen angeboten, verebbt meist auch die Wirksamkeit der Hilfen für das Kind. Es gibt allerdings Möglichkeiten für die Kinderschutzkräfte, sich mit einer salutogenetischen, ressourcenorientierten Haltung für die Stärkung von Resilienz und Selbstwirksamkeit dieser Kinder einzusetzen, anstatt mit einem eher defizitorientierten und pathologisierenden Blick auf sie zu schauen.

Die eher internalisierenden und deshalb *unauffälligen auffälligen Kinder* (vgl. Pretis/Dimova 2016) sowie die unsicher gebundenen Kinder laufen jedoch viel eher Gefahr, von den Kinderschutzkräften übersehen zu werden. Diese Kinder zeigen ihren Stress nicht so deutlich wie die externalisierenden Kinder. Sie holen sich viel weniger Hilfe und Unterstützung. Die Mehrzahl dieser letztgenannten Kinder haben ein gewichtiges, aber eben meist noch unentdecktes Hintergrundthema. Oft haben sie Eltern(teile), die eine psychische Krankheit entwickelt haben, mit oder ohne Diagnose, oder die unter besonderen psychischen Belastungen leiden. Wie bereits oben näher beschrieben ist dies für sehr viele Eltern äußerst schambehaftet und wird deshalb von ihnen nicht thematisiert. Familien neigen eher dazu, das Thema zu tabuisieren, und das sorgt für Stress im Familiensystem. Dieses Defizit kann die gesamte Kommunikation der Familien einschränken und dafür sorgen, dass die Familienmitglieder weniger mit ihrem sozialen Umfeld in Kontakt treten – ihre Familie wird dann zu einem *geschlossenen System*. Diesen Kindern stehen tragende außerfamiliäre Beziehungen als Bewältigungsressource oft nicht zur Verfügung. Bereits erwachsene Kinder psychisch kranker Eltern berichten retrospektiv oft von den Folgen dieser sozialen Isolation: von ihrem überdauernden Gefühl der Einsamkeit und des Alleingelassenseins und der Überzeugung, dass es »keinen interessiert, wie's mir geht« (Müller 2008, S. 145). Sehen Kinderschutzkräfte die Not und sprechen die Eltern an, kann dies den Stress auch erst einmal erhöhen. Es kann aber auch den Druck, der sich im Familiensystem aufgebaut hat, verringern.

An dieser Stelle möchte ich noch näher auf die Herausforderungen eingehen, die das »moderne Kind« (Bergmann 2014, S. 101) heute an die Kinderschutzkräfte stellt. Bergmann spricht vom »Drama des modernen Kindes«, das in der Gleichzeitigkeit von Verwöhnung und dem Perfektionsanspruch der Eltern begründet liegt, auf der Basis oft unsicherer frühkindlicher Bindungen.

Er beschreibt diese Familien von heute wie folgt (S. 98 f.): »Mit dem Zuwachs individueller Freiheiten ist ein destabilisierender und verunsichernder Faktor in die moderne Familie eingezogen, der die Beziehung zum Kind auf vielfältige Weise beeinflusst« und die Erziehung des Kindes oftmals problematisch werden lässt. Der einzige Garant von Stabilität ist oft das eigene Kind, auf das die Eltern all ihre Erwartungen, Wünsche und Träume projizieren. Treten Krankheiten oder tritt ein Förderbedarf beim Kind auf, empfinden die Eltern dies teilweise als unerträgliche Störung. Das Ergebnis sind gemäß Bergmann »verwöhnte Kinder«, die er als fordernd und zugleich überempfindlich und leicht verletzlich beschreibt – impulsive und hochgradig verletzliche Kinder, die hoch im Stress sind, Nähe suchen und gleichzeitig *haltlos* sind. Für Kinderschutzkräfte ist es oft sehr herausfordernd, diesen oft stark belasteten Kindern, die meist in seelischer Not sind, gerecht zu werden. Besonders wenn sie mehrere dieser »ungehaltenen« Kinder in ihrer Gruppe oder Klasse haben.

Wie können die Kinderschutzkräfte nun diesen haltlos wirkenden Kindern in der Praxis Halt geben und helfen, ihren Stress zu regulieren? Kleinkinder unter zwei Jahren und teilweise auch ältere Kinder, gerade solche mit psychisch kranken Eltern, können ihre Emotionen allein noch nicht gut und ausreichend regulieren. Dazu benötigen sie die Unterstützung von Erwachsenen. Indem die Kinderschutzkräfte in den Einrichtungen auf die Stressreaktionen der Kinder ruhig und einfühlsam reagieren, helfen sie ihnen, in eine positive Stimmungslage zurückzufinden (vgl. Alberti 2016). »Ungehaltene« Kinder benötigen mehr und regelmäßige Ko-Regulation ihres Stresses und feinfühlige Bindungsangebote als die sicher gebundenen Kinder (vgl. Hipp 2018). Oft empfinden Kinderschutzkräfte diese Tatsache erst einmal als ungerecht und meinen, sie müssten ihre Aufmerksamkeit unter den Kindern ihrer Gruppe gleichmäßig verteilen. Was die Fachkräfte meist beruhigt, ist die Erkenntnis, dass eine stärkere Zuwendung zu den vulnerablen Kindern ihrer Gruppe nicht nur diesen hilft, sondern auch der ganzen Gruppe und damit einen wichtigen »sozialen Ausgleich« schafft (vgl. Thürnau 2021).

Die Betreuung dieser Kinder, die selbst hoch im Stress stehen, die sehr oft aus einem familiären System kommen, in dem auch ein gewisser Grad an Belastung und Stress herrscht, fordert die Kinderschutzkräfte heraus. Es schwappt in vielen Fällen eine gewisse Stressdynamik in die Einrichtung, wie hier im Beispiel eines Falles einer Kita beschrieben:

»Stressreduktion auf allen Ebenen« – Teil 1

Ich erhalte die Anfrage einer Kita, die über große Schwierigkeiten mit einem 4-jährigen Jungen berichtet. Mittlerweile fühlen sich alle pädagogischen Mitarbeiter:innen inklusive der Einrichtungsleitung von Keno gestresst. Selbst wenn an einem Tag nicht viel passiert, fühlen sich alle unter Spannung und verharren in »Hab-Acht-Stellung«. Aus Sicht der Fachkräfte zeigt Keno auffällige Verhaltensweisen wie Beschimpfen, Treten, Hauen und Schubsen anderer Kinder und auch der Erzieher:innen.

Kenos Eltern fühlen sich ebenfalls mehr und mehr belastet – besonders während der Coronapandemie. Bedingt durch damit einhergehende Einschränkungen und Belastungen durch die Arbeit im Homeoffice und die häufigeren Problemgespräche in der Kita aufgrund des herausfordernden Verhaltens, das ihr Sohn auch zu Hause situativ zeigt, äußern auch sie den Wunsch nach Unterstützung.

Keno, der vor einem Jahr die Gruppe innerhalb der Einrichtung wechseln musste, zeigt seinen Bindungspersonen, dass es ihm zeitweise nicht gut geht. Der Stress hat also alle Personen im System erreicht, und einige der Mitarbeiter:innen scheinen sich bei den anderen »infiziert« zu haben. Dadurch kann kein:e Erzieher:in für Keno der »rettende Leuchtturm« sein. Denn bei Kindern in Not wie Keno ist es erforderlich, dass die erwachsenen Bindungspersonen aktiv auf sie zugehen und sie in ihrem *Stress ko-regulieren*.[22] Gelingt dies nicht, besteht die Gefahr, dass Kinder langfristig Symptome entwickeln. Bei Keno ist dies sehr gut zu beobachten.

Das Beispiel zeigt, dass es durchaus vorkommen kann, dass Stressphänomene sich in Einrichtungen festsetzen und sogar ganze Teams lähmen können. Für Kinderschutzkräfte und besonders für die InsoFas gibt es multiple Belastungen in der Praxis, die Stress produzieren und sogar sekundäre Traumatisierungsprozesse auslösen können. Deshalb werden in dem Kapitel »Selbstfürsorge im Kinderschutz« (▶ Kapitel 12.3) hilfreiche Stressreduktions- und Selbstfürsorgetechniken vorgestellt – dort folgt auch der zweite Teil des Fallbeispiels. Verfügen die Kinderschutzkräfte selbst über diese Techniken, so kann dieses Wissen auch an Kinder und Eltern weitergegeben werden. Dies eröffnet spannende Möglichkeiten, diese Stressdynamiken zu unterbrechen.

! Der Umgang mit vulnerablen und »haltlosen« Kindern in der Kinder- und Jugendhilfe verlangt den Kinderschutzkräften eine Menge ab. Achten Sie deshalb gut auf sich, Ihre Empfindungen und Wahrnehmungen. Denken Sie daran, sich bei Bedarf eine fachliche Unterstützung zu organisieren, und nutzen Sie regelmäßig eine passende Selbstfürsorgetechnik für sich.

---

22 Kinder schauen sich die Fähigkeit zur Selbstregulation durch vielfältige Erfahrungen der *Ko-Regulation* von den Bindungspersonen ab und erlernen sie dabei (vgl. Kißgen/Heinen 2011, S. 293).

Kapitel 5   Problemkompass im Kinderschutz

»Wer nichts zur Lösung beiträgt, ist Teil des Problems.«
(McKinsey)

Haben wir Fehler im System Kinderschutz oder Fehler mit System, fragen Tsokos und Guddat, oder wie könne es sonst sein, dass unser »Kinderschutzsystem mit so grausamer Regelmäßigkeit« versagt (Tsokos/Guddat 2019, S. 157)? Viele Jugendämter sind unter Druck, denn sie leiden unter dem zunehmenden Fachkräftemangel und häufigen Fachkräftewechseln. Ausgebrannt und abgestumpft engagieren sich die »Wächter des Kindeswohls« und hatten sich das während ihres Studiums doch möglicherweise ganz anders vorgestellt: nämlich, »dass sie einmal als Ritter in glänzender Rüstung kleine Kinder retten würden. Doch dann mussten sie erkennen, dass die Rüstung rostig ist und das Schwert, mit dem die die Kinder verteidigen wollen, stumpf und von Rost zerfressen« (Tsokos/Guddat 2019, S. 59). Auch wenn diese Perspektive eher defizitär ist und die Stärken und Kompetenzen von Kinderschutzkräften nicht berücksichtigt, so lassen doch immer wiederkehrende Kinderschutzfälle die Gesellschaft erschreckt, bewegt und ratlos zurück. Welche Dynamiken und Muster können Kinderschutzkräfte – neben den belastenden Rahmenbedingungen, wie etwa zu hohen Fallzuständigkeiten, deutlich zunehmenden und immer komplexeren werdenden Fallkonstellationen – so beeinträchtigen, dass sie in den Fallverläufen zu Fehlern führen? Wir blicken in diesem Kapitel auf ausgewählte Dynamiken und Muster.

Prozesse im Kinderschutz sind hoch dynamisch. Dies lässt sich exemplarisch an dem *Missbrauchsfall in Lügde* nachvollziehen:

»Mit der Pressekonferenz der Kreispolizeibehörde Lippe am 30. Januar 2019 wurde bekannt, dass auf einem Campingplatz im nordrhein-westfälischen Lügde-Elbrinxen gegen eine große Anzahl von Kindern langjährig sexualisierte Gewalt ausgeübt wurde. Der Haupttäter wird später unter anderem wegen schweren sexuellen Missbrauchs in 223 Fällen verurteilt. Es kommt zur Verurteilung weiterer Täter. Beim Haupttäter war ein Mädchen aus Niedersachsen untergebracht, für welches das Jugendamt des Landkreises Hameln-Pyrmont Vollzeitpflege gewährt hat. Der Fall erlangt bundesweite Aufmerksamkeit. [...] Schnell geriet in den kritischen Fokus der öffentlichen Berichterstattung, dass das Mädchen vom zuständigen niedersächsischen Jugendamt mehr als zwei Jahre als Pflegekind beim Haupttäter belassen wurde und während dieser Zeit der Begleitung und Kontrolle die sexualisierte Gewalt nicht erkannt wurde.« (LPN 2020, S. 6)

Welche Dynamiken konnten dazu führen, dass in diesem Fall Aspekte nicht gesehen und Standards im Verfahren nicht berücksichtigt wurden, sodass offensichtlich so viele verheerende Fehler gemacht wurden? Hier ein Auszug aus dem Abschlussbericht:

> »Insgesamt gibt die nicht den durch den Landkreis vorgegebenen Standards entsprechende unzureichende Aktenführung Anlass zu deutlicher Kritik. Die Akten sind nicht chronologisch angelegt. Sie enthalten überwiegend keine Eingangs- oder Ausgangsvermerke, so dass zum Beispiel überwiegend nicht erkennbar ist, zu welchem Zeitpunkt sich die Teams ASD und PKD[23] untereinander unterrichtet haben. Die unzureichende Aktenführung ist eine der Fehlerquellen.« (Frenzel 2020, S. 20)

Ich werde an diesen Kinderschutzfall im weiteren Verlauf des Buches wieder anknüpfen.

Über die Jahre konnte ich im Kinderschutz bestimmte Aspekte lokalisieren, die je nach Kontext wie *Triebfedern* oder *Dimmer* in Prozessen wirken. Deshalb möchte ich Sie in diesem Kapitel auf ausgewählte Einflüsse hinweisen, die uns in der Arbeit im Kinderschutz begegnen. Diese Aspekte erheben im Sinne einer systemisch-konstruktivistischen Betrachtung keinen Anspruch auf Wahrheit oder Vollständigkeit. Indem wir davon ausgehen, dass jeder Mensch seine eigene höchst subjektive Wahrnehmung besitzt und die Bewertung der eigenen Wirklichkeit vertritt, sind die folgenden Beiträge vielmehr als Hypothesenbildung zu sehen. Diese Betrachtung soll Entwicklungen aufzeigen, die in einzelnen Kontexten problematisch wirken können und deshalb auch im sechsten Kapitel zu einer Lösungsperspektive beitragen sollen. Ich wünsche Ihnen spannende Perspektiven bei den folgenden *fünf Wirkhypothesen*.

---

23 Die Abkürzungen stehen für den »Allgemeinen Sozialen Dienst« sowie für den »Pflegekinderdienst« innerhalb des Jugendamtes.

5.1 Die 180-Grad-Dynamik

> »In der Mitte von Schwierigkeiten liegen die Möglichkeiten.« (Albert Einstein)

Als InsoFa frage ich mich des Öfteren, wie es dazu kommt, dass ich als Fachberatung im Kinderschutz nicht früher angefragt werde. Stattdessen ist zumeist bereits eine lange Betreuungszeit vergangen, in der den Kinderschutzkräften augenscheinlich nichts aufgefallen ist. Fachberatungsanfragen stauen sich dann kurz vor dem Betreuungsende, beispielsweise wenn Kinder aus der Kita in die Grundschule wechseln, oder vor den Sommerferien. Dieses Phänomen kennen auch die meisten ASDler:innen sehr gut. Dann scheinen – wahrscheinlich durch die zeitliche Begrenzung – vermehrt Wahrnehmungen und Beobachtungen bei den Kinderschutzkräften an die Oberfläche zu gelangen. Da ich diese Prozesse in der Praxis sehr oft beobachtet habe, stellen sie nach meiner Wahrnehmung *die Top-1-Dynamik im Kinderschutz* dar. Die Grundlage ist ein intrapsychischer Konflikt, der eine hohe Emotionalität der Kinderschutzkräfte befördert. Und das lokalisiert sich an zwei Polaritäten, einem eher internalisierenden Pol und einer externalisierenden Polarität, die ganz gegensätzlich wirken. Die nachfolgende Skizze 1 versucht dies zu visualisieren:

Abb. 1: 180-Grad-Dynamik im Kinderschutz

Die Bezeichnung »180-Grad« beschreibt ein dynamisches und teilweise sprunghaftes Hin- und Herpendeln zwischen den folgenden beiden Polaritäten.
- *Stabilität*, wie z. B. Vermeidung, »Kopf in den Sand«: Kinderschutzkräfte sehen, hören und/oder sagen aus von außen nicht nachvollziehbaren Umständen nichts, obwohl die gewichtigen Anhaltspunkte für Außenstehende ersichtlich sind. Das ist die eine Polarität, die ich oben als »nichts sehen, hören, sagen« zeichnerisch dargestellt habe.
- *Dynamik*, wie z. B. Hysterie, Erwartungen oder Emotionalität, »Da muss man doch sofort; da muss doch das Jugendamt ...«: Werden den Kinderschutzkräften gewichtige Anhaltspunkte, gern in Bezug auf sexuelle Gewalt oder Missbrauch, bei Kindern bekannt, setzt oft eine stark emotive Reaktion bis hin zur Überreaktion ein.

Der Versuch, diese Beobachtungen systemtheoretisch einzuordnen, führte mich zu der Beschreibung von Simon, Clement und Stierlin (1999, S. 304 f.): die »Fähigkeit eines dynamischen Systems, ein durch Umwelt beeinträchtigtes Gleichgewicht wiederherzustellen und neu entwickeln zu können«. Sie beschreiben eine komplexe Form nach W. R. Ashby (1952) als sogenannte »Ultrastabilität«. Diese liegt nach ihrer Darstellung vor, »wenn ein System die folgenden Bedingungen erfüllt:
- Es ist stabil, d. h. es verfügt über die Fähigkeit, seinen Zustand gegenüber einer bestimmten Klasse von Störungen aus der Umgebung aufrechtzuerhalten;
- falls weitere Formen aus der Umgebung auftreten, denen gegenüber das System den bestehenden Zustand nicht mehr aufrechterhalten kann, wählt es unter den ihm zur Verfügung stehenden verschiedenen Verhaltensweisen so lange neue aus, bis es wieder einen stabilen Zustand erreicht hat« (Simon et al. 1999, S. 304).

Das System muss also die Möglichkeit haben, unter mehreren Verhaltens- und Reaktionsweisen zu wählen und dabei *sprunghaft* von einer zur anderen überzugehen (vgl. Simon et al. 1999). So kann erst einmal eine gewisse Stabilität eines in sich jedoch eher starren Systems, das als Ausdruck einer irritierten Anpassungsfähigkeit verstanden wird, wiederhergestellt werden. Diese könnte auch als *Homöostase* verstanden werden, die einen »Sonderfall eines Gleichgewichtszustand, bei dem durch Rückkoppelungsmechanismen bestimmte Größen [...] in einem System konstant bzw. innerhalb bestimmter Grenzen gehalten werden« (Simon et al. 1999, S. 135), beschreibt. Teilweise wurden durch den Begriff der Homöostase pathologische Mechanismen und Systeme beschrieben, die sich unter anderem durch mangelnde Flexibilität und Entwicklungsfähigkeit auszeichneten.

»Na ja, du bist da halt empfindlich«

In einer Qualifizierungsveranstaltung zum Thema »Kinderschutz und sexueller Missbrauch«, in der es auch um Selbsterfahrung geht, erzählt eine junge Erzieherin, dass sie selbst sexuelle Gewalt erlebt hat. Sie befinde sich in Therapie und gehe auch offen mit dem Thema um. So habe sie dies auch offen in ihrem Team erzählt. Sie selbst sei auch sehr aufmerksam, was mögliche Signale bei Kindern angeht. Sie kann sich gut einfühlen und spricht ihre Sorgen und Beobachtungen auch gern in den Fall- und Teambesprechungen an. Ihr Problem sei aber nun, dass ihre Kolleg:innen diese nicht ernst nehmen und sogar abtun: »Na ja, du bist da halt empfindlich« oder »Siehst du das nicht ein bisschen zu eng?« usw. Ich gab ihr daraufhin die Rückmeldung, dass sie aus meiner Sicht ganz sicher eine besondere Fähigkeit besitzt, weil Sie etwas er- und überlebt hat, was andere Fachkräfte nicht erfahren haben, und die psychotherapeutische Aufarbeitung sie offen und sensibel für die Signale der Kinder macht. Ihr eigenes Trauma wirkt nicht mehr als »blinder Fleck«, sondern als besondere Fähigkeit und Ressource als Kinderschutzkraft. Das macht aus meiner Perspektive eine besondere Qualität aus. Dieses Feedback hat sie sehr darin bestärkt, sich und ihre Wahrnehmungen ernst zu nehmen und auch fachlich anderen gegenüber zu vertreten.

Das Beispiel zeigt einen Versuch der Kolleg:innen, die Stabilität zu wahren, indem sie nicht genau hinsehen und die Beobachtungen der Kinderschutzkraft als überempfindlich bewerten, während der jungen Erzieherin – aufgrund ihrer eigenen biografischen Erfahrungen – ein reflektierter und differenzierterer Blick auf die Thematik möglich ist. Hier ist eine Kinderschutzfachkraft sensibilisiert und spezialisiert auf ein Thema, das ihr sehr wichtig ist. Aus systemischer Sicht macht das für ein Team einen wichtigen Unterschied. Es scheint in der beschriebenen 180-Grad-Dynamik zwischen den beiden Polen in manchen Fällen wenig Möglichkeiten zum Umgang mit der jeweiligen Situation im Kontext Kinderschutz zu geben. Und es ist in diesen Fällen erst einmal nur beobachtbar, dass der Zustand von Kinderschutzkräften von einem wenig aktiven in einen überaktiven, teils hysterischen Zustand umschlägt, wie nachfolgend dargestellt (Skizze 2):

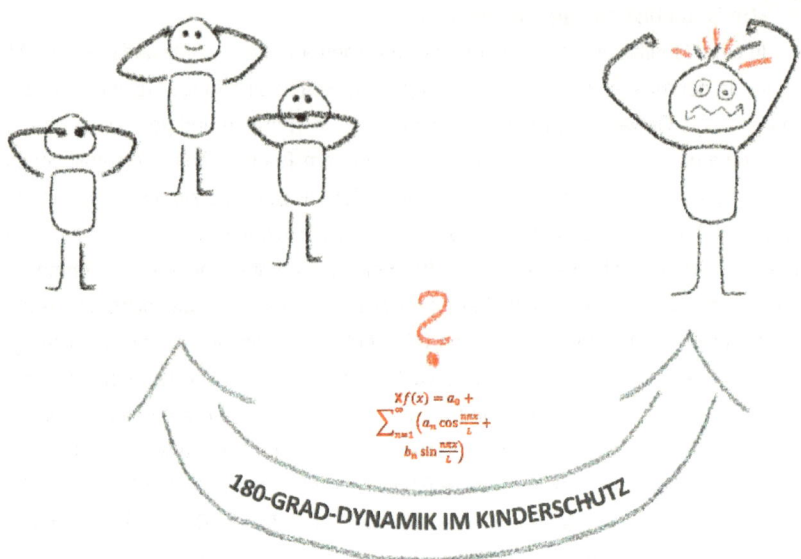

Abb. 2: Unklare Ausgangslage für einen Stimmungswechsel innerhalb der 180-Grad-Dynamik

Die Skizze 2 stellt exemplarisch dar, dass nicht klar ist (dargestellt durch die Formel in der Mitte), was das Pendel sprunghaft von einer Seite zur anderen ausschlagen lässt und die Befindlichkeit der Kinderschutzkraft demensprechend verändert.

Hier wieder ein Querbezug zum Kinderschutzfall Lügde. Auch im Fall des Pflegekindes auf dem Campingplatz in Lügde-Elbrinxen sind zu mehreren Zeitpunkten Mitteilungen mit gewichtigen Anhaltspunkten für eine Gefährdung im Jugendamt eingegangen (vgl. Frenzel 2020). Von verschiedenen Seiten wurde die Vermutung, es handele sich beim Haupttäter um einen Pädokriminellen, oder ein Missbrauchsverdacht geäußert. Gleichzeitig wurde dem Kind von denselben oder anderen Stellen immer wieder »eine insgesamt positive Entwicklung« bescheinigt (Frenzel 2020, S. 24, 26, 27). Im weiteren Verlauf kamen aus der sozialpädagogischen Familienhilfe kritische Hinweise zur Wohnsituation und zum Erziehungsverhalten des Haupttäters mit der Einschätzung einer chronischen Kindeswohlgefährdung. Die Informationen haben bei den Gefährdungseinschätzungen nicht zu einer veränderten Bewertung geführt und wegen der Versorgung und Erziehung des Kindes an einem Punkt lediglich zur Annahme einer geringen Gefährdung (vgl. Frenzel 2020). Aus heutiger Sicht wissen wir, dass die Einschätzungen *falsch* waren. Dies gibt Anlass, sich zu vergewissern, »wie eine möglichst hohe Qualität bei der Wahrnehmung der anspruchsvollen jugendamtlichen Aufgabe der Gefährdungseinschätzung sichergestellt und entwickelt werden kann« (LPN 2020, S. 7). In diesem Fall scheint sich ein ganzes System (Jugendämter) auf dem linken Pol bewegt zu haben. Wie ist das möglich?

Könnte es sich im Kinderschutzfall Lügde möglicherweise um eine Art Stabilitätskonzept im Sinne einer – im Kontext des Kinderschutzes nicht zielführenden – Homöostase handeln?

Wie das Eingangszitat schon andeutet, liegt der Möglichkeitsraum oft in der Mitte, also zwischen einer Ambivalenz von Polaritäten und der Ausgewogenheit. Es ist in erster Linie nützlich, den Zustand dieser 180-Grad-Dynamik wahrzunehmen und zu würdigen.

Sie können sich die folgenden Fragen stellen:

- *Was sind jeweils die Vor- und Nachteile dieser Polaritäten?*
- *Was ist ihr Preis?*
- *Wie sind sie mit der gesetzlich definierten Aufgabe im Kinderschutz vereinbar?*
- *Wie kann ich/können wir meine/unsere Flexibilität und Professionalität in diesem Kinderschutzprozess wiederherstellen?*

Fundiertes Wissen im Kinderschutz und Erfahrung in Verfahren und Ablauf helfen in die Mitte der Ausgewogenheit zu finden und damit eine *professionelle Balance* zu erreichen, aus der gut durchdachte Entscheidungen getroffen werden können.

Die folgenden »Leitplanken« können Sie einüben und beherzigen, damit Sie in Ihrer professionellen Balance und Kompetenz (in der Mitte) bleiben können[24]:

- *In der Ruhe liegt die Kraft!* (▶ Kapitel 6.2): Bleiben Sie ruhig, atmen Sie durch, »klopfen« Sie bei zu hoher emotionaler Betroffenheit (Selbstfürsorge) (▶ Kapitel 12.3), sprechen Sie mit einem/einer Kolleg:in.
- *Haltung der Hoffnung und Zuversicht* (▶ Kapitel 6.2): Sagen Sie sich »Ich kriege das hin!« und nutzen Sie Ihren Humor »Auch im Kinderschutz wird nur mit Wasser gekocht, das wäre doch gelacht!«.
- *Gehen Sie in die (systemische) Diagnostik* (▶ 9. Kapitel): Beraten Sie den Fall im Team

---

24 Sind Sie eine InsoFa, die beispielsweise andere Fachkräfte berät, passen Sie die »Leitplanken« bitte für Ihren jeweiligen Praxiskontext an.

und/oder kontaktieren Sie Ihre für Sie zuständige InsoFa für eine Gefährdungsabschätzung.
- *Schritt für Schritt:* Gehen Sie in Ihrem Verfahren einen Punkt nach dem anderen durch. Falls Sie sich nicht erinnern, schauen Sie in Ihr Schutzkonzept (▶ Kapitel 11.1).
- *Organisieren Sie sich Supervision oder anderweitige Fachberatung!* Verarbeiten Sie den bewältigten Fall, damit Sie für den nächsten offen sind. Denn nach dem Fall ist vor dem Fall! Sie lernen bei jeder Gefährdungsabschätzung und jedem Kinderschutzfall dazu und Sie tun Gutes! Also zögern Sie nicht, werfen Sie sich »kopfüber« in den Fall und kommen Sie in Ihren *Flow!*

Dieser angestrebte Zustand kann im Sinne einer *Autopoiese* verstanden werden, also als Selbstorganisation lebender Systeme und als Prozess, durch den ein lebendes System sich selbst als Einheit erzeugt, die sich von ihrer Umgebung unterscheidet (vgl. Simon et al. 1999). Last but not least sollte die Möglichkeit bestehen, Unterstützung und Beratung von außen hinzuzuziehen. Denn mehrere Augen sehen in der Regel auch mehr. An dieser Stelle möchte ich auch im Hinblick auf den Fall in Lügde gern noch Steve Jobs zitieren, denn: »Wer nach vorne blickt, weiß nie, was wirklich Sinn ergibt. Nur im Rückblick erscheint etwas logisch.« Wir können in der Retrospektive viele einzelne Aspekte ausmachen, die fehlerhaft waren und die im Vier- oder Sechs-Augen-Prinzip der Gefährdungsabschätzung ausgeschlossen sein sollten, jedoch nie die gesamte Dynamik.

Systemischer Kinderschutz beinhaltet den Blick auf Polaritäten. Als »Anwalt der Ambivalenz«[25] können systemisch beratende InsoFas nicht förderliche, para-funktionale[26] oder gefährdende Dynamiken lokalisieren und thematisieren, sodass die Mitte zwischen den Polen gestärkt wird und neue Perspektiven, Möglichkeiten sowie Handlungssicherheit für die Kinderschutzkräfte entstehen. Daraus resultierend kann auch der Blick auf und der Schutz der Kinder besser gelingen.

---

25 Siehe dazu mehr in ▶ Kapitel 7.2 »Anwältin der Ambivalenz respektive ›Anwältin des Kindes‹«.
26 »Parafunktional« meint hier *nicht (mehr) funktional.* Eine Verhaltensweise, ein Symptom oder eine Dynamik war vielleicht einmal funktional, ist es aber nicht mehr.

5.2 Verstörungen, Verstrickungen und isomorphe Muster auf der Erwachsenenebene

> »Es ist erstaunlich, wie scheinbar unlösbare Dinge doch zu bewältigen sind, wenn jemand zuhört. Wie sich scheinbar unentwirrbare Verstrickungen in relativ klare, fließende Bewegungen verwandeln, sobald man gehört wird.« (Carl Rogers)

»Kinderschutz, Kinderschutz … wir arbeiten hier in erster Linie mit den Eltern«, sagte mir ein Mitarbeiter aus einem Jugendamt in einer Veranstaltung. Diese Reaktion folgte auf eine kindeswohlbezogene Aussage meinerseits und schockierte mich in diesem Moment ziemlich. In dieser Reaktion spiegeln sich die oben (▶ Kapitel 3.1) beschriebenen engen, mittleren oder eben weiteren Auslegungen von Kinderschutz wider. Ich hatte über einen weiter ausgelegten Kinderschutz gesprochen, der Jugendamtsmitarbeiter beschrieb einen engen, intervenierenden Kinderschutz und so kamen wir auf keinen gemeinsamen Nenner. Biesel und Urban-Stahl (2022, S. 43) bezeichnen das Kindeswohl als einen unscharfen und normativ aufgeladenen Begriff, der nicht einfach bestimmt werden kann, sondern interpretationsbedürftig ist.

»Kinderschutz ist ein Elternrecht« (vgl. DGSF 2020, S. 44), so formuliert das Grundgesetz im sogenannten »Elternrecht« die Elterliche Sorge als ein »natürliches Recht« der Eltern und zugleich als »die zuvörderst ihnen obliegende Pflicht« (Biesel/Urban-Stahl 2022, S. 177). Das *Dreiecksverhältnis zwischen Eltern, Kind und Staat* ergibt sich ebenfalls durch das Grundgesetz. Dort »wird die Notwendigkeit gesehen, Kinder als eigene Grundrechteträger, die auf den Schutz und die Fürsorge von Erwachsenen angewiesen sind, gegen eine missbräuchliche Ausübung dieses Elternrechts zu schützen« (Biesel/Urban-Stahl 2022, S. 177). Neben das Elternrecht stellt das Grundgesetz somit das staatliche Wächteramt: »Über ihre Betätigung wacht die staatliche Gemeinschaft« und ermöglicht in einem eng beschriebenen Rahmen die Eingriffe in das Recht der Eltern (Biesel/Urban-Stahl 2022, S. 177).

In der Praxis fällt mir immer wieder auf, dass die Beschäftigung und Gesprächsführung mit den Eltern einen bestimmten Raum einnimmt, wohingegen die Einbeziehung der Kinder im Vergleich dazu deutlich zu kurz kommt. Es ist wichtig, sich das Dreieck Eltern – Kind – Staat auch diesbezüglich vor Augen zu halten. Die Kinder haben durch die Kinderrechte neben den Schutz- und Förderrechten auch anerkannte *Beteiligungsrechte,* die sich natürlich auch auf den Prozess im Kinderschutz beziehen. Die Frage ist also, wie die Kinder einbezogen werden können, nicht ob. Deshalb nimmt auch die Gesprächsführung mit den Kindern (▶ Kapitel 10.1) in diesem Buch einen großen Anteil ein. Dies ist in der Praxis jedoch nicht immer zu beobachten und kann vielfältige Gründe haben. Denn auch in der Arbeit und Beratung mit Eltern im Kinderschutz gibt es viele Dynamiken und Fallstricke, die Kinderschutzkräfte zu Fehleinschätzungen verführen können. Ich habe diese hier unter *Verstörungen und Verstrickungen* etikettiert und beschreibe sie nachfolgend.

> Eine *Verstörung* und/oder *Verstrickung* kann bei Kinderschutzkräften bewirken, dass die Beteiligungsrechte der betroffenen Kinder im Kinderschutz nicht gesehen, übersehen oder übergangen werden.

Als *Verstörungen* versteht man in der systemischen Therapie und Beratung eigentlich die Idee der Verstörung von Mustern (vgl. SG 2022a). Mehr und mehr ging man dazu über, tiefgreifende Hypothesen über das Zustandekommen einer Störung zu finden. Infolgedessen begreifen wir ein Problem als »Muster«, als eine vielfältig entstandene Form des zwischenmenschlichen Miteinanders. An die Stelle der »Behandlung der Ursachen« trat damit die Idee, dass es vor allem darum gehe, das gewohnte Muster des Umgangs zu unterbrechen, zu »verstören«, sodass es nicht mehr so wie gewohnt ablaufen kann. Schiepek erklärt dies so: »Verhalten ist flexibel und reagibel. Nach Anregungen oder ›Verstörungen‹ von außen kehrt es nicht wieder auf die gleiche Bahn [...] zurück, bleibt aber entweder im selben Muster (Attraktor) oder wechselt den Attraktor« (1999, S. 158). Humberto Maturana prägt den Begriff »Pertubation«, der im Systemischen unter anderem von Kurt Ludewig mit »Verstörung« betitelt wurde (vgl. von Schlippe/Schweitzer 2016, S. 208). Maturana beschrieb es selbst so: »Ich benutze diesen Begriff zum einen, weil er allgemein ist und zum anderen, um auf Interaktionen hinzuweisen, die das System stören, aber nicht zerstören« (Ludewig/Maturana 2006, S. 46).

Der Fall Lügde zeigt uns exemplarisch, dass auch die Beteiligung von Eltern im Hilfeplanverfahren »verstört« sein kann. Die Mutter des bei dem Haupttäter durch den Pflegekinderdienst des Jugendamts Hameln-Pyrmont untergebrachten Mädchens wurde nicht ordnungsgemäß beteiligt:

> »Im Fall des Pflegekindes auf dem Campingplatz in Lügde-Elbrinxen wurden die Eltern bzw. die personensorgeberechtigte Mutter nicht ausreichend beraten und unterstützt. Hinweise auf Unterstützungsbedarf wurden nicht weiterverfolgt, es gab keine ausreichenden Bemühungen mit der Mutter in Kontakt zu kommen, sie wurde nicht über die Folgen der Fremdunterbringung für die Entwicklung des Kindes beraten und hätte stärker in die Perspektivklärung und Entscheidungsfindung einbezogen werden müssen.

Zudem fand keine angemessene Beteiligung der Mutter am Hilfeplanverfahren statt. Sie wurde letztlich nicht einmal mehr zu Hilfeplangesprächen eingeladen.« (Frenzel 2020, S. 58)

Dies bestätigte sich auch in einem Gespräch der Kommission mit der Mutter (vgl. LPN 2020, S. 16). Hier fragt man sich als Beobachter:in, was die fallführenden Kinderschutzkräfte dazu geführt hat, die sorgeberechtigte Mutter nicht am Prozess zu beteiligen.

Auch wenn Eltern den Kinderschutzkräften etwas anvertrauen, kann das zu Irritationen führen. Darf die Fachkraft dieses »Geheimnis« weitersagen? Das folgende Beispiel zeigt diese Form der *Verstrickung* von Kinderschutzkräften:

»Das war doch abgesprochen!«
In einem Hilfeplangespräch erzählt die Mutter, dass sie »ab und zu Alkohol und Marihuana konsumiert, um sich ›abzuschießen‹«. Sonst halte sie den Alltag mit den Kindern nicht aus. Sie schaut dabei die sozialpädagogische Familienhelferin (SPFH) an und sagt: »Frau Müller, das war ja mit Ihnen so abgesprochen.«
Die junge Mutter lebt mit ihren Kindern im Alter von einem und drei Jahren zusammen und es kam mit ihren wechselnden Partnern immer wieder zu kindeswohlgefährdenden Situationen. Die SPFH hat in der Familie unter anderem einen Schutzauftrag vom Jugendamt erhalten. Der SPFH ist die Aussage der Mutter sichtlich unangenehm, da von diesem Inhalt nichts in dem Vorbericht zu finden war. Die Mutter hatte es der SPFH als »vertraulich« in einem Gespräch anvertraut.

Hier wurde von der Familienhelferin eine Art von »Geheimnis« angenommen. Die Folgen dieser Interaktion zwischen der Mutter und der SPFH kann als eine *Verstrickung* bezeichnet werden, die dafür sorgt, dass die Kinderschutzfachkraft in ihrem Schutzauftrag förmlich ausgehebelt wurde. Salvador Minuchin verwendete den Begriff der Verstrickung erstmals als Merkmal einer Gruppe von Slumfamilien und beschreibt damit, wie einzelne familiäre Subsysteme sich gegeneinander abgrenzen und zueinander in Beziehung treten (vgl. Simon et al. 1999, S. 341 f.). Er beobachtete ob und wie in Familien Rollen definiert und ausgeübt werden. Dabei scheinen sogenannte »verstrickte« Familien offensichtlich Schwierigkeiten dabei zu haben, diese Definitionen und Funktionen festzulegen und ihre Beziehungen infolgedessen zu strukturieren. In diesen verstrickten Familiensystemen ist sehr oft die Autonomieentwicklung eingeschränkt, es gibt wenig Differenzierungsmöglichkeiten und es werden hohe Loyalitätsanforderungen an die Einzelnen gestellt (vgl. Katschnig 2000). Im obigen Beispiel ist die Mitteilung des vertraulichen und kindeswohlgefährdenden Inhalts der Mutter wie eine »intersubjektive Fusion« oder auch als ein *Verschmelzungsangebot* zu verstehen. Als ein »Zustand extremer Bindung zwischen zwei oder mehreren Personen und zugleich ein Grundzug geschlossener, ›symbiotischer‹ Familiensysteme, die einen Dialog zwischen Menschen verhindert, weil sie in einem ›amorphen Wir‹« gefangen sind (Boszormenyi-Nagy zit. n. Simon et al. 1999, S. 152).

Es finden sich immer wieder sogenannte »isomorphe Muster« zwischen dem Helfer – und dem Familiensystem. Man könnte sagen, dass die beiden Subsysteme (das der Familie und das des Helferteams) durch ihre Interaktion ein neues (oder mehrere neue) Muster und damit ein Suprasystem erzeugen (vgl. de Shazer 2012). Diese Sicht der miteinander verflochtenen Beziehungsfelder (der Kinderschutzkraft und der Familie) könnte man mit Moiré-Mustern[27] vergleichen, bei denen zwei unabhängige Muster durch Interaktion ein neues Muster erzeugen (vgl. Simon et al. 1999). Da, wo man ähnliche oder korrespondierende Muster erkennt, spricht man besonders bei »synchronen« Mustern von Isomorphie als einem Teil einer Isodynamik. »Angesichts der Isomorphie und Isodynamik unterschiedlicher Systemebenen können dabei Ansatzpunkte im individuellen wie im interpersonellen Bereich liegen« (Schiepek 1999, S. 283). Das nachfolgende Beispiel, das ich in Gefährdungsabschätzungen (GA) oder Fallberatungen in der ein oder anderen Abwandlung häufiger erlebe, soll dies exemplarisch verdeutlichen.

»Nein, mit dem Vater haben wir noch nie gesprochen«

In einer Gefährdungsabschätzung antwortet eine Kitaleitung als fallzuständige Fachkraft auf meine Frage, wann das letzte *gemeinsame* Elterngespräch stattgefunden hat: »Nein, mit dem Vater haben wir noch nie gesprochen.« Obwohl die Eltern, die getrennt leben, das gemeinsame Sorgerecht innehaben, fanden alle bisherigen »Elterngespräche« nur mit der Mutter statt. Das Verhältnis der Eltern kann durchaus als »strittig« beschrieben werden. Der Vater holt den gemeinsamen Sohn alle 14 Tage freitags in der Kita ab und bringt ihn am Montagmorgen nach dem gemeinsamen Umgangswochenende zurück. Das Verhältnis zwischen Vater und Sohn wird von den Kinderschutzkräften durchaus positiv eingeschätzt, während die Mutter mit besonderen Verhaltensweisen, die unter anderem mit einem »Kontrollproblem« beschrieben werden, in der Kita auffällt. So »funkt« sie beispielsweise in die Umgangswochenenden des Vaters hinein, indem der vierjährige Junge sie jeden Abend um 17 Uhr anrufen muss. Sie versucht auch, zu bestimmen, was er dort

---

27 Der *Moiré-Effekt* ist ein optischer Effekt, bei dem durch Überlagerung von regelmäßigen Rastern ein wiederum periodisches Raster entsteht, das spezielle Strukturen aufweist, die in keinem der Einzel-Muster vorhanden sind und bei Veränderung der Überlagerungsweise variieren. https://de.wikipedia.org/wiki/Moiré-Effekt (letzter Zugriff am 06.09.2022).

trägt und isst. Dies sei ein stetiger Anstoß des erneuten Konfliktes zwischen den Eltern. Der Grund für die Gefährdungsabschätzung ist die Beobachtung der Kita, dass der Vierjährige vermehrt symptomatisches Verhalten zeigt und äußert, er möchte länger in der Kita bleiben (an Tagen, an denen die Mutter ihn abholt). Die Mutter versucht mehr und mehr, auch in die Kita »hineinzuregieren«. So versucht sie, Abläufe zu bestimmen, und möchte nicht, dass bestimmte Kinderschutzkräfte mit ihrem Sohn bestimmte Dinge tun. Insgesamt wirkt sie auf die Kinderschutzkräfte belastet und nervös.

Die Leitung kann sich auf meine Frage nicht erklären, warum die letzten Elterngespräche nicht mit dem Vater gemeinsam stattgefunden haben. Er wurde von ihr nicht eingeladen und auch nicht im Nachhinein über die Gesprächsinhalte informiert, obwohl er ja in regelmäßigen Abständen seinen Sohn aus der Kita abholt. Nachdem die Leitung diese Dynamik selbst entdeckt hat, erklärt sie es sich so: »Selbst, wenn diese Gespräche sehr konfliktreich werden könnten, scheine ich hier implizit den Wunsch der Mutter berücksichtigt zu haben und unbewusst in ihrem Sinne agiert zu haben.« Sie erzählt, dass die Mutter in den gemeinsamen Gesprächen ihr gegenüber mehrfach erwähnte, dass sie nicht mehr mit dem »Kindsvater« an einem Tisch sitzen könne.

Dies ist vielleicht kein besonders dramatisches Beispiel für ein isomorphes Muster im Kontext des Kinderschutzes. Fälle wie diese können jedoch jede Menge Probleme nach sich ziehen und sich zu komplexen Fällen entwickeln. Isomorphe Muster findet man im Kinderschutz öfter als man denkt. Steve de Shazer (2012, S. 39) beschreibt zu den beschriebenen isomorphen Mustern passend Folgendes:

> »Dieser konzeptuelle Entwurf suggeriert, dass irgendetwas am Interventionsmuster und am Beschwerdemuster der Familie sowie an der Interaktion zwischen diesen beiden Mustern Veränderung zuwege bringen kann. Zwei primäre Konzepte, die gleichberechtigt nebeneinanderstehenden[,] [...] Konzepte des ›Isomorphismus‹[28] und des ›Kooperierens‹, haben sich entwickelt, seit die Mitglieder des Therapeutenteams zu Teilnehmern wurden, die definieren können, was jenes ›Etwas‹ an der Interaktion zwischen den Subsystemen zu sein scheint und wie es den Veränderungsprozess einleiten kann.« (de Shazer 2012, S. 39)

Diese Veränderung, die sich auf die familientherapeutischen Settings bezieht, ist auch heute im Kontext des Kinderschutz noch relevant. So deutet eine Idee

---

28 »Isomorphie« ist die konkrete, einzelne Strukturgleichheit, »Isomorphismus« ist die kontinuierliche Erzeugung solcher Gleichheiten (vgl. de Shazer 2012).

von Gregory Bateson darauf hin, wie jenes »Etwas« der entstehenden Muster beschrieben werden muss: Das eigene Muster A wird sich im Zusammentreffen mit einem abweichenden Muster B immer nur in eine Hybridform von Muster A und B wandeln. Muster B selbst bleibt der Trägerin von Muster A verborgen und umgekehrt (vgl. de Shazer 2012).

Nach de Shazer kann das Konzept des Isomorphismus ebenfalls dazu beitragen, die Definition dessen zu verfeinern, was jenes »Etwas« der Muster und der Beschreibungen der Muster umfassen muss. Das Wort »Isomorphie« ist anwendbar, wenn zwei komplexe Strukturen zueinander in einer Beziehung stehen, bei der mit jedem Element der einen Struktur ein Element der anderen Struktur korrespondiert. Dabei meint »Korrespondieren«, dass zwei Elemente ähnliche Rollen innerhalb der jeweiligen Struktur spielen (vgl. Simon et al. 1999, S. 153).

Ich hoffe, Sie hatten ebenfalls Ihre Freude an diesem punktuellen Eintauchen in die Systemtheorie. Systemisch arbeitende InsoFas und Kinderschutzkräfte sollten sich mit den wesentlichen Strukturen und Mustern in den Familien auskennen, um diese erfassen zu können. Dies ist die Voraussetzung für gelingende Veränderungsprozesse und Lösungen, indem diese dann durch die Kinderschutzkräfte zum Wohl der Kinder und deren Familie beeinflusst (oder verstört) werden können. Oft genug haben wir das Gefühl, die zu beratenden oder betreuenden Familien verändern den originären Kinderschutzauftrag oder die Atmosphäre in den Teams. Hier ein weiteres Beispiel, das zeigt, dass immer auch das Hilfesystem aufmerksam in den Blick genommen werden sollte.

»Bitte helfen Sie uns!«

Die Partnerin des Inhabers einer Jugendhilfeeinrichtung, in der in meiner Zuständigkeit als Jugendamtsmitarbeiterin ein Kind untergebracht ist, dass ich vor kurzer Zeit wegen Umzugs der sorgeberechtigten Eltern übernommen hatte, betritt ohne Anmeldung gemeinsam mit einer Mitarbeiterin mein Büro. »Ich muss mit Ihnen sprechen, bitte helfen Sie uns!« Ich hole daraufhin eine Kollegin dazu, die noch ein weiteres Kind dort untergebracht hat.

Die Frau beginnt zu weinen und erzählt uns in der nächsten Stunde die schauerlichsten Übergriffe und Situationen, die ihr Mann (beide sind verheiratet) in deren »Einrichtung« mit und an den Kindern verübt hat. So habe er zum Beispiel kürzlich »therapeutische« Gruppensitzungen mit einigen Kindern, die allesamt bereits aus im Elternhaus traumatisiert wurden, veranstaltet. Bei diesen »Gruppentherapien«[29] mussten die Kinder sich ausziehen und sollten Situationen »nachspielen« – zur Aufarbeitung ihrer Traumata. Das war nur ein

---

29 So nannte der Inhaber diese Termine gegenüber den Mitarbeitern. Es sei hier noch erwähnt, dass er über keinerlei kinder- und jugendtherapeutische Ausbildung oder anderweitige, z. B. traumapädagogische oder -therapeutische Weiterbildung verfügte.

kleiner Ausschnitt dieses Gesprächs. Die Mitarbeiterin berichtete von Einschüchterungen und Drohungen. So gab es für die Mitarbeiter beispielsweise kein eigenes Dienstzimmer und auch keinen Pausenraum. Das Inhaberehepaar wohnt über der eigentlichen Wohngruppe und es kam regelmäßig zu Grenzüberschreitungen zwischen deren Privaträumen und der Einrichtung.

Auf unsere Nachfrage, was sie bewegt habe, die Inhalte hier und heute zu melden, erwiderte die Ehefrau, dass wir bei unserem Besuch in der letzten Woche so kritisch bei einigen Aspekten nachgefragt hätten, habe ihr persönlich Angst gemacht, und der Wunsch, sich anzuvertrauen, sei in den letzten Tagen gewachsen.

Der Übergabehilfeplan war von meiner Kollegin und mir – sie war zuvor zuständig und durch den Umzug der Eltern wechselte die Zuständigkeit zu mir – gemeinsam erstellt worden. Mir war eine Trense aufgefallen, die am Flurgeländer hing, und ich hatte unter anderem diesbezüglich nachgefragt. Denn die Einrichtung rechnete »Therapeutisches Reiten« als weiteres Hilfsangebot ab und ich kenne mich in diesem Bereich als ausgebildete Fachkraft im heilpädagogischen/therapeutischen Reiten gut aus. Es stellte sich heraus, dass das »Therapeutische Reiten« darin bestand, dass die Kinder die Inhaberin manchmal zu ihrem Pferd begleiten durften. Ich erfuhr dann, dass die Ehefrau ebenfalls über keine Aus- oder Fortbildung auf diesem Gebiet des Heilpädagogischen Reitens/Voltigierens verfügte.

Des Weiteren bestand ich darauf, mit dem fünfjährigen Jungen allein in seinem Zimmer zu sprechen. In dem Hilfeplan berichteten die Fachkräfte von zunehmenden autoaggressiven Tendenzen des Jungen, was den anwesenden Eltern augenscheinlich Sorgen bereitete. Denn ein solches Verhalten kannten sie von ihm nicht – diese Aussagen ergaben nun Sinn für mich.

Meiner Kollegin war in den vorherigen Besuchen und Hilfeplangesprächen nicht aufgefallen, dass es kein Mitarbeiterzimmer gab. Mir ebenfalls nicht. Dieser Fall hat meine Kinderschutzarbeit grundlegend verändert und der genaue Blick in die Einrichtung wurde fortan im Jugendamt zum Standard.

Diese Meldung ging über die Amtsleitung noch am selben Tag an das Landesjugendamt und die Einrichtung wurde sofort geschlossen. Die Kinder wurden in Obhut genommen, psychologisch begleitet und anderweitig untergebracht. Gegen den Einrichtungsleiter und seine Frau wurden rechtliche Schritte eingeleitet.

Es stellt sich also im Kinderschutz nicht nur die Frage, inwieweit unterschiedliche Familiensysteme als »isomorph« zu bezeichnen sind, also ähnliche und übereinstimmende Muster aufweisen, die die Helfer zu Verstörungen und Verstrickungen einladen, sondern auch das Helfersystem (institutioneller Kinderschutz, ▶ Kapitel 11 u. 3.1). Beidseitig sollten wir einen Blick darauf richten, inwieweit diese auf das Kinderschutzsystem und deren Fachkräfte wie auf die Familien Einfluss nehmen können, ob also wortwörtlich Dynamiken »überschwappen« können.

Das Maß der Dinge bzw. die Richtschnur ist das Verhalten des Kindes, das sich immer entwicklungslogisch verhält, wie das obige Beispiel verdeutlicht.

> ! Es gibt isomorphe Muster sowohl zwischen Familien und dem Helfersystem als auch zwischen dem Helfersystem und den fallführenden Kinderschutzfachkräften, die, wie im obigen Beispiel, die Aufgabe des staatlichen Wächteramtes innehatten.

Wollen wir in und mit Familien Unterschiede bewirken und Veränderungsprozesse anstoßen, haben die bahnbrechenden Reflexionen de Shazers eine große Bedeutung:

> »Verallgemeinernd kann man sagen, dass der Prozess der Veränderung mit einer ›Idee‹ oder der Nachricht von einem Unterschied beginnt, welche ein ›Ergebnis‹ der Umdeutung (reframing) oder Veränderung der kontextuellen Bedeutungen einer Reihe konkreter ›Tatsachen‹ ist [...]. Doch ist die Umdeutung keine Handlung, sondern ein Prozess [...], der die Wahrnehmung der Familie von ihrer Situation verändert und neue Verhaltensweisen ermöglicht (was die Veränderung der Wahrnehmung anzeigt), die wiederum neue subjektive Erfahrungen möglich machen.« (de Shazer 2012, S. 40)

De Shazer bezeichnet diese »Nachricht vom Unterschied« als einen wichtigen Teil der Erkenntnistheorie hinter der von ihm beschrieben *binokularen*[30] *Theorie der Veränderung*[31] und als einen wichtigen Bestandteil davon, wie wir als Kinderschutzkräfte erkennen und verstehen. Jedoch verweist er darauf, dass das Konzept des Isomorphismus als Bestandteil der binokularen Theorie der Veränderung nur verwendet werden kann, wenn auch Batesons Ideen über die »Nachricht vom Unterschied« einbezogen werden. Sonst besteht die Gefahr, dass der (systemische) Fehler des sich »in das Familiensystem Aufsaugen-Lassens« gemacht wird (vgl. de Shazer 2012, S. 41), und dies beschreibt die Dynamik, die wir oft im Kinderschutz beobachten können. Dieser Vorgang könnte auch als »zufälliger Isomorphismus« beschrieben werden. Dieser ist weder für die Familie noch für das Helfersystem von Nutzen, da dadurch jener

---

30 *Binokular* meint ursprünglich beidseitig oder beidäugig sehen (vgl. Wirtz 2017, S. 305).
31 Die hier beschriebene *binokulare Therapie der Veränderung* nach de Shazer »mit ihren gleichberechtigt nebeneinander bestehenden Konzepten des Isomorphismus und des Kooperierens tritt für ein Modell der Therapie ein, das nicht vom Gedanken des Wettstreits (des Kampfes) geprägt ist, da diese Theorie das Konzept des Widerstands ausschließt« (de Shazer 2012, S. 48). De Shazer »untermauert zum einen die Abkehr von der klassischen Art, Psychotherapie zu betreiben, nach der man erst die Gründe für ein Problem herausfinden muss, um es zu lösen – und markiert damit die Geburtsstunde der lösungsorientierten Beratung« (2012, S. 48).

Blickwinkel verhindert wird, der zu Veränderungen führt oder den Schutz des Kindes in der Familie sichert.

Im Laufe der Entwicklung von de Shazers binokularen Theorie der Veränderung gesellte sich das *Konzept des Kooperierens* zum Konzept des Isomorphismus, in dem er beschreibt, dass »jede Familie (ebenso wie jedes Individuum und jedes Paar) versucht auf einzigartige Weise zu kooperieren« (de Shazer 2012, S. 41). Die Arbeit der Kinderschutzkraft besteht darin, jene spezielle Art des Kooperierens, die die Familie zeigt, aus eigener Sicht zu erkennen, zu beschreiben und dann damit zu kooperieren, um Veränderung zu ermöglichen sowie den Schutz des Kindes sicherzustellen. »Das bedeutet, dass sie nicht getrennt (d. h. entweder Isomorphismus oder Kooperieren), sondern stets zusammen benutzt werden (d. h. sowohl Isomorphismus als auch Kooperieren)« (de Shazer 2012, S. 43). Veränderung im Kontext des Kinderschutzes umfasst ebenso Veränderungen der Wahrnehmung als auch solche des Verhaltens.

Im Kinderschutz sind darüber hinaus die *Zwangskontexte* (▶ Kapitel 10.5) als besondere Voraussetzung für Kooperation oder Widerstand von Familien (▶ Kapitel 10.6) zu beachten.

Systemischer Kinderschutz fokussiert destruktive und parafunktionale Muster, Dynamiken und Strukturen, wie etwa die hier beschriebenen Verstörungen, Verstrickungen und isomorphen Muster, auf der Erwachsenenebene. Diese zu identifizieren, ist die Voraussetzung dafür, sie auch transformieren zu können, sodass eine Veränderung hin zum Schutz des Kindes möglich wird.

5.3 Loyalitäten, Lösungsblockaden und andere Stolpersteine

»Das Leben besteht darin, aus einem inkohärenten Zustand
in einen kohärenten zu gelangen.« (Gerald Hüther[32])

Im Kinderschutz finden wir eine Vielzahl an Mustern und Dynamiken, die uns behindern und wie Stolpersteine wirken können. Kinderschutzkräfte werden in ihrer Arbeit oft mit Emotionen (▶ Kapitel 12.1) und Ängsten von Menschen, aber auch mit den eigenen Gefühlen konfrontiert. Zusätzlich können die Kinderschutzfälle eigene Erfahrungen in unserer Biografie berühren und aktivieren.

---

32 Mündliche Mitteilung vom 30. Jubiläum des Niedersächsischen Instituts für systemische Therapie und Beratung (NIS), Hannover 2018.

Was unsere Biografie mit unserem Beruf zu tun hat

In einer Weiterbildung vor einigen Jahren sagte ein anderer Teilnehmer zu mir: »Mal ganz ehrlich, um so richtig gut in unserem Beruf zu werden, haben wir doch alle in unserer Kindheit schon geübt, oder?« Ingrid Meyer-Legrand (2018, S. 17) fasst in ihrem Buch »Die Kraft der Kriegsenkel« dieses Gefühl, das ich damals wahrnahm, in Worte: »Was die Kriegsenkel im Zusammenleben mit den kriegstraumatisierten Eltern bereits früh erworben haben, sind die Kompetenzen im Umgang mit ebendiesen an Leib und Seele verletzten Menschen. Sehr viele Kriegsenkel haben aus ihrem Helfen eine Profession gemacht und sich als Sozialarbeiter, Psychologen […] in den Dienst der Gesellschaft gestellt.« Als Kriegsenkel bezeichnet Meyer-Legrand die Generation, die – wie ich auch – mit (Kriegskinder-)Eltern aufgewachsen ist, und die oft nicht wusste, worunter die Eltern litten. »Welchen Zusammenhang sollte es geben zwischen ihrer Thematik […] und dem Aufwachsen bei Eltern, die als Kinder von Bombennächten, Vergewaltigungen, Flucht und Vertreibung physisch und psychisch gezeichnet wurden« (Meyer-Legrand 2018, S. 17)?

Hier findet sich ein Querbezug zu dem oben bereits angesprochenen Thema der transgenerationalen Weitergabe von Traumata (▶ Kapitel 4.3) sowie der Parentifizierung (▶ Kapitel 4.2):

> »Das traumatische Erbe der Kriegskinder-Eltern hat auf den verschiedensten Ebenen stattgefunden – und es hat auf ebenso vielen Wegen die gesamte Familie erfasst. Kinder entwickeln Mitgefühl mit dem Leid der Eltern und wollen helfen, und in der Folge dieses schwierigen Prozesses verändern sich die Beziehungen untereinander. Die Kinder sorgen sich dann um die Eltern statt umgekehrt. Sie werden zu Eltern ihrer Eltern.« (Meyer-Legrand 2018, S. 89)

Nicht selten werden die Kinder in den (Trauma-)Bewältigungsprozess ihrer Eltern hineingezogen, sodass es zu einer Mitgefühlserschöpfung – auch *sekundäre Traumatisierung* (▶ Kapitel 12.2) genannt – kommen kann. Wir, die sich für einen sozialen Beruf, also einen sogenannten Helferberuf entschieden haben, verfügen in aller Regel über solche Themen in unserem biografischen Gepäck. Dies ist jedoch nicht allen Kinderschutzkräften bewusst. Dann wirken eigene, noch verdeckte biografische Themen wie *blinde Flecken*. Statt in unserer professionellen Haltung als Fachkraft durchgängig agieren zu können, lassen sie uns in bestimmten Situationen emotional überreagieren, abtauchen oder unprofessionell handeln. Etwas Ähnliches habe ich in einer Supervision in einer Kita erlebt.

»Der blinde Fleck« (Thürnau 2021, S. 117)

Eine pädagogische Fachkraft beklagte sich über einen »anstrengenden« Jungen, der nicht auf sie höre. So war er zum Beispiel aus für sie unverständlichen Gründen vom Außengelände in die Innenräume der Kita gelaufen und hatte sich unter einem Tisch verkrochen. Dies durfte er aus Sicht der Fachkraft nicht. Zudem war an diesem Tag eine Kollegin krank und eine Springerkraft in der Einrichtung. Die Fachkraft hatte so nicht die Ruhe, sich um den Jungen kümmern zu können. Das alles versetzte sie in hohen Stress, sodass sie nicht erkennen konnte, dass es dem Jungen nicht gut ging und er Schutz suchte. Anstatt ihm ein feinfühliges Bindungsangebot zu machen und ihn in seinem Stress zu ko-regulieren, drohte sie ihm, ihn dort sofort unter dem Tisch herauszuholen, wenn er nicht selbst herauskäme.

Bei der Supervision war es für die pädagogische Fachkraft eine ganz neue Information, dass der Junge sie sicherlich nicht ärgern wollte, sondern – ebenso wie sie selbst – in Not war. Sie konnte ihren *blinden Fleck* entdecken (»Wenn ein Kind nicht auf mich hört, werde ich wütend«), verstehen und reflektieren.

Bei der Erzieherin handelte es sich um ein nicht reflektiertes Erziehungsmuster aus ihrer eigenen Kindheit, die sich als Prämisse etabliert hat. Sie hatte keine anderen »Folien« und somit auch keine Handlungsoptionen für das Verhalten des Kindes. Deshalb verdeutlicht es hier ein nicht reflektiertes biografisches Muster bzw. Thema, das sie aus ihrer eigenen Erziehung übernahm. Sobald jedoch ein biografisches Thema »offen« ist, reflektiert und ggf. therapiert wurde, ist es eine *Ressource,* die eine besondere Qualität der Arbeit ausmacht. Probieren Sie es doch gleich einmal aus:

- *Ist Ihnen beim Lesen des vorhergehenden Abschnitts etwas unter die Haut gegangen?*
- *Ist Ihnen schon einmal ähnliches wie im obigen Beispiel passiert?*
- *Nutzen Sie eine Selbstfürsorgetechnik[33] für sich?*
- *Verfügen Sie in Ihrer Einrichtung über das Angebot von regelmäßiger Supervision?*

Notieren Sie sich wichtige Gedanken zu diesen Fragen.

---

33 Schauen Sie für Ihre persönliche Selbstfürsorge im Kinderschutz auch gern im 12. Kapitel (▶ Kapitel 12.3) vorbei.

Wir werden im nachfolgenden Unterkapitel etwas genauer auf sogenannte »Lösungsblockaden« im Kinderschutz und darauf, welche Auswirkung diese, besonders für Kinderschutzkräfte haben können, schauen.

Lösungsblockaden im Kinderschutz

Lösungsblockaden sind die besten Konservierungsmittel für seelisches Leid.[34]

Das Wort »Blockade«[35] wird in der Psychologie meist als »Blockierung« in Form einer »Sperre bzw. Hemmung des Wahrnehmens, Denkens, Fühlens Wollens und Verhaltens« (Redaktion Naturwissenschaft und Medizin des Bibliographischen Institut 1986, S. 64) beschrieben. Das Fokussieren auf sogenannte *Lösungsblockaden* hilft dabei, Dynamiken und Muster zu verstehen. Gunther Schmidt bezeichnete diese Blockaden jüngst als »wertvolle Bremskompetenz für noch nicht genügend berücksichtigte Bedürfnisse und Werte« (2022, mündliche Mitteilung) und etikettierte diese Blockaden somit als wertvolle Fähigkeiten. So oder so können Blockaden uns sprichwörtlich stolpern, in unserer Arbeit in Teilen blockieren und scheitern lassen, wie das folgende Beispiel zeigt.

»Ich mache mir solche Vorwürfe«

In einer Einrichtung gab es durch einen Praktikanten der Sozialen Arbeit sexuelle Übergriffe an Kindern. Dieser versuchte, Kinder in unbeobachteten Situationen zu fotografieren. Einer dieser Übergriffe wurde entdeckt. Die Leitung und der Träger handelten sofort und veranlassten alle relevanten Meldungen. Die Leitung fragte wenige Tage nach den Ereignissen die Fachberatung im Kinderschutz an, da sie feststellte, dass sich die beiden Mitarbeiter:innen aus der Gruppe des Kindes, das diesen Übergriff erlebt hatte, extrem belastet fühlten. Diese Belastung ging so weit, dass sich besonders die Anleiterin des Praktikanten nicht mehr in der Lage fühlte, weiterzuarbeiten und für die Kinder der Gruppe als *Leuchtturm* da zu sein.

Wir entdeckten daraufhin wirksame und vor allem dysfunktionale Lösungsblockaden, die dafür sorgten, dass Gefühle wie Ohnmacht, Wut, Hilflosigkeit und eine als schrecklich empfundene Belastung formlich konserviert wurden. »Ich mache mir solche *Vorwürfe*, dass ich das nicht früher geahnt oder gesehen habe! Und dass ich die betroffenen Kinder nicht geschützt habe!«, sagte die Kinderschutzkraft, die auch die Anleiterin für diesen Praktikanten war. Sie konnte es schlichtweg nicht begreifen, dass eine Fachkraft, sei es auch ein Student oder Schüler, so etwas tun könne. Dass es wirklich Menschen gibt, die sich Kindern gegenüber »so ekelhaft verhalten«.

---

34 Vgl. Bohne 2021, S. 62.
35 Abgeleitet aus dem englischen »blocking, block« (Wirtz 2017, S. 315; Psychrembel 1998, S. 208).

Vorwürfe sind nach Bohne (2020, 2021) *Lösungsblockaden*. Diese Reaktionen der beiden Kinderschutzkräfte, die einen Praktikanten in ihrer Gruppe hatten, der sexuelle Übergriffe an den Kindern der Gruppe vorgenommen hat, kann sicherlich jede:r Kolleg:in gut nachvollziehen. Diese Belastung brachte die Kinderschutzkraft aus dem Beispiel an den Rand ihrer Möglichkeiten, weiterzuarbeiten. Wir identifizierten in der darauffolgenden Beratung folgende Lösungsblockaden: Selbstvorwürfe, Fremdvorwürfe, Erwartungen, eine Altersregression und Loyalitäten, was nach Bohne ein »Full-House-Syndrom« darstellt. Mit diesen Blockaden an Bord ist eine Lösung nicht realistisch. Nachfolgend finden Sie als Cluster die Big-Five-Lösungsblockaden (vgl. Bohne 2020, 2021) in der Abbildung 3.

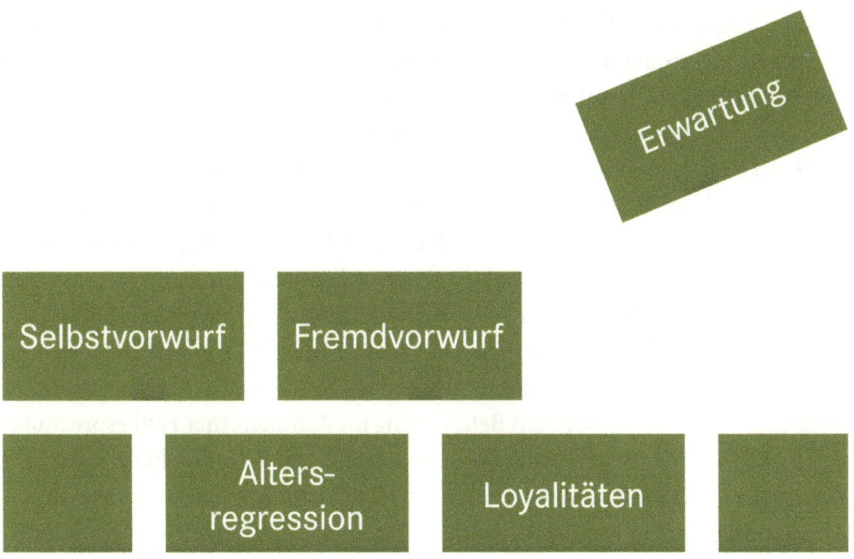

Abb. 3: Die Big-Five-Lösungsblockaden

Die *Big-Five-Lösungsblockaden* aus der Methode PEP® sind für eine systemische Perspektive im Kinderschutz durchaus sehr nützlich, wie einige Aspekte nachfolgend zeigen. Diese Prozesse werden hier aus der Sicht der Kinderschutzkräfte dargestellt. Sie wirken jedoch bei allen Menschen und in allen Systemen, so auch bei Eltern, Kindern und in Familien, strukturell und systemisch vergleichbar. Wichtig ist, dass sich diese immer auf dysfunktionale, schwächende Kontexte beziehen. Der Fokus der Kinderschutzkräfte wird an dieser Stelle gewählt, da sie für das Verfahren im Kinderschutz entscheidend sind. Deshalb ist die Lösung blockierender Dynamiken grundlegend für gelingende Kinderschutzprozesse. Die Inhalte können als Matrix angepasst verwendet werden.

1. **Selbstvorwürfe** (vgl. Bohne 2021): Kinderschutzkräfte befinden sich durch die oben bereits erwähnten Dynamiken beruflich (▶ Kapitel 5.1 u. 5.2) oft in dieser Lösungsblockade, stellen sie doch bei Beratung oder Reflexion nicht selten fest, dass sie bestimmte Signale nicht oder zu spät gesehen bzw. übersehen haben oder dass ihnen schlichtweg das Wissen fehlte. Damit liegt der Selbstvorwurf »Hätte ich doch eher hingesehen« oder »Warum habe ich es nicht (früher) bemerkt?« nahe. Selbstvorwürfe erzeugen in der Regel Stress, auch wenn dieser von den Kinderschutzkräften möglicherweise nicht wahrgenommen wird. »Dass der Stress sich bei noch vorhandenen Selbstvorwürfen nicht reduziert, ist im Grunde ja auch logisch, denn warum sollte es einem besser gehen, solange man sich selbst einen Vorwurf macht, quasi einen Krieg gegen sich selbst führt« (Bohne 2021, S. 65). Das Problem an der Sache ist, dass Kinderschutzkräfte meist eine mehr oder weniger hohe Bindung mit dem Kind eingehen, die eigene Verantwortung stark wahrnehmen und die Vorwürfe deshalb auch emotional sowie ethisch hoch aufgeladen sein können. Nach Bohne führt ein Selbstvorwurf viel eher zu einer latenten oder ganz bewussten Form der Selbstbestrafung, wie z. B.: »Ich bin dem einfach nicht gewachsen« oder »Ich habe schon immer in wichtigen Dingen, wenn es wirklich drauf ankommt, versagt«. »Somit ist es nur folgerichtig, wenn das im Fokus stehende Problem [im Kinderschutz], die para-/dysfunktionale Emotion, sich nicht verändert« (Bohne 2021, S. 65). Es führt in vielen Fällen dazu, dass Anhaltspunkte wie ein Tropfen zu viel wirken und damit den Effekt der »180-Grad-Dynamik« (▶ Kapitel 5.1) begünstigen können. Nach einer dezidierten Betrachtung im Rahmen einer Fallbesprechung oder Gefährdungsabschätzung ist diese emotionale Betroffenheit, sofern sie thematisiert wird, nicht mehr so akut und kann von den Kinderschutzkräften somit anders wahrgenommen werden. Bereits ein als harmlos empfundenes »Mit-sich-selbst-Hadern« kann eine Beziehungs- und somit Lösungsblockade darstellen. Denn Selbstvorwürfe scheinen auch unser Belohnungssystem neuronal zu blockieren und unglücklicherweise ein »internales Bestrafungssystem« zu befeuern. Dies scheint eine Ursache zu sein, weshalb Selbstvorwürfe vorhandenen Stress und belastende Emotionen – auch und besonders bei Kinderschutzkräften – so wirksam konservieren können. Da diese Lösungsblockade Auswirkungen auf die Selbstbeziehung aber auch Beziehung zu anderen hat, ist sie hochwirksam und sehr belastend für die »Eigentümer«.

2. **Fremdvorwürfe** (Vorwürfe gegenüber anderen; vgl. Bohne 2021): Durch Vorwürfe wird sowohl in Familien und Partnerschaften wie auch im professionellen Kontext in Teams und Organisationen viel »Beziehungsporzellan« zerschlagen. Denn Vorwürfe beziehen sich auf die sowieso nicht mehr veränderbare

schlechte Vergangenheit und generalisieren meist auf eine schlechte Zukunft: »›Gestern hast du schon wieder …! Dass du auch immer …‹, und dann folgt etwas Entwertendes« (Prior 2017, S. 91). Interessanterweise werden Kinderschutzkräfte durch Vorwürfe, die sie implizit den Eltern gegenüber machen, fast automatisch zu Opfern. Warum ist dies so? Wenn ich generell einem anderen Menschen einen Vorwurf mache – das gilt auch gegenüber Arbeitskolleginnen, Partnern, Geschwistern usw. – mache ich mich selbst dadurch zum Opfer – mit den dazugehörigen Gefühlen von Hilflosigkeit, Unterlegenheit oder Einsamkeit (vgl. Bohne 2021, S. 66).

! Besonders im Kinderschutz ist es wichtig, diese Dynamik zu erkennen, sie auszusprechen und zu transformieren (dazu mehr in ▶ Kapitel 6.2 u. 12.3), um nicht weiter in der »Opferdauerschleife« festzuhängen, sondern wieder aus der vollen professionellen Kompetenz heraus als Kinderschutzkraft handeln zu können.

Denn dieser Zustand stellt im Grunde eine *Problemtrance* dar. Es ist in diesem Kontext wichtig, zu betonen, dass Vorwürfe von Kinderschutzkräften in der Regel inhaltlich durchaus ihre Berechtigung haben. Auch werden in manchen Fällen eigene biografisch erlebte Täter-Opfer-Konstellationen aktiviert. So können erlebte Emotionen wie Ärger und Wut als überbordend erlebt werden. Wobei Wut und Ärger auch funktional wirken können, sofern sie »handlungsmotivierende Emotionen« sind, also beispielsweise dazu führen, sich externe Beratung oder Supervision zu organisieren. Ergibt sich aber daraus keine sinnvolle Handlung mehr, sondern sind diese einfach nur da, wirken sich Ärger und Wut eher als »unangenehme Emotionen« ungünstig auf die Kinderschutzkraft und ihre Aufgaben im Kinderschutz aus. Die erwähnten Emotionen können dann nicht mehr Triebkraft für eine »adäquate Handlung« sein, sie blockieren diese vielmehr. Sie fragen sich sicher, wie man diesen Unterschied sehen oder fühlen kann. Funktionale Fremdvorwürfe haben eine Kraft und fühlen sich stärkend für die Person an, die sie formuliert. Wogegen sich parafunktionale Fremdvorwürfe eher schwächend und wenig professionell für die Kinderschutzkräfte anfühlen, da sie sich, wie oben erwähnt, in einer – meist selbst nicht reflektierten – Opferhaltung befinden. Sie sitzen in der Opferfalle fest. Es sei an dieser Stelle zu erwähnen, dass es natürlich immer auch Ausnahmen gibt, beispielsweise, wenn eine Fremdvorwurf eine entwicklungsstarke und empowernde Wirkung hat und damit in förderlichen oder reflektierenden Aktionen mündet.

3. Erwartungen: Arist von Schlippe beschreibt in der »Wolke der Erwartungs-Erwartungen« ein allgemeines Phänomen in der Kommunikation und unterscheidet hier zwischen funktionalen, normalen und negativen, dysfunktionalen Erwartungen. Erstere beschreibt er so: »Das Gewebe aus Erwartungs-Erwartungen, also aus Vermutungen darüber, wie man vom anderen wohl gesehen wird und wie der andere wohl seinerseits glaubt, gesehen zu werden, macht das jeweilige soziale System aus« (Schlippe 2019, S. 95). Oftmals werden diese Erwartungs-Erwartungen, wie er sie nennt, jedoch gar nicht ausgesprochen. Sie existieren nur im Kopf und werden demzufolge eher diffus gefühlt. Sie sind jedoch in jeder menschlichen Interaktion wirksam und, wenn es Störungen im Miteinander gibt, etwa wenn Menschen sich unglücklich fühlen, wird darüber bewusst nachgedacht. Dann werden Erwartungen auch direkt oder indirekt verhandelt, wie: »Wenn du mich wirklich verstehen/lieben/schätzen/unterstützen würdest, dann würdest du …« Stehen die Erwartungs-Erwartungen erst einmal infrage, sobald die »Unschuld der Selbstverständlichkeit« verloren gegangen ist, zieht in die Kommunikation schnell etwas Quälendes, Konflikthaftes oder Feindseliges ein.

»Missverständnisse häufen sich, weil jeder misstrauische Vorwurf es schwer macht, das dahinterstehende Bedürfnis beim anderen zu sehen […]. Wenn die Selbstverständlichkeit eines entspannten Umgangs miteinander verloren gegangen ist, kann viel Zeit darauf verwendet werden, darüber nachzugrübeln, ob, oder sogar ganz sicher davon auszugehen ist, dass man nicht geschätzt, nicht geachtet oder geliebt wird. Im Sinn selbsterfüllender Prophezeiung erzeugt das entsprechende Verhalten des einen beim anderen die Anspannung, die nötig ist, um die negative [dysfunktionale] Erwartungs-Erwartung des einen zu bestätigen: Man könnte hier von der Selbstorganisation zwischenmenschlichen Unglücks sprechen.« (Schlippe 2019, S. 95 f.)

Viele systemische Interventionen zielen direkt auf die Klärung der von Arist von Schlippe beschriebenen »Erwartungs-Erwartungen« ab, indem die Kinderschutzkraft im Gespräch »einen ›Nebelscheinwerfer‹ auf die ›Wolke‹ aus Vermutungen und Vorannahmen richtet und damit versucht, sie aufzuhellen, wie beispielsweise die zirkulären Fragen mit der Gesprächstechnik des ›Tratschen über Dritte‹ u. v. m.«[36] (Schlippe 2019, S. 96 f.).

Michael Bohne beschreibt eine *parafunktionale Erwartungshaltung* an andere als eine weitere, häufig beobachtbare, sehr effektive Lösungsblockade und zugleich »selbstschwächende Strategie« (2021, S. 66). Diese können auch Kinderschutzkräfte – meist unreflektiert – mit an Bord haben. Eine para- oder dysfunktionale Erwartungshaltung im Kinderschutz kann die Prozesse förmlich ins Stocken

---

36 Siehe dazu mehr im Methodenkompass (▶ Kapitel 8).

bringen: »Sollen die im Jugendamt doch mal endlich handeln!« oder »Die Eltern könnten sich auch endlich mal bewegen, die wollen doch bloß ihre Kinder von uns ›reparieren‹ lassen!«. All das lenkt die eigene Handlungsverantwortung zu anderen um und schwächt Kinderschutzkräfte immens in der eigenen Professionalität. Sie hängen fest! Das ist verhängnisvoll, da der Schutz von Kindern und das Verfahren im Kinderschutz nun einmal davon abhängt, dass jede Kinderschutzkraft ihre Verantwortung wahrnimmt und sicher handelt. Aber wie kommt es dazu, dass sich eine Erwartungshaltung so auf die Person auswirkt, die diese innehat? Egal, ob die Erwartung inhaltlich begründet ist oder nicht, führt sie dazu, dass man sich von den Menschen, von denen man etwas erwartet, abhängig macht, denn diese müssen ja die Handlung vollbringen, die man »er-wartet« (vgl. Bohne 2021). Die fast unvermeidliche Konsequenz daraus ist, dass man selbst keinen Einfluss darauf hat, ob oder wie dieses erwartete Ergebnis eintritt, da ja andere zur Zielerfüllung handeln müssen. Oft kommt noch erschwerend hinzu, dass diese Personen gar nichts von der Erwartung wissen, wie zum Beispiel:

- Die Eltern müssen jetzt endlich Hilfe annehmen;
- das Kind kommt in die Schule, die Schule soll dann handeln;
- die ältere Schwester geht in die Schule, sollen die doch mal eine Meldung machen, wir haben schon zweimal gehandelt und es hat nichts genützt;
- soll doch unsere Leitung mal dafür sorgen, dass wir bessere Bedingungen haben;
- die Nachbarn haben auch was mitbekommen, sollen die doch beim Jugendamt Bescheid sagen;
- das Jugendamt soll endlich mal durchgreifen, das erwarte ich jetzt wirklich.

Aus systemischer Sicht ist dieser Aspekt relevant, denn wir haben schlichtweg keinen Auftrag (▶ Kapitel 7.4) für unsere Erwartung. Die Erwartungshaltung stellt häufig sogar eine Grenzverletzung und einen Übergriff der anderen Person gegenüber dar (vgl. Bohne 2021). Dies können oder wollen diejenigen aber nicht erkennen, die diese Erwartung innehaben und gegen anderen offen oder verdeckt formulieren. Bei manchen existiert die Erwartung tatsächlich ausschließlich unausgesprochen im eigenen Kopf, sodass diejenigen, denen gegenüber sie besteht, gar nichts davon wissen. Das stellt dann nachvollziehbarerweise eine klar zum Scheitern verurteilte Strategie dar. Erwartungshaltungen kommen auch bei Kinderschutzkräften recht häufig vor und werden durchaus in ihrer blockierenden Wirkung von gelingenden Prozessen unterschätzt (vgl. Bohne 2021). Daraus können innere Blockadehaltungen entstehen, wie »Sollen die doch den Scheiß allein machen« oder »Ich kann das allein auch nicht schaffen, da müssen die schon selbst handeln«. Diese inneren Blockadehaltungen führen meist genau zu einem Resultat, nämlich dass die handelnde Kinderschutzkraft selbst geschwächt wird und der Schutz der Kinder nicht wirksam gelingt.

4. Altersregression: Die Altersregression kann man sich auch sehr plastisch als »inneres Schrumpfen« vorstellen. Wir fühlen uns dann in Situationen viel kleiner, hilfloser und jünger als wir in unserem »Echtzeit- oder Ausweisalter« (vgl. von Witzleben 2022) sind. Und das fatale an diesem Zustand ist, dass die meisten Menschen dies selbst gar nicht bewusst erleben. Hinzu kommt noch, dass wir alle in diesem Zustand den Zugang zu den Kompetenzen und der Lebenserfahrung verlieren, die wir uns in der Zwischenzeit angeeignet haben (vgl. Hofmeister 2019). Es ist also nicht verwunderlich, dass, sofern Kinderschutzkräfte in eine Altersregression geraten, sie in diesen Situationen altersspezifisch den Großteil ihrer Kompetenz und Sicherheit verlieren. Hinterher fragen sie sich möglicherweise, warum sie in der Situation so inkompetent gehandelt haben. Selbstvorwürfe sind dann naheliegend – und schon hat man zwei Lösungsblockaden an Bord, ohne zu wissen, was einem gerade widerfahren ist. Es ist kein Wunder, dass sich die Fachkräfte in diesen Situationen den Herausforderungen im Kinderschutz nicht gewachsen fühlen, sind sie doch tatsächlich in das gefühlte Alter ohne die Kompetenzen, die man seitdem erworben hat, »zurückgeworfen worden«. Das kann beispielsweise bedeuten: Rutscht eine Kinderschutzkraft in einem Elterngespräch in das Teenageralter von 16 Jahren zurück, denkt, fühlt und verhält sie sich auch so, als ob sie sechzehn ist. Ist ihr Ausweisalter beispielsweise 41 Jahre, fehlen ihr in dieser Situation ihre gesamte Ausbildungs- bzw. Studienzeit sowie ihre Berufs- und Lebenserfahrung. Die Altersregression ist eine trickreiche Dynamik, da sie, wie bereits erwähnt, meist »blind« abläuft. Susanne Hofmeister hat hier die schöne Metapher vom »Wäscheschacht« geprägt (2019, S. 171 f.). Sie beschreibt das »Rutschen durch den Wäscheschacht« im Rahmen ihrer Biografiearbeit im Lebenshaus wie folgt:

> »Es sind die berühmten Triggerpunkte, oft kleine Alltagssituationen, die uns plötzlich überraschen und überwältigen. Und schon fallen wir durch einen engen dunklen Wäscheschacht und rutschen senkrecht in den Keller. Wir landen hart, wie erstarrt, auf einem kalten Boden oder werden von tsunamiartigen Emotionswellen mitgerissen.« (Hofmeister 2019, S. 171)

Auch wenn dies bei selbsterfahrenen und reflektierten Kinderschutzkräften vielleicht nicht in diesem Ausmaß geschieht, kann es auch leiser und fast unmerklich vonstattengehen, indem uns unsere Klient:innen »triggern« und in vorsprachliche, körpernah abgespeicherte Erinnerungsspuren oder abgespaltene Anteile einladen.

Es können kleine Situationen, Gerüche oder Redewendungen sein, die diesen möglicherweise schwierigen Momenten unserer Kindheit oder Jugend ähnlich sind und damit die frei gewordenen Kräfte des Körpergedächtnisses triggern oder überschwemmen (vgl. Hofmeister 2019). Bei Kinderschutzkräften, die wissentlich oder unwissentlich traumatische Erlebnisse durchlebt haben, kann dies eine gewisse Brisanz mit hoher Emotionalität und »Gefühlswellen« mit sich bringen:

> »Die Wäscheklappe öffnet sich und wir werden mit einem gewaltigen Sog hinuntergerissen in das passende kindliche Lebensalter. Regression, inneres Altersschrumpfen tritt ein. Überrascht und überwältigt von unseren eigenen Emotionen bemerken wir nicht, dass wir unsere ganze Lebenserfahrung und erwachsene Kompetenz verloren haben. Wir erleben nur noch große Hilflosigkeit und Ohnmacht.« (Hofmeister 2019, S. 176)

Vielleicht erinnern Sie sich an die eine oder andere Situation im Kinderschutz, in der es Ihnen ähnlich ging. Zum Abschluss bitte ich Sie, sich in einem Gedankenexperiment die Auswirkungen der beschriebenen Inhalte für Ihre Klienten, die Eltern im Kinderschutz, vorzustellen.

Bitte denken Sie an die Eltern, die Ihnen im Kinderschutz begegnen. Viele davon sind Erwachsene, die wie oben (▶ Kapitel 4.2) selbst fast durchgängig frühe Traumatisierungen erlebt haben:
- *Wie soll es diesen Erwachsenen in Gesprächen im Kinderschutz gehen?*
- *Was benötigen sie von uns, um sich sicher zu fühlen?*
- *Wie können Sie als Kinderschutzkraft selbst für sich sorgen (▶ Kapitel 12.3), damit Sie in Ihrem Ausweisalter und damit in Ihrer Kompetenz bleiben können, um Ihren Klient:innen im Kinderschutz die nötige Sicherheit zur Verfügung zu stellen?*

Wir kommen später noch darauf zurück. Nur so viel: Wir Kinderschutzkräfte können uns mit unserem psychischen Immunsystem an unserem Gegenüber infizieren.[37]

5. Loyalitäten: Sich loyal zu etwas oder jemandem zu verhalten, kann etwas sehr positiv besetztes und Sinnvolles sein. In Bezug auf die Lösungsblockade sind negative, para-/dysfunktionale Loyalitäten zu nahestehenden Personen oder zu ihren Werten gemeint, die zu einer innerlichen Blockade bezüglich

---

37 Zu der psychischen Infektion lesen Sie mehr im Resilienzkompass unter »Sekundäre Traumatisierung« (▶ Kapitel 12.2).

des angestrebten Ergebnisses oder Ziels führen können (vgl. Bohne 2021). Wir erlauben uns unbewusst jemand anderem zuliebe nicht, zufrieden, glücklich oder erfolgreich zu sein (vgl. Hofmeister 2019). Mehr Aspekte zu den Loyalitäten im Kinderschutz finden Sie weiter unten.

> ! Jede einzelne der Big-Five-Lösungsblockaden hat das Potenzial, Leid und Probleme wirksam zu konservieren. Es gibt besonders im Kinderschutz hartnäckige Probleme, in denen Fachkräfte alle Big-Fives an Bord haben; das kann dann getrost als »Full-House-Syndrom« bezeichnet werden. Die Big-Five-Lösungsblockaden bieten Ihnen ein nützliches Raster, Ihre eigenen Stolpersteine in Ihrer Arbeit im Kinderschutz zu erkennen, zu umgehen und wirksam zu lösen.

Ich gehe auf diese fünf Lösungsblockaden weiter im nachfolgenden *Lösungskompass* unter dem Punkt »Big-Five-Lösungsblockaden erkennen und transformieren« (▶ Kapitel 6.2) ein.

Loyalitäten im Kinderschutz

> »Inkompetentes Erziehungsverhalten ist Ausdruck von destruktiver Loyalität.«
> (Conen 2014, S. 28)

Im Kinderschutz können negativ wirksame Loyalitäten in verschiedener Weise zur Geltung kommen. Es kann sich beispielsweise um eine Loyalität handeln, die zu einem bestimmten Inhalt und Kontext gehört, in dem die Fachkraft berät. Wie etwa die Suchtkrankheit oder psychische Erkrankung eines Elternteils, während die Kinderschutzkraft ähnliche Aspekte in der eigenen Biografie erlebt hat. Oder es gibt Loyalitäten in Teams und Einrichtungen, die den institutionellen Kinderschutz aushebeln – nach dem Motto: »Ich kann doch nicht schlecht über die Kollegin reden.« Es besteht Ähnlichkeit zu der bereits beschriebenen *Verstrickung*. Man kann sich vorstellen, dass die Kinderschutzkraft in eine bestimmte Angelegenheit auf eine ungute Weise verwickelt ist, die sie selbst nicht stärkt und die für ihre Aufgabe wenig hilfreich ist (vgl. Witzleben 2022). Es geht also nicht nur um familiäre Systeme oder Vorfahren, sondern diese Loyalitäten können auch aktuelle Bezugssysteme betreffen, wie zum Beispiel Einrichtungen der Kinder- und Jugendhilfe und Fachkräfte im Kontext Kinderschutz.

Die Bedeutung von Loyalitäten im Kinderschutz ist möglicherweise vielen Fachkräften erst einmal gar nicht so deutlich, sie kann jedoch gar nicht als wichtig genug eingeschätzt werden. Wir finden Loyalitäten auf tieferen Ebenen im familiären System zwischen den Generationen. Denn Loyalitäten sind ein weites und komplexes Feld, das nicht nur für die Kinder im Kinderschutz, sondern auch für die Kinderschutzkräfte relevant ist. Boszormenyi-Nagy und Spark (1995) bezeichneten es als das »unsichtbare Gewebe der Loyalität« in familiären Systemen. Sie beschrieben den Begriff »Loyalität« sowohl im gewohnten Sinne als »eine positive Haltung der Zuverlässigkeit des einzelnen gegenüber einem sogenannten ›Loyalitäts-Objekt‹« (1995, S. 66), prägten aber auch besonders die destruktiven Loyalitäten als Begriff der »Parentifizierung«[38]: Weitaus »bedeutungsvollere Beziehungsdimensionen indessen rufen schuldbelastete Loyalitätskonflikte hervor, wie sie von der Bilanz wechselseitiger Schulden und Verdienste« (Boszormenyi-Nagy/Spark 1995, S. 67) in Familien erfasst werden.

Zu dieser »Beziehungsgerechtigkeit« passend, beschreibt Helm Stierlin (2007) in seinem *Konzept der bezogenen Individuation* den Ausgleich zwischen Autonomie (Individuation) und Bindung (Bezogenheit) in familiären Systemen. Es bedarf demnach bei jedem Schritt einer Individuation (Ablösung, Entwicklung, Autonomie) einen entsprechenden Schritt der Bezogenheit jeweils zwischen Eltern und Kind. Es geht dabei darum,

> »auf immer neuen Stufen seiner eigenen Entwicklung sowie der seiner existenziell wichtigen Beziehungen sowohl die eigenen Bedürfnisse, Interessen und Sichten als auch die Bedürfnisse, Interessen und Sichten der anderen so wahrzunehmen und zu würdigen, dass die Beziehungen sich sowohl zu ändern als auch reicher zu werden vermögen.« (Stierlin 2007, S. 7 f.)

Im Kontext Kinderschutz arbeiten wir jedoch sehr oft mit Familiensystemen, in denen diese bezogene Individuation nicht gelingt. Stierlin spricht von »Verkehrungen der Verrechnung«, von »entgleisender Individuation« sowie von etwaigen »Blockaden« in seinem Konzept einer bezogenen Individuation (vgl. Stierlin 2007, S. 54).

> »Gerade Erfahrungen mit sexuell missbrauchten Kindern und ihren Eltern lehren uns aber auch: In vielen Fällen empfindet ein derart missbrauchtes Kind früher oder später nicht so sehr Verachtung für den Elternteil, der es missbrauchte. Vielmehr hasst es und verachtet es sich selbst, da es nicht dem es missbrauchenden Erwachsenen, sondern sich selbst die Schuld für den Missbrauch zuschreibt.« (Stierlin 2007, S. 56)

---

38 Parentifizierung bedeutet die »subjektive Verzerrung einer Beziehung« (Boszormenyi/Spark 1995, S. 209) und wird auch oft als *Rollenumkehr* zwischen Eltern und Kindern bezeichnet, wie in ▶ Kapitel 4.2 beschrieben.

Demzufolge erlebt sich dieses Kind als traumatisiert, um sein Lebensglück betrogen und erlebt dies als einen »Verrechnungsnotstand«, verbindet in dieser »Verrechnung« jedoch diesen Notstand mit den eigenen »schlimmen« Taten und Gedanken und gibt sich die Schuld statt diese dem Täter (Elternteil) zuzuschreiben. Es braucht nach Stierlin eine »Neubewertung und Neuverrechnung des Missbrauchgeschehens« für dieses Kind, damit es »keine Schuld mehr erleben, sondern Verantwortung und Schuld bei dem Vater beziehungsweise den Eltern oder den in den Missbrauch verstrickten Verwandten lassen« kann (Stierlin 2007, S. 56).

Sobald wir Loyalitäten im Kontext Kinderschutz betrachten, sollten wir stets diesen Satz von Marie-Louise Conen beherzigen: »Kinder verhalten sich stets loyal zu ihren Eltern« (2014, S. 23). »In dieser Loyalität dulden sie schlechte Aufwachsbedingungen, mangelnde Unterstützung […] und auch unsägliche Mängel an Hygiene, Ordnung, Essensversorgung, Bekleidung usw., sodass sich Außenstehende letztlich fragen, wie die Kinder in diesem Chaos überleben konnten« (Conen 2014, S. 23). Diese Loyalität zeigt sich in besonderer Weise, wenn das jeweilige Kind aus seiner Familie genommen wird. Sie kennen sicher diese Fälle, in denen die Kinder nach kürzester Zeit in der Einrichtung die Hilfe scheitern lassen, obwohl sie sich augenscheinlich wohlfühlen. Hier ergibt sich sehr oft der Sinn daraus, auf die Loyalitäten zu den Eltern zu blicken und zu reflektieren, ob die Eltern wertschätzend genug einbezogen werden oder ob das Verhalten des Kindes andere (gute) Gründe hat. Conen (2014) beschreibt diese Dynamik mit dem Einsetzen der »Problemschraube«, wodurch betreffende Kinder zunehmend Problemverhalten zeigen. Kinderschutzkräfte verstehen diese »Rückfälle« oft nicht. Conen erklärt dieses mit dem Versuch des Kindes, den Spagat zwischen der Loyalität zu den Eltern und dem Wunsch nach Zuwendung und Anerkennung durch die Betreuerinnen zu beenden (2014, S. 24 f.). In der Folge dreht sich die Problemschraube immer weiter und letztlich entsteht eine Dynamik, in der Kinderschutzkräfte in der betreuenden Einrichtung ähnlich ratlos und »inkompetent« dastehen wie die Eltern auch. Dadurch schafft das Kind den Ausgleich und entlastet seine Eltern von dem »Image der schlechten Eltern«. Diese Dynamik trifft ebenso für die Eltern der Kinder im Kinderschutz zu, die durch ihr eigenes Versagen in der Erziehung wiederum ihre Loyalität zu den eigenen Eltern unterstreichen. Würden sie es besser machen, würden sie indirekt ihre eigenen Eltern kritisieren und damit ihre Loyalität zu ihnen verletzen (vgl. Conen 2014, S. 25). Hier passt wiederum der Begriff der »verstrickten Familie«.

Denken Sie kurz über die folgende Frage nach:
Fallen Ihnen Kinder aus Ihrer Praxis ein, die sogenannte »Rückfälle« oder »Rückschritte in ihrer Entwicklung« im Kontext der Loyalität genutzt haben?

Bohne erklärt dazu passend: »Psychodynamisch gesehen, könnte man formulieren, dass ein (kindlicher) Persönlichkeitsanteil nach dem Motto funktioniert: ›Das kann ich euch doch nicht antun, dass ich erfolgreicher bin als ihr und euch damit beschäme‹« (2021, S. 68). Für die fremduntergebrachten Kinder würde es hier eher heißen: »Ich kann es euch nicht zumuten, mich hier wohlzufühlen und mich gut zu entwickeln.«. Besonders da viele Eltern mit dem Jugendamt und dem Familiengericht um die eigenen Kinder kämpfen und dies auch den Kindern implizit vermitteln. Diese Dynamik gilt für den gesamten Bereich der Loyalitäten, besonders auch für den Bereich der transgenerationalen Weitergabe von Mustern, Bindungen und Traumata (▶ Kapitel 4.3) in den familiären Systemen. Denn »auch wenn die eigenen Eltern oder Vorfahren großes Leid, Vertreibung, Folter oder ähnlich Schwerwiegendes erlebt haben oder einfach nicht glücklich, gesund oder erfolgreich sein konnten, kann es sein, dass man es sich aufgrund unbewusster (kindlicher) Loyalitäten nicht erlaubt, einfach glücklich, gesund oder erfolgreich zu sein« (Bohne 2021, S. 69).

Systemischer Kinderschutz bedeutet – neben denen des Systems – auch die eigenen *Stolpersteine und Lösungsblockaden* zu erkennen. Das beinhaltet auch dann und wann, Hilfe von außen in Anspruch zu nehmen, denn manchmal kommen wir allein nicht weiter.

5.4 Es kann nicht sein, was nicht sein darf!?

»Verwirrung ist stets der Beginn kreativen Wandels.« (Thomas Weiss)

Die Annahme, dass die Realität nicht real sein kann, weil wir sie selbst nicht für möglich halten, ist eher eine naive Annahme von manchen Fachkräften. Obwohl diese Annahme mit einer systemisch-konstruktivistischen Sicht auf die Welt »matchen« würde, trifft sie für den Kinderschutz nicht zu. Das belegen die Statistiken über Gewalt und Missbrauch an Kindern nur zu deutlich. Diese Einstellung betrifft Fachkräfte, die Berührungsängste mit dem Thema Kinderschutz haben, denen die faktischen Hintergründe oder schlichtweg das Wissen fehlen und die deshalb hier auch nicht als »Kinderschutzkräfte« bezeichnet werden können. »Gott sei Dank hatten wir noch keinen Kinderschutz.« Diesen

Satz habe ich in veränderter Form immer wieder in Kinderschutzfortbildungen von Fachkräften gehört.

Hinter der Erleichterung darüber, noch keinen Kinderschutzfall in der eigenen Einrichtung gehabt zu haben, steht nach meiner Hypothese die Hoffnung, dass die Kinder aus der eigenen Einrichtung, Kita oder Schule nicht betroffen sind. »Bei uns ist das noch nie vorgekommen«, lautet die Annahme dahinter. »Unsere Eltern, meine Kolleg:innen doch nicht, bei uns doch nicht!« Alle Statistiken sprechen jedoch gegen diese Annahme und so ist hier doch eher der Wunsch Vater dieses Gedankens.

Dieses Phänomen hängt mit der oben beschriebenen »180-Grad-Dynamik« (▶ Kapitel 5.1) zusammen und hilft dabei, dass die Fachkräfte sich eher auf der linken Polarität der Stabilität und Vermeidung bewegen. Problematisch an dieser Sichtweise ist, dass im Zuge dieser Annahme auch der Fokus für mögliche Signale oder Anhaltspunkte von Kindern nicht »scharf gestellt«, d. h., nicht aktiviert ist. So erklärte Heinz Kindler jüngst auf einer Kinderschutztagung, dass viele Fachkräfte es nicht für möglich halten, dass Säuglinge bereits Opfer sexueller Gewalt werden können (Kindler 2022, persönliche Mitschrift). Dies beziehe sich auch besonders auf digitale sexuelle Gewalt an Kindern. Der Anteil von massiver digitaler sexueller Gewalt an immer jüngeren Kindern nimmt stark zu (vgl. Kindler 2022).

! Indem wir als professionelle systemisch und auch nicht-systemisch handelnde Kinderschutzkräfte das Wissen und die Schlüsselkompetenz erlangen, die Signale der Kinder zu verstehen, zu erkennen und dann genau zu wissen, wie wir handeln werden, minimieren wir solche destabilisierenden Dynamiken.

Diese Kompetenz beinhaltet unter andern auch, den Ablauf im Kinderschutz zu kennen, vor allem aber auch die Kompetenz mit Kindern, die sexuelle Gewalt erlebt haben, zu sprechen (▶ Kapitel 10.1) und sie stabilisieren zu können (vgl. Wittmann 2015). Denn »Kinder brauchen auch heute noch bis zu acht Anläufe, bevor ihnen eine erwachsene Person glaubt, dass sie missbraucht werden«, sagt Julia von Weiler vom Kinderschutzverein »Innocence in Danger« und fordert mehr Wachsamkeit beim Thema Kindesmissbrauch (Deutschlandfunk 2017).

»80 bis 90 Prozent aller Fälle finden im sozialen Nahfeld statt. Missbrauch ist eine Beziehungstat. Das heißt, wir alle, die wir mit Kindern leben und arbeiten, müssen uns in die Lage versetzen zu bemerken, wenn es Kindern nicht gut geht, und wenn wir anfangen, sexuelle Gewalt zu vermuten, dann müssen wir uns in die Lage versetzen, uns Hilfe zu holen […] und zu sagen, ich mach mir Sorgen.« (Deutschlandfunk 2017)

So bleibt diese Dynamik, insofern sie nicht durch regelmäßige Fortbildung, einen gut installierten Ablauf im Kinderschutzverfahren sowie ein erfolgreich und partizipativ entwickeltes Schutzkonzept in der Organisation eine Art Gegengewicht erfährt, verhängnisvoll für Kinder, die von Kindeswohlgefährdungen betroffen und auf den professionellen Blick von Kinderschutzkräften angewiesen sind. Je jünger die Kinder sind, desto mehr benötigen sie diese gut ausgebildeten und klar strukturierten Kinderschutzkräfte.

Auf der Seite von Kinderschutzkräften kann es jedoch zu *Fehleinschätzungen im Kinderschutz* kommen, wie zum Beispiel:
- die Annahme, die Einrichtung … kenne das Kind auch und könne im Zweifelsfall melden;
- das unausgesprochene Verlassen auf andere Akteure (Schule, Kita, SPFH usw.);
- die Idee, die Familie sei dem Jugendamt ja schon bekannt, da brauche man ja nicht zu melden;
- die Hypothese, dass das Jugendamt schon einmal in der Familie war und geprüft hat, wonach nichts passiert sei, weswegen eine weitere Meldung nichts bringe;
- die Mutmaßung, dass das Jugendamt immer richtig entscheide;
- die Vermutung, dass nur das Jugendamt zum Kinderschutz verpflichtet ist.

Bitte halten Sie kurz inne und nehmen Sie sich die Zeit, zu den genannten »Fehleinschätzungen« zu reflektieren.
- *Haben Sie sich schon einmal bei einer dieser Annahmen, Hypothesen und Glaubenssätze »erwischt«?*
- *Wenn ja, wie denken Sie darüber?*
- *Welche To-dos können Sie sich ins Hausaufgabenheft schreiben, um diese Annahmen zu transformieren?*
- *Haben Sie über diese Annahmen schon einmal in Ihrem Team oder Ihrer Einrichtung/ Organisation diskutiert?*

Ein weiterer Irrglaube ist die Annahme, dass es sich speziell bei sexueller Gewalt an Kindern in der Regel um Täter handelt, es also keine Täterinnen gibt und schon gar keine Mütter, die sexuellen Missbrauch verüben oder daran beteiligt sind. Mich selbst hat ein Fall nachhaltig geprägt, sodass ich in Bezug auf meine Tätigkeit – damals in der Fachberatung Kindertagespflege – Supervision in Anspruch nehmen musste. Hier das Beispiel zu *Müttern als Täterinnen und Mittäterinnen:*

»Sie ist doch eine Mutter!« – Teil 1

Vor einigen Jahren schockierte ein Missbrauchsfall die Region, in der ich lebe und arbeite. Der Fall ging bundesweit durch die Presse.[39] Eine Mutter hatte jahrelang am Missbrauch der eigenen Tochter mitgewirkt, indem sie filmte, wie ihr Lebensgefährte sich an ihr verging und dabei noch »Regieanweisungen« gab (vgl. Der Spiegel 2014). Ich gehe in diesem Beispiel verkürzt darauf ein. Diese Frau befand sich in der Qualifikation als Kindertagespflegeperson und ich habe die Zuständigkeit übernommen. Ich kann mich noch sehr gut an ein diffus schlechtes Gefühl erinnern, als ich sie zum ersten Mal besuchte. Das war der erste und auch letzte Besuch, da sie mit ihrem Lebenspartner kurze Zeit später verhaftet und eine Inobhutnahme ihrer drei Kinder vorgenommen wurde.

Da ich bei Gesprächen in Form eines Genogramms mitschreibe, wurde schnell deutlich, dass der meiner Kollegin als »Vermieter« angegebene Mann der Vater ihres dritten Kindes war.

Als die Festnahme dieses Paares und die Inobhutnahme der Kinder bekannt wurde, war das gesamte Umfeld völlig fassungslos. Niemand konnte diese Tat mit dieser Frau zusammenbringen, die auf ihr Umfeld einen so »sympathischen Eindruck« machte. Die Teilnehmerinnen aus der Gruppe zur Qualifikation in der Kindertagespflege mussten in der Aufarbeitung unterstützt werden. Eine Teilnehmerin drückte das so aus: »Das gibts doch nicht, das kann doch nicht wahr sein! Die Claudia[40] war doch eine so nette Person. Sie kann das doch nicht gemacht haben. *Sie ist doch eine Mutter!*«

Dieses Beispiel zeigt exemplarisch, dass wir im Kinderschutz immer wieder mit Fällen konfrontiert werden, die uns erschüttern und nachhaltig irritiert zurücklassen. Deshalb ist auch die Gefahr einer *sekundären Traumatisierung* ein Thema für Kinderschutzkräfte und InsoFas, was leider noch nicht allen Fachkräften bekannt ist. Ich gehe später (▶ Kapitel 12.2) weiter auf diesen Fall ein und beschreibe dort, was mich selbst dabei so bestürzt hat und was ich daraus lernen konnte.

Systemischer Kinderschutz bedeutet auch, hinzusehen, zu erkennen, zu verstehen und sicher zu handeln. Wissen, Handlungssicherheit und Kompetenz in der Gesprächsführung geben betroffenen Kindern die Sicherheit und den Schutz, den sie sich von uns Kinderschutzkräften wünschen und der ihnen hilft, ihre belastende Situation selbst zu verstehen und diese nach und nach zu bewältigen.

---

39 Artikel zu diesem Fall sind beispielsweise folgende: https://www.spiegel.de/panorama/justiz/urteile-in-hildesheim-erzieherin-filmt-missbrauch-ihrer-tochter-a-979781.html; https://www.focus.de/panorama/paar-gesteht-vor-gericht-erzieherin-filmt-jahrelang-missbrauch-der-eigenen-tochter_id_3956379.html?drucken=1 (Zugriff am 11.09.2022).

40 Alle in den Fallbeispielen dieses Buches angegebenen Namen wurden verändert.

5.5 Den Wald vor lauter Bäumen nicht sehen

> *»Kinderschutz benötigt eine Fehlerkultur, in der das konstruktive Benennen von ›Fehlern‹ als Ausdruck von Loyalität verstanden wird.«* (Radewagen 2022a, S. 4)

Wie oft sind Kinderschutzkräfte und InsoFas von oben genannter Dynamik betroffen? Ich meine, sehr oft. Schauen wir beispielsweise in die Jugendämter. Man könnte sagen, dass die heutigen *Jugendämter unter Druck* sind. Die gleichnamige ZDFzoom-Doku fragt nach, warum Jugendämter immer häufiger zum äußersten Mittel, der Herausnahme der Kinder aus den Familien, greifen und welche dramatischen Folgen das haben kann (vgl. ZDFzoom 2019).

> »Besonders überfordert seien junge, unerfahrene Kräfte in den Ämtern. Mit schweren Folgen: Viele Sozialarbeiter sitzen nur noch am Schreibtisch und entscheiden von dort aus, ob Kinder aus Familien genommen werden, ohne die Familienumstände jemals richtig gesehen zu haben. So kann es zu massiven Fehlentscheidungen kommen, bestätigt eine Leiterin im Jugendamt.« (ZDFzoom 2019)

»Ich erreiche die Mitarbeiter:innen im Jugendamt nicht« – sicher haben Sie diese Aussage so oder so ähnlich schon einmal im Kreise von Kinderschutzkräften oder von Eltern gehört (vgl. AFET 2022b, S. 1). Der AFET fragt deshalb in seinem 13. Impulspapier zur Umsetzung der Neuregelungen im Kinder- und Jugendstärkungsgesetz: »Ist das KJSG eine schwierige, aber zu leistende Herausforderung zum Wohle der Klient*innen oder der überlaufende Tropfen zur Überlastung öffentlicher Jugendhilfestrukturen« (2022b, S. 1)? Denn die Umsetzung des KJSG fällt in eine »Zeit, in der in vielen deutschen Jugendämtern eine explosive Mischung aus fehlendem Personal und zunehmenden Krisen den Arbeitsalltag bestimmt« (AFET 2022b, S. 1). Kürzlich wendeten sich Kinderschutzkräfte aus dem Jugendamt Hannover in einem Brandbrief an die Verwaltung und Politik, um ihre Belastung öffentlich zu machen (vgl. HAZ-Redaktion 2022).

Kathinka Beckmann, Thora Ehlting und Sophie Klaes haben in ihrer Studie aus 2018 zu der beruflichen Realität und speziell den strukturellen Zwängen, die im ASD herrschen, geforscht. Demnach ließe es sich so formulieren, dass zwar viel über »das Jugendamt« gesprochen und berichtet werde, jedoch andererseits wenig über die strukturellen Implikationen und die realen Arbeitsbedingungen bekannt sei (vgl. Beckmann et al. 2018, S. 9). So schlagen sie unter anderem in ihrem Fazit vor:

- das staatliche Wächteramt so zu interpretieren, dass der Staat damit eine »Gewährleistungsverantwortung« dafür übernimmt, objektive Lebensbedingungen so zu verändern, dass ein gesundes und chancenreiches Aufwachsen gelingt;
- das »staatliche Wächteramt« dementsprechend so zu verstehen, dass es keinen Gegensatz zu einem präventiven Anspruch der Kinder- und Jugendhilfe darstellt und somit auch das verbriefte Elternrecht auf Erziehung der eigenen Kinder nicht einschränkt;
- zukünftig auf einen Paradigmenwechsel in der gesellschaftlichen und politischen Wahrnehmung hinzuwirken, um künftig nicht länger ausschließlich die Kosten zu fokussieren, sondern über »sinnvolle und notwendige Investitionen« zu sprechen (Beckmann et al. 2018, S. 142 f.).

Es ist allgemein bekannt, dass die Fallzahlen im Kinderschutz stetig, in manchen Bereichen – wie der digitalen sexuellen Gewalt an Kindern – sogar eklatant ansteigen. Gleichzeitig haben wir in allen Bereichen der Kinder- und Jugendhilfe einen hohen Fachkräftebedarf, der sich in vielen Regionen Deutschlands bereits zu einem beunruhigenden Fachkräftemangel ausgewachsen hat. Unter dem stetig anwachsenden Stellenangebot für Kinderschutzkräfte in den Bereichen der Pädagogik und Sozialen Arbeit überlegen sich diese sehr genau, ob sie sich diesen Druck im Jugendamt persönlich antun wollen. Gleichzeitig gibt es einen Generationenwechsel, denn viele »Säulen im Jugendamt« gehen in den Ruhestand. Es gibt teilweise zu wenig »Mittelbau« in den Teams, sodass Erfahrungen nicht weitergegeben werden können. Soweit nur ein kleiner Ausschnitt des Versuchs, die Problemlage so zu skizzieren, dass sie einen Sinn für diesen Kontext ergibt. Denn das Phänomen, den »Wald vor lauter Bäumen nicht zu sehen«, hängt auch oft mit einem »zu viel« an Fällen, Arbeitsbelastungen usw. zusammen. Wir finden es jedoch auch in anderen Zusammenhängen, wie das folgende Beispiel aufzeigt.

»Brett vor dem Kopf«

Die Leitung einer Kita fragt Beratung an, da sie sich von einem Fall in der Kita überfordert fühle. Eine Mutter aus der Kita hat sich an das Jugendamt gewendet und mitgeteilt, dass sie sich nicht mehr um ihre Tochter kümmern kann. Ihr wachse alles über den Kopf. Sie sei kurz davor, ihrer Tochter etwas anzutun. Das Jugendamt ruft daraufhin die Leitung der Kita an und will Informationen sowie einen Bericht darüber, wie die Mutter sich gegenüber dem Kind verhalte. Die Leitung sei nun verunsichert und wisse nicht, wie sie sich verhalten solle.

Wir verabreden eine Fallbesprechung im Rahmen einer Gefährdungsabschätzung (GA). Kurios scheint, dass das Jugendamt die Gefährdung so einschätzt, dass eine Inobhutnahme bzw. Fremdunterbringung des Kindes bevorsteht und die Kita andererseits keine Anhaltspunkte für eine mögliche Gefährdung des Kindes sieht. In der GA sagt die Leitung: »Wir sind fassungslos, dass das Kind tatsächlich fremduntergebracht wird!« Und sie fragt: »Was haben wir nicht gesehen?«

Es gab aus Sicht der Kita tatsächlich keine gewichtigen Anhaltspunkte, aber durchaus retrospektiv vereinzelte Anzeichen, die Aufschluss hätten geben können. Diese waren aber für die Kinderschutzkräfte nicht ersichtlich. Nur die Zusammenschau brachte ein Gesamtbild, das für die Kinderschutzkräfte äußerst aufschlussreich war. Es handelte sich auch hier – wie in so vielen Fällen – um ein »auffällig unauffälliges« Kind, das durchaus altersgerecht und gut entwickelt war und sich in der Kita sehr angepasst verhalten hatte. Dieses Mädchen hatte sehr viel internalisiert, sodass die konfliktreiche Beziehung auf der Elternebene sowie die völlige psychische Überlastung der Mutter den Kinderschutzkräften in der Kita nicht auffallen konnte. Zum Abschluss der GA sagt die Einrichtungsleitung: »Es fühlt sich an, als hätten wir ein Brett vor dem Kopf gehabt!«

Wir finden diese Dynamik also auch in anderen Bereichen und Kontexten rund um den Kinderschutz. Warum? Weil uns teilweise der professionelle Blick verstellt ist.

Bitte halten Sie kurz inne und reflektieren zu den folgenden Fragen:
- Fallen Ihnen selbst Situationen ein, in denen Ihnen der professionelle Blick verstellt war und Sie den »Wald vor lauter Bäumen« nicht gesehen haben?
- Wenn Sie jetzt gedanklich in Ihr Baumhaus gehen und von oben schauen, was sehen Sie? Was ändert der Perspektivwechsel?
- Haben Sie die Möglichkeit, sich im Team über solche Themen auszutauschen?
- Wissen Sie, wo Sie sich fachliche Beratung organisieren können?
- Was wäre ein kraftspendendes Lunchpaket für Sie (z. B. »Jetzt setze ich die Kinderschutzbrille auf!«, »Auch im Wald gibt es gute Aussichten!«)?

Stress, hohe Belastung, fehlendes Wissen, schlechte Rahmenbedingungen, keine Möglichkeit zur Reflexion geschweige denn Supervision – das alles sind Probleme, die geradewegs in eine *Problemtrance* bei der Kinderschutzkraft führen können. Der bereits viel zitierte Steve de Shazer als (Mit-)Begründer der »Lösungsfokussierten Kurzzeittherapie« fasst es so zusammen: »Die Lösung hängt nicht zwangsläufig mit dem Problem direkt zusammen« (de Shazer 2018, S. 24). Was eine sogenannte Problemsprache für Auswirkungen haben kann, zeigt dieses verkürzte Beispiel, das aus einem Therapiegespräch eines Therapeuten mit einem depressiven Klienten stammt: »Nach 45 Minuten beginnt sich die ganze Situation für den Therapeuten überwältigend, kompliziert und vielleicht auch hoffnungslos anzufühlen. Wenn der Therapeut sich so fühlt, können Sie sich vorstellen, wie sich der Klient nach 45 Minuten fühlt« (de Shazer 2017, S. 83)?

Conen (2014, 2015) empfiehlt uns deshalb in einer *Haltung der Hoffnung*[41] zu bleiben, damit wir hilfreich für die Kinder und ihre Familien sein können. Man könnte auch sagen, »Problem erkannt, Problem gebannt«, um dann konsequent neben dem Blick auf Gefährdungen und Risiken eben auch auf Lösungen, Ressourcen und Schutzfaktoren zu blicken.

Systemischer Kinderschutz ist wie ein »lernender Organismus«, der auch eine maßvolle Fehlerfreundlichkeit benötigt. Fehler im Kinderschutz zu erkennen, ermöglicht eine problematische Entwicklung oder Belastung zu verstehen und schnellstmöglich zu stoppen. Der Blick aus der Metaperspektive sowie das Wissen über energiegeladene Prozesse, Muster und Dynamiken im Kinderschutz helfen weiter, diese zukünftig früher, effektiver und sicherer zu erkennen.

---

41 Siehe dazu mehr in ▶ Kapitel 6.3 »Haltung der Hoffnung im Kinderschutz«.

Kapitel 6 **Lösungskompass im Kinderschutz**

*»Ein Problem zu lösen heißt,
sich vom Problem zu lösen.«*[42]

Um sicherzustellen, dass wir als Kinderschutzkraft daran denken, auf die Ressourcen im System zu blicken, gibt es eine gute Metapher. Die »zwei Seiten einer Medaille« erinnern uns daran, sowohl das Problem zu betrachten und zu würdigen als auch die Lösung des Problems in den Fokus zu nehmen und immer daran zu denken, beide Seiten zu betrachten. De Shazer setzt dies in eine Rangfolge: »Die Lösung kommt immer vor dem Problem« (1999, S. 25). Oder wie Heiko Kleve (2017; vgl. 2000, S. 122) es beschreibt: Die Lösung ist das nächste Problem.

De Shazer begründet seine Sichtweise darin, dass sich der Bereich der Psychotherapie schon mit beiden Seiten der Medaille beschäftigt hat, der Hauptanteil jedoch auf die Seite der Probleme entfiel: tatsächlich seien Lösungen so selten betrachtet worden, dass diese zur versteckten Hälfte der »Problem/Lösung«-Unterscheidung wurden.

Ich möchte diesen Worten gern die Ben Furmans (1999, S. 166) hinzufügen, der die folgenden Überlegungen anstellt, wie ein »Lösungsgespräch« gelingen kann:

»Wir glauben, dass die Leute, die mit der Absicht zusammenkommen, Probleme zu lösen oder Konflikte aufzulösen, sich angenehm und gut fühlen sollten. Nach unserer Auffassung sollte die […] [Kinderschutzkraft] die Konversation auf eine solche Weise gestalten, dass der Schwerpunkt auf Lösungen und nicht auf Problemen liegt. Für uns heißt das, dass das Problem und damit zusammenhängende Themen auf eine Weise besprochen werden sollten, die dazu beitragen, Optimismus, Zusammenarbeit und Vertrauen in die eigenen Ressourcen hervorzubringen und zu ermutigen.«

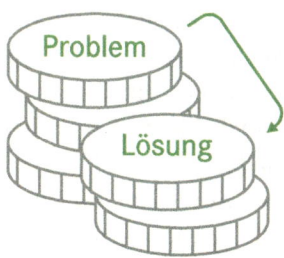

Abb. 4: Die zwei Seiten einer Medaille

---

42 Dieses Zitat wird Johann Wolfgang von Goethe zugeschrieben.

Eberling, Vogt-Hillmann und Schiepek beschreiben in ihrem Artikel »Von der Problemlösung zur Lösungskonstruktion« dieses Vorgehen in Anlehnung an die Selbstorganisationstheorie, das auch für einen systemisch-lösungsorientierten Kinderschutz interessant ist. Es wird als ein »Schaffen von Bedingungen für die Möglichkeit selbstorganisierter Phasenübergänge für komplexe bio-psycho-soziale Systeme« dargestellt. »Dabei ist es nicht notwendig, die problemerzeugenden und problemerhaltenden Muster zu rekonstruieren, um Veränderungen einzuleiten« (Eberling et al. 1998, S. 214). Sie nennen zudem die folgenden fünf Grundbereiche, die eine Wirksamkeit systemisch-lösungsorientierten Vorgehens begründen:

- »Mobilisieren von Zuversicht und Veränderungsbereitschaft
- Aufnehmen einer emotional bedeutsamen Beziehung
- Interpretation des Leidens und der Therapie nach einem plausiblen, der kulturellen Situation entsprechenden Konzept
- »Auftauen« verfestigter Erlebens- und Verhaltensmuster und
- Korrigierende emotionale Erfahrungen mit Umstrukturierung zentraler Konzepte« (Eberling et al. 1998, S. 215).

Steve de Shazer beschreibt die Grundlage des »Lösungen-Findens« so:

> »[D]er nützlichste Weg zu entscheiden, welche Tür sich öffnen lässt, um eine Lösung zu erhalten, besteht darin, eine Beschreibung zu erhalten, was die Klient:in anders machen wird und/oder welche Dinge geschehen werden. Wenn das Problem gelöst ist, um auf diese Weise die Erwartung einer positiven Änderung zu schaffen.« (de Shazer zit. n. de Jong/Berg 2014, S. 44)

Dieses Kapitel beschäftigt sich also, kurz und knapp gesagt, mit dem Versuch, unterschiedlichste Aspekte zu betrachten und Lösungsperspektiven einzunehmen. Dies ist im Sinne einer Konstruktion von Wirklichkeit und Nützlichkeit zu verstehen, um als Ziel mögliche *Lösungen* für die Beratung und Arbeit im Kinderschutz zu entdecken und zu *er-finden*. Ich beginne mit den Adressaten im Kinderschutz, für deren Wohl und Schutz wir alle arbeiten, den Kindern.

6.1 Das professionelle Sehen der betroffenen Kinder

»Veränderung ist möglich. Wenn eine äußere Veränderung schwierig ist, ist in jedem Fall eine innere Veränderung möglich.« (Virginia Satir et al. 2011, S. 33)

Der Kinderpsychiater und Familientherapeut Helmut Bonney schreibt im Vorwort zu seinem Buch »Rohstoff Kind« (2021, S. 6), dass dieser Titel »beileibe nicht abwegig ist«, rücke doch die »Sicht auf die Kinder als Menschen, als emotionale Wesen« immer weiter in den Hintergrund. Und er fragt sich, ob *die Kinder der Rohstoff unserer Gesellschaft oder gar unserer Wirtschaftsordnung sind,* während entwicklungsfördernde Beschäftigungen auf der anderen Seite, wie das Spielen für Kinder, immer seltener werden. Wie »sehen« wir die Kinder heute in ihren Bedürfnissen allgemein und mit ihren Nöten im Kontext des Kinderschutzes im Speziellen? Die hier beschriebene Fähigkeit von Kinderschutzkräften, das Kind »professionell zu sehen«, meint hingegen, ihm ein Gefühl des Gesehen-Werdens – so wie es ist – zu ermöglichen. Diese Fähigkeit bedeutet dagegen nicht, das Kind zu beobachten, anzuschauen oder entlarvend zu betrachten – nach dem Motto: »Hab ichs doch gesehen!« Jesper Juul (2014) benennt diese wichtige Fähigkeit, die eine Stärkung des Selbstwertgefühls der Kinder bewirkt und deshalb auch für den Kinderschutz sehr relevant ist:

»Das Erlebnis ›gesehen‹ zu werden, kann entweder das bestätigen, was man über sich selbst weiß, oder es führt zu einer neuen (befreienden oder erschütternden) Erkenntnis, wer man selbst ist. Das allein bewirkt schon eine Stärkung des Selbstwertgefühls des Kindes und damit seiner Möglichkeiten, an einem fertigen, respektvollen und empathischen Kontakt mit der […] [Kinderschutzkraft] teilzunehmen.« (Juul 2014, S. 128 f.)

Gelingt es, das Selbstwertgefühl bei Kindern zu stärken, so kann man von psychisch widerstandsfähigeren Kindern sprechen; denn Kinder mit einem guten Selbstwertgefühl werden als resilienter eingeschätzt (vgl. Pretis/Dimova 2016, S. 85). Im Kontext Kinderschutz ist jede Stärkung der Kinder ein Aspekt auf der Seite der Resilienz und damit der Schutzfaktoren. Das Kind zu »sehen«, meint also, mehr und andere Aspekte wahrzunehmen als dessen unmittelbar beobachtbares Verhalten und das, was wir normalerweise sehen. Diese Fähigkeit hängt auch von den Erfahrungen der Kinderschutzkraft ab, ob und wie sie selbst in ihrer Biografie »gesehen« worden ist. Fachkräfte mit diesen Erfahrungen haben meist auch die Fähigkeit, andere »sehen« zu können. Und das gilt auch für Fachkräfte, die erlebt haben, nicht »gesehen« worden zu sein, »und die dennoch ihr Inneres intakt und zugänglich bewahrt haben« (Juul 2014, S. 129).

 Denken Sie gern ein paar Minuten über die folgenden Fragen nach:

- *Wo finden Sie sich wieder? Haben Sie selbst die Erfahrung gemacht, »gesehen« zu werden? Wie war das Gefühl? Spüren Sie es heute noch?*
- *Oder gehören Sie eher zu der zweiten Erfahrungsgruppe? Haben Sie es kaum erlebt, »gesehen« zu werden? Welche besonderen Resilienzfaktoren haben dazu geführt, dass Sie heute diesen Beruf ausüben? Würden Sie zustimmen, dass Sie die Fähigkeit besitzen, die Kinder zu »sehen«?*
- *Oder geht es für Sie hier um eine Fähigkeit, die Sie gern entwickeln möchten? Wie wollen Sie dies erreichen? Was steht auf Ihrer To-do-Liste? Was denken Sie, werden Sie persönlich dazugewinnen, wenn Sie diese Fähigkeit entwickelt haben?*

Bitte notieren Sie wichtige Gedanken zu diesen Fragen.

Ich konnte diese Fähigkeit bei Kinderschutzkräften in vielen Hospitationen beobachten. Es wurde bereits erwähnt, dass, wenn Kindern Gewalt widerfährt und sie sich Erwachsenen mitteilen möchten, sie zu oft nicht gesehen, gehört oder ihnen nicht geglaubt wird. Der selbstwertstärkende Effekt des »Sehens« beginnt aber schon ganz früh. Wenn sich die Kinder in der Kita im Morgenkreis, in der Schule oder in einem anderen Kontext etwas wünschen. Die einen verfolgen ihr Ziel lautstark und zielstrebig, die anderen zaghaft mit halberhobenem Arm und wieder andere nur mit den Augen: *Welches Kind benötigt Ihre Aufmerksamkeit dringend? Wie können Sie die Kinder »im Blick« haben und den Prozess leiten?* Und so betrifft dies Kinderschutzkräfte in allen Bereichen der Kinder- und Jugendhilfe, denn auch Jugendlichen wird dieses Gefühl, gesehen zu werden, noch guttun.

! Und hier schließt sich der Kreis, denn Kinder im Kinderschutz zu beteiligen, mit ihnen zu sprechen (▶ Kapitel 10.1) und ihnen wirklich zuzuhören, ist ebenfalls eine professionelle Form dieses »Sehens«.

Im Kinderschutz geht es vor allem um ein professionelles Sehen der Kinder. Damit gemeint ist auch das frühzeitige Erkennen von Gefährdungen, es beinhaltet ein *weites* Verständnis und benötigt einen präventiven, systemischen Blick im Kinderschutz. Ich sage den Kinderschutzkräften als InsoFa oft: »Sie brauchen nicht auf gewichtige Anhaltspunkte zu warten. Bitte melden Sie sich, sobald Sie eine Sorge haben, ein schlechtes Gefühl spüren oder eine Frage besprechen möchten – lieber einmal mehr als zu wenig!«

! Falls Sie sich fragen, »Ist das schon Kinderschutz?«, organisieren Sie sich Beratung. Es gibt diesbezüglich keine »falschen« Beratungsanfragen!

Auch der § 8a Abs. 1 SGB VIII sieht vor, dass sich das Jugendamt, sofern dies nach fachlicher Einschätzung erforderlich ist und der wirksame Schutz nicht infrage gestellt wird, einen *unmittelbaren Eindruck von dem Kind und seiner persönlichen Umgebung* zu verschaffen hat (vgl. Frenzel 2020, S. 65). Im Fall Lügde wurde diesen Vorgaben zur Inaugenscheinnahme des Kindes in mehreren Verfahrensschritten nicht entsprochen bzw. wurde dazu keine Aussage getroffen, wie die nachfolgenden Aspekte aus dem Abschlussbericht unterstreichen:

- »Der Kinderschutzmeldung des Kindergartens [...], wonach die Mutter überfordert sei, das Kind unentschuldigte Fehlzeiten im Kindergarten und Sprachprobleme habe und das Kind sich nicht bei der Mutter aufhält, wurde nachgegangen. *Es ist nicht erkennbar, dass das Kind in Augenschein genommen wurde.*
- Hausbesuch durch ASD Hameln-Pyrmont wegen der Hinweise auf Pädophilieverdacht vom [...]: *kein Hinweis, ob das Kind gesehen wurde.*
- [...] Hausbesuch des JA Lippe aufgrund von Kinderschutzhinweisen – Gespräch mit V.: Wohnsitzsituation wird als gefährdend eingeschätzt – Frist zur Veränderung [...]. *Das Kind war anwesend; es wurde mit dem Kind kein Gespräch über den Inhalt der Meldung geführt. Kein Hinweis auf eine Inaugenscheinnahme«* (Frenzel 2020, S. 65, Hervorh. d. Autorin).

Eine Inaugenscheinnahme des Kindes fällt klar unter dieses »professionelle Sehen« im (intervenierenden) Kinderschutz. Ansonsten ist es ein *Übersehen* des Kindes in seiner Not und damit eine deutliche Verletzung seiner Schutzrechte. Sobald dieser Aspekt deutlich und unmissverständlich als festes Vorgehen bei den Kinderschutzkräften verankert ist, wirkt dieser Lösungsschritt einer Verstrickung auf der Erwachsenenebene und sonstigen dysfunktionalen, im Problemkompass beschriebenen Dynamiken und Mustern entgegen (▶ Kapitel 5).

Systemischer Kinderschutz bedeutet, Kinder zu sehen. Dadurch gelingt es, Risiken, Gefährdungen aber auch Ressourcen des Kindes »professionell« wahrzunehmen, frühzeitig zu erkennen und nützliche Hilfen für das gesamte Familiensystem zu installieren. Kinder zu »sehen«, stärkt sie in ihrem Selbstwert und fördert damit ihre Resilienz.

Kinder verhalten sich immer entwicklungslogisch!

Kinder haben immer einen guten Grund für ihr Verhalten.

Dieser kleine Abschnitt ist kurz, übersichtlich und klar formuliert. Die Kernaussage und -annahme ist:

»Kinder verhalten sich immer entwicklungslogisch.« Das bedeutet, sie verhalten sich in der Kita, der Schule oder in sonstigen Einrichtungen der Kinder- und Jugendhilfe exakt so, wie es für ihre Lebensumstände der bestmögliche Weg ist.

Ich habe in sehr vielen Fallberatungen und Gefährdungseinschätzungen ganz vielfältige und unterschiedliche Verhaltensbeschreibungen von Fachkräften gehört und möchte deshalb ganz deutlich sagen: Kinder lügen nicht, sie sind nicht aggressiv, sie beißen, schlagen oder treten nicht absichtlich andere oder sind böse, sondern sie haben immer einen guten »Grund« (vgl. Weiß 2016) für ihr (Symptom-)Verhalten, das sie in diesem Kontext und in bestimmten Situationen zeigen. Hier ein Beispiel:

»Leon zeigt seine Wut«
Mitarbeiterinnen aus einer Krippe bitten die Fachberatung zu einer Hospitation. Während der schon seit Wochen andauernden Eingewöhnung zeigt der knapp zweijährige Leon autoaggressive Verhaltensweisen. Die Mutter scheint sich nicht von ihm trennen zu können, beschäftigt sich jedoch auch wenig mit ihm. Sie sucht verstärkt den Kontakt zu den pädagogischen Fachkräften, um sich mit ihnen zu unterhalten. Wendet sie sich ab, beginnt der kleine Junge mit seinem Kopf auf den Boden zu schlagen, sodass sofort eingegriffen werden muss, damit er sich nicht ernsthaft verletzt. Die Mutter wirkt in diesen Situationen überfordert und reagiert ambivalent. Mal agiert sie überfürsorglich, indem sie ihn auf den Arm nimmt, in anderen Situationen beschreiben sie die pädagogischen Fachkräfte als »gestresst« bis »hysterisch«. In diesen Momenten ruft die Mutter die pädagogischen Fachkräfte und entfernt sich von Leon. Sie wirkt dann so, als sei sie mit ihrem Sohn überfordert und wisse nicht, wie sie auf ihn reagieren soll. Es gelingt ihr auch nicht, sich im Zuge der Eingewöhnung kurz zu verabschieden und die vereinbarte Zeit im Nebenraum oder außerhalb der Einrichtung zu verbringen. Nach dem Wissensstand der Krippe liegt bei der Mutter keine diagnostizierte psychische Erkrankung vor. In einem ausführlichen Gespräch berichtet sie den Fachkräften von ihrem schlechten Gewissen, das Kind jetzt schon in die Krippe geben zu müssen. Da ihr Mann und sie unter existenziellen Geldsorgen leiden und gerade ein Haus gebaut haben, müsse sie jedoch wieder in ihren Job zurückkehren. Auf Nachfrage der Fachberatung nach der Zeit der Schwangerschaft,

Geburt und dem ersten Lebensjahr stellt sich im weiteren Gespräch heraus, dass die Mutter während ihrer Schwangerschaft unter starken Ängsten sowie nach der Geburt offensichtlich unter einer nicht diagnostizierten postpartalen Depression litt. Wie viele Mütter hatte sie sich keine Hilfe geholt, da sie keine Informationen darüber hatte, sich zudem sehr schämte und sich selbst Vorwürfe machte, eine schlechte Mutter zu sein. Sie riss sich zusammen und es manifestierten sich die damit einhergehenden Bindungsprobleme zwischen Mutter und Sohn. Leon zeigte dies durch sein Verhalten in der beschriebenen Vehemenz in der Krippe. Ein videogestütztes Bindungstraining durch eine Mitarbeiterin der Erziehungsberatungsstelle sowie die Anbindung in einer kinder- und jugendpsychiatrischen Praxis konnten Mutter und Kind im Weiteren helfen und Leon konnte mit seinen Eltern korrigierende Bindungserfahrungen erleben.

Die Art, wie wir über Kinder mit den Kolleg:innen, den Eltern und natürlich mit dem Kind selbst sprechen, spiegelt eine Haltung wider. Indem wir unsere Problembeschreibungen in möglichst neutrale Beobachtungen umformulieren und differenzieren – wie zum Beispiel »Fritz zeigt sich aggressiv, sobald es in der Klasse sehr laut ist« statt »Fritz ist immer so aggressiv« –, führen wir einen Unterschied ein, der einen Unterschied macht. Der Satz »Ein Unterschied, der einen Unterschied macht« geht auf den amerikanischen Anthropologen, Biologen, Sozialwissenschaftler, Kybernetiker und Philosophen Gregory Bateson zurück, der großen Einfluss auf die systemische Familientherapie hatte. Seine Worte verkörpern für mich meine systemische Haltung, die beinhaltet: So wie ich mich verhalte, hat dies einen Einfluss auf das System, in dem ich mich bewege. Wenn ich zum Beispiel mit einem Team zu einem Fall arbeite und die Kinderschutzkräfte entwickeln in der Beratung neue Perspektiven und reflektieren ihre bisherige Sichtweise, nehmen sie diese Gedanken aus dem Beratungssystem mit in ihr Praxissystem. Verhalten sie sich dort aufgrund ihrer reflektierten Sichtweisen anders, macht das einen Unterschied, der einen Unterschied macht. Die Kinderschutzkräfte merken dies, weil sie feststellen, dass sich die (Betreuungs-)Situation mit den Kindern verändert, und die Essenz aus der Reflexion, sofern sie nützlich und hilfreich war, verdichtet sich in der Haltung und im Handeln der Fachkraft.

> ! Wir Erwachsenen haben den Auftrag, das Kind zu sehen sowie die Sprache des Kindes, was es damit ausdrücken möchte, zu verstehen und ihm zu helfen. Dies gilt ganz besonders für Fachkräfte im Kontext Kinderschutz.

Denn sicher kennen Sie auch diese »unauffälligen auffälligen« Kinder, die wenig Aufmerksamkeit auf sich ziehen, nur ganz hauchzarte Signale senden und trotzdem in höchster Not sind.

Sprechen Sie in Ihrem Team einmal darüber. Dazu können Sie beispielsweise die folgenden Fragen als »Leitplanken« nutzen:

- *Fallen Ihnen Kinder ein, die regelmäßig durch das Raster fallen und etwa durch ihre auffällige Unauffälligkeit nicht gesehen werden?*
- *Welche Maßnahmen, Strukturen, Ideen haben Sie/können Sie ergreifen, sodass diese Kinder mehr in den Blick geraten?*

Die Verpflichtung der Erwachsenen, den Schutzrechten des Kindes gerecht zu werden, führt uns direkt zum nächsten Abschnitt.

Kinder haben Rechte!

> »Systemischer Kinderschutz bedeutet für mich die Perspektive aller Beteiligten in den Blick zu nehmen und dabei die Wahrnehmung und die Interessen des Kindes an erste Stelle zu setzen. Also aktiv umfassend für die Rechte der Kinder und ihre Beteiligung im Sinne der Kinderrechte zu sorgen.« (Björn Hagen zit. n. DGSF 2020, S. 27)

Dieses Buch handelt von Lösungen und immer, wenn es um Kinderrechte geht, sind diese einfach und klar, ja fast *federleicht*. Denn Kinder haben Dank der UN-Kinderrechtskonvention, die in Deutschland im Jahre 1992 in Kraft trat, klar definierte Rechte. Für den Bereich Kinderschutz sind hier die wichtigsten Rechte in Kurzform aufgeführt (Kittel 2022, S. 30), die jedes Kind und jeder Erwachsene kennen sollte:

- Art. 8 UN-KRK: Recht auf Schutz und Achtung der Identität.
- Art. 13 UN-KRK: Recht auf freie Meinungsbildung und Meinungsäußerung.
- Art. 19 UN-KRK: Recht auf Schutz vor Gewalt, Misshandlung und Missbrauch.
- Art. 34 UN-KRK: Recht auf Schutz vor sexuellem Missbrauch.

Wir Erwachsenen, egal ob Eltern oder Kinderschutzkräfte, haben die Pflicht, diese Schutz-, Beteiligungs- und Förderrechte sicherzustellen. So weit, so einfach!

Häufige Gesprächskontexte im Kinderschutz mit Kindern sind neben den Hilfeplangesprächen auch Hausbesuche. Hier ein Negativbeispiel aus dem Fall Lügde, in dem die Kinder nicht beteiligt werden:

»01.11.2017 Hausbesuch durch PKD [...]: Ablehnung einer weiblichen Person als SPFH – SPFH soll nicht mit Kind allein sprechen oder etwas unternehmen, er[43] selbst könne auf ein gesondertes Gespräch verzichten, er fühle sich bevormundet. Kein Gespräch mit Kind allein, Kind war beim Gespräch anwesend.« (Frenzel 2020, S. 29)

Hier wurden sowohl die Schutz- und Beteiligungsrechte der UN-Kinderrechtskonvention als auch die in § 8 Abs. 1 SGB VIII festgeschriebenen Inhalte, dass Kinder und Jugendliche entsprechend ihrem Entwicklungsstand an allen sie betreffenden Entscheidungen der öffentlichen Jugendhilfe zu beteiligen sind, übergangen.

Eine noch klarere gesetzliche Grundlage könnte eine Lösung darstellen. Wenn wir in den vergangenen Wahlprogrammen lesen, finden wir dort Hinweise darauf, dass die Kinderrechte im Grundgesetz verankert werden sollen: »Wir werden starke Kinderrechte auf Schutz, Beteiligung und Förderung und den Vorrang des Kindeswohls im Grundgesetz verankern« (SPD 2021, S. 40). Noch während ich dabei bin, dieses Buch zu schreiben, gibt es gute Nachrichten. Die Bundesfamilienministerin Lisa Paus erklärt zum heutigen Weltkindertag:

»Die Interessen der Kinder brauchen mehr Aufmerksamkeit. Wann immer es um Kinder geht, muss ihr Wohl im Mittelpunkt stehen. Ihre Interessen gegenüber dem Staat sollen bei allen Entscheidungen, die sie betreffen, gestärkt werden: bei Behörden- und Gerichtsentscheidungen bis hin zum Bundesverfassungsgericht. Deswegen werden wir die Kinderrechte im Grundgesetz verankern.« (BMFSFJ 2022)

Es bleibt dabei, dass die Politik an diesen Aussagen zu messen ist, um den Schutz von Kindern gesetzlich noch höher und klarer zu definieren und ihn unabhängig von denen der Eltern zu stellen.

Generell, wenn wir über die Kinder und ihre Schutz-, Förder- und Beteiligungsrechte sprechen, müssen wir auch folgendes bedenken: *Das Kind hat ein Recht zu entscheiden.* Nicht nur in seinem pädagogischen Alltag in den Einrichtungen der Kinder- und Jugendhilfe, im Elternhaus und der Schule, sondern auch im Kinderschutzverfahren. Das ist für die Erwachsenen mitunter unbequem, ist doch da noch eine Seite zu beachten, mit der wir sprechen müssen. Auch Eltern gefällt dies nicht immer.

---

43 Mit »er« (an anderen Stellen mit »V.« abgekürzt) ist der *Haupttäter* gemeint, bei dem ein Mädchen aus Niedersachsen untergebracht war, für welches das Jugendamt des Landkreises Hameln-Pyrmont Vollzeitpflege gewährt hat (vgl. LPN 2020, S. 6).

Stierlin (2007, S. 10–13) bezeichnet das Verhalten der Kinder, das wir hier oft beobachten können, als »unsichtbare Treue«. Damit gemeint ist eine starke, häufig unsichtbare Loyalität und/oder Parentifizierung, die auf der vertikalen Achse zwischen Kind und Mutter und/oder Vater wirkt und sich zu einer »Delegation« (Stierlin 2007, S. 12) auswirken kann. Bei einer Delegation handelt es sich um von den Eltern (oft verdeckt) vermittelte Aufträge an ihre Kinder. Ob das Kind diesen Auftrag annimmt oder abweist und wie es sich dabei damit auseinandersetzt, entscheidet nicht nur über die Lebensführung und das Lebensglück der delegierten Kinder, sondern auch über die Entwicklung ihrer Beziehung zu den Eltern (vgl. Stierlin 2007). Es ist darum wichtig, dass Kinder möglichst frühzeitig über ihre Rechte informiert werden. Bereits in den Frühen Hilfen, in der Krippe oder Kindertagespflege sollten die Kinderrechte im Konzept verankert sein. Auch die Eltern sollten von den Kinderschutzkräften darüber aufgeklärt werden, denn es gibt viele, denen die Kinderrechte nicht bekannt sind.

> **!** Mit Kindern entwicklungs- und altersgerecht über ihre Rechte zu sprechen und die Inhalte auch im täglichen pädagogischen Alltag zu leben, stärkt die Kinder und fördert den Kinderschutz.

Die Kinder im Kinderschutzprozess zu beteiligen, ist ein weiterer Bestandteil der Beteiligungsrechte. Hier sollten das Alter, der Fall und auch der Schutz des Kindes berücksichtigt werden. Es kann jedoch auch vorkommen, dass das Kind nicht sprechen möchte, nichts sagen möchte. Sei es aus Gründen der Scham, der Loyalität oder anderen Empfindungen. Dabei ist es jedoch wichtig, dass Sie dem Kind sagen bzw. nonverbal zeigen: »Ich sehe dich! Ich höre dir zu! Ich bin für dich da, wenn du mich brauchst. Es ist okay, wenn jetzt noch nicht der richtige Zeitpunkt für dich ist, darüber zu sprechen, oder es dir möglicherweise Angst macht.«

Sprechen Sie in Ihrem Team auch gern über die folgenden Fragen:

- *Gibt es Beschwerde- oder Mitteilungswege für die Kinder, wie einen Kummerkasten, ein Beschwerdesofa, Kinderparlament oder andere kind- und altersgerechte Strukturen zur Beteiligung?*
- *Wie beteiligen Sie die Kinder im Kinderschutzverfahren?*
- *Fühlen Sie sich in der Gesprächsführung mit Kindern im Kinderschutz sicher?*

So können Sie als verlässliche Bindungsperson dranbleiben, denn möglicherweise handelt es sich um ein Kind, das von einem impliziten Schweigeverbot der Eltern betroffen ist. Diese Hypothese sollte dann mit den Eltern besprochen werden. Oder es handelt sich vielleicht um ein unsicher-vermeidend gebundenes Kind, das nicht so recht zeigen kann, was es dringend braucht. Das Dranbleiben als Kinderschutzkraft, was meint, in der Beziehung zu bleiben, kann helfen, gemeinsam mit dem Kind auf ein günstigeres Zeitfenster zu warten (vgl. Thürnau 2021). Auf das Thema »Beteiligung und Gespräche mit Kindern im Kinderschutz« wird nachfolgend (▶ Kapitel 10.1) noch differenziert eingegangen.

> Es ist für eine Lösungssicht unumstößlich wichtig, dass wir als Erwachsene und als Kinderschutzkräfte verstehen und akzeptieren, dass wir die Pflichterfüller der Kinderrechte sind. Es ist also unsere (verdammte) Pflicht und Schuldigkeit, in allen Bereichen und besonders im Kontext Kinderschutz dafür zu sorgen, dass die Schutz-, Förder- und Beteiligungsrechte der Kinder geachtet und berücksichtigt werden.

6.2 Von der Blockade zur Lösung

»Man löst keine Probleme, indem man sie auf Eis legt.« (Winston Churchill)

Im vorherigen Kapitel wurden vielfältige Blockaden und Muster beschrieben, die Probleme in Kinderschutzverfahren und/oder -fällen bewirken können. Und wir haben verstanden, dass Lösungsblockaden den Effekt haben können, Leid und Probleme äußerst wirksam zu konservieren. Ähnlich wie bei eingeweckten Lebensmitteln erhöhen diese Blockaden das Haltbarkeitsdatum der Probleme immens. Es ist der erste sinnvolle Schritt hin zur Lösung, diese zu (er)kennen, um erfassen zu können, wenn wir in eine derartige Dynamik geraten. Nachfolgend wollen wir jedoch noch einen Schritt weitergehen, um vom Reagieren auf Dynamiken und Muster hin zum Agieren zu kommen. Also eher dazu, systemisch-strategisch zu handeln und Prozesse von Anfang an prozess- und lösungsorientiert zu beeinflussen, um als Kinderschutzkraft proaktiv agieren zu können, wie die nebenstehende Skizze verdeutlicht.

Das gilt auch für die Sprache, die wir verwenden. Steve de Shazer ermutigt, genau hinzuschauen und eine lösungsorientierte Sprache zu nutzen, »um gegen die ›Verhexung‹ durch solche Fallen und Stricke anzugehen« (de Shazer/Dolan 2018, S. 151). Durch das Einsetzen von Sprache im Kinderschutz begehen sowohl Kinderschutzkräfte als auch die

Abb. 5: Agieren statt Reagieren

Familien immer wieder das Risiko, in Fallen zu geraten und sich in Stricken zu verheddern. Direktiven, Feststellungen und Interpretationen in der Sprache können das Gespräch von ihrem Fokus wegführen oder tragen dazu bei, merkwürdige Vorstellungen von den Menschen zu entwickeln (vgl. de Shazer/Dolan 2018). Durch die Verwendung von Fragen unter dem Motto »Fragen statt Sagen« können wir dies vermeiden. »Fragen halten den Therapeuten [und die Kinderschutzkraft] genau am Punkt […] [,] durch die Verwendung von Fragen werde ich daran gehindert, Interpretationen vorzunehmen« (de Shazer/Dolan 2018, S. 150).

Dieses Unterkapitel ist recht üppig ausgefallen, denn es enthält vielfältige Lösungsideen, -aspekte und Haltungen, die für alle Beteiligten im und um den Kinderschutz sehr nützlich und hilfreich sein können. Und wie so oft liegt die Lösung dazwischen, nämlich zwischen dem Problem und der Lösung. Seien Sie gespannt! Im folgenden ersten Abschnitt beginnen wir damit, unseren Körper als Seismograf zu berücksichtigen und ihn als hochwirksames embodimentbasiertes Instrument für Lösungen im Kinderschutz einzusetzen.

Kernbedürfnisse, Embodiment und somatische Marker

»Der Geist hat seine Bedürfnisse ebenso wie der Körper.« (Jean-Jacques Rousseau)

Weiter oben hatte ich Ihnen den Fall[44] der Mutter vorgestellt, die ihre Tochter während des Missbrauchs durch ihren Lebenspartner filmte. Bei diesem Fall konnte ich feststellen, dass mein Körper während des Hausbesuchs offensichtlich Aspekte wahrnahm, die dieses diffus ungute Gefühl bei mir erzeugten. Das bedeutet, eine Lösungsperspektive in der Arbeit im Kinderschutz ist, auf die Signale unseres Körpers zu achten, also auf das *Embodiment*. Was ist damit gemeint?

Storch, Cantieni, Hüther und Tschacher (2011) verstehen unter Embodiment, dass der Geist mitsamt seinem Organ, dem Gehirn, immer in Bezug zum gesamten Körper steht. Der Geist, das Gehirn und der Körper wiederum sind in die restliche Umwelt eingebettet. Das Konzept »Embodiment« behauptet, dass ohne diese zweifache Einbettung der Geist/das Gehirn nicht intelligent arbeiten kann (Storch et al. 2011). Diese »embodied communication« (Storch/Tschacher 2014), kann für den Kontext des Kinderschutzes am ehesten mit einer embodimentalen Verständigung übersetzt werden. Es gibt uns selbst als Kinderschutzkraft für jeden Kontext wertvolle Informationen. Denn, wen könnten wir fragen, wie es uns geht, der uns garantiert ein *unmissverständliches Feedback*

---

44 »Sie ist doch eine Mutter!« (▶ Kapitel 5.4)

gibt? Richtig, unseren Körper, denn den haben wir ja praktischerweise dabei, dann können wir ihn auch gleich nutzen (vgl. von Witzleben 2020).

Die Bedeutung der *Bedürfnisse* – sowohl für uns als Kinderschutzkraft als auch für unsere Klienten – ist es wert, genauer betrachtet zu werden. Nachfolgend finden Sie eine Abbildung einer *Bedürfnislandschaft* nach Ballreich und Glasl (2011, S. 116) sowie Ballreich (2017), die hier für den Kontext »Kinderschutz« angepasst wurde. Die Bedürfnislandschaft gibt einen guten Überblick über die Kernbedürfnisse, die rot markiert sind, und ebenfalls die emotionalen (Ich-)Bedürfnisse.

Bei Betrachtung der Bedürfnislandschaft finden wir eine Erklärung für innere wie auch äußere Konfliktlagen im Kinderschutz. Sind bestimmte Bedürfnisse und besonders auch Kernbedürfnisse nicht erfüllt, führt dies zu einer Anspannung, dem Empfinden eines Mangels, Bedrohung oder Angst. Gelingt es den Menschen dann nicht, zurück in die Selbststeuerung zu gelangen, tritt eine Überforderung ein und führt diejenigen in den Bereich der Primärgefühle. Diese Empfindungen können sowohl uns Kinderschutzkräfte erreichen als auch für impulsiv auftretenden Reaktionen aufseiten der Eltern sorgen, die aufgrund nicht berücksichtigter Kernbedürfnisse wie Autonomie/Handlungsspielraum, Schutz/Sicherheit oder Respekt/Wertschätzung/Beziehung ausgelöst werden (vgl. Thürnau 2022a). Gelangen Menschen dann in ihre persönliche Überforderungszone, den sogenannten Disstress, signalisiert ihr Körper ihnen Überforderung (Ohnmacht) und das Angstzentrum (Amygdala) meldet: *Angst! Gefahr!* In diesem Zustand schüttet unser Körper Hormone für den physischen Kampf ums Überleben aus:

- Wut → Kampfimpuls *(fight)*
- Angst → Fluchtimpuls *(flight)*
- Lähmung → Totstellimpuls *(freeze)*

Dieser Zustand bewirkt, dass die Wahrnehmung und das Denken sich verengen, das Fühlen die Empathiefähigkeit verliert, das Wollen und Verhalten stur werden sowie eine kreative Lösungssuche nicht mehr möglich ist (vgl. Ballreich 2017; Ballreich/Glasl 2011). Dieser körperliche Zustand der Klienten (der Eltern) kann, wenn dieser nicht erkannt und durch eine angepasste Gesprächsführung (▶ Kapitel 10.2) reguliert wird, geradezu in den Konflikt (▶ Kapitel 10.6) führen.

Mende (2011) hat in seinem »Modell der emotionalen Grundbedürfnisse« beschrieben, was Menschen zu Spitzenleistungen motiviert und was dazu führen kann, dass diese über sich hinauswachsen können. Er vertritt die These, dass eben diese Motivation zu Spitzenleistungen von emotionalen Grundbedürfnissen geleitet wird, und nennt vier zentrale emotionale Bedürfnisse, deren

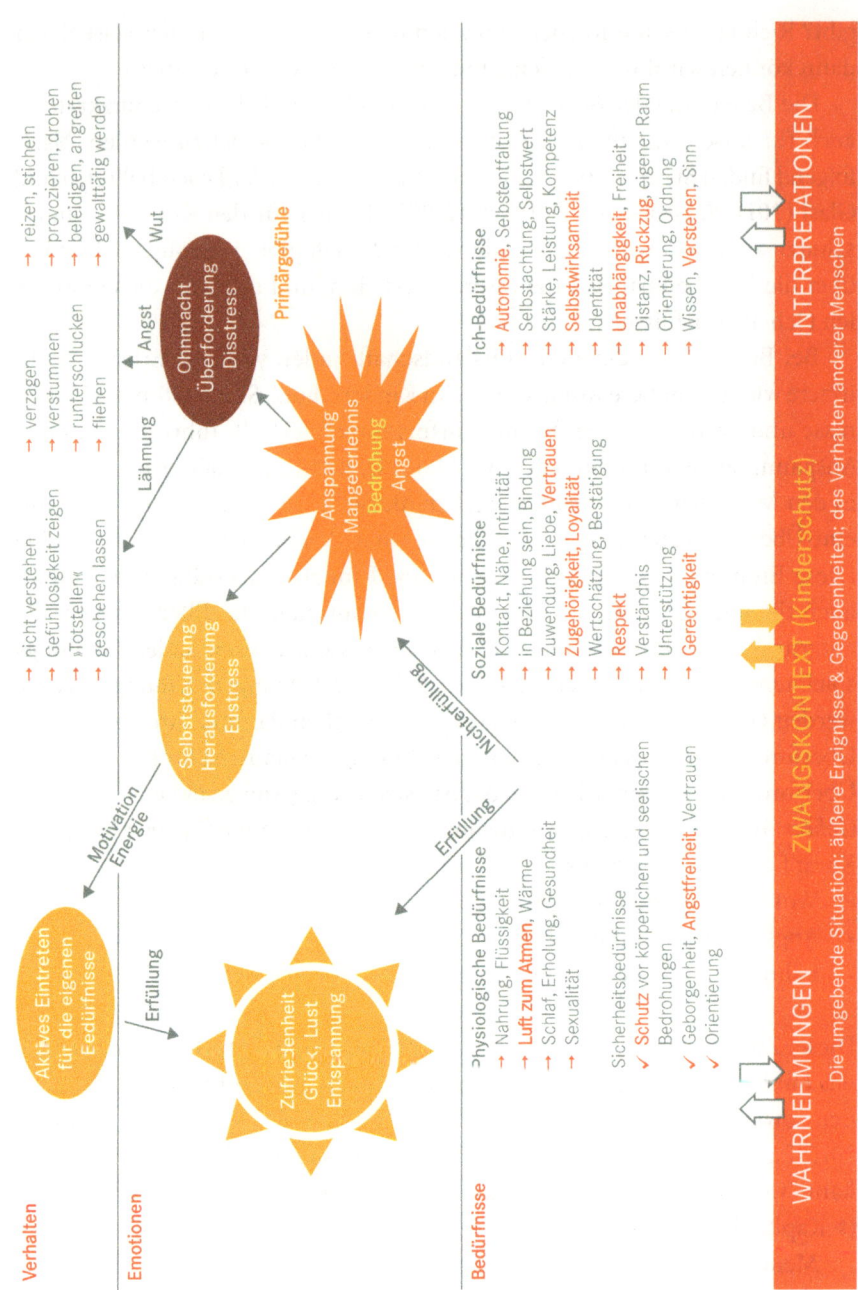

Abb. 6: Bedürfnislandschaft im Kinderschutz (nach Ballreich/Glasl 2011, Ballreich 2017)

Erfüllung das Erleben emotionaler Stabilität ermöglicht: das Bedürfnis nach einem *Gefühl der Autonomie, der Bindung, der Kompetenz und der Orientierung* (vgl. Mende 2011, S. 249). Wendet man diese Inhalte auf ein Leistungs- und Lösungsszenario im Kinderschutz an, lässt sich die Relevanz dieser emotionalen Grundbedürfnisse sowohl für die Kinderschutzkräfte als auch für die Eltern und Kinder in Bezug auf eine emotionale Stabilität und seelische Gesundheit leicht erkennen. Sie werden nachfolgend am Beispiel der Kinderschutzkräfte beschrieben (vgl. Mende 2011):

- *Kompetenz:* Das Bedürfnis, sich kompetent zu fühlen, ist auch für viele Kinderschutzkräfte die Grundlage eines Leistungs- und Leitungsmotivs. Es meint, sich in der Praxis als selbstwirksam zu erleben und Kontrolle und Sicherheit im Kinderschutzprozess zu haben. Also insgesamt den Wunsch, eine kompetente Kinderschutzkraft zu sein und gute Fähigkeiten auf fachlicher, körperlicher, kognitiver, emotionaler und sozialer Ebene zu besitzen.
- *Orientierung:* Dieses Bedürfnis kann auch auf die Aspekte Schutz und Überblick erweitert werden. Das Bedürfnis als Kinderschutzkraft, ein Gefühl der Orientierung zu erleben und einen Sinn im eigenen Tun zu erkennen, ist sehr wichtig und wirksam. Denken wir hier auch noch einmal an den Querbezug zur Social-Genomics-Forschung (Bauer 2021a). Erleben sich die Kinderschutzkräfte selbst als sicher und orientiert, kann sich dieses Gefühl auch in der Praxis auf die Kinder und Eltern übertragen.
- *Autonomie:* Das Gefühl der Autonomie ist für Kinderschutzfachkräfte ein äußerst grundlegendes Bedürfnis. Ganz allgemein ist der Wunsch, ein selbstbestimmtes Leben zu führen, Entscheidungsfreiheit zu haben und eigenverantwortlich zu handeln, für viele Menschen eine mächtige und führende Leitidee. Aber auch als Leistungsmotiv der Kinderschutzkraft bedient ein ausgeprägtes Kompetenzstreben und -handeln häufig dieses Autonomiebedürfnis. Wir wollen die Inhalte verstehen und selbstständig umsetzen, um ein gutes Ergebnis zum Schutz von Kindern zu erreichen.
- *Bindung:* Die meisten Menschen haben das emotionale Bedürfnis, sich in einer stabilen Beziehung geborgen zu fühlen, anderen vertrauen zu können sowie Verlässlichkeit, Treue und Loyalität zu erleben. Was für den privaten Bereich gilt, gilt auch für den professionellen Bereich in der Arbeit im Kinderschutz. Es gilt im Übrigen auch für die zu beratenden Eltern und Kinder. Dieses emotionale Grundbedürfnis hat auch wieder Querbezüge zu den anderen Grundbedürfnissen. So wird das Leistungsmotiv, das Kompetenzstreben, sehr häufig von dem Bedürfnis getragen, sich der Anerkennung, Sympathie und Bewunderung anderer Menschen zu versichern. Besonders in sogenannten »schwierigen« Kontexten wie dem Kinderschutz macht dieses

emotionale Grundbedürfnis es den Fachkräften schwer. Denn sie bekommen oft kein positives Feedback von den Eltern, meist ist das Gegenteil der Fall. Hier ist es ganz wichtig, sich der Rollenklarheit (▶ Kapitel 7.3) als Kinderschutzkraft zu bedienen, denn die Eltern können oft aufgrund eigener Bindungsstörungen und innerer Konflikte keine positive Rückmeldung geben. Wir befinden uns im Zwangskontext (▶ Kapitel 10.5) und arbeiten deshalb beziehungstechnisch auf sehr dünnem Eis.

Gabriela von Witzleben (2019, 2022) clustert die TOP-3 der *Kernbedürfnisse* unter »ABS« (2022, S. 9 f.). Diese Abkürzung leitet sich aus den Anfangsbuchstaben der Kernbedürfnisse ab.
- Autonomie (*Bauch* – Impulse/Selbstbestimmtheit)
- Beziehung (*Herz* – Gefühle/Kontakt)
- Sicherheit (*Kopf* – Orientierung/Schutz)

Wie in den Klammern schon beschrieben, verortet von Witzleben in ihrem »Triadischen Prinzip« die drei Kernbedürfnisse jeweils in einem Körperbereich. Jeder Begriff des »ABS« muss im Zusammenhang gesehen werden und soll verdeutlichen, dass diese »fortwährende fundamentale Kraftquellen sind« (Witzleben 2022, S. 10). Sie dienen dadurch maßgebend dem Antrieb, der Motivation und der Handlungssicherheit von Kinderschutzkräften. Genauer können die drei Kernbedürfnisse und ihre *Nützlichkeit für den Kinderschutz* so beschrieben werden:
- *Autonomie:* Ist dieses Kernbedürfnis erfüllt, sind Sie in der Lage, Präsenz zu zeigen. Es gelingt Ihnen, Ihren Raum einzunehmen und mit steuerungsfähigen Impulsen zu Handlungen zu gelangen. Sie können die Handlungsabläufe umsetzen. Sie fühlen sich als selbstbestimmte Kinderschutzkraft oder InsoFa und als autonomer Mensch. Wenn ich an das Kapitel 2.1 (»Kinderschutz ergibt Sinn und hält gesund!«) und die Social-Genomics-Forschung erinnern darf, ist die Autonomie hier ein Wirkfaktor.
- *Beziehung (Bindung):* Im Kinderschutz müssen Sie mit sich und mit anderen in Kontakt treten, sich austauschen und Gespräche führen, die allgemein als »schwierig« gelten sowie sich auf sich und auf andere beziehen. Ist dieses Kernbedürfnis erfüllt, so gelingt Ihnen das. Das bedeutet, Sie erleben sich auch hier, selbst wenn Sie als InsoFa anonymisiert und pseudonymisiert beraten, als fühlender Mensch, der in Beziehungen zu anderen steht. So berühren besonders die Kinderschutzkräfte, die in Bindung zu den Kindern oder Jugendlichen stehen, Anhaltspunkte auf eine mögliche Kindeswohlgefährdung meist unmittelbar in diesem »Herzbereich«. Hier ist in vie-

len Fällen Beratung oder Supervision nötig, um wieder in einen gewissen professionellen Abstand zum Kind zu gelangen, handlungsfähig zu sein und trotzdem als Bindungsperson stabilisierend zur Verfügung stehen zu können.
- *Sicherheit:* Ist dieses Kernbedürfnis erfüllt, können Sie sich als Kinderschutzkraft oder InsoFa nach innen und außen gut orientieren und sich einen Überblick verschaffen. Es gelingt Ihnen, die Menschen, die Familiensysteme und die Kinder gut zu beobachten und zu analysieren. Sie sind sich den Handlungsabläufen bewusst. Insgesamt erleben Sie sich als wissende Kinderschutzkraft und das schafft eine hohe Sicherheit im Kinderschutz (vgl. von Witzleben 2022).

Die Einbeziehung der Kernbedürfnisse, das Wahrnehmen der Körpersignale und des Embodiments sind Wirkfaktoren für Lösungsschritte im Kinderschutz.

Zu erkennen, wann wir als Kinderschutzkraft in eine Dynamik geraten sind, in der es uns selbst nicht gut geht, ist ein Frühwarnsystem, das tieferes Fehlverhalten oder -entscheidungen verhindern kann und somit zur Lösung beiträgt. Die Kunst ist, die eigenen Ideen, Empfehlungen und Anregungen als Ich-Botschaften transparent und diese beispielsweise als Hypothesen kenntlich zu machen (vgl. Schmidt 2011). Dabei können wir als Kinderschutzkraft den Fokus darauf lenken, wie diese Aspekte beim Empfänger ankommen, wenn dieser sie hört und möglicherweise daraufhin prüft, ob und wie er sie nutzen möchte. Es sollte von der Kinderschutzkraft und/oder der InsoFa unbedingt danach gefragt werden, wie sich diese Angebote oder Inhalte *anfühlen*. Damit legt die Kinderschutzkraft einen achtsamen Fokus sowohl auf die eigenen »somatischen Marker« (Damasio 2004, S. 110 f.) als auch auf die der zu beratenden Eltern und Familien im Kinderschutz. Dies stärkt die »intuitive, unwillkürliche Rückmeldekompetenz« und die Reflexion der Auswirkungen von angesprochenen Zielen und Lösungen (Schmidt 2011, S. 28). Die *Hypothese der somatischen Marker* beschreibt Damasio (2004, S. 110) folgendermaßen:

»Bevor Sie die Prämissen einer Kosten-Nutzen-Analyse unterziehen und bevor Sie logische Überlegungen zur Lösung des Problems anstellen, geschieht etwas sehr Wichtiges: Wenn das unerwünschte Ergebnis, das mit einer gegebenen Reaktionsmöglichkeit verknüpft ist, in Ihrer Vorstellung auftaucht, haben Sie, und wenn auch nur ganz kurz, eine unangenehme Empfindung im Bauch. Da die Empfindung den Körper betrifft, habe ich dem Phänomen den Terminus *somatischer Zustand* gegeben (soma ist das griechische Wort für Körper); und da sie ein Vorstellungsbild kennzeichnet oder ›markiert‹, bezeichne ich sie als Marker. Dazu ist abermals festzustellen, daß ich somatisch im allgemeinsten Sinne verwende (das heißt, damit alles bezeichne, was zum Körper gehört) und sowohl viszerale wie nichtviszerale Wahrnehmungen gemeint sind, wenn von somatischen Markern die Rede ist.«

Was bewirkt dieses »Bauchgefühl«, was im Weiteren als *somatischer Marker* bezeichnet wird, im Kinderschutz und welche Bedeutung hat dies für die Fachkräfte? Der somatische Marker lenkt die Aufmerksamkeit auf das negative Ergebnis, das eine bestimmte Handlungsweise nach sich ziehen kann. Er wirkt also wie ein automatisches Warnsignal, das sagt: »Vorsicht, es besteht Gefahr, wenn du dich für die Möglichkeit entscheidest, die zu diesem Ergebnis führt.« Unter Umständen kann dies den Fachkräften im Kinderschutz das Signal vermitteln, sofort den negativen Handlungsverlauf zu verwerfen und eine der anderen Alternativen zu wählen (vgl. Damasio 2004). In Damasios Metapher über den Körper als Bühne der Gefühle drückt sich dies sehr gut aus:

> »Einer der Kritikpunkte [...] betrifft die Vorstellung, dass wir den Körper immer als Bühne für die Gefühle benutzen. Zwar bin ich der Auffassung, dass Gefühle und Empfindungen in vielen Situationen genau diesen Weg gehen – vom Geist/Gehirn zum Körper und zurück zum Geist/Gehirn –, doch ich glaube auch, dass das Gehirn in vielen Fällen lernt, das schwächere Vorstellungsbild eines ›emotionalen‹ Körperzustands heraufzubeschwören, ohne dass ihn der Körper im engeren Sinne annehmen muss [...]. Ich nehme an, dass Körperzustände vom Gehirn nicht algorithmisch vorhersagbar sind, sondern dass das Gehirn abwartet, was der Körper über die Ereignisse zu berichten hat. [...] Wahrscheinlich kann das Gehirn nicht genau vorhersagen, welche Landschaften der Körper annehmen wird, nachdem es eine Fülle von neuronalen und chemischen Signalen auf ihn losgelassen hat, ebensowenig wie es alle Unwägbarkeiten einer bestimmten Situation voraussehen kann, die sich im realen Leben und in der realen Zeit entfaltet.« (Damasio 2004, S. 100–102)

Der Scheinwerfer wird hier auf einen starken Wirkfaktor im Kinderschutz gerichtet, der mehr Berücksichtigung in den Fort- und Weiterbildungen erfahren sollte. Denn sowohl die Kinderschutzkräfte als auch die Familien bewegen sich im Kinderschutz in einem emotional sehr unübersichtlichen Terrain. Es ist für sie wichtig, diese Dynamiken zu kennen, um sie auch bei sich erkennen zu können (▶ Kapitel 12.1). Dadurch können sie diese situativ wahrnehmen, bei sich und bei ihrem Gegenüber. Es unterstützt ein professionelles Handeln im Kinderschutz und ist die Voraussetzung dafür, andere im nächsten Schritt stabilisieren zu können. Damit beschäftigen wir uns weiter im Beratungskompass (▶ Kapitel 10).

Systemischer Kinderschutz berücksichtigt die embodimentalen Signale, somatischen Marker und Kernbedürfnisse des gesamten Kinderschutzsystems. Sprich, von den InsoFas, Kinderschutzkräften, Kindern, Eltern und Familien.

Würdigung des Problems und Utilisation[45]

>*»Das Problem zu erkennen ist wichtiger als die Lösung zu erkennen, denn die genaue Darstellung des Problems führt zur Lösung.«* (Albert Einstein)

Jetzt mögen Sie sich fragen, was hat das Problem denn bei den Lösungen zu suchen? Erlebt jemand ein Problem und möchte das ändern, ist es wichtig, die gewünschten Lösungsprozesse zu verstehen. Indem man diese imaginiert, können sie schon tendenziell erlebte Wirklichkeit werden – sogar schon dann, wenn man das »Problem« noch gar nicht verstanden hat (vgl. Schmidt 2011). Dies gleicht stark dem systemisch-lösungsorientierten Ansatz, dennoch ergibt es nach Schmidt Sinn, das Problemmuster zu verstehen, damit weitere Informationen erzeugt werden, welche die Lösung verstärken (vgl. Schmidt 2011, S. 22). Dies meint vor allem auch, das damit verbundene leidvolle Erleben zu würdigen und eine tragfähige Kooperationsbeziehung zu den Eltern im Kinderschutz aufzubauen.

Demnach spielt das Problem eine wichtige Rolle – oder andersherum gedacht: Ohne das Problem oder die Gefährdung zu erkennen, ist im Kinderschutz die Lösung nicht möglich. Möchten wir im Umgang mit den Kinderschutzkräften und/oder den Eltern eine Lösungsperspektive einnehmen, ist ein wichtiger Schritt nützlich und hilfreich: Die Würdigung des Problems oder des Leids.

! Das Problem hat in der lösungsorientierten Kinderschutzarbeit einen zentralen Platz. Zu einem lösungsorientierten Vorgehen im Kinderschutz gehört die entsprechende Gewichtung von Problem (Gefährdungen und Risikoaspekte) und Lösung (Ressourcen im System und Schutzfaktoren) im jeweiligen Kontext. Dies geht in einem Dreiklang mit den noch offenen und zu klärenden Fragen einher.

---

45 »Utilisation ist die Haltung, jeder Eigenart des Klienten und seiner Lebenssituation mit Wertschätzung zu begegnen und das jeweils Einzigartige daran zu nutzen« (Hammel 2023, S. 503).

Schauen wir auf die Grundlagen systemischen Denkens und Handelns (vgl. Gröne 1998) und überlegen, wie wird im systemischen Paradigma mit sogenannten Schwierigkeiten und Problemen umgehen, sehen wir zum Beispiel diese Aspekte:
- Alle Dinge im Leben haben zwei Seiten.
- Das gilt auch für Symptome!
- Symptome können als erste Lösung betrachtet werden.

Ein Symptom oder Problem kann nicht einfach entfernt werden, ohne dass man vorher Alternativen dafür entwickelt hat und das Problem als *ersten Lösungsversuch* wertschätzt. Ein wichtiger Schritt, bevor wir in die Lösungsorientierung gehen, ist also die Würdigung des Problems. Nachfolgend ist dies grafisch inmitten der Bedürfnislandschaft verankert.

An die Würdigung des Problems wird hier relativ zu Beginn des Gespräches gedacht. Zum Beispiel als festes Element im Bonding (▶ Kapitel 10.2). Denn in den meisten Fällen kommen die Eltern recht beunruhigt, aufgebracht, fragend oder auch verständnislos in diese Gespräche. Die Würdigung des Problems kann in einem solchen Fall diesen Zustand spiegeln und den Eltern die hypothetisch benötigten Kernbedürfnisse, wie Orientierung, Respekt, Autonomie, Beziehung oder Schutz, innerhalb dieser Formulierung zur Verfügung stellen.

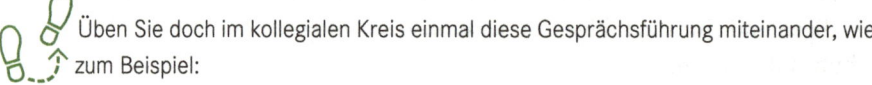

Üben Sie doch im kollegialen Kreis einmal diese Gesprächsführung miteinander, wie zum Beispiel:
- *Ich könnte mir vorstellen, dass diese eilige Einladung zum Gespräch Sie irritiert hat.*
- *Schön, dass Sie beide es möglich machen konnten, zu kommen. Sicher fragen Sie sich, warum dieses Gespräch heute mit Ihnen beiden stattfinden soll.*
- *Ich bin sehr froh, dass Sie es heute ermöglichen konnten, hierher zu kommen, damit wir gemeinsam über die aktuelle Lage mit Luisa sprechen können. Ich kann mir gut vorstellen, dass Sie besorgt sind.*
- *Mein Eindruck ist, dass Sie verärgert über dieses Gespräch sind. Ich möchte Ihnen genau unsere Beweggründe und Sorgen erklären.*
- *Vielen Dank, dass Sie es zum Gespräch geschafft haben. Sie mussten sicher eine Menge dafür organisieren, um sich dann durch die ganze Stadt zu uns durchzukämpfen.*

Die Würdigung des Problems und/oder des Leids kann jederzeit innerhalb eines Gespräches seinen Platz finden. Die Verknüpfung mit den Bedürfnissen der Gesprächspartnerinnen leitet Ihnen dabei den Weg. Es gibt auch die Möglichkeit einer kleinen Pause im Gespräch, in deren Formulierung ein Narrativ (▶ Kapitel 8.2) gebaut werden kann, um beispielsweise die Eltern in ihrem

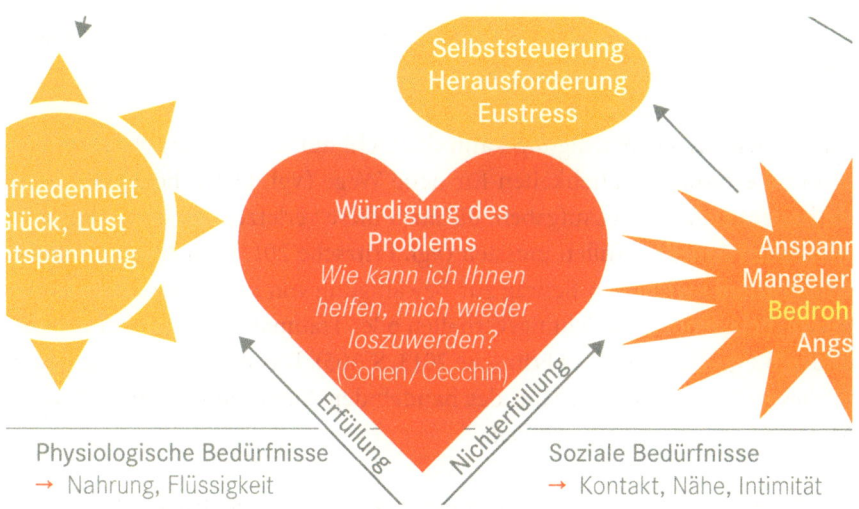

Abb. 7: Die Würdigung des Problems

Stress zu ko-regulieren. Auch kann durch die Würdigung bereits ein Problem in eine besser verträgliche Richtung umgedeutet werden. Zum Beispiel, wenn die Eltern schon mehrere Termine nicht wahrgenommen haben, zu diesem Termin aber erschienen sind:

- *»Schön, dass Sie da sind!«* (Beziehung, Wertschätzung),
- *»Wir sehen Ihre große Sorge und ihre Mitwirkungsbereitschaft für die bestmögliche Entwicklung von Max«* (Respekt),
- *»Ganz sicher möchten Sie uns Ihre Einschätzung als Eltern mitteilen«* (Autonomie).

Da wir es im Kinderschutz verhältnismäßig oft mit Eltern zu tun haben, die selbst frühe Traumatisierungen erlebt haben, lohnt sich der im Vorwort versprochene Ausflug über den systemischen Tellerrand. In Bezug auf die Würdigung des Leids und/oder des Problems ist der Blick in die Teilearbeit aus dem Bereich der *Ego-State-Therapie* hilfreich. Nach Fritzsche (2013) spielt diese Würdigung besonders in der Arbeit mit verletzenden, destruktiv wirkenden Ego-States[46] eine Sonderrolle.

---

46 Man kann »Ego-States« als innere Zustände, Anteile oder besser als »Ich-Zustände« beschreiben, die eine »protektive Funktion« besitzen (vgl. Fritzsche 2013, S. 34 f.). Jeder Ich-Zustand besitzt demnach seine eigenen Affekte, Körperempfindungen usw. Diese Ich-Zustände stehen miteinander in Verbindung, ähnlich wie Familienmitglieder (vgl. Fritzsche 2023, S. 34).

> Die Ego-State-Therapie basiert auf der Grundannahme, dass die Persönlichkeit eines Menschen aus verschiedenen Anteilen besteht.

Eine angemessene Würdigung kann die Sicht auf die Welt erheblich irritieren und eröffnet Möglichkeiten für neue Wege (vgl. Fritzsche 2013), denn sie bezieht sich auf die Aufgaben, die auch diese verletzenden und destruktiv wirkenden Anteile erfüllen mussten (vgl. Fritzsche 2013). Auch diese Anteile trugen einen »wichtigen Beitrag zur Bewältigung von kritischen Lebensereignissen, belastendem Erziehungsverhalten oder Traumatisierungen bei wie alle anderen Ego-States auch« (Fritzsche 2013, S. 305). Das Ego-State-Modell geht in diesem Fall von einem Sinn des handelnden Anteils aus – frei nach dem Motto: *Einer musste es ja machen.*

»Ebenso, wie aufgrund einer Traumatisierung ein traumatisierter kindlicher Ego-State entstand (oder mehrere), entstand auch ein verletzender, destruktiv wirkender Ego-State (oder mehrere). Die Würdigung und Anerkennung verbessert den Kontakt erheblich und eröffnet in vielen Fällen einen Begegnungsraum, der die Voraussetzung für die weiteren […] Schritte [im Kinderschutzverfahren] darstellt.« (Fritzsche 2013, S. 305)

Der Blick auf das Problemmuster kann der Kinderschutzkraft wichtige Informationen über Ziele und Bedürfnisse von Eltern liefern, die sich im Problem verdeckt melden und die übersetzt, positiv umgewertet und für eine tragfähige Lösung mitberücksichtigt werden können (vgl. Schmidt 2011). Besonders in Kinderschutzprozessen kann es sein, dass Problemmuster derart absorbierend und automatisierend sowohl auf die Kinderschutzkräfte als auch die beteiligten Eltern wirken, dass es sehr schwer wird, das Problem einfach durch Umfokussierung zu transformieren.

»Ein stolzer Vater« – Teil 1[47]

In meiner Zeit als ASDlerin im Jugendamt hatte ich über mehrere Jahre mit einer Familie zu tun, deren Sohn bereits im Kindergarten starke emotional-soziale Verhaltensauffälligkeiten und Aggressionen anderen – vornehmlich weiblichen – Kindern gegenüber zeigte. Es gab eine lange Vorgeschichte, zahlreiche Polizeieinsätze wegen häuslicher Gewalt durch den Vater und Polizeimeldungen aufgrund von Verhaltens- und Straffälligkeiten des Jungen, sodass die Familie bereits mehrere Jugendamtsakten füllte. Dieser Junge

---

47 Den zweiten Teil finden Sie im Beratungskompass im Unterkapitel »Konflikt und Widerstand im Kinderschutz« (▶ Kapitel 10.6).

wurde einige Jahre später eines der Opfer in einem Missbrauchsfall, der etwa zwanzig männliche Kinder und Jugendliche umfasste. Die meisten dieser Jungen besuchten eine Schule mit einem sozial-emotionalen Förderschwerpunkt. Der Vater, der vorher niemals konstruktiv an Gesprächen im Jugendamtskontext teilnahm, war nun zusätzlich von einer starken Scham betroffen, die ihn und die gesamte Familie förmlich lähmte. Erschwerend kam für den Vater hinzu, dass er den für ihn unglaublichen Umstand des sexuellen Missbrauchs an seinem Sohn mit einer weiblichen Jugendamtsmitarbeiterin besprechen musste. Die *Würdigung des Leids,* das seinem Sohn widerfahren war, half dabei, über das »Unmögliche« ins Gespräch zu kommen. Auch das Anerkennen der unsäglichen Scham, Ohnmacht und der damit einhergehenden Hilflosigkeit, die alle Familienmitglieder wegen des Missbrauchs plagte, wurde gewürdigt. Auf diesem Weg gelang es, die Familie aus ihrer Isolation zu befreien und ihr im nächsten Schritt die Hilfe zu ermöglichen, die sie in dieser Situation dringend benötigte. Erst nach diesem Prozess der Würdigung öffneten sich buchstäblich die emotionalen Schleusen. Die Familie konnte nach und nach Hilfe zulassen und kooperierte nach Jahren erstmals mit dem Jugendamt.

Auch im Kontext »Kinderschutz« sollte jede Interaktion und jedes Beratungsgespräch generell zum Ritual zieldienlicher Fokussierung werden (vgl. Schmidt 2011). Dafür können alle Interaktionen und Kommunikationsprozesse im Kinderschutz so gestaltet werden, dass sie die Kompetenzen der Kinderschutzkräfte und/oder der betroffenen Familien erlebbar machen, sodass diese zieldienlich und nützlich für ihre Anliegen wirken können. Dies gilt explizit auch für *Nicht-Anliegen* im Rahmen des Zwangskontextes (▶ Kapitel 10.5) im Kinderschutz. Alle Schilderungen von Problemen und Prozessen, die bisher als Defizit erlebt wurden, können von der Kinderschutzkraft so übersetzt werden, dass sie versteh- und erlebbar werden. Gunther Schmidt beschreibt damit das *Utilisieren,* also das Nutzen wichtiger und wertvoller Feedbackschleifen aus dem intuitiven Wissen der Klient:innen (vgl. Schmidt 2011).

> **!** Das *Konzept der Utilisation* meint, dass jedes in der Kooperation mit den Kinderschutzkräften und/oder den Eltern auftauchende Phänomen so beschrieben, benannt, erklärt, bewertet und so damit umgegangen wird, dass sich dies zieldienlich im Kinderschutzprozess auswirken kann.

Bohne (2021, S. 53) nennt die Würdigung des Leids als Grundvoraussetzung für eine Haltung von Humor und Leichtigkeit (▶ Kapitel 10.7), die er als »Lösungsmittel für rigide Über-Ich-Strukturen und Bedeutsamkeitseskalationen« bezeichnet. Die Würdigung des Leids meint diesbezüglich nicht, sich vom Leid der Klienten hypnotisieren zu lassen. Ein Zuviel an Empathie kann darüber hinaus dazu führen, dass die Kinderschutzfachkraft nicht mehr hilfreich und wirksam sein kann, da sie zu stark mit den Eltern assoziiert[48] und somit in das »System hineingekippt ist«. Zuviel Empathie und Mitschwingen der Fachkraft kann zusätzlich die Gefahr einer sekundären Traumatisierung (▶ Kapitel 12.2) mit sich bringen.

Systemischer Kinderschutz würdigt sowohl das Problem und/oder das Leid, das im familiären System oder aber im institutionellen Kontext geschehen ist, wertschätzt die jeweilige Lebenssituation des Klientensystems und nutzt dann die Gegebenheiten zu einer gemeinsamen Konstruktion von Lösungen. Voraussetzung dafür ist jedoch, das Problemmuster zu erfassen, zu benennen und zu utilisieren.

Big-Five-Lösungsblockaden erkennen und transformieren

>*»Das Problem liegt nicht im Problem als solchem, sondern in der Art des Umgangs mit Schwierigkeiten.«* (Virginia Satir et al. 2011, S. 33)

Virginia Satir hat die Transformation von Problemen – die wir hier als Lösungsblockaden beschrieben haben – so dargestellt:

»Wenn wir Klienten helfen können, mit ihren Erwartungen, Wahrnehmungen und Gefühlen sowie mit der Erfüllung ihrer Sehnsüchte auf die bestmögliche Weise umzugehen – wenn wir ihnen zu helfen vermögen, alle diese Ebenen zu berücksichtigen –, dann helfen wir ihnen dadurch, sich weiterzuentwickeln. Der Kontext verankert Veränderungen in der Realität ihrer Erfahrungen.« (Satir 2011, S. 167)

Wie bereits (▶ Kapitel 5.3) beschrieben, ist das Erkennen der Big-Five-Lösungsblockaden der erste Schritt zur Lösung. Es ist mir hier jedoch wichtig, zu erwähnen, dass die Inhalte aus PEP® nur mit Klienten angewendet werden dürfen, wenn Kinderschutzkräfte diese Methode erlernt haben. Die hier beschriebenen Inhalte können jedoch zur Selbstfürsorge (▶ Kapitel 12.3) und -reflexion verwendet und zusätzlich als Blaupause für Dynamiken und Muster, die reflektiert und transformiert werden können, in das System gegeben werden.

Sobald eine Kinderschutzkraft in der PEP®-Methode[49] ausgebildet ist, darf sie

---

48 Wie in ▶ Kapitel 5.2, »Verstörungen, Verstrickungen und isomorphe Muster auf der Erwachsenenebene«, beschrieben.
49 Das gilt nicht nur für diese Methode, sondern versteht sich eigentlich für alle Techniken und Methoden, die wir mit anderen Menschen (Klienten) durchführen.

diese im Beratungskontext anwenden. Allerdings sollte berücksichtigt werden, dass dies eine Methode für sogenannte »Kunden« nach de Shazer ist (▶ Kapitel 7.4). Das bedeutet, wir benötigen explizit einen Auftrag. Alles andere wäre eine Grenzüberschreitung und würde auch nicht funktionieren. Aus dem Fokus der InsoFa und der Fachkräfteberatung setze ich PEP® regelmäßig ein, allerdings immer nach einer sauberen Auftragsklärung (▶ Kapitel 7.4) mit der Kinderschutzkraft. Der Einsatz mit beteiligten Eltern muss sehr gut durchdacht, überprüft und von erfahren Kinderschutzfachkräften durchgeführt werden, die diese Methode sicher beherrschen. Denn im Kinderschutz und den damit einhergehenden Gesprächen handelt es sich meist um einen Zwangskontext und den damit einhergehenden Klientenbeziehungen des »Klägers« oder »Besuchers«. Dieser Punkt wurde an dieser Stelle ausführlich dargelegt, da er entscheidend für den Erfolg und auch die Grenzwahrung durch die anwendende Fachkraft ist.

Nachfolgend finden Sie Ideen und Reflexionen, wie Gespräche nach der PEP®-Methode so angeregt werden können, dass Lösungsschritte im System möglich werden. Sie finden PEP® auch als Methode zur Selbstfürsorge im Resilienzkompass (▶ Kapitel 12.3 u. 12.4). Ich erkläre die Lösungsschritte nachfolgend wiederum aus der Perspektive der InsoFa für die Fachkräfteberatung, bitte passen Sie die Inhalte für sich an:

1. **Selbstvorwurf:** Ich habe bereits im letzten Kapitel erläutert, dass der Bereich der Selbstvorwürfe eine Art »Kriegsführung gegen sich selbst« bedeutet, die bei vielen Menschen in einer Art der unkontrollierten Dauerschleife von Selbstschwächung weiterläuft. Durch die PEP®-Technik des »Kurbelns«[50] und dem gleichzeitig laut oder innerlich ausgesprochenen Satz »Auch wenn ich mir vorwerfe, dass ich ... (was aktuell der Selbstvorwurf ist), liebe und akzeptiere ich mich so, wie ich bin«, wird dieser dysfunktionale Prozess unterbrochen. Wenn wir mit Menschen im Kinderschutz arbeiten, bei denen wir einen Selbstvorwurf »heraushören«, können wir dies im Gespräch markieren und erklären:
 - »Ich höre da bei Ihnen einen Vorwurf gegen sich selbst, habe ich das richtig verstanden?«
 - »Was genau werfen Sie sich denn vor?«
 - »Wissen Sie, es gibt eine Methode, die besagt, dass diese Art von Selbstvorwürfen dafür sorgt, dass die Situation für Sie problematisch bleibt.«
 - »Das Problem wird durch Selbstvorwürfe wirksam konserviert, wie Dosenware, die sich ewig hält.«

---

50 Das »Kurbeln« meint eine kreisende Bewegung mit dem Zeigefinger oder auch mit mehreren Fingern unter dem Schlüsselbein, von innen nach außen.

- »Ergibt das für Sie einen Sinn?«
- »Haben Sie Interesse, dieses Problem zu verabschieden und sich damit zu entlasten (Auftragsklärung)?«

Ich stelle sowohl den Fachkräften als auch betroffenen Eltern sehr gern einen Link zur Verfügung, wo sie sich über die Big-Five-Lösungsblockaden informieren und diese Selbsthilfetechnik für sich anwenden können.[51] Die entscheidende Frage zur Lösung dieser Blockade ist jedoch, *ob die Kinderschutzkräfte nicht anders konnten, wollten oder es nicht anders wussten,* als das zu tun, was sie sich nun selbst vorwerfen. Denn, nehmen wir mal an, dieser Mensch würde vor Gericht stehen, dann würde ebenfalls die Schuldfähigkeit geprüft. Die Erkenntnis, dass die Person nicht anders konnte, wollte, es nicht anders oder besser wusste beziehungsweise die Mischung aus diesen Komponenten, macht es möglich, sich selbst zu verzeihen und sich damit zu entlasten. Besonders in Kinderschutzfällen, wenn Fachkräfte sich vorwerfen, nicht früh genug gehandelt zu haben oder etwas übersehen bzw. falsch bewertet zu haben, ist dieser Lösungsschritt wirklich entlastend, hilfreich und heilsam. Letztendlich kann damit die Belastung der Kinderschutzkraft bearbeitet, sie empowert und in vielen Fällen die Arbeitsfähigkeit wiederhergestellt werden. Denn in einem Selbstvorwurf gefangen zu bleiben, bedeutet auch für die Lösung blockiert zu sein.

2. Fremdvorwurf: Manfred Prior (2017) hat zur Transformation von Vorwürfen allgemein eine schöne und im Grunde ganz simple Intervention kreiert, die er die »VW-Regel« nennt und bei der das »V« für »Vorwurf« und »W« für »Wunsch« steht. Die VW-Regel besagt, dass man einen Vorwurf in einen Wunsch umformulieren kann.

Bei einem dys- oder parafunktionalen Vorwurf, den Kinderschutzkräfte gegenüber anderen Personen empfinden, ob begründet oder nicht, besteht die Gefahr, in die »Opferfalle« zu geraten. In den vielfältigen Kontexten im Kinderschutz gibt es dazu für Fachkräfte so manche Verlockung. Auch hier ist der erste wichtige Schritt, diese wahrzunehmen und zu »er-kennen«. Übung macht den Meister, denn in der Regel haben wir alle mehr oder weniger dieser Fremdvorwürfe an Bord. Münden diese in eine auf eine Lösung ausgerichtete Aktivität,

---

51 Auf der Webseite INNEN-LEBEN stellen Michael Bohne und Sabine Ebersberger Möglichkeiten zur emotionalen Selbsthilfe in Krisenzeiten vor. Hier finden Sie Ansätze und Tools, die Sie dabei unterstützen können, Ihre Unsicherheit und Angst in diesen durch Krieg und Pandemie belasteten Zeiten besser zu bewältigen. Unter dem Punkt »Mit PEP gegen Angst« wird die Methode in Videos und downloadbaren PDFs ausführlich zur Selbstanwendung erklärt (Bohne/Ebersberger 2020a).

sind sie funktional. Setzt sich aber ein Vorwurf gegen andere fest und spüren wir keine Motivation zur aktiven Handlung, sondern fühlen uns geschwächt, dann ist er parafunktional geworden. Dies kann sich langsam entwickeln, sich von einem funktionalen in einen parafunktionalen Zustand wandeln oder sich rasend schnell zeigen. Werden wir nämlich, wie in dem Beispiel der beiden Kinderschutzkräfte aus der Kita (▶ Kapitel 5.3), die sich Vorwürfe gemacht haben, dass sie ihre Kinder nicht ausreichend vor dem Praktikanten und seinen sexuellen Übergriffen geschützt haben, in eine Täter-Opfer-Dynamik eingeladen, verstecken sich Fremdvorwürfe manchmal hinter den Selbstvorwürfen. Es entsteht ein lähmendes Gefühl der Ohnmacht und Schuld. Dadurch wird das bereits erwähnte Opfererleben sehr wirksam bei den Kinderschutzkräften erzeugt. In diesem Zustand sind sie temporär nicht mehr in ihrer professionellen Kompetenz. Es kommt noch erschwerend hinzu, dass viele Kinderschutzkräfte es eher gewohnt sind, die Verantwortung bei sich zu suchen. Besonders in pädagogischen und in psycho-sozialen Arbeitskontexten ist es unüblich, diese Fremdvorwürfe wahrzunehmen, ernst zu nehmen sowie zu unterscheiden, ob diese noch funktional oder aber schon parafunktional geworden sind. Ich stelle hier immer wieder eine Art Zurückhaltung fest. Es ergibt jedoch Sinn, diesen inneren Zustand zu erkennen, zu lösen und neu zu sortieren.

Bitte erkunden Sie (gern auch gemeinsam mit Ihren Kolleg:innen oder im Team) öfter, ob Sie aktuell *Fremdvorwürfe* an Bord haben:
- *Werfe ich aktuell einer anderen Person oder anderen Personen etwas (hartnäckig) vor?*
- *Halte ich an Vorwürfen fest?*
- *Nervt es mich?*
- *Leide ich darunter?*
- *Woran mache ich das fest (z. B. im Körper: Bauch – Herz – Kopf)? Kann ich dagegen etwas (aktiv) unternehmen oder stecke ich fest? Kann ich den Vorwurf aktivieren und in einen Wunsch[52] umformulieren?*

Bitte notieren Sie sich wichtige Erkenntnisse und tauschen Sie sich darüber aus.
Zur *Transformation von Fremdvorwürfen* schauen Sie bitte in den Resilienzkompass (▶ Kapitel 12.3).

---

[52] Der Unterschied ist, dass Sie bei einem Wunsch dessen Umsetzung Ihrem Gegenüber überlassen. Sie kappen durch diese Umformulierung die konservierende Wirkung des Fremdvorwurfs. Falls dies nicht wirksam ist, gehen Sie in dessen Transformation.

Fühlen sich Kinderschutzkräfte so oder nehmen wir dies bei unserem Gegenüber wahr, kann man diese »Erkenntnis« verbalisieren und damit zur Verfügung stellen: »Machen Sie Ihrem Kollegen einen Vorwurf? Wie habe Sie vor, aktiv damit zu arbeiten?« Dazu ist es jedoch wichtig, ähnlich wie bei der »Manuellen Therapie« im Bereich der Physiotherapie, dorthin zu schauen, wo es weh tut bzw. wo der »Knoten der Blockade« sitzt: »Wenn Sie an diesen Vorfall denken, welche Gefühle und Emotionen melden Sie bei Ihnen? Oder anders gefragt, wo drückt der Schuh?«

Der Einsatz von wertschätzendem Humor (▶ Kapitel 10.7) kann besonders bei belastenden Themen entlastend wirken, vorausgesetzt unser Gegenüber oder wir selbst sind in einer »Kundenbeziehung«: »Dann drücken wir Ihren Fremdvorwurf ein bisschen, da wo es wehtut«. Die oben beschriebene »Kurbeltechnik« ist hier ebenfalls das Lösungsmittel der Wahl: »Auch wenn ich der Person X vorwerfe, dass ..., liebe und akzeptiere ich mich so, wie ich bin, und bleibe in meiner Kompetenz.« Die Frage danach, ob diese Person, das, was wir ihr vorwerfen, nicht anders tun konnte, wollte oder es nicht besser wusste, kann auf der Erwachsenenebene ebenfalls hilfreich sein. Entscheidend ist, sofern wir uns im professionellen Kinderschutzkontext auf der Erwachsenenebene befinden, die Verantwortung für den Teil der Handlung, die wir dieser Person vorwerfen, bei dieser Person zu belassen sowie die Verantwortung für den eigenen Teil der Handlung zu übernehmen. Ich habe vielfach in der Beratung erlebt, wie entlastend und schnell dieser *Schritt der Sortierung* in die eigene und die Verantwortung der anderen Person bzw. anderen Personen für die Kinderschutzkräfte wirkt. Die Dynamik der »Opferfalle« wird wirksam durchbrochen und die Blockade gelöst.

3. Erwartungen (an andere): Virginia Satir (2011, S. 170–172) schreibt zum Transformationsprozess bei Erwartungen folgendes:

> »Oft bringen Menschen ihre Erwartungen nicht zum Ausdruck. In solchen Fällen müssen die Klienten später in der Therapie mit ihren unerfüllten Erwartungen aus der Vergangenheit in Kontakt treten und sie transformieren [...]. Wir können nicht in jene Situation zurückkehren und das Bedürfnis nachträglich befriedigen. Wir können lediglich unsere Erwartungen akzeptieren, sie loslassen und dann schauen, wie wir unser Verlangen im Hier und Jetzt erfüllen können.«

Bei der Lösungsblockade der Erwartungshaltung gegenüber anderen können Sie direkt an die oben beschriebenen Schritte anknüpfen. Erkennen, sortieren, transformieren bzw. umformulieren sind kurz geclustert die »To-dos«. Man könnte es auch mit dem Titel »Von der Erwartung zum Wunsch« beschreiben. Die Unterscheidung zwischen einer »Er-wartung« und einem »Wunsch« ist einfach: Bei ersterer warten wir, wie schon oben beschrieben, darauf, dass unser Gegenüber das Ziel oder die Handlung, die wir definiert haben, erfüllt. Wir begeben uns damit in eine Warteschleife und gleichzeitig auch wieder ein bisschen in eine Opferposition, denn nur diese Person kann diese Erwartung erfüllen, während wir selbst zum Warten verdammt sind. Falls wir aktiv handeln, Signale senden oder uns zielorientiert verhalten, sollten wir uns erinnern, dass wir das Ziel definiert haben und es für unser Gegenüber möglicherweise keinen Sinn ergibt. Formulieren wir stattdessen einen Wunsch, überlassen wir der Zielperson die Umsetzung. Wir wünschen uns zwar eine Handlung, wir erwarten sie jedoch nicht. Das macht einen feinen *Unterschied, der einen Unterschied macht.*

Hängt eine Kinderschutzkraft in einer Erwartungshaltung fest, ist wiederum ein Angebot der Selbstreflexion und des Reframings (▶ Kapitel 8.2) in Verbindung mit der oben beschriebenen Kurbelübung gefragt: »Auch wenn ich den Eltern gegenüber die Erwartung habe, dass …, bleibe ich in meiner Kompetenz als Kinderschutzkraft und bin mit meiner eigenen Leistung zufrieden« (Benennen der Erwartungshaltung und Selbststärkung). Lokalisieren Sie eine Erwartungshaltung bei Ihrem Gegenüber, können Sie dies auch als Informationsangebot verbalisieren:

- »Ist das, was Sie mir gerade erzählt haben, ein Wunsch an die Eltern oder eine Erwartung? In wessen Ermessen und Verantwortung liegt die Umsetzung?«
- »Ich frage, weil dies einen Unterschied macht. Hier macht es Sinn, zu reflektieren, ob Sie einen Auftrag für diese Erwartung haben (können) oder ob es eher hilfreich wäre, einen Wunsch zu formulieren.«

Der Einsatz von wertschätzendem Humor hilft dabei, diese Strategie als Lösungsblockade zu entlarven und ad absurdum zu führen (bei gleichzeitigem »Kurbeln«): »Auch wenn ich mit dieser Erwartung ein Ziel definiert habe, das ich selbst nicht erreichen/erfüllen kann, auch wenn ich mich dadurch von Person X abhängig mache, auch wenn ich mich sogar ein bisschen versklavt habe, achte und schätze ich mich so, wie ich bin« (vgl. Bohne 2014). Entscheidend ist, die Auftragsklärung zu berücksichtigen, sobald diese Methode mit anderen Personen angewendet wird (▶ Kapitel 7.4). Voraussetzung ist, in dieser Methode ausgebildet zu sein. Die Struktur zu (er)kennen, kann jedoch schon eine Musterunterbrechung bewirken und Prozesse positiv verändern.

4. Altersregression: Rutschen Sie oder Ihr Gegenüber durch den »Wäscheschacht« und schrumpfen im Alter, sehen, hören oder fühlen Sie das. Bei Ihnen selbst bemerken Sie dies daran, dass Sie sich in der Situation überfordert fühlen, nicht wissen, was Sie sagen oder tun sollen, oder sich Ihre Stimme anders anhört. Möglicherweise laufen Sie mitten in einem Hilfeplangespräch plötzlich puterrot an oder beginnen zu stottern, ähnlich wie es Ihnen in Ihrer Kinder- oder Teenagerzeit ging. Analog ist dies auch bei Ihrem Gegenüber zu beobachten: Spricht diese Person plötzlich anders, kichert oder spricht mit einer höheren, kindlichen Stimme? Zieht sich die Person in sich zurück, zieht die Schultern hoch und schaut sie quasi von unten an? Wirkt Ihr Gegenüber urplötzlich schreckhaft und ängstlich oder wütend und unkonzentriert? Es gibt viele Merkmale, an denen wir diese Dynamik beobachten können. Hier können wir wertschätzend und zieloffen nachfragen:

- »Wie fühlen Sie sich in dieser Situation?«
- »Haben Sie das Gefühl, so alt zu sein, wie es in Ihrem Ausweis steht, oder fühlen Sie sich gerade jünger?«
- »Wie alt fühl(t)en Sie sich in dieser Situation?«

Es ist hier besonders wichtig, der anderen Person den Grund für diese Fragen erklären zu können. Denn es geht vielen Menschen so, dass sie in bestimmten Situationen im Alter wegrutschen, sich jüngere, kindliche oder Teeny-Anteile melden und sie sich dann nicht mehr in ihrer altersentsprechenden Kompetenz befinden. Wie bei allen Blockaden ist das Erkennen der erste Schritt zur Lösung – hier in Form einer systemisch und egostate-orientierten Frage: »Mal angenommen, Sie entscheiden sich dazu, alle ihre Anteile und ihre besonderen Kompetenzen und Fähigkeiten zu würdigen und sie einzuladen, sich unterstützend und hilfreich allen anderen Teilen gegenüber zu verhalten, sodass alle davon profitieren können. Wie würde sich das anfühlen?«

Problem erkannt, Problem gebannt – nun können Sie Ihr Gegenüber in Form von lösungs- und möglichkeitsorientierten Fragen dazu einladen, wieder in sein Echtzeitalter zurückzugelangen:

- ☺ »Wenn Sie sich darauf konzentrieren, fortan in Ihrem Echtzeitalter zu handeln, wie wäre das?«
- ☺ »Wenn Sie sich jetzt mit Ihrer gesamten Kompetenz und Lebenserfahrung als handelnde und erfahrene Kinderschutzkraft wahrnehmen, welchen Unterschied macht das?«
- ☺ »Wenn Sie sich augenblicklich darauf freuen können, auch in diesem Kontext die erfahrene, erwachsene Kinderschutzkraft und die erfahrene Frau/der erfahrene Mann zu sein, wie fühlt sich das an?«

Sie können den Lösungssatz, der inhaltlich und embodimental für die Kinderschutzkraft einen Unterschied macht, notieren. Dieser dient sowohl als Affirmation, als »Carepaket« und zur Verankerung der Lösung, wie beispielsweise: Jetzt bleibe ich die fünfzigjährige erfahrene Kinderschutzfachkraft, die ich bin, nutze meine gesamte Erfahrung im Kinderschutz und bleibe in meiner Kompetenz!

5. **Loyalitäten:** Blockaden im Bereich der Loyalitäten sind so bunt und vielfältig, wie das Leben generell – oder wie es Forrest Gump im gleichnamigen Film ausdrückt: »Das Leben ist wie eine Schachtel Pralinen, man weiß nie, was man bekommt.« Hier können wir besonders im Kinderschutz allen möglichen Blockaden, Verstrickungen und Sensationen begegnen, wie etwa:
- Störungen in der Beziehung zu anderen,
- Angst vor Zugehörigkeitsverlust,
- dysfunktionalen Loyalitäten zu Personen, Prämissen und Werten, wie beispielsweise nicht erfolgreich oder glücklich im Leben sein zu dürfen,
- Beziehungsverstrickungen,
- tiefer Verbundenheit auf der Leidebene.

Alle diese Aspekte wirken auf einer Ebene, die wir nicht so schnell erkennen und »erwischen«, sind sie doch meist tief verankert. Besonders in der Verbindung mit biografischen Themen, die mit der Arbeit im Kinderschutz korrelieren oder durch diese überlagert werden, kann es zu eklatanten Störungen in der Arbeitsfähigkeit kommen. Deshalb ist es umso wichtiger, sich dieser zuvor unbewussten Anteile, Glaubenssätze, Beziehungen und/oder Muster bewusst zu werden. Sie können diese Perspektivwechsel beispielsweise bei Kinderschutzkräften so anregen:
- »Fühlen Sie sich (in Bezug auf den Fall/das Kind/die Eltern) blockiert?«
- »Was hindert Sie?«
- »Haben Sie das Gefühl, auf jemanden Rücksicht nehmen zu müssen?«
- »Mal angenommen, Sie lösen Ihr Problem, würden Sie sich dann von jemanden oder von etwas entfernen?«
- »Besteht die Gefahr, dass Sie jemanden oder etwas verlieren?«
- »Wäre die Lösung oder die Entscheidung, die Sie aus Kinderschutzaspekten treffen werden, möglicherweise gefährlich für eine andere Person?«
- »Verstoßen Sie mit Ihrer Einschätzung, die Sie heute im Kinderschutz mit meiner Unterstützung und Beratung treffen werden, gegen eine Glaubensprämisse oder ein Muster, das Ihnen persönlich viel Wert ist? Beispielsweise: ›Erziehung ist Familiensache‹, ›Härte hat noch niemandem geschadet‹ oder ›Kinder gehören zu ihren Eltern‹?«
- »Wie lauten Ihre Blockaden?«

Spätestens jetzt wird deutlich, dass dieser Bereich ziemlich vermint sein kann. Umso wichtiger ist es, nach dem Erkennen und Bewusstwerden der parafunktionalen Loyalität den nächsten Schritt hin zur Konstruktion einer Lösung einzuleiten: »Auch wenn ich die Loyalität zum Wertesystem meiner Eltern und meiner gesamten Familie verletzen sollte, indem ich jetzt diese Entscheidung im Kinderschutz treffe, liebe und akzeptiere ich mich so, wie ich bin« (Kurbeln nicht vergessen). Auch hier ergibt die Verankerung in Form einer Affirmation Sinn, wie zum Beispiel: »Jetzt handele ich in diesem (Kinderschutz-)Kontext bewusst professionell und bin voll und ganz in meiner Kompetenz als Kinderschutzkraft. Und gleichzeitig bleibe ich als Tochter/Sohn mit meinen Eltern, meiner Familie und deren Werten verbunden.« Es wird deutlich, dass eine Blockade in einem Kinderschutzprozess nicht zwangsläufig ausschließlich mit den beteiligten Eltern oder Familienangehörigen zu tun haben muss. Es kann auch zu Störungen, Verstrickungen und letztendlich zu dysfunktionalen Blockaden von Seiten der Kinderschutzkräfte sowie der beteiligten Akteure aus dem professionellen Helfernetz kommen.

Kennen Kinderschutzkräfte diese Dynamiken und Muster in Familien, identifizieren sie diese auch viel besser im Klientensystem.

Nach Conen (2014) ist es in der Arbeit mit Eltern, die in der Erziehung ihrer Kinder in einer eigenen destruktiven Loyalität verfangen und verstrickt sind, notwendig, jeden positiven Bewältigungsversuch zu sehen, zu verstehen und zu empowern. Sie sieht den »Schlüssel« für nachhaltige Veränderung in mehrgenerationalen Dynamiken von Loyalitäten in der Aussöhnung der Eltern mit den eigenen Eltern.

Bitte üben Sie einmal, ob und welche *Lösungsblockaden* Sie aktuell an Bord haben, indem Sie sich die folgenden Fragen stellen:
- *Werfe ich mir aktuell etwas vor?* (Selbstvorwurf)
- *Werfe ich einer anderen Person oder anderen Personen etwas vor?* (Fremdvorwurf)
- *Habe ich eine Erwartung an andere?* (Erwartungshaltung)
- *Fühle ich mich in diesem Kontext jünger als ich bin?* (Altersregression)
- *Verfüge ich über dysfunktionale Loyalitäten oder Glaubensmuster?* (Loyalitäten)
- *Woran merke ich meine Blockaden im Körper: Bauch – Herz – Kopf?*
- *Kann ich (aktiv) etwas dagegen unternehmen oder stecke ich fest?*

Bitte notieren Sie sich wichtige Erkenntnisse und tauschen Sie sich darüber aus.

Zur Transformation der Lösungsblockaden schauen Sie bitte in den Resilienzkompass (▶ Kapitel 12.3).

Systemischer Kinderschutz bedeutet dys- und parafunktionale Lösungsblockaden zu (er)kennen, zu verstehen, zu sortieren und zu transformieren – und zwar im gesamten System, sowohl bei den beratenden InsoFas und den betreuenden Kinderschutzkräften als auch den Eltern, den Kindern, Heranwachsenden und/oder anderen Familienangehörigen. Der Idee einer systemischen Denk- und Handlungsweise im Kinderschutz folgend, sollten in diesen Lösungsprozess insbesondere auch die beteiligten und fallzuständigen Jugendamtsmitarbeiter:innen, Familienrichter, Verfahrensbeistände, Vormünder, Rechtsanwältinnen, Polizisten usw. mitgedacht, berücksichtigt und einbezogen werden. Dahinter steht die Annahme, dass dysfunktionale Blockaden sich innerhalb des Systems aus jedem Bereich und von jedem Akteur aus auf die anderen ausweiten und wirken können.

Haltung der Hoffnung

»Wo keine Hoffnung ist, muss man sie erfinden« (Francisco Goya)[53]

Die Haltung der Hoffnung ist für Kinderschutzkräfte sehr wichtig, besonders in der Arbeit mit herausfordernden Kindern und Familien aus Multiproblemkontexten allgemein und mit psychisch erkrankten Eltern im Speziellen (vgl. Thürnau 2021). Die Arbeit mit sogenannten

> »Multiproblemfamilien verlangt Hoffnung und Zutrauen in deren Fähigkeiten, Potentiale und Ressourcen. Nur wenn es den Fachkräften gelingt, den Familien dieses Zutrauen zu vermitteln, haben sie Einfluss auf die meist seit Generationen bestehenden Ketten von Hoffnungslosigkeit und Resignation. Diese Familien brauchen Fachkräfte, die Dynamiken von Hoffnungslosigkeit und Resignation verstehen und ›verstören‹ können.« (Conen 2014, S. 29)

Wie bereits oben bei den Dynamiken im Kinderschutz dargestellt, laufen wir als Kinderschutzkräfte Gefahr, selbst in eine Problemtrance zu gelangen, durch die wir uns im Prozess oder Gespräch blockieren beziehungsweise uns mit Hoffnungslosigkeit infizieren können. Gelingt es uns jedoch in einer professionellen Haltung der Hoffnung zu bleiben, profitieren auch die Familien im

---

53 Conen/Cecchin 2016, S. 64.

Kinderschutz davon: »Die Hoffnung der Fachkräfte gegenüber den Familien ist [...] der Schlüssel, um Veränderungen herbeiführen zu können« (Conen 2014, S. 29).

»Geschichten mit Hoffnung«

In meiner Zeit als Jugendamtsmitarbeiterin im ASD habe ich immer wieder Geschichten eingesetzt, die bei meinen Klient:innen Hoffnung und Zuversicht wecken sollten. Besonders bei Jugendlichen in prekären Situationen erzählte ich gern von mir in dem Alter und dass ich damals auch noch nicht die Idee hatte, später einmal zu studieren oder im Jugendamt zu arbeiten. Speziell bei männlichen Jugendlichen habe ich von meinem Bruder erzählt, der die Hauptschule ohne Abschlusszeugnis verlassen hat, heute Arzt ist, Bücher schreibt sowie andere Ärzte und Therapeuten ausbildet. Diese Geschichten wirkten ein bisschen wie eine »«Pippi-Langstrumpf-Geschichte«« nach dem Motto: »Das habe ich noch nie vorher versucht. Also bin ich völlig sicher, dass ich es schaffe« (vgl. Lindgren 2020). Allein, dass ich den Jugendlichen im Jugendamt diese Geschichten erzählt habe und ihnen damit zutraute, dass auch sie das, was sie sich selbst oder andere ihnen möglicherweise nicht zutrauten, schaffen können, hatte eine Wirkung. Ich konnte meinem jeweiligen Gegenüber ansehen, dass diese *Geschichten mit Hoffnung* ihnen zumindest in diesem Moment gutgetan haben. In einigen Fällen haben sie sogar die Türen für eine bessere Kooperation geöffnet.

Die Familien selbst haben aufgrund ihrer Biografien und eigenen Erfahrungen oftmals eine hohe *Skepsis,* zumindest jedoch eine unterschiedlich stark ausgeprägte amivalente Haltung gegenüber den Kinderschutzkräften und besonders gegenüber dem Jugendamt (vgl. Conen 2014). Wenn Sie dies bemerken, reden Sie nicht dagegen an, sondern bestätigen sie die Klienten darin – nach dem Motto: *Bitte bleiben Sie skeptisch!* Denn, schauen wir in die Biografien unserer Klienten im Kinderschutz, hat diese Skepsis meist einen guten (entwicklungslogischen) Grund.

Gerade in der heutigen Zeit der multiplen Krisen in der Welt und deren Auswirkungen auf die Menschen ist noch ein Punkt zu nennen, den Marie-Louise Conen bereits in ihrem Buch »Zurück in die Hoffnung« in Bezug auf die systemische Arbeit mit den sogenannten »Multiproblemfamilien« betont, nämlich dass Armut Hoffnungslosigkeit erzeugt (vgl. Conen 2015, S. 193 f.).

> »In der Arbeit mit diesen Familien wird deutlich, was es heißt, aufgrund von Armut nicht nur im gesellschaftlichen Aus zu leben, sondern die Auswirkungen von *Hoffnungslosigkeit* in jeder Faser zu realisieren. [...] Die Perspektivlosigkeit der Eltern ›vererbt‹ sich an die Kinder, die mit acht oder

neun Jahren bereits keine Träume mehr haben. Die Wahrnehmung der Eltern reduziert sich auf das eigene ›Überleben‹. Der Blick für die Bedürfnisse, z. B. ihrer Kinder, ist ein Blick, den immer mehr dieser Eltern angesichts ihrer eigenen Geschichte verlieren. Dass manche Eltern daher z. b. das Abmagern ihres Kindes gar nicht wahrnehmen, verwundert nicht – eher ist es verwunderlich, dass ›man‹ sich darüber wundert.« (Conen 2015, S. 193, Hervorh. d. Autorin).

Diese Kinder und diese Familien brauchen unbedingt Geschichten von Hoffnung und Zuversicht. Sie benötigen dringend Kinderschutzkräfte, die diese meist seit Generationen bestehenden *Ketten von Hoffnungslosigkeit und Resignation* aufgrund von Armut, wiederkehrenden Enttäuschungen und Ohnmachtserfahrungen verstehen, diese Muster »verstören« können und Hoffnung ermöglichen. In diesem Kontext sind die besonderen Settings und Aufträge der betreuenden Einrichtung und Fachkräfte zu beachten, um den Grad und das Ausmaß – also die richtige Dosis der »Verstörung« (▶ Kapitel 8.2) – zu bestimmen. Basis dieses Handelns ist das systemische Paradigma, dass jede Person alle Möglichkeiten und Fähigkeiten zur Lösung in sich trägt und diese nur blockiert sind. Damit gemeint ist eine insgesamt ressourcen- und lösungsorientierte Grundhaltung – auch und besonders im Kinderschutz.

Der Psychiater und Psychotherapeut Milton H. Erickson, der die Hypnotherapie maßgeblich prägte, war ein Meister darin, das *Hoffnungspotenzial* seiner Patienten zu beleben, sie zu aktivieren und ihnen das Gefühl zu geben, dass eine positive Veränderung möglich ist (vgl. Short/Weinspach 2017). Diese Haltung der Hoffnung bekam Erickson schon von seiner Mutter vorgelebt:

»Viele Leute waren besorgt, weil ich schon vier Jahre alt war und immer noch nicht sprach. Ich hatte eine zwei Jahre jüngere Schwester, die sprach. Und sie spricht immer noch, aber gesagt hat sie eigentlich nichts. Viele Leute waren sehr besorgt, weil ich als Vierjähriger nicht sprechen konnte. Meine Mutter sagte ganz ruhig: ›*Wenn die Zeit kommt, wird er sprechen.*‹« (Rosen 2000, S. 69)

Selten ist Hoffnung etwas ausschließlich Passives, vielmehr geht mit Hoffnung oft eine Bewegung oder Veränderung einher (vgl. Short/Weinspach 2017). Denn mit der Hoffnung und dem Glauben an eine Veränderung werden unter anderem die Selbstheilungskräfte von Menschen stimuliert, die dann wiederum eine Genesung auf allen Ebenen des Seins fördern. Das bedeutet, dass der Glaube an und ein richtungsweisender Wunsch auf Hoffnung die Kernelemente sind und sich damit vom Optimismus unterscheiden. Als Folge kann jede kleine Verbesserung eine (positive) Kettenreaktion in Bezug auf die nächste graduell positive Veränderung wahrscheinlicher und somit möglich machen (vgl. Short/Weinspach 2017). Erickson perfektionierte die *Induktion von Hoffnung* bei seinen Patienten, indem er es verstand, ihnen das Gefühl zu geben, dass es immer eine Chance und einen Ausweg gebe – und das mit teilweise unkonventionellen Methoden. So sagt er in einem Fallbeispiel, sich auf traumatisierende Ereignisse beziehend, zu »Rebecca«:

> »›Ich bin erstaunt, dass es dir nicht viel schlechter geht, und ich wundere mich, dass dein Herz nicht viel schneller klopft. Es überrascht mich, dass du so stark und gesund bist und dass deine Schwäche nicht viel länger andauert und dass du nicht viel schlimmeren Durchfall hast!‹ Erickson erklärte dieses Vorgehen später so: ›Ich musste dafür sorgen, dass das Mädchen eine positive Einstellung zu ihrem Körper und ihrem Verhalten bekam.‹« (Short/Weinspach 2017, S. 65 f.)

Kinderschutzkräfte können also bei Familien in vielfältiger Art und Weise Hoffnung wecken, beispielsweise in Bezug auf eine Verbesserung ihrer Schwierigkeiten und Probleme (vgl. Conen 2011). Entwickeln Familien Hoffnungen, besteht jedoch auch immer die Gefahr, dass sie (wieder) enttäuscht werden. Im Besonderen zeigen sich diese Ängste vor abermaliger Enttäuschung bei Familien, die bereits seit längerer Zeit vom Jugendamt betreut werden und »jugendhilfeerfahren« sind. Es kann vorkommen, dass diese Familien im Kontakt entsprechend dieser Erwartung destruktives Verhalten und Widerstand gegenüber den Kinderschutzkräften zeigen. Das kann dazu beitragen, dass die Kinderschutzkräfte Gefahr laufen, sich an diesem Verhalten zu infizieren (▶ Kapitel 12.3) und die Familie dadurch wiederum in ihrer skeptischen Haltung zu bestätigen. Umso wichtiger ist der Fokus auf die Resilienz der Familien:

> »Um dieser Dynamik zwischen professionellen Helfern und Familien, die oftmals als hoffnungslose Fälle bezeichnet werden, entgegenzuwirken, ist es dringend geboten, aufbauend auf den Ressourcen und unter Einbeziehung ihrer ›psychischen Widerstandsfähigkeit‹ (Resilienz) Wege zu finden, diese Familien in der Entwicklung konstruktiver Problemlösungsmuster zu unterstützen.« (Conen 2011, S. 1)

In dieser Achterbahn von Verlockungen und Befindlichkeiten der Familien sind Kinderschutzkräfte, die stabil in ihrer Haltung der Hoffnung verankert sind, umso wichtiger: »Wir schaffen das, vielleicht weinen oder schwitzen wir ein bisschen oder schreien uns an, aber wir kriegen das hin!« Conen zitiert hierzu Emil Brunner, der die Wichtigkeit von Hoffnung so zusammenfasst: »Was Sauerstoff für unsere Lungen ist, bedeutet Hoffnung für das Leben« (Brunner zit. n. Conen 2011, S. 33). Ein resilienzfördernder Schutzfaktor in Familien ist dem Konzept der Kohärenz zuzuordnen und zeichnet sich durch eine optimistische Grundhaltung aus, die lauten könnte:
- »Da ist ein Problem, okay. Wir werden es lösen!«
- »Wir kriegen das gemeinsam hin, wir haben schon so viel geschafft.«
- »Wir werden definitiv einen Weg finden! Ganz egal, wie lange es dauert.«

Aaron Antonovsky (1997, S. 17) prägte den Begriff der Salutogenese, der im Wesentlichen die Frage stellt, wie Gesundheit entsteht, und die Untersuchung der Ursprünge von Gesundheit beinhaltet. Mit der Salutogenese entwickelte er einen komplementären Begriff zur Pathogenese, sprich der Entstehung und Entwicklung von Krankheiten. Die Antwort, die Aaron Antonovsky auf die salutogenetische Frage entwickelte, war sein zentrales *Konzept des Kohärenzgefühls* (SOC, Sense of Coherence):

> »Dieses [...] wurde als eine globale Orientierung definiert, die das Maß ausdrückt, in dem man ein durchdringendes, andauerndes, aber dynamisches Gefühl des Vertrauens hat, dass die eigene interne und externe Umwelt vorhersagbar ist und dass es eine hohe Wahrscheinlichkeit gibt, dass sich die Dinge so entwickeln werden, wie [es] vernünftigerweise erwartet werden kann.« (Antonovsky 1997, S. 16)

Gerald Hüther erklärte diesen Vorgang in einem Vortrag so, dass »das ganze Leben darin [besteht], aus einem inkohärenten Zustand in einen kohärenten zu gelangen« (Hüther 2018). Wie Sie die hier beschriebene »Haltung der Hoffnung« gut mit Ihrer systemischen Gesprächsführung im Kinderschutz verlinken können – nach dem Motto von Peter Hain: »Kennen Sie den Unterschied zwischen Humor und Therapie? Humor hilft immer!« (Levold/Wirsching 2016, S. 268.) –, lesen Sie im Beratungskompass unter »Humor, Leichtigkeit und Zuversicht« (▶ Kapitel 10.7).

Systemischer Kinderschutz speist sich aus einer kohärenten, hoffnungs- und zuversichtsorientierten Haltung der Fachkräfte, die neben den Risikofaktoren ebenfalls die Ressourcen und die Resilienz der beteiligten Familien fest in den Blick nimmt. Die Kinderschutzkräfte fungieren als salutogenetischer Stabilisator für die Familien, damit Lösungen im Kinderschutz mit Hoffnung und Zuversicht entstehen können.

Beobachtungen und Wissen weitergeben

> *»Es ist gefährlich, zu lange zu schweigen. Die Zunge verwelkt,*
> *wenn man sie nicht gebraucht.«* (Pippi Langstrumpf)[54]

Obengenannter Aspekt beschreibt die klare Vorgehensweise und Haltung im Kinderschutz, dass jede Beobachtung, jedes Wissen über Anhaltspunkte (gewichtig oder nicht) sowie Hörensagen über eine mögliche Gefährdung eines Kindes *immer* weitergegeben werden müssen.

Bitte diskutieren Sie das kurze Beispiel:
Eine pädagogische Fachkraft in der Kita beobachtet, wie ihre Kollegin ein Kind beim Essen anschnauzt: »Setz dich hin und iss auf, sonst gibts Ärger!« Muss sie das beobachtete Verhalten der Kollegin an ihre Leitung weitergeben?

Ja, die Äußerung der Kollegin gegenüber dem Kind ist in den Bereich der seelischen Gewalt im institutionellen Kinderschutz (▶ Kapitel 3.2) einzuordnen. Ein Beschwerdeverfahren sollte in jedem Gewaltschutzkonzept (▶ Kapitel 11.1) verankert sein. Viele Fachkräfte hadern mit einem solchen Vorgehen, werfen sie sich doch vor, unkollegial zu handeln. Deshalb ist eine Verhaltensampel, -ethik oder eine Selbstverpflichtungserklärung wichtig, sodass alle Kinderschutzkräfte wissen, was sie in Bezug auf den Schutz von Kindern in ihrer Organisation zu tun haben. Auch im Jugendamt ist diese Regelung für einen reibungslosen Ablauf und dazu, jeden Hinweis, sei er auch so unwahrscheinlich, ernst zu nehmen und diesem nachzugehen, wichtig. Das gilt auch für »Hörensagen«, wie das nachfolgende Beispiel deutlich macht.

»Vielleicht schauen Sie da mal nach«
Eine ehemalige Kollegin hatte es vor einigen Jahren mit einem Fall zu tun, der alle im Jugendamt sehr bewegte. Dieser begann recht unspektakulär damit, dass ein ehemaliger Klient einen anderen Kollegen im Jugendamt besucht hat und unter anderem erzählte, dass

---

54 Lindgren 2020.

im Dorf seiner Schwester eine »komische Familie« wohne. Diese hätten mehrere Kinder. Nach Aussagen seiner Schwester »sähe ein Kind komisch aus und könne nicht laufen«. »Vielleicht schauen Sie da mal besser nach, Herr M.«, sagte er beiläufig. Auf Nachfrage des Kollegen rief der ehemalige Klient seine Schwester an und fragte nach dem Namen und der Adresse besagter Familie. Der Kollege notierte diese Inhalte im O-Ton sowie in Klammern den Zusatz »Hörensagen« und reicht den an eine gemeinsame Kollegin weiter.

Diese für das Dorf zuständige ASDlerin fuhr am nächsten Tag gemeinsam mit dem Berufspraktikanten zu der genannten Adresse. Nach einigen Versuchen und Nachfragen in der Nachbarschaft, die Familie zu finden (sie lebten in einem Hinterhaus, hatten kein Namensschild und keine Klingel), gelang es ihnen, zu der Familie vorzudringen. Diese saß mit den drei Kindern im Schulalter beim Mittagessen. Die Kollegin berichtete über die anonyme Meldung und fragte nach dem kleineren Kind. Die Eltern sagten, dass dieses gerade schliefe und die Kollegen doch ein anderes Mal wiederkommen sollten.

Die Kollegin machte deutlich, dass sie das Kind heute sehen wolle. Notfalls müsse sie Unterstützung der Polizei anfordern, falls die Eltern nicht zustimmen würden. Dies veränderte den Widerstand der Eltern und sie führten die Kollegen in den Nebenraum. Dort fanden sie ein Kind im Alter von knapp zwei Jahren, das nach mündlichen Aussagen der Kollegin »nur noch Haut und Knochen war«. Das Kind wurde in ein Krankenhaus eingeliefert und anschließend in Obhut genommen. Es wog bei Aufnahme etwas über fünf Kilo und war nach Aussage der Ärzte in akuter Lebensgefahr.

Man könnte über diesen Fall sicher ein ganzes Buch schreiben und nachforschen, warum dieses Kind vorher niemandem aufgefallen war. Das führt an dieser Stelle zu weit, nur so viel sei gesagt: Dieser Fall ist schon einige Jahre her und die Frühen Hilfen konnten hier noch nicht greifen, da die Strukturen nicht gegeben waren. Es handelte sich um Eltern mit einer psychischen Erkrankung, die nach eigenen Angaben völlig überlastet waren. Die Familie war regelmäßig, unter anderem in andere Landkreise, umgezogen (Hopping) und war damit durch das Raster der Behörden gefallen. An dieser Stelle geht es vielmehr um das klare Handeln der Kolleg:innen im Jugendamt, die sich aufgrund einer Meldung, die erst einmal als »Hörensagen« eingestuft wurde, vorbildlich verhalten haben. Den Eltern wurde im Nachgang das Sorgerecht entzogen und das Mädchen lebt heute in einer Dauerpflegefamilie.

Dieses Beispiel untermauert die Kernaussage dieses Unterkapitels: Informationen – und erscheinen sie auf den ersten Blick noch so wenig konkret – müssen weitergegeben werden, um den Schutz von Kindern wirksam zu gewährleisten.[55] Solche Informationen können nicht vom Schreibtisch aus überprüft

---

55 Das Beispiel zeigt, wie wichtig und unerlässlich die Inaugenscheinnahme von Kindern ist.

werden, sondern vor Ort. *Die Kinder müssen gesehen und es muss mit ihnen gesprochen (▶ Kapitel 10.1) werden,* sofern dies möglich und ihre Sprachfähigkeit bereits entwickelt ist. Obiges Beispiel zeigt auch, dass die embodimentalen Empfindungen, die an anderer Stelle mit »somatischen Markern« (▶ Kapitel 6.2) beschrieben wurden, eine wichtige Funktion im Kinderschutz haben. Denn die Intuition meiner Kollegin spielte eine Rolle, wie sie uns hinterher erzählte. Sie hatte vor Ort ein sehr »ungutes Bauchgefühl«.

Was können wir aus diesem Beispiel noch lernen? Es gibt viele kleinere Situationen, die für die Kinderschutzkräfte möglicherweise ebenfalls unscheinbar daherkommen, die aber weitergegeben und überprüft werden müssen. Das bedeutet andersherum, dass Wissen und Beobachtungen *nie* bei der Person bleiben dürfen, die Inhaberin dieser Information ist. Das beinhaltet auch, dass beobachtende Eltern oder Mitteiler von Meldungen nicht nach dem Motto weggeschickt werden: »Melden Sie das doch bitte beim Jugendamt.« Die eigene Verantwortung von Kinderschutzkräften muss wahrgenommen und kann nicht auf andere übertragen werden. Sobald es sich um eine professionelle Fachkraft handelt, sollten diese Informationen aufgenommen und durch die Kinderschutzkraft gemeldet werden. Alles andere ist und bleibt fehleranfällig.

Systemischer Kinderschutz berücksichtigt klare Regeln, Vorgehensweisen und Verfahren. Wie zum Beispiel, dass Beobachtungen, Wissen und Hörensagen immer weitergegeben und verfolgt werden, um den Schutz von Kindern sicherzustellen. Jede Kinderschutzfachkraft trägt dafür die *Verantwortung.*

In der Ruhe liegt die Kraft

> *»Handle stets so, dass die Anzahl der Wahlmöglichkeiten größer wird!«*
> (Ethischer Imperativ nach Heinz von Foerster)

Alle Fachkräfte im Kinderschutz werden früher oder später mit dem Leid von Kindern und Jugendlichen, mit vielfältigen Fällen und mit schwierigen, erschütternden und dramatischen Familiensituationen konfrontiert. Das kann intensive Emotionen und Gefühle (▶ Kapitel 12.1) auslösen, wie beispielsweise Mitleid mit dem Kind, Wut auf die Eltern/den Täter oder starke Betroffenheit aufgrund von eigenen biografisch bedingten »blinde Flecken« (vgl. Biesel/Urban-Stahl 2022). Es ist wichtig, sich klarzumachen, dass diese Gefühle nicht im »Fall« selbst begründet liegen, sondern durch die Bedeutung entstehen, die die Kinderschutzkraft dem Fall gibt:

»Sie sind begründet durch die Biografie und Erfahrungen der Fachkraft. Es ist die Resonanz, die ›der Fall‹ – also die konkrete Rolle der Fachkraft, die Informationen, die sie hat, die Art und Weise, wie sie mit dem Geschehen oder der Verletzung der Kinder konfrontiert wird – in der Person der Fachkraft auslöst.« (Biesel/Urban-Stahl 2022, S. 255)

Sind die Fachkräfte im Kinderschutz blockiert und reagieren ausschließlich auf ihre eigenen Gefühle, werden sie ihr Handeln von dem Ziel leiten lassen, ihre eigenen Sinnesempfindungen des Leids, Zorns, der Ohnmacht o. ä. zu verringern, was einem gelingenden Kinderschutz nicht dienlich ist. Denn aus diesen Emotionen heraus können bei den Kinderschutzkräften – quasi »Bottom-up« – Handlungsimpulse oder Reaktionen entstehen, die wenig handlungsführend sind und einer fachlich fundierten Einschätzung entgegenstehen.

Zusätzlich erschwerend wirkt im Handlungsfeld Kinderschutz, dass diese Situationen nicht nur für die Kinderschutzkräfte, sondern natürlich auch für die Kinder und Eltern besonders emotional aufgeladen sind (vgl. Biesel/Urban-Stahl 2022). Eltern können in diesen Situationen Vertrauen zu den Kinderschutzkräften entwickeln, sobald es diesen gelingt, in einer professionellen und rollenklaren Haltung zu agieren. Das meint beispielsweise, dass sie eine Trennung in ihrer eigenen Haltung zwischen der Wertschätzung der Eltern auf der persönlichen Ebene und einer klaren Ablehnung bzw. Bewertung der kindeswohlgefährdenden Handlungen vornehmen.

Das reflektierte, besonnene und ruhige Vorgehen der Kinderschutzkräfte ist deshalb ein besonderer Wirkfaktor für gelingende Prozesse und Lösungen im Kinderschutz. Ich werde im Beratungskompass noch näher darauf eingehen, dass der Hirnzustand bei Stress unter anderem dafür sorgt, dass das Denken und Fühlen sich verengen und deshalb Lösungen nicht möglich sind (▶ Kapitel 10.6). Für die Kinderschutzkräfte bedeutet dies unter anderem, dass:

- sie selbst der Wirkfaktor für gelingende Prozesse sind;
- die Klienten deren Ruhe und Zuversicht zur Ko-Regulation des eigenen Stresses benötigen;
- sie sich – besser einmal mehr als weniger – Unterstützung und Beratung holen;
- eine gute Vorbereitung auf bevorstehende Gespräche wichtig und nötig ist;
- eine gute Stress- und Selbsthilfetechnik in ihren »Notfallkoffer« gehört.

Deshalb gilt als oberste Regel, dass Kinderschutzkräfte und InsoFas *Ruhe bewahren* sollten. Auch die Beratungen durch InsoFas sollten einen ruhigen, sicheren Rahmen für die zu beratenden Kinderschutzkräfte kreieren, um in diesem Setting die Fachkräfte bestmöglich auf den weiteren Prozess vorzubereiten. Die eigene Befindlichkeit der Kinderschutzkraft hat hier oberste Priorität, damit sie in der Folge für ihre Klienten hilfreich, hoffnungsvoll und nützlich sein kann. Denn es ist davon auszugehen, dass die Kinder und Eltern sich in einer emotionalen Notlage befinden. Deshalb sollten die Kinderschutzkräfte in der Lage sein, einen kühlen Kopf zu bewahren, und über Techniken verfügen, wie sie im Gespräch in eine ruhige, sichere Verfassung zurückgelangen (vgl. Porges 2010, 2019).

Es wird deutlich, dass Kinderschutzkräfte sich in einem Spannungsfeld der Ambivalenzen wie Hilfe und Kontrolle, Freiwilligkeit und Zwang, Macht und Ohnmacht oder Vertrauen und Misstrauen bewegen (vgl. Biesel/Urban-Stahl 2022). Da im systemischen Kinderschutz auch immer diese Ambivalenzen und Polaritäten beachtet werden, sollten wir auch einen Blick auf die andere Seite der Medaille werfen: auf die »Un-Ruhe«.

> **!** Die *Un-Ruhe* der Fachkraft ist eine wichtige Wahrnehmung und ein ernstzunehmender Hinweis im Kinderschutz. Die ersten Schritte zur Lösung sind, sich diesen Kontext bewusst zu machen und dafür zu sorgen, selbst in einen sicheren, ruhigen Zustand zu gelangen.

Wie bereits bei den somatischen Markern (▶ Kapitel 6.2) erwähnt, sind die embodimentalen Wahrnehmungen der Kinderschutzkraft wichtig und wertvoll für den Prozess. Indem Sie Ihre Unruhe wahrnehmen und in den Wirkfaktor »Ruhe« transformieren, erzeugen Sie einen Unterschied, der wieder einmal einen Unterschied bewirkt. Dazu fühlen Sie sich (kurz) in die eigene Gefühlswelt ein, nehmen diese wahr und benennen ihre Gefühle. *Auch wenn*
- *mich das Verhalten der Eltern wütend macht, …*
- *ich mich in diesem Fall ohnmächtig fühle, …*
- *ich Angst vor dem Gerichtstermin/Hilfeplangespräch/Elterngespräch habe, …*
- *ich vor Entrüstung schreiend weglaufen könnte, …*
- *mir das Kind von Herzen leid tut und mich dieser Fall traurig macht, …*

… liebe und akzeptiere ich mich so, wie ich bin/behalte ich den Überblick/bleibe ich in meiner Kompetenz als Kinderschutzkraft/bin ich mit meiner Leistung zufrieden/sorge ich für eine verantwortungsvolle Kinderschutzarbeit (…).

Machen Sie sich im zweiten Schritt deutlich, dass Sie gerade deshalb in Ihrer Ruhe und damit in Ihrer Kompetenz bleiben, um für eine gute Kinderschutzarbeit zu sorgen. Für Ihre emotionale Selbstfürsorge finden Sie im Resilienzkompass (▶ Kapitel 12) weitere Anregungen, Methoden und Übungen.

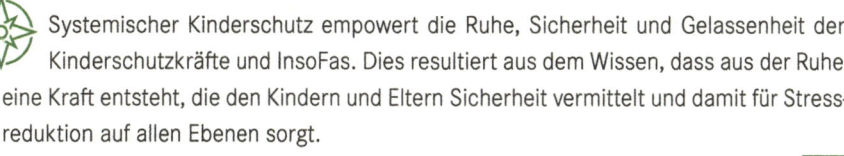 Systemischer Kinderschutz empowert die Ruhe, Sicherheit und Gelassenheit der Kinderschutzkräfte und InsoFas. Dies resultiert aus dem Wissen, dass aus der Ruhe eine Kraft entsteht, die den Kindern und Eltern Sicherheit vermittelt und damit für Stressreduktion auf allen Ebenen sorgt.

Bindungsbasiertes und konsequentes Dranbleiben

»Es gibt keine Ausweglosigkeit – außer man akzeptiert sie.« (Willy Brandt)

Prozesse im Kinderschutz laufen selten wie geplant. Tatsächlich kommt es oft zu Störungen, Kontaktabbrüchen, Irritationen und Umwegen – und zwar auf beiden Seiten. Auch Familien erleben, gerade in der heutigen Zeit des Fachkräftemangels, häufig wechselnde Zuständigkeiten und Personalwechsel, was im Grunde nichts anderes als Bindungsabbrüche sind. Auf der anderen Seite gibt es Familien, die in Form von sogenanntem »Hopping-Verhalten« förmlich vor dem Jugendamt oder anderen Behörden flüchten, indem sie – oft auch über Landkreis- oder Ländergrenzen hinweg – »ver-ziehen«.

Fachkräfte im Kinderschutz haben es oft mit Eltern zu tun, die Schwierigkeiten haben, mit anderen Menschen angemessen und verlässlich im Kontakt zu sein (vgl. Biesel/Urban-Stahl 2022). Hinzu kommt, dass Familien, in denen Kindern und Jugendlichen physische, psychische bzw. sexuelle Gewalt oder Vernachlässigung widerfährt, das »Außen« oft als Bedrohung erleben, was bis zur Isolation führen kann: Niemand soll wissen, was »innen« passiert, um die Familie nicht zu gefährden. Dies kann auch als »Hilfeparadox« beschrieben werden: »Je größer die Beziehungsproblematik ist, umso schwerer hat es die Jugendhilfe mit ihren Hilfeangeboten« auf Akzeptanz zu stoßen (Nitsch 2007, S. 91).

Im »Inneren« der Familie hingegen toben vielfältige Dynamiken. Denn der Druck, der durch die Kinderschutzkräfte von außen erzeugt wird, bewirkt bei den Eltern oft Scham, Stress, Widerstand und einiges mehr. Es kann auch zu Loyalitätskonflikten auf der Paarebene kommen, sofern der Verdacht des kindeswohlgefährdenden Verhaltens (nur) einen der Partner betrifft:

»Eltern schwanken zwischen dem Wunsch, Verständnis und Unterstützung zu erreichen, ›entschuldigt‹ zu werden, und der Angst, genau das nicht zu bekommen. Sie sind unsicher, schnell aus der Fassung zu bringen, manchmal sehr unzugänglich und verschlossen. Eine Fachkraft, die Klarheit, Wohlwollen und *Ruhe* ausstrahlt und die in Anbetracht der Krisensituation deutlich machen kann, dass sie sich jetzt an die Seite der Familie stellen und da so lange bleiben wird, bis sich für alle die Lage der Dinge wenigstens anfängt zu verändern, hat gute Chancen, in Kontakt zu kommen.« (Maihorn 2006, S. 3, Hervorh. d. Autorin)

Das, was hier von den Kinderschutzkräften benötigt wird, nenne ich *bindungsbasiertes Dranbleiben*. Damit ist gemeint, konsequent im Kontakt zu bleiben, auch wenn es ungemütlich wird, die Eltern vielleicht aggressiv reagieren, nicht zu Terminen erscheinen oder aber schreiend das Gespräch verlassen. Dieses Verhalten resultiert daraus, dass sich diese Person außerhalb ihres Stresstoleranzfensters (▶ Kapitel 10.6) befindet. Es ist nicht persönlich gegen die Kinderschutzkraft gerichtet, auch wenn es manchmal so wirken mag, vielmehr ist diese (maximal) schlicht der Auslöser. Es ist wichtig, dass die Kinderschutzkraft dieses Verhalten nicht persönlich nimmt und stattdessen in der eigenen professionellen Haltung bleibt. Denn es braucht nun die Ruhe, Ko-Regulation, Hoffnung und Zuversicht der Kinderschutzkraft, um die Eltern sprichwörtlich »im Boot« zu behalten.

Prozesse im Kinderschutz benötigen die Zeit, die nötig ist, um gelingen zu können. Die Eltern brauchen auch immer ein gutes Bindungsangebot durch die Kinderschutzkraft. Michael Hipp (2018) beschreibt das sehr eindrücklich, indem er der Fachkraft schlicht und einfach empfiehlt, stets die feinfühligen »guten Eltern« zu sein, die die Eltern im Kontext »Kinderschutz« meist selbst nicht hatten. Die Kinderschutzkräfte sollten auf keinen Fall als die strafenden, harten Eltern auftreten, die unsere Klienten so oft selbst erlebt haben und deshalb unter anderem mit Widerstand, Aggression oder Dissoziation reagieren. Damit sind bindungsbasierte Eigenschaften einer Fachkraft, wie zum Beispiel mit einem freundlichen »guten Gesicht« konsequent in der Beziehung zu bleiben, um den Eltern auch in schwierigen Phasen die Bindung und Sicherheit zu bieten, die sie benötigen, um im Prozess bleiben zu können, angesprochen.

Im Zwangskontext (▶ Kapitel 10.5) »Jugendamt« bedeutet »Dranbleiben« zusätzlich noch, dass die Eltern uns Kinderschutzkräfte nicht wieder loswerden, bis der Schutz des Kindes wiederhergestellt sowie das Problem gelöst ist und diese Lösung sozusagen auf »sicherem Boden steht«. Dies kann man besser nicht auf den Punkt bringen, als Conen und Cecchin (2016) dies mit ihrem Buchtitel »Wie kann ich Ihnen helfen, mich wieder loszuwerden?« getan haben. Und oftmals wird es gerade durch diese Haltungen der Klarheit und Hoffnung möglich, mit den Familien sprichwörtlich einen Durchbruch hin zu einer Lösung zu erreichen. »Das ist keine leichte Aufgabe, aber wenn der Panzer einmal durchbrochen ist, trifft man auf wirkliche, fühlende Menschen, die ganz dringend Hilfe brauchen, wenn sie auch nur selten fähig oder willens sind, darum zu bitten« (Helfer 2002, S. 167).

»Familie M. – Dranbleiben« – Teil 1

Als ich Familie M. während meiner Tätigkeit im Jugendamt (ASD) kennenlernte, übernahm ich diesen »Fall« von einer Kollegin. Ich werde nie meine ersten Sinneseindrücke und meine erste Frage vergessen. Neben dem unausstehlichen Gestank sausten mir bei Eintreten in die Wohnung zahlreiche Fliegen um den Kopf. Vor mir lag ein gigantischer, ziemlich zugestellter Flur an dessen Ende zwei Räume lagen, deren Türen offen waren. Der linke Raum, in dem zwei kleine Kinder herumliefen, war circa ein Meter hoch mit Unrat und anderen Utensilien »zugemüllt«. Ich höre mich noch fragen: »Frau M., wo ist das Kinderzimmer?«, und sie zeigte auf diesen eben beschrieben Raum sowie auf zwei weitere Räume.

Bei Familie M. handelte es sich um eine sogenannte »Multiproblemfamilie«, denn Frau M., die mit ihren 38 Jahren nur noch wenige Zähne im Mund hatte sowie selbst nur noch Haut und Knochen war, pflegte ihren mehrfach erkrankten Mann, der im Rollstuhl saß. Die Eltern hatten drei gemeinsame Kinder im Alter von drei, fünf und acht Jahren. Frau M. hatte aus erster Ehe zwei ältere Kinder, von denen ihr zweitgeborenes Kind – ein fünfzehnjähriger Sohn – noch in der Familie lebte. Die ältere Tochter, zu der kein Kontakt bestand, wohnte bereits in ihrer eigenen Wohnung. Herr M. lehnte es strikt ab, sich von einer anderen Person als von seiner Frau pflegen zu lassen. Die achtjährige Tochter war im Altern von sechs Jahren Opfer sexuellen Missbrauchs durch einen »Bekannten« der Eltern geworden. Dieser war ein früherer Nachbar und hatte sich angeboten, auf die Tochter »aufzupassen«. Frau M. kümmerte sich sehr um ihre Tochter und das war der ursprüngliche Grund, den Kontakt zum Jugendamt zuzulassen. Die Tochter und die Eltern wurden mittlerweile durch eine Fachberatungsstelle betreut und gegen den ehemaligen Nachbarn hatten die Eltern eine Strafanzeige gestellt.

Die Gesamtbelastungslage führte dazu, dass Frau M. zwischenzeitlich – aus einem völligen Überlastungszustand heraus sowie durch die Retraumatisierung ihrer eigenen biografischen Erlebnisse aus früher Kindheit – in depressive Zustände rutschte. Dann ging nichts mehr. Alles blieb liegen, die kleinen Kinder tobten am frühen Morgen durch die Straßen und es hagelte entweder durch die Nachbarn, Kita oder Polizei Meldungen im Jugendamt. Bei Familie M. handelte es sich um einen »Dauer-Kinderschutzfall«.

Neben den äußerst zahlreichen Risikofaktoren waren jedoch auf der Ressourcenseite ganz klar eine große Bindung[56] und Zuneigung in der Familie festzustellen. Es hieß hier in erster Linie, die Familie mit allen möglichen Hilfen zu unterstützen, ein Problem nach dem anderen anzugehen und schlichtweg *dranzubleiben*. In meiner Rolle als Jugendamtsmitarbeiterin im staatlichen Wächteramt galt es – teilweise täglich – die Risiken abzuwägen, da die Belastungslagen derartig changierten, dass es mir teilweise wie eine Achterbahn-

---

56 Das betraf hier auch ausdrücklich das Bonding (Pflege- und Schutzsystem) der Eltern zu ihren Kindern, das jedoch aufgrund der multiplen physischen und psychischen Krankheiten der Eltern temporär ausgehebelt wurde.

fahrt vorkam. Ich habe mich oft gefragt, wie es erst der Familie gehen muss und was sie in diesem Zustand am dringendsten benötigen könnte.

Retrospektiv kann ich sagen, dass der Grund, warum Frau M. trotz großer Scham über den Zustand ihrer Wohnung, ihrer Familie sowie ihrer isolierten Situation, erstmals meiner Kollegin die Tür öffnete und sie in die Wohnung ließ, sicherlich auf deren Fähigkeit zurückzuführen war, schon in den ersten Sekunden ein Bonding herzustellen, dass Sicherheit und Zuversicht ausstrahlte. Der zweite wichtige Aspekt war, und deshalb erzähle ich hier von diesem Fall, dass mit dem nötigen bindungsbasierten und doch sehr konsequenten Dranbleiben sowie mit einem passenden, unterstützenden ambulanten professionellen Helfersystem auf Dauer eine Verbesserung und Stabilisierung der Familie erreicht werden konnte.

Auch bei dem oben bereits erwähnten sogenannten »Hilfeparadox« sind zwei Seiten der Medaille, nämlich auch die aufseiten der hilfeerbringenden Organisation, zu erwähnen: Desto ausgeprägter sich die Kindeswohlgefährdung gestaltet, umso verunsicherter und zurückhaltender gehen die Fachkräfte auf die Familien zu und umso eher haben sie den Wunsch, aus einem technischen Zugangsweg[57] *fachliche Sicherheit* zu schöpfen. Doch Familien in Not haben eine sehr feinfühlige Wahrnehmung der Art und Weise, wie auf sie zugegangen wird (vgl. Nitsch 2007).

Wie auch das obige Beispiel der Familie M. zeigt, spüren die Familien, ob sich Fachkräfte zutrauen, Hilfe zu leisten, und ob sie auch Vertrauen in ihre eigenen Fähig- und Fertigkeiten haben. Sie merken sehr genau, ob Kinderschutzkräfte möglicherweise sogar Angst davor haben, ihrer Aufgabe im Kinderschutz gerecht zu werden und ihren »professionellen Selbstschutztendenzen« erliegen:

> »Angesichts der gehäuften Skandalisierungen von problematisch verlaufenden Kinderschutzfällen in den Medien und der wachsenden Erkenntnis, dass Kinderschutz mit fachlichen, zum Teil strafrechtlich relevanten Risiken verbunden ist, wurde in den letzten Jahren in der Fachdebatte darüber diskutiert, wie Fachkräfte auf diese Situation reagieren. Dabei wird kritisch angemerkt, dass schnelle Fremdunterbringungen und Anrufungen des Familiengerichts in erster Linie einem Sicherheitsdenken geschuldet seien. Mit diesen ›Selbstschutztendenzen‹ werde jedoch der Schutz von in ihrem Wohl gefährdeten Kindern in Frage gestellt, für den es gerade not-

---

57 Hier gemeint sind nach Biesel und Urban-Stahl beispielsweise »die ausschließliche Verwendung von Instrumenten zur Gefährdungseinschätzung und expertokratischen Kommunikationstechniken« (2022, S. 258).

wendig sei, fachliche Risiken einzugehen, um Entwicklungen in Familien befördern und Kindeswohlgefährdungen langfristig abwenden zu können.« (Biesel/Urban Stahl 2022, S. 258)

Demnach befindet sich der moderne Kinderschutz in einer »Sicherheitsfalle«, die durch die Ambivalenz von Selbst- und Fremdgefährdung aufgrund des Risikos entsteht, das Kinderschutzkräfte bei der Ausübung ihrer Garantenpflicht eingehen. Nach Kay Biesel (2009) ist moderner Kinderschutz ein heikler Balanceakt auf einem Drahtseil ohne Netz und doppelten Boden. Er stellt zurecht die Frage, ob es sein kann, »dass ein professioneller Selbstschutz die moderne und demokratische Kinderschutzarbeit gefährdet« (Biesel 2009, S. 50). Der Fall der Familie M. macht diesen Spagat recht deutlich. Auch hier waren die regelmäßigen Einschätzungen riskant und die gesamte Arbeit mit der Familie sehr zeitintensiv. Es hätte den Kindern durchaus etwas passieren können, das durch eine Herausnahme der Kinder abgesichert gewesen wäre. Aber zu welchem Preis? In diesem Fall haben der lange Atem und das »Dranbleiben« geholfen, die Familie und die Kinder wieder in sichere Bahnen zu geleiten sowie den Schutz der Kinder langfristig sicherzustellen. Ich gehe auf dieses Fallbeispiel noch einmal im Entscheidungskompass (▶ Kapitel 9.4) ein.

Systemischer Kinderschutz braucht sehr oft einen langen Atem. Kinderschutzkräfte benötigen dazu eine sichere Einbettung in ihre Organisation, die solch ein *beziehungsorientiertes, systemisches Verständnis von Kinderschutz* mitträgt, ihnen gute Rahmenbedingungen sowie die Möglichkeit der Entlastung, Problemlösung sowie Burn-out-Prophylaxe im Rahmen von Reflexion und regelmäßiger Supervision bietet. Indem wir als Kinderschutzkräfte *bindungsbasiert und konsequent dranbleiben,* werden wir von den Klienten viel eher als die »guten Eltern«, die sie nicht hatten, wahrgenommen, was den Raum für Lösungen und Möglichkeiten eröffnet.

Kapitel 7   **Haltungskompass – systemische Paradigmen im Kinderschutz**

> *»Wer die Praxis ohne die Theorie liebt, gleicht dem Seefahrer, der ohne Ruder und Kompass in See sticht und nicht weiß, wohin es ihn treibt.«* (Leonardo da Vinci)

»Bewahren Sie Haltung« (Barthelmess 2016, S. 244), denn in diesem Kapitel stelle ich Ihnen die Top-Fünf systemischer Paradigmen für den Kinderschutz vor. Die Bezeichnung *Paradigma*[58] wird hier als ein Orientierungsmodell aus dem Bereich der systemischen Beratung und Therapie verstanden, das zur erfolgreichen Problemlösung im Kontext des Kinderschutzes dienen soll (vgl. Wirtz 2017, S. 1234). Diesbezüglich erscheint es mir sinnvoll, zu Beginn dieses Kapitels den Begriff der *Autopoiesis*[59] in das Rampenlicht systemischer Konzepte (vgl. Rieforth/Graf 2014) zu stellen, der durch die beiden Neurophysiologen Humberto R. Maturana und Francisco J. Varela initiiert wurde (vgl. Baecker 2020). Die Autopoiese hat in der Systemtheorie seine eigene Geschichte und wird mit einem paradigmatischen Vorgehen begründet:

> »Wir behaupten, dass es Systeme gibt, deren Einheit als Netzwerk der Produktion von Komponenten definiert ist, die (1) rekursiv, das heißt durch ihre Interaktionen [Interaktion], das Netzwerk generieren und realisieren, das sie produziert, und (2) im Raum, in dem sie existieren, die Grenzen dieses Netzwerks als Komponenten konstituieren, die an der Realisierung des Netzwerks teilnehmen. Solche Systeme haben wir autopoietische Systeme genannt und die Organisation, die sie als Einheit im Raum ihrer Komponenten definiert, autopoietische Organisation.« (Baecker 2020)

Die Autopoiese wird als eine Spezialform der Selbstorganisation beschrieben und ist auch ein Prozess, durch den sich ein lebendes System selbst als Einheit

---

58 »Ein Paradigma legt [...] grundlegend fest, was als wissenschaftlich befriedigende Lösung angesehen werden kann und welche Fragestellungen zulässig sind. Es dient damit als Grundlage der wissenschaftlichen Orientierung und als Basis zur weiteren Präzisierung« (Wirtz 2017, S. 1234).
59 Autopoiesis »engl. autopoiesis, franz. autopoiesis, von griech. autos und poiesis = ›Selbstherstellung‹; bedeutet die Hervorbringung von etwas als Werk seiner selbst, die Produktion eines lebenden Systems aus dem Netzwerk der Elemente, aus denen es besteht« (Baecker 2020) und wird im Weiteren als Autopoiese bezeichnet.

erzeugt und sich von ihrer Umgebung unterscheidet (vgl. Simon et al. 1999). Aus einer autopoietischen Perspektive betrachtet, organisieren sich Prozesse allgemein – und im Kinderschutz im Speziellen – selbstreferenziell. Dies kann auch als Form eines Netzwerks von Prozessen skizziert werden, die durch die Komponenten dieses lebenden Systems produziert und verändert werden. Dabei sind die Struktur und Organisation zu unterscheiden, da die Organisationsform autopoietischer Systeme stets geschlossen und invariant ist, jedoch Strukturveränderungen in einem durch die Organisation vorgegebenen Rahmen möglich sind (vgl. Rieforth/Graf 2014). Dadurch wird eine Unterscheidung, man könnte auch Grenze sagen, zwischen dem System – hier dem System »Kinderschutz« – und der äußeren Umwelt hergestellt und aufrechterhalten:

> »Alle Einwirkungen von außen, die auf das System treffen, werden durch die Struktur des autopoietischen Systems bestimmt. Der Umgang damit und die dadurch entstehenden Auswirkungen sind grundsätzlich nicht direkt beeinflussbar. Die Wirkung der von dem Therapeuten [bzw. der Kinderschutzkraft] gegebenen Informationen für das Patientensystem [bzw. Klienten, Eltern im Kinderschutz] ist nur in Teilen sichtbar und lässt daher keine Vorhersage für eine direkte Veränderung eines autonomen Systems zu.« (Rieforth/Graf 2014, S. 94)

Autopoietische Systeme im Kinderschutz sind also »autonom« und »strukturell determiniert«, was bedeutet, dass sich das Verhalten eines (Kinderschutz-)Systems durch seine internen Strukturen und weniger durch die Umgebung definiert.

Die »Ereignisse in der Umgebung autopoietischer Systeme funktionieren also nicht in einer linearen, kausalen Weise, sondern lediglich als ›Pertubationen‹ (Verstörungen), die das System ausgleichen muss. Wie auch immer das System auf die Pertubationen reagiert, es folgt dabei seiner eigenen Struktur.« (Simon et al. 1999, S. 39)

In diesem Sinne dienen die folgenden, in fünf Rubriken geclusterten Paradigmen sowohl als »verstörende« und Neues im System anregende als auch als stabilisierende, Sicherheit gebende Grundhaltungen für Kinderschutzkräfte. Denn, sobald diese verstanden, reflektiert, als hilfreich gebenchmarkt und sicher bei der Fachkraft verankert sind, wirken sie wie eine »Stehaufpuppe« und helfen auch in schwierigen Fällen weiter. Diese »Stehauffiguren« laufen in ihrem unteren Teil kegelförmig zu und sind beschwert. Sie können somit nicht umgestoßen werden und richten sich immer wieder auf. Ähnlich wie diese Figuren funktionieren auch gut implementierte systemische Grundhaltungen. Sie dienen uns dementsprechend als Orientierung in dem unübersichtlichen und herausfordernden Terrain des Kinderschutzes.

Dieses Kapitel ist als nützliche Sammlung systemischer Denkweisen, Grundhaltungen, Ideen und Muster sowie als Richtschnur und Leitradar für gelingende Prozesse im Kinderschutz zu verstehen. Diese Paradigmen fungieren auch als Fundament der systemischen Gesprächsführung. Die Auswahl und der Inhalt erfolgen nach der Leitlinie »Best Practice« – aufgrund eigener Beobachtungen, Reflexionen und Praxiserfahrungen aus den Bereichen der systemischen Beratung und Supervision im Kinderschutz, die insgesamt keinen Anspruch auf Vollständigkeit erheben.

Im folgenden Abschnitt beginnen wir mit der kontextsensiblen Haltung im Kinderschutz. Kinderschutzkräfte spielen als Praktikerinnen mit ihrer Beziehung zu den Eltern und Kindern eine ebenso entscheidende Rolle wie der Kontext, in dem systemisch gearbeitet wird (vgl. Schlippe/Schweitzer 2016). »Beides wird miteinander verbunden durch eine Reihe von grundlegenden, das konkrete Handeln inspirierenden Prämissen und Haltungen« (Schlippe/Schweitzer 2016, S. 199). In diesem Sinne wünsche ich Ihnen viel Freude beim (Wieder-)Entdecken der ausgewählten systemischen Grundhaltungen für das Praxisfeld »Kinderschutz«.

7.1 Kontext und Kontextsensibilität

>»Nichts hat einen Sinn ohne seinen Kontext. Die Bedeutung existiert nicht.« (Fritz Perls)

Das folgende Top-Eins-Paradigma ist der am häufigsten genutzte systemische Leitgedanke, der mich im Kinderschutz begleitet und führt: »Weil der Kontext (immer) den Sinn macht.«[60]

> »Die Entwicklung der Kybernetik zweiter Ordnung brachte zusammengefasst dem systemischen Ansatz vor allem zwei Veränderungen. Die wichtigste Veränderung bestand in der Einführung des Beobachters als einer entscheidenden Variablen für die Betrachtung und Veränderung von Situationen. Die zweite Veränderung war die strukturelle Erfassung der inneren Dynamik und ihrer Wechselwirkung mit der Umgebung (im Kontext) als ein Leitgedanke Systemischer Theorie.« (Rieforth/Graf 2014, S. 93)

---

60 Prof. Dr. Margret Gröne, persönliche Mitteilung.

Simon und Weber (2012) haben die Faustregel geprägt, dass jede Minute, die man zu Beginn eines Prozesses auf die *Klärung des Kontextes* verwendet, später mindestens eine Stunde der Beratungszeit spart. Dabei kann man festhalten, dass alles, was eine Kinderschutzkraft tut oder sagt, von dem Kontext bestimmt wird, in dem es gemacht, gesagt oder gedeutet wird. Immer dann, wenn der Prozess im Kinderschutz stockt, festgefahren erscheint, es zu Abbrüchen oder zu Eskalationen kommt, bietet die erneute Thematisierung des Kontextes einen wirksamen Weg aus diesen (Not-)Situationen. Der Begriff »Kontext« beinhaltet nach Lieb (2011, S. 27) die folgenden vier miteinander zusammenhängenden Aspekte. Er nennt den:
1. *Kontext* als andere Seite des Markierten,
2. *Kontext* als soziale Bereitstellung von Bezeichnungen und Beschreibungskategorien für therapeutisches (pädagogisches) Beobachten (und Beobachten im Kinderschutz),
3. *Kontext* als Bedingung der Möglichkeit von Sinn und Bedeutung,
4. *Kontext* als Beziehung zwischen Beobachter und Beobachtetem.

So führt die Fokussierung auf den Kontext eines Falles normalerweise zu einem erhöhten Sinnbezug für die beteiligten Kinderschutzkräfte, sei die Ausgangslage auch noch so eilig, dramatisch, bedrohlich oder belastet:

> »Für den Systemtheoretiker gibt es keine Probleme ›an sich‹ mehr. Für ihn ist alles, was beschrieben und erklärt wird, eine sprachliche Konstruktion des Beobachters. [...] Aus systemtheoretischer Perspektive liegt allem, was in Psychotherapien [bzw. im Kinderschutz] ›verhandelt‹ wird, die Selektion eines Beobachters und der Gesellschaft zugrunde, in der dieser lebt und tätig ist.« (Lieb 2011, S. 26)

Kontextbezogenes Denken und Kontextsensibilität helfen den Kinderschutzkräften dabei, sich innerhalb der Prozesse nicht in den Problembeschreibungen zu verfangen. Es entsteht in der Praxis ein anderes Bild von einer Situation, sobald der Kontext als »Bezugsrahmen bzw. Zusammenhang, worin Verhaltensweisen und verbale wie averbale Mitteilungen ihre Bedeutung erlangen« (Simon et al. 1999, S. 183) betrachtet wird. Dies kann beispielsweise mit der ganz simplen Frage geschehen: Was ist in diesem Fall der Kontext?

Je nach Bedarf und Fall können Sie den Kontext mit weiteren Fragen erkunden:

- Wer und was gehört zum Kontext? Und wer/was nicht?
- Wo gibt es weiße oder blinde Flecken?
- Welche Kontextmarkierungen gibt es?
- Was wissen wir (noch nicht)?

So wie sich der Satz eines Textes nur im Zusammenhang des Gesamttextes begreifen lässt, ist zum Fallverständnis im Kinderschutz und eines individuellen Verhaltens die Kenntnis des Umfelds, in das es eingebettet ist, notwendig. Auch gelten im Kinderschutz, wie auch in anderen zwischenmenschlichen und professionellen Kontexten, ganz unterschiedliche Verhaltensregeln (vgl. Simon et al. 1999). Beispielsweise finden wir durch gesetzliche Voraussetzungen stellen- und phasenweise *Zwangskontexte,* wie beispielsweise das staatliche Wächteramt, das wiederum besondere Auswirkungen auf die Interaktion der Akteure hat. »Jede einigermaßen reibungslose Interaktion bedarf also einer Einigung darüber, welcher Kontext zu gelten hat«, was den Begriff »Kontextmarkierung« beschreibt (Simon et al. 1999, S. 183 f).

»An diesem Punkt ist es vorteilhaft, den Terminus ›Kontext-Markierung‹ einzuführen. Ein Organismus reagiert auf ›denselben‹ Reiz in verschieden Kontexten verschieden, und daher müssen wir nach der Informationsquelle für den Organismus fragen. Durch welche Wahrnehmung weiß er, dass Kontext A sich von Kontext B unterscheidet?« (Bateson 2014, S. 374)

Lieb (2011, S. 29) weist darauf hin, dass ein Unterscheiden stets zwei Seiten braucht: das, was benannt oder markiert wird, und das, von dem es unterschieden wird.

»Wir lassen normalerweise außer Acht, dass das ›Drumherum‹ notwendig ist, damit etwas für einen Beobachter ist und heißt, was es für ihn ist und heißt. Daraus leitet sich ab, dass ›Eigenschaften‹ von Personen keine Eigenschaften der damit bezeichneten Personen sind, sondern Produkte von Unterscheidungsakten der Beobachter dieser Personen.[61] Sie gehören stets zum Phänomenbereich der Beobachter und nicht dem der Beobachteten. Das gilt auch für die Zuschreibung vermeintlich objektiv oder ontologisch

---

61 »Das gilt natürlich auch für die hier [weiter unten] ins Visier genommene ›Eigenschaft‹ der ›Kontextsensibilität‹!« (Lieb 2011, S. 29).

[seiensmäßig] ›gegeben‹ erscheinender Merkmale wie [›erziehungsfähig‹, ›gefährdend‹], ›krank‹ oder ›gesund‹, ›pathologisch‹ oder ›normal‹.«

Kontextmarkierungen helfen dabei, herauszufinden, wie Kommunikation allgemein und im Kinderschutz speziell zu deuten ist. »Der Satz: ›*Jetzt mache ich dich fertig!*‹ hat im Kontext eines entspannten Schachspiels am Kamin eine ganz andere Bedeutung als im Kontext einer dunklen Gasse in einer unbekannten Stadt« (Schlippe/Schweitzer 2016, S. 99). Der Gesichtsausdruck und die Situation selbst sind dann solche »Kontextmarkierungen«. Über diese Möglichkeit, einen kontextuellen Rahmen zu markieren und zu variieren, verändert sich die komplette Bedeutung einer Kommunikation, auch wenn deren Inhalt sich nicht ändert, wie von Schlippe und Schweitzer in dem folgenden Witz sehr anschaulich demonstrieren: »Es treffen sich zwei Rechtsanwälte. Fragt der eine: ›*Wie geht's?*‹, sagt der andere: ›*Schlecht! Ich kann nicht klagen!*‹« (1998, S. 177).

Welche Bedeutung ein Wort, ein Satz oder eine Metapher haben, hängt also vom jeweiligen Kontext ab. Hierzu passend ein Beispiel aus der Gefährdungseinschätzung in einer Kita.

»Offene Stromleitungen«

Die Einrichtungsleitung fragt eine Beratung im Kinderschutz an. Ein dreijähriges Mädchen wird in ihrem Zimmer nachts von den Eltern eingeschlossen. Die Eingangsfrage lautet wie so oft: »Liegt eine Kindeswohlgefährdung vor?« Außerdem möchte die Leitung wissen, wie sie ihr Wissen bei den Eltern ansprechen kann, da die Informationen von anderen Eltern stammen.

Nach Einschätzung aller Risiko- und Schutzfaktoren sowie der Klärung der offenen Fragen, die sich daraus erschließen, und dem darauffolgenden Gespräch mit den Eltern, ergibt sich keine Gefährdung des Kindes. Die Eltern hatten nach eigenen Angaben ihr Kind aus einem Fürsorgeaspekt im Zimmer eingeschlossen. Sie platzierten ein Babyphon im Zimmer, teilweise schlief ein Elternteil beim Kind. Dieses Verhalten ergab sich aus einer Sorge der Eltern und einem Sicherheitsaspekt. Denn die Familie war erst kürzlich in ein Haus eingezogen, das sich in Teilen noch im Umbau befand. Es lagen im Haus noch Stromleitungen offen und einige Steckdosen hatten noch keine Verblendung und dementsprechend keine Kindersicherungen. Tagsüber konnten die Eltern die Gefahrenquellen durch Aufmerksamkeit und Begleitung des Kindes absichern. Sie hatten jedoch Angst, dass das Kind nachts unbemerkt wach wird und sich verletzt.

Die Kinderschutzkräfte konnten mit den Eltern die Situation klären und eine gemeinsame Lösung finden, ohne dass das Kind weiterhin nachts eingeschlossen wurde.

In diesem Beispiel gab es die Markierung der Kinderschutzkräfte: Die Eltern schließen ihr Kind nachts ein. Alle anderen Informationen wurden in ihrer Wahrnehmung davon überlagert. Hier hat die Erweiterung des Kontextes auf die familiäre Situation und explizit die Wohnsituation der Familie die Kontextmarkierung verändert. Gregory Bateson, der sich als einer der ersten mit dem »Phänomen der Kontextabhängigkeit unseres Verstehens« befasst hat (vgl. Schlippe 2019), formuliert es so: »Was wir als »Kontext« bezeichnen schließt sowohl das Verhalten des Subjekts als auch die äußeren Ereignisse ein« (Bateson 2014, S. 389). Arist von Schlippe beschreibt es mit den Worten »Der Kontext bestimmt die Bedeutung« und verdeutlicht dies in der folgenden Tierfabel (Anders zit. n. Schlippe 2022, S. 71):

> »Als die Mücke zum ersten Mal den Löwen brüllen hörte, da sprach sie zur Henne:
> ›Der summt aber komisch.‹
> ›Summen ist gut‹, fand die Henne.
> ›Sondern?‹, fragte die Mücke.
> ›Er gackert.‹, antwortete die Henne. ›Aber das tut er allerdings komisch.‹«

Überträgt man diese Geschichte auf die menschliche Wirklichkeit und wollen wir diese Kommunikation verstehen, so hängt dies vom jeweiligen Kontext und der Bedeutung, die wir diesem geben, ab. Der zweite Aspekt in den von Lieb (2011) beschriebenen Aspekten, der den *Kontext als soziale Bereitstellung von Bezeichnungen und Beschreibungskategorien für therapeutisches Beobachten* beschreibt, beleuchtet den Bereich der Sprache und weist ihm hier die entscheidende Rolle zu:

> »Die darin enthaltenen und vermittelten Beschreibungen und Bewertungen der Welt entwickeln sich im sozialen Zusammenleben und werden in jedem privaten und gesellschaftlichen Subsystem von Generation zu Generation weitergegeben – durch Geschichten, durch nonverbale Begleitkommentare, durch spezifische Begriffe und Metaphern. Im kulturellen Raum wird zum Beispiel vermittelt, wem gegenüber, mit welchem Ton und mit welcher Bewertung Begriffe wie ›Ausländer‹, ›systemisch‹, ›cool‹, ›wissenschaftlich‹, ›irrational‹ oder ›schlank‹ verwendet werden.« (Lieb 2011, S. 28)

»Manche radikale Konstruktivisten leiten daraus ab, dass ›alles möglich‹, weil alles kon- und dekonstruierbar ist und dass es deshalb kein ›Wahr‹ und kein ›Falsch‹ gibt« (Lieb 2011, S. 28). Andere – wie zum Beispiel Simon (2006) – vertreten die Auffassung, dass es nicht beliebig ist, wie wir unser Weltbild konstruieren und was wir einander erzählen: Der Wahrheitsanspruch sei aufzugeben, nicht aber die Möglichkeit der Falsifikation.

Im dritten Aspekt nach Lieb, der den *Kontext als Bedingung der Möglichkeit von Sinn und Bedeutung* beschreibt, geht es um die Rolle des Kontextes dafür, dass Worte, Sätze, Handlungen oder Ereignisse für uns eine bestimmte Bedeutung haben. »Kein Wort, kein Satz, keine Geste hat ›an sich‹ Bedeutung. Erst im Kontext, in dem und zu dem sie gesprochen, geschrieben oder gezeigt werden, erhalten sie diese – oder genauer: wird ihnen von Sendern und Empfängern jeweils Bedeutung zugesprochen« (Lieb 2011, S. 28).

Der vierte Aspekt beschreibt den *Kontext als Beziehung zwischen Beobachter und Beobachtetem*: Das betrifft auch die Beziehung zwischen den zur Beobachtung führenden Operationen des Beobachters und dem, was er dadurch an Beobachtungen generiert. Es geht hier vor allem darum, wie durch spezifische Beobachtungen und Bewertungen im Kinderschutz auch die gesamte Interaktion zwischen Beobachterin und Beobachtetem gestaltet wird. »Beobachten per se und die spezifischen Selektionen einer Beobachtung gehen einerseits aus einer Beziehung zwischen Beobachter und Beobachtetem hervor und generieren andererseits spezifische Beziehungsformen« (Lieb 2011, S. 29).

Wurden der Kontext und dessen »Bedeutungsfeld« (Schlippe 2019, S. 71) erst einmal markiert, erweitert und betrachtet, kann im nächsten Schritt die Komplexität wieder auf die Beratungsfrage im Kinderschutz und auf die Einschätzung der Gefährdung reduziert werden. Diese *Reduktion von Komplexität* (▶ Kapitel 9.4) führt in der Regel zu einer größeren Klarheit. Es ist wichtig zu sagen, dass wirklich jeder Fall anders ist, selbst wenn es ähnliche Muster gibt (vgl. Thürnau 2021).

Die oben zusammengefassten Aspekte rund um den Terminus »Kontext«, die für die Kinderschutzkräfte vielfältige Ressourcen ergeben können, kann man unter der Bezeichnung *Kontextsensibilität* zusammenfassen.

> **!** Der Begriff »Kontextsensibilität« kann als ein zentraler Wirkfaktor systemischen Arbeitens bezeichnet werden, der eine Art der Selbstvergewisserung über die eigenen Konstrukte und die Konstrukte beinhaltet, die der Kontext bereitstellt.

Als Gegenspieler der Kontextsensibilität oder auch als Qualitätsanker beschreibt Lieb die *Kontextvergessenheit* mit den Aspekten des »Vergessens, Erinnerns und der Unvermeidlichkeit blinder Flecken« (2011, S. 32 f.).

»Kontextvergessenheit kann man mit Bezug auf die oben genannten vier Kontextaspekte so definieren: Sie ist das Vergessen:

1. von aktuellen oder vorangegangenen Markierungen und/oder
2. der sozialen Kontexte, die diese beeinflussen, und/oder
3. des Kontextes, der einem Sprachakt Bedeutung verleiht, und/oder
4. der Art der Beziehung zwischen Bezeichner und Bezeichnetem, die bestimmtes Sprechen und Hören generiert bzw. durch dieses Sprechen generiert wird« (Lieb 2011, S. 32).

Wenn »es« im Prozess des Kinderschutzes nicht läuft, Veränderungsprozesse stagnieren oder Klienten und Eltern sich von ihrer Kinderschutzkraft nicht verstanden fühlen, kann sich Kontextsensibilität zur Selbstreparatur von Systemen als sehr wirksam erweisen. Genau deshalb kommen wir als Kinderschutzkräfte und Inso-Fas nicht umhin, uns bewusst zu sein, dass wir selbst durch den institutionellen Kontext, also die Umgebung, geprägt und beeinflusst werden (vgl. Barthelmess 2014). Aber auch die eigene Persönlichkeit ist im Kinderschutzprozess ein wesentlicher Wirkfaktor und spielt für die Kontextsensibilität eine wesentliche Rolle.

 Folgende Reflexionsfragen sind in Bezug auf die Kontextsensibilität nützlich:

- *Wie wirke ich auf meine Klienten im Kinderschutz? Welches Erscheinungsbild könnte ich für die Klienten abgeben?*
- *Was denke ich, welche Wünsche und Erwartungen haben meine Klientinnen an mich?*
- *Welche Auswirkung haben mein Alter, mein Geschlecht, mein Erfahrungshintergrund und meine Persönlichkeit?*
- *Mit welchen Klienten arbeite ich im Kinderschutz gern? Und mit welchen weniger?*
- *Was wünsche ich mir von meinen Klientinnen?*

Bitte notieren Sie wichtige Gedanken zu diesen Fragen.

Lieb verknüpft die Selbstreflexion mit der Kontextsensibilität und beschreibt dies so:

»Man kann einem System dann neue Beobachtungsmöglichkeiten, Markierungen, Bewertungen oder Erklärungen anbieten: Bisher negativ bewertetes kann im Sinne eines Reframings (▶ Kapitel 8.2) positiv, bisher positiv Bewertetes gelegentlich auch negativ bewertet werden – zum Beispiel Dominanz als Fürsorge oder Geringschätzung als Mitleid. An die Stelle kausaler Erklärungen können zirkuläre oder teleologische (›wozu etwas gut ist‹) treten. Neuen Unterscheidungen folgen dann neue Optionen in Form neuer Gefühle, Denkweisen oder Handlungen. In diesem Sinne ist kontextsensible Reflexion eine kreative Kraft.« (Lieb 2011, S. 35 f.)

Welche Bestimmungsmerkmale von Kontextsensibilität im Kinderschutz gibt es und wie kann man sie erlernen? Lieb (2011, S. 35) nennt fünf Verhaltensvorschläge, um Kontextsensibilität zu erreichen, die hier auf den Bereich des Kinderschutzes und der Beratung im Kinderschutz angepasst sind:

1. Betreiben Sie Sprachanalysen Ihres eigenen Sprechens und des Sprechens anderer: Welche Worte benutzen Sie im Kinderschutz oft und welche nie? Welche Kernunterscheidungen drückt das aus?
2. Begrüßen und nutzen Sie Symptome und Verhaltensweisen im Kinderschutzprozess (von Ihnen, von den Eltern, zwischen Ihnen und dem Kind/den Eltern) und erforschen Sie, auf welche bisher verwendeten Unterscheidungen diese aufmerksam machen und welche Möglichkeiten sich auftun, wenn Sie das in den Blick nehmen. Wenn Sie beispielsweise bei sich oder den Klient:innen besondere körperliche Sensationen wahrnehmen, lassen sie diese kontextsensibel als besondere Information mit in den Prozess einfließen.
3. Wechseln Sie öfter Ihren Wahrnehmungskanal, indem Sie zum Beispiel die Aufmerksamkeit weniger auf das inhaltlich Gesprochene als auf das richten, was Sie in der Kommunikation sehen (Mimik, Gestik, Körperbewegung), in Ihrem Körper (embodimental) empfinden oder an der »Musik« des vom Klienten Gesprochenen hören. Lassen Sie sich von der diakritischen Wahrnehmung (Zentrierung auf einen dieser Wahrnehmungskanäle) zur kinästhetischen (ganzheitlich-gleichzeitigen) Wahrnehmung verschiedener Kanäle treiben.
4. Nehmen Sie wahr, welches wechselseitige Klima sich während eines Kinderschutzgesprächs im Raum entwickelt: ein läppisches, banalisierendes, feindliches, verächtliches, anstrengend-sachliches …? Bilden Sie Hypothesen dazu: In welchem Lebenskontext könnte sich dieser Stil bei den Eltern/Fachkräften/dem Kind entwickelt haben? Auf welchen Leitunterschieden beruht das? Mit welchem Stil antworten Sie darauf? Fassen Sie diese Hypothesen in Worte oder in Fragen und bringen Sie es in den beraterischen Dialog ein.
5. Unterscheidungsakt versus Unterschiedenes: Erlernen Sie die erkenntnis- und wissenschaftstheoretischen Grundlagen der Kontextsensibilität und passen Sie diese für Ihre Kinderschutzpraxis an.

Diese Übung ist sinnvoll, ist es doch für den Lernprozess von Kinderschutzkräften wesentlich, sich klarzumachen, was man genau tut, wenn man sich *kontextsensibel* verhält oder sich so verhalten möchte.

Systemischer Kinderschutz berücksichtigt den Kontext als Bezugsrahmen und Bedeutungsfeld, die insbesondere für die Gefährdungseinschätzung im Kinderschutz eine wichtige Funktion haben. Systemisch arbeitende Kinderschutzkräfte verfolgen das Ziel, sich kontextsensibel zu verhalten, ihr Verhalten dementsprechend zu markieren und zu reflektieren.

7.2 Anwältin der Ambivalenz respektive »Anwältin des Kindes«

> »[D]as Verhalten des einzelnen steht immer in Bezug zu dem Verhalten anderer – wir handeln in Bezug zu etwas.« (Gianfranco Checcin 1988, S. 190)

Ich habe dieses zweite systemische Paradigma »Anwältin der Ambivalenz« versus »Anwältin des Kindes« genannt, da hier viele Haltungen und Perspektiven zusammentreffen, die sich genau mit dieser Frage beschäftigten: Ist im Kinderschutz eine Haltung der Neutralität und Allparteilichkeit möglich? Wozu ist die Haltung der Neugier gut und wieviel Neugier ist erlaubt? Wem gegenüber ist Respekt angebracht und was ist mit Respektlosigkeit gemeint? Fragen über Fragen, deren Inhalt man auch mit der gemeinsamen Überschrift der »Expertise des Nichtverstehens« (vgl. Barthelmess 2016) versus »Expertise des Verstehens« betiteln könnte. Unter der gewählten Überschrift finden sich die nachfolgend aufgeführten vier Perspektiven auf systemische Haltungen:

- die Perspektive der Neutralität und Allparteilichkeit,
- die Perspektive der Neugier,
- die Grundhaltung »Respekt« (vgl. Ludewig 2015) versus »Respektlosigkeit« (vgl. Checchin/Lane/Ray 2010) sowie
- die Perspektive der Kinderschutzkraft als »Anwältin des Kindes«.

Simon und Weber (1990, 2012) prägten die Bezeichnung »Anwalt der Ambivalenz« und nannten ihren Ansatz später auch das »systemische AA-Prinzip«, was bedeutet, dass ein »neutraler« Familien- oder Systemtherapeut sich so verhält, als ob er *Anwalt der Ambivalenz* (AA) wäre. Ich komme an späterer Stelle auf den Aspekt der »Anwältin des Kindes« zurück.

Es wurde bereits (▶ Kapitel 5.1) darauf hingewiesen, dass die systemisch denkende und handelnde Fachkraft im Kinderschutz phasenweise die Position der »Anwältin der Ambivalenz« einnehmen kann (vgl. Schlippe/Schweitzer 2019). Kinderschutzkräfte und InsoFas können für ihre Klienten dann besonders nützlich sein, wenn sie in der Lage sind, jeweils auch die andere Seite einer Situation oder eines inneren oder äußeren Konfliktes zu sehen und mit ihren Klienten zu reflektieren. Es kommt dabei auf eine gute Balance zwischen Bestätigung und dem Einführen von Unterschieden an:

> »Wann immer im Klientensystem Ambivalenzen übersprungen zu werden drohen, nimmt er [Kinderschutzfachkraft] vorübergehend […] Partei für die Seite, die zu kurz zu kommen droht, bzw. für das Familienmitglied, das diese Sichtweise vertritt. So eröffnet er [Kinderschutzfachkraft] der Familie als Gan-

zes wie auch ihren einzelnen Mitgliedern die Entwicklungsmöglichkeiten, das Entweder-oder-Muster zu überwinden und die ambivalenten, gegenläufigen Tendenzen und Strebungen miteinander zu versöhnen oder dritter Wege [...] zu entdecken oder zu erfinden.« (Simon/Weber 2012, S. 38 f.)

Die für eine Ambivalenz kennzeichnenden gegenseitigen Pole sind im Grunde »das Eine« oder »das andere« (vgl. Schlippe/Schweitzer 2019). Als »Anwältin der Ambivalenz« sind zunächst alle Optionen offen und es bleibt die Entscheidung der Eltern, ob sie beispielsweise mit dem Jugendamt kooperieren oder nicht. Die Frage danach, was jeweils die Vor- und Nachteile der Entscheidung in die eine oder die andere Richtung sind, kennzeichnet diese Position der »AA«. Fachkräfte aus den sogenannten »helfenden Berufen« haben oft ihre Rolle dementsprechend definiert und das Ziel, ihre Klienten vor dem »Schlimmsten« zu bewahren, also beispielsweise eine Inobhutnahme durch das Jugendamt zu verhindern. Es kann sein, dass sie aber gerade durch ihr Engagement für nur eine Richtung der Ambivalenz genau das Gegenteil von dem erreichen, was sie als ihr Ziel definiert haben (vgl. Gröne 2017). Hier ist es nützlich, sich als Kinderschutzkraft auch über (Denk-)Tabus hinwegzusetzen und zum Beispiel mit den Eltern durchzuspielen, was beispielsweise auch dafürsprechen könnte, mit dem Jugendamt zusammenzuarbeiten, und was dagegen. Ein ambivalenzfreundliches »Rotes-Kreuz-Verhalten« einer Kinderschutzkraft bedeutet nach Simon und Weber (2012), *sich* aus dieser Entscheidung *herauszuhalten, um sich einzumischen:*

> »Die Vertreter des neutralen Roten Kreuzes dürfen Schlachtfelder betreten und Verletzte versorgen. Nur weil sie sich keiner der beiden miteinander im Konflikt liegenden und sich bekriegenden Parteien zurechnen lassen, können sie ihrem humanitären (d. h. dritten, außerhalb der Entweder-oder-Zuordnung liegenden) Ziel, der Linderung menschlichen Leids, gerecht werden. Nur weil es sich raushält, kann sich das Rote-Kreuz überall auf der Welt in fremder Leute Konflikte einmischen.« (Simon/Weber 2012, S. 36)

Die Haltung der Neutralität und Allparteilichkeit

> *»Es wäre unseres Erachtens ein besorgniserregendes Zeichen von Berufskrankheit, würden Systemiker sich allerorten und jederzeit neutral verhalten.«* (Schlippe/Schweitzer 2016, S. 206)

Im vorangegangenen Unterkapitel wurde die *Nützlichkeit der Neutralität* nach Simon und Weber dargestellt und verdeutlicht. Die große Frage ist jedoch, ob dies auch für den Kontext Kinderschutz zutrifft. Das Konzept der Neutralität wurde Anfang der 1980er Jahre vom Mailänder Team um Mara Selvini Palazzoli (im Unterschied zur Parteilichkeit) beschrieben.

Boszormeny-Nagy und Spark hatten eine ähnlich konzipierte Haltung als »Allparteilichkeit« benannt (1995). Es ist die Fähigkeit der Kinderschutzkraft, für alle Klienten und Familienmitglieder gleichermaßen Partei zu ergreifen, sich mit beiden Seiten ambivalenter Beziehungen und Problemen identifizieren zu können sowie die Verdienste jedes einzelnen Familienmitglieds anzuerkennen (vgl. Schlippe/Schweitzer 2016). Wobei gleichermaßen hier nicht gleichzeitig bedeutet. Wenn sich die Gesprächsführende nacheinander mit jedem verbündet, ist diese zum Schluss mit allen verbündet. Das mag zunächst einfach klingen, ist jedoch eine hohe Kunst. Kinderschutzkräfte, die schon beratende Gespräche mit verschiedenen Systemmitgliedern – seien es Familiengespräche, Gespräche mit Helfersystemen, wie Hilfeplangespräche, Trennungs-Scheidungsberatung und besonders Gespräche im Kinderschutz – geführt haben, können dies nachvollziehen.

Beide Konzepte beschreiben die Beziehungen der gesprächsführenden Kinderschutzkräfte zu ihren Klienten, nicht die Inhalte der Kommunikation. Das Konzept des Heidelberger Teams umfasst beide Modelle (Simon 2012). Es ist somit sehr weit gefasst und beinhaltet die Idee, dass die gesprächsführende Kinderschutzkraft auch dafür zuständig ist, den gegenläufigen Tendenzen, den Ambivalenzen und Polaritäten in einem (Familien-)System Raum zu geben (vgl. Gröne 2017). Der Terminus »Neutralität« ist dem der »Allparteilichkeit« damit eng verwandt.

Nützlich ist folgende systemische und allparteiliche Grundhaltung: Es wird kein pathologieorientiertes Urteil gebildet, etwa über die Familie oder einzelne Personen als Herd oder Ursache einer Störung, sondern systemische Berater:innen sehen die in ein Beratungsgespräch einbezogenen Bezugspersonen als Ressourcenpersonen (vgl. Gröne 1998, 2017) im Kinderschutz. Neben der Sicht auf die Risikofaktoren sollten auch immer die Schutzfaktoren betrachtet und der Blick auf die Ressourcen gerichtet werden. Wenn den Teilnehmenden beispielsweise nach einem Gespräch nicht klar ist, auf wessen Seite die gesprächsführende Kinderschutzkraft steht, wie sie das geschilderte Problem bewertet und wessen Ideen sie mehr favorisiert, dann ist es ihr gelungen, sich neutral zu verhalten.

Der Begriff »Neutralität« geht weiter als Allparteilichkeit, denn sie bezieht sich nicht nur auf Personen und wird dennoch im Zusammenhang mit systemischem Denken und Handeln häufig missverstanden. Da er eine wichtige Grundhaltung beschreibt, ist es wichtig, sich genauer mit ihm auseinanderzusetzen. Für die psycho-soziale Arbeit im Kontext der Beratung und Therapie lassen sich nach Retzer (1994) die drei wesentlichen, nachfolgend aufgeführten *Ebenen der Neutralität* unterscheiden:

1. *Beziehungsneutralität* kann die Beraterin wahren, indem sie möglichst nicht für die eine oder andere Person Partei ergreift. Die Beziehungsneutralität bezieht sich auf Mitglieder des Klientensystems und mögliche Einladungen zu Allianzen oder Koalitionen (vgl. Barthelmess 2014). Auch die Kinderschutzkraft kann auf diese Einladungen zu Koalitionen achten, ist jedoch in erster Linie »Anwältin des schutzbedürftigen Kindes«, solange dies nötig ist.
2. *Problemneutralität* wird gewahrt, indem die Beraterin die vorgestellten Probleme weder positiv noch negativ bewertet. Sie ist bezüglich einer möglichen Veränderung genauso wie gegenüber dem Fortbestehen oder der Beseitigung von Symptomen bzw. Problemen neutral. Die systemische Gesprächsführende im klassischen Beratungskontext, beispielsweise in der Erziehungsberatung, bemüht sich auch den Problemen und Symptomen gegenüber um Neutralität. Es bleibt offen, ob sie die beschriebenen Verhaltensweisen, Krisen und Symptome für etwas Gutes oder Schlechtes hält. Beispielsweise wie die Gesprächsführende das Einkoten eines Kindes bewertet. Sie zeigt sich durch Fragen vor allem an den Auswirkungen des Symptoms und auch an den Ausnahmen des Problems interessiert. Aber es bleibt offen, ob das Symptom sofort beseitigt werden sollte oder besser noch eine Zeitlang aufrechterhalten wird (vgl. Gröne 2017).

Im Kinderschutz ist dies anders, denn hier hebelt der im Zentrum stehende Schutz des Kindeswohls diese klassische Problemneutralität in Phasen der Gefährdung aus. Das Problem bleibt während des gesamten Kinderschutzprozesses das Problem der Eltern. Aus systemischer Sicht besteht die Gefahr für die Kinderschutzkraft nämlich darin, in eine eskalierende Spirale mit den Eltern einzutreten, die dadurch gekennzeichnet ist, dass ihr statt den Eltern die Rolle der Veränderung zukommt, wodurch sich diese selbst eher mit den bewahrenden Kräften identifizieren (vgl. Barthelmess 2014).

3. *Konstruktneutralität* bezieht sich auf die Sichtweisen, Erklärungen und Bewertungen im Klient:innensystem, die jeweils die gleiche Wertschätzung durch die Kinderschutzkraft erfahren sollten. Dies ist so zu verstehen, dass die gesprächsführende systemische Fachkraft die Sichtweisen und Wirklichkeitskonstruktionen der Betroffenen nicht bewertet, sondern ihren Fokus darauf richtet, wie die unterschiedlichen Perspektiven in ihrer wechselseitigen Dynamik »Probleme« generieren. Neutralität bezieht sich im Beratungskontext auch auf Ideen, Werthaltungen, Problemerklärungen und Lösungsideen, um den Prozess offenzuhalten und mögliche neue Lösungen zu finden (vgl. Schlippe/Schweitzer 2016):

- Es bleibt unklar, ob Berater:innen finden, dass Söhne mit 40 noch bei der Mutter wohnen sollten oder nicht;
- ob sich ein Paar bis zur Eheschließung platonisch lieben sollte oder ob es sexuelle Beziehungen mit anderen vor der Ehe ausprobieren sollte;
- ob ein Jugendlicher sein Zimmer wöchentlich oder jährlich aufräumen sollte;
- ob es eine mögliche und legitime Lösung sein kann, in der Schwangerschaft zu entscheiden, das zu erwartende Kind zur Adoption freizugeben oder nicht.

Neutralität bedeutet in diesem Sinne:
- eine professionelle Haltung, die ich in meiner Rolle als Kinderschutzkraft in ganz bestimmten und umschriebenen Kontexten einnehme (vgl. Gröne 2017);
- eine professionelle Methode.

Neutralität taugt nicht in Kontexten, in denen es um Schutz, Fürsorge oder soziale Kontrolle geht. Hier ist der Auftrag ein anderer. In Notfallsituation oder beispielsweise im Kinderschutz ist es geboten, die hier beschriebene Position der Neutralität zu verlassen und für das Klientensystem oder die Kinder die notwendigen Entscheidungen zu treffen.

Ich nehme diese Faden später (▶ Kapitel 7.2) wieder auf. Davor möchte ich Ihre Aufmerksamkeit jedoch auf weitere spannende Aspekte richten. Die nachfolgende Haltung der Neugier hängt eng mit der der Neutralität und Allparteilichkeit zusammen.

Die Haltung der Neugier

> »Ich habe keine besondere Begabung, sondern bin nur leidenschaftlich neugierig.« (Albert Einstein)

Gianfranco Checcin schlug bereits 1988 vor, die Prinzipien der Neutralität, der Zirkularität und des Hypothesenbildens, die das Mailänder Team um Mara Selvini Palazzoli (vgl. Selvini 2008) aufgestellt hatte, unter dem Aspekt der Neugier neu zu begründen (vgl. Schlippe/Schweizer 2016). Denn die Neutralität begründet nach Checcin eine Haltung respektvoller Neugier im Gegensatz zur Gewissheit der Kausalität und zur moralischen »One-Up«-Position:

> »Wenn wir systemisch arbeiten, konstruieren wir eher Beschreibungen innerhalb eines Rahmens von Neugier als innerhalb eines Rahmens von wahren oder falschen Erklärungen.« (Checcin 1988, S. 192)

Eine so verstandene Neugier erleichtert rekursiv die Neutralität. Die Idee, man habe die eine »richtige« Beschreibung gefunden, verhindert die Suche nach weiteren Beschreibungen eines Zustands in einem System. Checcin (1988, S. 190 f.) schlägt vor, die Neutralität als das Erschaffen von Neugier aufseiten der Fachkraft zu beschreiben. Wer neugierig ist, erforscht und erschließt neue Perspektiven und alternative Sichtweisen. Gleichzeitig erzeugen alternative Sichtweisen und Perspektiven Neugier. Neutralität und Neugier zusammen lassen einen Kontext entstehen, der Unterschiede hervorbringt – ohne sich auf eine Position zu begrenzen. Warum lineare Begründungen eine Haltung der Neutralität und Neugier nicht begünstigen, begründet Checcin so:

> »Wenn wir annehmen, wir hätten eine Erklärung, geben wir häufig die Suche nach anderen Beschreibungen auf. So geben wir eine Haltung der Neugier auf, weil wir glauben, wir hätten eine Beschreibung ›entdeckt‹, die ›passt‹. Beschreibungen führen dazu, eine neutrale Haltung dadurch zu vermeiden, dass sie unsere Neugier nicht vertiefen.« (Checcin 1988, S. 191 f.)

Die Idee der *Neugier als systemische Grundhaltung* besitzt – nicht nur für den Kinderschutz – mehrere interessante Implikationen, die hier abschließend zusammengefasst sind:

- Die Haltung der Neugier steht einer »Reparaturlogik« entgegen, wie zum Beispiel, man könne ein Familiensystem vollständig durchschauen und dann steuern (vgl. Schlippe/Schweitzer 2016). Dieser Aspekt spielt besonders im Kontext des Kinderschutzes eine wichtige Rolle und sollte aus einer systemischen Betrachtungsweise Beachtung finden.
- Systemische Neugier interessiert sich für die in jedem System immanente Eigenlogik, die weder als gut oder schlecht angesehen, sondern schlicht als wirksam betrachtet werden sollte, da sie sich für dieses System offensichtlich als funktional bewährt hat oder aber bereits parafunktional geworden ist, was jedoch durch die Familie noch nicht wahrgenommen wurde.
- Anderson und Goolishian (1992) beschreiben die Idee der therapeutischen Konversation als Dialog, in welchem der Therapeut die Position des Nichtwissens einnimmt, um mit grenzloser Neugier die Bedeutungen des Klienten zu verstehen und kennenzulernen. Für Kinderschutzprozesse können auch Kinderschutzkräfte eine Perspektive phasenweise einnehmen, die die Unwissenheit der Fachkraft als Ressource versteht (vgl. Schlippe/Schweizer 2016), um Spielregeln, Muster und Dynamiken im Familiensystem zu erforschen.
- Neugier steht im Gegensatz zur sozialen Kontrolle, besonders wenn wir nicht wissen, was sinnvoll für ein System ist. Im Kinderschutz befinden wir uns

phasenweise im Bereich der sozialen Kontrolle, ganz abhängig davon, welche Rolle wir innehaben. Hier ist es besonders herausfordernd, in der Haltung der Neugier zu bleiben, obwohl wir uns möglicherweise gleichzeitig in der Rolle des staatlichen Wächteramtes befinden. So kann sich die Haltung der Neugier zeitweise einer Schutzfunktion unterordnen und dann für die Ressourcen- und Lösungssuche im familiären System wieder aufgenommen werden.

- Schlippe und Schweizer (2016) bezeichnen das Nichtwissen als einen Standpunkt, dessen vorrangiges Ziel es ist, die vorschnelle Erkenntnis der Fachkraft zu verhindern. Sie erwähnen diesbezüglich Foucault, der das Motiv seiner Arbeit als die »Neugier, nicht diejenige, die sich anzueignen versucht, was zu erkennen ist, sondern die, die es gestattet, sich von sich selber zu lösen«, beschreibt (Foucault zit. n. Fink-Eitel 1989, S. 11).

! Die Neugier kommt in den systemischen Fragen zum Vorschein und gehört deshalb ganz selbstverständlich als Haltung zu einem systemisch geprägten Kinderschutz dazu, selbst in Phasen, in denen sich die Kinderschutzkraft nicht in der Haltung der Neutralität und Allparteilichkeit befinden kann.

Woran kann ich als Fachkraft im Kinderschutz merken, dass ich mich im Bereich von Neutralität und Allparteilichkeit befinde? Checchin (1988) hat das in seinem Konzept der Neugier so beschrieben: Wer neugierig bleibt, hat am ehesten die Position der Neutralität inne. Als Zeichen für den Verlust der neutralen Position sind beispielsweise Müdigkeit, Erschöpfung oder Lähmung bei der gesprächsführenden Fachkraft im Kinderschutz zu beobachten. Je nach persönlichen Reaktionsformen sind möglicherweise sogar diverse psychosomatische Reaktionen zu erwarten, wie zum Beispiel Kopfschmerzen, Bauchschmerzen, Atemnot etc. Die Neutralität wird am ehesten verloren, wenn die Gesprächsführende solchen Impulsen und Einladungen folgt, wie etwa Verantwortung für Entscheidungen des Klientensystems zu übernehmen oder zu versuchen, Veränderungen direkt anzusteuern.

Respekt und Respektlosigkeit

»Respektlosigkeit gegenüber Ideen, Respekt gegenüber Menschen.«
(Schlippe/Schweitzer 2016, S. 207)

Der Respekt gegenüber Klienten und Familiensystemen ist eine systemische Grundhaltung (vgl. Ludewig 2015; Rotthaus 2016). Jürgen Hargens (2017, S. 72) berichtet von seiner Erfahrung damit, sein Gegenüber (bedingungslos) zu *res-*

pektieren, und der Einsicht, dass er deswegen überhaupt nichts von dem, was die Klientin tut oder sagt, akzeptieren muss:

> »Diese Leitunterscheidung war mir nicht nur hilfreich, sondern ermöglichte es mir auch in Hinblick auf das, was als ›Allianz‹ gilt und was eine wertschätzende Zusammenarbeit im klinischen Kontext begünstigt, tätig zu werden – respektieren im Verhalten verwirklichen.«

Dies beschreibt vortrefflich die Grundhaltung »Respekt« im Kinderschutz. Denn wir müssen die Sicht- und Verhaltensweisen der Eltern überhaupt nicht gutheißen, sondern wir respektieren lediglich die Person bzw. den Menschen an sich. Dies betont im Besonderen den Respekt vor der Eigenverantwortung der Klient:innen und drückt sich darin aus, dass normalerweise alle Angebote eher fragend und als hypothetische Ideen und Einladungen vorgetragen werden (vgl. Schmidt 2016). Diese Haltung des Respekts achtet und würdigt das bisherige Lebenskonzept des Klienten mitsamt den geglückten und missglückten Lösungsversuchen, Leistungen und des bisher Erreichten. »Die Klientin als Expertin« für ihre eigene Lebensgestaltung markiert die Grenze zwischen ihrem Zuständigkeitsbereich und dem der Kinderschutzkraft. Auch der Fokus auf die Auftragsklärung begründet sich aus diesem Respekt im Kontext einer systemischen Ethik (vgl. Rotthaus 2016). Die Eltern verantworten aus dieser Sichtweise heraus ihr eigenes Handeln und eine Lösung im Kinderschutz. Die Kinderschutzkraft sorgt in ihrer Zuständigkeit für die Grenzeinhaltung zwischen beiden Bereichen, betrachtet dabei unter anderem alle Anzeichen für Gefährdungen für das Kind sowie den möglichen Widerstand der Eltern.

Checchin, Lane und Ray beschreiben hingegen die »Idee und die Position der Respektlosigkeit« unter anderem als organisierendes Prinzip und Verhalten für uns als Beraterinnen und Kinderschutzkräfte, deren Handlungen im Ursprung narrativen, strategischen und paradoxen Modellen entspringen:

> »Die Position der systemischen Respektlosigkeit erlaubt es dem Therapeuten [und der Kinderschutzkraft], auf den ersten Blick widersprüchliche Ideen nebeneinanderzustellen.« (Checcin et al. 2010, S. 25)

Nicht nur der Kinderschutzfall in Lügde regt zum Nachdenken an, inwieweit eine gewisse Respektlosigkeit gegenüber Ideen und Vorschriften auch im Kinderschutz weiterhelfen würde. Beispielhaft für ein beharrliches, respektloses Verhalten steht die Mitarbeiterin aus dem Jobcenter, die nicht aufgab, obwohl sie aufgrund der Zuständigkeiten von einem zum anderen Jugendamt geschickt wurde. Hatte niemand der beteiligten Fachkräfte Zweifel? Was hätte sich verändert, wenn eine Fachkraft sich anders (respektlos) verhalten hätte? So wird der Fall Lügde als »massives Behördenversagen mit verheerenden Folgen« bezeichnet, indem den ermittelnden Behörden wie der Polizei und den beteiligten Jugendämtern »Inkompetenz, Vertuschung, Manipulation« bescheinigt wird (ZDFinfo 2022a). Nordrhein-Westfalens Innenminister Herbert Reul fällt diesbezüglich bereits im Februar 2019 sein Urteil über die Kreispolizei in Lippe: »Das wäre selbst meiner Oma aufgefallen, dass auf dem Campingplatz was nicht stimmt« (ZDFinfo 2022b).

Ein anderes Beispiel aus dem Buch »Respektlosigkeit« von Checcin, Lane und Ray (2010, S. 55–57) mit dem Titel »Der Junge, der Kot aß« verdeutlicht die Nützlichkeit einer respektlosen Haltung: Der betitelte Junge mit einem IQ von sechzig fällt in einer Strafanstalt dem Personal auf, weil er sich den Kot ins Haar schmiert und ihn zu kleinen Bällen formte, die er aß. Das Personal konnte sich nicht entscheiden, ob sein Verhalten eher Ausdruck einer geistigen Behinderung oder eines psychotischen Prozesses war. Ein Berater stellte die folgende Frage: »In welchem Kontext würde es einen Sinn machen, dass dieser Junge die eigene Scheiße isst beziehungsweise sich damit beschmiert?« (Checcin et al. 2010, S. 56). Im Gespräch mit dem Jungen stellte sich heraus, »dass der kleingewachsene Junge von anderen Jungen der Jugendstrafanstalt oral und anal vergewaltigt worden war. Nachdem er angefangen hatte, Kot zu essen und sich damit zu beschmieren, ekelten sich die anderen Jungen und mieden ihn. Sie hielten ihn für verrückt. Das Kotessen schützte ihn davor, vergewaltigt zu werden« (Checcin et al. 2010, S. 56).

Die »respektlose« Kinderschutzkraft verflüssigt und weicht die Muster und Dynamiken auf, die das Kind einengen, schwächen und gefährden. Damit fördert sie Ungewissheit bei den Eltern und gibt dem Klientensystem Gelegenheit, neue Werte, Bedeutungen und weniger restriktive Muster zu entwickeln.

»Auf dem Weg zu einer Position der Respektlosigkeit muss man versuchen, sich von der einnehmenden Natur konsensueller Glaubenssätze zu befreien, und willens sein, nicht bedingungslos das zu tun, was der Staat oder die Institution [...], in der man arbeitet, von einem verlangen.« (Checcin et al. 2010, S. 25)

Nach Checcin et al. kann man systemischen Kinderschutzkräften empfehlen, Respektlosigkeit gegenüber jeglichen Gewissheiten zu pflegen und dies als einen »Sicherungsmechanismus« gegen zu viel Gewissheit zu verstehen. Denn auch im systemischen Kinderschutz ist es interessant, sich selbst zu fragen, wann es an der Zeit ist, auch systemischen Paradigmen und anderen Gewissheiten bewusst zu misstrauen und nicht zu folgen (vgl. Schlippe/Schweitzer 2016). Denken wir hier noch einmal an den Fall Lügde, wo die Fachkräfte und Personen zu nennen sind, die ihrer Intuition gefolgt sind und nicht lockergelassen haben. Wie die Mitarbeiterin des Jobcenters Lippe (Blomberg), die mehrmals in den beiden Jugendämtern (Lippe und Hameln-Pyrmont) versuchte, ihre Sorge und die Beobachtungen über das Pflegekind in Form einer Meldung zu platzieren, und immer wieder von einer Behörde zur anderen verwiesen wurde (vgl. ZDFinfo 2022a, Frenzel 2020). Hier taucht einmal wieder der Wirkfaktor des *Dranbleibens* (▶ Kapitel 6.2) auf, der im Kinderschutz als wirklich einflussreich zu bewerten ist.

Systemischer Kinderschutz beinhaltet auch die Haltung der Respektlosigkeit gegenüber Ideen, Vorgaben, Entscheidungen, Einschätzungen (zum Beispiel über Menschen, die Täter sein können) und Restriktionen im Kinderschutz. Diese wird durch die grundlegende systemische Haltung der Achtung und des Respekts gegenüber Menschen und Familiensystemen getragen.

Die Kinderschutzkraft als »Anwältin des Kindes«

> *»Systemischer Kinderschutz bedeutet für mich nicht bei den Defiziten im Erziehungsverhalten der Eltern stehen zu bleiben, sondern sich vor allem die Auswirkungen auf das Kind anzuschauen.«* (Katharina Lohse zit. n. DGSF 2020, S. 44)

An dieser Stelle erinnere ich an das »Rotes-Kreuz-Verhalten« (▶ Kapitel 7.2) nach Simon und Weber, denn besonders im Kinderschutz muss ich mir als Fachkraft metaphorisch den Weg durch »vermintes und unzugängliches Terrain« bahnen. Dies kann ich in der Regel nicht tun, indem ich in der Haltung der Neutralität bleibe, sondern ich sollte den Eltern gegenüber meine Parteilichkeit für das Kind bzw. den Schutz des Kindes in diesem speziellen, temporär begrenzten und klar umrissenen Bereich verdeutlichen. Als fallzuständige Fachkraft im Kinderschutz habe ich den Eltern des Öfteren erklärt, aktuell als »Anwältin ihres Kindes« zu handeln, bis dessen Schutz aus meiner Sicht sichergestellt ist. Hier verlasse ich ganz deutlich und bewusst meine grundsätzliche systemische Haltung der Allparteilichkeit und Neutralität, bis der Schutz des Kindes oder die Gewaltfreiheit hergestellt bzw. die Missbrauchssituation im Lebensumfeld des Kindes beendet wurde oder aber die (hoch)strittige Situation zwischen den Eltern geklärt werden konnte. Dies sind in der Regel zeitlich begrenzte Situationen. Dabei achte ich durch meine Gesprächsführung im Fallverlauf darauf, dass die Eltern möglichst – bildlich gesprochen – »im Boot bleiben«, ohne jedoch meinen Schutzauftrag für das Kind aus den Augen zu verlieren.

Auch in anderen Beratungskontexten kann solch ein Umstieg aus einer neutralen Haltung, beispielsweise gegenüber der grundsätzlichen menschlichen Handlungsfreiheit, die auch Suizid einschließt, zu einer Übernahme von Verantwortung im Sinne sozialer Kontrolle notwendig sein, um eine konkrete Suizidgefahr abzuwenden (vgl. Gröne 2017). Hier ist es besonders wichtig, die Veränderung der Position der neutralen Beraterin und ihres Auftrags zu markieren, nämlich insofern, dass sie jetzt den Beratungsauftrag zugunsten von sozialer Kontrolle verlässt und damit mehr Verantwortung übernimmt als im klassischen und bisherigen Beratungskontext. Bei einer möglichen späteren Rückkehr in den Beratungskontext kann über diesen Umstieg von einem Regelwerk ins andere, seine Voraussetzungen, aber vor allem seine Auswirkungen reflektiert werden. Diese Reflexionen können mit den Eltern systemisch genutzt werden:

- »Angenommen Sie wollten, dass ich von Ihrer Beraterin zur sozialen Kontrolleurin werde/ins staatliche Wächteramt wechsle: Wie könnten Sie das erreichen?«
- »Was wäre gut/nützlich/hilfreich daran, wenn ich diese Kontrolle/das staatliche Wächteramt eine Zeit lang übernehme?«
- »Was hätte dies für einen Effekt auf Sie?«
- »Und was wäre der Effekt auf Ihre Kinder?«
- »Ist es das, was Sie wollen?«
- »Wie könnten Sie es erreichen, dass ich wieder Ihre Beraterin werde und den sozialen ›Kontrollhut‹ abnehmen kann?«

! Die Haltung der Neutralität ist nur in bestimmten Kontexten angebracht und nützlich. Sie taugt nicht für den Kinderschutz, in der Partnerschaft, als Mutter, als Freund, Kollegin oder politische Bürgerin.

Für die Entscheidung hingegen, ob ich mich bei so brisanten Themen wie Inzest, Missbrauch oder Gewalt z. B. in der Ehe eher parteilich oder neutral verhalte, ist der Kontext von Bedeutung (vgl. Gröne 2017). Welche Haltung ich hier einnehme, ob als Psychiater, Sozialpädagogin, Juristin, Nachbarin, Freundin, ist bestimmt von meinen persönlichen Konstrukten der Welt, von meinen moralisch-ethischen Werthaltungen und vom Kontext, in dem ich mit solchen Fragen konfrontiert werde. Sobald ich jedoch als Beraterin, Kinderschutzkraft und InsoFa in diesen Zusammenhängen arbeite, ist es für meine beraterische Wirksamkeit günstig, sowohl die Täter- als auch die Opferseite zu berücksichtigen, die Bedeutung und Auswirkungen solchen Verhaltens im gesellschaftlichen, moralisch-ethischen und (straf)rechtlichen Kontext, aber auch für die Beziehungen untereinander zu befragen und nicht nur negative, sondern auch positive Wirkungen zu unterstellen.

Systemische Kinderschutzkräfte können sich sowohl als Hüter:innen des Kindeswohls als auch als Moderatoren oder Katalysatoren eines Veränderungsprozesses verstehen, sollten dabei aber nicht die Idee haben, diesen Prozess einseitig steuern zu können. Damit besteht beraterische Professionalität auch in der Berücksichtigung der Autonomie, der Eigenständigkeit, der Eigenwilligkeit und Eigengesetzlichkeit von Menschen und sozialen Systemen.

7.3 Rollenklarheit und Prozessorientierung

»Prozesse sind der Kleber, der ein System zusammenhält.« (Kai Yang)

Um als Kinderschutzkraft wirksam zu sein, muss ich mich mit meinem gesetzlichen Auftrag im Kinderschutz identifizieren können und diesem einen wertschätzenden beraterischen Rahmen geben. Es ist wichtig, dass ich zudem einen Schritt zurücktreten kann, um mit dem Klienten[62] aus der Metaperspektive zu reflektieren, welche Auswirkungen sein Verhalten in seinem Beziehungssystem (Familie, Kind, Arbeitskollegen, Team etc.) hat und wie die anderen dazu stehen. Ich muss mich rollenklar verhalten können.

Wie bereits bei der »Kontext und Kontextsensibilität« (▶ Kapitel 7.1) erwähnt, spielt die eigene Persönlichkeit der Fachkraft im Kinderschutz eine wesentliche Rolle – auch und besonders für die *Rollenklarheit*.

 Für die Rollenklarheit ist auch die Haltung und Definition der eigenen Rolle entscheidend wichtig:

- *Bezeichne ich mich als Expertin, als Moderatorin des Prozesses, als systemische »Entwicklungshelferin« oder als Entscheiderin?*
- *Sind diese Rollen fließend und flexibel oder bin ich in einer Rolle verhaftet?*
- *Habe ich mich mit meiner Rolle als Kinderschutzkraft auseinandergesetzt?*
- *Wie stehe ich persönlich zum Kinderschutz?*
- *Stehe ich zu meiner Tätigkeit im Jugendamt* (**oder an anderer Stelle**) *und kann ich gut erklären, wozu meine Tätigkeit wichtig ist?*
- *Welche – möglicherweise verdeckten – Grundprämissen und Landkarten prägen meine Haltung?*

---

62 Hier sind immer sowohl aus der Perspektive der InsoFa die zu beratenden Kinderschutzkräfte oder aus deren Perspektive die Eltern und Familien gemeint. Bitte passen Sie ihre Perspektive beim Lesen für Ihren Arbeitskontext an.

Diese Aspekte haben Einfluss auf den Handlungsrahmen und das Verhaltensrepertoire der Kinderschutzkraft (vgl. Barthelmess 2014). Die Rollenklarheit der Fachkraft meint jedoch auch, im speziellen Bereich des Kinderschutzes genau zu wissen, welche Rolle wir – beispielsweise aus unserer gesetzlichen Verpflichtung heraus – in diesem Kontext wahrnehmen müssen, um dies den Eltern, dem Kind oder der Familie deutlich machen zu können.

Letztendlich entscheidet der Klient, welche Rolle er uns zugesteht.

Zwei von Virginia Satirs therapeutischen Glaubenssätzen, die auch wegweisend für die *Prozessorientierung* im Kinderschutz sein können, lauten:
- »Menschliche Prozesse sind universell und deshalb in den unterschiedlichsten Zusammenhängen, Kulturen und äußeren Umständen zu finden.
- Der Prozess ist die Straße der Veränderung. Zufriedenheit bildet den Kontext, in dem Veränderung stattfinden kann« (Satir/Banmen/Gerber/Gomori 2011, S. 34).

Die systemische Kinderschutzkraft ist es gewohnt, das jeweilige (Familien-) System mit all seinen Wechselwirkungen zwischen den verschiedenen Ebenen und Bereichen sowie auf die Zirkularität und Rekursivität[63] zu betrachten. Eine wirklichkeitskonstruktive Perspektive der Prozessorientierung hat in der systemischen Beratung auch eine deutliche Relativierung der Beraterrolle zu Folge und lehnt nach Hänsel (2013) den Expertenstatus der Beraterin ab.

»In dieser Relativierung seines Expertentums und in dieser Haltung, sein Expertentum immer wieder anschlussfähig machen zu müssen, liegt die Expertise des systemisch arbeitenden Beraters begründet.« (Barthelmess 2014, S. 145)

Systemisch arbeitende Kinderschutzkräfte sollten ihre Haltung und Expertise in den Gesprächen mit den Eltern und Familien immer wieder anschlussfähig machen können. Barthelmess beschreibt hier einen wichtigen Schritt, nämlich »[s]ich selbst in den Augen der Klienten zu sehen«, um daraus Rückschlüsse über deren Wirklichkeitskonstruktionen ziehen zu können und Anhaltspunkte dafür zu gewinnen, was dieses Familienmitglied braucht, um für sich einen Schritt weiter- oder aus dieser Zwangs- bzw. Kinderschutzsituation herauszukommen

---

63 Die »»Rekursivität« (von lat. recurrere = zurücklaufen) bezeichnet ebenso wie die Zirkularität die Rückläufigkeit von Ursachen und Wirkungen zu ihrem Ausgangspunkt.« Dies ist also die »Folge von Ursachen und Wirkungen, die zur Ausgangsursache zurückführt und diese bestätigt oder verändert« (Simon et al. 1999, S. 351).

(2014, S. 145). Um sich als »Leitlinie« am Prozess orientieren zu können, ist das Vertrauen in die Ressourcen und Fähigkeiten der Klienten grundlegend wichtig, auch wenn dies in Kinderschutzprozessen nicht immer einfach ist. Die Haltung des Vertrauens geht so Hand in Hand mit der der Prozessorientierung.

! Die systemische (fallführende) Fachkraft im Kinderschutz übernimmt dabei jederzeit Verantwortung für den Beratungsprozess, jedoch nicht für die Klienten. Die eigene Verantwortung tragen die erziehungsberechtigten Eltern/Personen zu jederzeit selbst.

Die Hüte der Kinderschutzkraft

»In jedem Augenblick kann ich entscheiden, wer ich bin.« (Heinz von Foerster)

Für Klienten im Kinderschutz ist es hilfreich, zu wissen, woran sie sind. Auch für die beratenden Kinderschutzkräfte ist es für die eigene *Rollenklarheit* sehr nützlich, sich die eigene Rolle deutlich zu machen. Selbst im Prozess kann es vorteilhaft sein, metaphorisch zu verdeutlichen, welchen »Hut« ich als gesprächs- und/oder fallführende Kinderschutzkraft gerade aufhabe. Damit gemeint ist nicht nur, wie es Barthelmess (2016) beschreibt, ob ich den »Prozesshut« oder den »Wissenshut« aufhabe, sondern auch wie ich damit jonglieren kann. So ist beispielsweise bei der Prozessberatung eher die Haltung des Nichtwissens/-verstehens und Vertrauens gefragt, während bei der Wissensberatung die Haltung des Wissens, Verstehen und Erklärens gefordert ist.

Fachkräfte im Kinderschutz haben jedoch einige Hüte mehr, die sie je nach Kontext auf- und absetzen. Siehe dazu die nachfolgende Grafik am Beispiel der »Hüte der InsoFa«:

Abb. 8: Die Hüte der InsoFa

Welche Rollen hat eine Kinderschutzkraft inne? Oben sind die wichtigsten Hüte einer Jugendamtsmitarbeiterin aufgeführt, wie beispielsweise der »Kinderschutz- oder Garantenhut« der Schutzbeauftragten oder die »Steuermütze« für die Steuerung der Hilfen zur Erziehung. Der Hut der Expertin gehört zur oben beschrieben Wissensberatung dazu. Fachkräfte im Jugendamt haben aber auch in bestimmten Kontexten den Hut der Beraterin oder der Begleiterin auf: In früheren Zeiten, in denen ich selbst noch im stationären Bereich der Kinder- und Jugendhilfe gearbeitet habe und der Fachkräftemangel im Jugendamt noch ein Fremdwort war, habe ich die Jugendamtsmitarbeiter als wirklich langjährige, teilweise über Generationen hinweg wirkende Begleiterinnen der Familien erlebt. Dies hat sich heute verändert und trotzdem gibt es diese Rolle auch nach wie vor für die Fachkräfte im Jugendamt.

Egal welche Hüte Sie für sich definieren und finden, Sie werden überrascht sein, mit wie vielen von ihnen Sie jonglieren. Die Frage »Wer bin ich für wen und das wie genau?« (vgl. Barthelmess 2016) umschreibt die Reflexion, die nützlich ist, um die eigenen Rollen dem eigenen Beratungsbereich anzupassen. Denn weiß ich selbst genau, wann ich welchen Hut aufsetze und wann, wie und wozu ich diesen für einen anderen wechsele, ist dies sehr hilfreich für den nächsten Schritt der Transparenz.

Denken Sie einige Zeit über die folgenden Fragen nach und notieren Sie sich bei Bedarf die Ergebnisse:
- *Wer bin ich in welchem Kontext, wann, was für welche Person und wie genau?*
- *Wie ist mein Rollenbild im Kinderschutz?*
- *Welche Rollen habe ich im Kinderschutz inne? Welche »Hüte« habe ich auf? (Malen Sie gern Ihre Rollen/Hüte auf.)*
- *Welche meiner Rollen liegt mir näher, welche ferner?*
- *Welchen Hut habe ich gern auf, welchen weniger?*
- *Welche Rollen sind mir besonders wichtig?*
- *Welche Hüte haben einen besonderen Platz in meinem Regal?*
- *Welche Rollen/Hüte passen gut zueinander, welche nicht?*
- *Welche Rollen/Hüte ergänzen sich, welche nicht?*
- *Welche Rollen/Hüte passen nicht in das Sortiment?*
- *Haben alle meine Hüte Namen?*
- *Welchen Hut habe ich noch nicht beschriftet?*
- *Welchen Hut hatte ich noch nie auf?*
- *Wie kann ich diesen Hut anpassen, sodass ich ihn gern trage?*

Die Verdeutlichung und *Transparenz der verschiedenen »Hüte«* der Kinderschutzkraft in Anlehnung an Conen und Checcin (2016) ist eine wahre Kunst der systemischen Gesprächsführung. Zugleich sorgt sie bei den Eltern für Klarheit, Orientierung und Überblick, was nach dem Triadischen Prinzip[64] passenderweise das Zentrum des Kopfes verkörpert. Folgende Gesprächstechniken sind denkbar:

- »Ich habe in diesem Gespräch, bildlich gesprochen, einen anderen Hut auf, als Sie es normalerweise kennen. Man könnte ihn den ›Kinderschutzhut‹ nennen.«
- »Das bedeutet, dass ich aktuell die Rechte Ihres Kindes auf eine gewaltfreie Erziehung vertrete.«
- »Ich sage Ihnen genau, wann ich wieder den normalen ›Beratungshut‹ aufsetzen werde.«
- »Angenommen, Sie wollten, dass ich den Kontrollhut absetze, wie könnten Sie das erreichen? Wie hätten Sie Einfluss darauf?«
- »Wie könnten Sie erreichen, dass ich den Kontrollhut länger auflasse? Wie könnten Sie also die derzeitige Situation verschlimmern?«
- »Was denken Sie, wann wir wieder aus dem Schutzprozess in den normalen Prozess übergehen werden?«
- »Wie motiviert und in der Lage fühlen Sie sich, Ihre Elternverantwortung diesbezüglich wahrzunehmen?«
- »Was kann ich tun, dass Sie mich schnellstmöglich loswerden?«
- »Von welchem Hut möchten Sie, dass ich ihn aufsetze?«
- »Wenn Sie einen Hut aufhätten, was würde jetzt draufstehen?«
- »Wenn ihre Tochter etwas auf Ihren Hut schreiben könnte, was wäre das?«

Sie können bei Bedarf, müssen diese Formulierungsideen jedoch nicht zwangsläufig nutzen. Es ist bereits hocheffektiv, wenn Sie die oben beschriebene Rollenklarheit für sich selbst vor Augen haben. Diese Gesprächsführung muss jedoch zu ihrem Gesprächsstil und dem Gesprächskontext passen.

---

64 Das *Triadische Prinzip* nach Gabriela von Witzleben verfolgt die Annahme, dass die Einteilung des Körpers in die drei Zentren Bauch-Herz-Kopf einem natürlichen Ordnungsprinzip folgt und dass jedes der Zentren an eines der drei Kernbedürfnisse »Autonomie-Beziehung-Sicherheit« gekoppelt ist. Die Methode bietet einen strukturierten Rahmen für jede Art von Prozessarbeit und demonstriert jederzeit die Untrennbarkeit von Körper und Psyche (vgl. von Witzleben o. J.).

> Die Klarheit über die Rolle der Fachkraft und die Transparenz in der Gesprächsführung mit den Klienten kann im Kinderschutz dazu führen, dass diese fast spielerisch Sicherheit und Orientierung erhalten und so die Grundlage für ein gelingendes Gespräch gelegt wird.

Die Voraussetzung dafür ist jedoch, dass Sie sich selbst sicher und wohl damit fühlen. Dann kann diese Rollenklarheit ein wirksamer Scheinwerfer für die Navigation im unübersichtlichen Terrain des Kinderschutzes sein – oder man könnte es auch mit Virginia Satirs Worten sagen: »Manchmal muss man aus der Rolle fallen, um aus der Falle zu rollen.«

Navigation im Nebel – auf Sicht fahren

> »Die Veränderung eines Interaktionssystems kann dadurch vollzogen werden, dass etwas, das bislang gemacht wurde, unterlassen wird und dass etwas, was bislang unterlassen wurde, gemacht wird.« (Simon/Weber 2012, S. 56)

Prozesse im Kinderschutz gleichen manchmal einer Navigation im Nebel und benötigen deshalb neben einem gut funktionierenden Kinderschutzkompass auch Zuversicht und Sicherheit. Im Grunde geht es darum, so zu handeln, dass die Anzahl der Möglichkeiten vergrößert wird, was auf den ethischen Imperativ von Heinz von Foerster zurückgeht. Simon und Weber nannten dies »Navigieren beim Driften« und beschrieben auch hier ausführlich die Bedeutung des Kontextes und die Wichtigkeit, zu verstehen, wie unsere Klienten uns sehen:

> »Demnach haben Klienten bestimmte Vorstellungen über die Eigenschaften und Verhaltensweisen von Personen, die beraten oder behandeln. Sie bestimmen ihr Vertrauen oder Misstrauen ihnen gegenüber. Alter, Geschlecht, Titel und Rang, Beruf und Ruf, äußere Erscheinung (Figur, Kleidung, Haartracht), Sprachstil, Dialekt etc. können Sympathie und Antipathie, Identifikation und Ablehnung der Klienten beeinflussen«. (Simon/Weber 2012, S. 21 f.)

Deren Empfehlung innerhalb der Metapher »Baden zu gehen« lautet deshalb »unabgekühlt, kopf- oder bauchüber auf der Inhaltsebene in das vermeintliche Problem zu tauchen« (Simon/Weber 2012, S. 22), was besonders gut zu den Prozessen im Kinderschutz passt. Meine Supervisionslehrtherapeutin Andrea Ebbecke-Nohlen fragte uns jedes Mal nach unseren Erfahrungen: »Wer hat in der Zwischenzeit wieder einen richtig schönen Bauchklatscher gemacht, aus dem wir alle lernen können?« Diese Haltung, sich fehleroffen[65], prozessorientiert und rollenklar in jeden Kinderschutzfall zu begeben und anhand der durch das Verfahren im Kinderschutz festgelegten und damit Orientierung gebenden Parametern zu handeln, wirkt dynamisierend. Jeder Fall ist anders und gleichzeitig haben wir Sicherheit in der Vorgehensweise, das klingt paradox, ist es aber nicht.

Auch Herwig-Lempp (2022) bezeichnet die Haltungen als das Wesentliche des systemischen Arbeitens. Im Kontext des systemischen Kinderschutzes und der systemisch arbeitenden und handelnden Kinderschutzkraft und InsoFa scheint die Haltung der Fachkraft auch für mich der zentrale Wirkfaktor zu sein, und weist darauf hin, dass nicht nur die Theorien und Methoden allein wichtig für den Erfolg wirksamer Kinderschutzarbeit sind. Nicht nur Checklisten oder das Wissen über Gesetze, gewichtige Anhaltspunkte und Vorgehensweisen führen zum gelingenden Schutz von Kindern und Jugendlichen. Vielmehr ist damit etwas gemeint, was schwerer zu fassen, zu sehen und zu verstehen, aber doch da ist. Beides, sowohl ein sicherheitsgebendes Ablaufschema als auch gut verankerte systemische Haltungen, scheinen mir deshalb sinnvoll zu sein, um wirksam im (systemischen) Kinderschutz »auf Sicht zu fahren« und durch die Prozesse zu navigieren. Nachfolgend finden Sie einige ausgewählte Ideen und Anregungen, die diese Navigation erleichtern können:

- *»Es gibt immer mindestens sieben Möglichkeiten«* (Herwig-Lempp 2022, S. 292). Die Haltung, dass es immer mindestens sieben Möglichkeiten gibt, zu wählen und neue Möglichkeiten zu finden, hilft dabei, aus Situationen der Handlungsunfähigkeit und Desorientierung zu entkommen oder gar nicht in diese zu gelangen, wie etwa:
  - 😔 »Das ist mal wieder so eine Familie, da kann man eh' nichts machen!«
  - 😔 »Egal was ich sage oder tue, das hilft nichts!«
  - 😔 »Den Kindern ist nicht zu helfen!«
  - 😔 »An der Familie haben sich schon Generationen von Jugendamtsmitarbeitern die Zähne ausgebissen!«
  - 😔 »Wir haben bereits zwei Meldungen beim Jugendamt gemacht, das bringt doch nichts!«

  Solche oder ähnliche Glaubenssätze können durch die Haltung der Hoffnung und der »Voraus-Setzung: Es gibt immer mindestens sieben Möglichkeiten«, die es zu entdecken gilt, unschädlich gemacht und transformiert werden. Dabei

---

65 Damit ist keine Gleichgültigkeit gegenüber Fehlern gemeint. Wir alle wissen, dass im menschlichen Feld und besonders im Kinderschutz Fehleinschätzungen nicht verhindert werden können. Gemeint ist die Offenheit und Bereitschaft, aus Fehlern zu lernen, um besser zu werden und diese zukünftig zu vermeiden.

ist es völlig unerheblich, ob diese »tatsächlich« da oder völlig realistisch sind, es geht vielmehr um das Erschaffen von Vielfalt und darum – fast spielerisch – die Anzahl von erkennbaren Handlungsoptionen zu erhöhen (vgl. Herwig-Lempp 2022), nach dem Motto: »Dann machen wir mit Hoffnung und Zuversicht die dritte Meldung, den Kindern muss einfach geholfen werden!« Wir wissen auch, dass eine gewisse spielerische Leichtigkeit gepaart mit Bonding und wertschätzendem Humor den ventralen »sozialen« Vagusnerv[66] (vgl. Pfeiffer 2022, Porges 2010, 2019) der Klienten stimuliert und so für Bindung, Beruhigung und Regulation sorgt, sodass Kommunikation (wieder) möglich ist.

- *»Immer stimmt nie«* (vgl. Thürnau 2021): Dieser Satz steht nur scheinbar in einem paradoxen Widerspruch zu der vorher vorgestellten Annahme. Denn dieser Grundsatz hat sich tief in meiner Haltung verankert, leitet mich in Beratungen im Kinderschutz und weist mir in jeder Fallbesprechung die Richtung der Lösungsorientierung, beispielsweise durch Fragen nach Ausnahmen und Ressourcen. Die Fachkräfte beginnen meist mit den aus ihrer Sicht besorgniserregenden, belastenden und/oder problematischen Verhaltensweisen des Kindes:
  - 😟 »Kevin ist *immer* so aggressiv gegenüber den anderen Kindern.«
  - 😟 »Er stört *immer* beim Essen.«
  - 😟 »Er spricht *immer* ...«
  - 😟 »Er ist *immer* so ...«

  Wirklich *immer*? Oder gibt es Ausnahmen? Was kann Kevin gut? Was macht er gern? Allerdings sollte, bevor man als gesprächsführende Fachkraft in Richtung der Lösungsorientierung geht, die Würdigung des Problems/Leids erfolgen. Zum Beispiel, indem die Kinderschutzkräfte darin gesehen werden, dass die Situation mit dem Kind bisher sehr herausfordernd war und sie bereits viel geleistet haben. Letztendlich benötigt es für die Lösung nicht unbedingt die Kenntnis der Anatomie des Problems, denn nach Steve de Shazer (2018) und seinen Annahmen hängt die Lösung nicht zwangsläufig direkt mit dem Problem zusammen.

- Die Beherzigung der »*drei systemischen Grundsätze*« frei nach Insoo Kim Berg trägt auch in Kinderschutzkontexten dazu bei, wieder »auf Kurs« zu gelangen (1999, S. 30 f.):

---

66 Die *Polyvagal-Theorie* nach Stephen Porges besagt, dass unser Nervensystem drei verschiedene Anteile in sich trägt: den *dorsalen* (primitiven, über 600 Millionen Jahre alten) *Vagus*, der bei Lebensgefahr dafür sorgt, dass wir z. B. Erstarren und das Schmerzempfinden nachlässt; den *Sympathikus* mit den »Fight-Flight« Reaktionen und den *ventralen* (sozialen) *Vagus*, der, wenn wir in Sicherheit sind, den Herzschlag und die Atmung reguliert und uns beispielsweise wieder kommunizieren lässt (vgl. Pfeiffer 2022, S. 100 f.).

- ☺ »Repariere nicht, was nicht kaputt ist!«
- ☺ »Wenn du weißt, was funktioniert, mach' mehr davon!«
- ☺ »Wiederhole nicht, was nicht funktioniert: Mach' etwas anderes!«
- *»Macht« macht nichts!* Besonders in Kinderschutzkontexten kann man entschlossen sagen: »Ganz im Gegenteil!« (vgl. Herwig-Lempp 2022). »Macht« ist nach Tom Levold eine universelle Beziehungsdimension, wie z. B. Emotionalität, Kooperation usw., und somit in allen sozialen Systemen beobachtbar (2014, mündliche Mitteilung). Byung-Chul Han (2005, S. 16) beschreibt die Macht – angelehnt an die Definition nach Niklas Luhmann – als einen »Katalysator«, der den Eintritt von Ereignissen beschleunigen oder auch den Verlauf von Vorgängen zu beeinflussen vermag. So liegt die Funktion des »Kommunikationsmediums Macht« darin, ein »Nein« möglichst in ein »Ja« umzuwandeln beziehungsweise die Wahrscheinlichkeit eines »Jas« zu erhöhen (vgl. Han 2005, S. 17). Gibt es denn Machtpositionen qua Amt oder Rolle? Ja, denn auch hier gilt wiederum, dass beispielsweise Autorität oder auch Macht als Zuschreibungsergebnis verstanden werden kann. Aus Perspektive der Klienten im Kinderschutz können den Fachkräften unter anderem folgende Aspekte zugeschrieben werden:
  - Anerkennung von Überlegenheit
  - Autoritäten verkörpern Werte
  - Autoritäten sind Persönlichkeiten
  - Reziprozität[67] von Forderungen und Anforderungen (vgl. Levold 2014).

  Die »Macht«, zu handeln und zu entscheiden, ist ein zentraler Aspekt im Kinderschutz, der ganz selbstbewusst und klar genutzt werden darf, sobald diese Option angezeigt ist. Man könnte auch sagen, dass Macht im Kinderschutz zum Geschäft gehört. Aber »wo es Macht gibt, gibt es Widerstand« (Michel Foucault). Die Machtausübung (auch im Kinderschutz) ist nach Foucault eine Handlungsart im Hinblick auf alle möglichen Handlungen (vgl. Möller 2008). Damit gehören Widerstand, Zwang und Konflikt im Kinderschutz auf eine ganz natürliche Weise dazu. Für Kinderschutzkräfte ist es sinnvoll, sich damit gut auszukennen und möglichst sicher zu fühlen, denn für die Ko-Regulation der Klienten im Gespräch braucht es deren volle Kompetenz und Sicherheit.[68]
- *»Was immer ich tue, verändert die Welt!«* Dieser Satz geht zurück auf Heinz von Foerster und vermittelt uns, dass wir Einfluss nehmen können (vgl. Herwig-

---

67 Die Reziprozität kann man auch als Gegen-, Wechselseitigkeit, Wechselbezüglichkeit bezeichnen.
68 Siehe dazu mehr im ▶ Kapitel 10.

Lempp 2022, Thürnau 2021). Was wir im Kinderschutz tun, hat Auswirkungen auf die Systeme, mit denen wir arbeiten. »Die Annahme, Einfluss nehmen zu können, die Macht zu haben, auf etwas einwirken zu können, ist eine notwendige Voraussetzung dafür, etwas ändern zu wollen und dies auch zu vermögen« (Herwig-Lempp 2022, S. 113). Dieser Satz steht auch für die Wiederherstellung von Selbstwirksamkeit in der systemischen Kinderschutzarbeit und ist damit ist ein essenzieller Gelingensfaktor. Die verinnerlichte Haltung beginnt mit dem ersten Schritt, sich selbst vorzustellen, überhaupt in dieser Weise Einfluss auf die Familiensysteme nehmen zu können, und dies im zweiten Schritt auch in Handlung umzusetzen (vgl. Herwig-Lempp 2022). Damit gemeint ist die Überzeugung, dass ich die Herausforderungen im Kinderschutz erkennen und betrachten, beurteilen und auch lösen kann.

- Und last but not least – »*Die Schönheit des Scheiterns*« (Pépin 2021), oder wie Samuel Becket es ausdrückt: »Ever tried. Ever failed. No matter, try again. Fail again. Fail better« (Worstward Ho zit. n. Pépin 2021, S. 30). Das könnte man als »Hoffnungsbotschaft« mit der Maxime »Immer versucht. Immer gescheitert. Einerlei. Wieder versuchen. Wieder scheitern. Besser scheitern« übersetzen (vgl. Pépin 2021). Auch wenn dieser Aspekt im Kontext des Kinderschutzes merkwürdig anmutet, gibt es auch hier, wie im ganzen Leben, immer wieder Fehlschläge und Rückschritte, die uns als Fachkräfte gefühlt scheitern lassen. Ganz sicher möchte keine Kinderschutzkraft scheitern. Letztendlich gehört das Scheitern jedoch gerade in diesem Bereich dazu. Sei es, dass Eltern Gespräche abbrechen, das Kind abmelden oder über Landkreisgrenzen verziehen und ein anderes Jugendamt zuständig ist. Pépin beschreibt es so: »Es gibt Fehlschläge, die uns kämpferisch machen, und solche, die uns weiser machen. Und dann gibt es Fehlschläge, die uns offen machen für Neues« (2021, S. 10). In diesem Sinne wünsche ich allen Kinderschutzkräften:

☺ die innere Haltung der Selbstwirksamkeit sowie einen intakten Selbstwert (▶ Kapitel 12.4);

☺ eine gewisse Hartnäckigkeit im Sinne des »bindungsbasierten Dranbleibens« (▶ Kapitel 6.2);

☺ den Mut, sich mit möglichen Fehlern auseinanderzusetzen, und die Zeit und Möglichkeit, diese zu reflektieren, um daraus neue Erkenntnisse nach dem Motto »Fail better« zu gewinnen;

☺ die Offenheit, sich immer wieder neugierig auf Neues einzulassen (▶ Kapitel 7.2).

Ich schließe passend dazu mit folgenden Worten, die Nelson Mandela zugesprochen werden: »Ich verliere nie! Entweder ich gewinne, oder ich lerne!«

Systemische Kinderschutzkräfte handeln rollenklar, indem sie beispielsweise erklären können, wann sie welchen »Hut« tragen. Die Prozessorientierung der systemischen Kinderschutzkraft geht mit dem grundsätzlichen Vertrauen einher, dass Menschen Ressourcen und gute Seiten/Gründe haben und mit uns kooperieren.

7.4 Auftragsklärung im Kinderschutz

> »Wir sind multiple Persönlichkeiten. Deshalb sollten wir wissen,
> in welcher Rolle wir gerade da sind und was die Leute von uns erwarten.
> Daraus ergibt sich der Auftrag.« (Heiko Kleve 2017)

»Wenn etwas nicht funktioniert, geh zurück zur Auftragsklärung«, diesen Satz habe ich von meinen Ausbilderinnen Andrea Ebbecke-Nohlen und Liz Nicolai aus meiner Weiterbildung zur systemischen Supervisorin und Mediatorin am Helm-Stierlin-Institut in Heidelberg mitgenommen und seitdem schon so oft beherzigt.[69] Auch im systemischen Kinderschutz spielt die *Auftragsklärung,* wie in allen Feldern systemischen Arbeitens, eine wichtige Rolle. Hier geht es erst einmal um eine Kontextualisierung des Auftrags und um eine mögliche Detriangulation[70] (vgl. Conen/Checcin 2016):

- Wer ist der »eigentliche« Auftraggeber?
- Sind dies die Eltern oder gibt es eine Institution der sozialen Kontrolle, die den Auftrag definiert? Befinde ich mich im staatlichen Wächteramt und arbeite in einer entsprechenden Institution?
- Was ist meine Rolle?

Hier wird schon deutlich, dass sich die Auftragsklärung im Kinderschutz gegenüber einem normalen Beratungs- oder Therapiekontext unterscheidet. Im Kinderschutz gibt es immer auch die gesetzliche Rahmung, wenn auch als »Auftraggeber im Hintergrund«. Deshalb sind die Eltern in diesem Kontext tatsächlich, wie bei Conen beschrieben, zweiter Auftraggeber. Die beiden Begriffe der Kontextualisierung und der Detriangulation meinen also, sich selbst und den Eltern diesen Kontext deutlich zu machen (▶ Kapitel 10.5).

---

69 Sollte der Satz einen anderen Ursprung haben, was sicherlich möglich ist, so ist dieser mir zum gegenwärtigen Zeitpunkt nicht bekannt.

70 Conen beschreibt das »Dreieck« oder die Triangulation im Zwangskontext (Helferdreieck), das aus dem Auftraggeber I (Institution der sozialen Kontrolle, wie Gericht, Jugendamt), dem Auftraggeber II (Klienten, Eltern) und dem beauftragten professionellen Helfer (Familienhilfe o. ä.) besteht (vgl. Conen/Checcin 2016).

Der Prozess der *Auftragsklärung im Kinderschutz*:
- dient in erster Linie der Abklärung von Wirklichkeitskonstruktionen, die sich die Eltern/Erziehungsberechtigten von ihren Problemen, Lösungswegen, von der gesprächsführenden Kinderschutzkraft, dem Gespräch oder Prozess machen (vgl. Barthelmess 2014);
- kann das Anliegen, die Motivation, aber auch Widerstände, Konflikte, Erwartungen und andere Lösungsblockaden beleuchten und thematisieren;
- erfragt das Ziel bzw. die unterschiedlichen Ziele der Eltern und der Kinder (vgl. Barthelmess 2014), auch wenn diese möglicherweise widersprüchlich sind (vgl. Ludewig 2015);
- ermöglicht es, schriftlich festzuhalten, dass sich die Eltern zur Mitarbeit verpflichten und/oder dass und wie der Schutz des Kindes (Schutzvertrag) vereinbart wird;
- verdeutlicht den erziehungsberechtigten Eltern die Vor- und Nachteile (den Preis) von Veränderung bzw. Nichtveränderung oder (Nicht-)Mitwirkung;
- thematisiert den Zwangskontext, die Rahmenbedingung und beleuchtet den ersten (gesetzlichen) Auftraggeber im Kinderschutz, wodurch Orientierung und Überblick hergestellt werden;
- ist permanent und fortlaufend, denn sobald Widerstände auftauchen, geht es gemäß dem o. g. Zitat direkt zurück zur Auftragsklärung. Auftragsklärung kann aber auch als kontinuierlicher Prozess verstanden werden, da der Prozess besonders effektiv verläuft, je mehr es der Kinderschutzkraft gelingt, das Anliegen der Eltern zu ergründen, ggf. anzupassen und zu integrieren (vgl. Barthelmess 2016);
- verändert den Auftrag, da die Klienten allein durch die Thematisierung und Verdeutlichung des (gesetzlichen) Auftrags sanft aber nicht minder konsequent »gezwungen« werden, sich der Situation – sei sie auch noch so unangenehm – zu stellen, diese aus neuen Blickwinkeln zu betrachten und über ihr Anliegen nachzudenken (vgl. Barthelmess 2016);
- ist die »halbe Miete« für eine gelingende Entwicklung. Sobald den Eltern deutlich wird, um was es geht und was die Konsequenzen sind, können sie sich viel eher einlassen.

Der entscheidende »Schlüssel« für Kinderschutzkräfte liegt darin, den Eltern/Kindern die Rahmenbedingungen in der Auftragsklärung zu verdeutlichen. Dies kann auch für sie selbst sehr entlastend sein. Auch an dieser Stelle ist es mir noch einmal wichtig, an die *Würdigung des Leids* (▶ Kapitel 6.2) zu erinnern, da diese grundlegend für eine lösungsorientierte Entwicklung ist. Für die Eltern kann sie ein wichtiger Schritt sein, trotz der möglichen (Zwangs-)Situation gespiegelt zu bekommen, dass sie »gesehen« werden (▶ Kapitel 6.1). Im folgenden Abschnitt geht es darum, den Blick im Rahmen der Auftragsklärung auf die »Kundenbeziehung« zu richten, also auf die Beziehung, die die Eltern uns im ersten Schritt anbieten – wir werden dann sehen, ob es tatsächlich eine Kundenbeziehung ist.

Der kleine Dreisprung: Kunde – Klagender – Besucher

> »Nur weil das, was der Klient beklagt, kompliziert ist, muß die Lösung nicht gleichermaßen kompliziert sein.« (Steve de Shazer 2014, S. 13)

In der Einordnung von Ratsuchenden und Klient:innen in das Muster der »Kundin – Klägerin – Besucherin« beschreibt de Shazer (1999) erstmals die Beziehung zwischen der Kinderschutzkraft und den Eltern bzw. der Familie aufgrund des Kontextes sowie der gemeinsamen Interaktion: »Je nachdem, wie ich den Klienten gerade erlebe, beschreibe ich mir unsere gemeinsame Beziehung zueinander unterschiedlich – und habe entsprechend unterschiedliche Vorstellungen davon, was ich tun kann« (Herwig-Lempp 2022, S. 406). Es handelt sich dabei um Beschreibungskategorien für die Beziehung zwischen Kinderschutzkraft und Klienten zu einem bestimmten Zeitpunkt, die von beiden Seiten mitgestaltet wird (vgl. Berg 1999). Es geht nicht darum, den Klienten selbst zu beschreiben oder ein für alle Mal festzulegen und einzuordnen, sondern darum, wie ich ihn momentan erlebe und welche Handlungsmöglichkeiten ich dadurch sehe (vgl. Herwig-Lempp 2022).

Zusammengefasst kann man sagen:
- Für eine gelingende Auftragsklärung und den darauffolgenden Prozess im Kinderschutz sollten unbedingt die Beziehungsmuster zwischen Kinderschutzkraft und Klienten identifiziert werden.
- Die Unterscheidung in die drei Beziehungstypen »Kunde, Klagender, Besucher« bietet die Möglichkeit zur differenziellen Auftragsklärung (de Shazer 1999, Levold/Wirsching 2016).
- Diese Unterscheidung sollte nicht als Kliententypologie missverstanden werden! Sie ist vielmehr eine Kategorisierung von Beziehungsarten, die uns Klienten anbieten.

»Kunden« im Kinderschutz

Eine *Kundinnen-Beziehung* im Kinderschutz beinhaltet die folgenden Aspekte: Die Klienten zeigen eine Problemsicht und -kongruenz sowie eine deutliche Mitwirkungsbereitschaft. Hinsichtlich des Anliegens ist ein »Kunde« bereit, etwas gegen sein Problem und für eine Lösung zu unternehmen. Er oder sie ist gewillt und in der Lage, selbst aktiv zu einer Veränderung beizutragen und hierfür die ersten Schritte zu unternehmen (vgl. Herwig-Lempp 2022).

Für die Auftragsklärung in einer Kunden-Beziehung gilt es zu beachten und zu hinterfragen, ob:
- verdeckte[71] Aufträge bestehen,
- es heimliche[72] Aufträge gibt,
- Tabus, Scham, Familiengeheimnisse oder blinde Flecken im Familiensystem eine Rolle spielen.

In der Gesprächsführung mit einer als »Kundin« kategorisierten Person, können Sie:
- Einladungen einbringen, etwas zu tun,
- ihre Initiative loben,
- gemeinsam Ideen entwickeln, was die Klientin selbst unternehmen kann,
- weitere Handlungsschritte entwickeln,
- Aufgaben und Hilfsangebote vorschlagen,
- sich versichern, ob Sie sich noch im Bereich ihres Auftrags befinden – und dadurch die Arbeitsbeziehung bewahren bzw. stabilisieren (vgl. Herwig-Lempp 2022).

Folgende *Fragen* können im Prozess der Auftragsklärung in einer »Kunden-Beziehung« weiterführend und sinnvoll sein:
- Was wünschen Sie sich für die Entwicklung Ihrer Tochter?
- Was würde sich Ihre Tochter von Ihnen wünschen, mal angenommen, sie wäre jetzt hier dabei?
- Was würde sich Ihre Tochter von mir wünschen?
- Was soll sich verändern? Was nicht?
- Was genau erwarten Sie von mir, das ich tun soll?
- Wie sieht eine gute Kooperation im Kinderschutz für Sie aus?

---

71 Verdeckte Aufträge vermitteln sich nicht direkt, sondern wirken eher unausgesprochen und implizit. Wir können sie somit als Kinderschutzkräfte über Blicke und Körperausdruck »sehen« und diese dann in die systemische Gesprächsführung einbringen und überprüfen.
72 Heimliche Aufträge, besonders von Erwachsenen an die Kinder, sind im Kinderschutz besonders interessant. Meist werden Aufträge dann »heimlich« thematisiert, wie »Sag' der Frau dies oder das nicht, sonst nehmen sie dich mir weg« oder »Du darfst deiner Mutter nichts sagen, sonst wird sie nicht wieder gesund«. Sie sind deshalb auch unter anderen bei den Täterstrategien zu finden.

- Was müsste ich tun, damit diese Kooperation völlig schiefläuft? Was müssten Sie tun? Woran erkennen Sie, dass es nicht gut läuft?
- Woran erkennen Sie, dass es richtig gut läuft?
- Wie genau wäre es anders, wenn alles richtig gut laufen würde?

»Kläger« im Kinderschutz

Die nachfolgenden Aspekte können bei einer *Kläger-Beziehung* im Kinderschutz berücksichtigt werden. Der sogenannte »Kläger« benennt Beschwerden und Probleme, aber gibt keine Aufträge und sieht keine Möglichkeit, an einer Veränderung mitzuarbeiten. Herwig-Lempp beschreibt es so:

> »Als Klage-Beziehung erlebe ich es, wenn der Klient sich über andere oder über etwas beklagt; wenn er zwar möchte, dass sich etwas ändert, aber davon ausgeht, dass er selbst keinen Einfluss darauf hat, sondern nur andere etwas zu einer Veränderung beitragen können. Möglicherweise ist er bei mir, weil andere auf ihn Druck ausüben. Er sieht sich eher als Opfer der Verhältnisse und fühlt sich mehr oder weniger machtlos.« (Herwig-Lempp 2022, S. 406)

Oft werden von »Klägerinnen« die Problemursachen und/oder die Lösungsverantwortung nach außen, also auf andere verlagert. Lösungen werden eher geblockt, nach dem Motto »Ja, das habe ich schon versucht, das hat aber nichts gebracht!«. In der Beziehung zu einer von mir als »Klägerin« kategorisierten Person, die also eher nichts von mir will, kann ich:
- achtgeben, innehalten und auf ein neo-abstinentes Arbeiten umschalten – nach der Devise: »Never work harder as your client!«;
- meine Lösungsbrille absetzen und mit Blick auf die Polaritäten erst einmal auf die Seite der Nicht-Veränderung gehen (»Da kann man ja wohl nichts machen«);
- einen »Offenes-Ohr-Kontrakt« mit der inneren Fokussierung auf einen möglichen Auftrag der Klientin anbieten (»Sind Sie daran interessiert, dass wir daran arbeiten, dass Sie mich möglichst schnell wieder loswerden?«);
- eine zeitliche Relativierung einfügen. »Wie lange möchten Sie sich darüber beklagen, dass das Jugendamt sich so verhält? Wollen wir einen Timer stellen?« (Humor).

Folgende *Fragen* können im Prozess der Auftragsklärung in einer »Klägerin-Beziehung« nützlich sein:
- Es ist hoch anerkennenswert, dass Sie, obwohl Sie keine Möglichkeit sehen, an dieser Situation etwas zu verändern, an diesem Gespräch teilnehmen.

Gesetzt den Fall, diese Entscheidung hätte eine positive Auswirkung, was könnte diese sein?
- Sie sehen im Moment keine Möglichkeit, Ihre Situation zu verbessern. Was könnte Ihnen helfen, die Situation besser/gesünder durchzustehen (vgl. Gröne 2017)?
- Wie könnten Sie Ihre Situation noch verschlimmern?
- Gibt es Ausnahmen in dieser Situation, in denen Sie das Gefühl haben, Einfluss nehmen zu können? Wie erklären Sie sich das?
- Mal angenommen, wider jeder Vorstellungskraft, Sie würden aus Gründen des Pflichtgefühls und Sorge mit dem Jugendamt kooperieren, welchen Effekt hätte das?
- Was würde sich Ihr Kind (…) wünschen, angenommen wir könnten ihn/sie fragen?

»Besucher« im Kinderschutz

Eine *Besucher-Beziehung* im Kinderschutz entsteht oft, sobald eine Auflage oder eine Überweisung durch Dritte vorliegt (vgl. Berg 1999). Dies können Organisationen sozialer Kontrolle sein, wie das Familiengericht oder das Jugendamt, es kann sich aber auch um (unausgesprochene) Aufträge aus der Familie handeln. Bei der Besucherinnen-Typologie können die folgenden Aspekte interessant sein: Der sogenannte »Besucher-Typ« hat kein Anliegen, denn der Klient wurde möglicherweise geschickt oder mitgenommen. Besucher sehen keine eigenen Probleme und benennen keine Ziele. Ihr Hauptanliegen ist es vielmehr, möglichst nicht in die »Fänge« des Kinderschutzsystems zu gelangen, »weil es aus ihrer Sicht weder Klagen noch Probleme gibt, bei denen sie Hilfe brauchen« (Berg 1999, S. 38). Daher möchten sie, dass der Termin mit der Kinderschutzkraft schnell zu Ende geht und diese sie wieder in Ruhe lässt. Das kann dazu führen, dass sie deshalb beispielsweise in Hilfeplangesprächen eher zu allem »Ja« sagen und im Nachhinein doch nicht mitarbeiten, weil sie eigentlich nur aus der Situation entkommen wollten. Es kann auch sein, dass der Klient in dieser Besucher-Beziehung mit Widerstand reagiert und sich weigert, mitzuarbeiten.

In der Beziehung zu einer Person, die ich als »Besucherin« klassifiziere, die also selbst keine Problemeinsicht und wenig oder keine konstante Mitwirkungsbereitschaft zeigt, kann ich:
- den Überweisungskontext klären;
- explorieren, ob es sich um einen »geschickten« Klienten handelt;
- den Zwangskontext thematisieren und Transparenz herstellen (Wem ginge es in einer ähnlichen Situation nicht so?);

- Motive und Intentionen klären (der überweisenden Organisation und der Klienten);
- vernetzen, gemeinsame Kontrakt-/Hilfeplangespräche führen;
- die Autonomie (Bedürfnisse) des Klienten beachten und fördern.

Folgende *Fragen* können im Prozess der Auftragsklärung in einer »Besucher-Beziehung« nützlich sein:
- Wie können Sie wieder mehr Entscheidungskompetenz und -freiheit erlangen?
- Mal angenommen, Ihr Sohn könnte entscheiden, was Sie als Eltern tun könnten, was würde er sich von Ihnen und Ihrer Frau wünschen?
- Was dürfte aus Ihrer Sicht auf keinen Fall geschehen? Wie könnten Sie darauf Einfluss nehmen?
- Wie schätzen Sie derzeit Ihre Situation in Bezug auf Ihre Entscheidungsfreiheit ein, wobei eins für wenig und zehn für maximale Autonomie steht?
- Was müsste geschehen oder was könnten Sie tun, damit das Jugendamt (das Gericht, die Schule, die Kita) Sie in Ruhe lässt und aufhört, sich einzumischen?
- Was müsste passieren, damit Sie mich loswerden/die Gespräche mit mir aufhören?
- Wie kann ich Sie dabei unterstützen?

Grundsätzlich empfinden es Klienten im Kinderschutz als entlastend, wenn die gesprächsführende Kinderschutzkraft deutlich macht, um was es geht. Hier hilft oft Klarheit und Deutlichkeit weiter, wie beispielsweise: »Wenn Sie nichts ändern, riskieren Sie es, ihr Kind zu verlieren« (vgl. Berg 1999). Es kann jedoch auch phasenweise durchaus sinnvoll sein, sich der Sichtweise der Klienten anzuschließen. Durch ein solches partielles »Pacing« kann die Kinderschutzkraft wieder Anschluss an die Sichtweise der Klientinnen herstellen und besonders in Phasen, in denen Klienten emotional angespannt sind, diese in ihrem Stress ko-regulieren (▶ Kapitel 4.5).

> Systemischer Kinderschutz verwendet Zeit und Energie auf die Auftragsklärung und nimmt dabei die Klientenbeziehungen in den Blick. Die Klärung des Auftrags ist insgesamt ein fortlaufender Prozess im Kinderschutz. Dabei nutzen wir die Annahme, die Eltern oder Familie als »Kundin«, »Klägerin« oder »Besucherin« zu betrachten, als eine Art »Klienten-Beziehungsbrille«, die wir auch wieder absetzen können (vgl. Hargens 1997, vgl. Herwig-Lempp 2022).

7.5 Ressourcen- und Lösungsorientierung

»Nimm immer zuerst die Person in ihren Ressourcen wahr!« (Insoo Kim Berg)

Besonders im Kinderschutz besteht die Gefahr, dass wir uns in den belastenden Aspekten verlieren und somit in eine Problemtrance geraten. Der Kontext des Kinderschutzes kann uns zusätzlich mit seinen einflussreichen Dynamiken sowie den dazugehörenden Verirrungen und Verwirrungen dazu einladen, scheinbare Ressourcen zu sehen. So wurde beispielsweise durch die fallzuständige Jugendamtsmitarbeiterin im Fall Lügde die Bindung des Pflegekindes an den Täter als vermeintliche »Ressource« eingeschätzt: »Da war Bindung« (ZDFInfo 2022a). An dieser Stelle könnte der »Sicherheitsmechanismus der Respektlosigkeit«[73] hilfreich sein, um beispielsweise die nachfolgenden Aspekte zu hinterfragen bzw. zu beachten.

- *Wie ist die Bindung[74] der Mutter/des Vaters zum Kind einzuschätzen?*
- *Können bzw. wollen die Elternteile Schutz für das Kind ermöglichen oder entscheidet sich der Elternteil für den Partner/Täter?*
- *Ist eine verlässliche Bindungsperson im Umfeld des Kindes, die den Schutz sicherstellt?[75]*
- *Ist die Bindung vom Kind zu den Eltern (anderen erwachsenen Bezugspersonen) sicher?*
- *Ist die Bindung der Eltern zum Kind sicher, feinfühlig und* **konsistent/verlässlich**?
- *Gibt es (sexuelle, körperliche, seelische) Gewalt, Vernachlässigung (auch seelische)?*
- *Bindung ist nicht gleich Bindung!* Nur weil ein Kind auf einen Erwachsenen angewiesen ist, sollte dies nicht zwangsläufig mit »Bindung« verwechselt werden.

Wir können das Paradigma der »Ressourcen- und Lösungsorientierung« als nützliches Gegengewicht zu den machtvollen Dynamiken und Mustern im Kinderschutz verstehen, die nur gemeinsam mit dem Blick auf die Gefährdung eine Einschätzung möglich machen. Ergänzt werden kann diese Perspektive durch die Fähigkeit der Kinderschutzkraft, in den äußerst unterschiedlichen

---

73 Siehe dazu ausführlich ▶ Kapitel 7.2.
74 Im Sinne des schon erwähnten Bondings (Schutz- und Pflegesystem) der sorgeberechtigten Eltern.
75 Im Fall Lügde wurde der Täter vom Jugendamt/Pflegekinderdienst als eine solche Person eingeschätzt, was für den Täter die perfekte Tarnung darstellte, das Pflegekind an ihn auslieferte und sogar zu einer Art »Köder« machte, um andere Kinder in das Umfeld zu holen (vgl. ZDFInfo 2022).

und komplexen Situationen, neben dem Verfahren im Kinderschutz[76], über eine Palette von hilfreichen Handlungsstrategien, Kommunikationsmustern und Methoden zu verfügen und diese einsetzen zu können (vgl. Eger 2015).

Virginia Satir gilt als Pionierin der Familientherapie und hat das systemische Paradigma stark mitgeprägt. Ihre nachfolgenden und für den Bereich des Kinderschutzes besonders gut passenden »*Glaubenssätze« für eine Ressourcen- und Lösungsorientierung im Kinderschutz* lauten:

- »Das Problem liegt nicht im Problem als solchem, sondern in der Art des Umgangs mit Schwierigkeiten.
- Veränderung ist möglich. Wenn eine äußere Veränderung schwierig ist, ist in jedem Fall eine innere Veränderung möglich.
- Eltern wiederholen oft die Muster ihrer eigenen Ursprungsfamilien auch dann, wenn diese Muster dysfunktional sind.
- Eltern tun zu jedem gegebenen Zeitpunkt ihr Bestmögliches.
- Wir alle verfügen über die inneren Ressourcen, die wir brauchen, um unser Leben erfolgreich zu gestalten und um innerlich wachsen zu können.
- Hoffnung ist ein signifikanter Bestandteil von Veränderung.
- Menschen sind im Grunde ihres Wesens gut« (Satir et al. 2011, S. 33).

Viele dieser Aspekte haben sich bereits in diesem Buch widergespiegelt und sollen deshalb hier noch einmal angemessen benannt werden. Steve de Shazer, einem weiteren Schwergewicht des lösungsorientierten systemischen Paradigmas, wird folgender Satz zugeschrieben: »Problem talk creates problems, solution talk creates solutions.« Das könnte man mit »Über Probleme reden schafft Probleme, über Lösungen reden schafft Lösungen« übersetzen (Herwig-Lempp 2022, S. 134). Dieser Satz bezieht sich auf die »Lösungsorientierte Kurzzeittherapie« und es bleibt dem Leser überlassen, wie er verstanden werden kann. Oft wird diese Aussage so ausgelegt, dass man möglichst wenig über das Problem reden sollte (vgl. Schmidt 2011). Weniger ist mehr oder wie es Jürgen Hargens (2003, S. 168) in seiner lösungsorientierten Maxime formuliert: »Soviel wie nötig und nicht mehr wie nötig.« Die negativ formulierten Aufträge mancher Klienten, »Ich möchte nicht mehr so hilflos sein« oder »Mein Sohn soll aufhören, in die Hose zu machen«, begründen sich im Wunsch, das unerwünschte Verhalten solle verschwinden (vgl. Herwig-Lempp 2022).

---

76 Gemeint ist hier der Schutzauftrag der Jugendhilfe, der im § 8a SGB VIII verankert ist. Er regelt sowohl das Verfahren des Jugendamtes als auch den Schutzauftrag der Träger von Einrichtungen und Diensten der freien Jugendhilfe (vgl. LVR 2023).

Uns allen geht es manchmal so, dass wir gern die »wirkliche« Ursache, das »Warum« des Problems oder des Kinderschutzfalls, verstehen würden. Warum handeln diese Eltern so? Warum wurde dieses Kind misshandelt? Warum hat der andere Elternteil das Kind nicht geschützt? Diese Fragen können aus einer Betroffenheit heraus entstehen. Systemisch geprägten Kinderschutzkräften erscheint die Frage nach dem »Warum« allerdings eher uninteressant und überflüssig (vgl. Herwig-Lempp 2022). Wir fokussieren lieber darauf, wohin der Weg zur Lösung führt und was wir mit den Eltern zum Schutz des Kindes umsetzen können. Wir wissen, dass negativ formulierte Zielvorstellungen dabei nicht weiterhelfen: »Ich möchte nicht mehr so aggressiv sein.« Dadurch hat der Elternteil noch keine Vorstellung, was er stattdessen tun könnte. Im Gegenteil greift hierdurch zusätzlich die Magie des »rosa Elefanten« (»Denken Sie jetzt bitte *nicht* an einen rosa Elefanten!«). Sobald wir die Zielvorstellung durch eine positive Formulierung ersetzen (»Bitte denken Sie an ein grünes Pferd.«), wird es möglich sein, neue Wege zu beschreiten.

Abb. 9: Die systemische Brille im Kinderschutz

Nun ist es im Kinderschutz so, dass wir uns die Gefährdungen und Risikofaktoren sehr genau ansehen und über Probleme reden müssen, um den Schutz der Kinder sicherzustellen.

Nicht umsonst steht der *Blick auf Schutzfaktoren und Ressourcen im System* im Dreiklang der Abschätzung in der Mitte bzw. auf Platz zwei.[77] Von daher ist im »Systemischen Kinderschutz« der Pflock für die Fokussierung auf Ressourcen und Lösungen gleich doppelt eingeschlagen: Einmal als systemisches Paradigma und zum Zweiten als feste Konstante in der Gefährdungseinschätzung. Das ist gut so, denn nach Schmidt (2011, S. 33) könnte es sich sogar um ein fatales Missverständnis handeln, wenn Kinderschutzkräfte aufgrund ihrer »problemphobischen« Haltung agieren:

»Wird versucht, ›problem talk‹ inhaltlich tunlichst zu vermeiden und bevorzugt nur auf Lösungsprozesse zu fokussieren und Probleme zu werten als ›shit which happens‹[78], wird die Haltung verstärkt, es sei ein Problem, wenn Probleme auftauchen und jemand intensiv über seine Probleme reden will.«

---

77 Davor, auf Platz 1, befinden sich die Risikofaktoren/Gefährdungsaspekte und auf dritter Position die offenen Fragen (weiße Flecken usw.).
78 Diese Formulierung bezieht sich auf Äußerungen de Shazers, man solle Probleme als »shit happens« behandeln (Schmidt 2011, S. 33).

Auch im Kinderschutz könnte eine Vermeidung von Problemsichten dazu führen, dass Klienten sich als abgewertet erleben und sich in ihrem Leid nicht ernst genug genommen fühlen oder das Opfererleben gegenüber den Problemprozessen aufrechterhalten und sogar gestärkt wird, was den Beratungsprozess belasten kann (vgl. Schmidt 2011). Schmidt weist darauf hin, »dass die wichtigen und sehr berechtigten Bedürfnisse, die sich über das Problemerleben melden (Problemerleben als Ausdruck des Wissens über einen Mangel, über einen Bedarf) wieder nicht beachtet und würdigend behandelt werden« und deshalb »die längst vorhandenen Kompetenzen der Betroffenen, mit hilfreicher Kraft und erfolgreicher Handlungsfähigkeit auf die Problemreize antworten zu können, nicht erlebt und eingeübt werden können« (Schmidt 2011, S. 33). Er ergänzt aus hypnosystemischer Sicht, dass niemals der Inhalt des Redens über Probleme zu einem problematischen Erleben beiträgt, sondern immer die Art, wie sich der Redende bzw. Hörende zum Gesagten bzw. Gehörten in Beziehung setzt. An dieser Stelle möchte ich erneut an die Wichtigkeit der »Würdigung des Problems/Leids« (▶ Kapitel 6.2) erinnern, ohne die es in den meisten Fällen – in denen schwere Belastungen einen »guten Grund« für Klienten darstellen, ein Symptom oder Problemverhalten als Coping zu nutzen – nicht möglich ist, dieses Leid zu verabschieden. Das Verständnis darüber, dass eine Verhaltensweise zwar ursprünglich nützlich war bzw. als Bewältigungsverhalten diente, nun aber parafunktional geworden ist, da es beispielsweise das Wohl eines Kindes bedroht, stellt für viele Eltern eine wichtige Erkenntnis dar. Von daher können wir den Satz von de Shazer »Über Probleme reden schafft Probleme, über Lösungen reden schafft Lösungen«, wie auch andere Zitate, weniger als »Wahrheiten« verstehen, sondern eher als hilfreiche Erinnerungen, Anregungen oder Herausforderung, die Lösung im Blick zu behalten (vgl. Herwig-Lempp 2022).

Schmidt beschreibt die Idee, »[dass] belastende Kindheitserlebnisse, traumatische Erfahrungen in der Vergangenheit etc. das Erleben in der Gegenwart bestimmen würden«, im Rahmen der Utilisation (▶ Kapitel 6.2) als »irrtümliche[n] Mythos«, denn so hätte keine Beratung eine Chance, da eben diese Vergangenheit nicht mehr zu ändern wäre (Schmidt 2011, S. 34). Vielmehr betont er, dass aus hypnosystemischer Sicht jeder Mensch über eine Vielzahl von belastenden, aber eben auch hilfreichen Kompetenzvergangenheiten verfügt. Auf diese stärkenden Erlebnisprozesse können sich Kinderschutzkräfte, beispielsweise durch Fragen nach Ausnahmen des Problems, in denen sich das Kind und/oder der Elternteil geschützt, sicher und mit eigenen Fähigkeiten erlebt hat, fokussieren, um dieses Kompetenzerleben zu reaktivieren (vgl. Schmidt 2011). Das stellt eine interessante Möglichkeit dar, ein sogenanntes »Kompetenz-Ich« als Ego-State (▶ Kapitel 6.2) beim Klienten zu etablieren, »aus dem heraus der oder die Betreffende alle auftauchenden Impulse, Emotionen, Körperreaktionen, Erinnerungs- oder Zukunftsbilder etc. so beantworten kann, dass sie quasi eine neuronale Vernetzung erfahren mit den in diesem Ego-State aktiven Kompetenzen bzw. Ressourcen« (Schmidt 2011, S. 34). Gelingt dies, kann sogar das Problemerleben im sogenannten »problem talk« des Klienten mit diesen Kompetenzen verknüpft werden:

> »So erleben sich Klienten nicht nur mehr gewürdigt und empathisch begleitet in ihren leidvoll erlebten Prozessen, gerade diese können so sogar wieder utilisiert werden als ›Trainingschancen‹ dafür, mit den unterschiedlichsten Belastungen aus Vergangenheit, Gegenwart und fantasierter Zukunft kompetenz- und lösungsstärkend immer gelassener umgehen zu können.« (Schmidt 2011, S. 35)

Diese Utilisation des »problem talks« macht somit eine ressourcen- und lösungsorientierte Kommunikation erst möglich und vermag es sogar, dass aus den unangenehmsten »Vergangenheiten« stärkende Chancen werden können, die möglicherweise zu befreienden Lösungen für die betroffenen Familien führen (vgl. Schmidt 2011).

Systemischer Kinderschutz beherzigt eine ressourcen- und lösungsorientierte Haltung in doppelter Weise: einmal in Form des systemischen Paradigmas und zum Zweiten als orientierenden Punkt im Rahmen der Gefährdungseinschätzung im Kinderschutz. Dabei wird jedoch die »Würdigung des Problems/Leids« als feste Haltung beachtet und kann als Chance für eine lösungsförderliche Kommunikation utilisiert werden.

Kapitel 8: Methodenkompass – systemisches Handwerkszeug im Kinderschutz

Wenn man als Werkzeug nur einen Hammer hat, sieht jedes Problem wie ein Nagel aus.[79]

Wenn ich die Student:innen während meiner Lehrtätigkeit zu Beginn eines systemischen Beratungsseminars fragte, was Sie sich wünschen, aus dem Seminar mitzunehmen, äußerten viele den Wunsch, ihren Methodenkoffer füllen zu wollen. Schon wenig später fiel dann bei den Grundhaltungen mein Satz »Die Methode kommt aus der Haltung« – man könnte anfügen, dass die beste Methode ohne eine feste Verankerung in den systemischen Grundhaltungen nicht viel nützt. Es sei an dieser Stelle erwähnt, dass es so viele spannende und nützliche systemische Methoden gibt, die in diesem Buch keinen Platz gefunden haben. Ich werde Ihnen im Folgenden die systemischen Methoden für den Kinderschutz vorstellen, die sich in meiner Praxis bewährt haben. Sie wurden zur besseren Übersicht in die drei Rubriken der visualisierenden/bildgebenden, der sprachlichen/narrativen sowie der reflektierenden/perspektivgebenden Methoden geclustert.

8.1 Visualisierende und bildgebende Methoden

Nachfolgend finden Sie einige Methoden, die ich als visualisierend und bildgebend verstehe. Damit gemeint sind Verfahrensweisen, die Bilder erschaffen, Bilder einsetzen oder bei denen die Klienten selbst Bilder kreieren. Es gibt zum Teil Überschneidungen zu den reflektierenden Methoden, bei denen teilweise auch Bildkarten o. ä. eingesetzt werden.

---

79 Der Ursprung dieses Zitats ist unklar und wird mehreren Personen zugeschrieben, wie Marc Twain, Paul Watzlawick, Abraham Maslow oder Silvan Tomkins.

Prozessorientierte Genogrammarbeit

»Die Klage, dass diese Arbeit Zeit benötigt, gleicht der Klage von Leuten, die ihr Haus auf einem soliden und entsprechend teuren Fundament gründen, dann aber über die Kosten dieses Fundaments jammern.« (Bruno Hildenbrand 2015, S. 10)

Die Genogrammarbeit steht nicht von ungefähr an erster Stelle der bildgebenden Verfahren, denn sie ist eindeutig eine der wichtigsten systemischen Methoden im Kinderschutz. Ich stelle zuerst die allgemeinbekannte systemische Genogrammarbeit vor und vertiefe dies danach durch eine aus meinen Erfahrungen gewachsene Methode, die ich die *prozessorientierte Genogrammarbeit* nenne.

Ein Genogramm ist die schematische grafische Darstellung eines Familiensystems über mindestens zwei, besser drei Generationen hinweg und unterscheidet sich von einem Stammbaum insofern, als »über die genealogischen Daten hinaus Beziehungsaspekte und andere psychologisch bzw. psychisch [pädagogisch] und […] sozial relevante Informationen abgebildet werden« (Kellermann/Roedel 2016, S. 229).

Um ein Genogramm anzufertigen, wird eine Zeichensprache benutzt, für die sich bestimmte Symbole bewährt haben, wie die folgende Abbildung zeigt.

Es gibt viele unterschiedliche Ansätze, ein Genogramm zu erstellen (vgl. McGoldrick/Gerson 1997), wobei sich folgende Aspekte mittlerweile als verbindliche Muster bewährt haben (vgl. Thürnau 2021):

- Das *männliche Familienmitglied* (Vater oder Großvater) wird jeweils links angeordnet, das *weibliche* (Mutter, Großmutter) immer auf der rechten Seite (wenn in der Familie so vorhanden). Da sich diese Anordnung auf das »klassische« Familiensystem bezieht, sei noch angemerkt, dass diese Anordnung bei gleichgeschlechtlichen Elternpaaren entfällt.
- Die *Kinder* werden von links nach rechts in der Reihenfolge ihres Alters angeordnet (beginnend links mit dem ältesten Kind).
- Sie beginnen am besten mit der *Kernfamilie* in der Mitte (mit dem Kind, das bei Ihnen in der Einrichtung ist). Es ist hilfreich, vorab zu fragen, ob es Geschwister gibt (ältere, jüngere), damit Sie sich das Blatt gut einteilen können. Wichtig ist es aus systemischer Perspektive auch, alle Kinder abzufragen, auch die, die Sie nicht betreuen, aber die zum Familiensystem gehören.
- Gibt es *Kinder aus vorhergehenden Beziehungen,* zeichne ich diese in Richtung der Außenseiten: Beim Vater die Kindesmutter aus der vorhergehenden Beziehung nach links. Bei der Mutter umgekehrt, die Beziehungen und älteren Kinder nach rechts. Dasselbe gilt auch, wenn die Eltern getrennt bzw. geschie-

Visualisierende und bildgebende Methoden

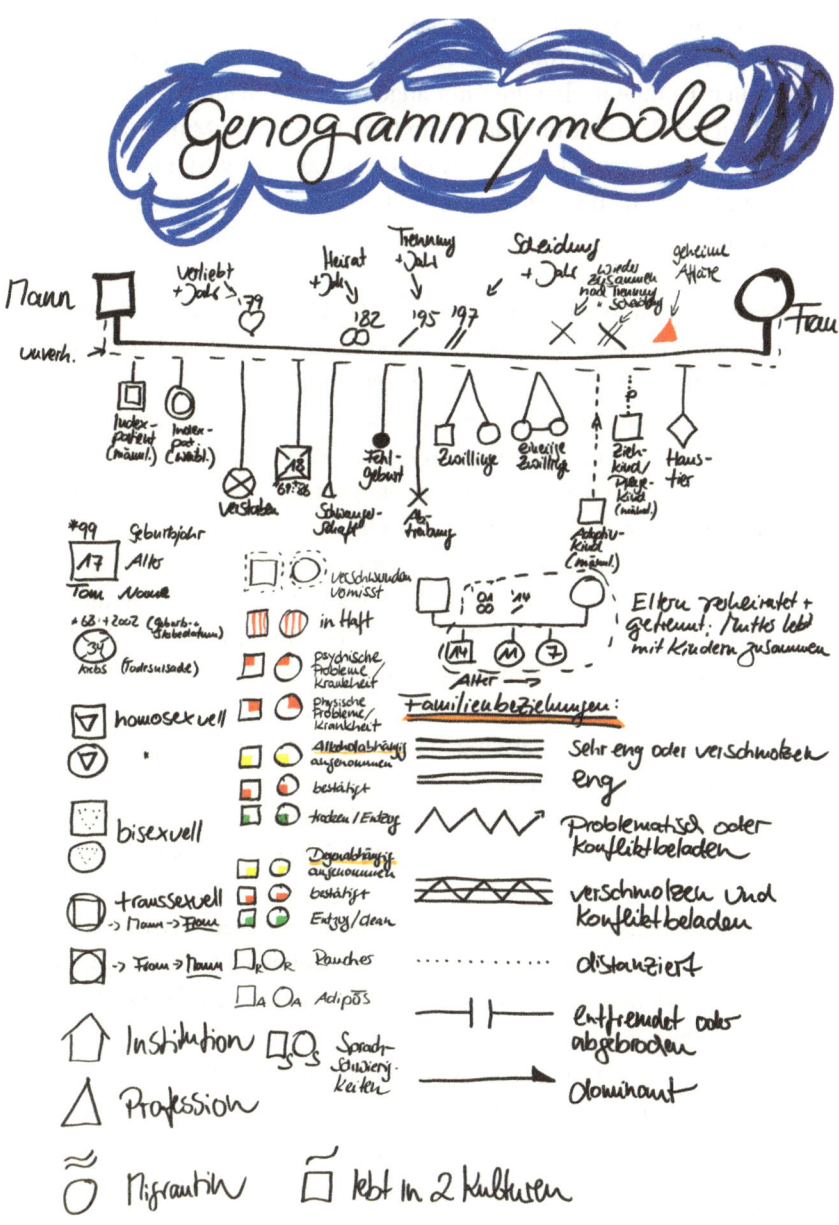

Abb. 10: Genogrammsymbole

den sind und in neuen Beziehungen leben. Die Halbgeschwister aus den früheren Beziehungen werden nach Alter und im Verhältnis zu den Kindern der aktuellen Familie nach außen hin angeordnet. So befindet sich das älteste Kind auf der Vaterseite links außen und auf der Seite der Mutter rechts außen.

- Das *Familiensystem,* also der Ort, wo das Kind lebt, wird mit einer Außenlinie (gestrichelt) dargestellt. Hier gilt: *Wer lebt zusammen* (fremduntergebrachte Kinder gehören z. B. nicht hinein)? Dasselbe kann auch für das Kind und die betreuenden Einrichtungen, wie Kita, Schule, Jugendhilfe etc., eingezeichnet werden. Hier ist oft auch das Datum, seit wann das Kind die Einrichtung besucht, ob es bereits andere Institutionen vorher besucht hat oder zusätzlich noch betreut wird, interessant.
- Zusätzlich sollten besonders in Kinderschutzfällen das *Helfersystem* (Jugendamt, Frühförderung, Facharzt, stationärer oder teilstationärer Aufenthalt, ambulante Psychotherapie der Eltern etc.) sowie wichtige Professionen und Institutionen um die Familien eingezeichnet werden. Es ist erstaunlich, wie viele Einrichtungen und Personen gerade in sogenannten »Multiproblemfamilien« beteiligt sind. Evan Imber-Black (1997) bezeichnete diese Situation von Familien in ihrem Buchuntertitel als »Im Gestrüpp der Institutionen«. Es kann sehr sinnvoll sein, die Aufträge der jeweiligen Helfer zu vermerken. Für Kinderschutzkräfte aber auch für die Eltern ist es darüber hinaus möglicherweise aufschlussreich, wenn dies im Genogramm einmal visualisiert und auf einen Blick zur Verfügung gestellt wird.
- Im Genogramm werden die wichtigsten *Fakten* aus einem oder mehreren Gesprächen eingetragen, wie Namen, Alter, Geburts- und/oder Sterbedatum, Krankheiten, Symptome, Berufe etc.
- Indem wir den *aktuellen Kontext* in der Familie abfragen, werden erst einmal uns selbst Informationen geliefert. Es erzeugt aber auch gleichzeitig vielfältige Informationen für die zu beratenden Kinderschutzkräfte und Teams, die Familien oder die Eltern. Durch diese Perspektive wird die Kinderschutzkraft in die Lage versetzt, die Spielregeln, Ressourcen und Problemlagen des (Familien-)Systems besser einschätzen zu können.

Es kann je nach Kontext sinnvoll sein, besondere Aspekte zu beleuchten, wie beispielsweise:
- die Bindungstypen und Einschätzung der Beziehungsqualität zwischen den Personen;
- transgenerationale, familiäre und intrapsychische Aspekte, Dynamiken und Muster;
- blinde Flecken, Familiengeheimnisse und Abbrüche;

- den Blick auf (zeit)geschichtliche Aspekte (z. B. in Bezug auf die Biografiearbeit von Fachkräften und die Biografie von Familien).

Das Genogramm ist also, allgemein gesagt, die Darstellung eines Familienstammbaums, der vielfältige Informationen über die Mitglieder einer Familie enthält – je nachdem, wie es im jeweiligen Kinderschutzkontext benötigt wird. Sie können sich durch Übung und die praktische Anwendung schnell eine eigene Vorgehensweise erarbeiten. Genogramme dienen der übersichtlichen Darstellung komplexer Informationen über Familiensysteme und zur *Hypothesenbildung* (▶ Kapitel 9.4).

Ein Genogramm umfasst – je nach Gesprächsverlauf – in der Regel *drei Generationen* einer Familie (vgl. McGoldrick/Gerson 1997). Ich zeichne diese Generationen immer auf, selbst wenn keine Kenntnisse bei den Fachkräften oder den Familien vorliegen. Denn wir können ja davon ausgehen, dass jeder Mensch einen biologischen Vater und eine Mutter hat, wie auch in vielen Fällen andere, soziale Eltern. Der jeweilige Kontext sollte sich im Genogramm abbilden. Siehe dazu das folgende Genogramm einer Person mit Fluchtkontext.

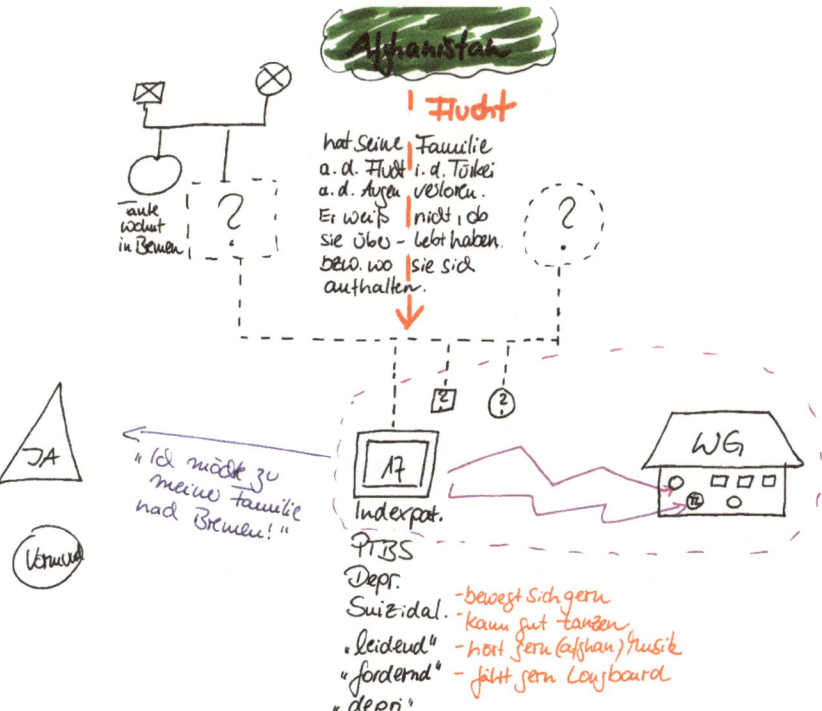

Abb. 11: Genogramm mit Fluchtaspekt

Liegen bei den Kinderschutzkräften keine genauen Informationen vor, kennzeichne ich dies. Das zeigt ihnen direkt, wo noch offene Fragen vorliegen und sie möglicherweise wichtige Aspekte erfragen können.

Ich nutze die Genogrammarbeit als Gesprächsleitfaden und gleichzeitig als übersichtliche Dokumentation in nahezu jedem Telefonat, jeder Beratung und in Supervisionen. Ich zeichne auch jedes meiner Beratungsgespräche mithilfe des Genogramms auf. Meist mit »O-Tönen«, also Aussagen, die mir aus der Beratung heraus relevant erscheinen. So oft es geht, schreibe und zeichne ich auf einem Flipchart mit, sodass die Fachkräfte oder auch Eltern und Familien sehen können, was ich dort notiere. Dies erzeugt *Transparenz* (manche Eltern denken sonst vielleicht: »Was schreibt die da über uns?«) sowie neue Informationen im Beratungssystem – auch für mich! Man könnte die *prozessorientierte Genogrammarbeit* sehr passend mit Steve Jobs Worten beschreiben: »Meistens wissen die Leute nicht, was Sie wollen, bis man es Ihnen zeigt.« Nachfolgend finden Sie die wichtigsten Aspekte und Vorteile der Genogrammarbeit.

Genogrammarbeit hilft dabei, thematisch die Tür zu öffnen

Im ersten Teil habe ich dies exemplarisch für das Thema *Kinder psychisch kranker Eltern* beschrieben. Mithilfe der Genogrammarbeit ist es hier so gut wie sicher, dass Sie bereits im ersten Gespräch mit den Eltern die wichtigen Eckpunkte erfahren (vgl. Thürnau 2021):

- *Wer hat das Sorgerecht?* Gerade diese Frage löst in vielen Beratungen und Gefährdungseinschätzungen noch ein emsiges Blättern in der Akte oder gar ein ratloses Schulterzucken aus.
- *Wie waren die Schwangerschaft, Geburt und das erste Lebensjahr des Kindes?*
- *Gibt es besondere Belastungen in der Familie, von denen die Einrichtung wissen sollte? Zum Beispiel körperliche Krankheiten, psychische Krankheiten oder besondere Sorgen und Nöte?*

Seien Sie bitte vorbereitet, diese Fragen gegenüber den Eltern erklären und begründen zu können. Eine nachvollziehbare Erklärung ist in der Regel, dass Sie die Reaktionen der Kinder, gerade auf Belastungen in der Familie, sehen. Auch wenn die Eltern vielleicht annehmen, die Kinder bekämen davon nichts mit. Hier kann auch direkt ein Ansatz zur Psychoedukation[80] liegen: »Ihr Mann

---

80 Unter »Psychoedukation« versteht man Interventionen, die sich auf die Information und Motivierung von Patienten/Klientinnen und deren Angehörigen, wie z. B. die Kinder psychisch erkrankter Eltern, mit Blick auf die Erkrankung und deren Behandlung richten, um beispielsweise das Krankheitsverständnis und die -akzeptanz zu verbessern sowie ein Empowerment und Selbstmanagement zu erreichen (vgl. Wirtz 2017).

leidet an einer Depression. Das ist gut für uns zu wissen, vielen Dank für Ihr Vertrauen! Haben Sie mit Malte bereits über die psychische Erkrankung Ihres Mannes gesprochen?«

Wie Sie sehen, ist die Frage nach psychischen Erkrankungen auf diese Weise in andere Fragen eingebettet. Wichtig ist nur, dass Sie das Thema auf dem Radar haben und selbst offen dafür sind. Die Eltern haben die Wahl, darauf zu antworten oder nicht. Und möglicherweise ist es eine Entlastung, wenn sie diese Information gleich loswerden können.

Bei den Fragen ist es wichtig, dass Sie den Eltern die Inhalte erklären können: Warum fragen oder sagen Sie bestimmte Dinge? Weshalb händeln Sie bestimmte Dinge in Ihrer Einrichtung so, wie Sie es tun? Sobald Sie im Gespräch Fragezeichen aufseiten der Eltern (bspw. an der Körpersprache) erkennen, können Sie nachhaken und ihnen erklären, was Sie mit Ihren Fragen bezwecken. Zum Beispiel, dass Sie mit den Eltern in einer Erziehungspartnerschaft eng zum Wohle des Kindes zusammenarbeiten und die Kinder Belastungen in der Familie über ihr Verhalten zeigen.

Sie können das Genogramm im Kinderschutz besonders gut und sehr vielfältig prozessorientiert einsetzen. Hier kommt es in erster Linie auf den Kontext des Gespräches an, wobei das methodische Vorgehen ähnlich ist. Ich wähle hier ein Beispiel aus einer Beratung mit Eltern, in dem es darum geht, die Gefährdung des noch ungeborenen Kindes zu verdeutlichen.

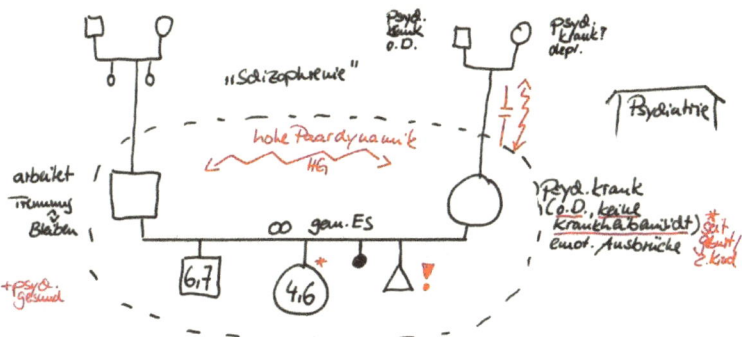

Abb. 12: Genogramm zur Gefährdung eines ungeborenen Kindes

Durch die Abfrage der aktuellen Lebenssituation und die farblich herausgehobenen Gefährdungs- bzw. Ressourcenbereiche entsteht automatisch eine Information. Am besten ist es, wenn Sie in diesem Fall Ihre eigene Aussage notieren. Umso eindrücklicher ist dies für die Eltern.

> Die *prozessorientierte Genogrammarbeit* hilft *als transparenzförderndes Visualisierungsmedium* den Klienten dabei, die Informationen zusätzlich über ihren visuellen Kanal verarbeiten zu können. Sie öffnet damit sprichwörtlich die Tür für neue Prozesse.

Genogrammarbeit hilft dabei, ressourcenorientiert zu arbeiten

Ich arbeite im Genogramm mit vielen Farben, die die unterschiedlichen Bereiche, wie Risiko- und Schutzfaktoren, Institutionen, Anmerkungen, nächste Schritte der Klienten usw., markieren. So kann ich unter anderem absichern, dass ich die *Ressourcen* nicht vergesse. Im nachfolgend aufgeführten Genogramm können Sie erkennen, dass ein komplexes System mit beiderseits erkrankten Elternteilen und vielfältigen Problemlagen gleichzeitig eine Vielzahl von Ressourcen und Schutzfaktoren beinhalten kann, auch wenn man dies erst gar nicht vermutet. Denn schnell verfangen wir uns im Negativen und sind dann nicht mehr offen für Ressourcen. Wir sehen dann sprichwörtlich *den Wald vor lauter Bäumen nicht* (vgl. Thürnau 2021).

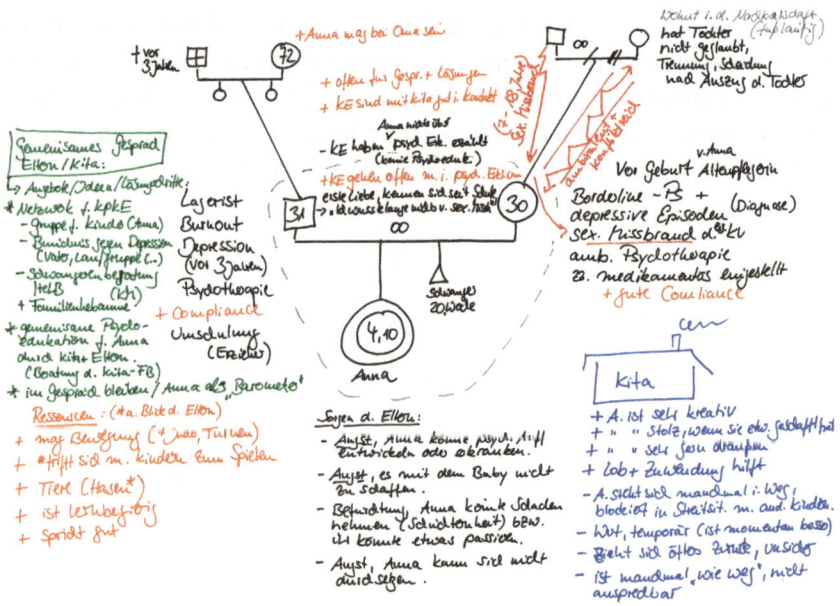

Abb. 13: Genogramm mit Risiken, Schutzfaktoren und Ressourcen

In diesem Fall gelang es durch die Genogrammarbeit im Elterngespräch nach diesen Aspekten zu fragen. Besonders überrascht äußerten sich die Kinderschutzkräfte darüber, wie viele Ressourcen und Schutzfaktoren dadurch entdeckt wurden. In der Reflexion zeigten sie sich auch erstaunt darüber, wie viele Informationen zur Belastungslage der Familie der Kita vor dem Gespräch nicht bekannt waren, wie beispielsweise der jahrelange sexuelle Missbrauch, den die Mutter von Anna durch ihren eigenen Vater erleben musste, sowie die psychische Erkrankung des Vaters von Anna. Dies ermöglichte eine neue, differenziertere Sicht auf das Kind in der Kita.

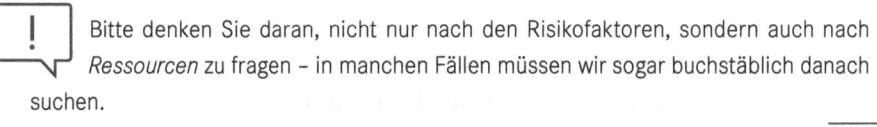

Bitte denken Sie daran, nicht nur nach den Risikofaktoren, sondern auch nach *Ressourcen* zu fragen – in manchen Fällen müssen wir sogar buchstäblich danach suchen.

Genogrammarbeit hilft dabei, Stress zu reduzieren

Ich wurde oft gefragt, ob sich Klienten nicht merkwürdig vorkämen, wenn ich einen Teil des Gespräches ihnen abgewandt am Flipchart mitschreibe. Ich habe eher den gegenteiligen Eindruck: Besonders in angespannten Gesprächen können sich Klienten – Eltern aber auch Kinderschutzkräfte – während ich mitschreibe und zeichne eine Zeit lang entspannen. Ich konnte das in vielen Hilfeplangesprächen und Beratungen im Kinderschutz beobachten. Hätte ich den Eindruck, dass es die Klienten irritiert, würde ich es thematisieren: »Sicher wundern Sie sich, dass ich Ihnen den Rücken zuwende. Bitte nehmen Sie das nicht persönlich. Man nennt diese Methode Genogramm und ich zeichne darin Ihr Team/Ihre Familie/Ihr Anliegen auf. Sie können es sich im Anschluss abfotografieren oder aber auch mitnehmen.«

Ich habe tatsächlich schon viele Rückmeldungen in Beratungen erhalten, wo mir Klientinnen, die zum Teil die Genogrammarbeit nicht kannten, berichtet haben, dass dies eine sehr wertvolle Erfahrung für sie war: »Sie mit Ihrem Bild, das hat mich wirklich beeindruckt.«

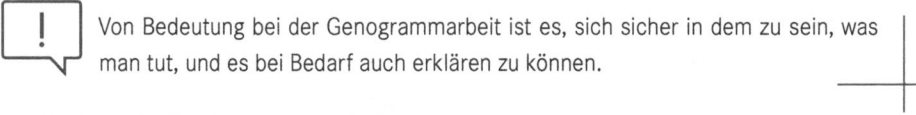

Von Bedeutung bei der Genogrammarbeit ist es, sich sicher in dem zu sein, was man tut, und es bei Bedarf auch erklären zu können.

Die Vorteile der Genogrammarbeit

- Die Arbeit mit dem Genogramm bietet Ihnen einen informativen Gesamtüberblick und kann gleichzeitig Grundlage für eine (systemische) Gesprächsführung sein, die besonders für Kinderschutz-, Eltern- und Hilfeplangespräche sowie Gefährdungseinschätzungen geeignet ist.
- Das Genogramm liefert und erzeugt Informationen gleichzeitig.
- Sie können alle systemrelevanten Informationen sammeln, sodass diese für Sie auf »einen Blick« zugänglich sind.

Gibt es bei der Genogrammarbeit keinen Haken an der Sache, keine Widerstände oder Ablehnung der Eltern?

Hildenbrand (2018, S. 195) spricht von Rückmeldungen, wie: »Sie [die Genogrammarbeit] sei zu voraussetzungsvoll bzw. zu anstrengend.« Ich habe die Anwendung der Genogrammarbeit für mich über die Jahre angepasst, sodass ich in keinem Kontext von irgendeiner Ablehnung oder einem Widerstand von Fachkräften, Eltern oder Familien berichten kann.

Die Wirkfaktoren prozessorientierter Genogrammarbeit

Der wichtigste Wirkfaktor sind Sie! Sind Sie als InsoFa oder Kinderschutzkraft selbst von der Methode »Genogramm« überzeugt, können Sie diese Ihren Klienten auch gut präsentieren und bei Bedarf »schmackhaft« machen. Wenn Sie sich zusätzlich noch sicher und wohl in der Anwendung fühlen, kommen diese Widerstände nach meiner Beobachtung bei Klienten kaum vor. Sie sind dann in Ihrem Tun und Handeln so überzeugend, dass die Klientinnen damit in Resonanz gehen. Dies setzt aber voraus, dass Sie die Klienten mitnehmen, im angemessenen Tempo vorgehen und auf deren Signale (auch die körpersprachlichen) achten.

> ! Suchen Sie sich Methoden, mit denen Sie sich wohlfühlen, die zu Ihnen passen und die sicher in Ihrer pädagogischen Haltung verankert sind! Je sicherer und lockerer Sie in Handhabung und Umsetzung sind, desto weniger Fragen oder Widerstände werden Sie erleben.

Weitere *Wirkfaktoren* prozessorientierter Genogrammarbeit wurden bereits oder werden noch im Laufe dieses Buches erwähnt (▶ Kapitel 9.2). Sie fließen als Haltung ganz natürlich in Ihr Handeln ein und sind insbesondere (Ihr/e):
- Hoffnung und Zuversicht,
- Humor und Leichtigkeit,
- Struktur und Sicherheit,
- Pausen und Neues,
- Transparenz durch Visualisierung,
- Bonding (visuell, verbal und embodimental),
- Blick auf Muster und Dynamiken,
- Blick auf Lösungsblockaden,
- Blick auf Ressourcen,
- Prozessorientierung.

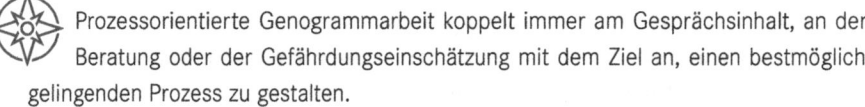

Prozessorientierte Genogrammarbeit koppelt immer am Gesprächsinhalt, an der Beratung oder der Gefährdungseinschätzung mit dem Ziel an, einen bestmöglich gelingenden Prozess zu gestalten.

Die Bild-Methode

Ein Bild wirkt mehr als 1000 Worte!

Eine wirksame Methode, die ich bei allen Elterngesprächen, aber besonders bei Gesprächen im Kinderschutz gern empfehle, besteht darin, das Kind für die Eltern mit anwesend sein zu lassen, obwohl es gar nicht persönlich dabei ist. Dies kann in Form eines Fotos gelingen. Voraussetzung ist, dass das Kind bei dem Gespräch nicht dabei oder nur teilweise anwesend ist. In den meisten Einrichtungen sind Fotos von den Kindern vorhanden. Sie können – falls dies nicht der Fall ist – die Eltern bitten, ein Foto vom Kind mitzubringen. Das Foto kann dann auf einem Stuhl im

Abb. 14: Foto vom Kind

Gesprächskreis oder auf dem Tisch platziert werden. Wichtig ist nun, das Kind imaginär in das Gespräch miteinzubeziehen. Falls Sie kein Bild zur Verfügung haben, ist es auch wirksam und ausreichend, für das Kind einen Stuhl hinzustellen und dies in Ihre Gesprächsführung als Imagination einzuführen:

- »Ich habe für Ihren Sohn einen Stuhl dazugestellt …«
- »Mal angenommen, Ihre Tochter würde an unserem Gespräch teilnehmen, was würde sie sich wünschen?«
- »Stellen wir uns mal vor, Tom würde bei unserem Gespräch anwesend sein, er könnte quasi ein heimlicher Zuschauer sein und würde auf diesem Stuhl sitzen. Was würde er uns sagen?«

Die Gesprächsführungstechnik »Tratschen über Dritte« könnte zum Beispiel in Anlehnung an das zirkuläre Fragen (▶ Kapitel 8.2) erfolgen, das aus der systemischen Gesprächsführung stammt:

> »Eine Person wird in Anwesenheit der anderen danach gefragt, was sie darüber denkt, wie die anderen ihre Beziehung zueinander sehen. Diese erhalten dadurch die Möglichkeit, vielleicht neu zu verstehen, wie sie in ihrer Beziehung zueinander von anderen erlebt werden. Das kann dazu anregen, festgefahrene Erwartungen in den Blick zu nehmen und zu überdenken.« (SG 2021)

Zum Beispiel könnten Sie Ihre *Sorge* mit den folgenden Fragen »zirkulär« in den Blick nehmen:
- »Mal angenommen, Ihre Tochter wäre heute in unserem Gespräch anwesend, wir haben ja extra ein Foto von ihr aufgestellt, was würde sie uns sagen?«
- »Was würde sie zu der von uns vorgetragenen Sorge sagen? Was würde sie uns raten?«
- »Was würde sie sich von uns als Betreuern und von Ihnen als Eltern wünschen?«

Bei der Mitteilung eines Elternteils, dass eine psychische Belastung und/oder Krankheit vorliegt, könnten Sie fragen: Denken Sie, dass Ihre Tochter über die Depression Ihrer Frau gern etwas erfahren würde?

Oder Sie fokussieren zwischendurch auf die *Wünsche und Ziele* der Eltern für das Kind:
- »Wenn Sie sich Ihren Sohn so anschauen, was wünschen Sie sich für ihn?«
- »Können Sie sich vorstellen, dass es zuträglich für seine weitere Entwicklung wäre, über die Erkrankung von Ihnen, Herrn Müller, informiert zu werden und so die Erlaubnis zu erhalten, mit Ihnen und mit uns darüber zu reden?«

Bei konfliktreichen, emotionalen *Gesprächen »auf dünnem Eis«* wirkt die Bild-Methode besonders wohltuend und stressmindernd für die teilnehmenden Eltern, aber durchaus auch für die Kinderschutzkräfte. Es gibt den Gesprächs-führenden die Möglichkeit, wieder in ein gutes Befinden zurückzukommen, in dem das Gespräch weitergeführt werden kann:
- »Wenn Janet-Latoya uns jetzt beobachten könnte, mal angenommen Sie säße auf diesem Stuhl und könnte in unserem Gespräch ›Mäuschen spielen‹, was würde sie uns sagen/wie würde sie sich fühlen?«
- »Wenn Sie das Bild von Jeremy ansehen, was wünschen Sie sich für ihn? Was wäre gut, in diesem Gespräch zu vereinbaren, damit wir in einem Jahr sagen können: ›Gut, dass wir das damals so besprochen haben!‹«

Sollten Sie feststellen, dass diese Methode den Eltern unangenehm ist oder vielleicht sogar gegenteilig wirkt, dann können Sie diesen Versuch getrost im »systemischen Mülleimer« (▶ Kapitel 8.2) entsorgen. Denn so vielfältig Methoden sind, passen Sie eben nicht zu allen Klienten. Wichtig ist auch, dass Sie sich mit der Methode wohlfühlen, denn die Eltern spiegeln Ihnen möglicherweise Ihr eigenes Unwohlsein und reagieren dementsprechend.

 Methoden sollten stets einladend formuliert sein. Die Entscheidung, ob diese nützlich und hilfreich sind, fällt jedoch das Klientensystem.

Zu den systemischen Fragetechniken (▶ Kapitel 8.2) wie auch den zirkulären Fragen finden Sie im weiteren Verlauf zusätzliche Anregungen.

Das Bild vom sicheren Ort

»Heimat ist kein Ort, Heimat ist ein Gefühl.« (Herbert Grönemeyer, Heimat, 1999)

C. G. Jung prägte den Satz: »Oft wissen die Hände das Geheimnis zu enträtseln an dem der Verstand sich vergebens mühte.« Kinder Bilder malen zu lassen, ist eine erfolgreiche Methode, damit sie eine Sprache für das finden, wofür es möglicherweise bisher keine Worte gibt, und ihnen darüber hinaus zu ermöglichen, ihre Gefühle auszudrücken. Mit der Einführung, eine sichere Perspektive zu zeichnen, können Sie eine zusätzliche Intervention nutzen. Bekannt ist hier unter anderem die Methode der »Three Houses« (vgl. Weld/Parker 2004) oder die »Vier-Häuser-Methode« (vgl. PPSB-Hamburg 2021). Als Metapher für einen solchen »sicheren Ort« nutze ich gern die »Kinderschutzwolke«. Es kann aber auch ein anderer (realer oder imaginärer) Ort sein, in/an den sich das Kind hin(ein)denken möchte. Dieser Ort koppelt immer an der Lebenswelt des Kindes an. Es wird eingeladen, seine aktuelle Situation zu zeichnen – auch mit der Gefahr, den Sorgen und der Gewalt, die momentan sein/ihr Leben prägen. Im nächsten Schritt kann es dann von oben – oder von einem anderen sicheren Ort aus – schauen, wie es sich eine Zukunft für sich, seine Eltern und Familie wünscht, in der es sich sicher/geborgen/geschützt fühlt. Sehr spannend ist in diesem Kontext auch die Idee, das Kind mithilfe anderer Materialien – beispielsweise mit Sand – die eigenen Gefühle und Geschichten kreieren zu lassen und ihre Bilder damit in Bewegung zu bringen (vgl. Brächter 2016).

Bildinterventionen können auch – jeweils an das Setting und den Kontext angepasst – mit Eltern und/oder Familien durchgeführt werden. Durch diese andere, nicht sprachliche Ausdrucksform wird eine neue Perspektive eröffnet, können Gefühle ausgedrückt und im besten Falle eine Musterunterbrechung angeregt werden.

Der systemische Papierkorb

»Die Basis jeder gesunden Ordnung ist der Papierkorb.« (Kurt Tucholsky)

Die sprachliche Einführung der Metapher des Papierkorbs ermöglicht die Initiierung von Autonomie, Humor und Leichtigkeit (▶ Kapitel 10.7) im Beratungskontext. Zur Verdeutlichung kann man tatsächlich einen realen Papierkorb in Sichtweise platzieren und nutzen.

Abb. 15: Systemischer Papierkorb

Diese Methode passt immer dann, wenn wir verdeutlichen wollen, dass Eltern (oder Kinderschutzkräfte) die Wahl haben, das von uns Gesagte bildlich »in den Mülleimer« zu werfen, wenn sie mögen. Da dies auch im Kinderschutz öfter der Fall ist, passt diese Methode häufiger, als anzunehmen ist.

Der »systemische Papierkorb« verdeutlicht den Eltern ihre Möglichkeit zur Entscheidung, wobei es wichtig ist, auch den Preis dieser Entscheidung zu verdeutlichen:

- »Letztendlich ist es Ihre Entscheidung als Eltern, welche Wege Sie gehen, welche Schutzmaßnahmen Sie mit uns vereinbaren und was Sie von dem von mir Gesagten Inhalten bildlich gesprochen ›in den Papierkorb werfen‹.«
- »Das Elternrecht beinhaltet die Möglichkeit, die besprochenen Inhalte in den Papierkorb zu legen.«
- »Ich sage Ihnen, welchen Auswirkungen dies haben kann, die wir dann gegebenenfalls/höchstwahrscheinlich/definitiv zum Schutz Ihres Kindes umsetzen werden.«

Auch in der Beratung der InsoFas mit Fachkräften ergibt die Einführung des systemischen Papierkorbs Sinn. Denn diese Metapher verdeutlicht, dass die Entscheidung immer bei der fallführenden Fachkraft liegt und sie die Wahl hat, zu entscheiden. Entweder beschließt sie, unserer Expertise zu folgen, diese nur in Teilen zu beherzigen oder aber diese ganz zu verwerfen und der eigenen Meinung Raum zu geben.

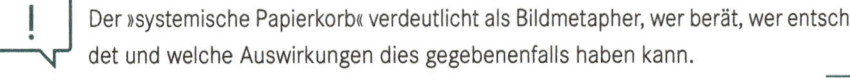

Der »systemische Papierkorb« verdeutlicht als Bildmetapher, wer berät, wer entscheidet und welche Auswirkungen dies gegebenenfalls haben kann.

8.2 Sprachliche und narrative Methoden

»Was Peter über Paul sagt, sagt mehr über Peter als über Paul.« (René Descartes)

Sicherlich fallen Ihnen, wenn Sie an systemische Methoden denken, als erstes die vielfältigen Gesprächstechniken, wie zum Beispiel die zirkulären (systemischen) Fragen, ein. Im folgenden Abschnitt werden einige dieser sprachlichen und narrativen Methoden für den Kontext des Kinderschutzes vorgestellt, beginnend mit den systemischen Fragetechniken.

Systemische Fragen

»Das Wichtigste ist, dass man nicht aufhört zu fragen.«[81]

In systemischen Weiterbildungen hat sich mir die Eselsbrücke »Mehr fragen statt sagen« besonders eingeprägt. Ganz grundsätzlich kann man bei den systemischen Fragetechniken zwischen schließenden und öffnenden Fragen unterscheiden (vgl. Herwig-Lempp 2022). Im Kinderschutz nutzen wir beide Formen. *Schließende Fragen* benötigen wir beispielsweise

- zum Erfragen von Daten, die oft als »Ja/Nein-Fragen« daherkommen, wie zum Beispiel: »Besitzen Sie die gemeinsame elterliche Sorge für Ihre Tochter?« oder »Sind Sie verheiratet?«. Hierzu zählen auch (Nach-)Fragen wie »Wer?«, »Wie viele?«, »Wie oft?«.
- für Skalierungen und Prozentfragen: »Auf einer Skala von eins bis zehn, wobei eins für wenig und zehn für maximal oft steht, wie oft üben Sie Gewalt gegenüber Ihrer Frau aus/wie oft übt Ihr Mann Gewalt Ihnen gegenüber aus?« »Wenn Sie in einer Prozenteinschätzung von hundert Prozent wählen müssten, wobei null Prozent für ›nie‹ und hundert Prozent für ›immer‹ steht, wie oft waren ihre Kinder bei der häuslichen Gewalt anwesend?«
- in Form von Auswahlfragen (vgl. Herwig-Lempp 2022): »Leben Sie zusammen oder getrennt?« oder »Waren Sie anwesend, als Ihr Lebenspartner Ihrer Tochter sexuelle Gewalt angetan hat, oder waren Sie nicht in der Wohnung?«.

Öffnende Fragen lassen den Klienten mehr Möglichkeiten zur Antwort und ermöglichen somit mehr Informationsgewinn auf beide Seiten. Zu den öffnenden Fragen gehören auch viele der systemischen (zirkulären) Fragetechniken, die nachfolgend sehr komprimiert aufgeführt werden. Zur Weiterentwicklung

---

81 Dieses Zitat wird Albert Einstein zugesprochen, es existiert aber in zwei verschiedenen Varianten.

Ihrer Gesprächsführung im Kinderschutz können Sie systemische Fragetechniken nutzen, die zum Großteil öffnende Fragen beinhalten, wie

- *Fragen nach Unterschieden, Ausnahmen und Lösungen:* Wann waren die Probleme/Gewalt nicht da? Wann gab es das Problem/die Gewalt das letzte Mal nicht? Was haben Sie dann anders gemacht? Was haben Sie schon getan, das Sie einer gewaltfreien Lösung nähergebracht hat?
- *Fragen zur Verflüssigung von Eigenschaften:* Was tut Ihr Mann, wenn er gewalttätiges Verhalten zeigt?
- *Fragen zur Einführung von Zeit:* Wann hat Lisa begonnen, ihre Fähigkeit, sich durchzusetzen, nicht mehr zu nutzen (Vergangenheit)? Wie lange wird sie noch darauf verzichten (Zukunft)?
- *Fragen zu Beziehungen:* Wer macht was, wann, mit wem, wie oft ...?
- *triadische Fragen:* Wie beschreiben Sie die Beziehung zwischen Ihrem Mann und Ihrer Tochter? Wie würden Dritte die Beziehungen beschreiben?
- *Zustimmungsfragen:* Stimmen Sie dieser Beschreibung zu (insbesondere nach triadischen Fragen)?
- *Fragen nach Rangfolgen und Skalierungen:* Wer zeigt sich am meisten, wer am wenigsten besorgt? Wie bewerten Sie Ihre Beziehung aktuell auf einer Skala von eins bis zehn, wobei eins für »wenig zufriedenstellend« und zehn für »bestens« steht (Skalierungen)? Auf einer Skala zwischen eins und zehn, wobei eins für »gar nicht« und zehn für »maximal« steht, wie bereit und in der Lage bin ich (sind Sie), aktiv an meinem (Ihrem) Teil der Gewalt/des Konflikts/Schutzes für Ihr Kind zu arbeiten?
- *Fragen nach Veränderungen:* Was hat sich durch die Ereignisse verändert?
- *Erklärungsfragen:* Wer erklärt sich was wie? Wer erklärt es sich ähnlich, wer unterschiedlich? Seit wann? Wer hat andere Erklärungen?
- *Fragen nach individuellen und familiären Werten:* Wer ist der Meinung, dass man Ihr Kind in die Schutzvereinbarung miteinbeziehen muss, wer nicht? Wer denkt in Ihrer Familie, dass Gewalt ein normaler Zustand ist, mit dem man Leben muss? Wer denkt, dass Gewalt zur Erziehung dazugehört, und wer nicht?
- *hypothetische Fragen (Gedankenexperimente):* Angenommen ...; gesetzt den Fall, dass ...
- *die Wunderfrage:* Ich möchte Sie zu einem kleinen Gedankenexperiment einladen. Stellen Sie sich vor, während Sie heute Nacht schlafen, kommt eine Fee und lässt ein Wunder geschehen ... Wenn Sie dann morgen früh aufstehen, ist Ihr Problem gelöst. An was würden Sie zuerst merken, dass das Wunder geschehen ist? Was noch? Und dann? Was wäre anders?
- *eine gute Zwischenfrage:* Wie erklären Sie sich das? Diese Frage ermöglicht Ihnen immer wieder in die eigene Haltung der Neugier zu kommen.

Auch in Kinderschutzkontexten passen diese Fragen, prozessorientiert eingesetzt, gut, wenngleich es einen Unterschied zum normalen Beratungskontext gibt. Denn die Gesprächsführung im Kinderschutz (▶ Kapitel 10) ist fast durchgängig der Beratung im Zwangskontext (▶ Kapitel 10.5) zuzuordnen, da weder die Kinderschutzkräfte diese schwierigen Inhalte gern ansprechen noch die Eltern es bevorzugen, diesen schambesetzten Themen ausgesetzt zu sein. Für die Kinderschutzkräfte kann die Haltung hilfreich sein, dass es »ganz normal« ist, dass sie diese Themen ansprechen (müssen).

Es ist sinnvoll, für diese Fragetechniken einige einleitende, »technische Satzanfänge« in petto zu haben, die Sie einfach allein oder im Austausch mit Ihren Kolleg:innen einüben und anpassen können (vgl. Herwig-Lempp 2022):
- *»Ich habe eine Sorge, die ich gern ansprechen möchte, ...«*
- *»Mir fällt es zwar schwer, das anzusprechen, ich bin jedoch gesetzlich verpflichtet, dies zu tun ...«*
- *»Ich werde nun das Thema Kinderschutz ansprechen – und möchte Sie direkt zu Anfang fragen, auf welche Art ich das machen kann, sodass es für Sie angenehm bleibt?«*
- *»Ich wünsche mir, dass wir über etwas sprechen, das mir wichtig ist ...«*
- *»Wenn wir jetzt über das Thema Kinderschutz sprechen, möchte ich Sie darauf aufmerksam machen, dass Sie das Gespräch jederzeit (und ohne Angabe von Gründen) beenden können und dürfen ...«*
- *»Ich kann gut verstehen, dass Sie ...«*
- *»Ich möchte Ihnen nicht zu nahetreten und bin doch auf der anderen Seite gesetzlich dazu verpflichtet, das Thema Kinderschutz anzusprechen. Ich werde nun versuchen, auf diesem Grat gemeinsam mit Ihnen zu wandern ...«*

Das ausdrückliche Ziel systemischer Fragen ist es, *Informationen zu erzeugen, die Handlungsmöglichkeiten erweitern* (vgl. Lauterbach 1999).

Das systemische Fragen bzw. zirkuläre Fragen gilt als das »Herzstück« systemischer Beratung und nimmt auch im systemischen Kinderschutz eine wichtige Rolle ein. Fragen zu stellen, die konstruktive Entwicklungen anregen, neue Sichtweisen eröffnen, Mut und Hoffnung machen, die gegenseitige Bedingtheit von Verhalten verdeutlichen und zu vielfältigen Ideen einladen – das ist eine große Kunst!

Reframing, Verstörung und Externalisierung

»Die Umwelt, wie wir sie wahrnehmen, ist unsere Erfindung.« (Heinz von Foerster 1999, S. 25)

Das *Reframing* wird auch als »Umdeuten« beschrieben und ist eine Technik in der systemischen Beratung und Therapie. Die systemisch arbeitende Kinderschutzkraft bietet einen Perspektivwechsel, eine Änderung der Sichtweise und Beschreibung als Möglichkeitskonstruktion an.

»Die Idee der ›gemeinsamen Konstruktion‹ wird am deutlichsten im sogenannten ›Reframing‹ ausgedrückt – so gesehen eigentlich mehr als nur eine ›Technik‹: Die Wirklichkeit bekommt ihren Sinn erst durch das, was wir in ihr sehen. Und so ist es manchmal weniger nötig, die Dinge zu verändern, als vielmehr die Sichtweisen.« (SG 2022b)

Das Reframing gehört nach Schlippe und Schweitzer (2016) zu den wichtigsten systemischen Interventionen mit der eine Neubewertung einzelner, bislang als negativ bewerteter, störender Verhaltensweisen, Erlebnisweisen oder größerer Interaktionsmuster[82] vor dem Hintergrund eines (neuen) systemischen Bezugsrahmens ermöglicht werden kann. So beschreibt Margret Gröne (1997, S. 49 ff.) das Umdeuten in Bezug auf die Essstörung Bulimie als »Denkpause«, »gutes inneres Barometer« sowie als »positive Symptombewertung«. Die Bulimie wird als »sinnvolle Sicherheitshandlung« oder als »Zeichen für anstehende Entwicklung[en]« (Gröne 1997, S. 216) anerkannt, da hierdurch der systemische Grundsatz zur Anwendung kommt, dass sich positiv konnotiertes Verhalten leichter aufgeben lässt (vgl. Gröne S. 223). Mit den sogenannten »positiven Umdeutungen« wird in der systemischen Praxis versucht, bisherige Muster von negativen Problembeschreibungen, von Selbstanklage und Kritik zu unterbrechen, indem beispielsweise auf bislang unbemerkte »gute Nebenwirkungen« dieser Störungen hingewiesen wird und in manchen Fällen ein Problem sogar als (erste, derzeit noch) bestmögliche »Lösung« gesehen wird (vgl. Schlippe/Schweitzer 2016, S. 312). Man kann diese Gesprächsführung als das »Spinnen von Stroh zu Gold« bezeichnen. So können beispielsweise dem aggressiven Verhalten eines Elternteils im Kontext häuslicher Gewalt unterschiedliche Rahmungen gegeben werden (»Mein Mann ist so aggressiv!«).

---

82 Hiermit sind »Probleme«, »Störungen« oder »Symptome« gemeint.

- *Bedeutungsreframing:* Er fordert Grenzen ein, zwingt die Partnerin, stark zu sein. Es ist eine Form, Nähe und Distanz zu finden. Er ist temperamentvoll und verleiht seinen Gefühlen Ausdruck.
- *Kontextreframing:* Es gibt andere Kontexte, in denen das Problem vielleicht die beste Lösung darstellen würde. Möglicherweise passen der Kontext und die Fähigkeiten nicht zusammen. So könnte er in bestimmten Sportarten besonders glänzen, nur zu Hause passen seine Fähigkeiten nicht zum Kontext.
- *Inhaltsreframing:* Der Streit zwischen den Eltern mit oft damit einhergehendem aggressiven Verhalten durch den Ehemann kann als eine Form beschrieben werden, die Nähe und Distanz innerhalb der Partnerschaft regelt. Wie könnten es die Eltern/der Ehemann schaffen, andere Ausdrucksformen zu finden, die weniger verletzend sind?

Ein anderes Beispiel zeigt, wie man Eltern, die sich über ihr Kind beklagen (»Mein Kind kann sich nicht konzentrieren!«) andere Sichtweise anbieten kann.
- *Bedeutungsreframing:* Etwas anderes ist ihm anscheinend wichtiger. Er scheint ein sehr vielseitiger Junge zu sein.
- *Kontextreframing:* Er ist in der Lage, flexibel auf Neues zu reagieren, zum Beispiel wenn wir ihn zum Stuhlkreis rufen.
- *Inhaltsreframing:* Es wird ihm nie langweilig. Haben Sie eine Idee? Wie könnte er es schaffen, auf andere Weise für Abwechslung zu sorgen?

Durch ein gelingendes Reframing wird einem Sachverhalt elegant eine neue Bedeutung, ein anderer Kontext oder Inhalt zugeschrieben. Durch das Umdeuten wird beispielsweise aus einem »Tagträumer« ein »Kind mit einer reichen Innenwelt« oder ein als »empfindlich« beschriebenes Kind wird eines mit »feinen Antennen« (vgl. Schlippe/Schweitzer 2016).

Sie denken jetzt möglicherweise »Ja, das hört sich ja schön an, aber in der Kinderschutzpraxis ist das nicht so einfach.«. Sie haben Recht und auf der anderen Seite geht es ja darum, Neues oder, besser gesagt, Gelingenderes anzuwenden, um Schutzprozesse für die Kinder zu verbessern. So liegt die vielleicht wichtigste Funktion des Reframings in der *Verstörung von Mustern* und der bisherigen Sicht der Dinge (vgl. Schlippe/Schweitzer 2016). Im zwischenmenschlichen Miteinander entstehen Muster. Diese können hilfreich sein, sie können aber auch als problematisch erlebt werden. Im systemischen Ansatz tritt die Ergründung der Ursachen dieser Musterentstehung und -erhaltung eher in den Hintergrund und es wird versucht, diese Muster zu »verstören«, damit sie nicht wie gewohnt ablaufen und sich neue bilden können (vgl. SG 2022b).

Wir wissen, dass wir im Kinderschutz nicht »wirklich« in ein psychisches System hineinintervenieren können und dementsprechend die Eltern nicht zu einem anderen, für das Kind sicheren oder schützenden Verhalten zwingen können. Was aber möglich ist, ist festgefahrene, schier »betonierte« Sicht- und Verhaltensweisen freundlich, aber beharrlich aufzuweichen, indem wir die Techniken der Verstörung von Mustern und des Reframings nutzen, damit sich die Kommunikation im Kinderschutz entwickeln und entfalten kann (vgl. Schlippe/Schweizer 2019). Da damit möglicherweise eine kurze Verunsicherung der Klienten einhergeht, sollten diese Interventionen in einen sicheren Rahmen (▶ Kapitel 10.7) eingebunden sein, damit die Chance für Entwicklung neuer, konstruktiverer Muster, Kommunikations- und Verhaltensoptionen gegeben ist. Im systemischen Therapie- bzw. Beratungsprozess wird eine Meta-Stabilität geschaffen, in welcher Vertrauen und das Gefühl von Sicherheit entstehen können. Innerhalb dieses stabilen Rahmens werden festgefahrene Denk-, Erwartungs- und Verhaltensroutinen, die das festgefahrene, unerwünschte Muster nähren, verstört (vgl. SG 2022b). Dazu können Sie neben dem Reframing beispielsweise auch die Columbo-Technik nutzen, die nach dem gleichnamigen Fernsehinspektor benannt wurde und bei der es im Grunde darum geht, die Verstörung durch das eigene verstreute oder merkwürdige Verhalten zu inszenieren. Damit sollte jedoch in einem ernsten Kontext wie dem Kinderschutz sehr bedacht verfahren werden. Ansatzweise können jedoch Verzögerungen wie »Das tut mir leid, ich habe gerade den Faden verloren« oder »Jetzt habe ich gerade ein Déjà-vu« dabei helfen, ein nicht funktionales Gesprächsmuster zu unterbrechen.

Die *Externalisierung* von Problemen und unerwünschten Verhaltensweisen ist eine Sprachform des systemischen Beratungsgesprächs und wurde vom australischen Familientherapeuten Michael White entwickelt. Er beschreibt die Bewandtnis dieser Intervention folgendermaßen:

> »Viele Menschen, die therapeutische Hilfe suchen, sind der Ansicht, dass ihre Lebensprobleme Spiegelbilder der persönlichen Identität, der Identität anderer Menschen oder der Identität ihrer eigenen Beziehungen sind. Dieses Problemverständnis beeinflusst und prägt ihre Bemühungen, die Schwierigkeiten zu lösen, doch unglücklicherweise stets mit dem gegenteiligen Effekt, die Probleme noch zu verschlimmern. Dies bekräftigt die Menschen in ihrer Überzeugung, dass sich in ihren Lebensproblemen bestimmte ›Wahrheiten‹ über ihr eigenes Wesen und ihren persönlichen Charakter, über das Wesen und den Charakter anderer Menschen oder ihrer eigenen Beziehungen spiegeln. Kurz gesagt: Am Ende glauben sie, ihre Probleme seien in ihnen selbst

oder in anderen Menschen begründet: dass sie selbst oder andere eigentlich das Problem sind. Und genau diese Annahme lässt sie noch tiefer in den Problemen versinken, die sie zu lösen versuchen.« (White 2010, S. 20)

White entwickelte die Methode des Externalisierens von Problemen in der Arbeit mit Kindern (»Wann lädt ›der Schlingel‹ dich wieder ein?«), indem er versucht, über den sorgsamen Umgang mit Sprache ein Problem und die Identität der Person zu unterscheiden und damit die Muster der Beschreibungen zu verstören. Das Problem/unerwünschte Verhalten

- wird »aus« dem Klienten »herausgenommen« und ihm gegenübergesetzt, z. B. »Wann besucht das ADHS normalerweise Ihren Sohn?«.
- kann als Problem beschrieben werden, wie »die Gewalt«, »Herr Wut«, »Frau Angst« oder bei Symptomen »die Vertraute Bulimie«, »der Sanitäter Alkohol« usw.
- kann in eine kindliche Identität umformuliert werden, wie »der kleine Zappelphilipp«, »das ängstliche Häschen« oder »das stille Mäuschen«.

Das Ziel besteht darin, dass das Kind[83] nicht mit dem Problem oder dem unerwünschten Verhalten gleichgesetzt wird.

»Problemexternalisierende Gespräche können ein Gegenmittel bereitstellen, indem sie das Problem verobjektivieren. Sie sind Methoden der Verobjektivierung des Problems und wirken der kulturellen Praxis der Menschen entgegen. Dadurch können Menschen ihre persönliche Identität losgelöst von ihrem Problem erfahren; das Problem wird problematisiert und nicht die Person. In Gesprächen, welche die Probleme externalisieren, repräsentiert das Problem nicht mehr die ›Wahrheit‹ über persönliche Identitäten, wodurch sich plötzlich Möglichkeiten der erfolgreichen Problemlösung abzeichnen und realisierbar erscheinen.« (White 2010, S. 20)

Es zeigt sich in der Praxis, dass das *Externalisieren von Problemen* unter anderem
- unproduktive zwischenmenschliche Konflikte einschließlich der Diskussionen darüber, wer für das Problem verantwortlich ist, entschärft;
- das Gefühl des Versagens, das in vielen Menschen als Reaktion auf den Fortbestand des Problems auch nach vergeblichen Lösungsversuchen eintritt, abschwächt;
- den Weg für eine Zusammenarbeit der Betroffenen ebnet, indem diese sich nun gegen das Problem und seinen Einfluss auf ihr Leben zusammenschließen;

---

83 Bzw. der Klient oder die Klientin.

- den Betroffenen neue Möglichkeiten eröffnet, um ihr Leben und ihre Beziehungen aktiv von dem Problem und dessen Einfluss zu befreien;
- Menschen für eine gelassenere, effektivere und weniger belastende Behandlung »todernster« Probleme freimacht und
- Möglichkeiten zum Dialog statt zum Monolog über das Problem schafft (vgl. White/Epston 1998).

> **!** Die Externalisierung von Problemen und/oder unerwünschten (kindeswohlgefährdenden) Verhaltensweisen beinhaltet eine Reihe von Techniken, mit denen man die Reorientierung dadurch erreichen möchte, dass man dem Klienten eine Außenansicht seines Problemverhaltens ermöglicht.

Beispielformulierungen können sein: »Wenn sich Ihre Tochter vor Ihnen schützen will, gelingt ihr das leichter mit oder ohne Magersucht?« oder »Wenn die Gewalt Ihre Familie plötzlich verlassen würde, bei wem würde sich dadurch am meisten verändern?« (vgl. Simon/Weber 2012).

Geschichten erzählen – Storytelling

> »Kindern erzählt man Geschichten, damit sie einschlafen –
> Erwachsenen, damit sie aufwachen.« (Jorge Bucay)

Es gab in diesem Buch schon an einigen Stellen (▶ Kapitel 6.2) den Hinweis auf den Effekt von narrativen Methoden. Aus systemischer Perspektive nutzen wir alle Geschichten. Max Fisch schreibt in seinem Roman »Mein Name sei Gantenbein«, dass jeder Mensch sich früher oder später eine Geschichte erfindet, die er für sein Leben hält. Wir können diese jedoch auch als strategisch-systemisch Methode im Kinderschutz einsetzen, wie für ein Reframing oder in anderen Situationen, indem wir kleine, passende, stärkende oder »verstörende« Geschichten erzählen. Hier ein Beispiel, das ich bereits in abgewandelter Form in Beratungen genutzt habe, wenn es darum ging, in Bezug auf Gewalt eine unterschiedliche Perspektive einzuführen:

> »In einem Gespräch klagt der Vater über seine beiden Töchter: ›Ich finde es unerträglich, sie haben ständig Streit! Die Türen knallen und wie die miteinander reden, furchtbar!‹ – ›Wie war das bei Ihnen zu Hause?‹ – ›Oh, da gab es das nicht. Mein Vater war so streng, er hat uns hart geschlagen, mein Bruder und ich mussten uns verbünden und fest zusammenstehen! Darum finde ich das ja auch so schlimm, dass die beiden so anders sind.‹ – ›Sie

waren damals so eine Art Notgemeinschaft. Sind Sie denn auch so streng?‹ – ›Nein, ich weiß, wie es ist, geschlagen zu werden, und darum habe ich mir geschworen, meine Kinder nie zu schlagen, und das habe ich auch geschafft.‹ – ›Dann könnte man ja fast sagen, dass es ein ›Kompliment‹ ist, wenn Ihre Töchter sich ständig streiten. Sie zeigen, dass sie jedenfalls keine Notgemeinschaft bilden müssen, sondern dass sie in Ruhe lernen können, wie man harte Auseinandersetzungen führt.‹ Der Gesichtsausdruck des Vaters ›kippt‹ um in Verblüffung: ›So habe ich das noch nie gesehen – ja, stimmt, es ist ein Kompliment an mich, ein Kompliment!‹« (Schlippe/Schweitzer 2016, S. 313)

Storytelling als komplexere Intervention des Geschichtenerzählens (vgl. Lindemann 2023, S. 99) kann sowohl für einen beruhigenden, stressreduzierenden Zweck genutzt als auch für einen aufweichenden, perspektivgebenden Effekt eingesetzt werden. Viele von uns haben es als Kinder geliebt, Geschichten erzählt zu bekommen. Diesen Effekt von Geschichten, die mit »Vor langer, langer Zeit« oder »Ich kannte einmal eine Familie« beginnen, können wir auch bestens im Kinderschutz nutzen. Es ist durchaus hilfreich, sich ein kleines Repertoire an Geschichten, Anekdoten, Gedankenexperimenten, Witzen usw. zuzulegen, die für Sie je nach Kontext und Beratungssituation passend sind (vgl. Lindemann 2023, S. 99 f.).

! Mithilfe von Geschichten können wir auf Unterschiede hinweisen, neue Perspektiven und Lösungsideen einführen oder unsere *Haltung der Hoffnung* nach dem Motto »Es gibt immer einen Weg« verdeutlichen.

8.3 Reflektierende und perspektivgebende Methoden

»Du hast recht aus deiner Sicht, ich hab' recht aus meiner Sicht.«
(Jürgen Hargens 2011, S. 20)

Aus den Aussagen des radikalen Konstruktivismus und des sozialen Konstruktionismus heraus entsteht die Idee, dass es möglich ist, »die Welt« aus unterschiedlichen Perspektiven zu sehen und sich auf den ersten Blick gleichenden Dingen und Begebenheiten sehr unterschiedliche Bedeutungen zu geben, wenn wir davon ausgehen, dass wir unsere Wahrnehmung der Welt in unseren Interaktionen mit dieser Wahrnehmung übereinstimmend zum Ausdruck bringen (vgl. Hargens 2022, S. 20). Wie Hargens beziehe auch ich diese Sicht auf das, was ich in diesem Buch schreibe, was weder richtig noch falsch ist, sondern eine Vielzahl von Möglichkeiten und Perspektiven anbietet, im Kinderschutz zu agieren. Auch die aus der Kommunikationstheorie stammende Grundannahme, die besagt, dass die Empfängerin die Bedeutung der Botschaft bestimmt, ist bedenkenswert (vgl. Hargens 2022). Die folgenden Methoden bringen ein wenig »Spiel« in das klare Vorgehen/Verfahren und die Methodik in einen systemisch agierenden Kinderschutz, um Prozesse zu bereichern und festgefahrene Situationen wieder geschmeidiger zu machen.

Reflektierendes Team

> »Es hat den Anschein, als seien wir gerade dabei, etwas aus dem zu machen, was einfach genug ist, um zu funktionieren, kreativ genug, um hilfreich, klein genug, um transportabel und billig genug, um anwendbar zu sein – und mit genügend Überraschungen, so dass unsere Neugier lebendig bleibt.« (Andersen 2011, S. 170)

Die Methode des klassischen »Reflecting Teams« (RT) wurde von dem norwegischen Psychiater und Psychotherapeuten Tom Andersen entwickelt (2011) und kann in angepasster Form sehr nützlich sein. Die Möglichkeit des Reflektierens im Kontext des Kinderschutzes kann dabei helfen, das Beobachtete oder das Kommunizierte zu verdichten, erlaubt die Verbindung mit vorhandener Erfahrung und bestehendem Wissen und ermöglicht dadurch den Übergang des Neuen in den eigenen Kontext (vgl. Caby 2016). Die folgenden zwei Abbildungen verdeutlichen das klassische Setting. Auf der ersten Abbildung hören die Fachkräfte des RT zu, während das »Beratungssystem« spricht.

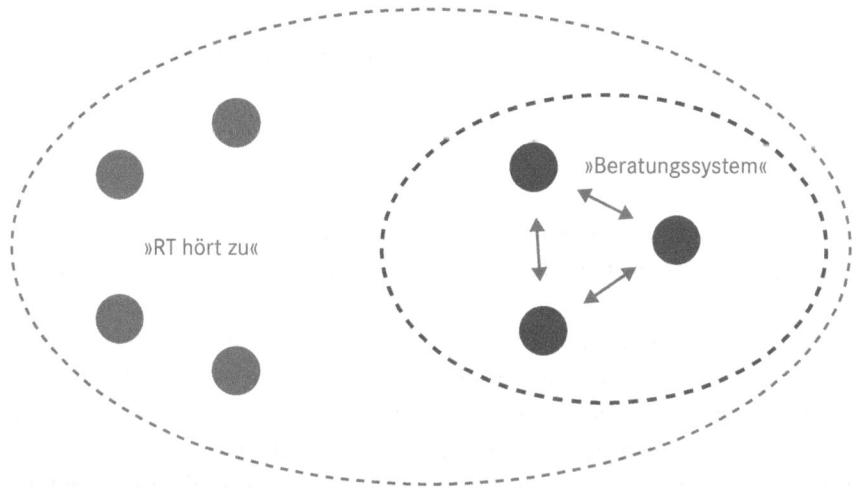

Abb. 16: Das »Reflecting Team« hört dem »Beratungssystem« zu

Nun wird durch die gesprächsführende Fachkraft ein »Break« eingeführt und eine Überleitung an das RT formuliert. Jetzt hört das Beratungssystem zu, während das RT miteinander über das Gehörte spricht.

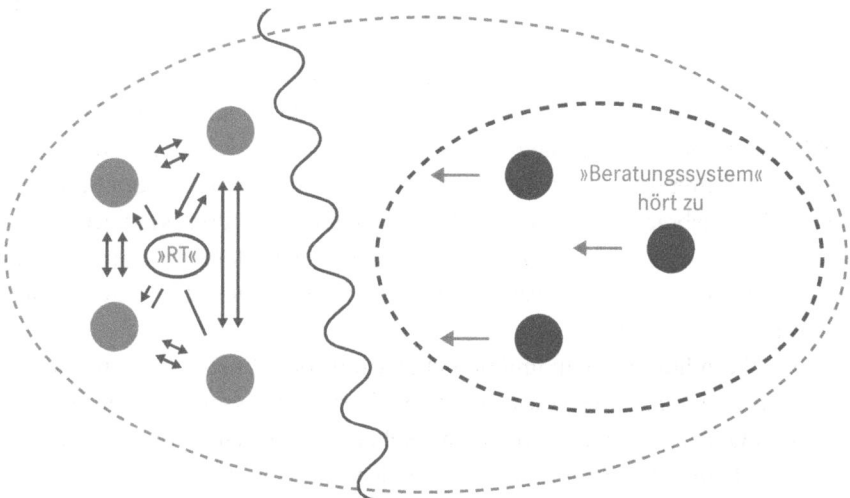

Abb. 17: Das »Reflecting Team« spricht über das Gehörte

Da das klassische Setting ein Team im Außenkreis oder hinter einer Einwegscheibe vorsieht, was im Kinderschutz keine realistische Voraussetzung darstellt, wird diese Methode in seiner Komplexität reduziert genutzt. Quasi »sandgestrahlt« ist sie im Kinderschutz sehr nützlich, wie nachfolgend anhand eines Gespräches mit vier Personen (zwei Kinderschutzkräfte und die Eltern) dargestellt.

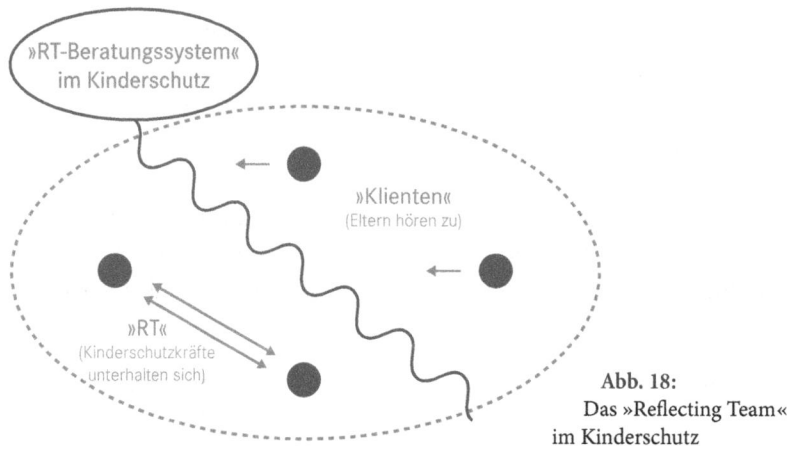

Abb. 18: Das »Reflecting Team« im Kinderschutz

Wenn das Gespräch zu zweit geführt wird, kann die eine Person als fallführende Kinderschutzkraft die Hauptgesprächsführende (Interviewerin) und die zweite Fachkraft die Position des RTs vertreten. Oder, wie oben dargestellt, können beide gemeinsam in das RT gehen. In jedem Fall werden die Eltern eingeladen, zuzuhören (müssen es aber nicht).

Sollten die Gespräche im Kinderschutz in Einzelfällen allein geführt werden, wie es aus Ressourcengründen beispielsweise in den Jugendämtern zum Geschäft gehört, kann das RT als Dialog des »inneren reflektierenden Teams« durch die Gesprächsführende genutzt werden. Durch einen mit der jeweiligen Situation in Einklang gebrachten Einsatz des RTs können für den Prozess folgende Vorteile, neue Aspekte und Entwicklungen entstehen (vgl. Herwig-Lempp 2022):

- Es können *neue Perspektiven* von außen konstruiert, eingeführt und genutzt werden.
- Die Eltern hören nur zu und brauchen (und sollen) nicht direkt reagieren.
- Aus der *Distanz* können die zuhörenden Eltern dem Gespräch folgen, leichter ihren Gedanken und Gefühlen nachgehen sowie eigene Ideen entwickeln.
- Es bleibt die *Entscheidung* der zuhörenden Eltern, was sie aufgreifen wollen und was nicht (Papierkorb[84]).
- Mit der Nutzung des RTs wird die *Autonomie* der Eltern gestärkt sowie die Idee der *Perspektivenvielfalt,* nach der man von vielen Seiten auf etwas sehen kann und es nicht die eine richtige Sicht gibt, gelebt und aktiviert. Besonders in festgefahrenen Situationen kann dies das Dilemma deutlich machen und gleichzeitig einen Möglichkeitsraum eröffnen.

Die gesprächsführende Kinderschutzkraft kann entweder mit einer Frage oder mit einer Ankündigung zur Kollegin überleiten.

»Ich würde gern von meiner Kollegin hören, was ihr durch den Kopf geht. Sie können sich zurücklehnen und zuhören, wenn Sie mögen. Aus dem Gesagten können Sie für sich interessante Aspekte ›herauspicken‹, so wie aus einem Buffet die Leckerbissen. Den Rest können Sie getrost in den Papierkorb schmeißen.«

Auch hier gilt die Devise, dass ein wenig *Humor und Leichtigkeit* (▶ Kapitel 10.7) durchaus hilfreich sein können. Wieviel und welche Inhalte entscheiden Sie situativ mithilfe Ihres »beraterischen Drahts« (▶ Kapitel 10) zu den Klienten.

---

84 Hier bietet sich besonders die Nutzung des »systemischen Papierkorbs« (▶ Kapitel 8.1) nach dem Motto »Was davon war nützlich oder interessant für Sie? Den Rest können wir getrost in den Papierkorb schmeißen« an.

Herwig-Lempp empfiehlt den Einsatz des RTs nach folgenden Kriterien zu gliedern (vgl. 2022, S. 413):
- *Beobachtungen* zum Gesprächsverlauf und zum Inhalt (Beschreibungen, Erklärungen, Lösungen und Lösungsversuche, Ausnahmen und Annahmen),
- *Komplimente* für die Eltern und andere Beteiligte und ggf. auch für die gesprächsführende Kinderschutzkraft,
- *Hypothesen* zum Anliegen beziehungsweise Thema (Risikofaktoren, Ressourcen, zu erwartende Entwicklungen),
- *Ideen* und Anregungen (bitte keine Ratschläge ☺).

Für den Einsatz des RTs im Kinderschutz können Sie die nachfolgenden *Grundsätze* beherzigen (vgl. Andersen 2011, Herwig-Lempp 2022, Caby 2016):
- Wenn Sie als die beiwohnende Fachkraft partiell die Funktion des RTs übernehmen möchten, befinden Sie sich, solange Sie nicht gefragt werden, im »Stand-by-Modus« in einer *Haltung der Neo-Abstinenz*.[85] Das bedeutet, sie reagieren nicht auf Gesagtes, mischen sich nicht ein und reden nur, wenn die Gesprächsführende zu Ihnen überleitet.
- Sobald die gesprächsführende Kinderschutzkraft die Familienmitglieder fragt, ob Sie die Reflexionen des RTs hören wollen (das ist nicht selbstverständlich), können Sie wie bei einer *Staffelübergabe* übernehmen, bis die Hauptgesprächsführende diese Phase wieder beendet.
- Hören Sie gut zu und beziehen Sie sich immer nur auf das, was Sie selbst gehört und verstanden haben oder was Ihnen gerade durch den Kopf geht. *Beschreiben Sie Annahmen und Beobachtungen,* keine Wahrheiten.
- *Sprechen Sie ausschließlich mit Ihrer Kollegin* – oder, wenn Sie allein sind – mit sich! Schauen oder sprechen Sie auf keinen Fall die Eltern an und zeigen Sie beim Sprechen auch nicht auf sie. Die Eltern wohnen diesem Gespräch nur als »Mäuschen« bei (wenn sie möchten). Sprechen Sie generell nur in der dritten Person über die Eltern. Wenn Sie allein agieren, könnten Sie das RT beispielsweise einleiten mit: »Ich werde jetzt mal mit meinem inneren Team reflektieren. Sie sind eingeladen, zuzuhören, wenn Sie möchten. Ich werde Sie anschließend fragen, ob etwas davon Sinn für Sie ergibt.«
- Kommentieren Sie möglichst nur in der *Frageform,* da dies es ermöglicht, Hypothesen in den Raum zu stellen, die nicht auf Annahme oder Ablehnung hinauslaufen. Diese Kommunikationsform regt die Eltern dazu an, Dinge

---

85 *Neo-abstinentes* Arbeiten meint in diesem Kontext eine (wieder) beachtete Enthaltsamkeit im Prozess im Sinne von zurücklehnen, beobachten (auch aus der Metaebene) und, sobald die gesprächsführende Fachkraft das Wort erteilt, die eigenen Ideen in der u. a. Form zu (re)formulieren und ggf. zu paraphrasieren.

neu zu betrachten und den Möglichkeitsraum zu erweitern. Diese Regel, dass Kommentare grundsätzlich nicht als Aussagen (oder Ratschläge), sondern immer als Fragen formuliert werden, ist von entscheidender Bedeutung.

- Kommentieren Sie *beobachterbezogen.* »Ich habe gehört, … und frage mich, ob …« »Ich habe beobachtet, …, und denke nun über die Frage nach, wie …« Betonen Sie dadurch die Subjektivität Ihrer Beobachtung (keine Beobachtung ohne Benennung dessen, der beobachtet: »Ich …«).
- Kommentieren Sie *beobachtungsbezogen.* »Ich habe gehört …« »Ich habe gesehen …« »Mir fiel auf, dass …« Nutzen Sie »O-Töne«, indem Sie sich dabei möglichst wörtlich auf das beziehen, was (und wie es) von den Eltern gesagt wurde.
- Sprechen Sie mit Respekt von den beobachteten Menschen, verwenden Sie *wertschätzende Formulierungen* und *Komplimente.* Vermeiden Sie negative oder gar abfällige Beschreibungen (auch von Nichtanwesenden).
- Nutzen Sie eine *lösungsorientierte Perspektive,* wie »Ich könnte mir vorstellen, dass …«, »Ich frage mich, ob zukünftig …«.
- Bringen Sie über Ihre Kommentare neue *Ideen und Vorschläge* ein (so wenig wie möglich, so viel wie nötig), wie »Ich überlege gerade, ob es eine Möglichkeit wäre, …«, »Möglicherweise wäre es eine Idee …«, »Vielleicht könnte …«. Verwenden Sie dabei möglichst die Frageform: »Ich frage mich, was geschehen würde, wenn …«, »Ich überlege mir gerade, ob man das auch so sehen könnte, dass …«.
- Achten Sie als reflektierendes Teammitglied darauf, möglichst *viele unterschiedliche Sichtweisen,* Kommentare und Anregungen zu entwickeln – wenn Sie selbst in den Flow kommen, ist es gut. Im Team (mit mehreren Personen im RT) ist dies einfacher als allein. Sobald Sie einige »Trockenübungen« gemacht haben, funktioniert es auch im »Kinderschutzmodus« sehr gut.
- Egal, ob Sie allein oder mit Kollegen im RT interagieren, achten Sie darauf, in einen *Dialog* zu kommen. So, als ob Sie locker miteinander plaudern, statt jeweils lange zu monologisieren. Damit können Sie sich gegenseitig (und auch allein) besser zu weiteren Kommentaren und Ideen anregen: »Dazu fällt mir ein …«, »Das bringt mich auf eine Idee …«, »Das inspiriert mich zu folgender Frage …«.
- Konstruieren Sie *Gegensätze* und *Widersprüche,* denn damit bedienen Sie mögliche Polaritäten und Ambivalenzen im System: »Vielleicht habe ich bisher nur die eine Seite der Medaille betrachtet und …«, »Ich überlege gerade, ob nicht sogar das Gegenteil zutreffen könnte, dass …«.

- Es geht beim RT nicht um »richtig« oder »falsch«, sondern um die Bereitstellung (Buffet) eines möglichst breiten Spektrums der *Ideenvielfalt* und Vervielfältigung möglicher Perspektiven.

Die Methode des reflektierenden Teams hat sich im systemischen Feld einen wichtigen Platz erobert und so gehört es auch – an das jeweilige Setting angepasst – ganz selbstverständlich zu einem *systemisch handelnden Kinderschutz* dazu. Das Reflektieren kann als perfektes Beispiel für die systemische Haltung gelten, die Wertschätzung für die Unterschiede zum Ausdruck bringt, die Unterschiede machen.

Kinderschutzbrett

Abb. 19: Kinderschutzbrett

»Das Familienbrett ist ein Mittel für die Kommunikation über soziale Systeme [und stellt] einen Rahmen für (Meta-)Kommunikation dar.« (Ludewig/Wilken 2000, S. 163)

Das *Familienbrett* (vgl. Ludewig/Wilken 2000), was zuweilen auch als *Systembrett* (Polt/Rimser 2011) bezeichnet wird, betitele ich in diesem Methodenteil als »Kinderschutzbrett«, um den Fokus ganz klar zu setzen. Es bietet die Möglichkeit, eine neue Perspektive einzunehmen. Die Methode kann sowohl in der Beratung von Kinderschutzkräften als auch von Kindern, Eltern oder Familien eingesetzt und muss je nach Kontext angepasst werden. Wenn Sie nicht geübt darin sind, ist es grundlegend wichtig, die Anwendung vorher in einer Fortbildung und mit Kolleg:innen zu üben, um wirklich sicher in der Anwendung des Kindeschutzbretts zu sein.

Es gelten die folgenden *Regeln*[86]:
- Es muss ein festgelegtes Feld geben. Dafür bieten sich die marktüblichen Familienbretter an. Es können aber auch beispielsweise ein Feld auf dem Tisch abgeklebt und Gegenstände, wie bspw. Tassen oder andere Utensilien, benutzt werden.
- Es können auch Ressourcen, Symptome, Institutionen, Probleme, Gewalt, Missbrauch usw. aufgestellt werden.
- Die aufstellende Person darf als einzige in das Bild greifen und Änderungen vornehmen.
- Der zielführende Fokus und der übergeordnete Auftrag dieser Methode ist

---

86 Verändert und angepasst nach HSI 2014.

der Schutz des Kindes oder der Kinder. Dies ist anders als bei der üblichen methodischen Arbeit mit dem Familienbrett.

Falls man die Methode beispielsweise mit Eltern anwenden möchte, kann entweder ein Elternteil die aktuelle Situation aufstellen oder man benötigt zwei voneinander getrennte Kinderschutzbretter. Folgende Abfolge ist empfehlenswert:

1. Lösungsbild ↧
2. Lösungsbild ↧
3. Schutzbild

Die gesprächsführende Fachkraft lädt die Teilnehmer ein, ihr Bild von der aktuellen Situation (Status quo) auf dem Brett darzustellen. Dabei nutzt diese Person die zur Verfügung stehenden Figuren[87] und achtet auf Nähe, Distanz und Blickrichtung der einzelnen Positionen. Nun stellt die Person gemäß des eigenen inneren Bildes auf. Die Gesprächsführende betrachtet mit der aufstellenden Person das Bild und lässt diese noch einmal schauen, ob Abstände und Blickrichtungen so nach ihrem Ermessen sind und ob noch etwas fehlt. Grundsätzlich gilt bei diesen Aufstellungen die Devise »weniger ist mehr« (Reduktion von Komplexität) und die Lösung ist eher in einem kleinen System zu finden. Wenn von der Aufstellerin keine Veränderungen mehr vorgenommen werden, wird das Bild »eingefroren«.

Es folgen die Betrachtung aus der Außenperspektive (möglichst von allen Seiten) und die Hypothesen über die Vor- und Nachteile einer jeden Position (Wer hat wen im Blick, wen nicht?) sowie der Ideenaustausch zum zielführenden Fokus (Schutz des/der Kind/er). Danach wird dieses Bild als »1. Lösung« des Systems wertgeschätzt (Beispiel: linkes Bild in Abb. 20).

Danach kann sich die Aufstellerin für die eigene Figur einen »besseren Platz« suchen. Möglicherweise gibt es auch mehrere Plätze, die sich dann zu dem besten Platz entwickeln. Dazu hat sie Zeit, bis dieser gefunden ist. Wie im richtigen Leben können wir nur uns verändern, nicht andere. Dieses Prinzip gilt auch hier. Dies ist das »2. Lösungsbild« (rechtes Bild in Abb. 20).

---

87 Die Aufstellerin wählt für die aufzustellenden Personen und für besondere Kontextinhalte (Gewalt, Missbrauch, Schutz) aus der Auswahl an Figuren und Utensilien die für sie passenden Repräsentant:innen aus. Die gesprächsführende InsoFa führt durch den Prozess.

Abb. 20: Kinderschutzbrett mit 1. Lösung und 2. Lösung

Danach folgen erneut die Sicht aus der Außenperspektive sowie das Bilden von Hypothesen und Ideen. Es kann auch überlegt werden, welche Auswirkungen diese Veränderung(en) auf die restlichen Positionen und auf den Zielfokus »Kinderschutz« haben könnte(n).

Abb. 21: Kinderschutzbrett mit 3. Schutzbild

Für das »3. Schutzbild« wird der *Fokus auf den Kinderschutz* gerichtet. Es spielt nun keine Rolle mehr, welcher Platz gut ist.

Es wird versucht, eine Lösungsperspektive für den Schutz der Kinder oder des Kindes einzunehmen (Beispiel: Abb. 21).

Dazu können Sie beispielsweise die folgenden Fragen nutzen:
- »Welche Aspekte ergeben sich für den Schutz Ihrer Kinder/den Kinderschutz?«
- »Wo ist der sichere Ort für dich in deiner Familie? Wo ist ein guter Platz für dich?«
- »Wie können Sie das Schutzrecht Ihres Kindes/Ihre Kinder auf gewaltfreie Erziehung nach der UN-Kinderrechtskonvention sicherstellen?«
- »Wie können Sie dafür sorgen, dass Ihr Kind/Ihre Kinder gewaltfrei und sicher in Ihrer Familie lebt/leben?«
- »Wie können Sie Ihr Kind/Ihre Kinder schützen? Ist Ihre jetzige Position dafür geeignet? Sehen Sie Ihre Kinder aus der jetzigen Position? Müssten Sie dafür Ihre Position verändern? Wie ist es jetzt? Welche Veränderungen könnte dies für ... haben?«

Sollte das Kind aufstellen (Familiensetting), kann es sich selbst einen Platz suchen. Arbeiten Sie nur mit den Eltern, dürfen diese die Position des Kindes nicht physisch einnehmen, um zu verdeutlichen, dass ihre Kinder nur selbst ihren Platz ändern können. Im Familiensetting können Sie die aufstellenden Elternteile fragen, ob sie sich für einen besseren »schützenden Platz« noch einmal verändern würden. Die moderierende Fachkraft entscheidet je nach Prozess und Kontext, ob dieser noch umgesetzt wird oder aber nur gedanklich bleibt.[88]

Reflektierende Fragen zum Abschluss können sein (vgl. HSI 2014):
- »Was war neu?«
- »Was ist offengeblieben?«
- »Welche interessanten Fragen ergeben sich möglicherweise daraus?«
- »Was nehmen Sie mit?«

Diese Fragen können an alle teilnehmenden Familienmitglieder gestellt werden, an die aufstellende Person zuerst. Es kann aber, je nach Kontext, auch nur das aufstellende Familienmitglied befragt werden. Dies bietet sich an, wenn das Kind die aufstellende Person ist. Dann sollte die Aufstellung mit dem Kinderschutz-

---

88 Es ist empfehlenswert, im Familiensetting mit der Entscheidung und dem letzten Positionswechsel des Kindes zu enden, um die Schutz-, Förder- und Beteiligungsrechte des Kindes deutlich zu machen und im Prozess abzubilden. In der Fachkräfteberatung liegt der Fokus im 2. Lösungsbild darauf, wie sie selbst ihre Position verändern und was sich daraus im familiären System für autopoietische Veränderungen ergeben (Hypothesenbildung). Das 3. Schutzbild fokussiert in jedem Setting ausschließlich Veränderungen für den Schutz des Kindes/der Kinder.

brett zeitlich und inhaltlich an das Alter und den Entwicklungsstand des Kindes angepasst werden. Es besteht auch die Gefahr, dass die Eltern das Ergebnis des Kindes im Anschluss »zerreden« oder negieren. Es ergibt hier möglicherweise Sinn, die Inhalte wirken zu lassen und mit in das nächste Gespräch zu nehmen. Es ist auch möglich, dass man die Methode nur verkürzt zur Visualisierung von Aspekten nutzt.

Schutzraum und Schutzlinie

»Was immer ich tue, verändert die Welt!« (Heinz von Foerster)

Einen reflektierenden und perspektiverweiternden Effekt finden wir auch bei Methoden, die ein inneres Bild oder einen Prozess in ein Bild externalisieren. So kann man besonders gut innere Zustände, wie einen sicheren Ort oder einen Schutzraum, mit Bildern oder anderen Gegenständen visualisieren und verankern. Durch das legen der Gegenstände auf dem Tisch oder auf dem Boden kann aus der Außenperspektive reflektiert werden, was diese Position bewirkt.

Abb. 22: Ein Schutzraum (links) und ein Schutzraum mit Schutzlinie (rechts)

Wenn ein Kind oder ein Jugendlicher einen Schutzraum für sich legen kann (rechtes Bild, dort mit innerer Schutzlinie) und dabei beschreiben kann, wie es dort sein soll, damit sie oder er sich sicher fühlt, hat dies eine andere Wirkung als lediglich darüber zu sprechen. Sie oder er erfährt es umfassend über die eigene Wahrnehmung, die Perspektive durch das Legen der Gegenstände macht etwas sichtbar, dass sich aus dem Prozess entwickelt. Diese Methode kann ebenfalls mit Fachkräften, Eltern oder der gesamten Familie genutzt werden.

Der »Schutzraum« kann völlig flexibel entwickelt werden und wirkt vor allem, indem ein individueller Raum geschaffen wird, innerhalb dessen sich das jeweilige Familienmitglied, das diesen Raum legt, sicher fühlt. So kann sich

beispielsweise das Kind mit den Eltern mithilfe von langen Bändern oder Seilen verbinden und damit den Abstand bestimmen:
- Wer darf wie weit an mich heran?
- Wer soll wohin?
- Gibt es Grenzen?
- Wie sehen die Grenzen aus? Sind sie stabil/unüberwindbar oder flexibel? Wer kann sie verändern?

Die Familie ist über die Bänder fest verbunden und dieses »familiäre Band« kann und darf nicht getrennt werden. Das Kind bestimmt dabei Nähe und Distanz.

Mithilfe der »Schutzlinie« können zeitliche Schritte und Prozesse abgebildet werden. Es ist aber auch möglich, die Geschichte einer Familie in einer Familienlinie[89] abzubilden. Ziel und Fokus beider Methoden, die miteinander kombiniert werden können – Ihrer Kreativität und Vielfalt sind hier keine Grenzen gesetzt –, sind ganz klar der *Schutz der Kinder* und die Gewaltfreiheit in der Familie. Beide Methoden stärken und stabilisieren vor allem die Kinder, die hier bestimmen können, und bilden dabei perspektivisch und bildlich das Recht der Kinder auf Schutz vor Gewalt ab. Sie sind gut mit Familien umsetzbar, da sie die Kinder miteinbeziehen, können aber natürlich auch mit den Eltern allein angewendet werden.

Die Kinderschutzwolke

»*Ich stehe mit beiden Beinen fest in den Wolken.*« (Hermann van Veen)

Eine reflektierende und perspektivgebende Methode aus der Metaposition bietet die »Kinderschutzwolke«. Dazu bittet man den oder die aufstellenden Personen, aufzustehen, sich im Raum einen Platz zu suchen und sich vorzustellen, von einer (Kinderschutz-)Wolke herabzublicken.
- *Kind/Kinder:* »Bitte stell dir vor, dass du dich ganz oben auf einer Wolke befindest und von oben dich und deine Familie beobachtest ... Was siehst du? Was benötigst du, um dich in deiner Familie/Pflegefamilie sicher zu fühlen? Wer müsste was machen? Was könntest du tun, damit du sicher bist? Wer soll dich unterstützten? Was müsste ich als Jugendamtsmitarbeiterin

---

89 Hier wird wie in einem Familienalbum dargestellt, wie die Geschichte der Familie ist, wann die Eltern sich kennengelernt und die Kinder geboren wurden, wann es Trennungen gab usw. Die Familie kann Bilder und Gegenstände dafür mitbringen oder es wird mit Moderationskarten und anderen Utensilien gearbeitet.

tun? Was soll ich mit deinen Eltern besprechen? Was siehst du, damit du sagen kannst ›Ich lebe an einem sicheren Ort, an dem ich mich wohlfühle‹?«
- Eltern: »Bitte schauen Sie von oben auf Ihre Familie, was sehen Sie? Wie geht es Ihrem Kind? Lebt es gewaltfrei oder ist es Zeuge von Gewalt? Was braucht Ihr Kind, um sicher und geschützt zu sein? Was brauchen Sie dazu? Was denken Sie, wie das Jugendamt (wie ich) die jetzige Situation sieht? Was können Sie tun, damit Ihr Kind sicher ist? Wie müssten Sie handeln? Was würde dies verändern? Was würde das für Sie verändern? Wie sieht es aus, wer macht was? Sind dann alle Personen in der Familie oder muss jemand gehen? Braucht es bestimmte Regeln und Grenzen? Was verändert sich in Bezug auf Nähe und Distanz zwischen wem?«

Probieren Sie es doch einfach kurz aus: Stehen Sie auf, suchen Sie sich einen Platz und reflektieren Sie von der Kinderschutzwolke zu einem Fall oder einem Kind, der/das Sie gerade beschäftigt.
- *Wie sieht es von oben aus?*
- *Was sehen Sie von hier anders?*
- *Was gibt es für Neuigkeiten?*

Sie können methodisch und kontextsensibel für alle Settings »spielen«.

Es geht bei der *Kinderschutzwolke* methodisch darum, eine neue reflektierende (Meta-)Perspektive für die Klienten einzuführen und damit einen neuen Möglichkeitsraum zu eröffnen.

Den Körper fragen: Bauch – Herz – Kopf

»Ohne Körper könnten Sie dieses Buch nicht lesen.«
(Gabriela von Witzleben 2022, S. 7)

Diese reflektierende und perspektivgebende Intervention bildet den Abschluss des Methodenteils und sollte auf keinen Fall fehlen. Sie ist wie ein kleiner »systemischer Brühwürfel« (vgl. Bohne 2019), denn sie ist schnell, einfach und effektiv einsetzbar. Fragen Sie beispielsweise die Eltern, was ihr Körper zu der aktuellen Situation oder zu den besprochenen Maßnahmen (Schutzvereinbarung o. ä.) sagt, denn der lügt nie.

Folgende *Fragen* an den Körper der Klienten können handlungsleitend sein (vgl. Bohne 2020, 2021; Witzleben 2019, 2022):

- »Was sagt Ihr *Bauch* zu der jetzigen Situation? (Wie) Bleibt Ihre Autonomie/Freiheit/Entwicklung befriedigt, wenn ich mich als Jugendamtsvertreterin nun in Bezug auf den Kinderschutz einschalte?«
- »Was sagt Ihr *Herz*? (Wie) Bleibt Ihr Bedürfnis nach Beziehung/Bindung befriedigt, wenn ich jetzt eine Meldung an das Jugendamt machen werde?«
- »Was sagt Ihr *Kopf*? Wie fühlt er sich an und wie ist es im Körper? Was sagt er Ihnen in Bezug auf Ihr Grundbedürfnis nach Schutz/Sicherheit/Orientierung in der aktuellen Situation?«

Für den methodischen *Einsatz mit Kindern* können Sie die Formulierungen je nach Alter, Kontext und Entwicklungsstand anpassen, wie beispielsweise:
- »Wie geht es deinem ›Bauch‹? Wie fühlt er sich an, wenn du an Papa und Mama denkst?«
- »Wie fühlt sich dein ›Herz‹ an? Ist es leicht, schwer, traurig, froh oder gibt es eine andere Beschreibung, wenn du an das denkst, was du mir gerade erzählt hast?«
- »Was denkt dein ›Kopf‹? Wie fühlt sich dein Kopf an, macht er sich Sorgen, hat er Schmerzen, hat er den Überblick, fühlt er sich sicher?«

Es müssen nicht immer alle Bereiche abgefragt werden, manchmal hilft bereits der Fokus auf eine Körperregion und das dazugehörige Grundbedürfnis, das in diesem Kontext gerade wichtig ist. Sie können diese Methode auch mit einer kleinen Aufstellung verbinden und für Bauch, Herz und Kopf jeweils Bodenanker in Form von Moderationskarten oder anderen Utensilien legen.

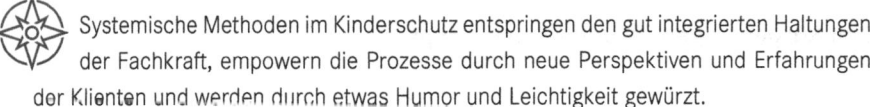
Systemische Methoden im Kinderschutz entspringen den gut integrierten Haltungen der Fachkraft, empowern die Prozesse durch neue Perspektiven und Erfahrungen der Klienten und werden durch etwas Humor und Leichtigkeit gewürzt.

Kapitel 9

Entscheidungskompass – systemische Diagnostik im Kinderschutz

»Jede Beobachtung erzeugt
Beobachtetes und Nichtbeobachtetes.«
(Niklas Luhmann 2000, S. 127)

Ich möchte an dieser Stelle noch einmal an die handlungsleitende Hypothese (▶ Kapitel 1) von Marie Louise Conen, die ich am Anfang dieses Buches platziert habe, erinnern, dass wir als Kinderschutzkräfte und InsoFas Kindeswohlgefährdungen auch als erste Lösungsversuche der Eltern und des Systems verstehen können. Aus dieser Perspektive erscheinen diese nicht als das Problem, sondern eher als Versuche, dieses zu lösen. Aus einer systemisch-autopoietischen Betrachtungsweise starten wir nun in das weite Feld der Diagnostik im Kinderschutz. Damit ist hier explizit nicht die medizinische Diagnostik bei Kindesmisshandlung (vgl. Herrmann/Dettmeyer/Banaschak/Thyen 2016) und im Kinderschutz gemeint, sondern die durch psycho-soziale Kinderschutzfachkräfte.

Wir alle wünschen uns, dass die Diagnostik im Kinderschutz eindeutig, klar und verlässlich ist. So als ob wir mit unserem professionellen Blick alles, was im jeweiligen familiären System oder der betroffenen Institution geschieht, erfassen und dann die »richtige« Entscheidung zum Wohl des Kindes treffen könnten. Diverse Ablaufpläne, Checklisten, Matrizen und Ampelbögen suggerieren uns eine (un)bestimmte Sicherheit, die wir uns so sehr wünschen. Das systemische Denken allerdings gießt uns hier Wasser in den Wein. Lehrt es uns doch, dass dies so nicht funktioniert, weil wir immer das sehen, was wir selbst mit all unseren Erfahrungen in diese Situation »reinlesen«, egal welches »Fernglas« wir auch nutzen (vgl. Stiegler et al. 2023). Das sollten wir bedenken, wenn wir über systemische Diagnostik im Kinderschutz sprechen. Die »Systemtheorie bietet uns eine Metaperspektive, eine Art Generalschlüssel – zwar nicht für die Welt, dafür jedoch zum Verständnis, wie und warum« (Stiegler et al. 2023, S. 3) die Kindeswohlgefährdung zustande kommt und für wen diese welchen Sinn ergeben könnte. Welche Schritte wir zum Schutz des Kindes einleiten wollen, braucht ebenfalls die Einschätzung darüber, welche Entwicklung anzunehmen ist. Dieses folgende Kapitel beleuchtet weitere Aspekte, die für eine systemische Diagnostik im Kinderschutz hilfreich sind, die jedoch aus den eben genannten Gründen keinen Anspruch auf Vollständigkeit erheben.

Rieforth und Graf (2014) weisen in ihren Forschungen für den psychotherapeutischen Kontext darauf hin, dass es sich aus systemischer (autopoietischer) Sicht immer um die Bearbeitung von Selbstorganisationsprozessen handelt und dementsprechend die Dauer der notwendigen Veränderung nicht direkt eingeschätzt werden kann. Diese Sicht ist auch für eine systemische Diagnostik im Kinderschutz, die das Konzept der Autopoiese berücksichtigt, nützlich und hilfreich. Finden wir doch im Bereich des Kinderschutzes zahlreiche Checklisten, Manuale und ähnliche Strukturen, die uns die Einschätzung des Gefährdungsrisikos erleichtern sollen.

»Eine Nutzung von fest strukturierten Behandlungsplänen und Manualen ist aus Sicht der systemischen Therapie [...] nur bedingt angemessen. So wurden, aufbauend auf dem Modell der Autopoiese, Frageformen und interaktive Dialogstrukturen bedeutsam, die sich mit der Beziehung von Wirklichkeit und Erkenntnis angesichts der Selbstbezüglichkeit von Erkenntnis beschäftigt.« (Rieforth/Graf 2014, S. 95)

Dieser Idee folgend, bezieht sich eine systemische Diagnostik auf die Grundlage eines sozialen Konstruktivismus, nachdem Wissen und Erfahrung erst in sozialen Bezügen entstehen. Sie bildet so den Rahmen für Prozesse und die Klienten im Kinderschutz, um ihre Erfahrung und Erkenntnisse sozial neu zu konstruieren und sich den für sie relevanten Bedeutungsmustern in den relevanten Lebensfeldern bewusst zu werden (vgl. Gergen 2002, Rieforth/Graf 2014).

Die Diagnostik im Kinderschutz erfolgt in der Regel mit vorgegebenen Frage- und/oder Meldebögen. Gleichwohl ist es sinnvoll innerhalb dieser Exploration zur Einschätzung eines Gefährdungsrisikos im Kinderschutz, die diagnostischen Daten der Geschichte der Familie zu erfassen (vgl. Hanswille 2016) und gleichzeitig flexibel zu bleiben. Hier einige Fragen und »Blickrichtungen«, die weiterführen können.

- *Kontextsensibler Blick:* Welche entwicklungsbedingten, psycho-sozialen, sozio-ökonomischen oder sozio-kulturellen Herausforderungen muss die Familie aktuell bewältigen?
- *Transgenerationaler Blick:* Welche trans- oder mehrgenerationalen Konflikte und Themen gibt es in der Familie?
- *Bindungsbasierter Blick:* Wie sind die Bindungsrepräsentationen im familiären System? Wie sind die Eltern in ihrer Herkunftsfamilie gebunden? Wie sind die Eltern an ihre Kinder gebunden (Bonding: Schutz- und Pflegesystem)?
- *Risikofokussierter Blick:* Gibt es einen »Cycle-of-Violence«, einen Kreislauf, Teufelskreis bzw. eine Spirale der Gewalt (vgl. Lenz 2014)? Gibt es Erfahrungen

von Gewalt aus der eigenen Kindheit und Jugend bei den Eltern, die später an die eigenen Kinder weitergegeben werden können? Gibt es psychische Krankheiten und/oder Armut, Isolation oder einen geringen Bildungsstand[90] auf der Elternebene?

- *Lösungsorientierter Blick:* Welche Problemlösungsmuster hat die Familie entwickelt? Welche Ressourcen gibt es im System?
- *Systemischer Blick:* Welche familiären und/oder privaten Unterstützungsnetzwerke gibt es? Gibt es verlässliche und feinfühlige Bindungs-/Ressourcenpersonen? Gibt es Offenheit über eine psychische Erkrankung in der Familie und/oder Compliance bei dem erkrankten Elternteil? Welche Lösungen hat das System bisher entwickelt? Was benötigt wer im familiären System (systemische Ebenen: ▶ Kapitel 9.3)?
- *Tabuorientierter Blick (Blick auf »weiße« Flecken im System):* Worüber wird nicht gesprochen? Was wissen wir noch nicht? Welche Fragen sind offen? Wurde mit dem/n Kind/ern (allein) gesprochen?

Ein differenzierter und doch beweglicher Blick führt durch die systemische Diagnostik – und das »Medium« dafür ist die InsoFa. Um deren Fachberatung im Kinderschutz geht es im nächsten Abschnitt.

9.1 Fachberatung der InsoFa[91]

> *»Eine voreilige Fokussierung auf vermeintlich naheliegende Umstände soll durch das ›Zusammenwirken mehrerer Fachkräfte‹ vermieden werden – es geht um fundierte, diskursive Einschätzungen.«* (Karl Materla zit. n. DGSF 2020, S. 71)

Den InsoFas kommt in der Aufgabe der Beratung im Kinderschutz eine große Bedeutung und doch eine begrenzte Rolle zu. Sie sind eine wichtige Anlaufstelle, an die sich professionelle Akteure beim Verdacht auf Kindeswohlgefährdung nach Paragraf 8b SGB VIII wenden können (vgl. Barth 2022). Sie stehen sogenannten *Berufsgeheimnisträgern* nach Paragraf 4 KKG und den Kinderschutzkräften der freien Träger der Kinder- und Jugendhilfe nach Paragraf 8a Absatz 4 Satz 2 SGB VIII beratend zur Seite, sobald es um die im Gesetzestext genannte *Gefährdungseinschätzung* geht. Insbesondere aber auch dann, wenn Kinderschutzkräften die für eine Fallfindung erforderlichen Voraussetzungen

---

90 Oder weitere Risikofaktoren?
91 Abkürzung für die »Insoweit erfahrene Fachkraft« (InsoFa) im Kinderschutz.

fehlen (vgl. Barth 2022), etwa weil sie auf sich allein gestellt sind,[92] einzelne Verfahrensoptionen und das Spektrum an Hilfen nur unzureichend kennen oder Beratung über die (Zugangs-)Wege in der Jugendhilfe benötigen (vgl. Barth 2022, S. 11).

Während für Fachkräfte freier Träger der Kinder- und Jugendhilfe eine solche Beratung bei Hinweisen auf eine Kindeswohlgefährdung verpflichtend ist, können Akteure[93] außerhalb der Kinder- und Jugendhilfe nach Paragraf 4 KKG entscheiden, ob sie in einem konkreten Fall eine insoweit erfahrene Fachkraft hinzuziehen oder nicht. Jörg Fegert beanstandet die Ausgestaltung der Befugnis zur Weiterleitung von Informationen nach § 4 Abs. 3 KKG und weist darauf hin, dass es hier an einer Definition für die Kindeswohlgefährdung fehle: »Damit werde es den Berufsgeheimnisträgerinnen und Berufsgeheimnisträgern überlassen, welchen Maßstab sie für eine Kindeswohlgefährdung anlegen« (Fegert et al. 2019, S. 6). Da der Allgemeine Soziale Dienst (ASD) des Jugendamts den Berufsgeheimnisträgern nicht als vertrauliche Fachberaterin zur Verfügung stehen kann,[94] um mit ihnen zu überlegen, wie sie mit den Adressaten bzw. Patientinnen ins Gespräch gehen sollen und ob und wie sie das Jugendamt hinzuziehen sollen (NZFH 2015, S. 53), haben diese Berufsgeheimnisträger:innen für ihre fachliche Beratung zur Einschätzung einer Kindeswohlgefährdung nach § 4 Abs. 2 KKG gegenüber dem Träger der öffentlichen Jugendhilfe Anspruch auf Beratung durch eine insoweit erfahrene Fachkraft. Diese werden oft als »Fachstelle Kinderschutz« bezeichnet.

InsoFas benötigen für die Beratungen der Kinderschutzkräfte und/oder Berufsgeheimnisträger:innen breite und vielfältige Kenntnisse, Fähigkeiten und Kompetenzen im Kinderschutz, zu denen systemische Grundhaltungen, Methoden und Gesprächstechniken besonders gut passen. Das bedeutet aus meiner Sicht auch, dass eine einmalige Fort- und Weiterbildung nicht ausreicht, sondern es der dauerhaften Weiterbildung bedarf, um »up to date« zu bleiben. Die Besonderheit ist der Kontext, in dem diese spezielle Beratung im Kinderschutz

---

92 So werden in der SGB VIII Reform unter Paragraf 8a Absatz 5 nun auch die Kindertagespflegepersonen, die oft (jedoch nicht immer) allein arbeiten, in den Fokus genommen: »In Vereinbarungen mit Kindertagespflegepersonen, die Leistungen nach diesem Buch erbringen, ist sicherzustellen, dass diese bei Bekanntwerden gewichtiger Anhaltspunkte für die Gefährdung eines von ihnen betreuten Kindes eine Gefährdungseinschätzung vornehmen und dabei eine insoweit erfahrene Fachkraft beratend hinzuziehen«.

93 Gemeint sind hier die sogenannten Berufsgeheimnisträger:innen.

94 Sobald dem ASD im Jugendamt »gewichtige Anhaltspunkte für eine Kindeswohlgefährdung« bekannt werden, sind die Fachkräfte in ihrem eigenen Schutzauftrag (staatliches Wächteramt) aktiviert und werden damit gesetzlich verpflichtet, selbst tätig zu werden und Kontakt mit Kind und Eltern aufzunehmen (vgl. NZFH 2015, S. 53).

stattfindet. In dem Setting der Gefährdungseinschätzung beraten InsoFas andere Kinderschutzkräfte. Die AFET hat im Ergebnis von Diskussionen im Expert:innen- und Förderkreis der Bundesarbeitsgemeinschaft der Kinderschutz-Zentren ein interessantes Impulspapier veröffentlicht, in dem sie sich mit den Qualitätsanforderungen an die InsoFas beschäftigen (vgl. AFET 2022a). Darin weisen Georg Kohaupt, Jessika Kuehn-Velten, Stefan Heinitz und Sebastian Friese darauf hin, dass InsoFas unter anderem die Fähigkeit benötigen, mit Widerstand und Abwehr der Fachkräfte gegenüber dem Schutzauftrag umzugehen:

> »Die beratenen Personen wollen (bewusst oder unbewusst) zuweilen den auf Hilfe orientierten Schutzauftrag loswerden oder bei Beraterin oder Jugendamt abgeben. Wut und Ärger auf die Eltern, zu große Nähe zum Kind spielen eine Rolle. Der Schutzauftrag ist lästig, anspruchlich und zeitraubend. Auch (hoffentlich unberechtigte) Vorurteile über die Jugendhilfe, insbesondere über das Jugendamt, hindern an einer angemessenen Wahrnehmung des Schutzauftrages.« (AFET 2022a, S. 4)

Nur der Vollständigkeit halber möchte ich hier darauf hinweisen, dass diese Dynamik der Abwehr auch auf Seiten des Jugendamts zu finden ist. Beispielsweise indem die zu beratenden Kinderschutzkräfte sehr wohl die Bewandtnis, sich über eine InsoFa beraten zu lassen, und das Verfahren kennen, dieses auch einhalten sowie die Gespräche mit den Eltern vor einer Meldung an das Jugendamt führen, einzelne ASDler[95] trotz alledem jedoch mit Widerstand reagieren. Ich kenne Fälle, in denen bei den Kinderschutzkräften angerufen und nachgefragt wurde, »was sie sich denn dabei gedacht haben«. Das sind Ausnahmen, die sicherlich auch bei genauerem Hinsehen nachvollziehbare Gründe haben. Sie können beispielsweise aus Überlastung der Jugendamtsmitarbeiter, aus einer anderen Einschätzung des Falles[96] oder anderen Gründen resultieren, sollten jedoch im Sinne eines klaren Verfahrens im Kinderschutz, in dem alle Beteiligten ihre Aufgaben kennen, die Ausnahme sein. Es bleibt auch hier dabei, dass jede Instanz im Kinderschutz die *Verantwortung* für das eigene Handeln tragen muss.

---

95 Diese Abkürzung wird in diesem Buch insgesamt für Jugendamtsmitarbeiter:innen des sogenannten »Allgemeinen Sozialen Dienstes« verwendet, die regional ganz unterschiedlich genannt werden, wie beispielsweise Bezirkssozialarbeiterinnen oder statt ASD wird KSD für »Kommunaler Sozialer Dienst« verwendet. In jedem Fall sind damit die Jugendamtsmitarbeiter im staatlichen Wächteramt gemeint.

96 Beispielsweise durch die unterschiedlichen Bewertungen einer Kindeswohlgefährdung, z. B. aus einer präventiven und einer intervenierenden Kinderschutzperspektive.

Da die Arbeit der InsoFa im Vorfeld einer Mitteilung an das Jugendamt erfolgt, ist es fachlich geboten, die Aufgabe dieser Fachkraft von der Rolle des Jugendamtes zu trennen:

> »Die beratene Einrichtung muss die Lebensumstände der betroffenen Familie und ihre Gründe für ihre Sorge um das Kindeswohl sehr genau schildern, sodass auch bei einer Pseudonymisierung eine der i.e. [insoweit erfahrenen] Fachkraft bekannte Familie identifizierbar wäre. Wenn diese nun Mitarbeiter*in des ASD […] des Jugendamtes wäre, wäre sie gesetzlich verpflichtet, von sich aus tätig zu werden, wenn sie erhebliche Anhaltspunkte für Gefährdungen erfährt, auch wenn sie in keinerlei Kontakt zu der betroffenen Familie steht. Dieses würde der Intention des Gesetzes einer Beratung im Vorfeld des Tätigwerdens des Jugendamtes widersprechen.«[97] (AFET 2022a, S. 4)

Dies erfordert eine gute *Auftragsklärung* (▶ Kapitel 7.4) und *Rollenklarheit* (▶ Kapitel 7.3) der InsoFa. Für viele Fachleute war es schon immer fraglich, ob eine (allwissende) InsoFa für alle Gefährdungskontexte ausreichend ist, speziell vor dem Hintergrund der gesetzlichen Änderungen des Paragrafen 8a SGB VIII, die den Auftrag formulieren, den »spezifischen Schutzbedürfnissen von Kindern und Jugendlichen mit Behinderungen Rechnung [zu] tragen« (AFET 2022a, S. 5). Denn jede InsoFa berät aufgrund ihres persönlichen und professionellen Hintergrunds sowie ihrer methodischen, beraterischen Aus- und Weiterbildungen. Aus der Perspektive der InsoFa ist es deshalb wichtig, dass sie sich des »beschränkten Rahmens (durch Profession, Methode und begrenzte Kenntnisse) ihrer Fachberatung bewusst ist und dass sie in einem Netz multiprofessioneller Fachberatung Ergänzung findet« (AFET 2022a, S. 6). Die InsoFa sollte der zu beratenden Fachkraft deutlich machen können, dass die Entscheidungsfreiheit bei ihr, der zu beratenden und fallzuständigen Kinderschutzkraft, liegt. Eine gründliche Vorbereitung innerhalb der Beratung durch die InsoFa, bis in die Umsetzung und Gesprächsführung hinein, ist darüber hinaus für die meisten Kinderschutzkräfte sehr hilfreich. Im nächsten Abschnitt schauen wir auf das Instrument der systemisch arbeitenden InsoFa, die Genogrammarbeit.

---

97 »Die meisten Kommentatoren des SGB VIII sind sich einig, dass der im § 8a, Abs. 1 formulierte Schutzauftrag des Jugendamtes sich nur auf den ASD des Jugendamtes bezieht. Eine Ausweitung auf das gesamte Jugendamt käme z. B. auf das wohl nicht gemeinte Ergebnis, dass auch KiTas, die Teil eines Jugendamtes sind, verpflichtende Hausbesuche bei einer Gefährdung machen müssten. Insofern ist davon auszugehen, dass eine i. e. Fachkraft in einer zum Jugendamt gehörenden EFB [Erziehungs- und Familienberatung] eine vertrauliche Beratung im Vorfeld des Jugendamtes anbieten kann« (AFET 2022a, S. 4).

9.2 Das Genogramm als systemisches Diagnoseinstrument

»Eine der verbreitetsten Krankheiten ist die Diagnose.« (Karl Kraus)

Die (prozessorientierte) Genogrammarbeit wurde im letzten Kapitel bereits ausführlich vorgestellt. Das Genogramm ist – konsequent angewandt – im Kinderschutz besonders als Diagnoseinstrument sehr sinnvoll. Denn, grundsätzlich *sinnvoll ist das, was Sinn schafft!*

Ein Beispiel für die diagnostische Arbeit mit dem Genogramm zeigt das nachfolgende Praxisbeispiel, in dem es sich nicht um einen Kinderschutzfall handelt, das aber exemplarisch eine wichtige transgenerationale Dynamik für Kinder, hier mit psychisch erkrankten Eltern, deutlich macht.

»Die Depressionstreppe«

Der Ausschnitt aus einem Genogramm (Abb. 23) zeigt das Risiko von Kindern depressiver Eltern, ebenfalls an einer Depression zu erkranken, und stammt aus einem Netzwerkgespräch in einer Kita.

Wir haben diese Dynamik im Gespräch die »Depressionstreppe« genannt. Die Mutter der fünfjährigen Julia erzählte, dass sie in ihrer Familie mit psychischen Krankheiten, in ihrem Fall mit Depressionen ihrer Großmutter, Mutter und Schwester, aufgewachsen sei. Diese Information gab sie ganz nebenbei. Die Visualisierung in Form des Genogramms, das auf einem Flipchart für alle am Gespräch teilnehmenden Personen sichtbar war, machte einen Unterschied im weiteren Verlauf des Gesprächs. Es öffnete Julias Eltern, besonders Julias depressiv erkrankter Mutter, sprichwörtlich die Augen. Durch die gemeinsame Betrachtung dieses Genogramms konnten die Eltern ein Verständnis für die transgenerationale Dynamik in ihrer Familie entwickeln. Sie überlegten gemeinsam mit der Kita, was sie für Julia tun könnten, damit die Depressionstreppe möglichst nicht über die weiblichen Generationen weiter auf sie übergreift. Durch diese Erkenntnis entstand die Bereitschaft der Eltern, eine sozialpädagogische Familienhilfe zur Klärung der innerfamiliären Themen zu nutzen.

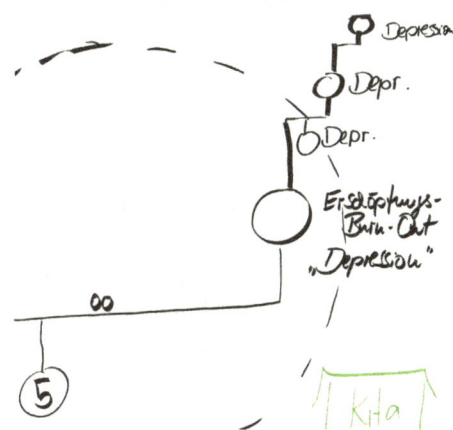

Abb. 23: Die Depressionstreppe

Die Genogrammarbeit wurde bereits im Methodenkompass (▶ Kapitel 8.1) sehr ausführlich vorgestellt. Als Fazit ist die Genogrammarbeit ein/eine:
- bildliche Darstellung,
- Instrument zur Hypothesenbildung (▶ Kapitel 9.4),

- Navigation für die systemische Gesprächsführung (▶ Kapitel 8.2 u. 10),
- systemische Diagnostik,
- Mittel zur Herstellung von Transparenz,
- Gesprächsdokumentation,
- zeitsparende Methode.

Die diagnostikfokussierte Genogrammarbeit dient uns im Kinderschutz als *Leitradar* für die systemische Gesprächsführung. In der Anwendung sollte man den Kontext mithilfe des Genogramms erweitern, um innerhalb der Gefährdungsabschätzung zu einem Fallverstehen im Kinderschutz zu gelangen (vgl. Biesel/Urban-Stahl/Nauerth 2018).

Kontext erweitern

> *»Will man ein System wirkungsvoll steuern, sollte man das Zusammenspiel seiner verschiedenen Bestandteile genau betrachten, anstatt ihr Verhalten getrennt zu beobachten.«* (Paul Ehrlich)

Kontextbezogenes Denken, Kontextsensibilität (▶ Kapitel 7.1) und die handwerkliche Arbeit mit dem Genogramm helfen dabei, sich in Kinderschutzprozessen nicht in den Problembeschreibungen zu verfangen. In der Praxis der Gefährdungseinschätzung entsteht mit dem Genogramm oft ein anderes Bild von einer Situation, indem der Kontext – also der Bezugsrahmen, in dem Verhaltensweisen ihre Bedeutung erlangen – erst einmal erweitert wird. Das bedeutet auch, über den Tellerrand zu schauen und bis zu einem gewissen Maß der eigenen Intuition Raum zu geben sowie der persönlichen Erfahrung zu vertrauen und dem erlernten Wissen zu folgen. Zusammengefasst könnte man dies als die »Kunst der systemischen InsoFa« bezeichnen, da hier die Hypothesenbildung, die Gesprächsführung und die Visualisierung des Genogramms zusammentreffen.

Für die Genogrammarbeit im Kinderschutz ist der Fokus klar auf die *Risiko- und Schutzfaktoren* sowie auf die weiteren offenen Fragen gerichtet. Die »Fühler der Kontextsensibilität« sind jedoch ausgestreckt, sodass der Kontext in der Erstellung des Genogramms erweitert wird und ein »Bild« der Familie entsteht. Nachfolgend sehen Sie ein Genogramm aus einer Gefährdungseinschätzung in einer Kita mit dem dazugehörigen Praxisbeispiel (vgl. Thürnau 2021). Das Genogramm zeigt farblich differenziert die Risikofaktoren, Ressourcen und Sorgen der Fachkräfte sowie die familiären Muster, wie die häusliche Gewalt auf Eltern und Großelternebene.

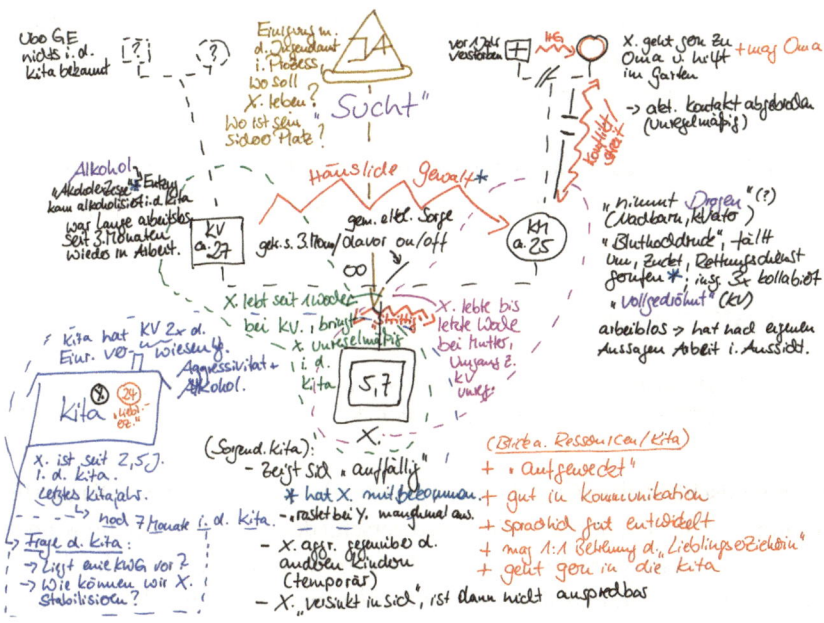

Abb. 24: Genogramm im Kontext »Sucht«

»Der sichere Ort«

Xavier befindet sich in seinem letzten Kindergartenjahr vor der Grundschule. Er lebt nicht nur hier »zwischen den Stühlen«, sondern er wird auch zwischen seinem Vater und seiner Mutter hin- und hergerissen. Beide Eltern sind suchtabhängig, allerdings ohne Diagnose. Die Kita macht sich Sorgen und lädt die Fachberatung zu einer Gefährdungseinschätzung ein. Der Kontext, dass Xavier in wenigen Monaten den Abschied aus der Kita begehen wird und den Übergang in die Grundschule vor sich hat, macht hier zusätzlich einen »Unterschied, der einen Unterschied macht« (Bateson 2014, S. 582). Er war in der letzten Zeit Zeuge von Szenen häuslicher Gewalt sowie weiterer strittiger Situationen zwischen den Eltern. Er hat außerdem einen Zusammenbruch der Mutter miterlebt. Diese konflikthaften Umständen, denen Xavier aktuell in seiner Familie ausgesetzt ist, spiegeln sich deutlich in seinem Verhalten in der Kita. Hier zeigt er seit kurzer Zeit in unterschiedlichen Situationen aggressive Verhaltensweisen gegenüber anderen, meist jüngeren Kindern. Zu anderen Zeitpunkten, besonders bei hoher Lautstärke im Gruppenraum, verkriecht er sich unter dem Tisch oder in einer Ecke und ist dann für die pädagogischen Fachkräfte nicht ansprechbar. Ist er in dieser Verfassung, erreicht ihn meist nur noch seine »Lieblingserzieherin« über feinfühlige Zuwendung und Ansprache. Es ist sehr wichtig, dass die Kinderschutzkräfte (das Jugendamt ist bereits involviert und hat hier »den Hut auf«) gemeinsam mit den Eltern den Blick darauf richten, wo Xavier dauerhaft leben kann, wer eine verlässliche Bindungsperson für ihn ist, wie der Umgang mit ihm gut und konfliktfrei gestaltet werden und wo es einen sicheren Platz für ihn geben kann.

Während der Erfragung der für das Genogramm relevanten Daten wird der Kontext erweitert: *Wer gehört zur Familie? Welche Aspekte sind wichtig?*[98]

9.3 Systemischer Blick

> »Aus einer systemischen Betrachtungsweise resultiert [...] der Gedanke, dass Menschen Fähigkeiten, Ressourcen und Kompetenzen in sich haben.« (Marie-Luise Conen 2014, S. 15)

Der systemische Blick ergänzt die Genogrammarbeit im Kontext der Diagnostik im Kinderschutz, die mittlerweile in den verschiedenen Beratungen im Kinderschutz Standard ist. Wir schauen neben den von Conen eingangs beschriebenen Ressourcen auch darauf, was die einzelnen Personen im System blockiert und was sie zur Überwindung dieser Blockade(n) benötigen. Conen (2014) weist hier auf den Unterschied zwischen *helfen* und *helfen zu verändern* hin, in dessen Zentrum vor allem die Veränderung bestehender und problemaufrechterhaltender Muster und Dynamiken steht (▶ Kapitel 4 u. 5). Innerhalb der weiteren Gefährdungsabschätzung kann der sogenannte »systemische Blick« dazu flexibel eingesetzt werden und wirkt gleichzeitig als Paradigma im Hintergrund. Die nachfolgenden Implikationen und Tools versuchen, diese Inhalte methodisch zusammenzufassen, um sie für die Kinderschutzkräfte abrufbarer zu machen.

Systemische Ebenen – wer braucht was?

> »Sie können ein Problem niemals auf der Ebene lösen, auf der es erstellt wurde.« (Albert Einstein)

Der Blick auf die *systemischen Ebenen,* hier am Beispiel des familiären Systems, sollte immer auch den institutionellen Blick (Schule, Kita usw.) beinhalten. Der Kontext als Kern bezieht uns als Beobachter:innen des Systems mit ein.

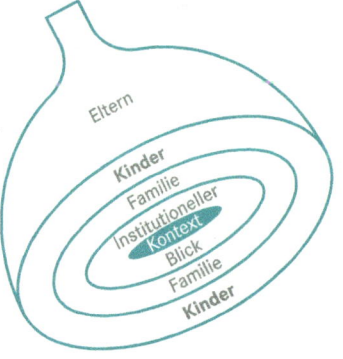

Abb. 25: Systemische Ebenen

---

98 Siehe u. a. die obenstehenden Fragen zu den »Blickrichtungen« in ▶ Kapitel 9.

Die nachfolgenden Fragen sind als Aspekte und Anregungen zu verstehen. Die Hauptintervention dieser Methode ist, gedanklich durch die einzelnen Ebenen zu gehen und dabei jede Person im System für sich zu betrachten.

- *Eltern:* Oftmals wird bei der Kinder- und Jugendhilfe an Hilfen für die Kinder gedacht. Aus systemischer Sicht ist es jedoch wichtig, jedes Individuum des Gefüges (Mobile) zu betrachten. Denn sind die Eltern eigentlich hilfebedürftig, haben es die Hilfen für die Kinder schwer, nachhaltig Veränderungen und Verbesserungen im familiären System zu bewirken. Folgende Fragen können hier weiterführen: *Wer sind die leiblichen Eltern? Wer davon ist sorgeberechtigt? Sind die Eltern beeinträchtigt* (Behinderungen)*, erkrankt* (psychisch oder körperlich) *oder gesund? Was benötigen sie? Haben sie die richtige Unterstützung und Hilfe, abgesehen von den Erziehungshilfen* (Eingliederungshilfe oder erwachsenenpsychiatrische Versorgung)*? Gibt es eigene frühe Traumatisierungen? Haben die Eltern selbst als Kind Gewalt/Vernachlässigung/Missbrauch erlebt? Konnten die Eltern ihre (frühen) traumatischen Erfahrungen im Rahmen einer Psychotherapie bearbeiten? Bagatellisieren die Eltern Gewalt in der Erziehung? Übernehmen die Eltern die Verantwortung für Ihr (Eltern-) Verhalten? Wie ist die Paarbeziehung? Gibt es Partnerschaftsgewalt bzw. häusliche Gewalt? Gibt es Konflikte oder vorherige Trennungen (On-off-Beziehung)? Gibt es Erfahrungen mit dem Jugendamt?* Am Ende sollte für beide Elternteile deutlich werden: *Wer benötigt was?*
- *Kinder:* Es gibt immer wieder Einrichtungen der Kinder- und Jugendhilfe, die ihren Blick lediglich auf das zu betreuende Kind der Familie richten. Wollen wir jedoch das familiäre System verstehen (von der GA zum Fallverstehen), sollten wir auf alle Kinder der Familie schauen: *Leben alle Kinder in der Familie oder wurden bereits Kinder fremduntergebracht? Gibt es Stiefgeschwister, verstorbene Kinder? Welche Hilfen hat welches Kind* (was ist bekannt)*? Wie ist der Abstand zwischen den Kindern? Gibt es ein Bindungsrisiko* (Geburten im Abstand von zwei Jahren und darunter)*? Welche Probleme, Verhaltensabweichungen und Symptome zeigt welches Kind? Welchen guten Grund haben die Kinder für ihr entwicklungslogisches Verhalten? Gibt es ein »Lieblingskind« in der Familie oder ein »schwarzes Schaf«? Wie wird die Entwicklung der Kinder eingeschätzt? Welche Ressourcen hat jedes einzelne Kind?* Am Ende sollte für jedes Kind deutlich werden: *Welches Kind benötigt was?*
- *Familie:* Nachdem der Blick auf jedes einzelne Familienmitglied gerichtet wurde, ist nun die Frage, was die Familie insgesamt ausmacht, was sie an Dynamiken und innerfamiliärer Kommunikation zeigt, welche Ressourcen die Familie besitzt und was sie möglicherweise an Unterstützungsangeboten benötigt: *Gehört die Gewalt/Vernachlässigung/Kindeswohl-*

gefährdung zur familiären Normalität? Gibt es eine transgenerationale familiäre Tradition von Gewalt/Vernachlässigung/Missbrauch? Welchen systemeigenen Regeln folgt die Kindeswohlgefährdung in der Familie? Welche systemimmanenten Grenzen und Regeln gibt es? Gibt es familiäre Rollenkonfusionen oder eine Rollenumkehr (Parentifizierung)? Welche Hilfe/Beratung/Therapie könnte der Familie an sich in der momentanen Situation helfen? Welches Unterstützungsnetzwerk (familiär, freundschaftlich, professionell) hat die Familie zur Verfügung? Wie ist die Familie an ihre Herkunftsfamilien gebunden, welche Kontakte gibt es? Gibt es Kontaktabbrüche oder dys-/parafunktionale Dynamiken zwischen den Generationen? Leidet die Familie unter Armut, Arbeitslosigkeit, engen Wohnverhältnissen oder Isolation (sozialer, kultureller)? Welche Sprache(n) spricht die Familie miteinander? Was unternimmt die Familie gern gemeinsam? Gibt es gemeinsame Aktivitäten, Hobbies oder Glaubensinhalte? Am Ende sollte deutlich werden: *Was benötigt die Familie?*

- *Institutioneller Blick:* Sobald eine Einrichtung (Kita, Schule, andere Einrichtung der Kinder- und Jugendhilfe) über das veränderte Verhalten eines Kindes eine mögliche Gefährdung vermutet, sollte gleichzeitig auch der Blick in diese Institution gerichtet werden (institutioneller Kinderschutz): *Wie verhält sich das Kind in der Einrichtung? Gab es Änderungen? Seit wann? Wem gegenüber verhält es sich wie? Sind die Rahmenbedingungen für das Kind* (räumlich, personell, pädagogisch) *passend? Gibt es Ausnahmen des problematischen Verhaltens? Wann? Wo? Wann noch?* Am Ende sollte mit dem Blick auf die Institution(en) deutlich werden: *Was benötigt die Institution, damit sich die Situation verbessert? Gibt es hier Gefährdungsaspekte?*
- *Kontext:* Insgesamt sollte der Blick nun noch auf den Gesamtkontext, einschließlich uns als Beobachter:innen, gerichtet werden. Dazu empfiehlt sich eine Perspektive aus der Metaebene (Kinderschutzwolke) auf die Familie, die Eltern, das Kind, die Einrichtung, uns: *Wenn wir auf das Gesamtsystem blicken, was sehen wir? Welches Bild zeigt sich? Welche Muster und Dynamiken sehen wir? Was haben wir noch nicht gesehen* (blinde/weiße Flecken)*? Welche Logik könnte das angenommene Verhalten im familiären System haben? Mal angenommen, die Gewalt/Vernachlässigung hätte im Familiensystem einen Sinn, welcher wäre das? Welche Ressourcen im Gesamtsystem werden sichtbar?* Auch hier sollte kontextbezogen deutlich werden: *Was ist der Kontext? Was haben wir noch nicht gesehen?*

Die systemischen Ebenen wie auch die folgenden visuellen Arbeitsweisen sind in der Gefährdungseinschätzung sehr gut methodisch nutzbar.

Multifokale Kinderschutzbrille

»*Ich sehe, was ich sehe – ich sehe nicht, was ist.*« (Gunther Schmidt)

Für Fachkräfte wie mich, die gern mit visuellen Methoden arbeiten, ist die multifokale Kinderschutzbrille eine weitere Möglichkeit, neue Sichtweisen zu entwickeln oder bereits entwickelte zu überprüfen. Sie können sich diese Brille dazu imaginär aufsetzen, um (wieder) einen klaren »systemischen« Blick zu bekommen.

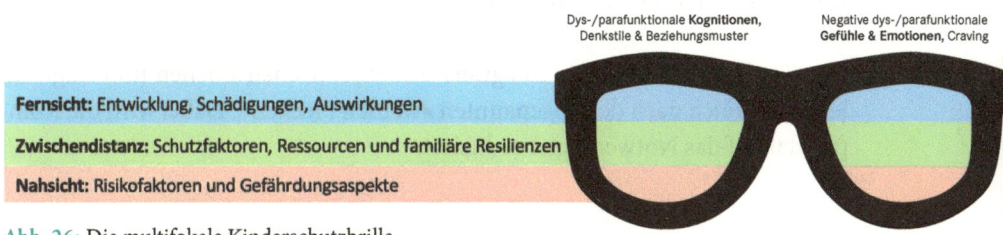

Abb. 26: Die multifokale Kinderschutzbrille

Neben diesen farblichen »Sichtstärken« schauen Sie durch unterschiedliche Perspektiven auf den Kinderschutzfall:
- Wenn Sie durch Ihr rechtes Brillenglas schauen, blicken Sie auf nicht-funktionale Emotionen und Gefühle, emotionale »Bottom-up«-Phänomene, Suchtdruck und -verhalten sowie weitere emotionale Erinnerungsphänomene und Traumata.
- Durch Ihr linkes Brillenglas fokussieren Sie auf dysfunktionale Kognitionen, Kompetenzen, Glaubenssätze, Loyalitäten, Denk- (und Erziehungs-) Stile sowie auf Beziehungsmuster und -dynamiken im familiären Kinderschutzsystem.

Letztlich ist auch das gesamte Bild (ohne Fokus) wichtig: *Was sehen Sie?*

Kinderschutzkompass

> »Der Kompass ermöglichte den Seefahrern, die Weltmeere zu kartieren und Routen zu erkunden, welche über die gesamte Erdkugel führten.«
> (Aczel 2005, S. 158)

Der Kinderschutzkompass soll Ihnen in Kinderschutzfällen Orientierung und Sicherheit ermöglichen, indem er für Klarheit sorgt, in welcher Phase Sie sich gerade befinden. Er ist als Ergänzung zu den unterschiedlichen, hier vorgestellten Verfahrensweisen gedacht.

Der Kinderschutzkompass integriert die systemischen Ebenen und fragt im letzten Bereich nach den sogenannten »weißen Flecken«. Dabei wird die Komplexität auf das Notwendigste reduziert.

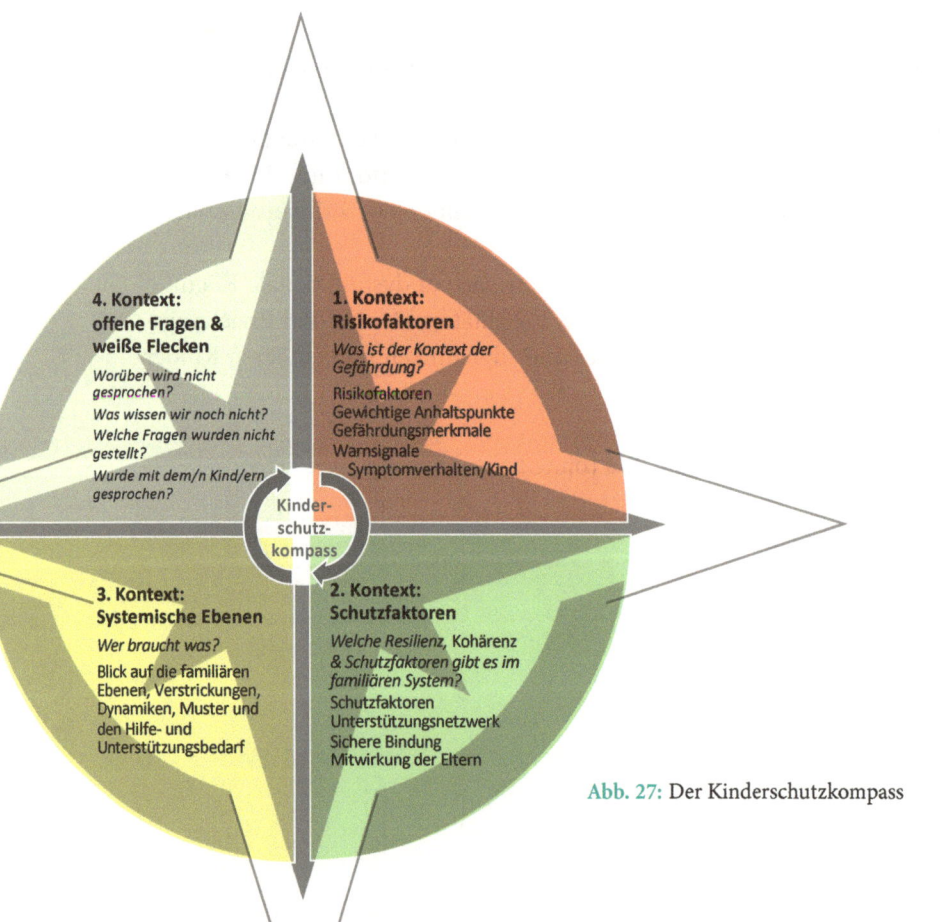

Abb. 27: Der Kinderschutzkompass

Kinderschutzthermometer

> *»Das Gegenteil von schlecht muss nicht gut sein –
> es kann auch noch schlechter sein.«*
> (Paul Watzlawick)

Das »Temperaturmessen« ist einfach anzuwenden (vgl. Satir 2011) und verdeutlicht metaphorisch in welchen (Gefährdungs-)Bereich der Fall eingeordnet wird. Das Kinderschutzthermometer nutzt die bekannte farbliche Skalierung der Ampelfarben (vgl. Lüneburger Ampelmodell, Ev.-luth. Kindertagesstättenverband Lüneburg o. J.) zur visuellen Einordnung während der Gefährdungseinschätzung.

Die Skalierung des Thermometers kann auch als »Selbstfürsorgethermometer« (▶ Kapitel 12.3) innerhalb der Beratung der Kinderschutzkraft durch die InsoFa verwendet werden, um zu verdeutlichen, wie es ihr/ihm mit diesem Fall geht. Denn wir wissen, dass die fallzuständige Kinderschutzkraft ein sehr wichtiger Gelingensfaktor für den Prozess ist. So sind Ihrer Fantasie für den Einsatz dieser Skalierung keine Grenzen gesetzt. Sie finden das Thermometer für beide Anwendungen auch bei den ▶ Arbeitsmaterialien und im Downloadmaterial.

Abb. 28: Das Kinderschutzthermometer

9.4 Kontextsensible Gefährdungsabschätzung im Dreiklang: Erkennen – Beurteilen – Handeln

> »Systemischer Kinderschutz bedeutet für mich gewichtige Anhaltspunkte auf den Verdacht einer Kindesgefährdung im Kontext der Eltern-Kind-Interaktion als auch anderweitig beteiligter Systeme [...] zu reflektieren und einzuschätzen.«
> (Karl Materla zit. n. DGSF 2020, S. 71)

Die Gefährdungseinschätzung[99] ist eingebettet in den Schutz- und Hilfeauftrag der Kinderschutzkräfte und ihrer jeweiligen Einrichtung. Dazu gehört, dass mit den Personensorgeberechtigten und den Kindern die Gefährdung erörtert wird, dass bei ihnen auf Hilfen hingewirkt wird und dass sie darüber informiert werden, wenn eine Mitteilung an das Jugendamt erfolgen muss (vgl. AFET 2022a). Die Erörterung der Gefährdung und die Annahme oder Ablehnung von Hilfen selbst haben wiederum Rückwirkung auf den Grad der Gefährdung, sodass die »Gefährdungseinschätzung untrennbar mit dem gesamten Schutzauftrag verbunden ist« (AFET 2022a, S. 2).

Es wird deutlich, dass das Instrument der Gefährdungseinschätzung mehr als nur die Summe seiner Teile ist: Dieses spezielle Gespräch über

> »die Sorge um das Kind, über das Erziehungsverhalten der Eltern sowie das Hinwirken auf Hilfe in einem Konflikt [ist] fachlich höchst anspruchsvoll und droht ohne vorbereitende Begleitung zu scheitern. Die Öffnung der Personenberechtigten für wirksame Hilfen ist der Königsweg des Kinderschutzes und verhindert die schwierige Dynamik, die bei einer Mitteilung an das Jugendamt entsteht – für die Einrichtung als Meldende (z. B. Abmeldung aus der KiTa) für die Familie (z. B. Angst- und Abwehrdynamik) und für das Jugendamt.« (AFET 2022a, S. 2)

Es ist daher wichtig und sinnvoll, dass die beratende InsoFa den Prozess des Schutzauftrages begleitet und bei Bedarf auch mehrfach berät (Folgeabschätzung). Dazu benötigt sie entsprechende Qualifikationen (vgl. AFET 2022a, S. 2). Christof Radewagen weist bei den *Gelingensfaktoren einer Gefährdungsabschätzung* auf die Erfahrung, Kompetenz und die Ausbildung

---

99 Die Einschätzung der Erziehungsfähigkeit (▶ Kapitel 4.4) als eigener Bereich wird hier nicht berücksichtigt, da dieser nur speziell durch das Jugendamt in seiner staatlichen Wächterfunktion Verwendung findet und in der klassischen Gefährdungabschätzung nicht zielführend ist. Diese Aspekte kristallisieren sich jedoch aus der GA als Essenz heraus und lassen sich dort leicht herauslesen.

der beratenden InsoFa hin und thematisiert, dass es wünschenswert ist, wenn InsoFas über eine Beratungs- und/oder Supervisionsausbildung verfügen (vgl. Radewagen 2021, 2022, persönliche Mitschrift). Leider bieten nicht alle InsoFa-Weiterbildungen das nötige Rüstzeug für die anspruchsvolle Beratungsform der InsoFa, sodass dieser systemische Kinderschutzkompass mit seinem *Beratungskompass* den Versuch unternimmt, einige Lücken diesbezüglich zu schließen.

Kindler (2005, 2006) formuliert ein Modell zur Strukturierung von Gefährdungseinschätzungen im Fall einer vermuteten Kindeswohlgefährdung mit acht Einschätzungsaufgaben. Er weist darauf hin, dass nicht alle der acht angesprochenen Aspekte in jedem Einzelfall relevant sind. So stellen sich die ersten zwei Einschätzungsaufgaben nach dem Eingang einer Gefährdungsmeldung und/oder jeweils nach Kontakten zu betroffenen Familien bzw. Kindern im Jugendamt (vgl. Kindler 2006):

- *Erste Gefährdungs- und Dringlichkeitseinschätzung:* Einzuschätzen ist hier die Dringlichkeit der Meldung, die wesentlich dafür ist, in welchem Zeitraum ein Kontakt zum Kind bzw. zur Familie hergestellt werden sollte. Eine Dringlichkeitseinschätzung erfolgt auch durch die beratende InsoFa in Bezug auf die Terminvergabe zur Gefährdungseinschätzung.
- *Sicherheitseinschätzung:* Meint die Einschätzung der Sicherheit und Grundversorgung des Kindes im Kontakt und in der Begegnung mit dem Kind[100] und seiner Familie, was häufig mit einem (unangemeldeten) Hausbesuch und durch Einholung zusätzlicher Informationen bei anderen Stellen erfolgt.
- *Verdachtsabklärung und Risikoabschätzung nach intensiver Informationssammlung:* Abklärung von Verdachtsmomenten im Hinblick auf Gewalt, Misshandlung, Vernachlässigung oder sexuelle Gewalt.
- *Einschätzung elterlicher Erziehungsfähigkeiten:* Einschätzung der gegenwärtigen und zukünftigen Fähigkeiten der Eltern oder eines Elternteils, für das Wohl des Kindes zu sorgen.
- *Einschätzung der Entwicklungsdefizite, Verhaltensauffälligkeiten und Stärken des Kindes:* Einschätzung von bereits vorhandenen Entwicklungsverzögerungen und -defiziten, Verhaltensauffälligkeiten sowie von sichtbaren Stärken und Ressourcen des Kindes.
- *Einschätzung von Misshandlungs- und Vernachlässigungsrisiken:* Diese Einschätzungsaufgabe beinhaltet die Sammlung und fachliche Bewertung von

---

100 An dieser Stelle sei noch einmal darauf hingewiesen, dass uns nicht nur der Missbrauchskomplex in Lügde gelehrt hat, dass die Kinder nach einer Meldung durch das Jugendamt unbedingt in Augenschein zu nehmen sind. Das beinhaltet auch, dass mit dem Kind (ohne die Anwesenheit der Erziehungsberechtigten) unter vier oder sechs Augen (falls noch ein:e Kolleg:in dabei ist) gesprochen werden sollte.

Informationen über die Wahrscheinlichkeit des zukünftigen Auftretens von Misshandlung und/oder Vernachlässigung in dem (familiären) System.

⚖️ *Einschätzung der Ressourcen von Eltern bzw. Familien:* Einschätzung von Ressourcen bei den Eltern und in der Familie, welche eventuell zur Abwendung der Kindeswohlgefährdung beitragen und herangezogen werden könnten.

⚖️ *Einschätzung der Veränderungs- und Kooperationsbereitschaft der Eltern:* Einschätzung der Bereitschaft der Eltern, die Kindeswohlgefährdung mit oder ohne Hilfe abzuwenden sowie im Interesse des Wohls ihres Kindes mitzuarbeiten und Veränderungen herbeizuführen.

Für das *Setting der Gefährdungsabschätzung* (GA) benötigt es – neben der möglichst kompetenten, fachkundigen InsoFa – in erster Linie Zeit und Ruhe (▶ Kapitel 6.2). Egal wie dringend der Fall für die Kinderschutzkräfte ist und welchen Druck sie verspüren, sollte die GA zwar unmittelbar bzw. zeitnah stattfinden, innerhalb dieser sollte jedoch jegliche Anspannung in Konzentration umgewandelt werden. Wie eine Blase, in der für einen zeitlich definierten Raum die fallführende Fachkraft mit ihren Fragen und Entscheidungen im Vordergrund steht sowie auch die *nächsten Schritte* besprochen werden, wie etwa:

- Wie geht die fallführende Fachkraft weiter vor?
- Gibt es Gründe, die sorgeberechtigten Erwachsenen nicht im Vorfeld einer Meldung zu informieren (beispielsweise, weil das Kind dadurch in Gefahr oder unter Druck geraten würde)?
- Wer spricht wie mit wem und bis wann?
- Wann und wie spricht die fallführende Kinderschutzkraft mit wem? Wer ist noch dabei? Wer führt das Gespräch, wer führt Protokoll? Wird Transparenz durch ein Flipchartprotokoll angestrebt?
- Wer macht was bis wann (SMART[101])?
- Welche Hilfsangebote werden den Eltern von wem gemacht?
- Mit welcher Haltung gehen die Kinderschutzkräfte in das Gespräch?
- Wie kann das Kind beteiligt werden? Sollte es zu jung für dieses Gespräch sein oder andere Aspekte dagegensprechen, das Kind zu beteiligen, wie kann das Kind zirkulär beteiligt werden (beispielsweise über die Bild-Methode ▶ Kapitel 8.1)?
- Gibt es eine Folgeabschätzung?

---

101 Die SMART-Inhalte dieser Schritte stehen für Absprachen, die – um erreichbar und überprüfbar zu sein – die folgenden Kriterien beinhalten sollten, die gleichzeitig die Abkürzungen für das Wort »S.M.A.R.T.« darstellen. Diese sind im Einzelnen: spezifisch, messbar, attraktiv, realistisch und terminiert.

Diese Zeit ist gut investiert, denn das Zusammenwirken mehrerer Fachkräfte bei Gefährdungseinschätzungen und in der Hilfeplanung ist als Standard sozialpädagogischer Fachlichkeit zu verstehen (vgl. LPN 2020). Eine gute GA trägt immens zur Qualität im Kinderschutz bei, so sage ich oft: »Eine Gefährdungseinschätzung ist die beste Fortbildung im Kinderschutz!«

Die Kinder- und Jugendhilfe sollte jedoch nicht den Fehler machen, aufgrund von schwindenden Ressourcen, Zeit- und Personalmangels, gepaart mit einem erhöhten, stetig steigenden Fallaufkommen, fachliche Standards herabzusetzen und Methoden zu nutzen, die eine Gefährdungsabschätzung in einer knappen Stunde (vgl. Biesel et al. 2019) oder mit digitalen Tools und Checklisten versprechen. Diesen Gedanken weiterspinnend kann man Christoph Radewagen (2022a) folgen, wenn er feststellt, dass Kinderschutz eine gewisse *Fehlerkultur* benötigt, in der das konstruktive Benennen von »Fehlern« als Ausdruck von Loyalität verstanden wird. Aus einer solchen »fehlerakzeptierenden« Haltung heraus können Lernprozesse entstehen. Michael Böwer (2012) empfiehlt einen an Vielfalt ansetzenden und experimentierenden Zugang des Lernens, indem bereits *kleine Fehlervorfälle* zu beachten und *Beinahe-Fehler* zu analysieren sind sowie von sich aus über kleine Fehler berichtet wird, um Folgefehler, Schäden oder Gefahren möglichst vorab zu vermeiden.

Es existieren keine »Wundermethoden«, die auf fachlich seriöse Weise gewährleisten könnten, Prozesse zu verkürzen oder zu effektivieren (vgl. Biesel et al. 2019). Ganz besonders im Kontext von Kindern psychisch kranker Eltern und ihren Familien, die oben bereits als »Schlüsselthema« im Kinderschutz bezeichnet wurden, ist ein professionelles, planvolles Vorgehen sinnvoll. Denn es zeigt sich, dass in den meisten Fällen keine eiligen Kinderschutzmaßnahmen angezeigt sind, sondern eher eine sorgfältige Analyse für eine schrittweise Verbesserung der Situation des Kindes (vgl. Schrappe 2018, Biesel et al. 2019) zuträglicher ist. Dies benötigt nicht zuletzt Vertrauen, Mut und Risikobereitschaft der handelnden Kinderschutzkräfte und Jugendamtsmitarbeiter.

! Eine fundierte und kontextsensible Gefährdungsabschätzung benötigt Zeit, Ruhe und Konzentration! Diese kann nicht »mal eben« nebenbei gemacht werden. Ich setze in der Regel gemeinsam mit den zu beratenden Kinderschutzkräften anderthalb bis zwei Stunden für eine (gründliche) Gefährdungsabschätzung an. Diese Zeit ist meiner Meinung nach sehr gut investiert, da sie »nach hinten heraus« sehr oft Ressourcen, Zeit und/oder (nicht passende) Hilfen spart.

Die Gefährdungseinschätzung im Kinderschutz ist ein komplexer Bewertungs- und Entscheidungsprozess (vgl. Biesel/Urban-Stahl 2022) und ein begrenzter

Bereich im gesamten Kinderschutzprozess. Ich selbst gebe als beratende InsoFa den von mir zu beratenden Fachkräften keine Voraussetzungen für die Beratung vor, wie etwa bestimmte Formulare vorausgefüllt oder gar das Genogramm fertig erstellt mitzubringen, damit die Inanspruchnahme niedrigschwellig bleibt und damit hoffentlich öfter genutzt wird. Zum anderen ergibt es für mich keinen Sinn, durch die zu Beratenden ein Genogramm erstellen zu lassen, da dessen Erstellung ja das zentrale Diagnosetool einer systemischen Gefährdungsabschätzung ist.

Die nachfolgenden Aspekte, die in einer Gefährdungsabschätzung hilfreich sein können, haben sich in meiner Praxis bewährt – beginnend mit der *Beratungsfrage*, denn neben der klassischen Frage »Liegt eine Kindeswohlgefährdung vor?« haben Kinderschutzkräfte oftmals noch andere Fragen, wie:

- Wie spreche ich mit den Eltern (besonders wenn diese die deutsche Sprache nicht sprechen, psychisch krank sind, von Beeinträchtigungen oder Behinderungen betroffen sind)?
- Wie erreichen wir, dass die Eltern im Boot bleiben? Wie können wir gleichzeitig den Kinderschutz/das Kind im Fokus behalten?
- Ist unser Verhalten so richtig oder müssen wir etwas verändern?
- Hängt das Verhalten des Kindes mit uns/mit unserer Einrichtung zusammen? Sind wir Teil des Problems?
- Wie können wir das Kind miteinbeziehen/fördern/unterstützen (▶ Kapitel 10.1)?
- Wie können wir mit dem Kind sprechen (▶ Kapitel 10.1)?

Es ist sehr sinnvoll, die Kinderschutzkräfte zu Beginn ihre Sorge in wenigen Sätzen beschreiben zu lassen (»Fassen Sie bitte die aktuelle Situation in zwei bis drei Sätzen zusammen«), bevor der Kontext durch das *Genogramm* erfasst und erweitert wird. Danach kann im Dreiklang aus »Erkennen – Beurteilen – Handeln« (vgl. Reich 2005) die Trilogie der *Risikofaktoren* (Gefährdungsmerkmale), *Schutzfaktoren* (Ressourcen im System) sowie der sich daraus ergebenden *offenen Fragen* bearbeitet und geclustert werden.

Trilogie der Risikofaktoren – Schutzfaktoren – offenen Fragen

> »Systemischer Kinderschutz bedeutet für mich Familien in ihrer Gesamtheit
> zu sehen – mit ihren Problemen aber auch mit ihren Möglichkeiten und Kräften.«
> (Hans-Ullrich Krause zit. n. DGSF 2020, S. 44)

Es gibt multiple Handlungskonzepte zum Vorgehen im Kinderschutz und bei Gewalt, Vernachlässigung und sexuellem Missbrauch (vgl. Deegener/Körner 2005). Darin enthalten sind immer in irgendeiner Weise der Blick auf *Risiko-*

faktoren (Gefährdungsmomente, gewichtige Anhaltspunkte), auf *Schutzfaktoren* wie auch auf *offenen Fragen,* die auftauchen und beantwortet werden wollen. Alle Aspekte sollten in Bezug auf die persönlichen Bedürfnisse im System sowie auf die *Kinderrechte* (Schutz, Beteiligung und Förderung) gesehen und gesetzt werden. Im Sinne dieser Trilogie gehen wir auch nachfolgend vor.

Risikofaktoren

Reinhold und Kindler (2006a) nennen als einen Risikofaktor für das Kindeswohl *psychische Erkrankungen bei Eltern.* Familien mit psychisch kranken Eltern (oder Elternteilen) gelten als *Hochrisikofamilien,* denn viele psychische Erkrankungen beeinträchtigen grundlegend die Ausübung der Elternrolle. *Allgemeine psychosoziale Risikofaktoren* für Kinder psychisch kranker Eltern, die ebenfalls auf alle anderen Kinder zutreffen, sind (vgl. Plass/Wiegand-Grefe 2012, Wiegand-Grefe/Halverscheid/Plass 2011):

- *sozioökonomische Aspekte,* wie zum Beispiel Armut der Familie, Arbeitslosigkeit der Eltern, enge oder unzureichende Wohnverhältnisse. Auch Bender und Lösel (2005, S. 318) beschreiben das Aufwachsen in deprivierten Verhältnissen (wie Armut, Arbeitslosigkeit der Eltern) als distalen (dauerhaften) Risikofaktor insbesondere bei der Entstehung von Misshandlungsphänomenen;
- *soziokulturelle Aspekte,* wie soziale Randständigkeit oder Isolation, kulturelle Diskriminierung;
- *niedriger Ausbildungsstand* bzw. Berufsstand der Eltern,
- unzureichendes oder *fehlendes soziales Unterstützungssystem* der Familie;
- *geringe reale und emotionale Verfügbarkeit* von Bezugspersonen außerhalb der Familie;
- Misshandlung und/oder Vernachlässigung;
- Verlust wichtiger Bezugspersonen.

Die Risiko- und Belastungsfaktoren interagieren mit ihren Auswirkungen, das heißt, sie beeinflussen sich gegenseitig und multiplizieren sich dadurch.

Des Weiteren gelten bei Eltern, die das Wohl ihrer Kinder gefährden, diese weiterführenden Aspekte als Risikofaktoren:

- *besondere Lebensgeschichten und Persönlichkeiten von Eltern.* In Fällen von Kindeswohlgefährdung schildert ein hoher Anteil beteiligter Elternteile selbst belastende Erfahrungen mit Misshandlung, Vernachlässigung oder Missbrauch in der eigenen Kindheit (vgl. Reinhold/Kindler 2006b).
- *Gedanken und Gefühle zu Fürsorge und Erziehung.* Als Gruppe unterscheiden sich Eltern, die ein Kind misshandeln, vernachlässigen oder missbraucht

haben, deutlich von anderen Eltern im Hinblick auf mehrere Aspekte ihrer Gedanken und Gefühle bezüglich der Versorgung und Erziehung ihrer Kinder. In mittlerweile mehr als 25 Vergleichsstudien aus verschiedenen Ländern wurden unter anderem folgende Merkmale bei Eltern, die das Wohl eines Kindes gefährdet hatten, beschrieben (vgl. Reinhold/Kindler 2006b):

- *altersunangemessene Erwartungen* bezüglich der Fähigkeiten und der Selbstständigkeit des Kindes;
- ein *eingeschränktes Einfühlungsvermögen* in die Bedürfnisse des Kindes;
- überdurchschnittlich ausgeprägte Gefühle der *Belastung* durch das Kind;
- überdurchschnittlich ausgeprägte Gefühle der *Hilflosigkeit* in der Erziehung und des Verlustes von Kontrolle durch das Kind;
- *feindselige Erklärungsmuster* für Problemverhaltensweisen des Kindes und ein negativ verzerrtes Bild des Kindes;
- überdurchschnittlich ausgeprägte *Zustimmung zu harschen Formen der Bestrafung* und Unterschätzung negativer Auswirkungen kindeswohlgefährdender Verhaltensweisen;
- eingeschränkte Fähigkeit oder Bereitschaft, eigene Bedürfnisse zugunsten kindlicher Bedürfnisse zurückzustellen.

Schutzfaktoren

Auf der Suche nach den Wurzeln für günstige Entwicklungsverläufe von Kindern, die aus schwierigen und hochbelasteten Familien stammen, sich jedoch trotzdem gut entwickelt haben, wurden die folgenden resilienzfördernden Schutzfaktoren gefunden (vgl. Lenz 2014, Lenz/Brockmann 2013).

Persönliche Schutzfaktoren des Kindes: Die persönlichen Schutzfaktoren sind entscheidend dafür, wie Kinder bei der Bewältigung von schwierigen und belastenden Situationen ihre persönlichen Eigenschaften und Fähigkeiten einsetzen können. Die nachfolgend aufgeführten Schutzfaktoren wurden als entscheidend beschrieben:

- *Ausgeglichenes Temperament.* Bereits im Säuglingsalter werden sicher gebundene, resiliente Kinder als angenehm, aktiv, liebevoll und aufgeschlossener beschrieben und wahrgenommen. Sie lösen bei den Eltern und anderen Bindungspersonen also eher positive Reaktionen aus, wie zum Beispiel Aufmerksamkeit, Wärme und Zuwendung. Kinder mit einem sogenannten »schwierigen« Temperament, die sich unruhiger, temperamentvoller zeigen, weniger ausgeglichen und ruhig sind sowie sich schlechter an neue Situationen anpassen können, werden dagegen in der Familie und in ihrem Umfeld (auch in Kita und Schule) oftmals als Ursache für Auseinandersetzungen

wahrgenommen. Sie geraten bei Konflikten eher in die »Schusslinie« und entwickeln bei Belastungen in der Familie mit höherer Wahrscheinlichkeit Verhaltensauffälligkeiten und psychische Störungen.
- *Gute Selbsthilfefertigkeiten.* Schon im Kleinkindalter zeigen sich die resilienten Kinder deutlich selbstständiger, unabhängiger und selbstbewusster. In der Regel gelingt es ihnen schon früher und besser, mit ihren Mitmenschen zu kommunizieren und sich selbst zu helfen. Dies ist auch in Spielsituationen mit anderen Kindern zu beobachten, in denen sie durch ihre Offenheit und Freundlichkeit schnell einen guten Kontakt zu Gleichaltrigen, aber auch zu anderen Erwachsenen herstellen können. Sie zeigen sich offener, neugieriger und entdecken und erkunden öfter aktiv ihre Umgebung.
- *Problemlöse- und Kommunikationsfähigkeit.* Resiliente Kinder entwickeln schon deutlich früher Lösungen für ihre Probleme und können um Hilfe bitten, wenn sie selbst nicht weiterkommen. Indem sie sich und ihre Gefühle ausdrücken und dadurch auch die Signale von anderen besser verstehen können, sind sie eher in der Lage, ihr eigenes Verhalten situationsangemessener auszurichten.
- *Selbstvertrauen.* Kinder, die über die bereits genannten resilienzfördernden Schutzfaktoren verfügen, wie zum Beispiel über gut entwickelte Problemlöse- und Kommunikationsfähigkeiten, zeichnen sich zwangsläufig auch durch ein ausgeprägtes Selbstvertrauen aus.
- *Hohes Selbstwertgefühl.* Wer auch mit schwierigen Situationen besser umgehen kann und weiß, wie man sich verhalten sollte und welche Möglichkeiten es gibt, ein bestimmtes Problem zu lösen, verfügt in der Regel auch über ein hohes Selbstwertgefühl.
- *Selbstwirksamkeitsüberzeugungen.* Wer sich selbst nicht zutraut, etwas mit seiner Handlung bewirken zu können, wird es höchstwahrscheinlich auch weniger versuchen, die Situation vermeiden und sich selbst eher negativ einschätzen. Die Erfahrung, selbst wirksam sein zu können, erleben dagegen resiliente Kinder schon früh und bekommen dies dann auch viel öfter von ihren Bezugspersonen positiv gespiegelt. Damit ist die Überzeugung gemeint, durch das eigene Handeln selbst etwas bewirken zu können, wie etwa Probleme lösen zu können oder sich selbst bewegen zu können und neue Fähigkeiten dazuzulernen (Fahrradfahren, Reiten, Schwimmen, Skifahren etc.). Es den eigenen Kindern ermöglichen zu können, diese Fähigkeiten zu erlernen, hängt jedoch in vielen Fällen auch von der finanziellen Ausstattung der Familie ab.
- *Hohe Sozialkompetenz und ein ausgeprägtes Kohärenzgefühl.* Eine hohe Sozialkompetenz zeigt sich durch Einfühlungsvermögen, Kontaktfähigkeit und Verantwortungsübernahme. Resiliente Kinder sind bereits in der Kita daran zu

erkennen, dass sie zu Streitschlichtern werden, wenn es zu Konflikten innerhalb der Gruppe kommt. Sie können durch ihre Einfühlsamkeit die Betroffenheit der beteiligten Kinder besser nachvollziehen und gleichzeitig Problemlösungswege erkennen, die sie gut kommunizieren können.
- *Leistungsfähigkeit und Planungskompetenz.* Resiliente Kinder können sich gut konzentrieren, weisen ein überdurchschnittliches Maß an Ausdauervermögen auf und sind in der Lage, ihre eigenen Fähigkeiten und Kompetenzen wirksam zu nutzen. Daraus folgt, dass sie in der Kita und später in Schule oder Ausbildung gute Leistungen zeigen können. »Eng verknüpft mit der Planungskompetenz sind gute Problemlösefähigkeiten, Selbstwirksamkeitserwartungen sowie die Fähigkeit, Entscheidungen selbstständig treffen zu können« (Lenz 2014, S. 156).

Familiäre Schutzfaktoren: Resilienz kann als ein Systemgeschehen verstanden werden, bei dem resilienzförderliche Interaktionsmuster und -prozesse in Familien eine wesentliche Rolle spielen (vgl. Lenz 2014). Zu den familiären Schutzfaktoren zählen:
- sichere Bindung,
- emotional positives, akzeptierendes und zugleich Grenzen setzendes Erziehungsklima,
- altersangemessene Verpflichtungen des Kindes in der Familie,
- harmonische Paarbeziehung der Eltern,
- konstruktive familiäre Überzeugungen wie Optimismus und Zuversicht,
- Flexibilität und Verbundenheit in der Familie.

Soziale Schutzfaktoren: Zur Entwicklung von Resilienz kann auch soziale Unterstützung durch weitere Faktoren und insbesondere durch Personen außerhalb der engeren Familie, wie Verwandte, Erzieherinnen und Erzieher, Lehrkräfte und Freunde, beitragen. Sie können dabei helfen, das Sicherungsnetz für Kinder (psychisch kranker Eltern) und Familien im Kinderschutz zu spinnen und zu spannen. Zu den sozialen Schutzfaktoren zählen:
- *externe Bezugs- und Bindungspersonen,* die für das Kind da sind, zuhören, helfen, handeln, für Schutz und Struktur sorgen und denen das Kind vertrauen kann. Also fürsorgliche und zuverlässige Erwachsene außerhalb der engeren Familie, die Vertrauen fördern, Sicherheit vermitteln und als positive Vorbilder dienen (z. B. Erzieherinnen und Erzieher, Kindertagespflegepersonen, Lehrkräfte und andere pädagogische Fachkräfte).
- *Alters- und entwicklungsgemäße Psychoedukation* (vgl. Lenz 2010), z. B. über die psychische Erkrankung eines Elternteils und/oder über die Schutzrechte von Kindern.

- *soziale und emotionale Unterstützung.*
- unterstützende und anregende *Freundschaftsbeziehungen,* positive Erfahrungen in Kita und Schule.
- *Integration und Teilhabe* in der Freizeit, z. B. in Gruppen, Vereinen oder religiösen Vereinigungen, bei Hobbys etc.
- *Haustiere* oder allgemein der Umgang mit Tieren.

Offene Fragen

In jeder Gefährdungsabschätzung entstehen eine Vielzahl von offenen Fragen, deshalb werden diese auch hier explizit erwähnt. Warum? Fragen sind aus einer systemischen Vorgehensweise stets richtungsweisend und werden als hilfreich betrachtet. So können beispielsweise »weißen Flecken« auf wichtige Aspekte im System hinweisen, die wir sonst übersehen würden, wie zum Beispiel, dass über eine Seite der Familie gar keine Erkenntnisse vorliegen oder ein leiblicher Vater gar nicht auftaucht. *Was ist der Grund dafür? Was müssen wir wissen, um ein vollständigeres Bild zu bekommen?* Der Bereich der offenen Fragen sollte durch die InsoFa unbedingt mitgeschrieben und den Kinderschutzkräften im Anschluss zur Verfügung gestellt werden, damit diese Aspekte nicht erneut »durchrutschen«.

Hypothesenbildung – Einschätzung der Mitwirkungsbereitschaft im System

>»Wer nichts verändern will, wird auch das verlieren,
>was er bewahren möchte.« (Gustav Heinemann)

Die offenen Fragen führen direkt zum Bilden von *Hypothesen,* was auch in systemischen Gefährdungsabschätzungen partiell eine Rolle einnimmt, deshalb hier ein kleiner Exkurs: »Die Hypothese an sich ist weder richtig noch falsch, sondern viel eher mehr oder weniger nützlich« (Selvini 2002, S. 278). Es geht hier also nicht um ein »richtiges« oder »falsches« Vorgehen oder darum, fertige Lösungen zu produzieren, vielmehr begeben sich die InsoFa und die Kinderschutzkräfte beim Hypothesenbilden in *Möglichkeitsräume* (vgl. Ebbecke-Nohlen 2013). Darin formulieren sie, ausgehend von der Beratungsfrage, verschiedene Hypothesen. »Die Funktion der Hypothese ist deshalb im Wesentlichen die eines Wegweisers zu neuen Informationen, die entweder zu ihrer Bestätigung, Verwerfung oder Umformulierung führen« (Selvini 2002, S. 278).

Auch Hypothesen in einer Gefährdungseinschätzung dürfen *systemisch* sein. Das heißt, sie sollen eine systemische Perspektive einnehmen, die alle Komponenten der Familie umfasst und uns »eine Annahme liefer[t], die sich auf die Funktion der Beziehungsverhältnisse in ihrer Gesamtheit bezieht« (Selvini 2002, S. 280). Damit unterscheiden sich systemische Hypothesen von Alltagshypothesen. Alltagshypothesen sind meist linear-kausal, beantworten also eher Fragen nach einem »Warum?«. Sie beziehen häufig den Kontext nicht ein, besitzen oft eine hohe Zeitstabilität, folgen eher konventionellen Denk- und Erklärungsmustern und haben meist negative Implikationen (vgl. Gröne 2017).

Systemische Hypothesen dagegen:
- verknüpfen bislang scheinbar Unverbundenes,
- machen Aussagen über das Funktionieren von Beziehungen,
- verknüpfen Vergangenheit, Gegenwart und Zukunft,
- beschreiben Veränderungen von Beziehungen in der Zeit,
- beziehen den Kontext der jeweiligen Ereignisse als bedeutungsstiftend ein,
- sind frei von Eigeninteressen des Beraters,
- beantworten eher die Fragen »Wozu?« und »Wie?«,
- haben eine geringe Zeitstabilität,
- beziehen immer auch das Wissen, die Rolle und Funktion desjenigen mit ein, der die Hypothesen aufstellt (vgl. Gröne 2017).

(Systemische) Hypothesen beziehen sich insbesondere auf:
- die individuellen Annahmen, die Prämissen der Familie, auf Mythen, Traditionen, Glaubenssätze usw., insgesamt auf die »inneren Landkarten«,
- die *Muster* der Erkenntnisbildung,
- die *Interaktionsmuster* in dem Klientensystem,
- die Interaktion des Klientensystems mit anderen Systemen,
- die Wechselwirkung zwischen Heteronomie und Autonomie,
- die Entscheidungsoptionen und Entscheidungen in der Geschichte des Systems,
- die speziellen *Ressourcen* des Systems (vgl. Gröne 2017).

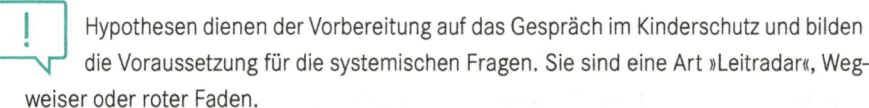

! Hypothesen dienen der Vorbereitung auf das Gespräch im Kinderschutz und bilden die Voraussetzung für die systemischen Fragen. Sie sind eine Art »Leitradar«, Wegweiser oder roter Faden.

Es werden damit Suchrichtungen und Explorationsfelder bestimmt, die auch für die Abschätzung der *Mitwirkungsbereitschaft im familiären System* insbesondere der Eltern (Sorgeberechtigten) wichtig sind. Die Annahmen darüber sind jedoch Hypothesen! Es ist sinnvoll, nacheinander die Mutter, den Vater sowie die betroffenen Kinder durchzugehen und die Annahmen zum aktuellen Stand festzuhalten. Es kommt auch vor, dass dort ein »Nein« steht oder »Kann zum gegenwärtigen Wissensstand nicht eingeschätzt werden«. Auch wenn das Kind aufgrund des Alters oder der Umstände nicht am Elterngespräch teilnehmen sollte, ist es aus systemischer Sicht sinnvoll, es hier in die Hypothesen miteinzubeziehen: Was wünscht sich das Kind von den Eltern? Was wünscht es sich von den Fachkräften? Sieht es bereits ein Problem oder ist dies noch nicht beobachtbar? Folgende Fragen (vgl. Knoller 2016) sind zielführend.

- *Problemakzeptanz:* Wie wird die Problemakzeptanz der Eltern aktuell (heute, hier) eingeschätzt? Sehen die Eltern (und das Kind/die Kinder/die Familie) selbst ein Problem oder ist dies weniger oder gar nicht der Fall?
- *Problemkongruenz:* Wie kongruent sehen die Eltern/die Fachkräfte das Problem aktuell (heute, hier)? Inwieweit stimmen die Sorgeberechtigten und die beteiligten Fachkräfte in der Problemkonstruktion überein?
- *Hilfsakzeptanz:* Wie wird die Hilfsakzeptanz der Eltern aktuell (heute, hier) eingeschätzt? Sind die (sorgeberechtigten) Eltern (und das Kind/die Kinder) bereit, die von den Fachkräften angebotenen Hilfen anzunehmen, oder ist dies nur zum Teil oder gar nicht der Fall? Ist eine Zusage der Eltern als dauerhaft und verlässlich einzuschätzen (z. B. bei psychisch erkrankten Eltern mit und ohne Diagnose)?

Diese Annahmen werden im darauffolgenden Eltern- oder Familiengespräch überprüft, von daher ist in diesem Bereich die Hypothesenbildung tatsächlich handlungsleitend. Welch eine wichtige Rolle die *Mitwirkungsbereitschaft* in Kinderschutzfällen spielen kann, zeigt abschließend der zweite Teil des Fallbeispiels.

»Familie M. – Dranbleiben« – Teil 2

Ich hatte bereits im Lösungskompass (▶ Kapitel 6.2) innerhalb des Aspekts des »Dranbleibens« begonnen, über die Familie M. zu berichten. Bei der Familie war neben äußerst zahlreichen Risikofaktoren auch die Ressourcenseite mit guten Bindungen (beiderseitig), Offenheit, *Mitwirkungsbereitschaft* sowie Zuneigung innerhalb der Familie festzustellen.

Das »Dranbleiben« ergibt hier Sinn, denn auch wenn die Umstände manchmal nicht so schnell zu ändern sind, können trotz all der Probleme auch ausreichend Ressourcen als Gegengewicht vorhanden sein. So war es auch in dieser Familie, denn trotz zeitweiser besorgniserregender Umstände durch die Überlastung der Mutter und mehrfacher Meldungen konnten sich die Kinder entwickeln. Das wurde durch das groß aufgespannte Fachkräftenetz wiederholt so eingeschätzt. Als der Familienvater infolge seiner multiplen Erkrankungen nach einer Operation verstarb, stabilisierte sich die Situation nach und nach mit ausreichend Unterstützung für die Mutter und für die Kinder. Den besonderen Unterschied zu anderen Familien machte in diesem Fall die unerschütterliche und aufrichtige *Kooperationsbereitschaft* der Kindesmutter.

Reduktion von Komplexität

> *»Komplexität [...] heißt Selektionszwang, Selektionszwang heißt Kontingenz, und Kontingenz heißt Risiko.«* (Niklas Luhmann zit. n. Stiegler et al. 2023, S. 5)

Im letzten Schritt der Gefährdungsabschätzung sollte die Komplexität auf die Beratungsfrage und das Ergebnis der Einschätzung (Fokus auf die Fakten) reduziert werden. Das hört sich einfach an, jedoch trifft hier das Zitat von Steve Jobs, welches er 1998 in einem Interview mit der Zeitschrift Business Week äußerte, sprichwörtlich den Nagel auf den Kopf, denn: »Einfach kann schwerer als komplex sein: Man muss hart arbeiten, um das eigene Denken so sauber zu bekommen, damit man es einfach machen kann. Aber zuletzt lohnt es sich, weil man Berge versetzen kann, wenn man erst mal dahin gelangt.« Unter »komplex« versteht man Verhältnisse und Umstände, die »prinzipiell undurchschaubar und damit im Vorhinein eben nicht so planbar sind, dass man weiß, welches Ergebnis wie zu erzielen ist. In diesem Sinne sind alle relevanten Phänomene und Zusammenhänge komplex« (Stiegler et al. 2023, S. 5).

Insbesondere ist der Blick auf die aktuelle Situation zu richten, denn das Ergebnis dieser Gefährdungseinschätzung bezieht sich auf den *gegenwärtigen Stand des Wissens aus der Zusammenschau der Fachkräfte, deren kontextabhängigen Gewichtungen und fachlichen Bewertung* (vgl. Knoller 2016). Denn auch wenn etwas nicht vollständig zu durchschauen ist, sind InsoFas besonders herausgefordert, nach intelligenten Lösungen zu suchen und durch den Prozess zu navigieren (vgl. Stiegler et al. 2023). Wir benötigen dazu die passenden Instrumente, sicher abrufbares Wissen und Flexibilität, damit wir uns Sicherheit und Übersicht verschaffen, um diese in der Gefährdungsabschätzung (Beratungssystem) getroffenen Einschätzungen mit der realen komplexen Welt (familiäres System) abgleichen und anpassen zu können.

Ergebnis der Gefährdungseinschätzung

> *»Man darf niemals ›zu spät‹ sagen. Auch in der Politik ist es niemals zu spät. Es ist immer Zeit für einen neuen Anfang.«* (Konrad Adenauer)

In der Bewertung der Risikoeinschätzung liegt der kontextsensible Fokus auf der Frage, wie die gewichtigen Anhaltspunkte und das Gefährdungsrisiko für das Kind von den Kinderschutzkräften eingeschätzt werden. Während dieser Beratung stehen immer das Kind und seine Situation im Zentrum der Gefährdungsabschätzung (GA) (vgl. Radewagen 2022a). Aus dieser Zusammenschau, die nicht einfach aus der Addition von Risikofaktoren bestehen kann, sondern auch unterschiedliche Dimensionen und rekursive Wechselwirkungen miteinbezieht, ist eine aktuelle Aussage zur Art und zum Ausmaß einer vorhandenen Gefährdung sowie für das Risiko für eine zukünftige Gefährdung des Kindes zu treffen (vgl. Knoller 2016). Mehrdeutigkeiten und Ambivalenzen können dabei nicht immer vollständig aufgelöst werden, sollten jedoch transparent gemacht und im weiteren Verlauf im Auge behalten werden (Knoller 2016).

Das Ergebnis der GA sollte eine *Einschätzung* und eine kurze *Begründung* (2–3 Sätze) enthalten. Für die Einschätzung gibt es unterschiedliche Raster und Strukturen. Sie kann exemplarisch aus einigen ankreuz- und anpassbaren sowie umzuformulierenden Wortbausteinen bestehen, wie beispielsweise:

☐ Keine Gefährdung, aber Hilfebedarf

☐ Drohende/latente/anzunehmende Gefährdung, weitere Klärung nötig

☐ Tatsächliche/chronische Gefährdung, dringender Handlungsbedarf

Begründung: Hier wird die Essenz der GA in wenigen Sätzen zusammengefasst.

Nächste Schritte und Abschluss

> »Ein Beteiligungsprozess, der nicht genügend Zeit bekommt,
> ist mit keinem Geld- und Personaleinsatz zu retten.« (Jörg Sommer)

Dieser letzte »Schritt« der Gefährdungsabschätzung ist für viele Kinderschutzkräfte sehr wichtig. Nachdem das Risiko eingeschätzt und begründet wurde, können hier die folgenden Aspekte für das weitere Vorgehen der Fachkräfte miteinbezogen werden.

- *Beratungsfragen:* Falls noch andere Fragen zu Anfang formuliert wurden, ansonsten fragen Sie als InsoFa jetzt noch einmal nach.
- *Offene Fragen:* Hier werden die »offenen Fragen« (Trilogie) einbezogen.
- *Meldung:* Falls es eine Meldung an das Jugendamt gibt[102], ist abzusprechen, wann (und manchmal wie und an wen) diese erfolgen soll: vor, nach dem Gespräch oder nur dann, wenn sich die Mitwirkungsbereitschaft der Sorgeberechtigten im Gespräch nicht in Richtung einer Kooperation entwickelt und der Schutz des Kindes nicht sichergestellt ist. Bei einer akuten Gefährdung kann

---

102 Hier legt sich die InsoFa in der Beratung und GA fest, letztendlich liegt jedoch die Entscheidung bei der zu beratenden fallzuständigen Fachkraft.

entschieden werden, dass ohne ein Elterngespräch gemeldet wird. Beispielsweise wenn die Einschätzung besteht, dass eine Gefährdung für das Kind durch ein Gespräch angenommen wird und/oder nicht abgewendet werden kann.
- *Gesprächsführung:* Ob, wie, wann und mit wem wird ein Gespräch geführt. Fegert et al. (2019, S. 42) formulieren ein Ablaufschema für die Prüfung einer Weitergabe ohne Einwilligung (▶ Kapitel 10.2), das eine schrittweise und strukturierte Vorgehensweise ermöglicht. In der Regel übernimmt die fallführende Fachkraft die Gesprächsführung (▶ Kapitel 10). Hier kann das methodische Vorgehen in wenigen Worten besprochen werden, das auf den Hypothesen darüber, wie die Eltern reagieren werden, beruht.
- *Systemischer Blick:* Es können die systemischen Ebenen und Perspektiven (Kinderschutzbrille) eingenommen werden (▶ Kapitel 9.3).

Die Inhalte werden durch die InsoFa schriftlich festgehalten. Es sollte dafür durchaus Platz (bis zu einer DIN-A4-Seite) eingeplant werden, damit die Inhalte (SMART) aufgeführt werden können. Sie finden nachfolgend ein Raster, das sich bewährt hat und beliebig angepasst werden kann.

Nächste Schritte der fallführenden Fachkraft:

Aktion (Was?)	Beteiligte (Wer?)	Zeitraum (Bis wann?)

! Dieser letzte Teil der Gefährdungsabschätzung wirkt für die Kinderschutzkräfte wie »Proviant« für schwierige Gespräche im Kinderschutz, denn sie finden hier alle Informationen und Vorgehensweisen zusammengefasst.

Der letzte Absatz auf der Gefährdungsabschätzung sollte Auskunft über einen eventuellen Folgetermin geben und die Unterschriften enthalten.

☐ Abschluss der Fachberatung

☐ Neuer Termin am: _____

Systemischer Kinderschutz wirkt sich auf die (systemische) Diagnostik und auf die Durchführung der Gefährdungsabschätzung aus. Die systemisch arbeitende InsoFa ist ein Hauptwirkfaktor für eine gelingende Beratung und Gefährdungsabschätzung im Kinderschutz.

Kapitel 10

Beratungskompass – systemische Gesprächsführung im Kinderschutz

Auf schmalem Grat wandern.

In der Praxis wird mir immer wieder deutlich, dass die *Gesprächsführung im Kinderschutz* mit den Eltern für viele Kinderschutzkräfte eine besondere Herausforderung darstellt. Das muss jedoch nicht sein. Für gelingende Gespräche im Kinderschutz braucht es das richtige Handwerkszeug, ein gut durchdachtes Setting und die passende Haltung der Fachkraft. Es wird im Folgenden auf einige wichtige Aspekte eingegangen.

Der Kinderschutz ist das übergeordnete Thema in jeder Einrichtung der Kinder- und Jugendhilfe. Die Gesprächsführung im Kinderschutz ist für psychosoziale Fachkräfte ein sogenanntes *Engpassthema*, das als schwierig oder belastend empfunden werden kann. Dies hat oft vielfältige Gründe, wie beispielsweise:

- *wenig Praxiserfahrung* in der Gesprächsführung im Kinderschutz und ein damit einhergehendes Gefühl der Unsicherheit,
- *geringes Wissen* darüber, weil es etwa in Ausbildung oder Studium nicht ausreichend behandelt wurde,
- *Angst* vor aggressivem Verhalten, Eskalation oder Abmeldung des Kindes aus der Einrichtung durch die Eltern u. v. m.

Unter dem Strich können diese Aspekte bei den Kinderschutzkräften zum *Wegsehen/-hören* (180-Grad-Dynamik: ▶ Kapitel 5.1) oder *Bagatellisieren* (vgl. PPSB-Hamburg 2021) von Gewalt/Vernachlässigung/Kindeswohlgefährdungen, zu einem Umgehen oder *Vermeiden* von Kinderschutzgesprächen sowie in manchen Fällen auch zu einem zu *forschen Vorgehen* führen.

Folgende grundlegenden und autopoietisch basierten *Hintergrundfragen* können hier im Sinne einer gelingende Gesprächsführung in systemischen Kinderschutzprozessen weiterführen:

- »Wie entwickeln einzelne Personen in einem sozialen System (Kinderschutzsystem) ihre unterschiedlichen subjektiven Wahrheiten und aus welchen Interaktions- und Kommunikationsmustern leiten sie diese ab?
- Wie bestätigt jedes Systemmitglied durch sein Verhalten und seine Kommunikation die Wirklichkeitskonstruktion aller anderen?
- Wie lassen sich diese Weltbilder und Interaktionsmuster verändern« (Rieforth/Graf 2014, S. 96)?

- Welche Resonanzphänomene führen im Team möglicherweise zu Infektionen/Ansteckungen, sodass die Gefahr besteht, wirksamen Kinderschutz auszuhebeln?

Die Bühne, auf der die fachlichen Einschätzungen aus der Gefährdungsabschätzung durch die Kinderschutzkräfte mit den Eltern kommuniziert wird, ist das *Gespräch im Kinderschutz*. Hier werden die Risiko- und Schutzfaktoren mitgeteilt, die offenen Fragen aus der vorherigen Gefährdungsabschätzung geklärt, die Mitwirkungsbereitschaft der Eltern erfragt und das weitere Vorgehen besprochen.

> **!** In Gesprächen im Kinderschutz können bereits früh *problematische Tendenzen* und *Sorgen* durch die Kinderschutzkräfte thematisiert sowie die Unterstützung der betroffenen Kinder und Eltern angeregt werden. Die Gespräche werden von vielen Kinderschutzkräften als herausfordernd wahrgenommen und sollten deshalb durch die InsoFa innerhalb der Gefährdungsabschätzung vorbesprochen werden.

Es gibt Besonderheiten, die den Unterschied zwischen »normalen« Beratungen oder Entwicklungsgesprächen und denen im Kinderschutz ausmachen. Nachfolgend werden Aspekte und Möglichkeiten zu unterschiedlichen Settings vorgestellt. Ich beginne mit den aus meiner Sicht wichtigsten Adressaten im Kinderschutz, den Kindern.

10.1 Beteiligung von und Gespräche mit Kindern[103] im Kinderschutz

> »Ich mache nichts, ohne es mit dir zu besprechen. Aber ich mache vielleicht etwas, das du nicht willst, ich aber tun muss.« (Barbara Kavemann 2022, eigene Mitschrift)

Dieser Abschnitt über die Beteiligung von und die Gesprächsführung mit Kindern im Kinderschutz ist sehr ausführlich, denn: Nach Angaben des Deutschen Jugendinstituts (DJI 2020) werden Kinder und Jugendliche an der Abklärung von Kindeswohlgefährdungen in Deutschland – aber auch beispielsweise in England

---

103 Auch hier werden die Jugendlichen explizit mit angesprochen, die Kürzung auf »Kinder« findet wegen der besseren Lesbarkeit statt. Der Fokus auf die Kinder ist zudem wichtig, da besonders Gespräche mit jüngeren Kindern von den Kinderschutzkräften als schwierig angesehen werden. Je älter die Kinder sind, desto mehr Spielraum besteht in der Formulierung von Fragestellungen.

und den Niederlanden – bisher nur wenig beteiligt. Das Ergebnis des europäischen Forschungsprojekts HESTIA, in dem europäische Forscher:innen gemeinsam mit den beteiligten Jugendämtern in den jeweiligen Ländern die Fallakten zur Abklärung einer möglichen Kindeswohlgefährdung auswerteten, war: Obwohl die Beteiligung von Kindern und Jugendlichen in Deutschland, England und den Niederlanden gesetzlich verankert ist, ergab die Untersuchung von Fallakten eine erstaunlich niedrige Beteiligungsrate (vgl. DJI 2020). Die Partizipation von Kindern generell und im Kinderschutz im Besonderen ist ein Schutz-, Förder- und Beteiligungsrecht und gilt ohne Einschränkungen. Sicherlich kann fachlich darüber diskutiert werden, ab welchem Alter und Entwicklungsstand Kinder in Kinderschutzgesprächen beteiligt werden können und in welcher Form. Woher jedoch diese große Diskrepanz zwischen Theorie, Gesetz und der Praxis kommt, erklärt Dr. Susanne Witte vom DJI so: »Die Partizipation von Kindern und Jugendlichen stellt Fachkräfte jedoch vermutlich vor große Herausforderungen, so dass unklar ist, wie der Rechtsanspruch in der Praxis des Kinderschutzes umgesetzt werden kann« (DJI 2020). Diesen Eindruck habe ich ebenfalls in der Praxis gewonnen, was sicherlich auch mit den schlechten Rahmenbedingungen und dem zunehmenden Fachkräftebedarf in vielen Bereichen zu tun hat – und wir können festhalten: *Die Kinderschutzkräfte benötigen definitiv mehr Ressourcen* (vgl. DJI 2020).

»Das abwesende Kind«, so wurde ein Forschungsschwerpunkt (NZFH 2014, S. 39 ff.) bezeichnet, in dem die Untersuchenden diese Typisierung für zwei der zehn Fallakten herausarbeiteten. In diesen Akten fanden Kinder keine oder kaum eine Erwähnung (vgl. NZFH 2014, S. 39). Die Fachkräfte waren in diesen Fällen zumeist mit den Problemen der Eltern und ihren Folgewirkungen befasst, etwa bei Alkoholsucht, psychischer Erkrankung oder Gewalt in der Partnerschaft, in den vorliegenden Fällen insbesondere durch Väter.

> »§ 8 Abs. 1 SGB VIII sieht vor, dass Kinder und Jugendliche entsprechend ihrem Entwicklungsstand an allen sie betreffenden Entscheidungen der öffentlichen Jugendhilfe zu beteiligen sind. Die Beteiligung an der Entscheidung über die im Einzelfall angezeigte Hilfeart ist in § 36 Abs. 2 vorgesehen.« (Frenzel 2020, S. 64)

Unter »allen sie betreffenden Entscheidungen der öffentlichen Jugendhilfe« sind insbesondere solche zu verstehen,

> »die ein Kind oder einen Jugendlichen im Einzelfall betreffen. Die Anwendung der Vorschrift ist nicht nur auf die Mitwirkung in einem förmlichen Verwaltungsverfahren [...] beschränkt. Im Hinblick auf den Normzweck ist die

Bestimmung vielmehr weit auszulegen. Deshalb sind unter Entscheidung auch alle tatsächlichen Handlungen und Dienstleistungen wie Beratungsgespräche oder Stellungnahmen zu verstehen, die die tatsächliche und rechtliche Situation von Kindern und Jugendlichen betreffen.« (Frenzel 2020, S. 64)

Diesen Vorgaben wurde auch im Missbrauchskomplex Lügde durch die beteiligten Jugendämter nicht entsprochen, wie dieser Auszug aus dem Abschlussbericht exemplarisch zeigt:

»01.11.2017: während eines Hausbesuchs beim Täter durch den PKD [Pflegekinderdienst des Landkreises Hameln-Pyrmont] wurde kein Gespräch mit dem Kind allein geführt. Das Kind war während des Gesprächs, in dem sich der Täter kritisch und ablehnend über eine weibliche mitarbeitende der SPFH äußerte, anwesend.« (Frenzel 2020, S. 64)

Im Kinderschutz sind Kinder die *unfreiwilligen Klienten,* werden doch deren Probleme durch die Erwachsenen um sie herum definiert (vgl. Steiner/Berg 2016). Deshalb ist ihr *Recht auf Beteiligung* auch als umso wichtiger zu bewerten und anzuwenden. Als Arbeitsgrundlage für dieses Buch gehe ich deshalb davon aus, dass die Beteiligung von Kindern am Kinderschutzprozess ihr natürliches Recht ist und deshalb das Kind (sowie alle Kinder der Familie) gehört werden müssen (vgl. PPSB-Hamburg 2021).

> **!** Die Frage, ab welchem Alter Kinder an Kinderschutzprozessen und insbesondere an den Gefährdungsabschätzungen teilnehmen können, schwankt zwischen Aussagen, dass »der Kindeswille *ab drei Jahren* familienrechtlich bedeutsam« ist (Dettenborn 2021, S. 77). Biesel und Urban-Stahl (2022) weisen auf eine Veröffentlichung des National Children's Bureau hin, worin die Einbeziehung von Kindern *ab ihrer Geburt* gefordert wird.

Eine besondere Herausforderung bezieht sich auf das Sprechen mit (mutmaßlich) von sexueller Gewalt betroffenen Kindern, was Christmann als »eigenständige (professionelle) Herausforderung« (2018, S. 516) beschreibt. Immer wieder werden diese Gesprächsanlässe auch mit der Frage nach der »Glaubwürdigkeit kindlicher Berichte über sexuelle Gewalt« und der Tendenz verbunden, die kindlichen Aussagen grundsätzlich anzuzweifeln oder zu bagatellisieren. In den »anlassbezogenen Fragen« (▶ Kapitel 10.1) finden sich geeignete Gesprächsimplikationen, um auch mit (aus erwachsener Sicht) »spontanen« Gesprächssituationen mit Kindern möglichst vorurteilsfrei und angemessen umgehen zu können. Oft finden diese Anlässe von Kinderseite in Alltagssituationen und mit Personen statt, denen das

Kind vertraut (vgl. Christmann 2018). Sogenannte Prozesse des Abwägens werden durch das Kind im Vorfeld einer Offenlegung von sexueller Gewalt oft sehr gut durchdacht und gehen diesen voran (vgl. Kavemann et al. 2016). Sowohl für den Bereich der sexuellen Gewalt als auch für alle weiteren Kinderschutzbereiche ist noch einmal zu betonen, dass mit dem »Sprechen mit Kindern im Kinderschutz« *alle Kinder* gemeint sind, insbesondere auch Kinder mit Beeinträchtigungen und Behinderungen, bei denen es beispielsweise Sprach- oder Verständnisbarrieren gibt. Hier wird der Querbezug zum inklusiven Kinderschutz (▶ Kapitel 3.1) hergestellt.

Das gilt auch und besonders für die Hilfeplanung. Es ist kontextsensibel zu differenzieren, um welche Art von Kinderschutzgespräch es sich handelt, wie alt das Kind ist und in welcher Entwicklungsphase (entwicklungspsychologische Aspekte) es sich befindet.

> ! Für den Prozess der Gefährdungseinschätzung (▶ Kapitel 9.4) ist jedoch in jedem Einzelfall zu prüfen, ob, wie und wann Kinder und Jugendliche beteiligt werden können, was Teil der Fachberatung durch die InsoFa sein sollte.

Sollten die InsoFa mit den Kinderschutzkräften zu der Entscheidung gelangen, dass es dem Kindeswohl dienlicher ist, das Kind nicht direkt am Prozess der Gefährdungsabschätzung zu beteiligen, können beispielsweise weniger intensive Formen (siehe unten) alternativ angeboten werden. Biesel (2013, S. 43 f.) empfiehlt fünf Formen der *Beteiligung von Kindern im Kontext von Gefährdungsabschätzungen und Hilfeplanung*:

1. *Kinder müssen im Kinderschutz (an)gesehen werden.* Indem die Kinderschutzkräfte sich einen (unmittelbaren) Eindruck von den Entwicklungsumständen und dem Gesundheitszustand des Kindes machen (vgl. Biesel 2019), wie bei der bereits erwähnten Inaugenscheinnahme durch das Jugendamt nach einer Meldung. Gefährdungseinschätzungen[104] und Hilfeplanungen können, ohne das Kind selbst gesehen zu haben, nicht erfolgen (vgl. DKSB LV NRW 2019). Je ungenauer und unbestimmter die Informationslage ist, umso wichtiger ist es, sich selbst einen Eindruck vom Kind, seinen Entwicklungsumständen und seinem Gesundheitszustand zu machen.
2. *Kinder müssen im Kinderschutz beobachtet werden.* Beispielsweise in ihrer häuslichen Situation und Umgebung sowie in den Interaktionen und Reaktionen im Kontakt mit den Eltern, Geschwistern und anderen Bezugspersonen

---

104 Bezieht sich auf die Inaugenscheinnahme im Jugendamt im Rahmen der fallzuständigen Fachkraft vor Ort (Jugendamtsmitarbeiter:in), nicht durch die InsoFa, da die GA anonymisiert/pseudonymisiert erfolgt.

(vgl. Biesel 2019). Eine Einschätzung des Kindeswohls sollte nicht auf einer einmaligen Beobachtung beruhen, sondern sollte stattdessen mehrfach – sowohl allein als auch im Beisein der Familie – erfolgen (vgl. DKSB LV NRW 2019).
3. *Kinder müssen in die Kinderschutzpraxis aktiv einbezogen werden.* Die Beteiligung von Kindern im Kinderschutz, die nicht auf das Ansehen und Beobachten von gefährdeten Kindern reduziert werden darf, erfordert das Vorhandensein einer professionellen Arbeitsbeziehung. Auf dieser Grundlage können Kinder besser überschauen, in welcher Lebenslage sie sich befinden und welche Optionen bestehen, damit es ihnen und ihren Eltern in Zukunft wieder besser gehen kann (vgl. DKSB LV NRW 2019).
4. *Mit Kindern muss im Kinderschutz gesprochen werden.* Dazu gehört zunächst, ihnen zuzuhören sowie ihre Äußerungen und Vorstellungen ernst zu nehmen, um ihre Gefühle, wie Sorgen, Ängste, Schuldgefühle und Loyalitätskonflikte, erfassen und thematisieren zu können (vgl. Biesel 2019).
5. *Mit Kindern müssen im Kinderschutz Aktivitäten unternommen werden,* die ihnen Freude bereiten, ihre kindliche Lebenswelt umfassen und einen weiteren Zugang der Kinderschutzkräfte zu ihnen ermöglichen (vgl. Biesel 2019).

Diese Punkte möchte ich gern noch einmal mit dem grundlegenden *professionellen, selbstwertstärkenden Sehen* von Kindern ergänzen, das bereits im Lösungskompass (▶ Kapitel 6.1) beschrieben wurde. Jesper Juul (2014) spricht hier von der anerkennenden, wertschätzenden Rückmeldung an die Kinder. Das erfordert, dass Sie erst einmal wahrnehmen (erkennen), was das Kind durch sein jeweiliges Verhalten zum Ausdruck bringen möchte. Dann können Sie Ihr persönliches Bild von dem Kind differenzieren (verstehen), sodass Sie jedem Kind eine Rückmeldung geben können, die so präzise wie möglich dessen Selbstwertgefühl und damit die Fähigkeit, persönliche Verantwortung zu übernehmen, stärken kann. Die anerkennende, wertschätzende Rückmeldung ist gleichzeitig ein *vokales Bindungsangebot* für das Kind. Die Rückmeldungen sollten authentisch sein, deshalb gibt es dafür keine Blaupause. In der Kommunikation mit den Kindern authentisch zu sein, bedeutet, dass die Kinder uns unter anderem darin bewerten, ob sie unsere Mimik und Körpersprache als passend zum gesagten Inhalt empfinden (vgl. Bauer 2016a).

Es ist darüber hinaus sehr sinnvoll für Kinderschutzgespräche, mit Kindern zu »lernen, wie Kinder denken und handeln«: Weil die sprachlichen Fertigkeiten bei Kindern noch nicht voll entwickelt sind, kommunizieren sie mithilfe von Körperbewegungen, Blicken, Imagination, Fantasie und vielen anderen kreativen Modi, die wir als Erwachsene auch kannten, meist jedoch vergessen haben (vgl. Steiner/Berg 2016). Kinder müssen beispielsweise selten wissen, wodurch ihr Problem oder die Situation verursacht worden ist. Eine *kindgerechte Kommunikation* fördert unter anderem ein angenehmes Umfeld für das Kind und greift seine Eigensprache im Gespräch auf. Denn ein Kind, dessen eigene Sprache aufgegriffen wird, spürt, dass ihm zugehört wird, und macht die wichtige Erfahrung: »Meine Äußerungen werden wahrgenommen und beantwortet« (Bindernagel 2016, S. 14). Das hilft dabei, dass das Kind sich im Gespräch sicher fühlen kann.

Die Frage, ab welchem Alter man mit Kindern das Gespräch suchen kann, ist für viele Kinderschutzkräfte diskutabel: »In vielen Fällen haben sie zwar den Wunsch, vom Kind mehr über die Umstände, die zur Gefährdung oder zur Misshandlung geführt haben, zu erfahren. Sie sind sich aber zumeist im Unklaren darüber, ob und wie sie mit Kindern über ihre konkreten Misshandlungs- und Gefährdungserfahrungen ins Gespräch kommen sollen« (Biesel 2013, S. 41). Besonders Kinderschutzkräfte aus Jugendämtern fürchten die betroffenen Kinder durch ihr Handeln zu überfordern oder gar zu traumatisieren und fühlen sich »fachlich kaum darauf vorbereitet und zeitlich nicht dafür ausgestattet« (Kindler 2012, S. 204). Sie verzichten auch auf die Beteiligung von Kindern, weil sie davon ausgehen, dass eine »Klärung der Gefährdungslage und eine Veränderung der Situation« ohnehin nur mit den Eltern erreicht werden können und viele Kinder aufgrund ihres Entwicklungsstandes und wegen unauflösbarer Loyalitätskonflikte »keinen beachtenswerten Kindeswillen formulieren können« (Kindler 2012, S. 204; Biesel 2013, S. 42).

Führenden Expert:innen folgend, kann man zusammenfassend feststellen, dass:

- Kinder, »speziell, wenn es um die Einschätzung ihres Wohls geht, bereits *ab der Geburt* in fallrelevante Wahrnehmungen, Deutungen und Überlegungen einbezogen werden« sollten (Biesel 2013, S. 43);
- Kinder ab der Altersschwelle von *drei bis vier Jahren* dazu in der Lage sind, ihren Kindeswillen sprachlich zu äußern (vgl. Dettenborn 2021);
- die Kinder unbedingt gesehen, in ihrem sozialen Umfeld beobachtet und mit ihnen allein gesprochen werden sollte, um erkennen zu können, ob ein Kind gefährdet, von Gewalt betroffen oder vernachlässigt worden ist (vgl. Biesel 2013);
- Wolff et al. (NZFH 2014) zwei Settings für die Beteiligung von Kindern sehen: (1) Kinder und Jugendliche – *ganz gleich welchen Alters* – sollten immer im Kontext (also der Familie bzw. des Meldezusammenhangs) gesehen und (2) in der Folge möglichst bald auch allein (doppeltes Setting) gesprochen werden.

Anknüpfend an den Beitrag »Welchen Kinderschutz wollen wir?« (▶ Kapitel 3) sollten wir uns als Kinderschutzkräfte entscheiden:

Beschließen wir, die Kinder als gleichberechtigte (und nicht als Opfer oder minderberechtigte) Personen wahrzunehmen und zu beteiligen, ist dies eine wichtige Grundorientierung, wenn man Kinderschutz nicht an Kindern vorbei gestalten will.

Für Gespräche mit Kindern im Kinderschutz braucht es mehr Fachliteratur, wie man dies wirkungsvoll tun kann (vgl. NZFH 2014), deshalb dürften die nachfolgenden Rahmenbedingungen, Leitlinien sowie die vorgeschlagene Gesprächsstruktur in Form der Gesprächskompasse äußerst hilfreich sein.

Rahmenbedingungen

»Den Wind kann man nicht verbieten, aber man kann Windmühlen bauen.«
(Niederländisches Sprichwort)

Zur Klärung des Gesprächsrahmens können Sie die folgenden Aspekte vorab berücksichtigen:

- *Einverständnis der Eltern.* Vorab sollten Sie abklären, ob das Kind mit oder ohne das Wissen der Eltern befragt werden soll/muss (vgl. Stadt Mannheim 2016). Es ist wichtig, dass die Kinderschutzkräfte möglichst nicht versuchen, ohne das Wissen bzw. »hinter dem Rücken« der Eltern über das Kind an Informationen zu einem möglichen Missbrauchs- oder Gefährdungsgeschehen zu gelangen (vgl. Biesel 2013). Stattdessen sollten die Eltern möglichst über das Gespräch und dessen geplanten Inhalt informiert werden sowie darüber, warum es notwendig ist, mit dem Kind allein zu sprechen – und ob bei anderen Gesprächsteilen die Eltern oder Geschwister dabei sein sollen. Sobald Sie merken oder das Kind äußert, dass es in einem Loyalitätskonflikt ist und nicht weiß, ob die Eltern es erlauben, mit Ihnen zu sprechen, können Sie im Beisein des Kindes (nochmals) die Erlaubnis der Eltern einholen (vgl. Stadt Mannheim 2016). So kann es hören, dass es Ihre Fragen beantworten darf. Erklären Sie dem Kind, dass das Gespräch jederzeit unterbrochen werden kann, wenn es sich nicht wohlfühlt.
- *Gesprächsdauer und -ort festlegen.* Sie sollten sich Gedanken darüber machen, wo das Gespräch mit dem Kind stattfinden soll. Eventuell müssen Sie die Raumfrage abklären, wie beispielsweise bei einem Hausbesuch im Zimmer des Kindes oder an einem anderen »unbelasteten« und für das Kind sicheren Ort. Gespräche zum Kindeswillen können auch im vertrauten, nicht häuslichen Umfeld, wie in der Kita oder Schule, sehr effektiv sein (vgl. Dettenborn 2021). Bei einem Eltern- bzw. Familiengespräch in der Einrichtung, Kita oder Schule kann abgesprochen werden, ob die Kinder die ganze Zeit dabei sind oder mög-

licherweise nur für einen Teil des Gespräches hinzukommen. Besprechen Sie mit den Teilnehmern die Zeitstruktur, um zeitlichen Druck zu vermeiden.
- *Vorbereitung des Raums/Gesprächs.* Sie sollten sich überlegen, was Sie dem Kind erklären möchten, welche Fragen Sie stellen möchten und welche Aufträge und Fragen das Kind an/für die Erwachsenen hat (vgl. Stadt Mannheim 2016). Außerdem sollten Sie den Raum vorbereiten, ggf. mit Spielmaterial, Malutensilien, Getränken, Familienbrett oder Stuhl (evtl. mit Bild vom Kind ▶ Kapitel 8.1, falls es nicht die gesamte Zeit teilnimmt).

Leitlinien und Gesprächsstruktur

Dettenborn (2021, S. 103 f.) empfiehlt für die formale Ebene von Kinderschutzgesprächen, dass diese mit dem Kind allein geführt werden sollten (ohne Eltern und/oder Anwälte), es sei denn, das »Kind wünscht die Anwesenheit einer dritten Person« oder das Kind zeigt »Besonderheiten im Verhalten« (Angst, Fremdeln), sodass beispielsweise ein Geschwisterteil oder eine andere Vertrauensperson, die das Kind nicht beeinflusst, anwesend sein kann. Es könnte auch für den Fall, dass die fallzuständige Fachkraft über wenig Erfahrung in der Gesprächsführung mit Kindern im Kinderschutz verfügt, eine weitere darin erfahrene Kinderschutzkraft zur Unterstützung begleitend hinzugezogen werden.

Für Kinderschutzgespräche ist es gut, wenn Sie sich Ihre *persönliche Gesprächsstruktur* vorab entwickeln, die an den Kontext sowie das Alter und den Entwicklungsstand des Kindes angepasst ist. Eine gute inhaltliche Vorbereitung, beispielsweise in Form eines Gesprächsleitfadens, entlastet Sie kognitiv, ermöglicht es Ihnen, nach etwaigen spontanen Themenwechseln durch das Kind wieder zu Ihren Fragen zurückzukommen, und lässt Sie im Gespräch präsenter beim Kind sein (vgl. Dettenborn 2021). Hier ist es wichtig, zu erwähnen, dass Sie trotz solch einer Struktur flexibel in Ihrer Gesprächsführung bleiben dürfen. Sollten Ihnen Informationen fehlen oder Sie sich unsicher fühlen, nutzen Sie vorab eine Fachberatung oder kollegiale Beratung.

Grundlegend wichtig ist, dass Sie das Kind als Gesprächspartner ernst nehmen und insofern eine »Kindertümelei«[105] im Gespräch vermeiden (vgl. Dettenborn 2021). Die nachfolgenden Aspekte können Sie diesbezüglich berücksichtigen. *Grundlagen der Gesprächsführung* mit Kindern nach Delfos (2015) sind unter anderem:

---

105 Mit »Kindertümelei« ist gemeint, dass Erwachsene das Kind nicht als Gesprächspartner auf Augenhöhe sehen, sich beispielsweise anbiedernd in einer Kindersprache ausdrücken, und die Kinder merken, dass sie nicht ernst genommen werden.

- Nehmen Sie dieselbe Augenhöhe ein wie das Kind und schauen Sie das Kind an, während Sie mit ihm sprechen. Unterstützen Sie das Kind durch Ihre aufrichtigen Bemerkungen, wie: »Ich verstehe jetzt viel besser, was es für dich bedeutet, …, weil du mir … erzählt hast. Du kannst richtig gut erklären, was es heißt …«
- Sie können dem Kind mit Beispielen verdeutlichen, dass es einen Effekt hat, was es Ihnen sagt: »Weißt du, ich weiß ja nicht, wie es ist, in einer Pflegefamilie zu leben. Jetzt wo du mir erzählst, dass …, verstehe ich es besser.« »Es gibt viele Kinder, die mir erzählen, welche Probleme sie mit ihren Eltern oder anderen Erwachsenen haben. Es ist bei jedem Kind anders und du hast mir eben richtig gut erklärt, wie es dir in deiner Familie geht. Vielen Dank dafür, das hilft mir sehr.«
- Sie können das Kind ermutigen, Ihnen zu erzählen, was es empfindet oder will, denn sonst könnten Sie es ja nicht wissen: »Ich weiß nicht, wie es in deiner Familie ist, erzählst du mir darüber?« »Wie findest du es, wenn Papa und Mama streiten und der Papa die Mama schlägt?«
- *Achten Sie auf Ihre Körperhaltung und Mimik:* Ihre Körperhaltung ist in Gesprächen mit Kindern wichtig. Sie sollte zugewandt und offen (kein Armverschränken) sein (vgl. Stadt Mannheim 2016). Bitte nehmen Sie möglichst die Augenhöhe des Kindes ein, hören Sie dem Kind zu, »sehen« Sie das Kind und achten Sie auf ein freundliches »gutes Gesicht«. Denn auch wenn Sie ernste Dinge besprechen, müssen Sie als Kinderschutzkraft nicht zwangsläufig ernst gucken!
- Nutzen Sie eine hohe Stimmvarianz, ähnlich dem »Baby-Talk«, denn dies beruhigt nach Porges (2010, 2019) auf einer tiefen Ebene den ventralen »sozialen« Vagusnerv (▶ Kapitel 7.3) und vermittelt dem Kind Sicherheit.
- Passen Sie Ihre *Sprache* sowie den *Zeitrahmen* dem Alter und Entwicklungsstand des Kindes an. Ihr Fragetempo ist dabei eher langsam.
- Untergliedern Sie längere, komplexere Fragestellungen in *kurze, verständliche Fragen.* Nutzen Sie *leichte Sprache,* verwenden Sie nur einen Gedanken pro Frage und stellen Sie keine Doppelfragen (vgl. Dettenborn 2021).
- *Erklären Sie Fachbegriffe,* die nicht vereinfacht werden können, wie Jugendamt, Kindeswohlgefährdung, Gewalt o. ä. (vgl. Stadt Mannheim 2016).
- *Setzen Sie die Fragetypen bewusst ein,* wie geschlossene »Ja/Nein-Fragen« oder die offenen »W-Fragen« (was, wann, wie, wo, wozu, welche, wer, usw.). Stellen Sie offene Fragen (Welche Dinge spielst du gern in der Kita/Schule? Wer gehört alles zu deiner Familie?), damit das Kind ins Sprechen kommt und Sie eine Vertrauensbasis aufbauen können (vgl. Stadt Mannheim 2016). Offene Fragen haben den Vorteil, dass sie differenzierte Antworten beim

Kind fördern, Antwortinhalte vertiefen können und sich deshalb die Absichten und Gedanken des Kindes besser erkennen lassen (vgl. Dettenborn 2021).
- Es ist wichtig, dem Kind zu vermitteln, dass es *die Wahrheit sagen darf* und soll. Jüngere Kinder geben manchmal eine zustimmende Antwort, weil sie die Erwachsenen zufriedenstellen möchten, auch wenn die Antwort falsch sein sollte. Ab dem Alter von vier Jahren weiß ein Kind, was lügen bedeutet (vgl. Stadt Mannheim 2016).
- *Hören Sie dem Kind zu* und machen Sie Pausen. Je nach Situation kann es sinnvoll sein, Bewegung einzubauen.
- Wenn Sie mit dem Kind allein sprechen, können Sie überlegen, inwiefern Sie Spiel- und/oder Malelemente didaktisch-methodisch miteinbeziehen. Es kann durchaus wirksam sein, wenn Sie das *Spielen und Reden* (altersabhängig) kombinieren bzw. abwechseln (vgl. Stadt Mannheim 2016, Delfos 2015).
- Bei starken *Gefühlsreaktionen,* wie Weinen oder Zittern, reden Sie dem Kind bitte nicht seine Gefühle nach dem Motto »Es ist alles gut!« aus, sondern bestätigen Sie das Gefühl: »Ich sehe, du bist traurig, ist das dein Gefühl?« Sie können eine Pause, Bewegung oder ein Spielangebot zur Ko-Regulation einbauen.
- Manchmal ist es nötig, dass noch weitere Institutionen zur Klärung hinzugezogen werden, wie ein Gespräch mit den Eltern oder einem Elternteil, wenn diese nicht Verursacher sind, der Kinderschutzambulanz, der Polizei oder anderen – und in einzelnen Fällen entscheidet das Jugendamt, dass eine Inobhutnahme des Kindes erfolgen muss, damit dessen Schutz sichergestellt werden (vgl. Stadt Mannheim 2016) und im Anschluss mit den Sorgeberechtigten ein Schutzplan und/oder eine andere Lösung gefunden werden kann.

Je nachdem, in welchem Bereich Sie als Kinderschutz(fach)kraft arbeiten, wissen Sie, welchen Teil des Kinderschutzverfahrens Sie mit dem Kind besprechen. Dementsprechend haben Sie die Möglichkeit, Teile aus der nachfolgenden Gesprächsstruktur zu nutzen und für Ihre Gesprächsführung mit dem Kind anzupassen.

Gesprächskompass mit Kindern

> »Ich finde, die beste Methode, Kindern Ratschläge zu geben, ist die, herauszufinden, was sie wollen, und ihnen dann zu raten, genau das zu tun.« (Harry S. Truman)

Die Struktur der Kindergespräche ist in dieselben vier Phasen gegliedert, die Sie auch in dem Gesprächskompass für Elterngespräche (▶ Kapitel 10.2) finden und die aus dem Kinderschutzkompass (▶ Kapitel 9.3) entwickelt wurden. Diese *Vier-Phasen-Gesprächsstruktur* hat sich in der Praxis bewährt und dar-

Abb. 29: Gesprächskompass für Gespräche mit Kindern

4. Vereinbarungs-/Verabschiedungsphase
Mitwirkungsbereitschaft abklären, Lösungs- und Handlungsoptionen besprechen, Absprachen treffen, Sicherheit geben, Vereinbarung schließen, ggf. Affirmation

1. Bondingphase
Vorstellung, Bindung anbieten, Augenhöhe einnehmen, Humor & Zuversicht, »Tuchfühlung aufnehmen« (beraterischer Draht & Setting)

3. Klärungsphase
Kinderrechte & Anhaltspunkte erklären, Inhalte erfragen, Blick auf Bedürfnisse, Ambivalenzen und Polaritäten (Raum für Sichtweisen des Kindes)

2. Orientierungsphase
(Zeitliche) Orientierung für das Gespräch geben, Sorge mitteilen, Anliegen, Aufgabe & Gesprächsregeln verdeutlichen, Klarheit herstellen

Gesprächskompass Kinder

über hinaus den Vorteil, dass sie besser verinnerlicht werden kann. Sehen Sie die gesamten Aspekte als Baukasten, aus dem Sie sich je nach Kontext und Bedarf bedienen und mit diesen Elementen Ihr Gespräch zusammenstellen können.

Für Gespräche im Kinderschutz benötigt das Kind beziehungsweise benötigen die Kinder, mit denen Sie sprechen, Ihre Ruhe, Sicherheit, Zuversicht, Wärme und Authentizität (vgl. Ettinger 2022, Porges 2019). Eine systematisierte – und trotzdem flexible – Gesprächsführung ermöglicht der Kinderschutzkraft und dem Kind während des Gesprächs Orientierung und Überblick aber auch Autonomie, Bindung/Beziehung und Sicherheit. Die nachfolgende Vier-Phasen-Struktur kann je nach Alter und Entwicklungsstand des Kindes angepasst werden. Es gibt jeweils Beispielfragen zu den einzelnen Schritten innerhalb der Phasen, deren Teile Sie auswählen können.

1. **Bondingphase:** Vorstellung, Bindung anbieten (▶ Kapitel 10.7), Augenkontakt herstellen (auf Augenhöhe mit dem Kind), Würdigung des Problems (▶ Kapitel 6.2), Hoffnung, Humor und Leichtigkeit (▶ Kapitel 10.7), Setting und »Tuchfühlung aufnehmen« (beraterischer Draht). Erklären Sie dem Kind, dass Sie diese Gespräche sehr oft mit (anderen) Kindern führen und dass Sie je nach Bedarf helfen werden bzw. müssen (vgl. Stadt Mannheim 2016). Diese Aufwärmphase ist wichtig, thematisieren Sie nicht gleich zu Beginn den konkreten Inhalt der Meldung, sondern stellen Sie erst einmal Kontakt her.

Bonding/Vorstellung: Erklären Sie, wer Sie sind (Name, Funktion, Institution): »*Liebe Cheyenne, ich freue mich, mit dir zu sprechen. Mein Name ist ... und ich arbeite beim Jugendamt. Weißt du, was das ist? Meine Aufgabe ist, dafür zu sorgen, dass Kinder sicher leben können.*«

Augenhöhe: »*Wo möchtest du sitzen? Wollen wir uns einen anderen Platz suchen?*«

Würdigung des Problems: »*Ich kann mir vorstellen, dass du aufgeregt bist, hier ins Jugendamt zu kommen. Es ist sicher komisch, mit mir zu sprechen. Du kennst mich ja noch nicht.*«

Zuversicht: »*Ich spreche sehr oft mit Kindern, denen es so geht wie dir. Ich bin sicher, wir kriegen das gut hin.*«

Humor und Hoffnung: »*Vielleicht lachen wir sogar ein bisschen und haben Spaß.*«

Beraterischer Draht und Setting: »*Magst du den Raum? Sag mir bitte, wenn ich das Fenster öffnen soll. Vielleicht brauchst du auch eine Pause. Sag mir dann einfach Bescheid. Wer hat dich hergebracht? Wie war es heute in der Schule?*«

2. Orientierungsphase: zeitliche Orientierung für das Gespräch geben, Sorge mitteilen und Anliegen formulieren (Klarheit herstellen, Orientierung für das Gespräch geben). Lassen Sie das Kind alles erzählen, was es sagen möchte, erlebt hat und woran es sich erinnert.

Zeitliche Orientierung: »*Ich habe eine Stunde Zeit für das Gespräch eingeplant. Das Gespräch ist zu Ende, wenn der Zeiger hier ist.*«

Sorge/Orientierung/Anliegen/Aufgabe: Geben Sie dem Kind Informationen. Erklären Sie, was Ihre Aufgabe ist, was der Anlass des Gesprächs ist und wie lange es dauern wird (altersgerecht anpassen, sofern das Kind eine zeitliche Einordnung schon versteht). Informieren Sie das Kind darüber, welche Inhalte vertraulich sind und was Sie weitergeben müssen. Bitte machen Sie hier keine Versprechungen, die Sie nicht einhalten können (vgl. Stadt Mannheim 2016).

»*Weißt du, warum ich heute mit dir sprechen möchte? Ich weiß, dass es manchmal sehr komisch für Kinder ist, mit einer fremden Person wie mit mir zu sprechen. Ich und meine Kolleg:innen im Jugendamt* (Schule, Kita, o. a. Einrichtung) *sprechen aber ganz oft mit Kindern und fragen sie, wie es ihnen geht. Ich bin heute hier, weil ich mit dir etwas besprechen muss. Was du mir erzählst, ist sehr wichtig für mich. Manche Dinge, die du mir sagst, werde ich nicht weitererzählen, wenn du es nicht willst. Es gibt aber auch Dinge, die ich nicht für mich behalten darf, wenn sie mir gesagt werden. Ich werde dir aber immer sagen, wenn ich etwas, das du gesagt hast, auch jemand anderem sagen werde. Manchmal muss ich das tun, damit sich für dich etwas ändern kann und es besser wird.«*

Klarheit/Gesprächsregeln: Klären Sie das Kind über den Anlass der Meldung auf, falls dies nicht in einem vorherigen Gespräch thematisiert wurde, siehe »Vorfallbezogene Fragen« (▶ Kapitel 10.1). Halten Sie aus, was das Kind Ihnen möglicherweise an Fakten und Inhalten erzählt und was es an Gefühlen zum Ausdruck bringt: Wichtig ist, dass Sie dem Kind im Gespräch vermitteln und es spüren lassen, dass Sie sich mit diesen Problemen/Ereignissen/Fällen auskennen und aushalten können, was es ihnen erzählt (vgl. Wittmann 2015).

»Ich möchte dir nun erklären, warum ich mit dir allein sprechen möchte. Deine Eltern wissen Bescheid und sind einverstanden. Wir haben eine Meldung von der Schule/Kita/o. ä. erhalten, dass … (Meldeinhalt entwicklungs- und altersgerecht erläutern). Eine Meldung bedeutet, dass sich andere Menschen Sorgen um dein Wohl machen. Meine Aufgabe ist, dafür zu sorgen, dass es dir gut geht. Ich werde dir jetzt einige Fragen dazu stellen. Wenn ich dir eine Frage stelle, die dir unangenehm ist und die du nicht beantworten willst, bitte sag es mir. Du könntest sagen ›Ich möchte nicht antworten‹ oder ›Stopp‹, damit ich es weiß. Fällt dir noch etwas anderes ein, wie du mir zeigen oder sagen könntest, dass du nicht antworten möchtest (z. B. Spielmaterial oder anderes Objekt anbieten)? Wenn es dir zu viel wird, dann sage bitte Bescheid und wir unterbrechen kurz das Gespräch. Wenn du etwas nicht verstehst, was ich dich frage, bitte sag es mir. Ich werde die Frage dann anders stellen.«

3. Klärungsphase: Kinderrechte und Anhaltspunkte der Kindeswohlgefährdung (Risiko- und Schutzfaktoren) erklären, Inhalte erfragen (Gefährdung, Ressourcen, offene Fragen), Blick auf Bedürfnisse, Ambivalenzen und Polaritäten (Raum für Sichtweisen des Kindes). Ermutigen Sie das Kind zum Sprechen, aber bohren Sie nicht nach. Beziehen Sie sachlich Stellung zu dem, was das Kind Ihnen erzählt. Versichern Sie dem Kind, dass es keine Schuld trägt. Klären Sie das Kind über seine (Kinder-)Rechte auf. Loben Sie das Kind dafür, dass es den Mut hat, mit Ihnen zu sprechen. Stellen Sie offene und vermeiden Sie suggestive Fragen (vgl. Stadt Mannheim 2016; Wittmann 2015).

Kinderrechte und Anhaltspunkte erklären (auf den Kinderschutzfall mit den Beispielen anpassen): *»Hast du schon einmal von den Kinderrechten gehört? Darin steht, dass Kinder ein Recht auf gewaltfreie Erziehung haben. Weißt du, was Gewalt bedeutet? Körperliche Gewalt ist, wenn man am Körper verletzt wird, also zum Beispiel geschlagen oder geschubst wird. Es gibt aber auch seelische Gewalt, das sind Dinge, die andere sagen oder* tun, durch die man sich ganz schlecht fühlt, vielleicht Angst bekommt oder sich Sorgen und Vorwürfe macht. Seelische Gewalt ist auch, wenn die Eltern die Kinder anschreien, beschimpfen oder ihnen drohen. Durch seelische Gewalt bekommen Kinder blaue Flecken auf der Seele und die tun auch weh. Es gibt auch sexuelle Gewalt, das ist, wenn Erwachsene etwas tun, dass sie nur mit anderen Erwachsenen tun dürfen (siehe weitere Erklärungsmöglichkeiten bei den »anlassbezogenen Fragen« ▶ Kapitel 10.1). Eltern müssen sich um ihre Kinder kümmern, sie versorgen und ernähren, sonst ist das Vernachlässigung. Im Gesetz (§ 1631 BGB) steht, dass körperliche Bestrafungen, seelische Verletzungen und andere entwürdigende Maßnahmen unzulässig sind. Das bedeutet, dass Eltern oder andere Erwachsene Kinder nicht schlagen dürfen, usw. Ich/wir machen uns Sorgen darum, dass ... (Gefährdung/Risikofaktoren). Ich/Wir freue mich/freuen uns darüber, dass ... (Blick auf Ressourcen).«

Blick auf Ambivalenzen und Polaritäten: *»Auch Erwachsene machen Fehler! Wenn ich also einen Fehler mache, sag es mir bitte. Es könnte sein, dass ich nicht genau verstanden habe, was du mir gesagt hast. Dann sag es mir bitte. Ich möchte sicher sein, dass ich richtig verstehe, was du mir sagen willst. Wenn du dir bei einer Antwort nicht sicher bist, dann sag es mir bitte. Sag mir einfach, dass du die Antwort nicht weißt, das ist völlig okay. Es ist wichtig, dass du mir die Wahrheit sagst. Wenn du etwas nicht beantworten möchtest oder kannst, dann sage es mir bitte. Das ist besser als zu raten oder etwas zu erfinden.«*

Inhalte erfragen[106]: *»Erzähl mir bitte alles, woran du dich erinnern kannst/ Erzähl mir, was du gestern gemacht hast/Erzähl mir, was (dir) gestern passiert ist. An was kannst du dich noch erinnern? Was passierte als nächstes? Wo ist dies passiert? Wann ist das passiert? Gab es eine Zeit, als es anders war?«*

»Wo war dein/e Mama/Papa, als dies passierte? Was sagte dein/e Mama/ Papa, als sie/er den »blauen Fleck« auf deiner Wange sah? Was hattest du damals an? Zu welcher Tageszeit passierte es? Wer sonst hat den Streit zwischen dir und deinem/r Vater/Mutter noch gesehen? Wo warst du, als du den Streit gehört hast?«

»War dein/e Mama/Papa zu Hause als dein/e Papa/Mama dich geschlagen hat? Hattest du einen Schlafanzug an, als du von Mama/Papa geschla-

---

106 Diese Fragen sind Beispielfragen, die je nach Kontext, Alter und Entwicklungsstand angepasst werden können. Es ist nicht die Idee, diese nacheinander, wie hier beschrieben, und in jedem Fall zu verwenden.

gen wurdest? Hat dein Bruder/Schwester gesehen, dass dein/e Mama/Papa dich gehauen hat?
Du hast mir erzählt, dass es zu Hause passiert ist. Passierte es in der Küche oder im Wohnzimmer oder in einem anderen Raum? Du sagtest, dass du dich nicht erinnern kannst, wie oft du geschlagen wurdest. Wurdest du einmal geschlagen oder war es mehr als einmal? Kannst du mir mit der Puppe/den Figuren/deiner Hand zeigen, wie Mama/Papa das gemacht hat?«

Blick auf Bedürfnisse: »Was ist für dich wichtig? Was wünschst du dir, das Mama/Papa tun? Was wünscht du dir von mir, das ich tun soll?«

Raum für Sichtweisen eröffnen: »Ich kann mir vorstellen, dass du jetzt Fragen an mich hast. Möchtest du etwas wissen? Was ist jetzt wichtig für dich zu tun/wissen/sagen? Brauchst du eine Pause? Hast du Lust, etwas zu spielen?«

4. **Vereinbarungs- und Verabschiedungsphase:** Mitwirkungsbereitschaft (▶ Kapitel 9.4) abklären, Lösungs- und Handlungsoptionen besprechen, Absprachen treffen (wer macht was, bis wann, wer spricht mit wem; ▶ Kapitel 9.4), Sicherheit geben, (schriftliche, zeichnerische) Vereinbarung schließen, ggf. Affirmation[107] mitgeben. Am Ende des Gesprächs sollte dem Kind vermittelt werden, was als nächstes passiert und wie sein Schutz sichergestellt werden soll/kann (altersgemäßer Einbezug des Kindes bei der Entwicklung des Schutzplans). Sprechen Sie mit dem Kind über ein leichteres, angenehmeres Thema, um es gelöst aus der Situation zu entlassen, wie z. B. »Was machst du heute noch?« (vgl. Stadt Mannheim 2016).

Mitwirkungsbereitschaft mit dem Kind abklären: »Ich werde mit deinen Eltern besprechen, dass eine Person zu euch nach Hause kommen könnte, die dich/euch regelmäßig besucht und schaut, wie es dir geht? Wie findest du das? Möchtest du mit dieser Person sprechen?«

Lösungs- und Handlungsoptionen besprechen: »Was könntest du tun, wenn Papa deine Mama bedroht und du Angst bekommst? Gibt es eine Person, die dir helfen kann? Kennst du die Nummer gegen Kummer? Hättest du gern einen Notfallkoffer/-brief/-poster, auf dem/in dem steht, was du tun kannst?«

Bindungsangebot/Sicherheit geben: »Benötigst du Unterstützung dazu? Ich würde gern in zwei Wochen erneut mit dir sprechen. Wollen wir uns wieder hier in meinem Büro treffen? Oder soll ich dich zu Hause besuchen? Du kannst mich anrufen, wenn du noch Fragen hast oder mit mir sprechen möchtest. Hier ist meine Visitenkarte. Da ist meine Telefonnummer drauf. Du kannst deiner/n Lehrerin/Erzieherin/Betreuerin/Pflegeeltern

---

107 Eine *Affirmation* ist ein selbstbejahender Satz, den Menschen sich selbst wieder und wieder sagen, um ihre Gedanken umzuprogrammieren (vgl. Stangl 2023).

sagen, Sie soll(en) mich anrufen, wenn du sonst nicht die Möglichkeit hast. Möchtest du, dass ich noch etwas tue? An wen kannst du dich (noch) wenden, wenn Mama/Papa wütend werden und du Angst bekommst?«

Absprachen treffen: »Über das, worüber wir gesprochen haben, muss ich mit deinen Eltern reden, weil ... Was glaubst du passiert, wenn ich mit deinen Eltern darüber rede? Was erzählst du deinen Eltern über unser Gespräch? Was brauchst du, damit du jetzt sicher nach Hause gehen kannst?«

Vereinbarung treffen: »Wollen wir mit Mama und Papa einen Notfallplan machen? Ich werden mit deinen Eltern einen Schutzplan erstellen, damit du sicher in deiner Familie bist. Soll ich das aufschreiben, was wir gerade besprochen haben? Ich unterschreibe darunter, möchtest du auch deinen Namen schreiben oder malen?«

Affirmation: »Soll ich dir eine kleine Stärkung aufschreiben? (falls das Kind schon lesen kann, sonst malen/zeichnen). So etwas wie ein superleckeres Pausenbrot, das dich stärkt, wenn du traurig bist? Wie etwa: Auch wenn ich gerade Angst habe/traurig bin, weiß ich, dass ich ein superstarkes/r Mädchen/Junge und bin/nutze ich meine Superkraft.«

Die nachfolgenden Fragetypen können Sie bei Bedarf nutzen und einfließen lassen.

Anlassbezogene Fragen

- *Fragen zur häuslichen Situation* (an den Kontext der Meldung angleichen): Mich interessiert, wie der Alltag in deiner Familie abläuft. Kannst du mir sagen, wer dich morgens weckt? Wie frühstückt ihr? Am Esstisch? Was isst du gern? Wer bringt dich abends zu Bett? Wie kann ich mir das vorstellen? Magst du es mir mit den Figuren/im Spielhaus zeigen?
- *Fragen bei einer Suchtproblematik der Eltern* (altersabhängig): Weißt du etwas über Drogen/Alkohol/Tabletten? Weißt du, was sie im Körper bewirken? Was kann das sein? Welche Drogen kennst du? Kennst du jemanden, der Drogen nimmt? Magst du mir mit den Figuren zeigen, wie Mama/Papa sich verhält, wenn sie/er Alkohol getrunken/Tabletten/Drogen genommen hat?
- *Fragen bei häuslicher Gewalt:* Streiten deine Eltern miteinander? Wie machen sie das? Was machen sie? Was machst du/wo bist du dann? Wie fühlst du dich dann? Was ist (an dem Tag) genau passiert? Wie war es für dich, als die Polizei kam? Magst du es mir mit den Figuren zeigen/auf dem Papier aufmalen?
- *Fragen/Aussagen/Informationen zu sexueller Gewalt:* Kindern ab etwa acht Jahren (vgl. LJS 2021) kann der Begriff »sexueller Missbrauch« oder »sexuelle Gewalt« erklärt werden, wie etwa: »Wenn eine erwachsene oder jugendliche

Person absichtlich an deine Brust oder deinen Po, an deine Scheide oder an deinen Penis fasst und du dabei ein blödes oder seltsames Gefühl bekommst, weil du merkst, dass da etwas nicht stimmt, dann ist das sexueller Missbrauch. Es ist auch sexueller Missbrauch, wenn eine andere Person dich zwingt oder überredet, dass du Teile ihres Körpers, wie den Penis oder die Scheide, anfassen oder anschauen sollst. Schuld an einem sexuellen Missbrauch hat immer die (erwachsene) Person, die den sexuellen Missbrauch macht, also der Täter oder die Täterin und niemals das Kind, dem der sexuelle Missbrauch passiert. Niemand hat das Recht, eine andere Person sexuell zu missbrauchen. Das ist verboten« (LJS 2021, S. 2). Für Gespräche mit jüngeren Kindern können Sie auf Bilderbücher zurückgreifen oder mit einer Fachberatungsstelle das Gespräch vorab besprechen, wie genau Sie die Information im konkreten Fall alters- und entwicklungsgerecht anpassen können.

Weitere Fragen und Erklärungen können sein: »Weißt du, an welchen Stellen an deinem Körper andere Personen dich nicht berühren dürfen? Was tust du, wenn es trotzdem jemand tut? Wem würdest du davon erzählen?« Sie können die Kinder die Inhalte auch anders darstellen lassen: »Magst du mir zeigen/mit den Figuren zeigen/auf dem Papier aufmalen, was XY gemacht hat?« »Was hat XY gemacht? Wie ging es danach weiter? Das ist sexuelle Gewalt und sexuelle Gewalt ist in Deutschland verboten! Es ist verboten, dass XY dich am Penis berührt hat. Dein Körper gehört dir. Du darfst über deinen Körper und über sexuelle Handlungen sprechen. Deine Gefühle sind richtig, du kannst ihnen vertrauen. Du hast das Recht ›Nein‹ zu sagen und dich zu wehren. Du darfst Hilfe holen, wenn du es allein nicht schaffst. Es gibt gute und schlechte Geheimnisse – schlechte Geheimnisse darf man verraten« (Wittmann 2015, S. 10 f.).

- *Fragen zu psychischen Erkrankungen eines Elternteils:* Gibt es Situationen, in denen Mama/Papa anders ist als sonst? Was macht sie/er dann? Kannst du mir ein Beispiel nennen? Wie fühlst du dich dann? Gibt es jemanden, den du dann anrufen/um Hilfe bitten kannst? Hat dir schon einmal jemand von seelischen/psychischen Krankheiten erzählt? Kennst du den Namen von Mamas/Papas Krankheit? Hast du Fragen an mich?
- *Fragen bei emotionaler Anspannung des Kindes:* Ich merke gerade, dass es dir schwerfällt, die Frage zu beantworten. Gibt es jemand anderen, der mir dazu etwas sagen kann? Möchtest du eine Pause? Wollen wir etwas spazieren gehen?
- *Fragen zu Strafen und Regeln in der Familie:* Welche Regeln gibt es zu Hause? Was passiert, wenn du dich nicht daran hältst? Welche Strafen sind erlaubt? Welche Strafen sind verboten? Kennst du den Unterschied? Bekommen alle Kinder dieselben Strafen in deiner Familie?

- *Fragen zur Sicherheit des Kindes:* Wenn du Angst oder Sorgen hast/traurig bist, gibt es jemanden, dem du das sagen kannst? Mit wem sprichst du, wenn du Angst oder Sorgen hast? Weißt du, wie du die Person erreichen kannst? Hast du die Telefonnummer?
- *Fragen zur (De-)Konstruktion von Geheimnissen:* Chloé Mandanes (1997) empfiehlt in ihrem Leitprinzip »Reue und Wiedergutmachung in Fällen sexuellen Missbrauchs«, dass es in diesen familiären Systemen keine Geheimnisse geben darf, da (sexuelle) Gewalt nur dann möglich ist, wenn sie geheim ist. Fragen an Kinder, die möglicherweise mit einem solchen Geheimnis leben, können sein: Seit wann denkst du, dass das, was du mir erzählen möchtest, geheim gehalten werden sollte? Angenommen, die Person(en), vor denen du ... geheim halten willst, hörten das, was du mir anvertrauen willst, wie würden sie reagieren? Was würde dich erwarten? Was würde Papa/Mama sagen/tun? Als wie wahrscheinlich stufst du die von dir erwartete Reaktion auf einer Skala/einem Thermometer/einem Lineal von null bis zehn, wobei null für ganz wenig und zehn für sehr viel steht, ein? Hast du schon jemandem von deinem Geheimnis erzählt? Angenommen, die Person(en), der/denen du von deinem Geheimnis erzählst, würden so reagieren, wie du es dir wünschst, was würde dann geschehen? Wie würdest du dann reagieren? Magst du mir das mit den Figuren/im Spielhaus zeigen?
- *Fragen zur (De-)Konstruktion von Täter-/Opfer-Konstellationen:* Woran würdest du bemerken, dass die Situation für dich wieder in Ordnung/sicher ist? Manchmal wünschen sich Kinder, denen etwas Ähnliches wie dir widerfahren ist, dass die Erwachsenen sich entschuldigen oder etwas Bestimmtes tun, was wünschst du dir von ... (Täter)? Was genau soll er/sie tun? Ich werde auch mit ... (Täter) sprechen und ihm/ihr deine Wünsche sagen, ist das für dich in Ordnung? Möchtest du, dass ich das allein mit ihm/ihr bespreche, oder wünscht du dir im Anschluss ein gemeinsames Gespräch? Möchtest du ihm/ihr dann selbst etwas sagen?

Vorfallbezogene Fragen

Diese Fragen sollten äußerst vorsichtig verwendet werden und nur als letzte Möglichkeit, um etwas zu erfahren, wenn sich das Kind nicht im Gespräch offenbart und es bereits einer dritten Person gegenüber über das Erlebte berichtet hat. Wenn alle anderen Interviewstrategien nicht erfolgreich waren, damit das Kind von dem Erlebten berichtet, kann es nötig sein, diese Fragetechnik als letztes Mittel zu nutzen, um besser beurteilen zu können, welche Interventionen zum Schutz des Kindes nötig sind (vgl. Stadt Mannheim 2016): Ich möchte mit dir über den Grund reden, warum ich hier bin. Ich habe verstanden, dass du mit deiner Lehrerin über etwas gesprochen hast, das dir passiert ist. Kannst du mir sagen, was du deiner Lehrerin gesagt hast? Ich sehe, dass du blaue Flecke an deinem Arm hast. Kannst du mir sagen, wie das passiert ist? Ich stelle mir vor, dass du ängstlich bist, weil du heute mit mir sprichst. Ich möchte dich beruhigen. Ich versichere dir, dass es meine Aufgabe ist, dafür zu sorgen, dass es dir gut geht. Dein Lehrer sagte mir, dass du heute Morgen sehr durcheinander warst, weil dein/e Mama/Papa dich geschlagen hat. Was ist passiert? Möchtest du mir mit den Figuren/im Spielhaus zeigen, was passiert ist?

Emotions- und embodimentbezogene Fragen

Diese Fragen zielen auf die Wahrnehmung und Äußerung von Gefühlen und die Wahrnehmung im Körper ab: Was fühlst du, wenn du daran denkst, dass Papa/Mama dich geschlagen haben? Was fühlst du, wenn du daran denkst, dass Papa/Mama deinem Bruder/deiner Schwester wehgetan haben? Was sagt dein Bauch/Herz/Kopf, wenn du daran denkst, was du mir gerade erzählt hast/dass Papa/Mama dich … haben? Und wie fühlt es sich im Körper an (vgl. Witzleben 2019, 2020, 2022)? Magst du mir mit den Figuren/im Spielhaus zeigen oder mir aufmalen/zeichnen, wie es sich anfühlt?

Zusammenfassend sollten Sie für Gespräche mit Kindern im Kinderschutz die nachfolgenden Aspekte beherzigen: Bitte achten Sie darauf, *keine Suggestivfragen* zu stellen, da sie Kinder beeinflussen (Beispiel: Hat Papa/Mama/XY dich an der Scheide angefasst? Hat XY dir dann seinen Penis gezeigt?) (vgl. Wittmann 2015). Es ist abschließend anzumerken, dass:

- nicht alle Fragen immer und in dieser Abfolge gestellt werden müssen,
- die Passung kontext-, entwicklungs- und altersabhängig ist,
- diese Fragebeispiele nicht abschließend sind und mit den systemischen Fragen und Methoden (▶ 8. Kapitel) kombiniert und angereichert werden können,
- Sie für diese Gesprächsführung Fortbildung, Übung und Leitlinien benötigen,
- es höchst sinnvoll ist, dass Sie mit den Kindern über ihre Erfahrungen und ihren Schutz reden.

Bitte trauen Sie sich die Kinderschutzgespräche mit den Kindern zu, auch wenn Sie Bedenken haben sollten. Sie geben den Kindern Worte, Gefühle und Sprache für das, was ihnen geschehen ist, die sie selbst möglicherweise noch nicht kennen. Damit leisten Sie einen unschätzbaren Beitrag zur Förderung des Selbstwerts und der Resilienz dieser Kinder.

Systemischer Kinderschutz bezieht das Kind bzw. die Kinder als gleichwertige Gesprächspartner auf Augenhöhe selbstverständlich in Gespräche im Kinderschutz mit ein, denn sie sind die Adressaten der Hilfe. Ohne die Beteiligung der Kinder würde ein anderes Bild des familiären Systems entstehen. Denn es bestünde dann die Gefahr der »Verstrickung auf der Erwachsenenebene« (▶ Kapitel 5.2) und der Schutz würde nicht wirksam hergestellt werden.

10.2 Kinderschutzgespräche mit Eltern

> *»Systemischer Kinderschutz bedeutet für mich das Kind im Kontext seiner Lebenswelt, in erster Linie seiner Eltern, zu sehen, denen die primäre Erziehungsverantwortung und damit der Schutz des Kindes obliegt; Kinder schützen heißt daher in erster Linie Eltern unterstützen.«* (Reinhard Wiesner zit. n. DGSF 2020, S. 7)

Auch und besonders in Gesprächen im Kinderschutz und in Fällen von Kindeswohlgefährdung gilt es für die Kinderschutzkräfte, darauf zu achten, das elterliche Erziehungsverhalten positiv zu beeinflussen und zu verändern: »Eine Zusammenarbeit, die über eine kurzfristige ›Kindesrettung‹ hinausgeht, kann nur gelingen, wenn sich die Eltern von den Fachkräften als um die Erziehung ihrer Kinder Bemühte sehen« (Conen 2014, S. 13). Die darunterliegende Haltung, dass Eltern stets das Beste für ihre Kinder wollen, steht der Erfahrung vieler Kinderschutzkräfte entgegen, nach der das leider in der Praxis nicht immer der Fall ist. Diese Konflikte und grundlegenden Paradigmen zeigen sich in Kinderschutzgesprächen mit Eltern. Hier kommen diese Probleme und Ambivalenzen auf den Tisch. Wir Kinderschutzkräfte wissen jedoch, dass die Kinder, für die wir in den *Kinderschutzring* steigen, stets loyal (▶ Kapitel 5.3) zu ihren Eltern sind (vgl. Conen 2014) und wir nicht zuletzt deshalb gut daran tun, die Elterngespräche im Kinderschutz möglichst in gute Bahnen zu leiten. Dazu benötigen die gesprächsführenden Kinderschutzkräfte sowohl ein strukturiertes, sicheres Vorgehen (Leitplanken) als auch einen offenen Dialog und Aufrichtigkeit, gepaart mit Transparenz und Verbindlichkeit (vgl. Lemme/Körner 2018).

Grundsätzlich ist es hilfreich, dass die Kinderschutzkräfte, die mit den Eltern sprechen, auch ihre persönlichen *Grenzen* offenlegen und als eine wesentliche Grundlage für die Hinzuziehung weiterer Stellen mitteilen: »Ich mache mir Sorgen um Ihr Kind. Mit meinen Möglichkeiten als Ärztin/Hebamme/Berater komme ich nicht weiter. Ich brauche die Hilfe des Jugendamts und werde es hinzuziehen. Ich möchte, dass Sie dabei sind, wenn ich mit dem Jugendamt spreche, und dass wir gemeinsam schauen können, wie es Ihrem Kind besser geht« (Fegert et al. 2019, S. 49).

Es sei an dieser Stelle darauf hingewiesen, dass es für diese Transparenz Ausnahmen gibt. Denn in *Ausnahmefällen* braucht gegenüber den Adressaten (Erziehungsberechtigten) keine Transparenz über die Informationsweitergabe hergestellt werden, sollen die Sorgen um das Kind nicht angesprochen und soll nicht auf die Inanspruchnahme weitergehender Hilfen hingewirkt werden, denn das Gesetz lässt eine Ausnahme dann zu, wenn andernfalls der »wirksame Schutz des Kindes in Frage gestellt« wäre (Fegert et al. 2019, S. 50). Gemeint sind damit beispielsweise Kontexte,

- die zu akut und eilbedürftig erscheinen, um vorher noch einmal ins Gespräch zu gehen;
- die auf (vermuteten) sexuellen Missbrauch schließen lassen und ein Einbeziehen der Kompetenz spezialisierter Fachberatungsstellen als sinnvoll erscheinen lassen;
- in denen der Kontakt verloren gegangen ist und es unbedingt notwendig erscheint, dass das Jugendamt dran bleibt oder wieder in Kontakt kommt, um eine Schädigung des Kindes abzuwenden oder abzuklären;
- in denen Kinder sich selbst mitgeteilt haben und es diesbezüglich wichtig ist, darauf zu achten, dass das Kind nicht übergangen wird, damit die Eltern es möglichst nicht unter Druck setzen und ihm Vorwürfe machen, nach dem Motto »Was hast du denn denen erzählt?« (vgl. Fegert et al. 2019, S. 50).

Im Normalfall sollte jedoch mit den Eltern unter Beteiligung der Kinder auf die Inanspruchnahme von Hilfen hingewirkt werden, soweit – wie oben angesprochen – hierdurch der wirksame Schutz des Kindes oder des Jugendlichen nicht infrage gestellt wird.

Gesprächskompass mit Eltern

> »Wenn wir mit Menschen Dinge verändern möchten,
> müssen wir sie berühren.« (Gerald Hüther[108])

Für die Gesprächsführung mit Eltern im Kinderschutz empfehle ich ein besonderes Vorgehen, dessen Struktur an die Kindergesprächsstruktur angepasst ist, sich aber inhaltlich deutlich von dieser und auch von anderen Gesprächskontexten unterscheidet. Diese *Vier-Phasen-Gesprächsstruktur* hat sich in der

---

108 In seiner Rede zum 30. Jubiläum des NIS, Hannover 2018, eigene Mitschrift.

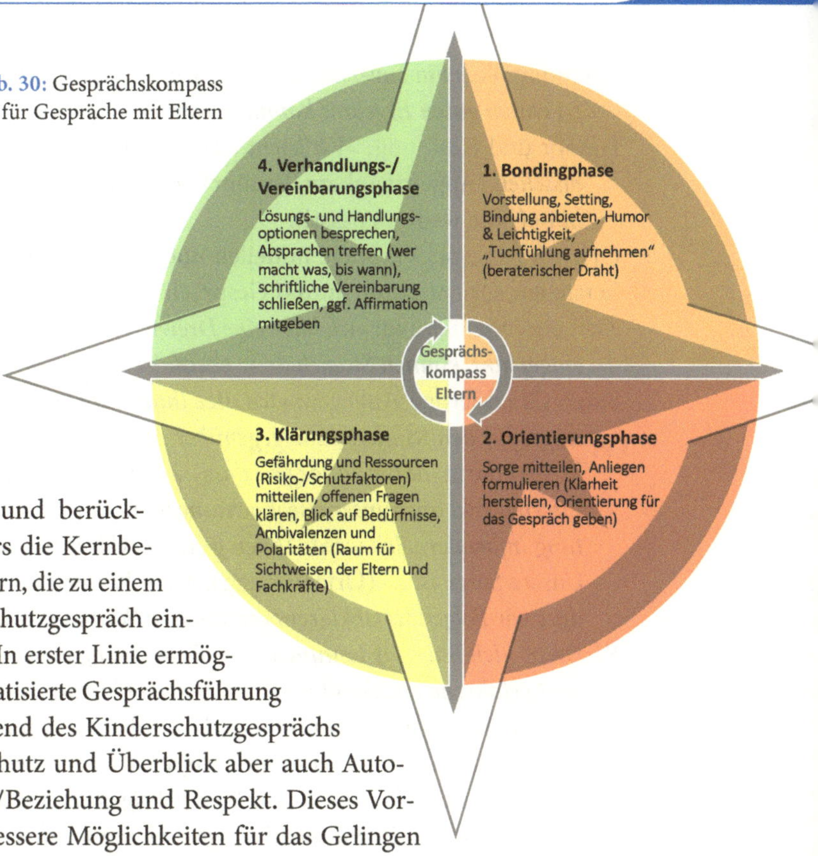

Abb. 30: Gesprächskompass für Gespräche mit Eltern

1. Bondingphase
Vorstellung, Setting, Bindung anbieten, Humor & Leichtigkeit, „Tuchfühlung aufnehmen" (beraterischer Draht)

2. Orientierungsphase
Sorge mitteilen, Anliegen formulieren (Klarheit herstellen, Orientierung für das Gespräch geben)

3. Klärungsphase
Gefährdung und Ressourcen (Risiko-/Schutzfaktoren) mitteilen, offenen Fragen klären, Blick auf Bedürfnisse, Ambivalenzen und Polaritäten (Raum für Sichtweisen der Eltern und Fachkräfte)

4. Verhandlungs-/Vereinbarungsphase
Lösungs- und Handlungsoptionen besprechen, Absprachen treffen (wer macht was, bis wann), schriftliche Vereinbarung schließen, ggf. Affirmation mitgeben

Gesprächskompass Eltern

Praxis bewährt und berücksichtigt besonders die Kernbedürfnisse von Eltern, die zu einem solchen Kinderschutzgespräch eingeladen werden. In erster Linie ermöglicht diese systematisierte Gesprächsführung den Eltern während des Kinderschutzgesprächs Orientierung, Schutz und Überblick aber auch Autonomie, Bindung/Beziehung und Respekt. Dieses Vorgehen eröffnet bessere Möglichkeiten für das Gelingen dieser Gespräche. Auch für die gesprächsführenden Kinderschutzkräfte sind die o. g. Kernbedürfnisse, besonders die der Orientierung und Sicherheit, hilfreich. In den *vier Phasen des Kinderschutzgesprächs* geht es darum, den Eltern nach einer kurzen *Aufwärmphase* (Bonding) direkt und klar einen Überblick über die *Sorge* zu verschaffen, dies verdeutlicht die Abbildung des *Gesprächskompass für Eltern*.

1. **Bondingphase:** Setting, Vorstellung, Bindung anbieten (▶ Kapitel 10.7), Würdigung des Problems (▶ Kapitel 6.2), Hoffnung, Humor und Leichtigkeit (▶ Kapitel 10.7), »Tuchfühlung aufnehmen« (beraterischer Draht).
   Bonding: *»Liebe Frau Meyer, lieber Herr Meyer, wie schön, dass Sie es möglich machen konnten, zum heutigen Gesprächstermin zu kommen.«*
   Beraterischer Draht und Setting: *»Haben Sie gut hergefunden? Darf ich Ihnen etwas zu trinken anbieten? Ist der Raum für Sie angenehm?«*
   Würdigung des Problems: *»Sicherlich wundern Sie sich, warum ich Sie so dringend hergebeten habe. Das kann ich mir gut vorstellen. Es war sicher nicht leicht für Sie, dies einzurichten.«*

Hoffnung: »*Ich bin zuversichtlich, dass wir die Dinge gut klären können und zu einem guten Ergebnis kommen werden.*«

Humor und Hoffnung: »*Vielleicht weinen, schwitzen oder schreien wir ein bisschen* (Augenzwinkern/Humor), *aber ich bin sicher, wir kriegen das hin*« (Nur, wenn es passt!).

2. **Orientierungsphase:** Sorge mitteilen und Anliegen formulieren (Klarheit herstellen, Orientierung für das Gespräch geben).

Zeitliche Orientierung: »*Ich habe eine Dreiviertelstunde Zeit für das Gespräch eingeplant, können Sie sich diese ebenfalls einrichten?*«

Sorge/Orientierung/Anliegen: »*Ich sitze Ihnen hier heute als gesetzlich Beauftragte für den Kinderschutz gegenüber. Mein Auftrag nach § 8a SGB VIII besteht darin, dafür zu sorgen, dass ... Mir ist es wichtig, dass ich Sie als Eltern direkt über unsere Beobachtungen hier in der Kita/Schule/Einrichtung informiere. Ich werde Ihnen genau erklären, worum es sich handelt. Unsere Sorge ist ...* (Orientierung). *Mein Wunsch für diese Gespräch ist, dass wir Folgendes abklären/vereinbaren/klären können* (Anliegen).«

Klarheit: »*Ich habe als Leitung dieser Einrichtung eine Fachberatung (insoweit erfahrene Fachkraft im Kinderschutz) hinzugezogen/Wir haben die InsoFa aus unserer Organisation als Fachberatung im Kinderschutz hinzugezogen. Das ist das gesetzlich vorgeschriebene Verfahren im Kinderschutz. Das Ergebnis ist, dass ich gern Folgendes mit Ihnen vereinbaren möchte/ich Sie hiermit darüber informieren möchte, dass ich eine Meldung bei Jugendamt machen werde* (Klarheit herstellen). *Die letztliche Entscheidung, ob Sie Hilfe annehmen möchten/die Sie für Ihre(n) Tochter/Sohn treffen, liegt klar bei Ihnen als erziehungsberechtigte Eltern, die nach dem Gesetz das Elternrecht über den Schutz Ihres Kindes innehaben. Ich werde Ihnen unsere Sorge jetzt genau erklären.*«

3. **Klärungsphase:** Gefährdung und Ressourcen (Risiko-/Schutzfaktoren) verdeutlichen, offene Fragen klären, Blick auf Bedürfnisse (▶ Kapitel 6.2), Ambivalenzen und Polaritäten (Raum für Sichtweisen der Eltern und Fachkräfte).

Risikofaktoren verdeutlichen: »*Diese Verhaltensweisen/Aussagen/Beobachtungen beunruhigen mich/machen uns Sorgen/möchten wir Ihnen mitteilen. Wir haben (gewichtige) Anhaltspunkte für eine Kindeswohlgefährdung festgestellt, diese sind ...*

Pacing/Lösungsorientierung: »*Ich/wir sehe/sehen aber auch die folgenden Ressourcen/Schutzfaktoren ...* (Blick auf Ressourcen). *Ich frage mich, ob Sie zu Hause ähnliche Beobachtungen machen konnten. Was haben Sie beobachtet?*«

Offenen Fragen ansprechen und klären: »*In der Fachberatung/Gefährdungsabschätzung haben sich folgende Fragen ergeben ... Uns sind noch folgende Dinge aufgefallen, die wir gern mit Ihnen abklären möchten, meine Frage ist ...*« In manchen Kontexten kann auch die Frage »*Üben Sie Gewalt in der Erziehung von ... aus?*« oder eine ähnlich formulierte Frage nötig sein.

Blick auf Bedürfnisse: »*Mein Bedürfnis ist, heute mit Ihnen eine Vereinbarung in Bezug auf ... zu schließen/den Schutz von ... herzustellen/mit Ihnen eine gute Lösung zu finden. Was ist Ihnen wichtig?*«

Blick auf Ambivalenzen und Polaritäten: »*Ich bin hin- und hergerissen zwischen ... und ..., wie ist das bei Ihnen? Auf der einen Seite steht das Recht Ihrer Tochter auf eine gewaltfreie Erziehung. Auf der anderen Seite ist Kinderschutz in erster Linie ein Elternrecht ... Ich kann mir vorstellen, dass Sie jetzt Fragen an mich haben. Was möchten Sie wissen? Wie beurteilen Sie die Informationen, die ich Ihnen gegeben habe? Was sind Überlegungen/Ideen/Reaktionen? Was geht Ihnen durch den Kopf?*«

Raum für Sichtweisen eröffnen: »*Was wäre jetzt wichtig für Sie zu tun/wissen/sagen?*

Benötigen Sie eine Pause?«

4. **Verhandlungs- und Vereinbarungsphase:** Mitwirkungsbereitschaft abklären (▶ Kapitel 9.4), Lösungs- und Handlungsoptionen besprechen, Absprachen treffen (wer macht was, bis wann) (▶ Kapitel 9.4), den Eltern ein Bindungsangebot machen, schriftliche Vereinbarung schließen, ggf. Affirmation mitgeben

Mitwirkungsbereitschaft mit den Eltern abklären: »*Ich habe Ihnen nun meine/unsere Einschätzung vorgestellt und verdeutlicht, wo ich/wir ein Problem/Veränderungsbedarf sehe(n). Nun ist es wichtig für mich, zu erfahren, wo und wie Sie gemeinsam mit uns eine Verbesserung der Situation für Lisa bewirken können. Haben Sie Ideen?*«

Problemakzeptanz/-kongruenz abklären: »*Machen Sie sich ebenfalls Sorgen? Sehen Sie auch ein Problem? Sehen Sie dies ähnlich oder anders? Wie ist Ihre Sicht auf das Problem, das ich gerade beschrieben habe? Stimmen Sie mit mir/uns überein?*«

Hilfeakzeptanz abklären: »*Können Sie sich vorstellen, Hilfe/Beratung/Hilfen zur Erziehung/Familienhilfe/Erziehungsberatung/Eingliederungshilfe ... anzunehmen? Ich könnte mir vorstellen, dass eine Hilfe/Beratung/Familienhilfe ... helfen könnte. Anderen Familien hat in dieser Situation eine Beratung/Familienhilfe/... geholfen. Wären Sie bereit, solch eine Hilfe zu beantragen?*«

Bindungsangebot: »*Benötigen Sie Unterstützung dazu? Sind sie offen dafür, wenn wir ... einladen würden, um Ihnen diese Hilfen näher vorzustellen?*

> *Darf ich Ihre Kontaktdaten an Frau ... weiterleiten und sie meldet sich dann bei Ihnen?*
> *Haben Sie andere Ideen/Wünsche/Bedürfnisse?«*
>
> Absprache/n treffen: *»Mir als Leitung dieser Einrichtung/Jugendamtsmitarbeiter:in ist es wichtig, dass wir Folgendes absprechen ... Welche Absprachen können wir heute treffen? Was ist Ihnen wichtig?«*
>
> Vereinbarung treffen: *»Was können wir heute vereinbaren? Ich habe auf dem Flipchart mitgeschrieben, ich lese Ihnen vor, was wir heute gemeinsam besprochen haben. Können wir dies so vereinbaren? Gibt es von Ihrer Seite Ergänzungen? Um die Verbindlichkeit unserer Absprachen zu betonen, möchte ich Sie bitten, dass wir diese unterschreiben.«*
>
> Affirmation: *»Darf ich Ihnen eine Erinnerung/Stärkung/Affirmation mitgeben? Wie etwa: ›Wir sind auf einem guten Weg‹, ›Wir für Lisa‹, ›Elternsein ist mein Glück‹, ›Ich bekomme das hin‹, ›Hilfe annehmen ist legitim‹, ›Auch Eltern brauchen dann und wann mal Hilfe‹ o. ä.«*

Es ist abschließend anzumerken, dass

- nicht alle Fragen immer und in dieser Abfolge gestellt werden müssen. Suchen Sie sich die Inhalte heraus, die Sie gebrauchen können.
- die Passung kontext- und fallabhängig gewählt werden sollte. So sind bei den obigen Gesprächsinhalten beispielsweise keine themenspezifischen[109] Fragen/Inhalte dabei.
- diese Fragebeispiele nicht abschließend sind und mit den systemischen Fragen und Methoden (▶ Kapitel 8) kombiniert und angereichert werden können.
- Sie für diese Gesprächsführung Übung benötigen.

Systemische Kinderschutzgespräche mit Eltern können gelingen! Für Fachkräfte bedeutet dies, hier feinfühlig, kontextsensibel und rollenklar zu handeln. Ziel ist es, die Eltern durch die eigene Haltung und Gesprächsführung einzuladen, *im Boot,* also in der gemeinsamen Erziehungspartnerschaft für das Kind, zu bleiben, ohne den Blick auf das Kindeswohl zu verlieren.

---

[109] Diese sollten in der Gefährdungsabschätzung vorbesprochen und ggf. kontextorientiert angepasst werden.

Kinderschutzgespräche mit psychisch erkrankten Eltern

»Beratung endet, wo Pathologie beginnt.« (Hipp 2018)

Wie bereits bei den *Schlüsselthemen im Kinderschutz* beschrieben, sind Kinder, die mit einem psychisch erkrankten[110] Elternteil oder Eltern leben, eine wichtige Gruppe, bei der es eine besondere Gesprächsführung im Kinderschutz zu beachten gilt. Biesel, Brandhorst, Rätz und Krause (2019) weisen darauf hin, dass eine stigmatisierende und misstrauische Grundhaltung von Kinderschutzkräften gegenüber psychisch erkrankten Eltern dazu beitragen kann, dass die ohnehin hohen Hürden für eine Inanspruchnahme von Hilfen für betroffene Kinder sich noch weiter erhöhen. Es geht darum, auch unter Hinzuziehung von Fachkräften der Psychiatrie und im Dialog mit den Eltern, deren Situation, Nöte und Belange besser zu verstehen. Sobald Sie besser verstehen und fachlich einschätzen können, was die Eltern, die Kinder und die Familie als Gesamtgebilde benötigen (▶ Kapitel 9.3), können Sie gemeinsam mit den Betroffenen Förder- und Hilfsmaßnahmen entwickeln. Zur Einschätzung dieses fachlichen Verstehens als Grundlage gelingender Gespräche mit psychisch erkrankten Eltern im Kinderschutz, müssen Kinderschutzkräfte mehr *Komplexität und Beteiligung* zulassen, anstatt zu versuchen, beides aus Zeit- oder Personalmangel zu reduzieren.

Eine gute und vielfältige Informationslage über das Thema »Kinder psychisch kranker Eltern« ist also eine wichtige Voraussetzung für die Gesprächsführung mit ebendiesen im Kinderschutz. Im Folgenden stelle ich ihnen einige Aspekte vor, die Sie dabei beachten können:
- Die wichtigste Voraussetzung für die Gesprächsführung mit psychisch erkrankten Eltern ist ein hoher Grad an Wissen und Informiertheit über den betroffenen Elternteil, die Erkrankung und natürlich über das Kind sowie gleichzeitig ein Höchstmaß an Unvoreingenommenheit, denn unreflektierte moralische Unterstellungen und Bewertungen stehen einer lösungs- und ressourcenorientierten Arbeit im Weg (vgl. Plattner 2019).
- Insgesamt ist eine sorgfältige inhaltliche und emotionale Vorbereitung auf das Gespräch wichtig (vgl. Plattner 2019), indem Sie sich kontextsensibel auf die jeweilige Erkrankung einschwingen.

---

110 Hiermit sind Eltern mit *und* ohne Diagnose gemeint, die unter temporären psychischen Belastungen leiden oder sich in psychischen Krisen und Ausnahmesituationen befinden.

- Zeigen Sie durch annehmendes Zuhören Interesse und vergewissern Sie sich, ob Sie das Gesagte richtig verstanden haben (vgl. Lenz/Brockmann 2013).
- Vermitteln Sie dem erkrankten Elternteil, dass Sie die Traurigkeit, Betroffenheit, Unsicherheit oder Erregung sehen oder spüren. Es kann auch in Gesprächen mit psychisch kranken Eltern für Sie emotional bewegend sein. Wenn dies so ist, melden Sie Ihr eigenes Gefühl an die Eltern zurück: »Ich stelle mir gerade vor, wie es für Sie ist, wenn Sie Leila in die Kita bringen, obwohl es Ihnen schlecht geht und Sie sich morgens kaum aufraffen können« (vgl. Lenz/Brockmann 2013).
- Validieren Sie (vgl. Hipp 2018), wenn die Eltern etwas sagen, dem Sie eigentlich direkt widersprechen würden: Ziel dieser Gesprächsführung ist es, einerseits das subjektive Empfinden sowie die persönliche Realität des erkrankten Elternteils anzuerkennen und andererseits deutlich zu machen, dass noch andere Verhaltens- und Erlebensweisen denkbar und möglich wären, die Sie hilfreich finden oder denen Sie aufgrund Ihrer Tätigkeit verpflichtet sind (vgl. Wirtz 2017). Zum Beispiel, da Sie sonst gegen Regeln der Einrichtung oder Gesetze verstoßen.
- Bleiben Sie ruhig, achten Sie auch auf sich im Gespräch. Machen Sie eine Pause. Bewegen Sie sich ein wenig. Sie selbst, Ihre Ruhe, Zuversicht und Leichtigkeit sind wesentliche Wirkfaktoren für gelingende Gespräche.

Weitere wichtige Aspekte für die Gesprächsführung im Kinderschutz und mit psychisch kranken und belasteten Eltern sind nachfolgend zusammengefasst (vgl. Thürnau 2021):

- Sprechen Sie mit den Eltern über das veränderte Verhalten des Kindes bzw. Ihre *Sorge*.
- Verwenden Sie *Ich-Sätze* und berichten Sie von Ihren Wahrnehmungen: »Mir ist aufgefallen, dass sich Lisa seit zwei Wochen männlichen Personen gegenüber sehr schreckhaft zeigt, konnten Sie zu Hause Ähnliches beobachten?« »Ich sehe …, ich habe den Eindruck …«
- Sprechen Sie von *konkreten Situationen* und vermeiden Sie Verallgemeinerungen wie »immer« und »nie«.
- Beschreiben Sie ein *konkretes Verhalten* in bestimmten Situationen.
- Sprechen Sie möglichst *wertschätzend* (vermeiden Sie, den Eltern oder dem Kind negative Eigenschaften zuzuschreiben).
- Bleiben Sie beim Thema. Sprechen Sie mit den Eltern über die aktuelle Situation im Hier und Jetzt. Vermeiden Sie zu ausschweifende Erklärungen über Situationen, die weit zurückliegen.

- Vermeiden Sie Formulierungen, die für die Eltern Erwartungen, Ratschläge oder Anweisungen implizieren könnten.

Nachfolgend finden Sie Aspekte für einen gelingenden Umgang mit verschiedenen Krankheitsbildern im Gespräch[111] (vgl. Thürnau 2021):
- Wenn Sie eine Botschaft an *depressiv erkrankte Menschen* auf der Gefühlsebene senden, können diese sich mitteilen und öffnen (vgl. Pretis/Dimova 2016). Seien Sie auch darauf gefasst, dass diese Öffnung durch Weinen geschehen kann. Es kann auch sein, dass der Elternteil beginnt, über seine Erkrankung zu reden. Hören Sie verständnisvoll zu. Vielleicht sind Sie die erste Fachkraft, mit der er oder sie reden kann. Vermitteln Sie dem Vater oder der Mutter, dass es menschlich ist, traurig zu sein, und es vielen Menschen so geht. Das kann eine sehr wichtige Unterstützung sein. Da depressiv erkrankte Eltern zwar oft guten Willens sind, ihnen jedoch aufgrund der Antriebsstörung die Initiative zur Umsetzung fehlen kann, sind eine gewisse Dosierung von Themen sowie konkrete Verabredungen in Ihrem Gespräch von Vorteil (vgl. Plattner 2019).
- *Eltern mit Angststörungen, Panikattacken oder posttraumatischen Störungen* fassen Vertrauen zu Ihnen, wenn Sie eine angstauslösende Situation im Gespräch mit Ihnen gut überstanden haben (vgl. Plattner 2019). Es kann im Gespräch vorkommen, dass diese Eltern dissoziieren oder hyperventilieren. Dann kann es sehr hilfreich sein, mit dem Elternteil langsam im Raum auf und ab zu gehen und beruhigend mit ihm zu sprechen. Ein angemessen großer und gut belüfteter Gesprächsraum, Pausen und vor allem Ihre Ruhe und Zuversicht, die zum Beispiel in Ihrer hohen Stimmvarianz hör- und wahrnehmbar ist, helfen dem erkrankten Elternteil, sich wieder selbst zu regulieren.
- Die Kommunikation mit *Eltern, die an Schizophrenie leiden,* ist erschwert. Dazu trägt die beeinträchtigte Kommunikationsfähigkeit zusammen mit meist fehlender Motivation und eingeschränkter emotionaler Kompetenz bei (vgl.

---

111 Es sei an dieser Stelle noch einmal auf die große Bedeutung einer kontextsensiblen Gesprächsführung der Fachkraft hingewiesen, da Menschen allgemein, und mit einer psychischen Erkrankung insbesondere, immer vielfältige Persönlichkeiten mit einer besonderen Biografie sind und demzufolge nicht »gleich funktionieren«. Bitte verstehen Sie deshalb diese hier folgende Kategorisierung als einen roten Faden für Ihre Gesprächsführung mit psychisch erkrankten und/oder belasteten Eltern im Kontext Kinderschutz. In dessen Zentrum sollte immer Ihre (systemische) Haltung stehen, dass Menschen individuell sind und über alle Ressourcen und Fähigkeiten verfügen, um eine Lösung des Problems zu erreichen, der sich in Ihrem »beraterischen Draht« ausdrückt. Für diese benötigen wir im Feld der psychischen Erkrankungen sehr oft eine interdisziplinäre Zusammenarbeit mit den psychiatrischen Fachkräften, um die systemischen Ebenen (Wer braucht was?) bedienen zu können.

Pretis/Dimova 2016). Sowohl die kognitive Leistung, das Gedächtnis als auch die Aufmerksamkeit sind durch die Erkrankung deutlich reduziert. Deswegen erscheinen die Gespräche mit Elternteilen, die an Schizophrenie erkrankt sind, über ihre Wahrnehmungen, ihr Verhalten oder die Glaubwürdigkeit ihrer Äußerungen auch wenig erfolgsvorsprechend. Dazu kommt noch, dass bei voll entwickelter Symptomatik ein eingeschränkter Realitätsbezug besteht, das heißt, die Symptome kreieren eine eigene Realität des Betroffenen. Deshalb sollten Sie die Krankheitsüberzeugungen des Elternteils akzeptieren. Diesen Eltern ist es im Gespräch besonders wichtig, die Kontrolle zu behalten sowie selbstbestimmt und autonom zu handeln. Sie sollten außerdem auf besondere Transparenz im Gespräch achten, also jeden Schritt offenlegen und gut begründen sowie auf alle Fragen und auch auf nonverbale Signale der »Nicht-Zustimmung« sorgfältig eingehen (vgl. Plattner 2019).

- *Eltern mit einer Borderline-Persönlichkeitsstörung* benötigen Hilfe, Fürsorge und Anerkennung, dass sie ihr Bestes tun. Aber selbst, wenn Sie Kritik oder Vorschläge in schonende Formulierungen verpacken, kann alles, was Sie sagen, als vernichtend interpretiert werden (Johnston zit. n. Mason/Kreger 2017). Aus diesem Grund schlägt Johnston die folgenden Aspekte vor, um einen an Borderline erkrankten Elternteil für die Zusammenarbeit zu gewinnen:
  - Appellieren Sie an den *guten Grund* des Elternteils, das Beste für sein Kind zu wollen. Sie sollten auf keinen Fall andeuten, dass dessen elterliche Fähigkeiten begrenzt sind! Stattdessen weisen sie darauf hin, dass alle Eltern das Beste für ihre Kinder wollen und bestimmte Handlungsweisen gut für Kinder sind und andere potenziell schädlich.
  - Betonen Sie, dass es manchmal sehr herausfordernd sein kann, Eltern zu sein. Und dass alle Eltern dann und wann einmal Hilfe brauchen.
  - Ist Ihnen bekannt, dass der an Borderline erkrankte Elternteil eine unglückliche Kindheit hatte, zum Beispiel weil er dies im Gespräch angedeutet hat, so können Sie an seinen Wunsch appellieren, seinem Kind eine schönere Kindheit zu ermöglichen.
  - Betonen Sie einleitend die aufrichtige *Liebe*[112] des an Borderline erkrankten Elternteils zu seinem Kind und sein Engagement für dessen Wohlergehen. Schmieden Sie eine Allianz mit dem erkrankten Elternteil, indem Sie die positiven Seiten und die Bereiche hervorheben, die gut laufen und in denen Sie übereinstimmen (vgl. Mason/Kreger 2017) Ähnlich können Sie sich mit Eltern, die an einer *Suchterkrankung* leiden, verhalten, da es eine hohe Komorbidität mit den Persönlichkeitsstörungen gibt.

---

112 Siehe dazu das Beispiel »Die Waschmaschine« (▶ Kapitel 10.7).

> Ihre Grundhaltung in der Gesprächsführung im Kinderschutz sollte sein: Die Eltern sind Experten für ihre Kinder und entscheiden selbst – auch psychisch belastete oder erkrankte Eltern! Formulieren Sie eine Bitte oder einen Wunsch und überlassen Sie die Entscheidung den Eltern. Sie hingegen sind die Expertin für den Kinderschutz und haben das Kind im Blick. Sollte die Entscheidung der Eltern nicht mit dem Schutz des Kindes vereinbar sein, bleiben Sie dran. Manche Prozesse benötigen Zeit!

10.3 Kinderschutzgespräche mit Familien

»Familie ist ein geschützter Privatbereich – aber Gewalt ist niemals Privatsache!«
(Barbara Kavemann 2022, eigene Mitschrift)

Für den Kontext des Kinderschutzes kann der Begriff »Familie« als ein soziales System verstanden werden, in dem die Personen emotional aufeinander bezogen und nicht austauschbar sind sowie in fortwährender Interaktion stehen (vgl. Biesel/Urban-Stahl 2022). Familiengespräche im Kinderschutz können in multiplen Settings stattfinden, wie beispielsweise im Rahmen von Familienhilfe in der häuslichen Umgebung, in Beratungen und mithilfe spezieller Formen, wie der Familienratarbeit (vgl. Früchtel/Roth 2017) oder innerhalb von Krisen- und/oder Hilfeplangesprächen im Jugendamt. Je nachdem, über wie viele »familiale Stoßdämpfer« (Conen 2011, S. 34) die Familie – im Sinne von Kohärenz und Schutzfaktoren – verfügt, können Belastungen und Situationen mit der Familie besprochen und entwickelt werden. Wenn wir auf Familien im Kinderschutz blicken, haben wir es proportional oft mit »Familien und größeren Systemen« (vgl. Imber-Black 1997) zu tun, deren Probleme und Belastungen deutlicher werden, wenn man diese im Zusammenhang und Kontext betrachtet.

Oftmals gibt es bereits ein riesiges Konstrukt von Helfer:innen und Institutionen, die für diese Familie zuständig sind. Imber-Black (1997) beschrieb diese Familien innerhalb eines »Gestrüpps von Institutionen«. Conen (2015, S. 95) weist darauf hin, dass sich, sobald mit den Familien deren Auftrag und Erwartungen formuliert werden, wie beispielsweise »Die anderen sollen sich nicht (mehr) einmischen«, die Kooperation im Kinderschutz verbessern kann. Das spricht für die bereits erwähnte, gründliche *Auftragsklärung im Kinderschutz* (▶ Kapitel 7.4). Hier kann auch mit den Familienmitgliedern thematisiert werden, was sie sich unter einer hilfreichen Hilfe eigentlich vorstellen. Es sei hier darauf hingewiesen, dass wir als Helferinnen oft etwas anderes darunter verstehen als die Familien selbst. Eine hilfreiche Hilfe ist für die Eltern meist eher, dass das Hilfsangebot ihnen etwas abnimmt oder die Kinder beaufsichtigt oder »repariert« werden (das beschreibt wiederum eher die Wahrnehmung der Helfer:innen). Das Jugendhilfesystem setzt hier oft auf *Hilfe zur Selbsthilfe,* in der die Eltern in einer begrenzten Zeit fit für die Erziehung und den Schutz der Kinder gemacht werden. Ein Abgleich mit der Familie darüber, welche Erwartungen hier aufeinanderprallen, ist sinnvoll und öffnet den Möglichkeitsraum im Gespräch.

Für die systemische Gesprächsführung können Kinderschutzkräfte die gesamte Palette der Methoden und Fragen nutzen, die sprachlich und inhaltlich auf das jeweilige familiäre System angepasst werden, manchmal auch nach dem »Trial-and-Error-Prinzip« (Versuch und Irrtum). Zusätzlich zu den obigen *Gesprächskompassen mit Kindern* (▶ Kapitel 10.1) *und Eltern* (▶ Kapitel 10.2) können die folgenden Aspekte beachtet werden:

1. **Bondingphase:** Der »Aufwärmphase« sollte im Beisein von Kindern noch mehr Gewicht und Zeit eingeräumt werden, indem die Kinder zuerst begrüßt werden und ihnen beispielsweise die Möglichkeit eröffnet wird, das Gespräch alters- und entwicklungsbedingt angepasst mitzugestalten (vgl. Herwig-Lempp 2022): »*Mein Name ist … und ich arbeite hier beim Jugendamt. Ich habe mit deinen Eltern schon ein Gespräch gehabt und heute möchte ich dich/euch kennenlernen. Wie ist dein Name? Ist dein Platz gut oder möchtest du an einem anderen Platz sitzen? Hast du Fragen an mich?*«
2. **Orientierungsphase (Auftragsklärung):** In dieser Phase können Sie für Orientierung und Überblick sorgen *(Wir sprechen heute über …? Wir benötigen etwa … Zeit, das ist wenn der Zeiger … ist.)* und sich nach den Aufträgen der Kinder erkundigen: »*Was möchtest du heute besprechen? Hast du Fragen an mich oder Mama/Papa? Wenn du mit deinen Eltern wieder nach Hause fährst und das Gespräch vorbei ist, was möchtest du dann gehört/gefragt/ erfahren/besprochen haben?*« Sie können erklären, was aus Ihrer Sicht zu besprechen ist: »*Meine Aufgabe im Jugendamt ist … und ich möchte mit dir/ euch und deinen/euren Eltern heute besprechen, dass … Ich werde das jetzt noch etwas genauer erklären … Hast du Fragen?*«
3. **Klärungsphase:** Sie können genauer erklären, was die Sorge ist (Risiko- und Schutzfaktoren verdeutlichen). Sie können zusätzlich die Neugier und Aufmerksamkeitsspanne der Kinder erhöhen, indem Sie beispielsweise die Eltern zirkulär befragen, was das Kind sich wohl wünschen würde, die Option eröffnen, dass die Kinder nicht dabeisitzen müssen, sondern auch an einem anderen Platz spielen oder malen können (vorher vorbereiten), sowie Möglichkeiten für Lob und Komplimente einbauen (vgl. Herwig-Lempp 2022):

»Was findest du richtig gut in eurer Familie? Was denkst du, würden Papa darüber sagen, was ihr in eurer Familie richtig gut hinkriegt? Was macht dir Sorgen? Was denkst du, würde Mama darüber sagen?« Wenn die Eltern in Anwesenheit der Kinder über die Kinder klagen sollten, geben Sie den Kindern die Möglichkeit, zu sagen, womit sie nicht zufrieden sind und was sie sich stattdessen wünschen (vgl. Herwig-Lempp 2022): *»Was denkst du darüber? Was wünscht du dir von Papa/Mama? Was macht dir Sorgen/Bauchschmerzen? Was denkst du, sollte Papa anders machen?«*

4. **Verhandlungs- und Vereinbarungsphase:** In dieser Phase können Sie die Mitwirkungsbereitschaft und Ideen der Kinder abklären. Bei Ideen und Vereinbarungen der Erwachsenen sollten Sie die Zustimmung der Kinder erfragen. Loben Sie die Familie für Ihre Gesprächsbereitschaft, Mitwirkung und Kooperation, für das angenehme Gespräch o. ä. Vereinbaren Sie gegebenenfalls einen neuen Termin. Visualisieren Sie auf dem Flipchart und lassen Sie alle unterschreiben (die Kinder können auch alternativ etwas malen).

Der Ausgang eines Familiengesprächs im Kinderschutz ist schlichtweg nicht vorauszusagen, deshalb ist die Hypothesenbildung (▶ Kapitel 9.4) vorab zur Navigation Ihrer Gesprächsführung ebenso wichtig wie die Reflexion nach dem Gespräch. Bleiben Sie flexibel und gleichzeitig rollenklar. Behalten Sie das Gesprächsziel, den Schutz des Kindes/der Kinder herzustellen sowie die systemische Grundhaltung, dass die Familie über die Ressourcen und Fähigkeit verfügt, fest vor Augen.

In der Gesprächsführung mit Familien im Kinderschutz sollten die Beteiligung und der Schutz der Kinder im Fokus stehen, ansonsten können Sie mit Ihrem gesamten systemischen Repertoire »spielen«. Der Zeitrahmen sowie das Setting (Raum, Spielmöglichkeit) für das Gespräch sollten so gewählt werden, dass es für jedes Familienmitglied angenehm und machbar ist.

10.4 Kinderschutzgespräche mit Fachkräften

Hilfe, ich stecke fest!

InsoFas beraten psycho-soziale, pädagogische, medizinische und andere Fachkräfte in zweierlei Kontexten:
1. Im Rahmen der *Fachberatung im Kinderschutz* und der *Gefährdungseinschätzung.* Hier wird sowohl spontanes, flexibles als auch kontextsensibles

und sicher abrufbares Wissen von der InsoFa abverlangt. Wobei ein gutes Beratungsgespräch bis in die Gesprächsführung mit den Eltern hineinreicht (▶ Kapitel 9.4 u. 10.2).
2. Im Kontext des *institutionellen Kinderschutzes,* wenn Fachkräfte selbst kindeswohlgefährdendes Verhalten gegenüber Kindern gezeigt haben. Hier komme ich zu dem nötigen Beratungsspektrum zurück, über das die InsoFa verfügen sollte. Nicht zuletzt bei dem Thema »Gewalt durch pädagogisch Fachkräfte«(vgl. Maywald 2019a) ist dieses gefragt. Damit meine ich nicht nur die reine Beratungskompetenz, sondern auch Supervisionsfähigkeiten. In vielen Fällen brechen sich hier die eigenen biografische Themen bahn, die gesehen, reflektiert und transformiert werden müssen. Besonders in Bezug auf den letzten Aspekt der Transformation von Blockaden und (biografischen) Themen haben sich neben den systemischen Methoden besonders die bifokal-multisensorischen und embodimental-minimalinvasiven Techniken bewährt (▶ Kapitel 8.3 u. 12.3./4).

Fachkräfte, die eine Fachberatung im Kinderschutz in Anspruch nehmen, befinden sich sehr oft in einem Engpass und benötigen deshalb Hilfe und Unterstützung. Wichtig ist jedoch, dass es sich um einen Beratungskontext handelt, in dem der Auftrag (▶ Kapitel 7.4) durch die beratende InsoFa eruiert wird und im Anschluss die Kinderschutzkraft entscheidet, wie sie weiter verfahren will. Die InsoFa kann sich positionieren, hat aber nicht die Entscheidungshoheit. Ein tieferes Eintauchen in diese Art der Gesprächsführung im Kontext dieses Buches würde den Rahmen sprengen. Das Setting der Fachkräfteberatung gehört jedoch als wichtiger Aspekt mit zur Gesprächsführung im Kinderschutz und wird deshalb hier erwähnt.

Systemisch beratende InsoFas benötigen neben der Grundqualifikation regelmäßige Fort- und Weiterbildung für den speziellen Bereich der Gesprächsführung und Beratung mit und von anderen Fachkräften.

10.5 Beratung im Zwangskontext

Wie schön, dass Sie kommen mussten!

Die Herausforderung in der Gesprächsführung im Kinderschutz besteht darin, die unterschiedlichen Rollen, Aufgaben und rechtlichen Verpflichtungen möglichst klar zu filtern und den Eltern gegenüber transparent zu machen.

Dabei sollten die gesprächsführenden Fachkräfte von der Hypothese ausgehen, dass Eltern sich auch bedrängt oder bedroht fühlen können und möglicherweise nicht hundertprozentig freiwillig zu diesen Gesprächen kommen.

> »Vor allem unfreiwillige Klienten ziehen es in der Regel vor, dass man offen und direkt mit ihnen umgeht. [...] Sie erwarten, dass professionelle Helfer ehrlich zu ihnen sind. Sie schätzen fast jede Art von Offenheit und klaren Äußerungen angesichts ihrer Erfahrungen mit Entscheidungen von überweisenden Stellen, die ›hinter ihrem Rücken‹ getroffen werden.« (Conen/Cecchin 2016, S. 154)

Die *Transparenz der verschiedenen »Hüte«* (▶ Kapitel 7.3) kann in Anlehnung an Conen und Checcin (2016) durch die Kinderschutzkraft vor dem Gespräch und in Reflexion der eigenen Rolle und gesetzlichen Aufgabe folgendermaßen berücksichtigt werden:

Stellen Sie sich vor dem Gespräch die folgenden Fragen:

- *Wer hat mir den Klienten geschickt?*
- *Wer ist mein Auftraggeber?*
- *Wer ist die Person, die mit mir spricht?*
- *Wie ist meine Beziehung zu den Eltern?*
- *Was wird von mir als Fachkraft erwartet?*
- *Welche Rolle habe ich im Gespräch?*
- *Was muss ich ansprechen?*
- *Was möchte ich am Ende des Gespräches vereinbaren?*
- *Ist mein Auftraggeber die Person, die vor mir sitzt, oder ist es eine Einrichtung, eine Institution, der öffentliche Jugendhilfeträger oder ein Gericht?*
- *Was ist mein gesetzlicher Auftrag?*
- *Wie kann ich die Eltern einladen, im Boot[113] zu bleiben?*

Leider gelingt es nicht immer, dass Gespräche im Kinderschutz gut und konstruktiv verlaufen. Konflikte mit Eltern können eskalieren, sodass diese fast unweigerlich zu *Grenzen in der Kooperation* führen, wie das nachfolgende Beispiel verdeutlicht.

---

113 Im Sinne einer angestrebten Erziehungspartnerschaft mit den Eltern zum Wohle der gelingenden Entwicklung des Kindes und gleichzeitig mit dem klaren Blick auf den gelingenden Kinderschutz als gemeinsames höheres Ziel.

»Wenn Eltern einfach gehen«
Eine Kitaleitung lädt die Eltern zum Gespräch. Es gab vorher mehrere Elterngespräche und Versuche, etwas zu verbessern, jeweils mit vielen Zusagen der Eltern, die sich nicht erfüllt haben. Es gab auch mehrere Gefährdungsabschätzungen. Das fünfjährige Mädchen ist stark entwicklungsverzögert und zeigt Verhaltensweisen in der Kita, die den Fachkräften Sorgen bereiten.

Die Leitung teilt den Eltern mit, dass sie aufgrund gewichtiger Anhaltspunkte die Meldung einer drohenden Kindeswohlgefährdung beim Jugendamt vornehmen wird (Klärungsphase). Weiter kommt sie nicht, da ihr der Vater direkt mit einer Strafanzeige droht. Der Mutter, die sich einschalten will, verbietet er den Mund. Er holt wortlos das Kind aus der Gruppe und alle drei verlassen die Kita.

In manchen Fällen fühlen sich Eltern derart in ihrer Autonomie und/oder Sicherheit eingeschränkt, dass sie wiederum die Kinderschutzkräfte bedrohen. Sie kämpfen dann sprichwörtlich um ihr Kind, ohne eine Problemeinsicht einnehmen zu können oder zu wollen.

Auch wenn dies es eine belastende Erfahrung für die Leitung und die Mitarbeiterin der Kita war, gelang es durch die Fachberatung im Kinderschutz und den klaren Handlungs- und Gesprächsablauf sowie durch die Arbeit des Jugendamtes letztendlich, das Kind mit seinem Symptomverhalten im Fokus zu behalten und dranzubleiben[114] (▶ Kapitel 6.2).

Dass »Reaktionen und Handlungen unter Emotionen [▶ Kapitel 12.1] weniger reflektiert sind und nicht selten zu einem Handeln führen, was zu einer Eskalation beiträgt«, beschreiben auch Lemme und Körner (2018, S. 86). Es kann dann beidseitig zu Handlungen kommen, die nach dem Gespräch bedauert werden.

Zur *Wiedererlangung von Selbstkontrolle in Gesprächen* kann unter anderem darauf geachtet werden

- das *Sprechtempo und die Lautstärke zu verringern.*
- die *Intonation und Sprechmelodie anzupassen:* Tiefere Frequenzen und die lebendige Variation der Stimme (wie beim *Baby-Talk*) aktivieren sowohl das eigene soziale Bindungssystem (ventraler »sozialer« Vagusnerv[115]) wie auch das der Eltern und sorgen für Beruhigung.

---

114 In diesem Fall wurde das Kind in einer anderen Einrichtung (Kita) angemeldet. So konnte das bereits handelnde Kinderschutzsystem (Jugendamt, Kita, InsoFa) das Kind im Fokus behalten und es gelang in einem weiteren Versuch, eine Hilfe zu installieren. Die Familie zog nicht erneut über eine Landkreisgrenze, sondern blieb in dem Ort wohnen.

115 Vgl. Pfeiffer 2022/Porges 2010, 2019.

- das *Tempo zu verzögern und Pausen einzulegen.*
- *mehr zu schweigen als zu reden:* Die Haltung von Akzeptanz, Trost und Mitleid ist stark mit dem anwesenden, präsenten Schweigen verbunden.
- *die Körperhaltung anzupassen:* Im Beratungskontext ist selbst die Körperhaltung und damit die *Botschaft von Überzeugung und Sicherheit* durch die durch das Gespräch führende Fachkraft ein wichtiger Faktor, die Eltern zu motivieren (vgl. Lemme/Körner 2018, Porges 2010).

Um als Fachkraft in Kinderschutzgesprächen in Rollenklarheit handeln zu können, gilt es sich zuallererst klarzumachen, dass es sich hierbei sehr oft um Gespräche im sogenannten Zwangskontext handelt. Dabei haben Kinderschutzkräfte auch die »Macht« des Zwangs im Gepäck – oder wie Byung-Chul Han (2005, S. 30) es formuliert: »Die Macht als Zwang und die Macht als Freiheit sind nicht grundsätzlich verschieden. Sie unterscheiden sich nur hinsichtlich ihres Vermittlungsgrades. [...] Vermittlungsarmut erzeugt Zwang.« Es gilt sich deshalb sehr klar und eindeutig am gesetzlichen Auftrag zu orientieren sowie die eigene Position (Rolle) zu Gesprächsbeginn klar zu definieren und offenzulegen (vgl. Conen 2011):

- »Ich sitze Ihnen hier heute als gesetzlich Beauftragte für den Kinderschutz gegenüber.«
- »Mein Auftrag nach dem § 8a SGB VIII besteht darin, dafür zu sorgen, dass ...«
- »Ich werde eine Meldung beim Jugendamt machen ...«
- »Meine Sorge ist ...«

Weitere Möglichkeiten für Fachkräfte sind, die implizierten Entscheidungsmöglichkeiten herauszustellen und diese Optionen zum Ausgangspunkt für die Arbeit zu machen, wie z. B.:

- »Wie erklären Sie sich, dass Sie mit uns hier zusammensitzen, obwohl Sie eigentlich nicht kommen wollten?«
- »Wenn Sie sich dazu entschieden hätten, dieses Gesprächsangebot nicht anzunehmen, was wäre dann?«
- »Mal angenommen, Sie würden sich nach diesem Gespräch – wider aller Vorstellungskraft – dazu entscheiden, mit dem Jugendamt zu kooperieren. Wie würde der Vater Ihres gemeinsamen Sohnes darüber denken?«

! Eltern in einem Zwangskontext erleben eine Stärkung, wenn sie in den Gesprächen mit der pädagogischen Fachkraft immer wieder erleben, dass sie die Wahl haben – auch die Wahl, jederzeit die Gespräche abzubrechen.

Dabei sollte die Kinderschutzkraft eine »Position innehaben, die es ihr erlaubt, z. B. die Gewalttätigkeiten eines Elternteils abzulehnen und sich zugleich aber gegenüber den Eltern insofern neutral zu verhalten, als sie neugierig auf deren Erklärungswelt und auf das Verständnis für die Situation ist« (Conen/Cecchin 2016, S. 146).

Systemische Kinderschutzkräfte sind sich bewusst, dass sie überwiegend im Zwangskontext agieren, und nehmen diesen als Möglichkeitsraum an, den Schutz der Kinder (wieder)herzustellen.

10.6 Konflikt und Widerstand im Kinderschutz

»Es gibt keine Alternative zur Erkenntnis, dass wir – allen Konflikten zum Trotz – in einem Boot sitzen.« (Richard von Weizsäcker)

Die Gesprächsführung im Kinderschutz bedeutet, auch Gespräche zu führen, in denen Konflikte und der Widerstand von Eltern zum Geschäft gehören. Es gibt das eine nicht ohne das andere. Unser Kompass führt uns zu Anfang dieses Abschnitts in das Terrain der sogenannten »Unfreiwilligkeit« von Eltern, deren Widerstands und dessen möglicher Angemessenheit. Diese Unfreiwilligkeit von Eltern im Kinderschutz kann nach Marie-Louise Conen (2015) aus einer gewissen Sinnhaftigkeit resultieren: »Der Abwehr von Kritik sowie der Ablehnung von Hilfeangeboten können folgende Aspekte zugrunde liegen. Sie:

- dienen der Aufrechterhaltung des Gefühls der Achtung vor sich selbst,
- zeigen Stärke und Entschlossenheit, die Klienten in anderen Bereichen auch entwickeln könn(t)en,
- sind – möglicherweise ein letzte – Möglichkeit, dem Umfeld Grenzen zu setzen, und demonstrieren die Fähigkeit der Klienten, dies tun zu können,
- verdeutlichen den Wunsch, eigene Vorstellungen der Problemlösung umzusetzen,
- dienen dem Schutz vor Hoffnung und vorweggenommener abermaliger Enttäuschung« (Conen 2015, S. 102).

In Gesprächen im Kinderschutz kann es trotz aller guter Vorbereitung passieren, dass sich die Unterhaltung konfliktreich entwickelt, von den Eltern abgebrochen wird oder sogar eskaliert. Das kann unter anderem daran liegen, dass die Eltern krankheitsbedingt von Ängsten oder anderen Affekten überschwemmt werden oder ihre Kernbedürfnisse nicht befriedigt sind. Dieses Verhalten der Eltern resultiert dann möglicherweise aus *Widerständen:* »Widerstand ist das Regulativ für die angemessene Geschwindigkeit der Veränderung« (von Kibéd zit. n. Witzleben 2019, S. 58).

Hier ein Beispiel zu den Stichworten: Widerstand, Gewalt durch Männer, Zugang zur Mutter. Es ist der zweite Teil zu dem Fallbeispiel aus ▶ Kapitel 6.2.

»Ein stolzer Vater (Teil 2) – schläft im Hilfeplangespräch ein«
Während meiner Zeit im ASD schlief ein Familienvater regelmäßig in den Hilfeplangesprächen ein. Ob er sich schlafend stellte oder wirklich schlief, wurde mir dabei nicht deutlich. Währenddessen blühte seine Ehefrau förmlich auf und erzählte angeregt. Sehr oft sagte sie: »Sie verstehen mich, Sie sind auch Mutter!« So konnte sie einen Zugang zu mir finden, denn sie machte sich große Sorgen um ihren Sohn. Ab und zu schaute sie zu ihrem Mann, dann zu mir und zuckte mit einem entschuldigenden Lächeln mit den Schultern. Deren gemeinsamen Sohn lernte ich bereits im Kindergartenalter kennen, denn er schlug und drangsalierte einige Mädchen aus seiner Kita und fiel außerdem durch stark externalisierendes Verhalten auf. Die zahlreichen Meldungen wegen häuslicher Gewalt durch den Vater waren bereits vor meiner Zuständigkeit aktenkundig.

Ich versuchte mehrere, zum Teil paradoxe Interventionen, wie aufzustehen und dem Vater einen Kaffee zu holen (es gab sonst nur Wasser), wenn er einschlief, oder ihn direkt zu fragen, ob er sich vielleicht in einem anderen Raum hinlegen möchte, es änderte sich jedoch nichts. Erst als die Situation sich in der Familie veränderte, weil ein Familiengeheimnis durch die Mutter offen gemacht wurde (der Vater hatte eine Zweitfamilie mit einer anderen Frau und war spielsüchtig), veränderte sich die Situation. Meine Hypothese zu seinem Verhalten war, dass es dem Vater so unangenehm war, mit einer Frau über seine – für ihn hochnotpeinliche – Situation in seiner/seinen Familie(n) zu sprechen, dass der Druck erst sehr hoch werden musste, bis er sich darauf einlassen konnte/musste. Auch in diesem Fall waren die Zeit und das »konsequente und bindungsbasierte Dranbleiben« (▶ Kapitel 6.2) durchaus wirksam.

Einer der großen Innovatoren im Bereich (hypno)therapeutischer Arbeit ist Milton H. Erickson, der unter anderem den Begriff »Widerstand« so erweiterte, dass er einen Teil des Verhaltens des Therapeuten in der betreffenden Situation umfasste (vgl. de Shazer 2012). Steve de Shazer betont,

> »dass Widerstand nur eine Metapher ist, die dazu dient, gewisse Regelmäßigkeiten von Phänomenen zu beschreiben, und dass man statt ihrer auch andere Metaphern benutzen kann. Widerstand ist nichts Greifbares, sondern nichts weiter als ein Begriff (oder Konzept), der (oder das) als Erklärungshilfe dient. Widerstand ist nur eine unter vielen Möglichkeiten

(zu denen auch ›Kooperieren‹ gehört), zu beschreiben, was der Beobachter beobachtet.« (de Shazer 2012, S. 46 f.)

Die Beziehung zwischen dem Konzept des Widerstandes und dem Konzept des Kooperierens könnte man als zwei Seiten der gleichen Münze betrachten. Deshalb beeinflusst die Benutzung des Konzepts des Kooperierens gemäß dem systemischen Prinzip der Ganzheit (wholism) auch den Rest des konzeptuellen Gefüges (eines Systems), weil es im Laufe der Zeit auf die Prozesse der Therapie (hier geltend für den Kinderschutz) abgestimmt wird:

»Jeder Teil eines Systems ist mit den anderen Teilen so verbunden, dass eine Änderung in einem Teil eine Änderung in allen Teilen und damit dem ganzen System verursacht. Das heißt, ein System verhält sich nicht wie eine einfache Zusammensetzung voneinander unabhängiger Elemente, sondern als ein zusammenhängendes, untrennbares Ganzes.« (Watzlawick/Beavin/Jackson zit. n. de Shazer 2012, S. 48)

Herwig-Lempp (2022, S. 403) formuliert seine Ideen zum »Widerstand« folgendermaßen:

»*1. Leitidee: Widerstand ist ein Erklärungsprinzip.* Widerstand kann man nicht sehen. Man kann zwar überzeugt davon sein, ihn zu sehen, aber wenn man genau hinsieht, ergibt sich eine ›optische Enttäuschung‹: Man sieht buchstäblich nichts. Um Widerstand zu ›sehen‹ oder zu ›erleben‹, benötigt man einen bestimmten Standpunkt mit einer speziellen Perspektive. Dies zeigt sich auch daran, dass sich alle Beteiligten, beispielsweise die Klientin wie auch die [Kinderschutzkraft], gegenseitig als widerständig erleben.
2. Leitidee: Der Widerstand ist tot. Es gibt nur Kooperieren. Steve de Shazer hat den Widerstand 1978 ›umgebracht‹ und in seinem Garten unter Tulpen begraben. Er erklärt scheinbar widerständiges Verhalten anders, nämlich als Kooperieren.
3. Leitidee: Wer Widerstand leistet, zeigt, dass er/sie lebt. Widerstand ist etwas, womit wir bei Klienten (und bei uns selbst) nicht nur rechnen sollten, sondern wir können ihn sogar begrüßen, ihn als Ausdruck von Autonomie, eigenem (freien) Willen und als wichtige, nützliche Information und Hinweis auf Wünsche, Zustände, Erfahrungen und Hindernisse sehen.
4. Leitidee: Wir entscheiden autonom über unsere Erklärungen. Wir können *annehmen,* dass Erklärungen nicht richtig oder falsch sind, sondern lediglich in bestimmten Kontexten und für bestimmte Personen jeweils mehr

oder weniger nützlich. Wenn wir dies annehmen, dann sind wir selbst verantwortlich dafür, welche Erklärung wir verwenden.«

Als besonderen Kniff in der Gesprächsführung mit »schwierigen« Klienten und in »schwierigen« Kontexten, wie dem Kinderschutz, empfiehlt Manfred Prior (2017, S. 81–86) in seinen *MiniMax-Interventionen,* die *»Sprache der Patienten zu sprechen«* sowie »jeden Satz mit einer verständnisvollen Verneinung zu beginnen«, wie beispielsweise (vgl. Prior 2017):
- »Liebe Frau Meier, lieber Herr Meier, Sie können sich sicherlich gar *nicht* vorstellen, was wir heute so Dringendes zu besprechen haben …«
- »Ich könnte mir vorstellen, dass Sie das Verhalten von XY zu Hause gar *nicht* kennen, oder *nicht?«*
- »Bei diesem unangenehmen Thema kann man ja auch *nicht* entspannt bleiben, das verstehe ich.«
- Sie können sich sicher *nicht* vorstellen, dass … Da haben Sie *nicht* Unrecht … Eigentlich *nicht,* da haben Sie Recht.«

Diese Gesprächsform kann man bei sogenannten »schwierigen« Elternteilen nutzen, die erstmal per se gegen das, was Sie sagen, sind. Sie werden es nach Prior in solchen »schwierigen Fällen« (Prior 2017, S. 85 f.) paradoxerweise einfacher haben. Sobald Sie diese Technik verstanden und in Ihr Sprachrepertoire integriert haben, müssen Sie *nicht* besonders darauf achten, *verneinende* Formulierungen in Ihrer Gesprächsführung bei Widerstand zu nutzen (☺).

Eine weitere Erklärung zu impulsiv auftretenden Reaktionen von Eltern in Kinderschutzgesprächen ist *Stress.* Deshalb zeige ich Ihnen in diesem Abschnitt einige Aspekte auf, die die Dynamik von Stress und Konflikt verdeutlichen, sowie Möglichkeiten, was Sie tun können, wenn Sie merken: Hilfe, das Gespräch läuft aus dem Ruder!

> *Stress* kann aufgrund nicht berücksichtigter Kernbedürfnisse wie Autonomie (Handlungsspielraum), Sicherheit (Schutz, Überblick, Orientierung) oder Beziehung (Bindung, Zugehörigkeit, Vertrauen) oder anderen sozialen (Kern-)Bedürfnissen, wie Respekt oder Wertschätzung, ausgelöst werden (▶ Kapitel 4.5 u. 6.2).

Eltern gelangen im Gesprächskontext »Kinderschutz« schnell in ihre persönliche Überforderungszone. Diese *Konfliktdynamik* bewirkt, dass die Wahrnehmung und das Denken eng werden, das Fühlen die Empathiefähigkeit verliert, das Wollen und Verhalten stur werden sowie eine kreative Lösungssuche nicht mehr möglich ist (vgl. Ballreich 2017, Ballreich/Glasl 2011), wie die nachfolgende Darstellung nach Ballreich und Glasl zeigt.

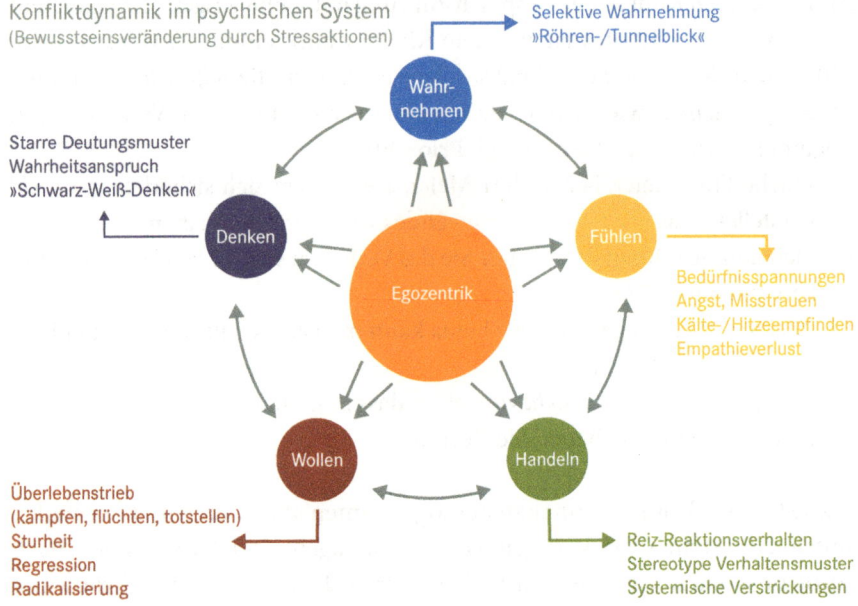

Abb. 31: Konfliktdynamik nach Ballreich und Glasl (2011)

Diese Bewusstseinsveränderungen aufgrund der Stressreaktionen führen zu einem körperlichen Zustand, der, wenn er nicht erkannt und durch eine angepasste Gesprächsführung reguliert wird, geradezu in den *Konflikt* führen kann (vgl. Thürnau 2022).

Helmut Glaßl formuliert den Satz »Konflikte sind die Mutter der Entwicklung«, können diese doch in Gesprächen im Kinderschutz – auch und besonders in festgefahrenen Situationen – durchaus Entwicklungen bewirken. Aus der Stressforschung ist bekannt, dass Klienten aus den sogenannten *heißen Konflikten* (dem *Kampfmodus*) am ehesten wieder in die Selbststeuerung zurückgelangen, um dann wieder aktiv für die eigenen Bedürfnisse eintreten zu können und gesprächsbereit zu sein (vgl. Ballreich 2017, Ballreich/Glasl 2011). Die eben beschriebenen Aspekte finden sich noch einmal bildlich in der dargestellten und für den Kontext schwieriger Gespräche im Kinderschutz modifizierten »Bedürfnislandschaft« nach Ballreich und Glasl.

In der Abbildung finden Sie als Einstiegsintervention schon früh die »Würdigung des Problems/des Leids« (▶ Kapitel 6.2), die in diesem Kontext von Stress,

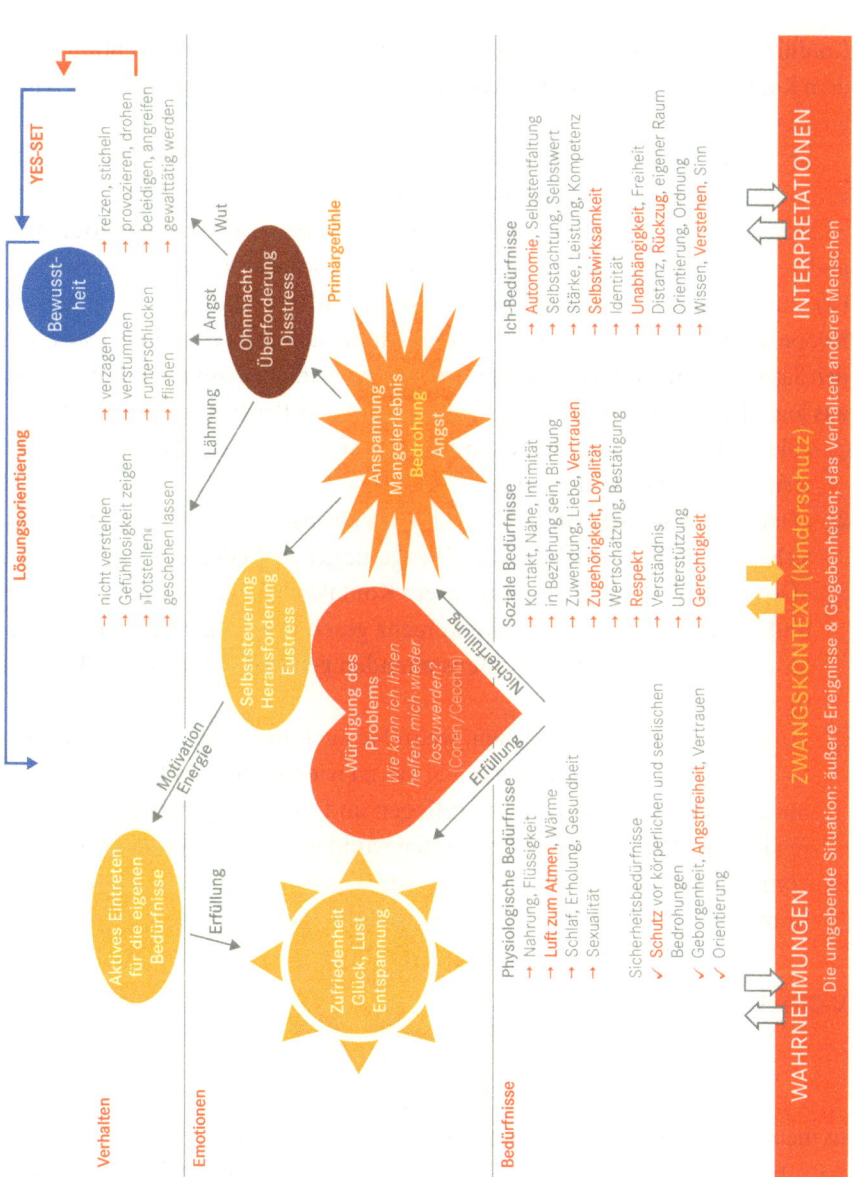

Abb. 32: Die Bedürfnislandschaft im Konflikt (vgl. Ballreich/Glasl 2011)

Konflikt und Widerstand sehr wichtig anzuwenden ist. Diese Intervention kann dem Konflikt und den Bedüfnisspannungen der Eltern sprichwörtlich den Wind aus den Segeln nehmen.

Ebenso kann die Anwendung des sogenannten »Yes-Sets«, das auf eine Technik von Milton Erickson, in der die Konversation zwischen Berater:in und Klient:in so aufgebaut ist, dass der/die Klient:in mit dem Wort »Ja« antwortet (oder mit anderen Worten, sodass eine positive und keine negative Antwort zu erwarten ist), zurückgeht. Der Aufbau dieser zustimmenden Haltung ist wichtig, um Kooperation bzw. eine vertrauensvolle Zusammenarbeit zu erreichen. Dazu werden Sätze so formuliert, dass die Klienten ihnen innerlich zustimmen können oder aus logischen Gründen zustimmen müssen, hier ein Beispiel (vgl. Gröne 2017):

- 😊 »Sie sind eine Familie, die schon viele Herausforderungen und Krisen meistern musste« (1. Bestätigung).
- 😊 »Dabei sind Sie auch oft an Ihre Grenzen gelangt und viele Dinge konnten sich nicht so gut entwickeln, wie Sie es gerne gehabt hätten« (2. Bestätigung).
- 😊 »Deshalb gab es auch schon mehrere Kontakte zu verschiedenen Helfern und Institutionen, die manchmal mehr geschadet als genutzt haben und Sie zu Recht jetzt kritisch Außenstehenden gegenüber machen« (3. Bestätigung).
- 😊 »Daher kann ich gut verstehen, wenn Sie auch mir zunächst einmal skeptisch gegenüberstehen. Was meinen Sie, zu wie viel Prozent haben Sie Hoffnung, dass unsere Kooperation gelingen und zu einem guten Ergebnis führen könnte? Wen würde es am meisten wundern/freuen/überraschen? Was könnte ich dazu beitragen? Wie müsste ich mich verhalten, damit unsere Kooperation gelingt/misslingt?« (weiterführende Fragen).

V-Check

Die Hängebrücke über die Schlucht des Konflikts.

In meiner Praxis habe ich in Konfliktberatungen nach und nach den U-Prozess nach Ballreich und Glasl (2011, 2017) durch meine eigenen Arbeitsmethoden ergänzt. Ich nenne diese Konfliktmethode den *Viabilitäts-Check,* eine trifokale Interventionstechnik zur Gangbarkeit in der Konfliktbearbeitung – kurz *V-Check*. Die Skizze in Abbildung 33 verdeutlicht die »Best Practice«-Implikationen für die Gesprächsführung im Konflikt.

Während der Gesprächsführung mit dem V-Check sitzen die gesprächsführende Fachkraft und die Eltern in einem V: Die Beratende sitzt an der unteren Spitze und die Eltern sitzen gleichschenklig (gleicher Abstand), sodass deren

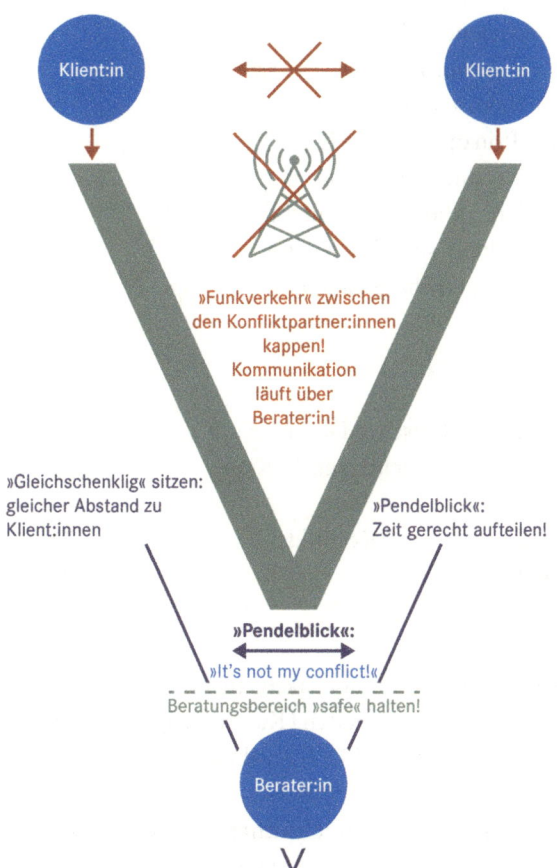

Abb. 33: Verhalten der Beraterin im Konflikt

Blickrichtung zu der Gesprächsführenden zeigt, nicht zur anderen Klientin. Die Gesprächsführende sorgt durch ihre Gesprächstechnik dafür, dass das »Funken« zwischen den Eltern abgestellt wird und die Kommunikation rein über die Beraterin läuft. Diese Gesprächsführung dient dem Schutz der miteinander in Konflikt stehenden Eltern. Die Konfliktberaterin sorgt dafür (bildlich), dass sie ihren Bereich »safe« (sicher, geschützt) hält. Dazu kann man sich eine Linie vorstellen, die man vor sich auf den Boden zeichnet, ähnlich wie der Schiedsrichter bei einem Elfmeter im Fußball. Sie können sich auch selbst sagen: »Dies ist nicht mein Konflikt!« (vgl. Ballreich 2017).

Nachfolgend finden Sie den Ablauf des V-Checks. Die sechs Stufen sollten eingehalten werden, die Abfolge innerhalb dieser ist jedoch nicht zwingend verbindlich. Die Inhalte der einzelnen Stufen werden stichwortartig angegeben und es wird jeweils auf die vertiefenden Kapitel verwiesen. Es sei darauf hingewiesen, dass das methodische Vorgehen zum Triadischen Prinzip (Bauch-Herz-Kopf) für die Anwendung mit Klient:innen erlernt werden sollte. Ist dies nicht der Fall, können diese sprachlich eingeführt werden: »Was sagt Ihr Bauch dazu?« (▶ Kapitel 8.3) usw.

1. Verbindung

- Bondingphase (beraterischer Draht ▶ Kapitel 10.2), Humor und Leichtigkeit (▶ Kapitel 10.7.)
- Würdigung des Problems/Konflikts (▶ Kapitel 6.2.)

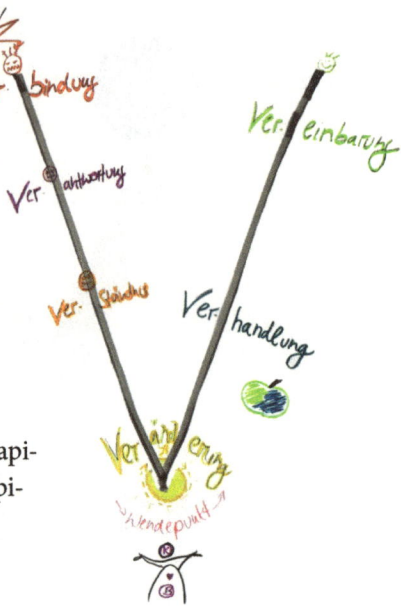

Abb. 34: Die sechs Stufen des V-Checks

2. Verantwortung

- Bin ich bereit und in der Lage, aktiv an meinem Teil des Konflikts zu arbeiten (Kunde, Kläger, Besucher ▶ Kapitel 7.4.)?
- Auftragsklärung (▶ Kapitel 7.4): Streitthema/innerer Konflikt, Klärung des Anliegens, Benennung der Sichtweisen, Status quo erhalten. Bei den Konfliktparteien schreibt die gesprächsführende Fachkraft die Sichtweisen mit. Möglichst am Flipchart und getrennt voneinander (Strich dazwischen). Die Absprache bezüglich des Status quo bezieht sich darauf, während des Zeitraums der Konfliktberatung keine verändernden Aktivitäten durchzuführen, wie das Konto zu leeren oder die Kinder zu entziehen. Dieser Punkt muss an den Kontext des Falles angepasst werden.
- Embodimentaler Check: Verantwortungsübernahme und Auftragsklärung (Bauch – Herz – Kopf ▶ Kapitel 6.2 u. 8.3). Sind die Ampeln grün, um fortzufahren?

3. Verständnis

- Gefühlsebene: Was ist das vornehmliche (parafunktionale) Gefühl (bei Belastung: Klopfen/PEP)?
- Embodimentaler Check: Verständnis, gegenseitiges zuhören, verstehen, fühlen. Was sagt der Körper (Kopf – Herz – Bauch/Ampel grün?)?

4. Veränderung
- Bedürfnisebene: Was ist das nicht befriedigte Kernbedürfnis?
- Big-Five-Lösungsblockaden (vgl. Bohne 2020, 2021) an Bord?[116]
  - Ich mache mir bezüglich des Konflikts einen Vorwurf.
  - Ich mache anderen bezüglich des Konflikts einen Vorwurf.
  - Ich erwarte bezüglich des Konflikts etwas von jemandem.
  - Ich bleibe so alt, wie ich bin, wenn ich an den Konflikt denke.
  - Es ist mir erlaubt, meinen Teil des Konflikts zu lösen.
  - Es gibt eine Schuld, die mich davon abhält, meinen Konfikt zu lösen.
  - Ich verletze irgendeine Loyalität …, wenn ich diese Konflikt loslasse.
  - Ich verliere die Zugehörigkeit …, wenn ich meinen Teil des Konflikts löse.
- Wendepunkt der Selbstbestätigung: »Obwohl ich bisher gute Gründe hatte, mich so zu verhalten, so zu denken und so zu fühlen (…)«.
- Embodimentaler Check – Veränderung (Kopf – Herz – Bauch/Ampel grün?).

5. Verhandlung
- Lösungsebene: Welche Handlungsoptionen leiten zur Lösung? Was ist meine Mission? Was ist umsetzbar?
- Welche Lösungsideen entstehen? Welche Lösungen fallen wie reife Äpfel von den Bäumen?
- Embodimentaler Realitätencheck: Trägt die Lösung (Bauch – Herz – Kopf/Ampel grün?)?

6. Vereinbarung
- Affirmation (Lunchpaket) oder schriftliche Vereinbarung (mehr als eine Person).
- Embodimentaler Check – Vereinbarung: Was sagt mein Körper zur Lösung (Bauch – Herz – Kopf/Check-Check: Ampel grün?)?

Insgesamt sollte die Gesprächsführung im Konflikt und insbesondere die des V-Checks methodisch erlernt und geübt werden.

Zu Gesprächskontexten im systemischen Kinderschutz gehören Zwang, Widerstand und Konflikt dazu. Diese Aspekte verschaffen Kinderschutzkräften die Möglichkeit, dass Prozesse überhaupt erst eine gewisse »Schubkraft« für Lösungen entwickeln können.

---

116 Die nachfolgenden Sätze werden nicht als Frage, sondern als Satz ausgesprochen. Sie können dann in Resonanz mit Ihrem Körper gehen und schauen, ob dies stimmig ist oder nicht. Bei hartnäckigen und belastenden Konflikten können Sie sich dafür Hilfe organisieren.

10.7 Wirkfaktoren und Goodies

> »Gute Informationen sind schwer zu bekommen. Noch schwerer ist es, mit ihnen etwas anzufangen.« (Sir Arthur Conan Doyle)

Gelingende Gespräche entstehen nicht ausschließlich durch ausgefeilte Gesprächstechniken, sondern auch durch weitere Gelingensfaktoren, wie die letzten drei Abschnitte des Beratungskompasses verdeutlichen. Die Wirksamkeit dieser Aspekte kann aus der Praxiserfahrung heraus gar nicht hoch genug eingeschätzt werden.

Bonding, Präsenz und Setting

> »Ich bin verbunden, also existiere ich.« (Jeremy Rifkin)

Unspezifische Wirkfaktoren wie Präsenz, Rahmung und Setting machen in der Beratung wie auch in Kinderschutzgesprächen einen Unterschied, der einen Unterschied macht (vgl. Bohne 2016). Rahmung meint hier das gesamte Setting, in der die Beratung stattfindet, und wie die Eltern/die Familie/das Kind uns als Gesprächsführende vorfindet:

- Bin ich als Kinderschutzkraft selbst gerade offen für diesen Prozess?
- Fühle ich mich selbst bereit und in der Lage, aktiv diesen Prozess zu steuern?
- Bin ich als gesprächsführende Kinderschutzkraft präsent?
- Befinde ich in mich in einer Haltung der Hoffnung und Neugier?
- Nehme ich Bindung zum Klienten auf?
- Lächle ich freundlich und zuversichtlich?
- Ist der Raum passend und angenehm? Für mich und für die Klienten?
- Gibt es etwas zu trinken?

All das gibt unseren Klienten schon im ersten Moment vielfältige Informationen und umgekehrt. Unsere innere Haltung hat erheblichen Einfluss auf unser Handeln als Kinderschutzfachkraft, auf unsere Hypothesenbildung (aus der wir unsere systemischen Fragen formulieren) usw. Es macht einen Unterschied, ob wir unseren Klienten, die unter psychischen Belastungen leiden oder die Belastendes erlebt haben, mit einer gewissen Betroffenheitshaltung begegnen. Oder ob wir bei ihnen mit aller nötigen Empathie und Würdigung des Problems auf die vorhandenen Ressourcen, Stärken und Fähigkeiten sowie den Wunsch – auch dieser Menschen – nach Leichtigkeit und Humor fokussieren (vgl. Bohne 2016, 2021). Wir vermitteln auch mit unseren nicht explizit kommunizierten inneren Haltungen, Vermutungen und hypothetischen Einschätzungen subtile Botschaften, die auf Klientinnen, gerade weil sie nicht explizit sind, auf unbewusster Ebene suggestiv wirken können.

Unsere *Präsenz* als gesprächsführende Kinderschutzkraft drückt unsere (systemischen) Grundhaltungen aus und zeigt den Eltern oder der Familie »Ich bin da!« und »Ich bleibe da, auch wenn es schwierig wird!« (Lemme/Körner 2022, S. 182). Sie können Ihre Präsenz in Kinderschutzgesprächen nach den folgenden *sechs Präsenzdimensionen* in Anlehnung an Lemme und Körner (2022) reflektieren.

- *Physische Präsenzdimension* (Körperlichkeit): Fühlen Sie sich als gesprächsführende Fachkraft körperlich präsent? Haben Sie eine gute Bodenhaftung? Fühlen Sie sich sicher? Können Sie Ihre Mimik und Gestik ausdrucksvoll in der Gesprächsführung einsetzen? Sind Sie fokussiert und aufmerksam im Gespräch?
- *Pragmatische Präsenzdimension* (Handlungsfähigkeit): Haben Sie eine Leitidee und ein Gesprächsziel? Fühlen Sie sich handlungsfähig? Können Sie in Kinderschutzgesprächen einen kühlen Kopf bewahren? Sind Sie für das anstehende Kinderschutzgespräch sicher in Ihrem Handlungsrepertoire verankert?
- *Internale Präsenzdimension* (Selbstregulation ▶ Kapitel 12): Fühlen Sie sich gestresst? Haben Sie genügend Zeit (auch für Ihre Vorbereitung) eingeplant? Sind Sie ganz bei sich und trotzdem offen für das Gespräch? Gibt es besondere Themen oder emotionale »Knöpfe«, auf die Sie besonders reagieren? Falls Sie etwas aus Ihrer Präsenz bringt, haben Sie Strategien, wie Sie wieder zurück in Ihre Kompetenz und Präsenz kommen?
- *Moralische Präsenzdimension* (Selbstwirksamkeitsüberzeugung): Sind Sie überzeugt, dass Sie in Kinderschutzgesprächen gut und richtig handeln? Gibt es eine Kongruenz zwischen dem, was Sie in Kinderschutzgesprächen umsetzen müssen, und ihren eigenen Grundwerten? Finden Sie es sinnvoll, was Sie tun? Können Sie mit Überzeugung sagen »Ich arbeite im Jugendamt« oder »Ich übe das staatliche Wächteramt aus«?
- *Intentionale Präsenzdimension* (Absicht): Verfolgen Sie ein höheres Ziel, wie etwa »Ich arbeite für den Schutz von Kindern«? Bewirken Sie mit Ihrem Ziel eine Verbesserung für Menschen? Geht der Sinn Ihrer Tätigkeit mit Ihrer Gesprächsführung Hand in Hand? Können Sie Ihre Absichten gut und sicher vermitteln? Halten Sie auch in schwierigen Gesprächskontexten Ihre Ziele und Absichten stabil?

- *Soziale Präsenzdimension* (Eingebundensein): Sind Sie in ein Unterstützungssystem eingebunden? Haben Sie die Möglichkeit zur Vorbereitung und/oder Reflexion der Gespräche, Hilfe, wie eine Fachberatung, in Anspruch zu nehmen? Gibt es andere Entlastungsmöglichkeiten für kritische oder konflikthafte Gesprächssituationen? Fühlen Sie sich kollegial gut in Ihrem Team/Ihrer Organisation eingebunden und gestärkt? Gibt es ein »Wir-Gefühl« unter den Kinderschutzkräften/Kollegen?

Ziehen wir an dieser Stelle einen Querbezug zu den früheren Kapiteln, indem wir beispielsweise erkennen, wie wichtig die Reflexionen über den Sinnbezug der eigenen Kinderschutzarbeit sind und dass ein gemeinsames höheres Ziel, wie »Ich bin eine Kinderschutzkraft und arbeite für den Schutz der Kinder in der Kita/Schule/Jugendhilfe« oder »Meine Tätigkeit als Kinderschutzkraft ist höchst sinnvoll«, einen bedeutenden Einfluss auf die Präsenz in der Gesprächsführung hat.

Kreieren Sie ein gutes Setting für das Gespräch. Sorgen Sie auch und besonders bei herausfordernden Kinderschutzgesprächen gut für sich, denn Ihre Präsenz ist ein Gelingensfaktor für das Gespräch.

Humor, Leichtigkeit und Zuversicht

>*»Gespräche im Kinderschutz ohne Humor und Leichtigkeit sind wie eine Operation ohne Narkose!«* (Michael Bohne, leicht abgeändert)

Darf es eine Prise Humor und Leichtigkeit sein? Eine besondere Möglichkeit für Gespräche generell sowie für Gespräche im Kinderschutz im Besonderen stellt der Fokus auf die *Rahmung des Gesprächs* dar. Sogenannte unspezifische Wirkfaktoren wie Haltung, Zuversicht und Humor machen besonders in herausfordernden Gesprächskontexten einen Unterschied, der einen Unterschied macht. Hier ein Beispiel zum Einsatz der erwähnten »Prise« Humor:

»Die Waschmaschine«

In meiner Tätigkeit im Jugendamt hatte ich es mit einer impulsiven Mutter zu tun, die jedes Gespräch ziemlich schnell mit einem Wutausbruch enden ließ. Jedoch war die Situation mit ihrem Sohn, mit dem sie allein zusammenlebte, so prekär, dass wir uns deutlich im Zwangskontext (Kinderschutz) befanden. Die Mutter weigerte sich bisher jedoch beharrlich, einen Antrag auf Hilfe zur Erziehung zu unterschreiben. Das angefertigte Genogramm zeigte die alarmierende Situation des fünfjährigen Jeremy auf, der mit seiner alleinerziehenden Mutter zusammenlebte und an Diabetes erkrankt war. Seine Mutter ist von einer Borderline-Persönlichkeitsstörung betroffen und war vor Jahren suchterkrankt. Inwieweit diese Sucht (Heroin) vor der Schwangerschaft endete oder diese noch betraf, war nicht bekannt.

Als ich Jeremy kennenlernte, wirkte er emotional extrem belastet. »Allein« trifft die Situation von Mutter und Jeremy sehr gut. Es gab kein Netzwerk, keine Familie, die unterstützen konnte. Der Vater von Jeremy lebte zu dieser Zeit im deutschsprachigen Ausland und konnte seinen Sohn nur sehr selten und zudem noch sehr unregelmäßig besuchen. Die mangelnde Gesundheitsfürsorge der Mutter machte unter anderen problematischen Risikofaktoren ein Handeln des Jugendamtes nötig. Es gab jedoch auch einige Ressourcen und wenige Schutzfaktoren, wie den Hund von Jeremy sowie eine sehr feinfühlige Erzieherin in der Kita, zu der Jeremy Vertrauen hatte.

Ich stellte den Fall in der Supervision vor und erhielt durch die Supervisorin den Rat, im nächsten Gespräch das starke *Band der Liebe* zwischen Mutter und Sohn zu betonen.

In dem nächsten Gespräch war zum ersten Mal auch der Vater von Jeremy anwesend, was sich sehr positiv auswirkte. Nun besann ich mich, fasste noch einmal die Gesamtsituation zusammen und betonte das starke und untrennbare Band der Liebe zwischen der Mutter und Jeremy. Die Mutter, die das alleinige Sorgerecht innehatte, sagte daraufhin: »Nun geben Sie mir den Wisch schon rüber … Wo soll ich unterschreiben?« Sie unterschrieb und ich sagte zu ihr: »Herzlichen Glückwunsch, Frau A.! Ihre Waschmaschine wird dann in der nächsten Woche geliefert!« Die Mutter begann schallend zu lachen und alle anderen Anwesenden stimmten ein. Damit wandelte sich die hochexplosive Atmosphäre im Raum in eine gelöstere, humorvolle Stimmung und alle atmeten spürbar auf.

Das Beispiel macht den folgenden Grundsatz deutlich: »Wo gelacht wird, kann es nicht gefährlich sein« (vgl. Thürnau 2022a). Stephen Porges (2010, S. 205) beschreibt diese Dynamik so: »Sicherheit schlägt Furcht.« Kurz zusammengefasst können humorvolle Interventionen und Fragen in der Beratung und Gesprächsführung im Kinderschutz folgendes bewirken. Sie

- ☺ lassen Sie leichter in Kontakt mit Ihren Klient:innen kommen,
- ☺ zeigen den Eltern »Hier sind Sie nicht in Gefahr (… hier wird gelacht)!«,
- ☺ lassen Sie als Kinderschutzkraft sympathischer und beruflich kompetenter für Ihre Klient:innen erscheinen
- ☺ und fördern ein entspannteres Arbeitsklima und ein motiviertes, produktives Arbeiten.

Unterm Strich kann man festhalten:
- ☺ Lachen und Lächeln vereinfachen alle zwischenmenschlichen Verständigungen.
- ☺ Humor und insbesondere das Lachen wirken stressmindernd.

☺ Lachen setzt Glückshormone frei und fördert die Bindung (Oxytocin), der Körper signalisiert Wohlbefinden.
☺ Humor, Leichtigkeit und Gelassenheit in der Beratung fördern konstruktive, kreative Lösungen und leichtfüßige Entwicklungen. Und sie machen einfach Spaß!

In Ihrer systemischen Gesprächsführung können Sie beispielsweise den Kontext mithilfe von zirkulären Fragen wechseln oder einen neuen Kontext konstruieren, sodass Denk- und Umlenkungsprozesse stattfinden können und gleichzeitig neue Informationen im System entstehen. Die folgenden Aspekte in Anlehnung an Schinzilarz und Friedli (2013) wurden durch humorvolle (systemische) Fragen, Redewendungen und Anekdoten für den Gesprächskontext »Kinderschutz« ergänzt, viel Spaß:

☺ *Irritieren* (verstören): »Haut heißt, soweit ich weiß, nicht Haut, damit man draufhaut. Wäre es manchmal nicht hilfreicher, den anderen einfach überraschend in den Arm zu nehmen? Vielleicht ›haut‹ es dann die eine oder den anderen vor Überraschung um« (Trenkle 2012, S. 84).

☺ *Überraschen:* »Ich habe jetzt große Lust auf eine Tasse Kaffee/Tee, dürfte ich Sie dazu einladen?« »Da fällt mir doch glatt die Redewendung meines Onkels ein, der immer zu sagen pflegte: ›Da wird doch der Hund in der Pfanne verrückt.‹«

☺ *Anregen und aufregen:* »Mal angenommen, wir könnten den Familienrichter jetzt bereits befragen, was würde er uns raten?« »Stellen Sie sich vor, Sie werden mich als Jugendamtsmitarbeiterin nicht so schnell los, wie Sie es sich wünschen. Was könnten Sie dazu beitragen, dass sich diese Zeit verkürzt, bis der Schutz Ihrer Tochter hergestellt ist?

☺ *Andere Perspektiven eröffnen:* »Ich stelle mir gerade vor, der Kinderschutz wäre eine Person, wie würde diese wohl aussehen und was würde sie/er uns in dieser Situation raten?« »Stell dir einmal vor, du sitzt in einem Heißluftballon und kannst deine Situation von oben gut sehen, was siehst du? Ich hoffe, du bist schwindelfrei?« »Wenn ich Ihre Mutter, die im letzten Jahr verstorbenen Oma von XY fragen könnte, was Sie an Ihnen als Mutter und dem Vater von XY als Vater schätzt und was Sie gemeinsam als Eltern richtig gut machen, was würde Sie uns sagen?«

☺ *Die gelungenen Anteile in Situationen erkennen:* »Wenn ich unser Gespräch hier gerade wie ein Vogel von oben beobachten könnte, würde ich wohl denken: ›Die kriegen das richtig gut hin!‹ Vielleicht klopfen wir uns einfach dafür mal auf die Schultern!«

☺ *Heiteres Verständnis erreichen:* »Wo viel Streit ist, ist auch immer viel Liebe, sehen Sie das auch so?« »Heute haben wir viel geschwitzt, ein bisschen

geschrien, geweint und gelacht, unser Workout für heute haben wir geschafft. Sehen Sie das ähnlich?«
- 🙂 *Einen gelassenen Blick auf Vergangenes und Zukünftiges ermöglichen:* »Wenn Sie von heute einmal ein Jahr zurückblicken, was haben Sie seitdem für den Schutz und die Entwicklung Ihrer Kinder gemeinsam geschafft? Mal angenommen, Sie ich hätte eine Zeitmaschine und Sie könnten einsteigen und ein Jahr nach vorn reisen, wie werden Sie im Januar 2024 mit den heute besprochenen Veränderungen leben? Wie wird sich Ihr Kind XY entwickeln? Was wünschen Sie sich?«
- 🙂 *Sich und andere zum tiefen Denken anregen:* »Ich möchte Sie bitten, sich vorzustellen, Ihre Tochter wird sich weiterhin Sorgen um Sie beide machen, weil sie Zeugin der häuslichen Gewalt sein wird. Und mal angenommen, die Situation in Ihrer Familie ändert sich nicht, wie denken Sie, wird sich XY entwickeln? Wird sie sich wohl und sicher in Ihrer Familie fühlen?«
- 🙂 *Zusammenhänge leichtfüßig denken:* »Mir fällt dazu gerade der Satz ein ›Bitte nicht helfen, es ist schon schwer genug‹ (Trenkle 2012, S. 55) ... und ich denke daran, wie ich mich fühlen würde, wenn ich mit Ihren Herausforderungen leben würde, und mir wird gerade klar, dass die familiäre Gewalt einen Sinn für Sie ergibt. Auf der anderen Seite haben Ihre Kinder ein Recht auf gewaltfreie Erziehung, wie kann diese Situation gelöst werden? Haben Sie Ideen?«
- 🙂 *Neue, andere Wege entdecken:* »Halten Sie mich bitte nicht für verrückt, aber ich habe gerade eine richtig abgedrehte Idee, möchten Sie sie hören?«
- 🙂 *Gelingendes Gestalten der Gegenwart und Zukunft ermöglichen:* »Wie wollen Sie jetzt aus der Tür gehen, was werden Sie neu gestalten und was soll so bleiben, wie es ist?«

Die Psychotherapieforschung geht davon aus, dass es aus hypnotherapeutischer Sicht eine Bestätigung von Ressourcen ist, wenn man humorvoll mit seinen Klienten an deren Themen arbeitet. Wobei mit Humor natürlich kein Humor auf Kosten der Klientinnen gemeint ist, sondern *wertschätzender Humor*. Hierbei ist der gute »beraterische Draht« eine wesentliche Basis (vgl. Bohne 2010).

Vielleicht müssen wir uns als Kinderschutzkräfte selbst fragen, was für ein Gegenüber wir uns wünschen würden, wenn wir in einem solchen Gesprächskontext, wie beispielsweise im Jugendamt, sitzen würden und es um unsere eigenen Kinder und mögliche eigene Versäumnisse ginge. Warum sollten wir also unseren Klienten (und uns) im Kinderschutz nicht ein wenig Humor, Leichtigkeit und Zuversicht gönnen?

Best Practice

> »Der Unterschied zwischen Theorie und Praxis erscheint
> in diesem Fall in der Praxis größer als in der Theorie.«
> (Johannes Herwig-Lempp 2022, S. 141)

Die folgenden Best-Practice-Impressionen und Reflexionen runden den »Beratungskompass« ab.

- Kernkompetenz im Kinderschutz: »Immer erst einmal Ruhe bewahren! In der Ruhe liegt die Kraft!«
- Beratung im Zwangskontext: »Wie kann ich Ihnen helfen, mich wieder loszuwerden?«
- »Tratschen über Dritte« in Form des Reflektierenden Teams (mit Kolleg:innen oder allein mit dem inneren Team): »Welche besonderen Stärken und Fähigkeiten vermuten wir bei der dritten Person (oder der Familie, die zuhört)?«
- Auf die Seite der Nicht-Veränderung gehen (Polaritäten): »Jetzt bin ich ratlos! Jetzt fällt mir wirklich nichts mehr ein!«
- Perspektivwechsel, wenn Reden manchmal nicht hilft: »Was sagt Ihr Bauch/Herz/Kopf dazu? Und wie ist es im Körper« (ggf. Bodenanker benutzen)?
- Rettungsanker im Kinderschutz: Den Blick auf die Ressourcen nicht vergessen! Alle Menschen verfügen über Ressourcen, Kompetenzen und einen (guten) Grund für ihr Verhalten, die Bewältigungsstrategien von Eltern passen jedoch manchmal nicht zum Kindeswohl. Welche anderen Fähigkeiten können sie stattdessen entwickeln?
- Neutralität und Allparteilichkeit: Die Eltern entscheiden und ich bin mit meinem »Kinderschutzhut« parteilich für das Kind!
- Loyalitäten und Verstrickungen: Kinder verhalten sich stets loyal zu ihren Eltern und entlasten ihre Eltern durch sogenannte »Rückfälle«. Deshalb sind die Beteiligung der Kinder sowie die Gespräche mit den Eltern und der gesamten Familie im Kinderschutz wichtig.
- Der systemische Blick auf die Fähigkeiten und Ressourcen, die jeder Mensch in sich trägt, um eine Lösung finden zu können, trägt systemisch arbeitende Kinderschutzkräfte. Ist diese Problemlösefähigkeit bei den Eltern blockiert, braucht es Hilfe von außen. Im Kontext des Kinderschutzes ressourcen- und resilienzorientiert mit den Eltern zu arbeiten und gleichzeitig den Schutz des Kindes zu vertreten, ist für die Kinderschutzkräfte oft sehr herausfordernd und benötigt eine besondere Kompetenz.

Systemische Gesprächsführung kann vielfältig im Kinderschutz eingesetzt werden. Sie benötigt jedoch eine gute Verortung innerhalb der eigenen Haltungen und des Verfahrens im Kinderschutz.

Kapitel 11

Impulskompass – systemischen Kinderschutz verankern

»Wo kämen wir hin, wenn alle sagten, wo kämen wir hin, und niemand ginge, um einmal zu schauen, wohin man käme, wenn man ginge.« (Kurt Marti)

Es stellt sich nun die Frage, wie systemischer Kinderschutz in der jeweiligen Organisation so implementiert werden kann, dass dieser nicht personenabhängig, sondern nachhaltig verankert ist. Mit der SGB VIII Reform im Jahr 2021 hat das Kinder- und Jugendstärkungsgesetz (KJSG) das Vorliegen eines Gewaltschutzkonzeptes sowohl für die Einrichtungen der Kinder- und Jugendhilfe mit bestehender Betriebserlaubnis als auch für solche, die zukünftig die Betriebserlaubnis erhalten wollen, als Pflichtaufgabe im Paragraf 45 Abs. 2 Nr. 4 SGB VIII formuliert. Diese gesetzliche Grundlage führte dazu, dass sich sehr viele Einrichtungen, bei denen diese Voraussetzung noch nicht gegeben war, seitdem mit dem Thema Gewaltschutz in Einrichtungen beschäftigen. Dies ist eine gute Möglichkeit, darüber nachzudenken, wie diese gesetzliche Anforderung mit der Verankerung systemischer Kinderschutzarbeit Hand in Hand gehen könnte. Dazu finden Sie einen kurzen und knappen Impulsbeitrag in diesem Kapitel.

11.1 Schutzkonzept versus systemischer Schutzprozess?

»Wir brauchen eine Kultur des Einmischens.« (Barbara Kavemann 2022, eigene Mitschrift)

Als einen zentralen Baustein für einen wirksamen Kinderschutz und zur Sicherung der Rechte und auch des Wohls von Kindern muss der Träger der Einrichtung ein Gewaltschutzkonzept entwickeln, anwenden und regelmäßig überprüfen (vgl. NLJA 2023). Das bedeutet, dass der Gesetzgeber hier schon eine Vorlage für einen kontinuierlichen Prozess gelegt hat, damit das Gewaltschutzkonzept (GSK) nicht in der Schublade oder in einem Aktenordner verschwindet. Wolff, Schröer und Fegert (2017, S. 21) stellen fest, dass der Begriff »Schutzkonzept«[117] eigentlich unzutreffend ist, da es sich nicht nur um die Erstellung

---

117 Der Begriff »Schutzkonzept« hat sich mittlerweile als Kurzform des im Gesetz geforderten Gewaltschutzkonzepts eingebürgert und wird hier im Weiteren verwendet.

eines Konzepts handelt, sondern eher um »alltägliche Schutzprozesse sowie um Verfahren im Umgang mit Verdachtsfällen und bei Übergriffen« von Kindern in und außerhalb der Organisation. »Es sind deshalb Prozesse der Prävention, der Intervention und der Aufarbeitung, die ein Schutzkonzept auszeichnen: Kein Konzept hat einen Wert, wenn es nicht alltäglich partizipativ von allen Beteiligten [...] gelebt wird« (Wolff/Schröer/Fegert 2017, S. 21).

Das Schutzkonzept sollte insgesamt den Umgang mit Gewalt und den Schutz vor Gewalt thematisieren, das heißt, sowohl den außerinstitutionellen (häuslichen) Kinderschutz als auch den institutionellen Kinderschutz. Werfen wir hier einen Blick auf die darin enthaltenen »Systemgrenzen«, ist davon auszugehen, dass diese immer »kritische Schwellen« (vgl. Böwer 2012) in Bezug auf den Kinderschutz darstellen und auch als Vertrauensgrenzen wirken können. Es sollte jeder Kinderschutzkraft klar sein, dass soziale Phänomene wie Gewalt (in allen Formen) nicht an der Türschwelle pädagogischer Einrichtungen Halt machen (vgl. Böwer 2018) und das Thema »Gewalt durch pädagogische Fachkräfte« (Maywald 2019b) längst kein Tabuthema mehr ist. Es ist empfehlenswert, das jeweilige *Leitbild* der Organisation im Rahmen der Arbeit am Schutzkonzept beziehungsweise in diesem Schutzprozess zu entwickeln, in dem die Aspekte zum Schutz der zu betreuenden Kinder und jungen Erwachsenen verankert sind, wie etwa: »Wir arbeiten für den Schutz der Kinder im Landkreis XY/ in der Kita XY/in der Jugendhilfeeinrichtung XY!« Dieses Leitbild enthält die Essenz des Schutzkonzepts, in dem alle Kinderschutzkräfte sich wiederfinden und an das sich alle – möglichst immer – erinnern können. Darüber hinaus dient es zur wirksamen Orientierung neuer Mitarbeiter:innen.

Weiter gehören zu einem gut verankerten Schutzkonzept unter anderem (vgl. Biesel/Urban-Stahl 2022):

- ein *Verhaltenskodex* und/oder eine *Selbstverpflichtungserklärung* als schriftlich fixierte Verhaltensregel innerhalb der Einrichtung sowie die Verpflichtung beobachtetes Verhalten von Kollegen an die Leitung bzw. den Träger gemäß des Paragrafen 47 SGB VIII weiterzugeben,
- ein *Beteiligungs- und Beschwerdeverfahren* für die Kinder und jungen Erwachsenen, an dem sie und die Mitarbeiterinnen partizipativ mitgewirkt haben,
- ein *Handlungs- und Interventionsplan* (Verfahrensablauf) für den Umgang mit Hinweisen auf und Vorfällen von (institutioneller und außerinstitutioneller) Gewalt (vgl. Kolshorn 2018).

Diese Aspekte belegen noch einmal, warum der Begriff des systemischen Schutzprozesses anstelle von »Schutzkonzept« treffender ist, denn die Erstellung des

Schutzkonzepts erfolgt aufgrund einer systematischen Analyse von organisationalen Risiken, wie etwa Routinen und Abhängigkeitsverhältnissen, aber auch Ressourcen und Potenzialen, im Sinne bereits existierender Elemente von Schutzkonzepten (vgl. Biesel/Urban-Stahl 2022). Ein *systemischer Schutzprozess* setzt eine prozessorientierte systemische Sichtweise voraus, die unter anderem von Rekursivität[118] und Autopoise geprägt ist (▶ Kapitel 7) und die diese Systemgrenzen berücksichtigt. Für systemisch arbeitende Einrichtungen ist deshalb die Verankerung des gesetzlich geforderten Schutzkonzepts innerhalb von systemischen Schutzprozessen eine logische und sinnvolle Konsequenz.

11.2 Verankerung in der Organisation

»Organisation ist ein Mittel, die Kräfte des einzelnen zu vervielfältigen.« (Peter F. Drucker)

Systemischer Kinderschutz und systemische Schutzprozesse gehen Hand in Hand und können sich gegenseitig befruchten, wenn die Entwicklung aus einer organisationalen intrinsischen Motivation heraus entsteht. Dies ist möglicherweise nicht der Fall, wenn dies nur durch den äußeren Druck der gesetzlichen Anforderung eines Schutzkonzeptes passiert (vgl. PPSB-Hamburg 2021). Es gibt genügend gute Gründe für Organisationen, dies als einen *lernenden Prozess* zu verstehen, um sich systemisch denkend und handelnd im Kinderschutz auszurichten. Der systemische Schutzprozess wird dann von Zeit zu Zeit in das Schutzkonzept gegossen. Ich kenne Träger, die ihre Schutzkonzepte in High-End-Broschüren drucken lassen. Das steht konträr zu der Idee eines systemischen Schutzprozesses. Denn dieser sollte vielmehr dauerhaft weiterentwickelt werden und somit der Möglichkeit entsprechen, fortwährend Änderungen und Verbesserungen einzuarbeiten.

Im systemischen Schutzprozess sollten innerhalb der Einrichtung neben dem Träger, dem Team und den Mitarbeiter:innen natürlich die Kinder, aber möglichst auch die Eltern beteiligt werden, um auch hier die systemischen Ebenen zu berücksichtigen.

---

118 »Rekursivität« bezeichnet ebenso wie der Begriff der »Zirkularität« die Rückläufigkeit von Ursachen und Wirkungen zu ihrem Ausgangspunkt (vgl. Simon/Clement/Stierlin 1999).

11.3 Kinderschutzlots:innen

> *»Den guten Lotsen erkennt man an der ruhigen Hand und nicht an der lautesten Stimme.«* (Hans-Dietrich Genscher)

Mit der Verankerung des Kinderschutzes innerhalb der Organisation ist dies nicht nur auf der Mesoebene, wie innerhalb der Trägerinstitution, sondern auch auf der Mikroebene gemeint, die beispielsweise die Handlungen der einzelnen Akteure beinhaltet. So kann in den einzelnen Einrichtungen eine Kinderschutzkraft, die besonders erfahren ist und »Herzblut« für das Thema mitbringt, dafür sorgen, dass der Kinderschutz inhaltlich immer obenauf liegt. Diese:r *Kinderschutzlots:in* kann auch besonders an der Vernetzung der Institution im Kinderschutz mitwirken bzw. darauf hinarbeiten, wie beispielsweise in Form von Partizipation an Arbeitskreisen, Fachforen sowie besonderen weiteren Fortbildungen und anderen Veranstaltungen. Solch ein:e Kinderschutzlots:in ist im besten Falle gut ausgebildet und erfahren im Kinderschutz oder aber interessiert daran, sich für den Bereich kontinuierlich weiterzubilden. Eine gewisse intrinsische Hartnäckigkeit kann ebenfalls nicht schaden, um das Thema in der Einrichtung »am Leben« zu halten und sich nachhaltig darum zu kümmern. Dieser kleine und doch so wichtige Abschnitt rundet den Impulskompass ab. Denn

Kinderschutzlots:innen sorgen dafür, dass das Thema Kinderschutz nie hinten runterfällt, sondern immer obenauf liegt:
- Sie sind Botschafter:innen und Garant:innen für das Thema.
- Sie bringen Qualität und Quantität.
- Sie ermöglichen Ruhe, Sicherheit und Zuversicht im Kinderschutz.
- Sie beraten, koordinieren und bilden fort.
- Sie kalibrieren den Kinderschutzkompass und bauen Brücken.

Der Einfall einer bzw. eines systemischen *Kinderschutzlots:in* entstand bei mir aufgrund der praktischen Erfahrung aus meiner eigenen Netzwerkarbeit (Landkreis Hildesheim 2023). Ich habe diese Idee auch kürzlich in der Publikation des PPSB-Hamburg (2021) wiedergefunden, die in ihrem Programm den Begriff »Lotsenstelle Kinderschutz« nutzen. Die Kinderschutzlots:in übernimmt als »Kümmerin« (vgl. Urban-Stahl et al. 2013) die Koordination und Fachaufsicht, ist selbst eine gut ausgebildete InsoFa und hat innerhalb dieser Funktion unter anderem Einfluss auf:
- die Fallberatung und Gefährdungsabschätzung von Mitarbeiter:innen im Kinderschutz und die Begleitung in Kinderschutzfällen,

- die Steuerung der Schutzkonzeptentwicklung und thematischen Weiterentwicklung eines systemischen Kinderschutzprozesses innerhalb der Organisation,
- die Fort- und Weiterbildung der Mitarbeiter:innen,
- die Vernetzung im Kinderschutzsystem innerhalb und außerhalb der Organisation inklusive einer gelingenden Netzwerkarbeit,
- den Erfolg der Verankerung eines systemischen Kinderschutzprozess innerhalb der Organisation.

Kinderschutzlots:innen haben die Aufgabe, den Kinderschutz innerhalb der Organisation zu thematisieren, weiterzuentwickeln und zu verbessern. Dadurch leisten sie einen großen Beitrag zu einer tiefgreifenden Verankerung von (systemischen) Kinderschutzprozessen. Es ist in großen Organisationen fraglich, ob eine Fachkraft all diese Inhalte allein vertreten kann oder ob ein Team beziehungsweise gut vernetzte Kinderschutzlots:innen innerhalb der Institution in diesem Fall sinnvoller wären, während in kleineren Einrichtung diesbezüglich Stellenanteile vergeben werden können. Hier ist noch einmal der inklusive Kinderschutz besonders zu bedenken. Es sollte darauf geachtet werden, sobald es sich um ein Lotsenteam handelt, dass dies auch multiprofessionell besetzt wird.

Gelingender systemischer Kinderschutz benötigt eine gute Vernetzung in alle angrenzenden Bereiche. Besonders wichtig ist auch die Verzahnung mit den erwachsenpsychiatrischen und kinder- und jugendpsychiatrischen Akteuren im System (▶ Kapitel 4), um multiprofessionell und rechtskreisübergreifend innerhalb der systemischen Ebenen (▶ Kapitel 9.3) arbeiten zu können. Wir benötigen diesen interdisziplinären und systemische Blick in der Fallarbeit und für unseren »Lösungskompass« (▶ Kapitel 6) im Kinderschutz.

Systemischer Kinderschutz ist in einem systemischen Kinderschutzprozess innerhalb der Organisation verankert. Die Inhalte werden im systemischen Schutzkonzept regelmäßig verschriftlicht, aktualisiert, fortgeschrieben und vor allem gelebt. Systemische Kinderschutzlots:innen sind die Garant:innen für die inhaltliche Ausrichtung, fachliche Sicherung, die Umsetzung und Verstetigung des systemischen Kinderschutzes innerhalb der Organisation sowie im Rahmen von Öffentlichkeitsarbeit und darüber hinaus.

Kapitel 12

Resilienzkompass – Selbstfürsorge im Kinderschutz

»Die innere Stimme ist der Kompass der Seele.«
(Andreas Tenzer)

»Ein Hoch auf uns!« – so möchte ich dieses Kapitel beginnen, denn es ist an der Zeit, dass Sie sich selbst auf die Schulter klopfen. Dies ist auch eine Übung, die ich von einer Kollegin gelernt habe und auch oft im Rahmen von Supervision und Fortbildung anwende.

Strecken Sie bitte Ihren rechten Arm nach vorn, dann zeigen Sie mit Ihrer rechten Hand in Richtung Ihrer linken Schulter[119]. Jetzt klopfen Sie sich bitte einmal beherzt auf diese Schulter und sagen sich laut oder innerlich: »Das habe ich richtig gut gemacht!«.

Dieser leicht humorige Beginn des Kapitels zielt auf ein wichtiges Thema. Wie können Fachkräfte, die teilweise extrem belastenden Situationen im Kinderschutz ausgesetzt sind, diese gut verarbeiten und dabei (psychisch) gesund, arbeitsfähig und hoffnungsvoll bleiben? Hinzu kommt die *Black Box* der eigenen (teilweise traumatischen) Kindheitserfahrungen und biografischen Erlebnisse von Kinderschutzfachkräften. Denn um Kinder und junge Erwachsene im Kinderschutz gut zu begleiten, sie zu achten und als gleichberechtigte Personen anerkennen zu können, sollten Kinderschutzkräfte sich ihrer eigenen Biografie[120] bewusst sein und sich diese selbstreflexiv erschlossen haben (vgl. NZFH 2014). Die Fälle und Prozesse im Kinderschutz verlangen von den Fachkräften viel, teilweise zu viel. Deshalb ist dieses Kapitel so wichtig, denn Sie benötigen einen »Notfallkoffer« als Kinderschutzkraft, damit Sie sich in Krisen erstversorgen können.

Dieses Kapitel trägt den Namen *Resilienzkompass,* denn wir beschäftigen uns damit, wie Sie Ihren Selbstwert als wichtigen Schutzfaktor für Ihre psychische Widerstandskraft in Form von wirksamer Selbstfürsorge stärken können. Dazu ist es zuerst einmal sinnvoll, sich mit einigen herausfordernden Aspekten im Kontext des Kinderschutzes näher zu beschäftigen, wie beispielsweise mit den vielfältigen *Emotionen* im Kinderschutz.

---

119 Oder umgekehrt, falls Sie beispielsweise Linkshänder:in sind.
120 Es wird in diesem Kapitel nicht tiefer auf das Thema der Biografiearbeit eingegangen, da dies den Rahmen des Buches sprengen würde. Es sei aber an dieser Stelle darauf hingewiesen, dass eine gute Biografiearbeit durchaus zur Aus-/Weiterbildung einer InsoFa gehören sollte.

12.1 Emotionen im Kinderschutz

»Der Körper ist die Bühne der Gefühle.« (Antonio Damasio)

Wir haben bereits in den Bereich des Embodiments und auf die Relevanz der somatischen Marker (▶ Kapitel 6.2) für den Kinderschutz geblickt. Diese Inhalte stehen in direkter Verbindung zu dem Thema der Selbstfürsorge im Kinderschutz. Da ich nachfolgend sowohl die Begriffe Emotionen als auch Gefühle verwende, beginnt dieses Unterkapitel mit einer Definition nach Wirtz (2017):

> »Der Begriff ›Gefühl‹ wird umgangssprachlich mit dem Emotionsbegriff gleichgesetzt. Aus heutiger Sicht sind Gefühle die Erlebnisqualität (Erleben) und somit die subjektiven Komponenten von Emotionen. Man kann sie nicht vollständig bei anderen beobachten, sondern nur durch Befragung und Selbstberichte erfassen.« (Wirtz 2017, S. 643)

Aus familientherapeutischer Sicht hat der Blick auf die Bedeutung von Emotionen eine große Tradition. Bereits Virginia Satir half ihren Klienten dabei, ihre Gefühle anzuerkennen, sich diese zu eigen zu machen und zum Ausdruck zu bringen. Darüber hinaus ermutigte sie die Menschen auch, Entscheidungen darüber zu treffen, wie sie sich zu jenen Gefühlen jetzt und in der Zukunft verhalten wollten (vgl. Satir 2011). Sie zog gern den folgenden Vergleich der Gefühle als Thermometer:

> »Ein Thermometer gibt uns Auskunft darüber, welche Temperatur herrscht, was uns wiederum hilft zu entscheiden, wie wir uns kleiden sollen. Gefühle geben uns Aufschluss über die Temperatur unseres inneren Prozesses, und sie helfen uns zu entscheiden, wie wir sein und was wir tun wollen.« (Satir 2011, S. 166)

Im Kinderschutz sind Emotionen sehr präsent (▶ Kapitel 6.2), sowohl auf der Seite der Kinderschutzkräfte als auch für die Eltern und Kinder (vgl. Biesel/Urban-Stahl 2022). Simon und Weber thematisieren Gefühle als subjektive Beschreibungen der Realität, die es auch Kinderschutzkräften ermöglichen, ohne langes Nachdenken oder Reflektieren zu handeln:

> »Wenn es schnell gehen muss – in kritischen, d.h. gefahrvollen und/oder chancenreichen Situationen, in denen wenig Zeit zu abgewogener und differenzierter Analyse bleibt –, bieten Gefühle ein vereinfachendes, aber offen-

sichtlich ganz sinnvolles Beschreibungs-, Bewertungs- und Handlungsschema.« (Simon/Weber 2012, S. 66)

Diese Annahme unterstreicht, dass Gefühle durchaus einen großen Einfluss auf die Entscheidungen im Kinderschutz haben. Das eröffnet für uns eine interessante Perspektive, denn wenn wir einmal darüber nachdenken, was Kindeswohlgefährdungen bei den begleitenden, beratenden und fallzuständigen Kinderschutzkräften auslösen, ist es sinnvoll, sich mit diesen Emotionen näher zu beschäftigen.

Antonia Pfeiffer zitiert in ihrem Kapitel über Emotionen und Emotionsregulation die Hypothese aus der Emotionstheorie des Harvard-Professors William James aus dem Jahr 1890:

> »Wir zittern nicht, weil wir Angst erleben, sondern wir erleben Angst, weil wir zittern. [...] Meine Theorie ist, dass die körperlichen Veränderungen unmittelbar auf die Wahrnehmung der erregenden Tatsache folgen und dass die Empfindung [unser bewusstes Erleben] eben dieser Veränderungen zum Zeitpunkt ihres Auftretens die Emotion IST.« (Pfeiffer 2022, S. 66)

Pfeiffer (2022) beschreibt auch das »Trickreiche« an Emotionen, denn wir selbst empfinden Emotionen oft als kausal: Wir nehmen an, dass unsere Gefühle die Folge von dem sind, was um uns herum geschieht, obwohl getriggerte Erinnerungen oder rein körperliche Signale meist eine ebenso große Rolle spielen.

 Eine *Emotion* ist die Kreation unseres Gehirns darüber, was unsere körperlichen Empfindungen im Angesicht dessen bedeuten, was gerade um uns herum passiert.

Wie wir im Kinderschutz auf eine Situation reagieren, wird auch davon mitbestimmt, wie hoch unser *Stresspegel* im Gehirn und im Körper in diesem Moment ist. Dieser Stresspegel wie auch die Emotionen steigen bei Kinderschutzkräften an, wenn sie mit Kindeswohlgefährdungen konfrontiert werden.

Stress, Emotionen und das vorhandene Mitleid mit den betroffenen Kindern wecken bei der Kinderschutzkraft oft das dringende Bedürfnis, das Leid der Kinder rasch zu beenden. Der daraus entstehende Handlungsimpuls, das Kind zu retten oder zu beschützen (vgl. Biesel/Urban-Stahl 2022), in Kombination mit dem jeweils persönlichen »Emotionsmix« können zu einem Handlungsdruck führen, der die daraus entstehenden Maßnahmen verstärken oder verringern, in jedem Fall jedoch beeinflussen kann. Satir (2011) beschreibt, wie wichtig es ist, dass Fachkräfte in der Lage sind, ihre Gefühle von der Bedeutung einer Situation trennen zu können, wie auch wahrzunehmen, welche Gefühle sie über ihre Gefühle haben. Wenn ich in einem Kinderschutzgespräch beispielsweise Wut aufgrund des Verhaltens der Eltern wahrnehme und aus einer professionellen Haltung heraus beschließe, dieses Gefühl möglichst nicht zu zeigen, kann es sein, dass ich mich nicht sicher und dadurch nicht voll in meiner Kompetenz fühle. Die Reflexionsfrage lautet hier also: Welches Gefühl empfinde ich in dieser Situation gegenüber meinem Gefühl (vgl. Satir 2011, S. 144)?

Um im Kinderschutz im Interesse der betroffenen Kinder handeln und Familien unterstützen zu können, ist es die Aufgabe von Kinderschutzkräften, sich die genannten Aspekte zu vergegenwärtigen, Emotionen zu reflektieren und mit beidem konstruktiv umgehen zu können. Dabei haben sie es sehr oft mit Eltern zu tun, die aufgrund ihrer eigenen Beziehungsstörungen eine besondere Sicherheit benötigen, um im Kontakt bleiben zu können. Diese Kontaktstörungen sorgen auf Seiten der Kinderschutzkräfte oft erneut für emotionale Herausforderungen, fühlen sie sich doch teilweise angegriffen, nicht ernst genommen, belogen oder grenzüberschreitend vereinnahmt (vgl. Biesel/Urban-Stahl 2022). Umso wichtiger ist es, wie sie ihre Emotionen im Rahmen einer Selbstfürsorge regulieren können.

> Bitte denken Sie an ein Gespräch oder eine Situation im Kinderschutz, in dem Sie sich an starke Emotionen erinnern oder von der Sie sich nach wie vor belastet fühlen. Vielleicht haben Sie gezittert, gestottert oder sich anderweitig unwohl gefühlt. Sagen Sie sich: »Auch wenn ich in dieser Situation gezittert/gestottert/… habe, liebe und akzeptiere ich mich so, wie ich bin« (Kurbelübung ▶ Kapitel 12.3). Falls Sie sich diese Reaktion selbst vorwerfen, fragen Sie sich bitte, ob Sie in dieser Situation nicht anders wollten, konnten oder es nicht besser wussten, als das zu tun, was Sie getan haben. Verzeihen Sie sich im Anschluss Ihr Verhalten (Behandlung eines Selbstvorwurfs u. Verzeihübung ▶ Kapitel 12.3).

Sehr bekannt im Bereich der Emotionsregulation sind die sogenannten »Topdown-Strategien«, zu der als bekannteste sicherlich die *Neubewertung* gehört, »bei der die Bedeutung, die wir einer Situation geben, so verändert wird, dass sich dadurch die emotionale Reaktion verändert« und als Ziel beispielsweise eine rational(er)e Einschätzung der Situation steht (Pfeiffer 2022, S. 74). Diese Form der Emotionsregulation kann man als explizit bezeichnen, da sich Fachkräfte in der Regel aktiv entscheiden, ein Thema zu bearbeiten – sei es in der Supervision oder in einem anderem Beratungskontext –, und diese Situation somit bewusst zugänglich sowie der Sprache voll zugänglich ist. Im Rahmen der hier vorgestellten Emotionsregulation im Kontext der Selbstfürsorge (▶ Kapitel 12.3) und eigenen Notfallversorgung im Kinderschutz stelle ich Ihnen nachfolgend bifokal-multisensorische Techniken vor, die über den Körper sowohl

»bottom-up« (▶ Kapitel 6.2) emotionsregulierend als auch »top-down« im Sinne einer Neubewertung und Transformation des belastenden Aspekts wirken. Vorher schauen wir jedoch noch auf das besondere (Gesundheits-)Risiko einer »sekundären Traumatisierung« von Kinderschutzkräften.

12.2 Sekundäre Traumatisierung

> »Ich krieg dann so was von Hoffnungslosigkeit.
> Also, warum mach ich das alles. Und:
> das bringt doch alles nichts und das ändert nichts.
> Und ... ja so diese Hoffnungslosigkeit.«[121]

Die »sekundäre Traumatisierung« wird im Bereich der Sozialen Arbeit und im Kinderschutz immer öfter thematisiert. Sie wird auch mit *Mitgefühlserschöpfung* beschrieben oder in Artikeln über »Psychohygiene« oder Anti-Burn-out-Strategien erwähnt. Judith Daniels (2008, S. 3) definiert eine sekundäre Traumatisierung »als eine Traumatisierung, die ohne direkte sensorische Eindrücke des Ausgangstraumas sowie mit zeitlicher Distanz zum Ausgangstrauma entsteht.«

! Im Zuge einer *sekundären Traumatisierung* »stecken« sich beispielsweise Kinderschutzkräfte während ihrer Zusammenarbeit mit traumatisierten Klient:innen mit deren typischen posttraumatischen Symptomen, Emotionen und Reaktionen an.

In der Psychotherapie und speziell der Traumatherapie ist dieses Phänomen bereits lange bekannt und beschrieben: »Mittlerweile ist das Risiko einer Sekundären Traumatisierung auch bei den Berufsverbänden anerkannt« (Daniels 2006a, S. 1). Daniels (2006a, S. 4) nennt drei auslösende Einzelfaktoren, die kumulativ zur Entstehung der sekundären Traumatisierung bei Therapeut:innen beitragen:
- »Das Ausgesetztsein (Exposition) gegenüber detaillierten, visuellen Beschreibungen der erlebten traumatischen Erlebnisse (Traumamaterial),
- die Exposition zu interpersoneller Grausamkeit
- und die Beobachtung von oder Beteiligung an traumatischen Reinszenierungen«.

---

121 O-Ton einer Interviewpartnerin aus der Studie »Sekundäre Traumatisierung – kritische Prüfung eines Konstruktes« (Daniels 2006b, S. 63).

Als einen wesentlichen *Vulnerabilitätsfaktor* nennt sie die Vortraumatisierung der Therapeutin (Daniels 2006a, S. 4), was ebenso für Kinderschutzkräfte zutreffen kann. Im Rahmen einer qualitativen Studie verfolgt Daniels ihr Interesse an der Frage, ob eine sekundäre Traumatisierung sich tatsächlich in Form von posttraumatischen Symptomen niederschlägt und eine klinisch relevante Belastung verursacht (2008, S. 2).

> »Interessanterweise fanden Kadambi und Truscott (2003), so wie auch schon Pickett (1998) und McLean et al. (2003), einen engeren Zusammenhang zwischen *vicarious traumatization* [sekundärer Traumatisierung] und Burnout [...]. Unter emotionaler Erschöpfung, dem Leitsymptom des Burnout, versteht Maslach [...] das Gefühl, durch den Kontakt mit Klientinnen ausgelaugt und überanstrengt zu sein. Dehumanisierung beschreibt eine gefühllose und abgestumpfte Reaktion auf Klientinnen, die geprägt ist von Gleichgültigkeit und Verlust des Interesses am Schicksal der Klientin. Die letzte Dimension des Konstruktes drückt sich in reduzierter Leistungsfähigkeit aus. Als Leistungsfähigkeit werden hier ein konstruktiver Umgang mit den Klientinnen, Empathievermögen und die Fähigkeit genannt, ruhig und ausgeglichen mit emotionalen Problemen umgehen zu können.« (Daniels 2006b, S. 16)

In den Feldern der psycho-sozialen Arbeit, hier am Beispiel der Arbeit der Jugendämter dargestellt, ist die Problematik der sekundären Traumatisierung zwar oft tägliche Realität, jedoch bei den Akteuren nicht immer bekannt. Beziehungsweise werden eigene Befindlichkeiten und Beschwerden nicht damit in Verbindung gebracht. Hohe und steigende Fallzahlen, Überlastung, zunehmende Mitarbeitererkrankung und/oder -fluktuation sowie die damit einhergehende Vertretung der offenen Bereiche stellen die Kinderschutzkräfte vor hohe, teilweise nicht zu erfüllende Anforderungen. Dabei fordern besonders die Kinderschutzfälle im Rahmen der Garantenpflicht die Jugendamtsmitarbeiterinnen und lassen diese in nicht vorhersehbare, emotional stark belastende und kritische Situationen geraten – und das meist ohne Vorwarnung. Sekundäre Traumatisierungsphänomene kommen bei Kinderschutzkräften, die mit von sexueller Gewalt betroffenen oder anderweitig traumatisierten Kindern, Jugendlichen und jungen Erwachsenen arbeiten, jedoch auch in anderen Bereichen vor, wie das folgende Beispiel demonstriert.

»Das Lied«

Als ich als junge Fachkraft in der stationären Jugendhilfe mit Mädchen und jungen Frauen arbeitete, von denen die allermeisten sexuelle Gewalt erlebt hatten, hatte ich in einzelnen Situationen das Gefühl, über meine Grenzen zu gehen. An eine Situation kann ich mich heute noch besonders gut erinnern. Eine junge Frau in meiner Gruppe hatte jahrelangen schwersten Missbrauch durch ihren Vater und dessen Freunde erlebt und arbeitete diese Erlebnisse im Rahmen einer Psychotherapie auf. Sie entwickelte unter Absprache mit ihrer Therapeutin das Ritual, dass sie, sobald neue Erinnerungen an die Oberfläche kamen, diese uns, ihren Betreuerinnen, erzählen konnte. Dieses Erzählen hatte ein festes Ritual und begann mit einem bestimmten Lied, das sie spielte. Danach sprach sie über die erlebte Situation und anschließend gab es ein Ritual, in dem sie diese wieder in einem Tresor wegschloss. Sie hatte ihre festen Bezugspersonen in unserem Team, mit denen sie diese Gespräche durchführte.

Ich selbst hatte damals keinerlei Selbstfürsorgetechniken, um diese Erzählungen zu verarbeiten, geschweige denn ein tieferes Verständnis, dass ihre Erlebnisse auch mich traumatisieren könnten. Ihr selbst half dieses Ritual dabei, ihre traumatischen Erfahrungen zu verarbeiten und unter Kontrolle zu bekommen. Ich als ihre Gesprächspartnerin wusste nie, was mich erwarten würde und was ich zu hören bekäme. Das Lied, das sie zu Beginn spielte, erinnert mich noch heute daran, wie überfordert mich diese Erfahrung damals zurückließ.

Zum Verständnis einer solchen Erfahrung, die zu einem sekundären Traumatisierungsphänomen führen kann, sind einige Informationen wichtig. Eine traumatische Erfahrung unterscheidet sich ganz generell von einer einfachen, belastenden Erfahrung dadurch, dass wir sie als ausweglos wahrnehmen, was von Menschen und somit auch Kinderschutzkräften auch mit den Worten Kontrollverlust, Hilflosigkeit und dem Gefühl, sich ausgeliefert zu fühlen oder eine tiefe Erniedrigung zu spüren, ausgedrückt werden könnte (vgl. Pfeiffer 2022). Es ist also nicht entscheidend, ob Sie sich in einem Kinderschutzfall oder -gespräch in akuter und objektiver Gefahr befinden, sondern wie sehr Sie diese Erfahrung, Beobachtung oder das Wissen darüber erschüttert und ob Sie aktiv etwas tun können, um sich aus dieser Situation zu befreien. Es kann sogar eine Posttraumatische Belastungsstörung[122] aufgrund einer beobachteten oder lediglich berichteten Traumatisierung, wie im obigen Beispiel, entstehen.

Man könnte also sagen, es gibt deutliche »Risiken und Nebenwirkungen« im Kinderschutz und bei psycho-sozialer Traumaarbeit (vgl. Jegodtka 2013; Jegodtka/Luitjens 2019), von denen die Fachkräfte unbedingt wissen sollten. Judith Daniels

---

122 Die *Posttraumatische Belastungsstörung* (PTBS) stellt eine mögliche Folgereaktion eines oder mehrerer traumatischer Ereignisse dar (vgl. Wirtz 2017).

hat im Rahmen ihrer Forschungen einen *Fragebogen zur sekundären Traumatisierung* entwickelt. Bitte beantworten Sie sich gern nachfolgend einige Reflexionsfragen, die leicht verändert aus Daniels (2006b) entnommen sind:

	sehr oft	oft	manchmal	selten	nie
Ich habe über das, was dem Kind passiert ist, nachgegrübelt.	○	○	○	○	○
Mir haben sich visuelle oder körperliche Vorstellungen von dem aufgedrängt, was mir erzählt wurde.	○	○	○	○	○
Es war, als ob ich die Erlebnisse des Kindes nacherleben würde.	○	○	○	○	○
Ich hatte belastende Träume, die mit dem Gehörten in Zusammenhang standen.	○	○	○	○	○
Ich habe mich von anderen Menschen zurückgezogen oder war weniger aktiv als sonst.	○	○	○	○	○
Meine Gefühle waren weniger intensiv als sonst.	○	○	○	○	○
Ich hatte Schwierigkeiten, ein- oder durchzuschlafen.	○	○	○	○	○
Ich hatte weniger Lust auf oder Freude an Sexualität.	○	○	○	○	○
Ich war gesundheitlich beeinträchtigt, z. B. durch Kopfschmerzen, Übelkeit, Infekte.	○	○	○	○	○
Ich habe mich häufiger als sonst an meine eigene (traumatische) Biografie erinnert oder davon geträumt.	○	○	○	○	○
Ich habe mich als depressiv erlebt.	○	○	○	○	○

Zum kompletten Fragebogen zur sekundären Traumatisierung inklusive der vorläufigen Auswertungsempfehlungen des FST© folgen Sie diesem Link:

Falls Sie mehrere Kreuze im linken Ankreuzbereich verzeichnen können, schauen Sie bitte in den originalen Fragebogen (siehe QR-Code), der auch eine Auswertung enthält. In jedem Fall ist es wichtig, dass betroffene Kinderschutzkräfte über einen Notfallkoffer für ihre eigene emotionale Erstversorgung verfügen. Ich arbeite seit Jahren im Bereich der Fachberatung und Supervision mit der Methode PEP®, die sich ausgeschrieben *Prozess- und Embodimentfokussierte Psychologie* nennt. Wie Sie selbst diese Methode für Ihre Selbstfürsorge im Kinderschutz nutzen können, zeigt nun der nächste Abschnitt.

12.3 Selbstfürsorge im Kinderschutz – aber bitte mit PEP

> *»Wir haben uns angesehen, wie und vor allem wo das Klopfen die emotionale Verarbeitung der Bilder beeinflusst. Die Ergebnisse weisen darauf hin, dass beim Klopfen eine veränderte Emotionsverarbeitung auf der Ebene der Amygdala stattfindet.«* (Pfeiffer 2022, S. 159)

Es ist im Verlauf des Buchers bereits deutlich geworden, dass Selbsterfahrung, Biografiearbeit und Selbstfürsorge schon in der Ausbildung/dem Studium und auch weiterhin, etwa durch regelmäßige Supervision, zur Arbeit von psycho-sozialen Fachkräften gehören. Das gilt besonders für die Arbeit im Kinderschutz. Hier stellt die passende Selbstfürsorgetechnik eine überaus wichtige Gesundheitsprävention für Kinderschutzkräfte dar, die bestenfalls als Burn-out-Prophylaxe dient und bei sekundären Traumatisierungsfolgen (Mitgefühlserschöpfung) hilft, die damit verbundenen Stress- und Belastungsphänomene zu regulieren.

Fachkräfte in den helfenden Berufen und speziell im Kinderschutz lassen sehr viel persönliche Energie in ihre Arbeit fließen. Sie gehen damit das Risiko ein, zu viel von sich zu geben und über ihre Grenzen zu gehen. Maria Aarts empfiehlt zur Selbstfürsorge regelmäßig sogenannte »Happ-Happ-Momente« einzuplanen: »In Holland heißt es ›Happ-Happ‹, wenn man einen Löffel mit Essen nimmt. Wie das Essen vom Löffel, rate ich, auch oft und regelmäßig ›gute emotionale Momente‹ zu essen!« (Aarts 2016, S. 213). Aarts möchte Fachkräfte dadurch ermutigen, besonders schöne Momente und Rückmeldungen der Kinder, Eltern oder anderer Personen zu genießen und zu speichern. In besonders stressigen, anspruchsvollen Momenten können Sie diese Happ-Happ-Momente wieder »aus dem Bauch holen«, einen Moment genießen, sich mit der daraus gewonnenen Energie stärken und wieder erfrischt an die Arbeit gehen (vgl. Thürnau 2021).

Was braucht es noch für unsere Psychohygiene und Selbstfürsorge? »Na ja, die Psyche!«, werden Sie vielleicht sagen. Es ist wesentlich, »sich immer wieder klarzumachen, wo die Psyche ›wohnt‹; natürlich im Körper, mit dem sie eine untrennbare Einheit bildet« (Witzleben 2019, S. 187). Dem Körper und seinen autonomen Reaktionen kann man immer vertrauen: »Jede Fachperson, die Menschen berät, therapiert oder erforscht, ohne den Körper mit einzubeziehen, sollte eine Erklärung für dieses Manko abgeben müssen« (Storch et al. 2011, S. 8).

Wenn die Psyche den Unterschied zwischen fremd und eigen nicht mehr erkennt, kann sie fremde Einflüsse nicht gut abwehren, denn manchmal hat sich jemand so früh an etwas infiziert, dass er sich nicht daran erinnert. Der »Erreger« nistet sich fast unmerklich ein und beeinträchtigt uns in unserem Selbstwert und unserer professionellen Arbeit im Kinderschutz. Die folgenden drei »Kokken« sind nach Witzleben (2022, S. 90 f.) diesbezüglich besonders »wirksam« und somit schädlich für Kinderschutzkräfte und andere Fachkräfte:

- *Emokokken:* Bei einer ›Emokokken-Infektion‹ infizieren wir uns mit den Emotionen anderer Personen;
- *Kognokokken:* Bei einer ›Kognokokken-Infektionen‹ übernehmen wir Überzeugungen und Werte aus dem Familiensystem, von anderen Personen, von einer Glaubensgemeinschaft oder einer bestimmten Epoche etc.;
- *Embodikokken:* Bei einer ›Embodikokken-Infektion‹ übernehmen wir Körpersymptome oder Körperhaltungen einer anderen Person.«

Dass diese »Infektionen« das Potenzial haben, ganze Teams lahmzulegen, zeigt das nachfolgende Beispiel.

»Stressreduktion auf allen Ebenen« – Teil 2 (▶ Teil 1: Kapitel 4.5)
Im Fall von Keno, dessen eigener Stress sich in seinem aus dem Rahmen fallenden Verhalten (vgl. Kokemoor 2020) zeigte, sorgte dies in der Kita für großen Stress bei allen Beteiligten. Besonders paradox war jedoch, dass Keno dadurch nicht die selbst so dringend benötige Hilfe und Unterstützung von seinen Bezugspersonen bekam. Also begann ich im Rahmen der Fachberatung mit der Einrichtungsleitung (»top-down«) im Setting der Supervision mit PEP® zu arbeiten, da sich das gesamte System des Kindes (sowohl die Kita als auch die Eltern) von Keno gestresst und handlungsunfähig fühlte. Das war verwunderlich, handelte es sich doch hier nicht um »den Paten«, sondern um einen vierjährigen Jungen. Das sahen die beteiligten Erwachsenen ähnlich, diese Erkenntnis half ihnen jedoch nicht weiter.

Vielfältige Themen, die gar nichts mit dem Kind zu tun hatten, wirkten als Lösungsblockaden, die bearbeitet wurden. Zur Gesprächsvorbereitung eines von der Leitung geplanten und als »schwierig« eingeschätzten Elterngesprächs mit Kenos Eltern zeigte ich der Einrichtungsleitung, wie die Methode PEP® für die eigene Selbstfürsorge genutzt werden kann. Daraufhin warb die Leitung im Team der Mitarbeiter:innen für die Methode und ich ging mit dem Team in Anwesenheit der Leitung in den Prozess der Fallbearbeitung und Bearbeitung des eigenen Stresses mit PEP®. Die Mitarbeiter:innen nahmen dies sehr gut an und spürten wieder ihre fachlichen Kompetenzen. Sie entwickelten einen anderen Blick auf Keno und äußerten den Wunsch, die Methode im Rahmen eines Studientags noch besser kennenzulernen, sodass sie in der Folge mithilfe des »Gefühle-Klopf-Liedes mit PEP« (vgl. Thürnau 2021, 2022b) in den Prozess der Stressreduktion beim Umgang mit Keno und den anderen Kindern einsteigen konnten.

Hier war ein ganzes Team unter Stress geraten. Je mehr die Erwachsenen um Keno herum auf sein Verhalten gestresst und unsicher reagierten, desto weiter geriet Keno selbst in emotionale Not. Denn im Grunde benötigte er sichere und handlungsfähige Erwachsene, die ihn ko-regulieren und ihm auch alters- und entwicklungsgerechte Grenzen setzen. Das Team infizierte sich mit allerlei »Kokken« und hatte zusätzlich noch ein paar Lösungsblockaden an Bord, die bearbeitet werden konnten. Dann besserte und stabilisierte sich die Situation in der Kita. Die Eltern holten sich ebenfalls externe Unterstützung. Allen, den Erwachsenen und Keno sowie den anderen Kindern, wurde aber die stressreduzierende Selbsthilfetechnik zur Verfügung gestellt.

Dieser Fall, der kein Kinderschutzfall war, aber bei höherer Belastung durchaus das Potenzial gehabt hätte, sich zu einem zu entwickeln, soll verdeutlichen, dass Emotionen sich durch Resonanzphänomene z. B. in Teams potenzieren können. Dies führt zu Störungen, Stress und zur Unruhe. Da Ruhe (▶ Kapitel 6.2) ein durchaus wichtiger Aspekt im Kinderschutz ist, wird der Handlungsbedarf deutlich.

 Kinderschutzkräfte können sich durch Aspekte, die sie bei ihrem Gegenüber sehen, hören oder wahrnehmen, mit diesen Infektionen anstecken.

Sollten Sie sich diese sogenannten »Kokkenarten« eingefangen haben, ist die Wahrnehmung der erste Schritt zur Besserung. Sie können jedoch auch aktiv etwas tun. In Ihrem systemischen Notfallkoffer sollten sich also Methoden befinden, mit denen Sie sich bei einer solchen »Kokkeninfektion« oder in einer anderen emotionalen Notsituation quasi am eigenen Schopfe wieder heraushelfen können.

Emotionale Temperatur messen

Es ist im ersten Schritt immer sinnvoll, darauf zu schauen, was aktuell bei Ihnen los ist: Wo drückt der Schuh? Was belastet Sie gerade? Was werfen Sie sich vor? Sie können zum Beispiel Ihren *Körper* fragen:
- *Was sagt mein Bauch?* Der Bauch steht für das Kernbedürfnis Autonomie.
- *Was sagt mein Herz?* Das Herz steht für das Kernbedürfnis Beziehung, hier besonders der Selbstbeziehung.

- *Was sagt mein Kopf?* Der Kopf steht für das Kernbedürfnis Sicherheit und Orientierung.
- *Und wie ist es im Körper*[123]*?* (vgl. Witzleben 2019)

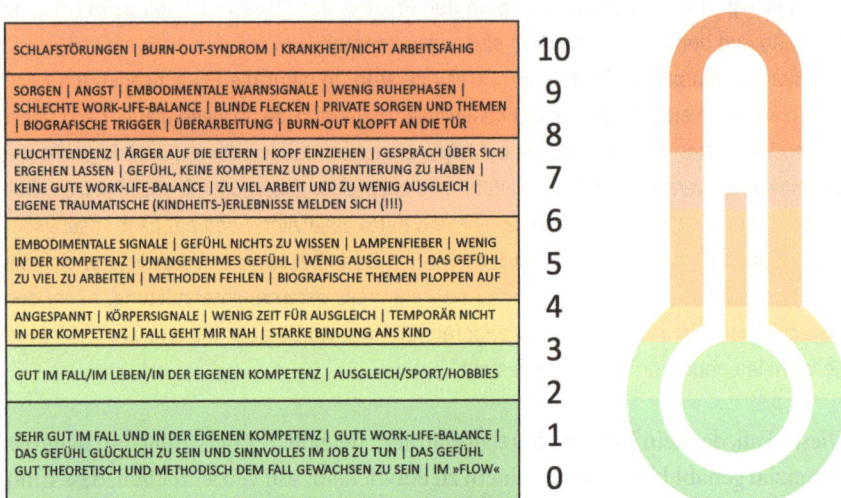

Abb. 35: Temperatur messen mit dem Selbstfürsorgethermometer

Es geht bei dieser Art der Selbstfürsorge nicht darum, etwas zu reframen beziehungsweise umzuetikettieren, nach dem Motto »Ist ja nicht so schlimm« oder »Ich habe schon so viele brenzlige Situationen hinbekommen, das schaffe ich diesmal auch«, sondern sich einzufühlen und dahinzugehen, wo es weh tut.

Bitte nehmen Sie nun wahr, was Sie in diesem Moment gefühlsmäßig dysfunktional bewegt, oder anders ausgedrückt, wo ihr »emotionaler Schuh« drückt: Dazu können Sie im ersten Schritt ihre subjektiv erlebte Belastung einschätzen, entweder mit der Farbskala oder mit dem »Temperatur messen« mithilfe des Kinderschutzthermometers (▶ Arbeits- und Downloadmaterialien) und der integrierten SUD-Skala.[124] Dabei steht 0 für »total entspannt« und 10 für »maximale/n Stress/Belastung/Angst«. Die Einschätzung des

---

123 Diese Formulierung bezieht sich auf die Aufstellung im Triadischen Prinzip und zielt auf sonstige Wahrnehmungen im Körper, während man auf den Bodenankern für Bauch, Herz oder Kopf steht und sich auf diesen Bereich fokussiert, ab. In dieser Übung ist es beabsichtigt, dass Sie bei sich selbst darauf achten, ob Sie sonstige Körperreaktionen oder -empfindungen wahrnehmen (bitte dabei immer unbedingt die Augen geöffnet lassen).

124 SUD steht für *Subjektive Units of Distress,* was man am besten mit »subjektive Stresseinheiten oder -skala« übersetzen kann (vgl. Bohne/Ebersberger 2022b, S. 22).

SUD-Werts erfolgt vor jeder PEP®-Selbstfürsorgeintervention und sollte auch mittendrin und/oder danach wiederholt werden (vgl. Bohne/Ebersberger 2022a), um zu sehen, wie es um Ihre »emotionale Temperatur« steht. Sie können sich einfach fragen, wie belastend sich diese Emotion/dieses Gefühl/dieser Fall, die, das oder den Sie für sich bearbeiten möchten, anfühlt. Notieren Sie sich bitte diese Zahl.

Kurbeltrick und Selbststärkungstechnik (Kurbelübung)

Während Sie beispielsweise die unten vorgeschlagenen Sätze aussprechen oder einen anderen, an ihre persönliche Situation angepassten Satz, können Sie den *Kurbeltrick* der Selbststärkungsübung anwenden.

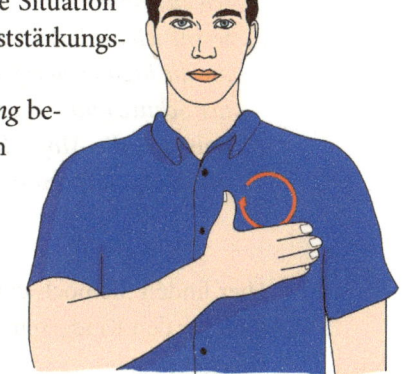

Abb. 36: Kurbelübung

Dieser wird hier im Weiteren kurz als *Kurbelübung* bezeichnet. Sie »kurbeln«, indem Sie mit ihren Fingern den in der Abbildung angezeigten Punkt unter ihrem Schlüsselbein von innen nach außen kreisend massieren (vgl. Bohne/Ebersberger 2020a).

Nachfolgend finden Sie einige Beispielsätze für diese selbststärkende Übung, die hier speziell für den Kontext Kinderschutz angepasst wurde. Im ersten Teil benennen Sie das, was gerade bei Ihnen emotional/psychisch o. a. belastend los ist, wie beispielsweise:

- *Auch wenn dieser Fall mich emotional stark herausfordert, …*
- *Auch wenn ich selbst nicht verstehe, was mich daran so stresst, …*
- *Auch wenn ich mich gar nicht wohl in meiner Haut fühle, …*
- *Auch wenn ich Angst habe, einen Fehler zu machen, …*
- *Auch wenn mir die Eltern/der Vater/die Mutter mit ihrem Verhalten Angst macht/machen, …*
- *Auch wenn ich das kindeswohlgefährdende Verhalten (hier genauer benennen) der Eltern/des Elternteils verurteile/ablehne/widerlich finde, …*
- *Auch wenn ich schier verrückt werde vor Angst, was hinter der (verschlossenen) Tür geschieht, …*
- *Auch wenn ich weiß, dass das Zuhause für das Kind kein sicherer Ort (mehr) ist, …*
- *Auch wenn mich das Schicksal dieses Kindes Tag und Nacht beschäftigt, …*

Nachdem Sie wahrgenommen haben, was Sie bewegt, und dafür Worte gefunden haben, setzen Sie bitte im Anschluss eine *selbstwertstärkende Affirmation* dahinter, wie zum Beispiel:

... sorge ich für eine verantwortungsbewusste Kinderschutzarbeit.
... mache ich mir klar, dass die Kolleg:innen in den Jugendämtern verantwortungsvoll arbeiten.
... sorge ich dafür, dass ich in einer zuversichtlichen Haltung bleibe.
... erlebe ich meinen Beruf als sinnvoll und von Bedeutung.
... nehme ich mir bewusst Zeit, auch meine Bedürfnisse zu spüren.
... achte ich gut auf mich, dann ist auch gut für meine Klienten gesorgt.
... kann ich mich auf meine Erfahrung und mein Wissen verlassen.
... bin ich stolz darauf, einen Beitrag für das Wohl der Kinder und Familien leisten zu können.
... werde ich die Laternenmasten und Hausflure mit Postern plakatieren, durch die die Menschen erfahren, was sie tun können, wenn sie vermuten, dass Kinder Schutz und Hilfe brauchen.
... habe ich die Möglichkeit, meine Herausforderungen in Supervision und Beratung zu thematisieren.

(vgl. Thürnau/Ebersberger/Bohne 2020)

Hier finden Sie noch einige allgemeinere Formulierungen, die weniger spezifisch für den Kinderschutz sind, jedoch für unseren beruflichen Kontext ebenfalls gut passen:

- *Auch wenn (das, was ist) ..., liebe und akzeptiere (oder alternativ: achte und schätze) ich mich so, wie ich bin.*
- *Auch wenn ich mir selbst den Vorwurf mache, dass ich dieses Elterngespräch total versemmelt habe, achte und schätze ich mich so, wie ich bin.*
- *Auch wenn ich gerade die Nerven verloren habe, behalte ich den Überblick/bleibe ich in Sicherheit.*
- *Auch wenn ich mich gerade selbst wie ein Kind fühle, bleibe ich in meinem Echtzeitalter und in meiner Kompetenz als erfahrene Fachkraft.*
- *Auch wenn mich diese/r Mutter/Vater total aggressiv macht und ich schreien könnte, bleibe ich souverän.*
- *Auch wenn ich echt sauer auf meine Kollegin/den Richter/die Eltern/das Gericht/das Jugendamt bin, genüge ich meinen Ansprüchen/bin ich mit meiner Leistung zufrieden.*

(vgl. Thürnau 2021, vgl. Bohne 2010, 2020, 2021)

Durch die zwei Teile dieser Selbsthilfetechnik,
1. das zu erspüren und zu benennen, was belastend ist und
2. anschließend eine passende Affirmation auszusprechen,

stärken Sie sich selbst, anstatt sich ein bestimmtes (Fehl-)Verhalten vorzuwerfen. Sie machen damit also »ein Friedensangebot an sich selbst« (Bohne 2010, S. 48). Diese Selbststärkungsübung mit Kurbeltrick, die ich nachfolgend zusammenfassend als Kurbelübung bezeichne, wirkt deshalb selbstwertstärkend.

Klopfen

Bei besonders belastenden Gefühlen können Sie vor oder nach der Kurbelübung direkt in die Klopfübung gehen. Sie klopfen zur Regulation von belastenden Emotionen:

> »Das Klopfen kann dabei helfen, weil es zum einen die Aufmerksamkeit auf den Körper lenkt und somit auch auf das Gefühl, es lenkt nicht ab. [...] Ob dies dazu führt, dass die alte Erinnerung ein Update erhält, oder ob wir die Emotion einfach ›zu Ende‹ fühlen, ob diese Worte vielleicht sogar ein und denselben Prozess beschreiben, kann ich nicht beantworten.« (Pfeiffer 2022, S. 162)

Nachfolgend finden Sie die Skizze mit den 16 Klopfpunkten, beginnend mit den sechs Handpunkten und danach folgen die Kopf- und Körperklopfpunkte:

Sie »klopfen«, sobald Sie (starke) Emotionen, wie beispielsweise Angst, Wut, Ärger, Traurigkeit, Scham, Ekel, Hoffnungslosigkeit, Peinlichkeit oder Übelkeit verspüren. Blockierende Gefühle und psychologische Stressreaktionen lassen sich durch das Beklopfen der Körperpunkte auf einfache, effiziente Weise regulieren (vgl. Bohne/Ebersberger 2022). Dazu gehen Sie folgendermaßen vor:

- Bitte schätzen Sie vor und nach dem Klopfen Ihre Belastung anhand der oben vorgestellten SUD-Skala (Selbstfürsorgethermometer, Skala 0–10) ein.
- Sie beklopfen rhythmisch die 16 Körperpunkte nacheinander mit einem oder mehreren Fingern etwa fünf Sekunden lang (pro Sekunde etwa zweimal klopfen). Fühlt sich ein sogenannter *Lieblingspunkt* besonders angenehm an, können Sie auch länger dort verweilen.
- Das Klopfen funktioniert auch, wenn Sie einen Punkt vergessen oder die Reihenfolge durcheinanderbringen! Sie können also absolut nichts falsch machen.

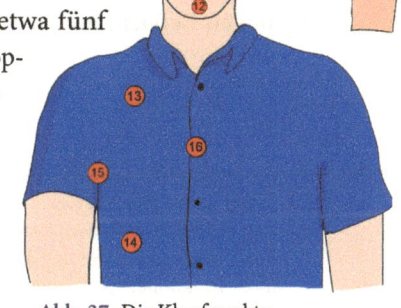

Abb. 37: Die Klopfpunkte

- Kommt der Prozess ins Stocken oder bleibt Ihre Belastung im SUD höher als 3, nutzen Sie bitte die unten beschriebenen Big-Five-Lösungsblockaden.
 (vgl. Bohne/Ebersberger 2022b)

Bei wenig Zeit und um sich schnell selbst zu empowern, können Sie statt der klassischen 16 Punkte die mittleren *vier Powerpunkte* klopfen und sich dazu einen persönlichen Kraftsatz sagen, wie:
- »Ich bin Kinderschützer:in mit Herz, Hand und Verstand.«
- »Ich bin mutig wie ein/e Garant:in!«
- »Ich bin ein:e unerschütterliche:r Wächter:in des Kindeswohls!«
- Oder schlicht und einfach: »Ich bin gut!« oder »Ich schaffe das!«.

Diese minimalinvasive Übung gehört in das *Notfallbesteck* im Kinderschutz [▶ Arbeits- und Downloadmaterialien].

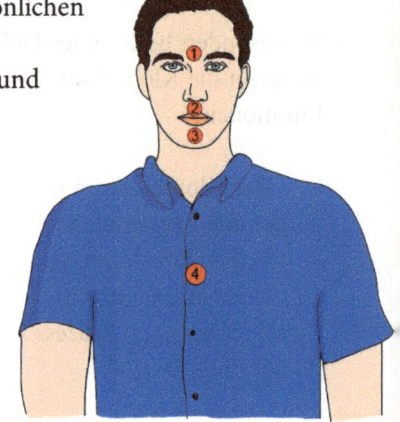

Abb. 38: Powerpunkte

Big-Five-Lösungsblockaden

> »Big-Five-Lösungsblockaden sind häufig vorkommende Ursachen für psychisches Leid und emotionalen Stress.« (Bohne/Ebersberger 2022, S. 46)

Nachfolgend beschreibe ich Ihnen kurz und knackig, wie Sie die bereits mehrfach vorgestellten *Big-Five-Lösungsblockaden* (▶ Kapitel 5.3 u. 6.2) für sich nutzen können. Während Sie mit dem Klopfen[125] auf die Jagd nach belastenden Gefühlen gehen, bewegen Sie sich bei den Big-Five-Lösungsblockaden in Ihrem kognitiven Bereich, indem Sie die folgenden fünf Beziehungsmuster für sich reflektieren:

---

125 Sowohl das Klopfen als auch die Big-Five gehören je als ein Teil zu der Methode PEP®. Beim Klopfen schaut man beispielsweise bifokal – quasi mit dem einen Auge – auf parafunktionale Emotionen und in den Big-Five-Lösungsblockaden lokalisieren Sie mit dem anderen Auge nicht funktionale Kognitionen, Glaubensmuster und Loyalitäten. Siehe zur visuellen Verdeutlichung die »Multifokale Kinderschutzbrille« (▶ Kapitel 9.3).

1. **Selbstvorwurf:** Machen Sie sich einen oder mehrere Selbstvorwürfe? Wenn Sie bei dem, was Sie sich vorwerfen, genauer hinschauen, können Sie meist feststellen, dass Sie in den betreffenden Situationen gar nicht anders handeln *konnten* oder *wollten* bzw. es nicht anders *wussten*. »Man führt einen Krieg gegen sich selbst. Da verwundert es dann nicht, wenn man dank dieser internen Kriegsführung sich selbst im Weg steht« (Bohne 2020, S. 47).

Abb. 39: Big-Five-Lösungsblockaden

- Werfen Sie sich beispielsweise vor, dass Sie in diesem Fall einen (vermeintlichen) Fehler gemacht haben?
- Oder etwas nicht gesehen oder deutlich genug angesprochen haben?
- Konnten Sie dem Kind nicht so helfen, wie Sie es gewollt haben?
- Haben Sie die Eltern »verloren«? Ist der:die Familienrichter:in Ihrer Einschätzung nicht gefolgt?
- Mussten Sie eine Meldung über eine Kollegin machen und werfen sich nun vor, unkollegial zu sein?

Egal, was Sie sich vorwerfen, fahren Sie bitte mit folgender Übung fort (siehe Abbildung):

1. Gehen Sie bitte mit dem nachfolgenden Satz in die *Kurbelübung*:
   »Auch wenn ich mir vorwerfe, dass …, liebe und akzeptiere/achte und schätze ich mich so, wie ich bin.«
2. Nun fragen Sie sich bitte: Konnte, wollte oder wusste ich es nicht anders, als das zu sagen/tun/unterlassen …, was ich mir vorwerfe? Oder war es eine Mischung daraus?
3. Gehen Sie nun in die folgende *Verzeihübung*, indem Sie mit dem einen Zeigefinger den anderen Zeigefinger beklopfen (siehe Abbildung) und sagen Sie sich (laut):
   »Und jetzt verzeihe ich mir, da mir klar wird, dass ich es nicht anders konnte, wollte, wusste (oder »wollen-konnte«) – *und dazu stehe ich jetzt!*« (Bei dem letzten Teil heben Sie die rechte/linke Hand, als ob Sie schwören.)

Abb. 40: Die Verzeihübung

Bitte führen Sie die Verzeihübung *dreimal hintereinander* durch und variieren Sie die Formulierungen:
»Und jetzt verzeihe ich mir (…) volle Pulle/Lotte/Raketenstufe oder aus ganzem Herzen« (vgl. Bohne/Ebersberger 2022b). Dann heben Sie die Hand und schwören: »*… und dazu stehe ich jetzt!*«

2. Fremdvorwurf: Machen Sie anderen Menschen einen oder mehrere Vorwürfe? Auch die Vorwürfe, die Sie anderen machen, wie zum Beispiel Ihren Kolleginnen, den Eltern, Ihrer Einrichtungsleitung, Ihrem Träger oder den Kindern, haben in der Regel eine selbstschwächende Wirkung. Besonders, wenn die Vorwürfe sich hartnäckig bei Ihnen festgesetzt haben und in keinerlei Aktion münden, besteht die Gefahr, dass diese Fremdvorwürfe Sie in die Opferrolle bringen und damit schwächen (vgl. Bohne 2020). Fragen Sie sich beispielsweise:

- Werfen Sie den Eltern/der Mutter/dem Vater beispielsweise vor, dass sie das Kind schlagen/vernachlässigen/sexuell missbrauchen oder parentifizieren?
- Werfen Sie einem Elternteil vor, dass er/sie sich Ihnen gegenüber grenzüberschreitend/aggressiv/abfällig verhalten hat?
- Werfen Sie einer anderen Person vor, sich nicht korrekt/professionell verhalten zu haben?
- Werfen Sie einem:r Kolleg:in vor, sich falsch/kindeswohlgefährdend/unkollegial verhalten zu haben?
- Werfen Sie einem/einer Ihrer Vorgesetzten vor, dass sie/er Sie im Stich gelassen/nicht richtig unterstützt hat?

Egal, was Sie der Person oder den Personen vorwerfen, fahren Sie bitte mit folgender Übung fort und lassen Sie die Verantwortung für dieses Verhalten, dass Sie einer oder mehreren anderen Personen vorwerfen, bei eben diesen (siehe nachfolgende Abbildung).

1. Gehen Sie bitte mit dem nachfolgenden Satz in die *Kurbelübung:*
»Auch wenn ich XY vorwerfe, dass …, liebe und akzeptiere/achte und schätze ich mich so, wie ich bin.«
2. Nun fragen Sie sich bitte (Zwischenschritt): »Konnte, wollte oder wusste er/sie es nicht anders, als das zu sagen/tun/unterlassen …, was ich ihm/ihr/ihnen vorwerfe? Oder war es eine Mischung daraus?« Geben Sie sich darauf eine Antwort (optional) und fahren Sie fort.
3. Gehen Sie nun in die folgende *Kurbelübung* (siehe Abbildung) und sagen Sie dreimal nacheinander (laut) die nachfolgenden Sätze:
    - »Auch wenn er/sie es nicht anders konnte/n, wollte/n oder es nicht anders wusste/n, …«

- »Gerade, weil er/sie es nicht anders konnte/n, wollte/n oder es nicht anders wusste/n, ...«
- »Völlig egal/scheißegal, ob er/sie es nicht anders konnte/n, wollte/n oder es nicht anders wusste/n, ...«

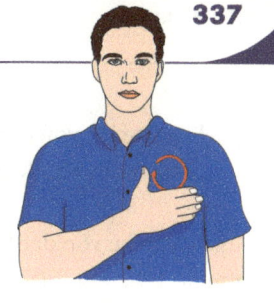

4. Nun lassen Sie die Verantwortung bei den anderen (linken Arm nach hinten, währenddessen weiter kurbeln, siehe mittlere Abbildung): »... ich lasse jetzt die gesamte Verantwortung für ihr/sein/ihr Verhalten bei ihm/ihr/ihnen ...«
5. Und jetzt stehen Sie dazu (bei dem letzten Teil heben Sie die rechte/linke Hand, als ob Sie schwören, siehe untere Abbildung): »... und übernehme nur die Verantwortung für mein Verhalten, und *dazu stehe ich jetzt!*«

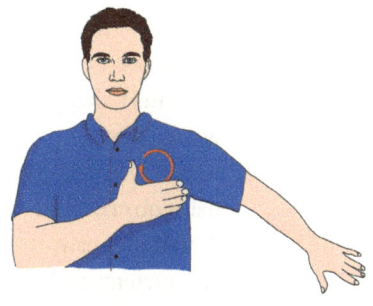

3. Erwartungen an andere: Verharren Sie in einer Erwartungshaltung anderen Menschen gegenüber, von der Sie sich noch nicht gelöst haben? Das kennen Sie sicher: die Erwartung an die Eltern, die wieder nicht zum Gespräch/Termin erschienen sind und natürlich auch nicht abgesagt haben. Aber ist es nicht normal, Erwartungen zu haben? Ja und nein, denn im Grunde haben Sie ein Ziel festgelegt, das ein anderer erfüllen muss. Sie machen sich dadurch abhängig von der Person, die dieses erfüllen soll.

Abb. 41: Die Verantwortung bei den anderen lassen

Es ist im Übrigen ein Riesenunterschied, einen Wunsch zu formulieren (»Mein Wunsch an Sie ist, dass Sie Ihr Kind gewaltfrei erziehen. Wie denken Sie darüber?«) oder aber eine Erwartung zu adressieren: »Ich erwarte von Ihnen, dass Sie Tom nicht mehr schlagen.« Einen Wunsch oder eine Bitte könne die Eltern per se ablehnen. Eine Erwartung auch, das Verhängnisvolle für Sie ist nur, wenn Sie an der Erwartung festhalten und warten, dass die Eltern diese erfüllen. Damit definieren Sie im Grunde ein Ziel, für das Sie keinen Auftrag haben. »Hierbei ist es übrigens völlig egal, ob Ihre Erwartungen inhaltlich gerechtfertigt sind oder nicht« (Bohne 2020, S. 47). Fragen Sie sich beispielsweise:

- Erwarte ich vom Jugendamt/Gericht, dass sie das tun, was ich von der Person/Institution erwarte?
- Erwarten ich von den Eltern/der Mutter/dem Vater, dass sie/er endlich ...?
- Erwarte ich von meinem Kollegen/meiner Chefin, dass er/sie ...?

- Erwarte ich von der Bundesregierung/vom Gesetz, dass …?
- Erwarte ich vom Kind/Jugendlichen/jungen Erwachsenen/der Familie, dass …?

Egal, was Sie von der Person oder den Personen erwarten, fahren Sie bitte mit folgender Übung fort:

1. Gehen Sie bitte mit den nachfolgenden Satz in die *Kurbelübung*:
   »Auch wenn ich die Erwartung an XY habe, dass …, liebe und akzeptiere/achte und schätze ich mich so, wie ich bin.«
2. »Auch wenn ich gar keinen Einfluss darauf habe, ob er/sie das tut/tun, was ich von ihr/ihm/ihnen erwarte, bleibe ich in meiner Kompetenz und bin mit meiner Leistung zufrieden.«
3. »Jetzt befreie ich mich dadurch, dass ich meine Erwartungen an … loslasse« (vgl. Bohne/Ebersberger 2022).

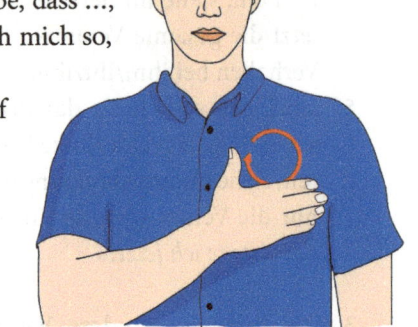
Abb. 42: Kurbelübung

4. Altersregression: Gibt es Situationen, in denen Sie innerlich schrumpfen, sich also kleiner, jünger, hilfloser oder abhängiger fühlen, als Sie in Wirklichkeit sind? Möglicherweise fallen Ihnen direkt Situationen ein, in denen Sie sich nicht so alt gefühlt haben, wie Sie tatsächlich sind. Ihr Gehirn »vergisst« in diesem Zustand tatsächlich Ihr wirkliches Alter. Vielleicht befinden Sie sich in einem herausfordernden Elterngespräch oder in einer Gerichtsverhandlung, also in einer Situation, in der Sie Ihre gesamte Lebenserfahrung bräuchten. Anstatt diesen Termin mit Ihrer üblichen Routine zu bewältigen, schrumpfen Sie – meist, ohne dass Sie diesen Zustand selbst wahrnehmen können. Sie beklagen sich hinterher vielleicht bei Kolleg:innen, dass Sie in der Situation total versagt haben. Oder noch schlimmer, Sie machen sich den Selbstvorwurf, total versagt zu haben (*Achtung:* Big-Five Nr. 1!). Sollte es Ihnen so gehen, machen Sie sich bitte klar, wie alt, erfahren und gut ausgebildet Sie sind. Dies hilft Ihnen meist schon, aus Ihrer »inneren Schrumpfungsfalle« herauszukommen (Bohne 2020, S. 49). Fragen Sie sich beispielsweise:

- Wie alt habe ich mich in der Situation gefühlt?
- Wie alt habe ich mich in dem Gespräch/der Verhandlung gefühlt?
- Kenne ich das Gefühl, mich in bestimmten Kontexten jünger zu fühlen, als ich bin?
- Wie alt bin ich in meinem Ausweisalter?

Egal, in welches Alter Sie geschrumpft oder durch welchen Schacht Sie in ein jüngeres Alter gerutscht sind (▶ Kapitel 5.3), gehen Sie in die folgende Übung.

1. Gehen Sie bitte mit den nachfolgenden Sätzen in die *Kurbelübung*: »Auch wenn ich in dieser Situation innerlich geschrumpft bin und vergessen habe, wie alt ich eigentlich bin und welche Erfahrung ich in meinem Alter habe, liebe und akzeptiere/achte und schätze ich mich so, wie ich bin.«
2. »Auch wenn ich weiß, dass ich diese Situation in meinem Ausweisalter und als erfahrene Kinderschutzkraft im Alter von … Jahren locker bewältigt hätte, bleibe ich in meiner Kompetenz und freue mich jetzt, spielend leicht in meinem Alter von … Jahren zu bleiben.«
3. »Jetzt freue ich mich sehr darauf, auch in Zukunft so alt zu bleiben, wie ich wirklich bin, und damit voll in meiner Kompetenz als Kinderschutzkraft zu sein.«

Abb. 43: Kurbelübung

5. Parafunktionale Loyalitäten: Spüren Sie eine (unbewusste) Loyalität gegenüber anderen (nahestehenden) Personen/Klienten/Kolleginnen, die (auch) nicht erfolgreich, gesund, oder glücklich sein konnten, wollten oder durften? Oder fühlen Sie sich loyal gegenüber einem Wertesystem, zu dem Sie sich auf keinen Fall (unbewusst) illoyal verhalten wollen? Es könnte sein, dass Sie sich nicht erlauben, in Ihrem beruflichen Kontext Ihr volles Potenzial zu zeigen, sich nicht auf eine andere Stelle oder eine Leitungsstelle zu bewerben, oder merken, dass Ihnen etwas gesundheitlich Probleme macht, weil Sie sich loyal gegenüber Kolleginnen, Ihrem Arbeitgeber, den Eltern, den Kindern oder anderen Personen, mit denen Sie sich verbunden fühlen, verhalten. Hinter diesen Loyalitäten steckt oft die Befürchtung, die Zugehörigkeit zu einer Gruppe zu verlieren. Da Zugehörigkeit ein Grundbedürfnis ist, wird diese Befürchtung oft als klare Bedrohung empfunden und wirkt deshalb so intensiv. Es kann Ihnen helfen, sich selbst zu fragen, ob es sinnvoll ist, den anderen zuliebe zu leiden und Ihre Potenziale nicht zu entwickeln (vgl. Bohne 2020). Ganz davon abgesehen, dass diese Personen Ihnen möglicherweise Ihre Zufriedenheit und Ihre Entwicklung gönnen würden. Fragen Sie sich beispielsweise:

- Fühle ich mich aufgrund eigener intrapersonaler, innerer Anteile loyal zu der zu beratenden Mutter/dem Vater/dem Elternteil/dem Kind in diesem Fall?
- Fühle ich mich loyal mit den Eltern aufgrund ihres Schicksals/ihres Leids/ihrer Krankheit?

- Fühle ich mich loyal zum Kind/Jugendlichen aufgrund meiner eigenen Biografie? Was ist das Verbindende? Hemmt/lähmt/blockiert es mich in der Ausübung meiner Tätigkeit?
- Fühle ich eine Loyalität gegenüber einem Wertesystem, Glaubenssätzen, wie »Was in der Familie ist, bleibt in der Familie«, »Kinder gehören (zu) ihren Eltern« oder »Die Erziehung geht nur die Eltern etwas an«?
- Was hindert mich? Wie lautet die parafunktionale Loyalität?

Egal, welche Loyalität (▶ Kapitel 5.3) Sie bei sich wahrnehmen und freilegen können, gehen Sie in die folgende Übung:

1. Passen Sie bitte den nachfolgenden Satz an Ihre Loyalität an und gehen Sie in die *Kurbelübung*:
»Auch wenn ich mir in dieser Situation nicht erlaubt habe, professionell/konsequent/kompetent/erfolgreich/... zu sein, liebe und akzeptiere/achte und schätze ich mich so, wie ich bin.«
2. »Auch wenn ich die Loyalität zu .../zum Wertesystem meiner Eltern/Familie/wenn ich jetzt als Kinderschutzkraft/InsoFa/im Wächteramt meinen Job mache und das Kind in Inobhut nehme/zu den Eltern zurückbringe/das Gericht einschalte/..., bleibe ich in meiner Kompetenz und den Werten als Kinderschützerin treu.«
3. »Wenn ich jetzt voll in meiner Kompetenz bin und meine Arbeit im Kinderschutz klar durchsetze (...), tue ich dies in dem Wissen, genau das Richtige zu tun.«

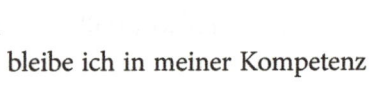
Abb. 44: Kurbelübung

Hartnäckige Blockaden und parafunktionale Loyalitäten in der Beziehung zu anderen lassen sich mit der *Handhebe-Übung* transformieren (siehe Abbildung 45):
»*Selbst wenn* Person XY mir nicht erlaubt, mein Ziel zu erreichen/mich gemäß der Ethik im Kinderschutz zu verhalten (dabei den linken Arm zur »Schwurhand« heben), werde ich guten Gewissens mein Ziel erreichen/

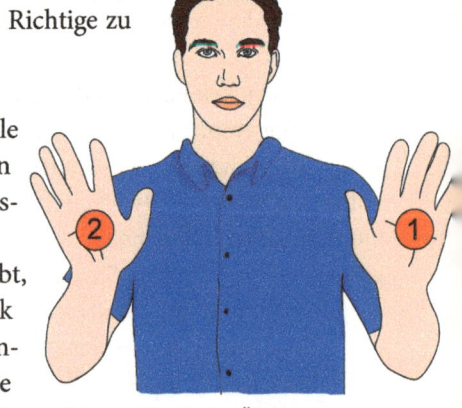
Abb. 45: Handhebe-Übung

kann ich guten Gewissens meine Vorgaben im Kinderschutz erfüllen« (dabei zusätzlich den rechten Arm zur »Schwurhand« heben, sodass sich beide Hände nebeneinander vor Ihnen befinden). Spüren Sie ruhig etwas nach und wiederholen Sie den Satz bei Bedarf noch einmal. Sie können auch die Seiten wechseln, also zuerst die rechte Hand zum Schwur heben und dann mit der linken folgen. Formulieren Sie den zweiten Teil des Satzes so, dass er für Sie passt. Beginnen Sie jedoch immer mit dem ersten Teil des Satzes. Schauen Sie für diese Übung auch gern noch einmal in den *Defibrillator* (▶ Arbeitsmaterialien).

Ich hatte Ihnen noch die Fortführung eines Fallbeispiels versprochen, diese kommt hier nun zu guter Letzt. In dem Beispiel sehen Sie, dass auch nur eine einzige Lösungsblockade eine Fachkraft, in dem Fall mich, hartnäckig behindern kann.

»Sie ist doch eine Mutter!« – Teil 2 (▶ Kapitel 5.4)
Mich persönlich hat der Fall der Kindertagespflegeperson, die am Missbrauch ihrer eigenen Tochter durch ihren Lebensgefährten beteiligt war und dabei sogar »Regie führte«, sehr lange begleitet und belastet. Alle »Top-down«-Reflexionen, wie beispielsweise, dass ich nicht im Wächteramt in der Familie war, sondern als Fachberatung in der Kindertagespflege, wollten nicht helfen. Bei meinem Besuch in der Familie hatte ich die Tochter ganz kurz kennengelernt und ihr Gesicht verfolgte mich. Ich hatte derart viele eigene Lösungsblockaden in Form von Selbstvorwürfen an Bord, dass sich aus heutiger Sicht nichts lösen konnte. Mein Gefühl, dass ich jedoch in und nach diesem Besuch hatte, ließ mich nicht in Ruhe – gepaart mit *Selbstvorwürfen,* ich hätte doch etwas sehen, fragen oder tun müssen, was der Tochter schon bei meinem Besuch und nicht erst einige Wochen später hätte helfen können. »Ich hätte es doch sehen müssen!«, so lautete der Hauptvorwurf an mich selbst. Ich wusste rein kognitiv, dass ich einerseits keinen Auftrag hatte, etwas zu erfragen, und dass ich aufgrund der perfekten Fassade der Mutter auch nichts hätte finden können. Erst nachdem ich mir professionelle Hilfe gesucht hatte, besserte sich meine Belastung.

Der Einsatz der Selbsthilfetechnik PEP® benötigt zwar etwas Übung, Sie können dabei jedoch nichts falsch machen oder verschlimmern. Falls Sie unsicher sind, suchen Sie sich zur Unterstützung eine der bereits zahlreich ausgebildeten (Psycho-)Therapeut:innen, Supervisor:innen und Coach:innen, die in dieser Methode ausgebildet sind, und/oder lassen Sie sich selbst darin weiterbilden.

Systemischer Kinderschutz bedeutet auch, dass wir als Kinderschutzkräfte nicht zu jeder Zeit jede Gefährdung erkennen oder jeden Prozess zu unserer Zufriedenheit lösen können. Das heißt, wir benötigen eine hohe Reflexion aber auch eine gewisse Milde und Fehlerfreundlichkeit mit uns selbst, weil wir sonst sprichwörtlich *festhängen* und/

oder ausbrennen. Unumgänglich für das »verminte« Gebiet des Kinderschutzes ist, dass wir eine wirksame und schnelle Selbsthilfetechnik zur Hand haben, die uns entlastet und entstresst sowie uns wieder »einsatzfähig« macht.

12.4 Selbstwertpflege im Kinderschutz

> »Das Selbstwertgefühl ist das Immunsystem des Körpers. Ist das Selbstwertgefühl hoch, infiziert man sich nicht so schnell mit ›Kognokokken‹.« (Michael Bohne)

In der diesem Unterkapitel vorangestellten Metapher wird das eigene Selbstwertgefühl mit der Funktion des Immunsystems für den Körper verglichen. Virginia Satir spricht von der »primären Triade«: dem Selbst, den anderen und dem Kontext (Satir et al. 2011, S. 35 ff.). Bei Menschen mit einem geringen Selbstwert nutzt Satir den Begriff »low-pot«. Übersetzen könnte man dies mit einem leeren Pott oder Topf. Satir war der Meinung, dass dieser Begriff es ihren Klienten leichter mache, über ihren Selbstwert zu sprechen. Menschen mit einem sogenannten »low-pot« messen sich selbst wenig Wert zu und erwarten, dass andere Menschen dies genauso sehen.

Ist das Selbstwertgefühl geschwächt, nehmen Menschen jedes kritisch empfundene Wort enorm persönlich, Menschen mit einem intakten Selbstwert dagegen würden dies nicht tun. Sie empfinden Kritik oder Skepsis lediglich als interessante Information.[126] Das bedeutet, man kann sich gegen solche, als feindlich empfundene Attacken (z. B. Blicke oder Worte von anderen) immunisieren. Da ein starker Selbstwert sich nicht nur für Kinder im Kinderschutz resilienzfördernd auswirkt, folgt hier ein kleiner Exkurs zum Selbstwertgefühl und der damit einhergehenden Relevanz für Kinderschutzkräfte: Ein schwaches Selbstwertgefühl hat für psycho-soziale Fachkräfte eine besondere Brisanz. Ist der professionelle Selbstschutz der Fachkraft geschwächt, so steckt sie sich leicht mit der Hoffnungslosigkeit im familiären System an. Das Problem ist, dass sie dann auch nicht mehr hilfreich für die Familie, der sie helfen möchte oder mit der sie ein Gespräch führen will, sein kann.

Satirs Metapher legt jedoch nahe, dass man einen »leeren Pott« wieder auffüllen kann. Sie beschreibt es so: »um mit [I]hrem Selbstwertgefühl in Verbindung zu sein und dieses zu stärken, müssen [S]ie [I]hren eigenen inneren Schatz finden« (Satir et al. 2011, S. 33). Es bringt jedoch nichts oder es ist sogar

---

126 Damit ist ausdrücklich nicht gemeint, sich eine kritische Äußerung in Form einer normalen Kritik- und Reflexionsfähigkeit zu Herzen zu nehmen, sondern jegliches auf sich zu beziehen, egal ob man damit gemeint war oder nicht.

kontraproduktiv, sich einzureden, es sei alles gut, ich bin gut etc., wenn diese Affirmation sich nicht auch im körperlichen Feedback widerspiegelt.

»Denn ihr psychisches System muss dann zwei inkonsistente Informationen verarbeiten – die sprachliche Information ›Ich bin selbstbewusst‹ und das Body-Feedback ›Ich bin nichts wert‹. [...] Wegen der selbsterzeugten Inkonsistenz wird ein Mensch, dessen Körperausdruck nicht mit seinen bewussten Überzeugungen und Zielen übereinstimmt, ganz real fehleranfälliger, weil das psychische System sich dauernd mit dem verflixten internen Chaos herumschlagen muss.« (Storch et al. 2011, S. 55)

Die gute Nachricht ist: *Das Selbstwertgefühl ist veränderbar!* Das erklärt sich unter anderem durch die Kontextabhängigkeit des Selbstwertgefühls. Sie kennen das sicher: In einer Situation verhalten Sie sich selbstbewusst, in der anderen unsicher. Dieses Phänomen hängt mit unseren verschiedenen inneren Anteilen und Bewertungen zusammen. Oft stellen wir bestimmte Dinge oder Personen innerlich »auf den Sockel« und machen uns damit selbst klein. Das muss aber nicht sein. Hier eine kleine Übung für Ihre Selbstwertpflege.

Selbstwertpflege
Nutzen Sie dafür sehr gern das Übungsblatt [▶ Arbeits- u./o. Downloadmaterialien].
- **Bitte entlarven Sie Ihre aktuellen persönlichen Selbstwerträuber**[127]
  »Welche selbstabwertenden, schwächenden oder selbstschädigenden Gedanken, Gefühle, Blockaden oder Glaubenssätze habe ich an Bord?« Bitte denken Sie gut nach und schreiben Sie alles auf einem Blatt auf.
- **Bitte externalisieren und neutralisieren Sie nun Ihre Selbstwerträuber**
  - Halten Sie das Blatt mit den Selbstwerträubern in die Höhe und wackeln Sie damit etwas herum.
  - Sagen Sie sich folgende oder ähnliche Sätze laut: »Jeder mit diesen Selbstwerträubern ginge es so wie mir«; »Das hier hat mit mir persönlich nichts zu tun, das sind genau genommen ganz allgemein gültige Selbstabwertungsstrategien, die ich mir eingefangen habe« oder »Diese Selbstwerträuber haben sich eingeschlichen. Und was sich einschleicht, das kann sich auch wieder ausschleichen«.
  - Transformieren Sie jeden Einzelnen der Selbstwerträuber mit der Selbststärkungsübung bzw. Kurbelübung aus der Selbstfürsorge mit PEP® (▶ Kapitel 12.3):
  - »Auch wenn ich ..., liebe und akzeptiere ich mich so, wie ich bin.«

---

127 Vielleicht haben Sie auch Selbstwerträuberinnen an Bord, für eine bessere Lesbarkeit wähle ich hier die männliche Form. Es liegt bei Ihnen, ob Sie dies für sich umformulieren möchten.

Entlassen Sie nun die Selbstwerträuber aus ihrer Aufgabe!
- **Suchen Sie sich stärkende Selbstwertspender**
  Transformieren Sie die Selbstwerträuber in Selbstwertspender. Die Affirmationen können ruhig etwas mutiger gewählt sein und Sie zum Schmunzeln bringen, wie:
  - »Die Aura meiner Weisheit/Klugheit/Professionalität umhüllt und schützt mich!«
  - »Ich bin ein:e hyper-mutige:r und kompetente:r Kinderschützer:in!«
  - »Ich bin allparteilich, vor allem für mich!«
  - »Ab heute ergreife ich vor allem Partei für mich!«
  - »Ich überschütte mich in Hülle und Fülle mit kraftspendenden Bildern aus meiner Zukunft!«

(vgl. Bohne 2014)

Da Kinderschutzkräfte es durchaus mit herausfordernden, emotionalen Situationen und damit einhergehenden Angriffen (Kampfmodus der Eltern) mit oder ohne sogenannte »*Killerphrasen*«, wie »Wie alt sind Sie eigentlich?«, »Haben Sie selbst Kinder?«, »Kann Ihr Kollege nicht das Gespräch führen?« o. ä., zu tun haben können, ist eine regelmäßige Selbstwertpflege zu empfehlen. Mit Selbstfürsorge und Selbstwertpflege können Sie sich entlasten und gleichzeitig noch etwas für Ihre Mitmenschen tun. Denn: »Wenn jeder an sich denkt, dann ist an jeden gedacht« (Trenkle 2012, S. 56). Wenn wir also gut für uns sorgen, »liegen wir anderen nicht emotional auf der Tasche« (Bohne 2008, S. 88). Haben Menschen einen hohen Selbstwert, brauchen sie andere nicht zu entwerten. Umso spannender ist es, dass Sie Ihren Selbstwert pflegen können, um in Ihrem Arbeitsgebiet im Kinderschutz fit zu bleiben, indem Sie Ihre aktuellen persönlichen Selbstwerträuber dingfest machen (vgl. Bohne/Ebersberger 2022b).

Mit regelmäßiger Selbstfürsorge und Selbstwertpflege stärken Sie sich und Ihren Selbstwert. Sie tun gleichzeitig etwas für Ihre Gesundheit, für die Qualität Ihrer Arbeit und für Ihre Umwelt. Kinderschutzkräfte haben einen Anspruch auf regelmäßige Supervision. Sprechen Sie Ihre Leitung und/oder Ihren Arbeitgeber darauf an und machen Sie ihnen die Vorteile deutlich.

Kapitel 13   Den Kompass ausrichten – Ausblick

»Ein Grundsatz ist kein Wegweiser, sondern ein Kompass.«
(Hans-Jürgen Quadbeck-Seeger)

Wie ich schon zu Anfang dieses Buches angekündigt habe, möchte ich auch im letzten Kapitel mit dem obigen Motto schließen. Die Inhalte dieses Buches und mein Ansatz, einen und damit meinen systemisch-kontextsensiblen Kinderschutz zu beschreiben, fußen auf der systemischen Haltung, dass sie gewiss keine »Wahrheiten«, sondern mögliche Perspektiven sind. Perspektiven, die aus meiner jahrzehntelangen Kinderschutzarbeit resultieren und aus den Aspekten, die ich seitdem lernen durfte. Es schwingt hier eine gewisse »Druckpunktmentalität« mit, nämlich in der Beratung im Kinderschutz auch dorthin zu gehen, wo es ein bisschen wehtut, um eine Besserung, Linderung und/oder Selbstheilung anzuregen. Dies beinhaltet immer den Blick auf die Risikofaktoren und die Schutzfaktoren im jeweiligen System.

Ich habe zusätzlich viele hochgeschätzte Expert:innen in diesem Buch zu Wort kommen lassen. Sie haben die Wahl, ob Sie diese Inhalte nützlich finden oder sie vielleicht doch lieber in den systemischen Papierkorb katapultieren möchten. Nutzen Sie die Aspekte, die Ihnen sinnvoll erscheinen. Prüfen Sie diese in der Praxis, testen Sie sie auf »Herz und Nieren« und, wenn sie für Sie funktionieren, implementieren Sie diese in Ihr Arbeitssetting. Sie sind der Herr oder die Herrin über Ihren persönlichen Kinderschutzkompass!

Genauso wichtig ist, trotz all der Schwere und den immer wieder die Fachwelt und die Gesellschaft erschütternden Kinderschutzfällen, die wir alle aus den Medien entnehmen können, dass wir Kinderschutzkräfte immer wieder in unsere Haltung der Hoffnung zurückfinden. Wir dürfen grundlegend davon ausgehen, dass die Menschen, die Eltern und die Familien über alle Ressourcen verfügen, die zur Lösung erforderlich sind.

Maria Aarts (2021) beschreibt einen ressourcenorientierten Blick auf das Kind so, dass jedes Kind mit einer »Goldmine« geboren wird. Sie bezeichnet mit Goldminen die speziellen Interessen und Talente eines jeden Kindes und zeigt auf, wie wichtig es ist, dass wir Erwachsenen die Initiativen der Kinder in Spiel- und Lebensmomenten wahrnehmen, vor allem in den sogenannten »freien Alltagssituationen« (vgl. Aarts 2016). Auch die Eltern unserer Kinder im Kinderschutz waren einmal Kinder und auch sie wurden mit dieser »Goldmine« geboren. Vielleicht hilft uns diese Sicht dabei, dass wir in den Prozessen im Kinderschutz daran arbeiten können, diese Goldminen wieder anzuzapfen oder freizulegen. Das ist ein schönes Bild, das uns wieder in die Haltung der Hoffnung befördern kann, falls wir diese einmal auf dem Weg verloren haben.

Bitte machen Sie sich immer wieder klar, dass die Arbeit im, um und für den Kinderschutz die absolute »Königsdisziplin« des pädagogischen, psychotherapeutischen, medizinischen und psycho-sozialen Feldes darstellt (vgl. Herwig-Lempp 2022)! Seien Sie stolz auf das, was Sie für die Kinder und für die Familien jeden Tag tun. Auch wenn (Achtung, das ist auch der Beginn der PEP® Selbstfürsorge ☺) es Tage gibt, an denen Sie verzweifeln, Dinge schieflaufen und Prozesse scheitern. Auch dann ist es enorm wichtig, was Sie tun. Es macht nach Bateson einen *Unterschied, der auf jeden Fall einen Unterschied macht.*

13.1 Fazit

*»Es ist nicht deine Schuld, dass die Welt ist, wie sie ist.
Es wäre nur deine Schuld, wenn sie so bleibt.«* (Die Ärzte 2003, Deine Schuld)

Die Wissenschaft ist wichtig, die Praxis ist wichtiger?! So oder so ähnlich könnte eine Hypothese lauten, ohne dass ich die Wissenschaft damit abwerten möchte. Vielmehr brauchen wir in der Praxis die Wissenschaft, denn besonders im Kinderschutz ist es nötig, dass wir eng zusammenarbeiten. Ohne die Praxis geht es jedoch definitiv nicht. Wir benötigen an den Schulen, Fach-, Berufs- und Hochschulen sowie an den Unis auch lehrende Praktiker:innen – ganz besonders für den Bereich *Kinderschutz.* Die Vielfalt macht hier die Qualität. Diese Erkenntnis gehört deshalb auch in den Beginn dieses kurzen Fazits, gepaart mit einem leidenschaftlichen Appell: Hören wir den Praktiker:innen zu und geben ihnen eine Bühne! Mögen sich noch viele mehr von uns und Ihnen in Buchform zu Wort melden. Ich freue mich darauf, sie zu lesen!

Ich möchte gern an dieser Stelle noch ein persönliches Wort zu dem in diesem Buch »mitlaufenden« Fall des Pflegekindes im Missbrauchskomplex Lügde hinzufügen. Ich selbst habe einige Jahre vorher in dem Jugendamt gearbeitet, das hier durch die Vermittlung des Jugendamtes und Pflegekinderdienstes in der Kritik stand. Nicht zuletzt deshalb habe ich diesen Fall so interessiert verfolgt. Alle Dokumentationen und Berichterstattungen fragen sich, wie diese Fehler passieren konnten und warum niemand etwas bemerkt oder getan hat. Mir selbst geht es auch so. Letztlich ist dies auch ein Grund von vielen, warum ich dieses Buch geschrieben habe. Denn einfache Antworten gibt es im Kinderschutz meist nicht. Ich möchte an dieser Stelle nur noch einmal die Bedeutung von guten (und angemessenen) Rahmenbedingungen für die ASDler:innen, aber auch von klaren und gleichzeitig verpflichtenden Strukturen im Kinderschutzverfahren sowie die Bedeutung und Schlüsselkompetenz von Leitungen, besonders den Jugendamtsleitungen, aber auch den Teamleitungen, betonen. Der Kontext, in dem solch ein Fallversagen betrachtet werden kann, sollte unter anderem diese Aspekte beinhalten. Darum kann ich dazu persönlich mit voller Überzeugung sagen: Ich habe in einem »anderen« Jugendamt gearbeitet, weil diese Aspekte tatsächlich andere waren und sich damit auch die inhaltliche Qualität im Kinderschutz eklatant davon unterschieden hat.

Es ist an vielen Stellen auf die reformbedürftigen Bereiche unseres Kinderschutzsystems hingewiesen worden. Ich möchte jedoch dieses Buch gern so verstanden wissen, dass die Inhalte *trotz* aller Schwachstellen im System zu einer gelingenden Kinderschutzarbeit beitragen können und sollen. Es ist immer Hoffnung. Und falls nicht, müssen wir sie halt *er-finden!*

In diesem Sinne, lassen Sie uns gemeinsam Botschafter:innen für einen gelingenden systemischen Kinderschutz sein und für diesen werben. Sie finden die Essenz aus allen Kapiteln des Buches, also alle »Kompasse« (Fazite) noch einmal in den ▶Arbeitsmaterialien komprimiert zusammengefasst (oder zum Runterladen im ▶Downloadmaterial). Bei einem Vortrag würde ich jetzt sagen: »Ich bedanke mich für Ihre geduldige Aufmerksamkeit!« Vorher möchte ich jedoch noch einige Worte des Dankes anfügen.

13.2 Dank

> »Viele Missverständnisse entstehen dadurch, dass ein Dank nicht ausgesprochen, sondern nur empfunden wird.« (Ernst R. Hauschka)

Ich danke allen – voran *meiner Familie* – für ihre stetige, warmherzige Unterstützung bei meinem Buchprojekt und für die Ermunterung, wenn ich zwischendurch einmal den Faden verloren habe. Einen ganz besonderen Dank richte ich an meinem Sohn *Aaron*, der in letzter Minute noch den wunderschönen »PEP®-Selbstfürsorge-Mann« erschaffen hat, großartig! Danke an *Finn* für den regelmäßigen IT-Service und an meinen Mann *Andreas* für dein mentales Empowerment sowie dein unwiderstehlich gutes Catering.

Ich bedanke mich bei meinen Lektorinnen bei Vandenhoeck & Ruprecht: bei *Claudia Peter-Murken* dafür, dass sie sich für mich und mein Thema eingesetzt hat und mich im Beginn begleitet hat. Bei *Merle Tiaden* und *Sandra Englisch* dafür, dass Sie den Staffelstab übernommen haben und wir gemeinsam das Projekt so schön realisiert und finalisiert haben, sowie Timo Ludewig und Alina Keune von SchwabScantechnik, Göttingen, dafür, dass Sie mein Buch so wunderschön gestaltet haben. Die Zusammenarbeit war mir ein Fest!

Ich möchte gern einen herzlichen Dank an meine freiberuflichen Kolleginnen richten, an *Tania Herr, Sabine Kaufmann, Franziska Janzen* und *Karin Reuter*, die mir in diesen »Einbahnstraßenmomenten« mit ihren guten Affirmationen und Ideen den Weg wieder frei gemacht haben. Meiner ehemaligen Kollegin *Karin Düsing* ein liebes Dankeschön für die Fallreflexion und deine Rückmeldung dazu. An *Antonia Pfeiffer* ein herzliches Danke für dein phänomenales Erstlingswerk über die »Emotionale Erinnerung« und dafür, dass du mich auch ein kleines bisschen daran teilhaben lassen hast. Vielen Dank an meine *Kolleginnen im Landkreis Hildesheim,* die mir den Rücken für meinen langen Urlaub zur Finalisierung dieses Buches freigehalten haben.

Ich möchte gern meinen Ausbilder:innen und meinen systemischen Lehrtherapeut:innen danken, bei denen ich über die Jahre so viel lernen durfte: an allererster Stelle *Margret Gröne,* die mich als erste mit dem systemischen Ansatz in meinem Studium »infiziert« hat, sowie *Matthias Lauterbach, Andrea Ebbecke-Nohlen* und *Liz Nicolai*. Auch *Michael Hipp,* der für mich die Tür zum Thema »Kinder psychisch kranker Eltern« geöffnet hat. *Gabriela von Witzleben* für das Kennenlernen des minimalinvasiven Arbeitens mit Bauch, Herz und Kopf. *Karl-Heinz Brisch* für das bindungsbasierte Wissen und die Begegnungen. Und last but not least meinem Bruder *Michael Bohne* für seine wundervolle Methode PEP® und ganz einfach dafür, dass du so bist, wie du bist.

Ich möchte ein herzliches Dankeschön an alle meine hier nicht namentlich erwähnten Kolleg:innen, speziell an meine ehemaligen Kolleg:innen aus dem Jugendamt Hameln-Pyrmont, richten, die Tag für Tag das Beste für den Schutz der Kinder geben. Ebenso an alle aus dem breiten Feld der pädagogischen, psychosozialen und medizinischen Kinderschutzkräfte, die tagtäglich hinsehen, hinhören, darüber sprechen und gemeinsam für den Schutz von Kindern handeln.

Abschließend möchte ich mich bei all den Familien, den Eltern und vor allem bei den Kindern, Jugendlichen und jungen Erwachsenen bedanken, die ich im Laufe der Jahre kennenlernen und ein Stück ihres Weges begleiten durfte. Und von denen ich praktisch ganz viel lernen und erfahren durfte!

DANKE Ihnen und euch allen!

Kapitel 14   Arbeitsmaterialien

14.1 Kinderschutzthermometer

Für die Gefährdungsabschätzung

KÖRPERLICHE, SEELISCHE, SEXUELLE GEWALT GEGEN DAS KIND | VERLETZUNGEN DES KINDES | STARKES UNTERGEWICHT | DROGENENTZUGSSYMPTOM N. D. GEBURT | NICHTWAHRNEHMUNG DER SCHWANGERSCHAFT …

KEINE REAKTION/KEIN BLICKKONTAKT KIND/ELTERN | VERWAHRLOSUNG | FEHLENDE MITARBEIT DER ELTERN …

HILFEHOPPING | HÄUSLICHE GEWALT | JUNGE ELTERN | SUCHTMITTELERFAHRUNG | UNREGELMÄSSIGER SCHUL-/ KITABESUCH | BAGATELLISIEREN | SPRACHLOSIGKEIT | BEJAHUNG DRASTISCHER ERZIEHUNGSMETHODEN …

WARNSIGNALE | BINDUNGSRISIKO | KINDERREICHTUM | UNSICHERE BINDUNG WECHSELNDE BEZUGSPERSONEN | ELTERN-/PARTNERSCHAFTSKONFLIKTE | FAMILIÄRE ISOLATION | GENERATIONSÜBERGREIFENDE JUGENDHILFE …

SCHWIERIGES TEMPERAMENT/VERHALTEN …

ALTERSENTSPRECHENDE ENTWICKLUNG | PROBLEMEINSICHT & MITWIRKUNGSBEREITSCHAFT DER ELTERN …

NORMALE ENTWICKLUNG | SICHERE BINDUNG | FAMILIÄRES UNTERSTÜTZUNGSSYSTEM | REGELMÄSSIGER BESUCH VON SCHULE & KITA …

Für die Selbstfürsorge

SCHLAFSTÖRUNGEN | BURN-OUT-SYNDROM | KRANKHEIT/NICHT ARBEITSFÄHIG

SORGEN | ANGST | EMBODIMENTALE WARNSIGNALE | WENIG RUHEPHASEN | SCHLECHTE WORK-LIFE-BALANCE | BLINDE FLECKEN | PRIVATE SORGEN UND THEMEN | BIOGRAFISCHE TRIGGER | ÜBERARBEITUNG | BURN-OUT KLOPFT AN DIE TÜR

FLUCHTTENDENZ | ÄRGER AUF DIE ELTERN | KOPF EINZIEHEN | GESPRÄCH ÜBER SICH ERGEHEN LASSEN | GEFÜHL, KEINE KOMPETENZ UND ORIENTIERUNG ZU HABEN | KEINE GUTE WORK-LIFE-BALANCE | ZU VIEL ARBEIT UND ZU WENIG AUSGLEICH | EIGENE TRAUMATISCHE (KINDHEITS-)ERLEBNISSE MELDEN SICH (!!!)

EMBODIMENTALE SIGNALE | GEFÜHL NICHTS ZU WISSEN | LAMPENFIEBER | WENIG IN DER KOMPETENZ | UNANGENEHMES GEFÜHL | WENIG AUSGLEICH | DAS GEFÜHL ZU VIEL ZU ARBEITEN | METHODEN FEHLEN | BIOGRAFISCHE THEMEN PLOPPEN AUF

ANGESPANNT | KÖRPERSIGNALE | WENIG ZEIT FÜR AUSGLEICH | TEMPORÄR NICHT IN DER KOMPETENZ | FALL GEHT MIR NAH | STARKE BINDUNG ANS KIND

GUT IM FALL/IM LEBEN/IN DER EIGENEN KOMPETENZ | AUSGLEICH/SPORT/HOBBIES

SEHR GUT IM FALL UND IN DER EIGENEN KOMPETENZ | GUTE WORK-LIFE-BALANCE | DAS GEFÜHL GLÜCKLICH ZU SEIN UND SINNVOLLES IM JOB ZU TUN | DAS GEFÜHL GUT THEORETISCH UND METHODISCH DEM FALL GEWACHSEN ZU SEIN | IM »FLOW«

14.2 Notfallbesteck im Kinderschutz

(1) Was los ist …
Überlege kurz, welche Situation/welcher Fall oder welches Gespräch dir »auf der Leber« liegt, und schreibe es kurz auf:

_____
_____
_____
_____
_____

(2) Kurbelübung:
Geh in die Kurbel-/Selbststärkungsübung:
»Auch wenn …, liebe und akzeptiere ich mich so, wie ich bin/bleibe ich in meiner Kompetenz/bleibe ich in Sicherheit/bin ich mit meiner Leistung zufrieden (…).«
Schreibe dir deine Selbststärkung hier auf:

_____
_____
_____
_____
_____

(3) Die »4 Powerpunkte«
Die Powerpunkte empowern dich mit deinem persönlichen Kraftsatz, wie »Ich bin Kinderschützer mit Herz, Hand und Verstand«, »Ich schaffe das!«, »Ich bin Wächterin im Kinderschutz!« oder schlicht und einfach »Ich bin gut!«. Wie auch immer, formuliere deinen ganz persönlichen Satz und schreibe ihn dir hier auf:

_____
_____
_____
_____
_____

Sobald du dich in schwierigen Situationen oder in Not befindest, sage dir laut (oder leise) deinen Kraftsatz und klopfe dazu ein paarmal nacheinander die »4 Powerpunkte«, um dich selbst zu empowern. Du schaffst das!

Arbeitsmaterialien 351

14.3 Defibrillator im Kinderschutz

1.1 Fremdvorwurf transformieren
Egal, was Sie der Person oder den Personen vorwerfen, fahren Sie bitte mit folgender Übung »Verantwortung beim anderen lassen« fort und formulieren Sie im ersten Schritt den Fremdvorwurf mit der Kurbelübung:
»Auch wenn ich XY vorwerfe, dass ...,
liebe und akzeptiere/achte und schätze ich mich so, wie ich bin.«

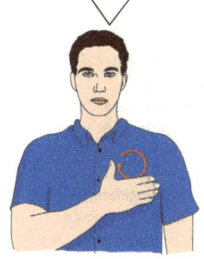

1.2 Verantwortung beim anderen lassen
Nun fragen Sie sich bitte (Zwischenschritt): Konnte, wollte oder wusste er/sie es nicht anders, als das zu sagen/tun/unterlassen (...), was Sie ihm/ihr/ihnen vorwerfen? Oder war es eine Mischung daraus?
Geben Sie sich darauf eine Antwort (muss nicht unbedingt sein) und fahren Sie fort.
Gehen Sie nun in die folgende »Kurbelübung« und sagen Sie dreimal nacheinander (laut) die nachfolgenden Sätze (siehe linke Abbildung):
Auch wenn er/sie es nicht anders konnte/n, wollte/n oder es nicht anders wussten ...
Gerade, weil er/sie es nicht anders konnte/n, wollte/n oder es nicht anders wussten ...
Völlig egal/scheißegal, ob er/sie es nicht anders konnte/n, wollte/n oder es nicht anders wussten ...
(Verantwortung beim anderen lassen, linken Arm nach hinten, währenddessen weiter kurbeln, siehe untere Abbildung): »... ich lasse jetzt die gesamte Verantwortung für ihr/sein/ihr Verhalten bei ihm/ihr/ihnen ...«

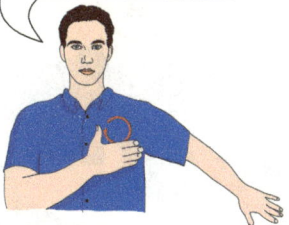

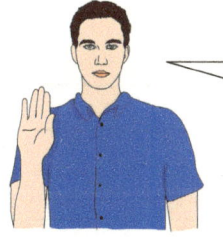

1.3 Dazu stehe ich!
Im dritten Teil sagen Sie:
»... und übernehme nur die Verantwortung für mein Verhalten, und dazu stehe ich jetzt!«
(Bei dem letzten Teil heben Sie die rechte/linke Hand, als ob Sie schwören, siehe linke Abbildung.)

2. Die Handhebe-Übung: »Selbst wenn ...«
Hartnäckige Blockaden und parafunktionale Loyalitäten in der Beziehung zu anderen lassen sich mit dieser »Handhebe-Übung« transformieren (siehe die Abbildung rechts).
»Selbst wenn Person XY mir nicht erlaubt, mein Ziel zu erreichen/mich gemäß der Ethik im Kinderschutz zu verhalten ...« (1.), dabei den linken Arm zur »Schwurhand« heben,
»... werde ich guten Gewissens mein Ziel erreichen/kann ich guten Gewissens meine Vorgaben im Kinderschutz erfüllen« (2.), dabei zusätzlich den rechten Arm zur »Schwurhand« heben (vgl. Bohne/Ebersberger 2022), sodass beide Hände nebeneinander vor Ihnen liegen.
Spüren Sie ruhig etwas nach und wiederholen Sie den Satz bei Bedarf noch. Sie können auch die Seiten wechseln, also zuerst die rechte Hand zum Schwur heben und dann mit der linken folgen. Formulieren Sie den zweiten Teil des Satzes so, dass er für Sie passt. Beginnen Sie jedoch immer mit dem ersten Teil des Satzes.

14.4 Selbstwertpflege

(1) Meine Selbstwerträuber entlarven:
Welche selbstabwertenden, schwächenden oder selbstschädigenden Gedanken, Gefühle, Blockaden oder Glaubenssätze habe ich an Bord?

___

(2) Selbstwerträuber externalisieren und neutralisieren:
   a. Halten Sie das Blatt mit den Selbstwerträubern in die Höhe und wackeln Sie damit etwas herum.
   b. Sagen Sie sich folgende oder ähnliche Sätze laut: »Jedem mit diesen Selbstwerträubern ginge es so wie mir«, »Das hier hat mit mir persönlich nichts zu tun, das sind genau genommen doch noch ganz allgemein gültige Selbstabwertungsstrategien, die ich mir eingefangen habe« oder »Diese Selbstwerträuber haben sich eingeschlichen. Und was sich einschleicht, das kann sich auch wieder ausschleichen.«
   c. Transformieren Sie jeden einzelnen der Selbstwerträuber mit der Selbststärkungsübung bzw. Kurbelübung aus der Selbstfürsorge mit PEP (▶ Kapitel 12.4):
»Auch wenn ich …, liebe und akzeptiere ich mich so, wie ich bin.«
   d. Entlassen Sie nun die Selbstwerträuber aus ihrer Aufgabe!

___

(3) Meine Selbstwertspender:
Transformieren Sie die Selbstwerträuber in Selbstwertspender. Die Affirmationen können ruhig etwas mutiger gewählt sein und Sie zum Schmunzeln bringen, wie »Die Aura meiner Weisheit/Klugheit/Professionalität umhüllt und schützt mich!«, »Ich bin allparteilich, vor allem für mich!« oder »Ich bin gut so, wie ich bin!«.

___

14.5 Kinderschutzkompass – Essenz

Hier finden Sie die geballte Essenz aller Kompasse (Fazite) aus den Kapiteln des Buches:

I. Systemischer Kinderschutz

- *beinhaltet den Blick auf Polaritäten.* Als »Anwalt der Ambivalenz« können systemisch beratende InsoFas nicht förderliche, para-funktionale oder gefährdende Dynamiken lokalisieren und thematisieren, sodass die Mitte zwischen den Polen gestärkt wird und neue Perspektiven, Möglichkeiten sowie Handlungssicherheit für die Kinderschutzkräfte entstehen. Daraus resultierend kann auch der Blick auf und der Schutz der Kinder besser gelingen.
- *fokussiert destruktive und parafunktionale Muster, Dynamiken und Strukturen* wie etwa Verstörungen, Verstrickungen und isomorphe Muster auf der Erwachsenenebene. Diese zu identifizieren, ist die Voraussetzung dafür, sie auch transformieren zu können, sodass eine Veränderung hin zum Schutz des Kindes möglich wird
- *bedeutet – neben denen des Systems – auch die eigenen Stolpersteine und Lösungsblockaden zu erkennen.* Das beinhaltet auch dann und wann, Hilfe von außen in Anspruch zu nehmen, denn manchmal kommen wir allein nicht weiter.
- *bedeutet auch, hinzusehen, zu erkennen, zu verstehen und sicher zu handeln.* Wissen, Handlungssicherheit und Kompetenz in der Gesprächsführung geben betroffenen Kindern die Sicherheit und den Schutz, den sie sich von uns Kinderschutzkräften wünschen und der ihnen hilft, ihre belastende Situation selbst zu verstehen und diese nach und nach zu bewältigen.
- *ist wie ein »lernender Organismus«, der auch eine maßvolle Fehlerfreundlichkeit benötigt.* Fehler im Kinderschutz zu erkennen, ermöglicht eine problematische Entwicklung oder Belastung zu verstehen und schnellstmöglich zu stoppen. Der Blick aus der Metaperspektive sowie das Wissen über energiegeladene Prozesse, Muster und Dynamiken im Kinderschutz helfen weiter, diese zukünftig früher, effektiver und sicherer zu erkennen.
- *bedeutet, Kinder zu sehen.* Dadurch gelingt es, Risiken, Gefährdungen aber auch Ressourcen des Kindes »professionell« wahrzunehmen, frühzeitig zu erkennen und nützliche Hilfen für das gesamte Familiensystem zu installieren. Kinder zu »sehen«, stärkt sie in ihrem Selbstwert und fördert damit ihre Resilienz.
- *berücksichtigt die embodimentalen Signale, somatischen Marker und Kernbedürfnisse des gesamten Kinderschutzsystems.* Sprich, von den InsoFas, Kinderschutzkräften, Kindern, Eltern und Familien.

- *würdigt sowohl das Problem und/oder das Leid,* das im familiären System oder aber im institutionellen Kontext geschehen ist, wertschätzt die jeweilige Lebenssituation des Klientensystems und nutzt dann die Gegebenheiten zu einer gemeinsamen Konstruktion von Lösungen. Voraussetzung dafür ist jedoch, das Problemmuster zu erfassen, zu benennen und zu utilisieren.
- *bedeutet dys- und parafunktionale Lösungsblockaden zu (er)kennen, zu verstehen, zu sortieren und zu transformieren* – und zwar im gesamten System, sowohl bei den beratenden InsoFas und den betreuenden Kinderschutzkräften als auch den Eltern, den Kindern, Heranwachsenden und/oder anderen Familienangehörigen. Der Idee einer systemischen Denk- und Handlungsweise im Kinderschutz folgend, sollten in diesem Lösungsprozess insbesondere auch die beteiligten und fallzuständigen Jugendamtsmitarbeiter:innen, Familienrichter, Verfahrensbeistände, Vormünder, Rechtsanwältinnen, Polizisten usw. mitgedacht, berücksichtigt und in diesen einbezogen werden. Dahinter steht die Annahme, dass dysfunktionale Blockaden sich innerhalb des Systems aus jedem Bereich und von jedem Akteur aus auf die anderen auswirken können.
- *speist sich aus einer kohärenten, hoffnungs- und zuversichtsorientierten Haltung der Fachkräfte,* die neben den Risikofaktoren ebenfalls die Ressourcen und die Resilienz der beteiligten Familien fest in den Blick nimmt. Die Kinderschutzkräfte fungieren als salutogenetischer Stabilisator für die Familien, damit Lösungen im Kinderschutz mit Hoffnung und Zuversicht entstehen können.
- *berücksichtigt klare Regeln, Vorgehensweisen und Verfahren.* Wie zum Beispiel, dass Beobachtungen, Wissen und Hörensagen immer weitergegeben und verfolgt werden, um den Schutz von Kindern sicherzustellen. Jede Kinderschutzfachkraft trägt dafür die Verantwortung.
- *empowert die Ruhe, Sicherheit und Gelassenheit der Kinderschutzkräfte und InsoFas.* Dies resultiert aus dem Wissen, dass aus der Ruhe heraus eine Kraft entsteht, die den Kindern und Eltern Sicherheit vermittelt und damit für Stressreduktion auf allen Ebenen sorgt.
- *braucht sehr oft einen langen Atem.* Kinderschutzkräfte benötigen dazu eine sichere Einbettung in ihre Organisation, die solch ein *beziehungsorientiertes, systemisches Verständnis von Kinderschutz* mitträgt, ihnen gute Rahmenbedingungen sowie die Möglichkeit der Entlastung, Problemlösung sowie Burn-out-Prophylaxe im Rahmen von Reflexion und regelmäßiger Supervision bietet. Indem wir als Kinderschutzkräfte *bindungsbasiert und konsequent dranbleiben,* werden wir von den Klienten viel eher als die »guten Eltern«, die sie nicht hatten, wahrgenommen, was den Raum für Lösungen und Möglichkeiten eröffnet.

- *berücksichtigt den Kontext als Bezugsrahmen und Bedeutungsfeld,* die insbesondere für die Gefährdungseinschätzung im Kinderschutz eine wichtige Funktion haben. Systemisch arbeitende Kinderschutzkräfte verfolgen das Ziel, sich kontextsensibel zu verhalten, ihr Verhalten dementsprechend zu markieren und zu reflektieren.
- *beinhaltet auch die Haltung der Respektlosigkeit* gegenüber Ideen, Vorgaben, Entscheidungen, Einschätzungen (zum Beispiel über Menschen, die Täter sein können) und Restriktionen im Kinderschutz. Diese wird durch die grundlegende systemische Haltung der Achtung und des Respekts gegenüber Menschen und Familiensystemen getragen.
- *verwendet Zeit und Energie auf die Auftragsklärung* und nimmt dabei die Klientenbeziehungen in den Blick. Die Klärung des Auftrags ist insgesamt ein fortlaufender Prozess im Kinderschutz. Dabei nutzen wir die Annahme, die Eltern oder Familie als »Kundin«, »Klägerin« oder »Besucherin« zu betrachten, als eine Art »Klienten-Beziehungsbrille«, die wir auch wieder absetzen können (vgl. Hargens 1997, vgl. Herwig-Lempp 2022).
- *bezieht das Kind bzw. die Kinder als gleichwertige Gesprächspartner auf Augenhöhe selbstverständlich in Gespräche im Kinderschutz mit ein,* denn sie sind die Adressaten der Hilfe. Ohne die Beteiligung der Kinder würde ein anderes Bild des familiären Systems entstehen. Denn es bestünde dann die Gefahr der »Verstrickung auf der Erwachsenenebene« und der Schutz würde nicht wirksam hergestellt werden.
- *beherzigt eine ressourcen- und lösungsorientierte Haltung* in doppelter Weise: einmal in Form des systemischen Paradigmas und zum Zweiten als orientierenden Punkt im Rahmen der Gefährdungseinschätzung im Kinderschutz. Dabei wird jedoch die »Würdigung des Problems/Leids« als feste Haltung beachtet und kann als Chance für eine lösungsförderliche Kommunikation utilisiert werden.
- *wirkt sich auf die (systemische) Diagnostik und auf die Durchführung der Gefährdungsabschätzung aus.* Die systemisch arbeitende InsoFa ist ein Hauptwirkfaktor für eine gelingende Beratung und Gefährdungsabschätzung im Kinderschutz.
- *ist in einem systemischen Kinderschutzprozess innerhalb der Organisation verankert.* Die Inhalte werden im systemischen Schutzkonzept regelmäßig verschriftlicht, aktualisiert, fortgeschrieben und vor allem gelebt. Systemische Kinderschutzlots:innen sind die Garant:innen für die inhaltliche Ausrichtung, fachliche Sicherung, die Umsetzung und Verstetigung des systemischen Kinderschutzes innerhalb der Organisation sowie im Rahmen von Öffentlichkeitsarbeit und darüber hinaus.

- *bedeutet auch, dass wir als Kinderschutzkräfte nicht zu jeder Zeit jede Gefährdung erkennen oder jeden Prozess zu unserer Zufriedenheit lösen können.* Das heißt, wir benötigen eine hohe Reflexion aber auch eine gewisse Milde und Fehlerfreundlichkeit mit uns selbst, weil wir sonst sprichwörtlich *festhängen* und/oder ausbrennen. Unumgänglich für das »verminte« Gebiet des Kinderschutzes ist, dass wir eine wirksame und schnelle Selbsthilfetechnik zur Hand haben, die uns entlastet und entstresst sowie wieder »einsatzfähig« macht.

II. Systemische Kinderschutzkräfte

- *können sich sowohl als Hüter:innen des Kindeswohls als auch als Moderatoren oder Katalysatoren eines Veränderungsprozesses verstehen,* sollten dabei aber nicht die Idee haben, diesen Prozess einseitig steuern zu können. Damit besteht beraterische Professionalität auch in der Berücksichtigung der Autonomie, der Eigenständigkeit, der Eigenwilligkeit und Eigengesetzlichkeit von Menschen und sozialen Systemen.
- *handeln rollenklar,* indem sie beispielsweise erklären können, wann sie welchen »Hut« tragen. Die Prozessorientierung der systemischen Kinderschutzkraft geht mit dem grundsätzlichen Vertrauen einher, dass Menschen Ressourcen und gute Seiten/Gründe haben und mit uns kooperieren.
- *als beratende InsoFas benötigen neben der Grundqualifikation regelmäßige Fort- und Weiterbildungen* für den speziellen Bereich der Gesprächsführung und Beratung mit und von anderen Fachkräften.
- *sind sich bewusst, dass sie überwiegend im Zwangskontext agieren,* und nehmen diesen als Möglichkeitsraum an, den Schutz der Kinder (wieder)herzustellen.
- Es ist für eine Lösungssicht unumstößlich wichtig, dass wir als Erwachsene und als Kinderschutzkräfte verstehen und akzeptieren, dass wir die Pflichterfüller der Kinderrechte sind. Es ist also unsere (verdammte) Pflicht und Schuldigkeit, in allen Bereichen und besonders im Kontext Kinderschutz dafür zu sorgen, dass die Schutz-, Förder- und Beteiligungsrechte der Kinder geachtet und berücksichtigt werden.

III. Systemische Methoden

- in Form von *Prozessorientierter Genogrammarbeit* koppeln immer am Gesprächsinhalt, an der Beratung oder der Gefährdungseinschätzung mit dem Ziel an, einen bestmöglich gelingenden Prozess zu gestalten.
- im Kinderschutz *entspringen den gut integrierten Haltungen der Fachkraft,* empowern die Prozesse durch neue Perspektiven und Erfahrungen der Klienten und werden durch etwas Humor und Leichtigkeit gewürzt.

❖ wie die des *reflektierenden Teams* haben sich im systemischen Feld einen wichtigen Platz erobert und so gehören sie auch – an das jeweilige Setting angepasst – ganz selbstverständlich zu einem systemisch handelnden Kinderschutz dazu. Das Reflektieren kann als perfektes Beispiel für die systemische Haltung gelten, welche Wertschätzung für die Unterschiede zum Ausdruck bringt, die Unterschiede machen.
❖ *Das systemische Fragen bzw. zirkuläre Fragen gilt als das »Herzstück« systemischer Beratung* und nimmt auch im systemischen Kinderschutz eine wichtige Rolle ein. Fragen zu stellen, die konstruktive Entwicklungen anregen, neue Sichtweisen eröffnen, Mut und Hoffnung machen, die gegenseitige Bedingtheit von Verhalten verdeutlichen und zu vielfältigen Ideen einladen – das ist eine große Kunst!

IV. Was sonst noch wichtig ist

❖ Beschließen wir, die *Kinder als gleichberechtigte* (und nicht als Opfer oder minderberechtigte) *Personen wahrzunehmen und zu beteiligen,* ist dies eine wichtige Grundorientierung, wenn man Kinderschutz nicht an Kindern vorbei gestalten will.
❖ *Systemische Kinderschutzgespräche mit Eltern können gelingen!* Für Fachkräfte bedeutet dies, hier feinfühlig, kontextsensibel und rollenklar zu handeln. Ziel ist es, die Eltern durch die eigene Haltung und Gesprächsführung einzuladen, *im Boot,* also in der gemeinsamen Erziehungspartnerschaft für das Kind, zu bleiben, ohne den Blick auf das Kindeswohl zu verlieren.
❖ *Ihre Grundhaltung in der Gesprächsführung im Kinderschutz sollte sein: Die Eltern sind Experten für ihre Kinder und entscheiden selbst* – auch psychisch belastete oder erkrankte Eltern! Formulieren Sie eine Bitte oder einen Wunsch und überlassen Sie die Entscheidung den Eltern. Sie hingegen sind die Expertin für den Kinderschutz und haben das Kind im Blick. Sollte die Entscheidung der Eltern nicht mit dem Schutz des Kindes vereinbar sein, bleiben Sie dran. Manche Prozesse benötigen Zeit.
❖ *In der Gesprächsführung mit Familien im Kinderschutz sollten die Beteiligung und der Schutz der Kinder im Fokus stehen,* ansonsten können Sie mit Ihrem gesamten systemischen Repertoire »spielen«. Der Zeitrahmen sowie das Setting (Raum, Spielmöglichkeit) für das Gespräch sollten so gewählt werden, dass es für jedes Familienmitglied angenehm und machbar ist.
❖ *Zu Gesprächskontexten im systemischen Kinderschutz gehören Zwang, Widerstand und Konflikt dazu.* Diese Aspekte verschaffen Kinderschutzkräften die Möglichkeit, dass Prozesse überhaupt erst eine gewisse »Schubkraft« für Lösungen entwickeln können.

- *Kreieren Sie ein gutes Setting für das Gespräch.* Sorgen Sie auch und besonders bei herausfordernden Kinderschutzgesprächen gut für sich, denn Ihre Präsenz ist ein Gelingensfaktor für das Gespräch.
- *Systemische Gesprächsführung kann vielfältig im Kinderschutz eingesetzt werden.* Sie benötigt jedoch eine gute Verortung innerhalb der eigenen Haltungen und des Verfahrens im Kinderschutz.
- Im *systemischen Schutzprozess* sollten innerhalb der Einrichtung neben dem Träger, dem Team und den Mitarbeiter:innen natürlich die Kinder, aber möglichst auch die Eltern beteiligt werden, um auch hier die systemischen Ebenen zu berücksichtigen.
- *Mit regelmäßiger Selbstfürsorge und Selbstwertpflege stärken Sie sich und Ihren Selbstwert.* Sie tun gleichzeitig etwas für Ihre Gesundheit, für die Qualität Ihrer Arbeit und für Ihre Umwelt. Kinderschutzkräfte haben einen Anspruch auf regelmäßige Supervision. Sprechen Sie Ihre Leitung und/oder Ihren Arbeitgeber darauf an und machen Sie ihnen die Vorteile deutlich.
- Es gibt nichts Wichtigeres als einen gelingenden (systemischen) Kinderschutz, denn dieser bildet das Fundament für gesunde Menschen, fördert alle Formen von Intelligenz, spart soziale Folgekosten ein und sichert eine stabile, demokratische Gesellschaft.

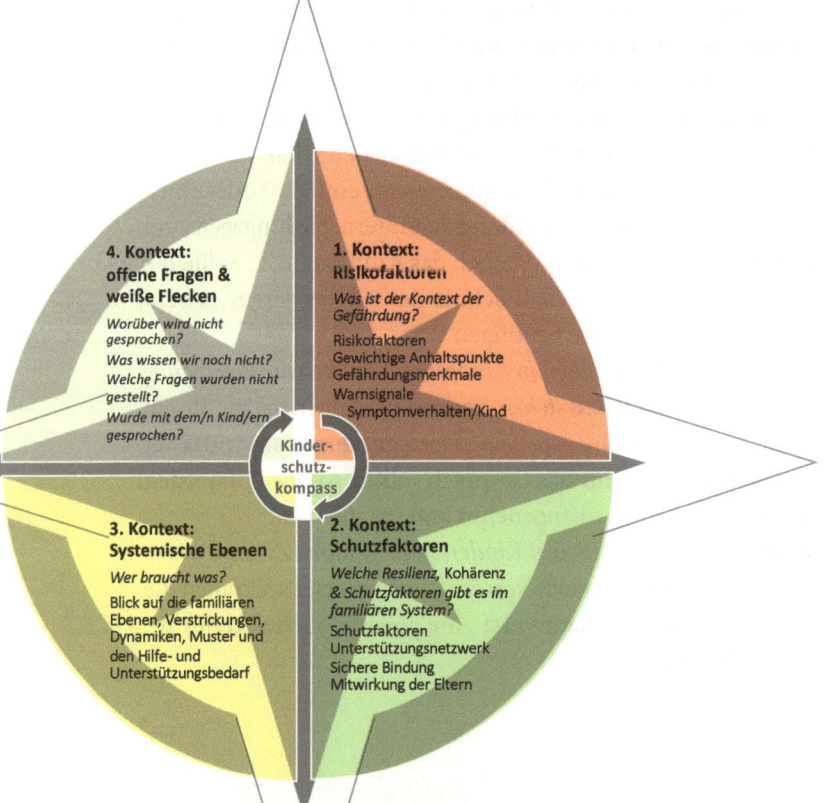

Kapitel 15 Quellenverzeichnis

Aarts, M. (2016): Marte Meo Handbuch (4. leicht überarb. Aufl.). Eindhoven: Aarts Productions.
Aarts, M./Berther, C. (2021): Interview mit Maria Aarts: »Jedes Kind wird mit einer Goldmine geboren«. Die freien Momente nach Marte Meo. https://youtu.be/kMKbAuy9S7E (Zugriff am 10-04.2023).
Aczel, A. D. (2005): Der Kompass. Eine Erfindung verändert die Welt. Hamburg: Rowohlt Verlag.
AFET-Bundesverband für Erziehungshilfe e. V. (Hrsg.) (2020): Abschlussbericht – Arbeitsgruppe Kinder psychisch- und suchtkranker Eltern. https://www.ag-kpke.de/wp-content/uploads/2020/02/Abschlussbericht-der-AG-Kinder-psychisch-kranker-Eltern.pdf (Zugriff am 26.08.2022).
AFET-Bundesverband für Erziehungshilfe e. V. (Hrsg.) (2022a): IMPUL!SE – Impulspapier zu den Insoweit erfahrenen Fachkräften. Qualitätsanforderungen an die »Insoweit erfahrene Fachkraft« nach den §§ 8a und b und 4 KKG. https://afet-ev.de/assets/afet-impulspapiere/11_Insoweit-erfahrene-Fachkrafte_Heinitz-u.a.-(AFET-Impulspapier).pdf (Zugriff am 25.08.2022).
AFET-Bundesverband für Erziehungshilfe e. V. (Hrsg.) (2022b): IMPUL!SE – 13. Impulspapier des AFET: das Gesetz aus der Perspektive der Jugendämter. Spagat der Jugendämter: zwischen Anforderungen des Kinder- und Jugendstärkungsgesetzes und den Möglichkeiten vor Ort. https://afet-ev.de/assets/afet-impulspapiere/13_Spagat-der-Jugendamter_Moller-(AFET-Impulspapier).pdf (Zugriff am 13.09.2022).
Alle, F. (2010): Kindeswohlgefährdung. Das Praxishandbuch. Freiburg im Breisgau: Lambertus.
Anders, G. (1988): Der Blick vom Turm. Fabeln (3. Aufl.). München: Verlag C. H. Beck.
Andersen, T. (Hrsg.) (2011): Das Reflektierende Team. Dialoge und Dialoge über Dialog (5. Aufl.). Dortmund: verlag modernes lernen.
Anderson, H./Goolishian, H. (1992): Der Klient ist Experte: Ein therapeutischer Ansatz des Nicht-Wissens. Zeitschrift für systemische Therapie (ZSTB), 10 (3), 176–189.
Antonovsky, A. (1997): Salutogenese: Zur Entmystifizierung der Gesundheit. Deutsche erweiterte Herausgabe von A. Franke. Tübingen: DGTV.
Baecker, D. (2020): Autopoiesis. https://www.carl-auer.de/magazin/systemisches-lexikon/autopoiesis (Zugriff am 30.10.2022).
Ballreich, R. (2017): Fortbildung Systemische Konfliktbearbeitung in Teams. Heidelberg: Helm Stierlin Institut.
Ballreich, R./Glasl F. (2011): Konfliktmanagement und Mediation in Organisationen. Stuttgart: Concadora Verlag.
Barth, M. (2022): Gewichtige Anhaltspunkte für Kindeswohlgefährdung in der frühen Kindheit aus medizinischer und psychosozialer Perspektive. Köln: Nationales Zentrum Frühe Hilfen (NZFH).
Barthelmess, M. (2014): Systemische Beratung. Eine Einführung für psychosoziale Berufe (4. Aufl.). Weinheim: Beltz.
Barthelmess, M. (2016): Die systemische Haltung. Was systemisches Arbeiten im Kern ausmacht. Göttingen: Vandenhoeck & Ruprecht.

Bateson, G. (2014): Ökologie des Geistes (11. Aufl.). Frankfurt am Main: Suhrkamp Verlag.
Bauer, J. (2016a): Warum ich fühle, was du fühlst. Intuitive Kommunikation und das Geheimnis der Spiegelneurone (24. Aufl.). München: Heyne Verlag.
Bauer, J. (2016b): Das Gedächtnis des Körpers. Wie Beziehungen und Lebensstile unsere Gene steuern (7. Aufl.). München: Piper Verlag.
Bauer, J. (2021a): Das empathische Gen. Humanität, das Gute und die Bestimmung des Menschen. Freiburg: Verlag Herder.
Bauer, J. (2021b): Vortrag: »Kinder und Jugendliche in Krisenzeiten: Die Bedeutung von interpersoneller Resonanz« auf der Tagung »Kontakt. Beziehung. Resonanz. Orientierung in der Corona-Krise« am 25.02.2021. St. Ingbert: Landesinstitut für Präventives Handeln.
Beckett, Samuel (1983): Worstward Ho. New York: Grove Press.
Beckmann, K./Ehlting, T./Klaes, S. (2018): Berufliche Realität im Jugendamt: der ASD in strukturellen Zwängen (2., korr. Aufl.). Berlin: Deutscher Verein.
Bender, D./Lösel, F. (2005): Misshandlung von Kindern: Risikofaktoren und Schutzfaktoren. In: Deegener, G/Körner, W. (Hrsg.): Kindesmisshandlung und Vernachlässigung. Ein Handbuch (S. 317–346). Göttingen: Hogrefe Verlag.
Bensel, J./Prill, T./Haug-Schnabel, G./Fritz, B./Nied, F. (2012): Einschätzskala Kindeswohlgefährdung in Kindertageseinrichtungen. Stuttgart: KVJS Jugendhilfe Service. Abrufbar unter: https://www.kvjs.de/fileadmin/dateien/jugend/Kinderschutz/1.4.1.3_Bericht_KiWo-Skala_Kita.pdf (Zugriff am 02.01.2023).
Berg, I. K. (1999): Familien – Zusammenhalt(en). Ein kurz-therapeutisches und lösungs-orientiertes Arbeitsbuch (6. Aufl.). Dortmund: verlag modernes lernen.
Bergmann, W. (2014): Ihre Welt ist bunt, laut und fremd – und nirgends ein Halt. In: Gebauer, K./Hüther; G. (Hrsg.): Kinder brauchen Vertrauen – Entwicklung fördern durch starke Beziehungen (S. 87–108). Ostfildern: Patmos Verlag.
Biesel, K. (2009): Professioneller Selbstschutz statt Kinderschutz? Sozialmagazin, 4/2009, 50–56.
Biesel, K. (2013): Beteiligung von Kindern im Kinderschutz: eine Herausforderung für die Kinder- und Jugendhilfe? Jugendhilfe, 51 (1), 40–46.
Biesel, K./Brandhorst, F./Rätz, R./Krause, H.-U. (2019): Deutschland schützt seine Kinder! Eine Streitschrift zum Kinderschutz. Bielefeld: transcript Verlag.
Biesel, K./Urban-Stahl, U. (2022): Lehrbuch Kinderschutz (2., überarb. u. erw. Aufl.). Weinheim: Beltz.
Bindernagel, D. (Hrsg.) (2016): Die Eigensprache der Kinder. Idiolektische Gesprächsführung mit Kindern, Jugendlichen und Eltern (3. Aufl.). Heidelberg: Carl-Auer.
Bindernagel, D./Ehrat, H. H. (2016): Die Eigensprache von Eltern. In: Bindernagel, D. (Hrsg.): Die Eigensprache der Kinder. Idiolektische Gesprächsführung mit Kindern, Jugendlichen und Eltern (3. Aufl., S. 210–240). Heidelberg: Carl-Auer Verlag.
BMFSFJ (2022): Lisa Paus gratuliert allen Kindern und Jugendlichen zum Weltkindertag. https://www.bmfsfj.de/bmfsfj/aktuelles/alle-meldungen/lisa-paus-gratuliert-allen-kindern-und-jugendlichen-zum-weltkindertag-201704 (Zugriff am 20.09.2022).
Böwer, M. (2012): Kindeswohlschutz organisieren. Jugendämter auf dem Weg zu zuverlässigen Organisationen. Weinheim: Beltz.
Böwer, M. (2018): Schutz und Sicherheit in Organisationen für Kinder. In: Böwer, M.; Kotthaus, J. (Hrsg.): Praxisbuch Kinderschutz. Professionelle Herausforderungen bewältigen (S. 224–242). Weinheim: Beltz.
Böwer, M./Kotthaus, J. (Hrsg.) (2018): Praxisbuch Kinderschutz. Professionelle Herausforderungen bewältigen. Weinheim: Beltz.
Bohne, M. (Hrsg.) (2010): Klopfen mit PEP – Prozessorientierte Energetische Psychologie in Therapie und Coaching. Heidelberg: Carl-Auer Verlag.
Bohne, M. (2014): Abschlusskurs: PEP III. Prozess- und Embodimentfokussierte Psychologie in Therapie und Coaching. Mündliche Mitteilung. Hannover.

Bohne, M. (2016): Haltung, Rahmung und Aktivierung von Selbstwirksamkeit. Vortrag auf dem Kongress »Reden reicht nicht«, Heidelberg. https://youtu.be/5jA_AjorCcQ (Zugriff am 10.01.2023).

Bohne, M. (2019): »Ein ›psychotherapeutischer Brühwürfel‹ sozusagen ...« Arist von Schlippe im Gespräch mit Michael Bohne über das »Klopfen« und die Prozess- und Embodimentfokussierte Psychologie. Familiendynamik, 44 (1), 71–75.

Bohne, M. (2020): Bitte klopfen! Anleitung zur emotionalen Selbsthilfe (7. Aufl.). Heidelberg: Carl-Auer Verlag.

Bohne, M. (2021): Psychotherapie und Coaching mit PEP. Prozess- und Embodimentfokussierte Psychologie in der Praxis. Heidelberg: Carl-Auer Verlag.

Bohne, M./Ebersberger, S. (2020a): Innen-Leben. Vitamine für die Seele: Emotionale Selbsthilfe in beispiellosen Zeiten. Mit PEP gegen Angst und Unsicherheit. www.innen-leben.org/klopfen-gegen-angst/ (Zugriff am 04.10.2022).

Bohne, M./Ebersberger, S. (2020b): PEP®. Emotionale Selbsthilfe für zu Hause. https://www.innen-leben.org/wp-content/uploads/2020/03/PEP_Krisenhilfe_Anleitung1.pdf (Zugriff am 18.10.2022).

Bohne, M./Ebersberger, S. (2022a): Entwicklung empowern mit PEP – Prozess- und embodimentfokussiert arbeiten mit Kindern und Jugendlichen. Heidelberg: Carl-Auer Verlag.

Bohne, M./Ebersberger, S. (2022b): PEP-Tools für Therapie, Coaching und Pädagogik. Interventionen und Arbeitsmaterialien zur Prozess- und Embodimentfokussierten Psychologie. Heidelberg: Carl-Auer Verlag.

Bonney, H. (unter Mitarbeit von H. Butz) (2021): Rohstoff Kind – zwischen Freiheit und Kontrolle. Heidelberg: Carl-Auer Verlag.

Boszormenyi-Nagy, I./Spark, G. M. (1995): Unsichtbare Bindungen. Die Dynamik familiärer Systeme (5. Aufl.). Stuttgart: Klett-Cotta.

Brächter, W. (2016): Geschichten im Sand. Grundlagen und Praxis einer narrativen systemischen Spieltherapie (2. Aufl.). Heidelberg: Carl-Auer Verlag.

Brisch, K. H. (2013): Schwangerschaft und Geburt. Bindungspsychotherapie – Bindungsbasierte Beratung und Psychotherapie. Stuttgart: Klett-Cotta.

Brisch, K. H. (2015a): Bindungsstörungen – Von der Bindungstheorie zur Therapie (13. Aufl.). Stuttgart: Klett-Cotta.

Brisch, K. H. (2015b): Kindergartenalter. Bindungspsychotherapie – Bindungsbasierte Beratung und Psychotherapie. Stuttgart: Klett-Cotta.

Brisch, K. H. (2017a): SAFE®. Sichere Ausbildung für Eltern. Sichere Bindung zwischen Eltern und Kind. Für Schwangerschaft und erste Lebensjahre (8. Aufl.). Stuttgart: Klett-Cotta.

Brisch, K. H. (Hrsg.) (2017b): Bindung und emotionale Gewalt. Stuttgart: Klett-Cotta.

Brisch, K. H. (Hrsg.) (2017c): Bindungstraumatisierungen. Wenn Bindungspersonen zu Tätern werden. Stuttgart: Klett-Cotta.

Brisch, K. H./Buchheim, A./Kächele, H. (1999): Diagnostik von Bindungsstörungen. https://psydok.psycharchives.de/jspui/bitstream/20.500.11780/2420/1/48.19996_3_41561.pdf_new.pdf (Zugriff am 12.09.2022).

Brückl, T. M./Binder, E. B. (2017): Folgen früher Traumatisierung aus neurobiologischer Sicht. https://link.springer.com/content/pdf/10.1007/s11757-017-0412-9.pdf (Zugriff am 27.08.2022).

Bundesarbeitsgemeinschaft der Kinderschutz-Zentren e. V. (Hrsg.) (2020): Stellungnahme der Kinderschutz-Zentren – Zum Referentenentwurf eines Gesetzes zur Stärkung von Kindern und Jugendlichen (KJSG) vom 5. Oktober 2020. https://www.bmfsfj.de/resource/blob/163514/5cd9d9e302b607d877cacfaac9bab5d6/bundesarbeitsgemeinschaft-der-kinderschutz-zentren-e--v--data.pdf (Zugriff am 15.08.2022).

Buß, Claudia (2016): Welche Auswirkungen haben mütterlicher Stress und Trauma auf die fetale und frühkindliche Entwicklung ihres Kindes. https://www.fruehehilfen.de/fileadmin/user_upload/fruehehilfen.de/pdf/Kooperationstagung_2016_Folienpraesentation_Buss.pdf (Zugriff am 27.08.2022).

Caby, F. (2016): Reflektierendes Team. In: Levold, T./Wirsching, M. (Hrsg.): Systemische Therapie und Beratung – das große Lehrbuch (2. Aufl.; S. 250–255). Heidelberg: Carl-Auer Verlag.

Cecchin, G. (1988): Zum gegenwärtigen Stand von Hypothetisieren, Zirkularität und Neutralität: Eine Einladung zur Neugier. Familiendynamik, 13 (3), 190–203.

Cecchin, G./Lane, G./Wendel, A. R. (2010): Respektlosigkeit. Provokative Strategien für Therapeuten (5. Aufl.). Heidelberg: Carl-Auer Verlag.

Christmann, B. (2018): Mit Kindern sprechen. In: Retkowski, A./Treibel, A./Tuider, E. (Hrsg.): Handbuch Sexualisierte Gewalt und pädagogische Kontexte. Theorie, Forschung, Praxis (S. 516–523). Weinheim: Beltz.

Conen, M.-L. (Hrsg.) (2011): Wo keine Hoffnung ist, muss man sie erfinden – Aufsuchende Familientherapie (5. Aufl.). Heidelberg: Carl-Auer Verlag.

Conen, M.-L. (2014): Kinderschutz: Kontrolle oder Hilfe zur Veränderung? Ein systemischer Ansatz. Freiburg: Lambertus-Verlag.

Conen, M.-L. (2015): Zurück in die Hoffnung. Systemische Arbeit mit »Multiproblemfamilien«. Heidelberg: Carl-Auer Verlag.

Conen, M.-L./Cecchin, G. (2016): Wie kann ich Ihnen helfen, mich wieder loszuwerden? Therapie und Beratung mit unmotivierten Klienten und in Zwangskontexten (5. Aufl.). Heidelberg: Carl-Auer Verlag.

Damasio, A. R. (2004): Descartes' Irrtum. Fühlen, Denken und das menschliche Gehirn. Berlin: Ullstein.

Damasio, A. R. (2017): Im Anfang war das Gefühl. Der biologische Ursprung menschlicher Kultur. München: Siedler Verlag.

Daniels, J. (2006a): Sekundäre Traumatisierung – kritische Prüfung eines Konstruktes. Dissertation zur Erlangung des Doktorgrades der Naturwissenschaften an der Universität Bielefeld. https://pub.uni-bielefeld.de/download/2305651/2305654/DISSERTATION.pdf (Zugriff am 05.11.2022).

Daniels, J. (2006b): Fragebogen zur Sekundären Traumatisierung. Sekundäre Traumatisierung – kritische Prüfung eines Konstruktes. Dissertation, Universität Bielefeld und Fortbildungsinstitut für Sekundärtraumatisierung und Traumatherapie (FST), Bielefeld. https://sekundaertraumatisierung.de/wp-content/uploads/2019/06/FSTAuswertung.pdf (Zugriff am 05.11.2022).

Daniels, J. (2007): Eine neuropsychologische Theorie der Sekundären Traumatisierung. Zeitschrift für Psychotraumatologie, Psychotherapiewissenschaft und Psychologische Medizin (ZPPM), 3/2007. https://sekundaertraumatisierung.de/wp-content/uploads/2019/04/Daniels_2007_ZPPM_ST.pdf (Zugriff am 05.11.2022).

Daniels, J. (2008): Sekundäre Traumatisierung – eine Interviewstudie zu berufsbedingten Belastungen von TherapeutInnen. https://sekundaertraumatisierung.de/wp-content/uploads/2016/10/Artikel_Psychotherapeut.pdf (Zugriff am 05.11.2022).

Deegener, G./Körner, W. (Hrsg.) (2005): Kindesmisshandlung und Vernachlässigung. Ein Handbuch. Göttingen: Hogrefe Verlag.

De Jong, P./Berg; I. K. (2014): Lösungen (er)finden. Das Werkstattbuch der lösungsorientierten Kurztherapie (7., verbesserte u. erw. Aufl.). Dortmund: verlag modernes lernen.

Delfos, M. F. (2015): »Sag mir mal …« Gesprächsführung mit Kindern. 4–12 Jahre (10., vollst. überarb. u. erw. Aufl.). Weinheim: Beltz.

DER SPIEGEL (online) (2014): Erzieherin filmt sexuellen Missbrauch ihrer Tochter. https://www.spiegel.de/panorama/justiz/urteile-in-hildesheim-erzieherin-filmt-missbrauch-ihrer-tochter-a-979781.html (Zugriff am 11.09.2022).

de Shazer, S. (1999): Der Dreh. Überraschende Wendungen und Lösungen in der Kurzzeittherapie (6. Aufl.). Heidelberg: Carl-Auer Verlag.

de Shazer, S. (2012): Muster familientherapeutischer Kurzzeit-Therapie. Heidelberg: Carl-Auer Verlag.

de Shazer, S. (2014): Wege der erfolgreichen Kurzzeittherapie. (12. Aufl.) Stuttgart: Klett-Cotta.
de Shazer, S. (2017): Worte waren ursprünglich Zauber. Von der Problemsprache zur Lösungssprache (4. Aufl.). Heidelberg: Carl-Auer Verlag.
de Shazer, S./Dolan, Y. (2018): Mehr als ein Wunder. Lösungsfokussierte Kurztherapie heute (6. Aufl.). Heidelberg: Carl-Auer Verlag.
de Shazer, S. (2019): Das Spiel mit den Unterschieden. Wie therapeutische Lösungen lösen (7. Aufl.). Heidelberg: Carl-Auer Verlag.
Dettenborn, H. (2021): Kindeswohl und Kindeswille. Psychologische und rechtliche Aspekte (6., überarb. Aufl.). München: Ernst Reinhardt Verlag.
Deutscher Bundestag – Wissenschaftliche Dienste (2019): Zur Diskussion über eine Mitteilungsbefugnis im Rahmen des Gesetzes zur Kooperation und Information im Kinderschutz. WD 9-3000-027/19: https://www.bundestag.de/resource/blob/648890/7514b8381ad12ebeaebe-8e78bbb5adc4/WD-9-027-19-pdf-data.pdf (Zugriff am 21.05.2023).
Deutscher Kinderschutzbund Landesverband NRW e.V. (DKSB LV NRW) (Hrsg.) (2019): Kinderschutz und Kinderrechte – Arbeitshilfe Kindeswohlgefährdung für Fachkräfte im Kinderschutz unter besonderer Berücksichtigung der Kinderrechte. https://www.kinderschutz-in-nrw.de/fileadmin/user_upload/Materialien/Pdf-Dateien/DKSB_Kinderschutz_und_Kinderrechte.pdf (Zugriff am 08.08.2022).
Deutsches Jugendinstitut (DJI) (2020): Die Stimme der Kinder im Kinderschutz. https://www.dji.de/veroeffentlichungen/aktuelles/news/article/809-die-stimme-der-kinder-im-kinderschutz.html (Zugriff am 05.01.2023).
Deutschlandfunk (2017): Julia von Weiler im Gespräch mit Sarah Zerback: Sexueller Missbrauch. »Kinder brauchen bis zu acht Anläufe, bevor ein Erwachsener ihnen glaubt.« https://www.deutschlandfunk.de/sexueller-missbrauch-kinder-brauchen-bis-zu-acht-anlaeufe-100.html (Zugriff am 30.08.2022).
DGSF e.V. (2020): Systemischer Kinderschutz – Kontexte, Wechselwirkungen und Empfehlungen (2. Aufl.). https://www.dgsf.org/themen/systemischer-kinderschutz/systemischer-kinderschutz-kontexte-wechselwirkungen-und-empfehlungen (Zugriff am 05.01.2022).
Ebbecke-Nohlen, A. (2013): Einführung in die systemische Supervision (2., unveränd. Aufl.). Heidelberg: Carl-Auer Verlag.
Eberling, W./Vogt-Hillmann, M./Schiepek, G. (1998): Von der Problemlösung zur Lösungskonstruktion – Wege der systemisch-lösungsorientierten Kurzzeittherapie. Psychotherapie Forum, 6 (4), 214–224.
Eger, F. (Hrsg.) (2015): Lösungsorientierte Soziale Arbeit. Heidelberg: Carl-Auer Verlag.
Ettinger, T. R. (2022): Children's needs during disclosures of abuse. https://link.springer.com/article/10.1007/s43545-022-00397-6 (Zugriff am 07.01.2023).
Ev.-luth. Kindertagesstättenverband Lüneburg (o. J.): Lüneburger Ampelmodell. https://www.tmlg.de/wp-content/uploads/2018/07/Lueneburger-Ampelmodell.pdf (Zugriff am 15.01.2023).
Fegert, J. M. (2019): Kritische Stellungnahmen im Rahmen des Gesetzgebungsverfahrens. In: Deutscher Bundestag – Wissenschaftliche Dienste: Zur Diskussion über eine Mitteilungsbefugnis im Rahmen des Gesetzes zur Kooperation und Information im Kinderschutz. WD 9-3000-027/19 (S. 6–7). https://www.bundestag.de/resource/blob/648890/7514b8381ad12ebeaebe8e78bbb5adc4/WD-9-027-19-pdf-data.pdf (Zugriff am 21.05.2023).
Fegert, J. M./Ziegenhain, U./Meysen, T./Schönecker, L./Stürtz, H. (2015): Ablaufschema für die Prüfung einer Weitergabe ohne Einwilligung. In: Nationales Zentrum Frühe Hilfen (NZFH) (Hrsg.): Datenschutz bei Frühen Hilfen. Praxiswissen kompakt (6. Aufl.; S. 42-50). Köln.
Fink-Eitel, H. (1989): Foucault zur Einführung. Hamburg: Junius Verlag.
FiPP e.V. – Fortbildungsinstitut für die pädagogische Praxis (Hrsg.) (2021): Institutioneller Kinderschutz: Das partizipative Schutzkonzept. Praxishandbuch. Berlin: Eigenverlag. https://www.fippev.de/fileadmin/IKS-Handbuch/iks_praxishandbuch_web.pdf (Zugriff am 26.08.2022).

Foerster, H. von/Pörksen, B. (1998): Die Wahrheit ist die Erfindung eines Lügners. Gespräche für Skeptiker (2. Aufl.). Heidelberg: Carl-Auer Verlag.
Foerster, H. von (1999): Sicht und Einsicht. Heidelberg: Carl-Auer Verlag.
Frenzel, C. (2020): Bericht über die Überprüfung der Fallbearbeitung und Organisation der Verwaltungsabläufe im Landkreis Hameln-Pyrmont im Zusammenhang mit dem Missbrauch eines durch den Landkreis betreuten Kindes vom 29. Juni 2020. https://www.hameln-pyrmont.de/media/custom/2749_4856_1.PDF?1599735358 (Zugriff am 27.08.2022).
Fritzsche, K. (2013): Praxis der Ego-State-Therapie. Heidelberg: Carl-Auer Verlag.
Früchtel, F.; Roth, E. (2017): Familienrat und inklusive, versammelnde Methoden des Helfens. Heidelberg: Carl-Auer Verlag.
Furman, B./Ahola, T. (1999): Die Kunst, Nackten in die Tasche zu greifen. Systemische Therapie: Vom Problem zur Lösung (2. Aufl.). Dortmund: borgmann.
Furman, B. (2013): Es ist nie zu spät, eine glückliche Kindheit zu haben (7. Aufl.). Dortmund: borgmann.
Gerber, K. (2015): Den Auftrag aushandeln – Lösungsorientierung im Zwangskontext. In: Eger, F. (Hrsg.): Lösungsorientierte Soziale Arbeit (S. 101–116). Heidelberg: Carl-Auer Verlag.
Gergen, K. J. (2002): Konstruierte Wirklichkeiten. Eine Einführung zum sozialen Konstruktivismus. Stuttgart: Kohlhammer.
Gröne, M. (1997): Wie lasse ich meine Bulimie verhungern. Ein systemischer Ansatz zur Beschreibung und Behandlung der Bulimie (2. Aufl.). Heidelberg: Carl-Auer Verlag.
Gröne, M. (1998): Grundlagen systemischen Denkens und Handelns. Hildesheim: Eigenverlag.
Gröne, M. (2017): Seminarunterlagen zur systemischen Beratung. Hildesheim: HAWK.
Hänsel, M. (2013): Der Ordnung halber! Grundlagen der systemischen Beratung. In: Vogel, M. (Hrsg.): Organisation außer Ordnung. Außerordentliche Beobachtungen organisationaler Praxis (S. 21–38). Göttingen: Vandenhoeck & Ruprecht.
Hain, P. (2001): Das Geheimnis therapeutischer Wirkung. Heidelberg: Carl-Auer Verlag.
Hain, P. (2011): Kampf, Krampf und Lösung in Beratung und Coaching: Humorvolle Bilder und Metaphern im hypnosystemischen Ansatz. In: Leeb, W. A./Trenkle, B./Weckenmann, M. F. (Hrsg.): Der Realitätenkellner. Hypnosystemische Konzepte in Beratung, Coaching und Supervision (S. 209–302). Heidelberg: Carl-Auer Verlag.
Hammel, S. (2023): Utilisation. In: Wirth, J. V./Kleve, H. (Hrsg.): Lexikon des systemischen Arbeitens. Grundbegriffe der systemischen Praxis, Methodik und Theorie (S. 503–505)-. Heidelberg: Carl-Auer Verlag.
Han, B.-C. (2005): Was ist Macht? Stuttgart: Reclam Verlag.
Hanswille, R. (2016): Familientherapie. In: Levold, T./Wirsching, M. (Hrsg.): Systemische Therapie und Beratung – das große Lehrbuch (2. Aufl.; S. 189–197). Heidelberg: Carl-Auer Verlag.
Hargens, J. (1997): Klar helfen wir Ihnen! Wann sollen wir kommen? Systemische Ansätze in der Sozialpädagogischen Familienhilfe. Dortmund: borgmann.
Hargens, J. (2003): Lösungsorientiertes Arbeiten in der Sozialpädagogischen Familienhilfe – ein möglicher Anker. Kontext, 34 (2), 164–173.
Hargens, J. (2011): Aller Anfang ist ein Anfang. Gestaltungsmöglichkeiten hilfreicher systemischer Gespräche (4. Aufl.) Göttingen: Vandenhoeck & Ruprecht.
Hargens, J. (2017): Neutralität und Allparteilichkeit oder: Was hat denn das mit Haltung zu tun? Ein überaus persönlicher Blick. Zeitschrift für systemische Therapie, 35 (2), 72–74.
Haug-Schnabel. G/Bensel, J. (2017): Grundlagen der Entwicklungspsychologie. Die ersten 10 Lebensjahre (12., vollst. überarb. u. erw. Aufl.). Freiburg: Verlag Herder.
HAZ-Redaktion (2022): Kinderschutz. Jugendamt Hannover: Mitarbeiter beklagen völlige Überlastung. https://www.haz.de/lokales/hannover/jugendamt-hannover-mitarbeiter-beklagen-voellige-ueberlastung-RJKDGKT55D2VTO6UN72X3SBUKQ.html (Zugriff am 29.03.2023).
Helfer, M. E. (2002): Kommunikation in der therapeutischen Beziehung: Konzept, Strategien und Methoden. In: Helfer, M. E./Kempe, R. S./Krugman, R. D. (Hrsg.): Das mißhandelte Kind (S. 164–184). Frankfurt am Main: Suhrkamp Verlag.

Helfer, M. E./Kempe, R. S./Krugman, R. D. (Hrsg.) (2002): Das mißhandelte Kind. Frankfurt am Main: Suhrkamp Verlag.

Helm-Stierlin-Institut (HSI) (2014): Weiterbildung »Systemische Supervision«. Heidelberg.

Herrmann, B./Dettmeyer, R. B./Banaschak, S./Thyen, U. (2016): Kindesmisshandlung. Medizinische Diagnostik, Intervention und rechtliche Grundlagen (3. Aufl.) Berlin: Springer Verlag.

Herwig-Lempp, J. (2022): Systemische Sozialarbeit. Haltungen und Handeln in der Praxis. Göttingen: Vandenhoeck & Ruprecht.

Hildenbrand, B. (2015): Einführung in die Genogrammarbeit (4. Aufl.). Heidelberg: Carl-Auer Verlag.

Hildenbrand, B. (2018): Genogrammarbeit für Fortgeschrittene. Vom Vorgegebenen zum Aufgegebenen. Heidelberg: Carl-Auer Verlag.

Hildenbrand, B. (2021): Grundlagen der Genogrammarbeit. Die Lebenswelt als Ausgangspunkt sozialpsychiatrischer Praxis. Göttingen: Vandenhoeck & Ruprecht.

Hipp, M. (2016): Kriterienkatalog zur Einschätzung der Erziehungsfähigkeit bei psychisch belasteten Eltern. In: Bundesarbeitsgemeinschaft der Kinderschutz-Zentren e. V. (Hrsg.): Ein verrücktes Leben. Hilfen für Kinder psychisch kranker Eltern (S. 69–83). Köln.

Hipp, M. (2018): Hauptvortrag »Präventive Begleitung von Kindern aus psychisch belaste-ten Familien – Bindung ermöglichen und Kinderschutz sicherstellen« auf dem Fachtag »Kleine Drahtseilakrobaten – Kinder psychisch kranker Eltern in Kita und Kindertagespflege stärken« am 21.02.2018, eine Kooperationsveranstaltung von Landkreis Hildesheim & nifbe.

Hipp, M. (2021): Geleitwort. In: Thürnau, A.: Kinder psychisch kranker Eltern in der Kita – erkennen – verstehen – stärken (S. 7). Freiburg: Verlag Herder.

Hofmeister, S. (2019): Mein Lebenshaus hat viel Räume. Die eigene Biographie verstehen und dem inneren Ruf folgen. München: Kösel Verlag.

Hollweg, C./Kieslinger, D. (Hrsg.) (2022): Partizipation und Selbstbestimmung in einer inklusiven Erziehungshilfe – zwischen bewährten Konzepten und neuen Anforderungen. Freiburg im Breisgau: Lambertus-Verlag. https://www.projekt-inklusionjetzt.de/cms/contents/projekt-inklusionjet/medien/dokumente/partizipation-und-se1/kieslinger_partizipation_und_selbstbestimmung_in_einer_inklusiven_erziehungshilfe_a5_druck.pdf?d=a&f=pdf (Zugriff am 02.01.2023).

Hüther, G. (2018): Vortrag zum 30-jährigen Jubiläum des niedersächsischen Instituts für systemische Therapie und Beratung (NIS), Hannover am 27.10.2018.

Imber-Black, E. (1997): Familien und größere Systeme. Im Gestrüpp der Institutionen (4. Aufl.). Heidelberg: Carl-Auer Verlag.

Inklusion Jetzt! (2022): Modellprojekt Inklusion jetzt! https://soziales.niedersachsen.de/download/171004/WS_5_inklusive_Erziehungshilfe.pdf (Zugriff am 02.01.2023).

Jegodtka, R (2013): Berufsrisiko Sekundäre Traumatisierung? Im Arbeitskontext den Folgen nationalsozialistischer Verfolgung begegnen. Heidelberg: Carl-Auer Verlag.

Jegodtka, R/Luitjens, P. (2016): Systemische Traumapädagogik. Traumasensible Begleitung und Beratung in psychosozialen Arbeitsfeldern. Göttingen: Vandenhoeck & Ruprecht.

Juul, J. (2014): Stärkung der Beziehungskompetenz von Eltern und Erziehern. In: Gebauer, K./Hüther, G. (Hrsg.): Kinder brauchen Vertrauen – Entwicklung fördern durch starke Beziehungen (S. 126–155). Ostfildern: Patmos Verlag.

Katschnig, H. (2000): Verstrickung. In: Stumm, G./Pritz, A. (Hrsg.): Wörterbuch der Psychotherapie. Wien: Springer-Verlag. https://doi.org/10.1007/978-3-211-99131-2_2083 (Zugriff am 03.09.2022).

Kavemann, B. (2022): »Sexuelle Gewalt gegen Kinder und Jugendliche in Familien und im familiären Umfeld. Spezifische Risiken und besondere Herausforderungen an Unterstützungsstrukturen.« Vortrag auf der Fachtagung »Kinder stärken und schützen – Prävention und Intervention bei sexualisierter Gewalt«. Ein Theorie-Praxis-Transfer. Digitale Fachtagung, HAW Hamburg am 08.09.2022.

Kavemann, B./Graf-van Kesteren, A./Rothkegel, S./Nagel, B. (2016): Erinnern, Schweigen und Sprechen nach sexueller Gewalt in der Kindheit. Ergebnisse einer Interviewstudie mit Frauen und Männern, die als Kind sexuelle Gewalt erlebt haben. Wiesbaden: Springer VS.

Kellermann, I./Roedel, B. (2016): Genogrammarbeit. In: Levold, T./Wirsching, M. (Hrsg.): Systemische Therapie und Beratung – das große Lehrbuch (2. Aufl.; S. 227–233). Heidelberg: Carl-Auer Verlag.

Kerkeling, H. (2020): Der Junge muss an die frische Luft. Meine Kindheit und ich (11. Aufl.). München: Piper Verlag.

Kindler, H. (2005): Verfahren zur Einschätzung der Gefahr zukünftiger Misshandlung bzw. Vernachlässigung: Ein Forschungsüberblick. In: Deegener, G/Körner, W. (Hrsg.): Kindesmisshandlung und Vernachlässigung. Ein Handbuch (S. 385–404). Göttingen: Hogrefe Verlag.

Kindler, H. (2012): Fachlich gestaltete Gespräche mit Kindern im Kinderschutz. Eine Forschungsübersicht. In: Thole, W./Retkowski, A./Schäuble, B. (Hrsg.): Sorgende Arrangements. Kinderschutz zwischen Organisation und Familie (S. 203–216). Wiesbaden: VS Verlag für Sozialwissenschaften.

Kindler, H./Lillig, S./Blüml, H./Meysen, T./Werner, A. (Hrsg.) (2006): Handbuch Kindeswohlgefährdung nach § 1666 BGB und Allgemeiner Sozialer Dienst (ASD). München: Deutsches Jugendinstitut e. V. https://www.dji.de/fileadmin/user_upload/bibs/asd_handbuch.pdf (Zugriff am 20.10.2022).

Kindler, H./Rauschenbach, T. (2016): Kinderschutz als gesamtgesellschaftliche Aufgabe. Rückblick und künftige Perspektiven. In: Forum Jugendhilfe, 2/2016, 4–9.

Kindler, H. (2022): »Mehr als zehn Jahre nach dem runden Tisch: Wo stehen wir in der Forschung?« Vortrag auf der Fachtagung »Kinder stärken und schützen – Prävention und Intervention bei sexualisierter Gewalt«. Ein Theorie-Praxis-Transfer. Digitale Fachtagung, HAW Hamburg am 08.09.2022.

Kirsch, W.; Weber, M. (1999): Evolutionäre Organisationstheorie V: Perspektiven einer Prozessorientierung. Arbeitstext am Seminar für Strategische Unternehmensführung. München: Ludwig-Maximilians-Universität. https://www.zog.bwl.uni-muenchen.de/files/eot/eot5.pdf (Zugriff am 02.12.2022).

Kißgen, R./Heinen, N. (Hrsg.) (2011): Familiäre Belastungen in früher Kindheit. Früherkennung, Verlauf, Begleitung, Intervention. Stuttgart: Klett-Cotta.

Kittel, C. (2022): Know YouTube rights. Klartext über die Rechte von Kindern und Jugendlichen. Hamburg: Dressler Verlag.

Kleve, H. (2000): Die Sozialarbeit ohne Eigenschaften – Fragmente einer postmodernen Professions- und Wissenschaftstheorie Sozialer Arbeit. Freiburg im Breisgau: Lambertus Verlag. https://www.researchgate.net/profile/Heiko-Kleve/publication/321151655_Die_Sozialarbeit_ohne_Eigenschaften_Fragmente_einer_postmodernen_Professions-_und_Wissenschaftstheorie_Sozialer_Arbeit/links/5a14142eaca27240e3085b99/Die-Sozialarbeit-ohne-Eigenschaften-Fragmente-einer-postmodernen-Professions-und-Wissenschaftstheorie-Sozialer-Arbeit.pdf (Zugriff am 02.04.2023).

Kleve, Heiko (2017): Systemisches Coaching in 16 Zitaten. https://www.carl-auer.de/magazin/komplexe/systemisches-coaching-in-16-zitaten (Zugriff am 16.02.2023).

Knoller, L./Kinderschutz-Zentrum Berlin e. V. (2016): Kursunterlagen aus der Weiterbildung zur Fachberatung im Kinderschutz: »die insoweit erfahrene Fachkraft«. Hannover: Die Kinderschutz-Zentren.

Kokemoor, K. (2020): Das Kind, das aus dem Rahmen fällt. Wie Inklusion von Kindern mit besonderen Verhaltensweisen gelingt (3. Aufl.). Munderfing: Verlag Fischer & Gann.

Kolshorn, Maren (2018): Entwicklung von Schutzkonzepten. In: Retkowski, A./Treibel, A./Tuider, E. (Hrsg.): Sexualisierte Gewalt und pädagogische Kontexte. Theorie, Forschung, Praxis (S. 599–608). Weinheim: Beltz.

Kreft/Mielenz (Hrsg): Wörterbuch Soziale Arbeit. Aufgaben, Praxisfelder, Begriffe und Methoden der Sozialarbeit und Sozialpädagogik (9., vollst. überarb. und aktual. Aufl.). Weinheim: Beltz.

Landespräventionsrat Niedersachsen (LPN) (2020): Abschlussbericht der Lügde-Kommission beim Landespräventionsrat Niedersachsen vom 3. Dezember 2020. https://www.luegdekommission-nds.de/html/download.cms?id=11&datei=Abschlussbericht-Luegdekommission.pdf (Zugriff am 27.08.2022).

Landkreis Hildesheim (2023): HiKip – Hilfen für Kinder psychisch kranker Eltern im Landkreis Hildesheim. https://www.landkreishildesheim.de/hikip (Zugriff am 25.01.2023).

Lauterbach, M. (1999): Kursunterlagen – Systemische Therapie und Beratung, Grundkurs. Hannover: NIS.

Leeb, W. A./Trenkle, B./Weckenmann, M. F. (Hrsg.) (2011): Der Realitätenkellner. Hypnosystemische Konzepte in Beratung, Coaching und Supervision. Heidelberg: Carl-Auer Verlag.

Lemme, M./Körner, B. (2018): Neue Autorität in Haltung und Handlung. Ein Leitfaden für Pädagogik und Beratung. Heidelberg: Carl-Auer Verlag.

Lemme, M./Körner, B. (2022): Die Kraft der Präsenz. Systemische Autorität in Haltung und Handlung. Heidelberg: Carl-Auer Verlag.

Lenz, A. (2010): Ressourcen fördern. Materialien für die Arbeit mit Kindern psychisch kranker Eltern. Göttingen: Hogrefe Verlag.

Lenz, A. (2014): Kinder psychisch kranker Eltern (2., vollst. überarb. u. erw. Aufl.). Göttingen: Hogrefe Verlag.

Lenz, A./Brockmann, E. (2013): Kinder psychisch kranker Eltern stärken – Informationen für Eltern, Erzieher und Lehrer. Göttingen: Hogrefe Verlag.

Lenz, A./Jungbauer, J. (Hrsg.) (2008): Kinder und Partner psychisch kranker Menschen. Belastungen, Hilfebedarf, Interventionskonzepte. Tübingen: dgvt.

Levold, T. (2014): Macht in Organisationen. Vortrag im Rahmen der Supervisionsausbildung. Heidelberg: Helm-Stierlin-Institut.

Levold, T./Wirsching, M. (Hrsg.) (2016): Systemische Therapie und Beratung – das große Lehrbuch (2. Aufl.). Heidelberg: Carl-Auer Verlag.

Lieb H. (2011): Kontextsensibilität: Eine aus der Systemtheorie abgeleitete Wirkvariable. In: Schindler, H./Loth, W./Schlippe, J. von (Hrsg.): Systemische Horizonte (S. 25–38). Göttingen: Vandenhoeck & Ruprecht.

Lindemann, H. (2023): Die systemische Metaphern-Schatzkiste. Grundlagen und Methoden für die Beratungspraxis (5., durchges. Aufl.). Göttingen: Vandenhoeck & Ruprecht.

Lindgren, A. (2020): Hej, Pippi Langstrumpf. 20 Grüße vom stärksten Mädchen der Welt. Postcard book. Hamburg: Oetinger.

LJS – Landesstelle Jugendschutz Niedersachsen (2021): Über Missbrauch sprechen: Prävention mit kleinen und größeren Kindern. https://www.jugendschutz-niedersachsen.de/gemeinsam-gegen-sexuellen-missbrauch/wp-content/uploads/sites/10/2020/11/LJS_GGSM-Handlungsleitfaden-Ueber-Missbrauch-sprechen.pdf (Zugriff am 12.01.2023).

Loth, W./Schlippe, A. von (2004): Die therapeutische Beziehung aus systemischer Sicht. Psychotherapie im Dialog, 5 (4), 341–347.

Lückert, W./Brauner, F. (2022): Systemisch visualisieren: Einfach machen! Das Grundlagenbuch. Göttingen: Vandenhoeck & Ruprecht.

Ludewig, K. (2015): Systemische Therapie – Grundlagen, klinische Theorie und Praxis (vollst. überarb. u. aktual. Neuausgabe). Heidelberg: Carl-Auer Verlag.

Ludewig, K./Maturana, H. R. (2006): Gespräche mit Humberto Maturana. Fragen zur Biologie, Psychotherapie und den »Baum der Erkenntnis«. Oder: Die Fragen, die ich ihm immer stellen wollte. https://www.systemagazin.de/bibliothek/texte/ludewig-maturana.pdf (Zugriff am 03.09.2022).

Ludewig, K./Wilken, U. (Hrsg.) (2000): Das Familienbrett. Göttingen: Hogrefe Verlag.

Luhmann, N. (2000): Organisation und Entscheidung. Opladen/Wiesbaden: Westdeutscher Verlag.

LVR – Landschaftsverband Rheinland (2023): Schutzauftrag bei Kindeswohlgefährdung. https://www.lvr.de/de/nav_main/jugend_2/jugendmter/allgemeinersozialerdienst/schutzauftragbeikindeswohlgefhrdung/schutzauftragbeikindeswohlgefhrdung_1.jsp (Zugriff am 06.04.2023).

Maihorn, C. (2006): Wie kann mit der betroffenen Familie Kontakt aufgenommen werden und wie kann die Zusammenarbeit aufgebaut werden? In: Kindler, H./Lillig, S./Blüml, H./Meysen, T./Werner, A. (Hrsg.): Handbuch Kindeswohlgefährdung nach § 1666 BGB und Allgemeiner Sozialer Dienst (ASD). München: Deutsches Jugendinstitut e. V. https://www.dji.de/fileadmin/user_upload/bibs/asd_handbuch.pdf (Zugriff am 20.10.2022).

Mandanes, C. (1997): Sex, Liebe und Gewalt. Therapeutische Strategien zur Veränderung. Heidelberg: Carl-Auer Verlag.

Mason, P. T./Kreger, R. (2017): Schluss mit dem Eiertanz – Für Angehörige von Menschen mit Borderline (8. Aufl.). Köln: Balance buch + medien Verlag.

Mattejat, F./Lisofsky, B. (2014): Nicht von schlechten Eltern. Kinder psychisch Kranker (4., korr. u. überarb. Aufl.). Köln: BALANCE buch + medien Verlag.

Maywald, J. (2019a): Kindeswohl in der Kita – Leitfaden für die pädagogische Praxis (überarb. Neuausgabe). Freiburg: Verlag Herder.

Maywald, J. (2019b): Gewalt durch pädagogische Fachkräfte. Die Kita als sicherer Ort für Kinder. Freiburg: Verlag Herder.

Maywald, J. (2021): Hauptvortrag auf dem digitalen Fachtag »Kinderrechtsschutz« am 15.09.2021. Kooperationsveranstaltung von Landkreis Hildesheim & nifbe.

Maywald, J. (2022): Schritt für Schritt zum Kita-Schutzkonzept. Basiswissen, Fallbeispiele Reflexionsfragen und Checklisten. München: Don Bosco Verlag.

McGoldrick, M./Gerson, R. (1997): Genogramme in der Familienberatung. Bern: Hans Huber.

Meffert, H. (2018): »Veränderungsbereitschaft ist ein Schlüsselthema«. Absatzwirtschaft, 2018 (12), 20.

Mende, M. (2011): Die Ökologie der emotionalen Grundbedürfnisse: Eine Speisekarte für bekömmliche Spitzenleistungen. In: Leeb, W. A./Trenkle, B./Weckenmann, M. F. (Hrsg.): Der Realitätenkellner. Hypnosystemische Konzepte in Beratung, Coaching und Supervision (S. 248–261). Heidelberg: Carl-Auer Verlag.

Meyer-Legrand, I. (2018): Die Kraft der Kriegsenkel. Wie Kriegsenkel heute ihr biografisches Erbe erkennen und nutzen (2. Aufl.). Berlin: Europa Verlag.

Möller, T. (2008): Disziplinierung und Regulierung widerständiger Körper: zum Wechselverhältnis von Disziplinarmacht und Biomacht. In: Rehberg, K.-S. (Hrsg.): Die Natur der Gesellschaft: Verhandlungen des 33. Kongresses der Deutschen Gesellschaft für Soziologie in Kassel 2006. Teilbd. 1 u. 2 (S. 2768–2780). Frankfurt am Main: Campus Verlag.

Müller, B. (2008): Familien mit einem psychisch erkrankten Elternteil: Systemische Perspektiven. In: Lenz, A./Jungbauer, J. (Hrsg.): Kinder und Partner psychisch kranker Menschen. Belastungen, Hilfebedarf, Interventionskonzepte (S. 137–155). Tübingen: dgvt.

Müller, A. K./Schmergal, C. (2017): Wenn Mama in Düsternis versinkt. https://www.spiegel.de/spiegel/tabuthema-depressive-eltern-mamas-duesterer-schat-ten-a-1147699.html (Zugriff am 02.04.2021).

Nationales Zentrum Frühe Hilfen (NZFH) (Hrsg.) (2014): Beiträge zur Qualitätsentwicklung im Kinderschutz. Expertise – Kinder im Kinderschutz. Zur Partizipation von Kindern und Jugendlichen im Hilfeprozess – Eine explorative Studie. Autor:innen: Wolff, R.; Flick, U.; Ackermann, T.; Biesel, K.; Brandhorst, F.; Heinitz, S.; Patschke, M; Robin, P. Köln. https://www.fruehehilfen.de/fileadmin/user_upload/fruehehilfen.de/pdf/Publikation_QE_Kinderschutz_2_Kinder_im_Kinderschutz.pdf (Zugriff am 05.01.2023).

Nationales Zentrum Frühe Hilfen (NZFH) (Hrsg.) (2015): Datenschutz bei Frühen Hilfen. Praxiswissen kompakt. (6. Aufl.). Köln. https://www.fruehehilfen.de/fileadmin/user_upload/fruehehilfen.de/pdf/Publikation_NZFH_IzKK_Datenschutz_bei_Fruehen_Hilfen_2015.pdf (Zugriff am 21.05.2023).

Nationales Zentrum Frühe Hilfen (NZFH) (2018): Frühe Hilfen und Präventiver Kinderschutz – Frühzeitige Unterstützung für Familien mit Säuglingen und Kleinkindern (2. Aufl.) Köln. https://www.fruehehilfen.de/fileadmin/user_upload/fruehehilfen.de/pdf/Publikation-NZFH-kompakt07-FH-und-praeventiver-Kinderschutz-Unterstuetzung-fuer-Familien-Empfehlungen-NZFH-Beirat.pdf (Zugriff am 15.08.2022).

Nauerth, M. (2018): Über Risikoscreenings hinaus: Fallverstehen reloaded. Was gehört dazu, um auf professionelle Weise Fälle zu verstehen? In: Böwer, M./Kotthaus, J. (2018): Praxisbuch Kinderschutz. Professionelle Herausforderungen bewältigen (S. 346–359). Weinheim: Beltz.

Niedersächsisches Landesjugendamt (NLJA) (2023): Fachliche Orientierung: Erstellung eines Konzepts zum Schutz vor Gewalt für betriebserlaubnispflichtige Einrichtungen gem. § 45 Abs. 2 Nr. 4 SGB VIII auch i. V. m. § 48a Abs. 1 SGB VIII oder 15 AG SGB VIII. https://bildungsportal-niedersachsen.de/fileadmin/3_Fruehkindliche_Bildung/Traeger_u_Fachkraefte/Dateien/Fachliche_Orientierung_zur_Erstellung_eines_Konzepts_zum_Schutz_vor_Gewalt_01.pdf (Zugriff am 13.01.2023).

Nitsch, M. (2007): Kinder, Eltern, Helfer – Von der Ambivalenz des Glaubens an die Hilfe. In: Die Kinderschutz-Zentren (Hrsg.): Entmutigte Familien bewegen (sich). Konzepte für den Alltag der Jugendhilfe bei Kindeswohlgefährdung (S. 80–104). Köln: Bundesarbeitsgemeinschaft d. Kinderschutz-Zentren.

Oestereich, C. (2017): Neugier, Respekt und Neutralität – Systemische Haltung in Wertediskussionen. Zeitschrift für systemische Therapie, 35 (2), 67–71.

Oppermann, C./Winter, V./Harder, C./Wolff, M./Schröer, W. (Hrsg.) (2018): Kindeswohlschutz organisieren. Jugendämter auf dem Weg zu zuverlässigen Organisationen. Lehrbuch Schutzkonzepte in pädagogischen Organisationen. Weinheim: Beltz.

PACCA – Provincial Advisory Committee on child abuse (2009): Interviewing Children: A Training Video for Child Welfare Social Workers and Forensic Interviewers. https://silo.tips/downloadFile/interviewing-children-a-training-video-for-child-welfare-social-workers-and-fore (Zugriff am 07.01.2023).

Pépin, C. (2021): Die Schönheit des Scheiterns. Kleine Philosophie der Niederlage (3. Aufl.). München: Carl Hanser Verlag.

Pfeiffer, A. (2022): Emotionale Erinnerung – Klopfen als Schlüssel für Lösungen. Neurowissenschaftliche Wirkhypothesen der Klopftechniken. Heidelberg: Carl-Auer Verlag.

Pillhofer, M./Ziegenhain, U./Fegert, J. M./Hoffmann, T./Paul, M. (2016): Kinder von Eltern mit psychischen Erkrankungen im Kontext der Frühen Hilfen (Eckpunktepapier). Köln: Zentrum Frühe Hilfen (NZFH) in der Bundeszentrale für gesundheitliche Aufklärung (BZgA).

Plass, A./Wiegand-Grefe, S. (2012): Kinder psychisch kranker Eltern – Entwicklungsrisiken erkennen und behandeln. Weinheim: Beltz.

Plattner, A. (Hrsg.) (2019): Erziehungsfähigkeit psychisch kranker Eltern richtig einschätzen und fördern (2., aktual. Aufl.). München: Ernst Reinhardt Verlag.

Polt, W./Rimser, M. (2011): Aufstellungen mit dem Systembrett. Interventionen für Coaching, Beratung und Therapie (3. Aufl.). Münster: Ökotopia.

Porges, S W. (2010): Die Polyvagal-Theorie. Neurophysiologische Grundlagen der Therapie. Emotionen, Bindung, Kommunikation und ihre Entstehung. Paderborn: Junfermann Verlag.

Porges, S. W. (2019): Die Polyvagal-Theorie und die Suche nach Sicherheit. Gespräche und Reflexionen. Traumabehandlung, soziales Engagement und Bindung (3. Aufl.). Lichtenau: G. P. Probst.

PPSB-Hamburg (2021): Navigation in rauen Gewässern. Ein systemisches Kinderschutzprogramm. Weimar: verlag das netz.

Pretis, M./Dimova, A. (2016): Frühförderung mit Kindern psychisch kranker Eltern – Informationen für Betroffene, Eltern, Lehrer und Erzieher (3., überarb. Aufl.). München: Ernst Reinhardt Verlag.

Prior, M. (2017): MiniMax-Interventionen. 15 minimale Interventionen mit maximaler Wirkung (14. Aufl.). Heidelberg: Carl-Auer Verlag.

Pschyrembel, W. (1998): Pschyrembel — Klinisches Wörterbuch (258., neu bearb. Aufl.). Berlin: De Gruyter.
Pschyrembel Online (o. J. a): Expansive Verhaltensstörung. https://www.pschyrembel.de/Expansive%20Verhaltensst%C3%B6rung/P02J0 (Zugriff am 25.08.2022).
Pschyrembel Online (o. J. b): Internalisierende Störung. https://www.pschyrembel.de/Internalisierende%20St%C3%B6rung/P05CP (Zugriff am 25.08.2022).
Radewagen, C. (2021): Fachtag für die insoweit erfahrenen Fachkräfte im Landkreis Hildesheim.
Radewagen, C. (2022a): Qualitative Rahmenbedingungen für Gefährdungseinschätzung. Vortrag und Handout. Digitale Fachtagung »Beteiligungsorientierter Kinderschutz: auf Augenhöhe mit Kindern und Eltern effektiv helfen und indiziert intervenieren« der IKJ-Akademie am 18.01.2022.
Radewagen, C. (2022b): Vertrauensschutz im Kinderschutz. Ein Leitfaden für Fachkräfte der Kinder- und Jugendhilfe zur Beantwortung datenschutzrechtlicher Fragen bei (Verdacht auf) Kindeswohlgefährdung. Hannover: Niedersächsisches Ministerium für Soziales, Gesundheit und Gleichstellung. https://soziales.niedersachsen.de/download/175349/Broschuere_Vertrauensschutz_im_Kinderschutz_Stand_08_2021.pdf (Zugriff am 02.01.2024).
Reckemeyer, N./von der Heide, B./Rösseler, M. (2019): Die Story im Ersten: Lügde – Die Kinder, die keiner schützte. https://www.ardmediathek.de/video/dokus-im-ersten/luegde-die-kinder-die-keiner-schuetzte/das-erste/Y3JpZDovL2Rhc2Vyc3RlLmRlL3JlcG9ydGFnZSBfIGRva3VtZW50YXRpb24gaW0gZXJzdGVuL2NmYjNjNTY5LTI5ZTMtNDRiNy1iZjRmLWE1ODhlZjNmNDJmYQ (Zugriff am 02.11.2022).
Redaktion Naturwissenschaft und Medizin des Bibliographischen Institut (1986): Meyers Kleines Lexikon – Psychologie. Mannheim: Meyers Lexikonverlag.
Reich, W. (2005): Erkennen – Bewerten – Handeln. Ein Diagnoseinstrument bei Kindeswohlgefährdung: Der Stuttgarter Kinderschutzbogen. In: Deegener, G./Körner, W. (Hrsg.): Kindesmisshandlung und Vernachlässigung. Ein Handbuch (S. 511–532). Göttingen: Hogrefe Verlag.
Reinhold, C./Kindler, H. (2006a): Gibt es Kinder, die besonders von Kindeswohlgefährdung betroffen sind? In: Kindler, H./Lillig, S./Blüml, H./Meysen, T./Werner, A. (Hrsg.): Handbuch Kindeswohlgefährdung nach § 1666 BGB und Allgemeiner Sozialer Dienst (ASD). München: Deutsches Jugendinstitut e. V. https://www.dji.de/fileadmin/user_upload/bibs/asd_handbuch.pdf (Zugriff am 20.10.2022).
Reinhold, C./Kindler, H. (2006b): Was ist über Eltern, die ihre Kinder gefährden, bekannt? In: Kindler, H./Lillig, S./Blüml, H./Meysen, T./Werner, A. (Hrsg.): Handbuch Kindeswohlgefährdung nach § 1666 BGB und Allgemeiner Sozialer Dienst (ASD). München: Deutsches Jugendinstitut e. V. https://www.dji.de/fileadmin/user_upload/bibs/asd_handbuch.pdf (Zugriff am 20.10.2022).
Retkowski, A./Treibel, A./Tuider, E. (Hrsg.) (2018): Handbuch Sexualisierte Gewalt und pädagogische Kontexte. Theorie, Forschung, Praxis. Weinheim: Beltz.
Retzer, A. (1994): Familie und Psychose. Zum Zusammenhang von Familieninteraktion und Psychopathologie bei schizophrenen, schizoaffektiven und manisch-depressiven Psychosen. Stuttgart: Gustav Fischer Verlag.
Rieforth, J./Graf, G. (2014): Tiefenpsychologie trifft Systemtherapie. Eine besondere Begegnung. Göttingen: Vandenhoeck & Ruprecht.
Rosen, S. (Hrsg.) (2000): Die Lehrgeschichten von Milton H. Erickson (5. Aufl.). Salzhausen: iskopress.
Rotthaus, W. (2016): Ethik und Recht. In: Levold, T./Wirsching, M. (Hrsg.): Systemische Therapie und Beratung – das große Lehrbuch (2. Aufl.; S. 497–509). Heidelberg: Carl-Auer Verlag.
Satir, V. (2016): Selbstwert und Kommunikation. Familientherapie für Berater und zur Selbsthilfe (22. Aufl.). Stuttgart: Klett-Cotta.
Satir, V./Banmen, J./Gerber, J./Gomori, M. (2011): Das Satir-Modell. Familientherapie und ihre Erweiterung. (4. Aufl.). Paderborn: Junfermann Verlag.

Schiepek, G. (1999): Die Grundlagen der Systemischen Therapie. Theorie – Praxis – Forschung. Göttingen: Vandenhoeck & Ruprecht.
Schindler, H./Loth, W./Schlippe, J. von (Hrsg.) (2011): Systemische Horizonte. Göttingen: Vandenhoeck & Ruprecht.
Schinzilarz, C./Friedli, C. (2013): Humor in Coaching, Beratung und Training. Weinheim: Beltz
Schlippe, A. von/Schweitzer, J. (2009): Lehrbuch der systemischen Therapie und Beratung II. Das störungsspezifische Wissen (3. Aufl.). Göttingen: Vandenhoeck & Ruprecht.
Schlippe, A. von/Schweitzer, J. (2016): Lehrbuch der systemischen Therapie und Beratung I. Das Grundlagenwissen (3. unv. Aufl.). Göttingen: Vandenhoeck & Ruprecht.
Schlippe, A. von/Schweitzer, J. (2019): Gewusst wie, gewusst warum: Die Logik systemischer Interventionen. Göttingen: Vandenhoeck & Ruprecht.
Schlippe, A. von (2022): Das Karussell der Empörung. Konflikteskalation verstehen und begrenzen. Göttingen: Vandenhoeck & Ruprecht.
Schmidt, G. (2011): Berater als »Realitätenkellner« und Beratung als koevolutionäres Konstruktionsritual für zieldienliche Netzwerkaktivierungen – Einige hypnosystemische Implikationen. In: Leeb, W. A./Trenkle, B./Weckenmann, M. F. (Hrsg.): Der Realitätenkellner. Hypnosystemische Konzepte in Beratung, Coaching und Supervision (S. 18–35). Heidelberg: Carl-Auer Verlag.
Schmidt, G. (2016): Hypnosystemische und hypnotherapeutische Techniken. In: Levold, T./Wirsching, M. (Hrsg.): Systemische Therapie und Beratung – das große Lehrbuch (2. Aufl.; S. 261–276). Heidelberg: Carl-Auer Verlag.
Schmidt, G. (2021): Liebesaffären zwischen Problem und Lösung. Hypnosystemisches Arbeiten in schwierigen Kontexten (9. Aufl.). Heidelberg: Carl-Auer Verlag.
Schmidt, G. (2022): Vortrag »Reden reicht nicht, nicht reden aber auch nicht.« Kongress »Reden reicht nicht«. https://www.youtube.com/watch?v=FSzwNM3LP2c (Zugriff am 11.12.2022).
Schone, R. (2014): Frühe Hilfen – Versuch einer Standortbestimmung im Koordinatensystem des Kinderschutzes. Sozialmagazin, 8/2014, 14–21.
Schone, R. (2018): Kinderschutz als Trendbegriff. Zur Erosion eines Leitbegriffs in der Jugendhilfe. In: Böwer, M./Kotthaus, J. (Hrsg.): Praxisbuch Kinderschutz. Professionelle Herausforderungen bewältigen (S. 32–43). Weinheim: Beltz.
Schrader, H. (Hrsg.) (2013): Risikoabschätzung bei Kindeswohlgefährdung. Ein systemisches Handbuch (2. Aufl.). Weinheim: Beltz.
Schrappe, A. (2018): Kinder und ihre psychisch erkrankten Eltern. Kompetent beraten, sicher kooperieren. Weinheim: Beltz.
Schultz, R. (2005): Psychosoziale Diagnostik von Kindeswohlgefährdung. In: Deegener, G/Körner, W. (Hrsg.) (2005): Kindesmisshandlung und Vernachlässigung. Ein Handbuch (S. 466–484). Göttingen: Hogrefe.
Seibert, G./Wendelberger, E. (Hrsg.) (1976): Lexikon 2000 – Band 7 (2. überarb. Aufl.). Stuttgart: Wissen Verlag.
Selvini, M. (Hrsg.) (2008): Mara Selvinis Revolutionen. Die Entstehung des Mailänder Modells. Heidelberg: Carl-Auer Verlag.
Selvini Palazzoli, M./Boscolo, G/Checcin, G/Prata, P. (1988): Paradoxon und Gegenparadoxon. Ein neues Therapiemodell für die Familie mit schizophrener Störung (6. Aufl.). Stuttgart: Klett-Cotta.
SG – Systemische Gesellschaft – Deutscher Verband für systemische Forschung, Therapie, Supervision und Beratung e. V. (Hrsg.) (2021): Der systemische Ansatz und seine Praxisfelder. Eine Informationsbroschüre der Systemischen Gesellschaft. https://systemische-gesellschaft.de/wp-content/uploads/2021/10/SG_Systemischer-Ansatz-und-seine-Praxisfelder.pdf (Zugriff am 25.01.2023).
SG – Systemische Gesellschaft – Deutscher Verband für systemische Forschung, Therapie, Supervision und Beratung e. V. (Hrsg.) (2022a): Systemische Methoden. https://systemische-gesellschaft.de/systemischer-ansatz/methodenmusterverstoerung (Zugriff am 04.09.2022).

SG –Systemische Gesellschaft – Deutscher Verband für systemische Forschung, Therapie, Supervision und Beratung e. V. (Hrsg.) (2022b): Was ist systemisch? https://systemische-gesellschaft. de/systemischer-ansatz/was-ist-systemisch/ (Zugriff am 15.10.2022).

Short, D./Weinspach, C. (2017): Hoffnung und Resilienz. Therapeutische Strategien von Milton H. Erickson (3. Aufl.). Heidelberg: Carl-Auer Verlag.

Simon, F. B. (2006): Einführung in Systemtheorie und Konstruktivismus. Heidelberg: Carl-Auer Verlag.

Simon, F. B. (2012): Die andere Seite der Gesundheit. Ansätze einer systemischen Krankheits- und Therapietheorie (3., korr. u. überarb. Aufl.). Heidelberg: Carl-Auer Verlag.

Simon, F. B./Clement, U./Stierlin, H. (1999): Die Sprache der Familientherapie. Ein Vokabular. Kritischer Überblick und Integration systemtherapeutischer Begriffe, Konzepte und Methoden (5. völlig überarb. u. erw. Aufl.). Stuttgart: Klett-Cotta.

Simon, F. B./Weber, G. (1990): Keins von beiden. Über die Nützlichkeit der Neutralität. Familiendynamik, 15/1990, 257–265.

Simon, F. B./Weber, G. (2012): Vom Navigieren beim Driften.»Post aus der Werkstatt« der systemischen Therapie (4. Aufl.). Heidelberg: Carl-Auer Verlag.

SPD (2021): Aus Respekt vor deiner Zukunft. Das Zukunftsprogramm der SPD. https://www.spd. de/fileadmin/Dokumente/Beschluesse/Programm/SPD-Zukunftsprogramm.pdf (Zugriff am 13.08.2022).

Stadt Mannheim (2016): Beteiligung von Kindern im Kindesschutz. Arbeitshilfe zur Gesprächsführung mit Kindern bei der Bearbeitung von Hinweisen auf Kindeswohlgefährdung. https:// www.mannheim.de/sites/default/files/page/2592/arbeitshilfe_beteiligung_von_kindern_im_ kindesschutz_2016-05-19.pdf (Zugriff am 06.01.2023).

Stangl, W. (2023): Affirmation. Lexikon für Psychologie und Pädagogik. https://lexikon.stangl. eu/2229/affirmation (Zugriff am 28.01.2023).

Steiner, T. (2016): Jetzt mal angenommen ... Anregungen für die lösungsfokussierte Arbeit mit Kindern und Jugendlichen (3. Aufl.). Heidelberg: Carl-Auer Verlag.

Steiner, T./Berg, I. K. (2016): Handbuch lösungsorientierten Arbeiten mit Kindern (7. Aufl.). Heidelberg: Carl-Auer Verlag.

Stiegler, F./Groth, T./Günther, S./Ohler, M./Simon, F. B./Wallraf-Pflug, D. (2023): »Wie interessant!« – Den Wahnsinn der Organisation verstehen mit Niklas Luhmann. Heidelberg: Carl-Auer Verlag.

Stierlin, H. (2007): Gerechtigkeit in nahen Beziehungen. Systemisch-therapeutische Perspektiven (2. Aufl.). Heidelberg: Carl-Auer Verlag.

Storch, M./Cantienti, B./Hüther, G./Tschacher, W. (2011): Embodiment. Die Wechselwirkung von Körper und Psyche verstehen und nutzen (Nachdruck d. 2. erw. Aufl.). Bern: Hans Huber.

Storch, M./Tschacher, W. (2014): Embodied Communication. Kommunikation beginnt im Körper, nicht im Kopf. Bern: Hans Huber.

Strüber, N. (2016): Die erste Bindung. Wie Eltern die Entwicklung des kindlichen Gehirns prägen (3. Aufl.). Stuttgart: Klett-Cotta.

Thürnau, A. (2021): Kinder psychisch kranker Eltern in der Kita – erkennen – verstehen – stärken. Freiburg: Verlag Herder.

Thürnau, A. (2022a): »Schwierige« Elterngespräche in der KiTa – Herausforderungen & Möglichkeiten. In: nifbe (Hrsg.): Gemeinsam an einem Strang ziehen – Zusammenarbeit mit vielfältigen Familien in der KiTa (S. 127–137). Freiburg: Verlag Herder.

Thürnau, A. (2022b): »Wenn es ›Peng-Puff‹ in meinem Kopf macht«. Stressreduktion und Selbstfürsorge in der Kita mit dem »Gefühle-Klopf-Lied mit PEP«. In: Bohne, M./Ebersberger, S. (Hrsg.): Entwicklung empowern mit PEP – Prozess- und embodimentfokussiert arbeiten mit Kindern und Jugendlichen (S. 214–226). Heidelberg: Carl-Auer Verlag.

Thürnau, A. (2023): »Auf schmalem Grat wandern.« Gesprächsführung mit Eltern im Kinderschutz. In: nifbe (Hrsg.): Hör auf damit! Zwischen verletzendem und achtsamem Verhalten in der KiTa (S. 79–89). Freiburg: Verlag Herder.

Thürnau, A./Ebersberger, S./Bohne, M. (2020): Stärkende Sätze für beispiellose Zeiten. DIY Kartenset für Angehörige sozialer Berufe. https://www.innen-leben.org/innen-leben-soz/ (Zugriff am 18.10.2022).

Trenkle, B. (2012): Das Aha!-Handbuch der Aphorismen und Sprüche für Therapie, Beratung und Hängematte (4. Aufl.). Heidelberg: Carl-Auer Verlag.

Trost, A. (2018): Bindungswissen für die systemische Praxis. Ein Handbuch. Göttingen: Vandenhoeck & Ruprecht.

Tsirigotis, C. (2015): »Er/Sie hört mich ja nicht« – Stärkung der elterlichen Stimme und Präsenz angesichts von Hörschaden und Behinderung. In: Tsirigotis, C./Schlippe, A. von/Schweitzer-Rothers, J. (Hrsg.) (2015): Coaching für Eltern. Mütter, Väter und ihr »Job« (3. Aufl.; S. 172–182). Heidelberg: Carl-Auer Verlag.

Tsirigotis, C./Schlippe, A. von/Schweitzer-Rothers, J. (Hrsg.) (2015): Coaching für Eltern. Mütter, Väter und ihr »Job« (3. Aufl.). Heidelberg: Carl-Auer Verlag.

Tsokos, M./Guddat, S. (2019): Deutschland misshandelt seine Kinder. München: Droemer Verlag.

Urban-Stahl, U./Jann, N./Bochert, S./Grapentin, H. (2013): Beschweren erlaubt! 10 Empfehlungen zur Implementierung von Beschwerdeverfahren in Einrichtungen der Kinder- und Jugendhilfe. Freie Universität Berlin Arbeitsbereich Sozialpädagogik. https://www.ewi-psy.fu-berlin.de/erziehungswissenschaft/arbeitsbereiche/sozialpaedagogik/dokumente/BIBEK-Handreichung.pdf (Zugriff am 10.04.2023).

van der Kolk, B. A. (2018): Verkörperter Schrecken. Traumaspuren im Gehirn, Geist und Körper und wie man sie heilen kann (5. Aufl.). Lichtenau/Westf.: G. P. Probst.

Vogel, M. (Hrsg.) (2013): Organisation außer Ordnung. Außerordentliche Beobachtungen organisationaler Praxis. Göttingen: Vandenhoeck & Ruprecht.

Wedekind, E./Georgi, H. (2017): Kontextsensibilität, Präsenz und Begleitung. Überlegungen zu einem psychoanalytisch-systemischen Begegnungskonzept. Systeme, 31 (1), 43–64

Weiß, W. (2016): Philipp sucht sein Ich. Zum pädagogischen Umgang mit Traumata in den Erziehungshilfen (8. durchgesehene Aufl.) Weinheim: Beltz.

Weld, N./Parker, S. (2004): Using the ›Three Houses' Tool. Involving Children and Young People in Child Protection Assessment and Planning. https://www.partneringforsafety.com/uploads/2/2/3/9/22399958/three_houses_booklet_updated.pdf (Zugriff am 06.01.2023).

White, M. (2010): Landkarten der narrativen Therapie. Heidelberg: Carl-Auer Verlag.

White, M./Epston, D. (1998): Die Zähmung der Monster. Der narrative Ansatz in der Familientherapie (3., korr. u. überarb. Aufl.). Heidelberg: Carl-Auer Verlag.

Wiegand-Grefe, S./Halverscheid, S./Plass, A. (2011): Kinder und ihre psychisch kranken Eltern. Familienorientierte Prävention – Der CHIMPs-Beratungsansatz. Göttingen: Hogrefe Verlag.

Wiegand-Grefe, S./Mattejat, F./Lenz, A. (2011): Kinder mit psychisch kranken Eltern. Klinik und Forschung. Göttingen: Vandenhoeck & Ruprecht.

Wieskerstrauch, L. (2018): Wenn Eltern ausrasten – Gewalt gegen Kinder. 3sat. https://youtu.be/apJn4neSL8c (Zugriff am 27.08.2022).

Wirth, J. V./Kleve, H. (Hrsg.) (2023): Lexikon des systemischen Arbeitens. Grundbegriffe der systemischen Praxis, Methodik und Theorie (2. vollst. überarb. u. erw. Aufl.). Heidelberg: Carl-Auer Verlag.

Wirtz, M. A. (Hrsg.) (2017): Dorsch – Lexikon der Psychologie (18., überarb. Aufl.). Göttingen: Hogrefe Verlag.

Wittmann, A. J. (2015): Kinder mit sexuellen Missbrauchserfahrungen stabilisieren – Handlungssicherheit für den pädagogischen Alltag. München: Ernst Reinhardt Verlag.

Witzleben, G. von (2019): Das triadische Prinzip – Minimalinvasive Psychologie mit Bauch, Herz und Kopf. Heidelberg: Carl-Auer Verlag.

Witzleben, G. von (2020): PEP und der Trialog von Bauch, Herz und Kopf. Weiterbildung Triadisches Prinzip I. Hannover.

Witzleben, G. von (2022): Bauch, Herz und Kopf – mehr Lösungskompetenz mit dem triadischen Prinzip. Heidelberg: Carl-Auer Verlag.

Witzleben, G. von (o. J.): Das Triadische Prinzip. https://www.triadische-systemik.de/triadisches-prinzip/ (Zugriff am 08.06.2023).

Wolff, R. (2021): Kinderschutz. In: Kreft/Mielenz (Hrsg): Wörterbuch Soziale Arbeit. Aufgaben, Praxisfelder, Begriffe und Methoden der Sozialarbeit und Sozialpädagogik (9., vollst. überarb. und aktual. Aufl.; S. 507–512). Weinheim: Beltz.

Wolff, M. (2021): Was es bedeutet ein Schutzkonzept zu entwickeln. In: FiPP e. V. – Fortbildungsinstitut für die pädagogische Praxis (Hrsg.) (2021): Institutioneller Kinderschutz: Das partizipative Schutzkonzept – Praxishandbuch. https://www.fippev.de/fileadmin/IKS-Handbuch/iks_praxishandbuch_web.pdf (Zugriff am 26.08.2022).

Wolff, M./Schröer, W./Fegert, J. M. (Hrsg.) (2017): Schutzkonzepte in Theorie und Praxis. Ein beteiligungsorientiertes Werkstattbuch. Weinheim: Beltz.

Wolynn, M. (2020): Dieser Schmerz ist nicht meiner. Wie wir uns mit dem seelischen Erbe unserer Familie aussöhnen (5. Aufl.). München: Kösel-Verlag.

ZDFinfo Doku (2022): Die Kinder von Lügde – Alle haben weggesehen. https://www.zdf.de/dokumentation/zdfinfo-doku/die-kinder-von-luegde-alle-haben-weggesehen-100.html (Zugriff am 16.11.2022).

ZDFtifi (2020): logo! erklärt: Was ist körperliche und seelische Gewalt? https://www.zdf.de/kinder/logo/erklaerstueck-gewalt-100.html (Zugriff am 12.01.2023).

ZDFzoom (2019): Heimkinder wider Willen – Jugendämter unter Druck? https://www.zdf.de/dokumentation/zdfzoom/zoomin-heimkinder-wider-willen-100.html. Ein kurzer Ausschnitt der Doku ist verfügbar unter: https://youtu.be/n65mxMibRWA (Zugriff am 16.04.2023).

Kapitel 16 Stichwortverzeichnis

Abwägen 261
Abwehrdynamik 242
Affekte 17, 45, 52, 119, 294
Affirmation 129, 130, 272, 273, 281, 282, 303, 331, 332, 343, 344, 348, 352
Alkohol 71, 211, 273
Alkoholsucht 259
Allianz 160, 164, 286
allparteilich 159, 344, 352
Ambivalenz 67, 68, 140, 145, 157, 158, 159, 218, 255, 270, 271, 277, 280, 281, 353
Amygdala 45, 46, 111, 327
Angst 15, 21, 44, 45, 46, 51, 75, 108, 111, 124, 129, 134, 140, 141, 144, 152, 211, 242, 257, 262, 265, 271, 272, 273, 275, 321, 330, 331, 333
Annahme 66, 91, 92, 93, 131, 172, 175, 177, 184, 211, 217, 242, 251, 252, 253, 321, 354, 355
Anspannung 21, 41, 84, 111, 244, 274
Anti-Burn-out-Strategie 323
Antriebsstörung 285
Apathie 54
Arbeitsklima 307
Arbeitslosigkeit 37, 238, 247
Armut 33, 37, 132, 133, 229, 238, 247
ASDler 20, 63, 120, 137, 231, 347
Aufmerksamkeitsspanne 288
Auftraggeber 178, 179, 291
Aufwärmphase 268, 279, 288
Augenhöhe 265, 266, 268, 269, 277, 355
Augenkontakt 268
Ausnahme 83, 160, 175, 183, 188, 206, 217, 231, 238, 278
Außenperspektive 220, 221, 223
Ausweisalter 86, 87, 338, 339
Autonomie 18, 19, 89, 111, 113, 114, 118, 119, 168, 172, 184, 204, 216, 226, 252, 268, 279, 292, 296, 297, 329, 356
Autopoiese 68, 147, 228
Autoritäten 176

Baby-Talk 266, 292
Bagatellisieren 237, 257
Bauchgefühl 116, 138
Bedenken 276
Bedeutungsfeld 154, 156, 355
Bedeutungsreframing 209
Bedürfnislandschaft 111, 112, 118, 298, 299
Beeinträchtigung 28, 29, 53, 246, 261
Behinderung 28, 29, 165, 232, 237, 246, 261
Beinahe-Fehler 245
Belastungsphänomen 327
beraterischer Draht 268, 279, 302
Beratungsfrage 154, 246, 251, 254, 255
Berufsgeheimnisträger 230
Berufskrankheit 158
Beschwerdeverfahren 136, 314
Beteiligung 16, 70, 71, 106, 107, 108, 109, 247, 258, 259, 260, 261, 262, 263, 277, 278, 283, 289, 310, 323, 355, 357
Beteiligungsrechte 17, 29, 30, 69, 70, 107, 108, 109, 222, 356
Beziehungsmuster 180, 239, 334
Bezugsperson 36, 37, 41, 42, 48, 159, 185, 247, 249, 261, 325, 328
Bezugsrahmen 150, 156, 208, 234, 355
bifokal 11, 290, 322, 334
Bindung 33, 38, 42, 43, 57, 72, 82, 89, 91, 113, 114, 142, 143, 175, 185, 226, 250, 253, 268, 279, 297, 304, 308
Bindungserfahrungen 15, 43, 51, 105
Bindungsmuster 43
Bindungsrepräsentationen 228

Bindungsrisiko 237
Bindungsstörung 42, 43, 48, 114
Bindungssystem 292
Biografiearbeit 86, 195, 319, 327
Blaupause 122, 262
blinde Flecken 32, 33, 78, 138, 151, 181, 194
Bonding 42, 44, 118, 143, 144, 175, 185, 200, 228, 269, 279, 304
Bondingphase 268, 279, 288, 302
Borderline 44, 286, 307
Borderline-Persönlichkeitsstörung 286, 307
Bottom-up 139, 239
Bulimie 208, 211
Burn-out-Prophylaxe 145, 327, 354

Carepaket 129
Checkliste 174, 227, 228, 245
Compliance 39, 229
Coping 188
Copingstrategie 53, 55
Cycle-of-Violence 228

Debriefing 36
Dehumanisierung 324
Delegation 108
dentale Kindeswohlgefährdung 53
depressiv 233, 285, 326
destruktiv 119, 120
Detriangulation 178
Deutlichkeit 184
Diskrepanz 259
Dissoziation 47, 55, 142
Distanz 209, 216, 220, 224, 225, 323
Doppelfragen 266
Dringlichkeitseinschätzung 243
Druck 21, 28, 40, 57, 61, 95, 96, 141, 182, 244, 265, 278, 295, 315
Druckpunktmentalität 345
Dynamik 19, 52, 55, 63, 64, 65, 66, 67, 68, 73, 76, 82, 83, 86, 90, 91, 92, 93, 95, 97, 109, 115, 125, 126, 128, 134, 149, 160, 231, 233, 242, 257, 297, 307
Dynamiken 11, 16, 32, 56, 61, 62, 68, 70, 75, 77, 80, 81, 82, 92, 98, 103, 109, 116, 122, 130, 131, 141, 162, 165, 185, 194, 200, 236, 237, 238, 353
dysfunktional 186, 330

Echtzeitalter 128, 332
Ego-State 119, 120, 188, 189

Ego-State-Therapie 119, 120
Eigeninteresse 252
Eigenverantwortung 164
Einfühlungsvermögen 248, 249
Eingebundensein 306
Einschätzungsaufgaben 243
Ekel 333
Elternrecht 17, 20, 69, 96, 204, 280, 281
Elternverantwortung 172
Embodikokken 328
Embodiment 110, 115, 320
embodimental 129, 156, 200, 290
Emokokken 328
Emotionen 17, 58, 77, 82, 83, 87, 126, 138, 139, 189, 239, 292, 319, 320, 321, 322, 323, 328, 329, 333, 334
Emotionsregulation 321, 322
Emotionstheorie 321
Emotionsverarbeitung 327
Emotionswellen 86
Empathie 21, 22, 121, 122, 304
Empathiedefizite 21
Empathiefähigkeit 111, 297
Empowerment 196, 347
Engpassthema 16, 257
Entscheidungshoheit 290
Entscheidungsmöglichkeit 293
Entscheidungsoption 252
Entscheidungsprozess 245
Entschlossenheit 294
Enttäuschung 37, 134, 135, 294, 296
Entweder-oder-Zuordnung 158
Entwicklungsdefizit 243
entwicklungslogisch 76, 104
Erkenntnisbildung 252
Erlebnisqualität 320
Erniedrigung 45, 325
Erschöpfung 163, 324
Erwartung 58, 64, 81, 83, 84, 85, 100, 122, 126, 127, 128, 130, 134, 155, 179, 201, 248, 285, 287, 288, 337, 338
Erwartungs-Erwartungen 83, 84
Erwartungshaltung 84, 85, 126, 127, 130, 337
Erziehungsfähigkeit 53, 54, 55, 242, 243
Erziehungshilfen 28, 237
Erziehungsverantwortung 277
Erziehungsverhalten 66, 88, 120, 166, 242, 277
Eskalation 150, 257, 292
Essstörung 41, 54, 208

Ethik 164, 340, 351
Expertentum 169
Exploration 51, 228
Exposition 323

Fachkräftebedarf 96, 259
Fallfindung 229
Fallverstehen 234, 237
Familienbrett 219, 220, 265
Familiengeheimnis 181, 295
Familiengericht 27, 91, 144, 183
Familienratarbeit 287
Familiensystem 16, 33, 49, 51, 56, 57, 72, 76, 103, 162, 181, 192, 194, 238, 328, 353
Fehler 41, 61, 62, 76, 98, 245, 271, 331, 335, 346, 353
Fehlerfreundlichkeit 98, 341, 353, 356
Fehlerkultur 95, 245
Fehlervorfälle 245
Fehlschläge 177
Flashback 47
Flipchartprotokoll 244
Fokussierung 121, 150, 182, 187, 229
Folgeabschätzung 242, 244
Freiheit 58, 226, 293
Freiwilligkeit 18, 140
Fremdunterbringungen 144
Freundschaftsbeziehung 251
Full-House-Syndrom 81, 88

Garantenpflicht 145, 324
Gefährdung 20, 25, 26, 27, 32, 43, 66, 96, 97, 98, 102, 103, 117, 136, 152, 154, 160, 164, 185, 187, 197, 230, 232, 238, 242, 255, 256, 263, 270, 271, 280, 341, 353, 356
Gefährdungsabschätzung 43, 68, 72, 73, 82, 96, 234, 236, 242, 244, 245, 246, 251, 254, 255, 256, 258, 260, 261, 281, 282, 292, 316, 349, 355
Gefährdungseinschätzung 27, 30, 66, 104, 196, 199, 243, 245, 261
Gefährdungsgeschehen 264
Gefährdungslage 263
Gefährdungsrisiko 228
Gefahrenquelle 152
Gefühl 18, 19, 42, 45, 46, 48, 49, 57, 74, 78, 94, 101, 102, 103, 110, 113, 125, 128, 129, 133, 134, 135, 183, 203, 210, 211, 257, 267, 274, 284, 294, 302, 306, 320, 322, 324, 325, 331, 333, 338, 341

Gefühle 17, 20, 41, 52, 80, 114, 116, 138, 139, 140, 155, 203, 239, 247, 248, 249, 262, 267, 274, 276, 320, 321, 322, 326, 329, 333, 343, 352
Gefühlen 77, 83, 122, 126, 209, 216, 270, 276, 320, 333, 334
Geheimnis 36, 71, 203, 274, 275
Gelingensfaktor 177, 241, 242, 304, 306, 358
Generation 51, 78, 153
Generationen 52, 88, 131, 133, 171, 174, 192, 195, 233, 238
Generationengrenze 50
Genogramm 192, 194, 195, 197, 198, 199, 200, 233, 234, 235, 236, 246, 306
Gesprächsdauer 264
Gesprächsimplikationen 260
Gesprächsleitfaden 196
Gesprächsraum 285
Gesprächsziel 289, 305
Gewalt 15, 27, 31, 32, 43, 44, 45, 46, 47, 51, 53, 54, 61, 62, 64, 65, 91, 92, 93, 96, 102, 106, 120, 136, 141, 167, 185, 203, 205, 206, 208, 211, 212, 219, 220, 224, 225, 228, 229, 234, 235, 237, 238, 243, 246, 257, 259, 260, 261, 263, 266, 270, 271, 273, 274, 275, 281, 287, 290, 295, 309, 314, 324, 325
gewaltfreie Erziehung 17, 30, 172, 222, 270, 281, 309
Gewaltfreiheit 166, 224
Gewaltschutzkonzept 30, 31, 136, 313
Glaubenssätze 93, 129, 165, 174, 186, 239, 252, 343, 352
Glaubwürdigkeit 260, 286
Grenzeinhaltung 164
grenzüberschreitend 322, 336
Grundbedürfnis 29, 53, 111, 113, 114, 226, 339
Grundorientierung 264, 357
gutes Gesicht 46, 266

Haltung 11, 12, 15, 16, 29, 57, 67, 78, 89, 98, 105, 110, 117, 121, 122, 131, 132, 133, 134, 135, 136, 139, 140, 142, 147, 149, 157, 158, 159, 161, 162, 163, 164, 165, 166, 167, 168, 169, 170, 174, 175, 177, 187, 189, 191, 200, 206, 207, 213, 217, 219, 226, 244, 245, 257, 277, 282, 285, 293, 300, 304, 305, 306, 311, 322, 332, 345, 346, 354, 355, 356, 357, 358
Handlungsfreiheit 167
Handlungsrahmen 169

Hartnäckigkeit 177, 316
Hausbesuch 103, 106, 107, 232, 243, 264
häusliche Gewalt 234, 237
HESTIA 259
Heteronomie 252
Hilfeparadox 141, 144
Hilfeplangespräch 71, 75, 106, 159, 183, 184, 199, 287, 295
Hilfeplanung 245, 261
Hilflosigkeit 45, 47, 49, 80, 83, 87, 121, 248, 325
Hilfsakzeptanz 253
Hilfsangebot 57, 75, 181, 244, 287
Hindernis 296
Hochrisikofaktor 36
Hoffnung 16, 67, 92, 98, 131, 132, 133, 134, 135, 142, 143, 174, 175, 186, 200, 207, 213, 268, 269, 279, 280, 294, 300, 304, 345, 346, 347, 354, 357
Hoffnungslosigkeit 131, 132, 133, 323, 333, 342
Homöostase 64, 67
Hopping-Verhalten 55, 141
Hörensagen 136, 137, 138, 354
Humor 67, 121, 126, 127, 135, 175, 182, 200, 204, 216, 226, 268, 269, 279, 280, 302, 305, 306, 307, 308, 309, 356
Hypnotherapie 133
Hypothese 12, 15, 19, 70, 92, 93, 108, 115, 156, 217, 220, 221, 227, 251, 252, 253, 256, 291, 295, 321, 346
Hypothesenbilden 251
Hysterie 64

Ich-Sätze 284
Inaugenscheinnahme 103, 137, 261
Individuation 89
Induktion 134
Infektionen 258, 328, 329
Inkompetenz 165
Inobhut 340
InsoFa 12, 19, 27, 63, 67, 68, 102, 114, 115, 123, 167, 168, 170, 174, 200, 220, 229, 231, 232, 234, 241, 242, 243, 244, 246, 251, 255, 256, 258, 261, 280, 290, 292, 316, 319, 340, 355
Integration 251
Intelligenz 20, 22, 23, 358
Interaktion 51, 70, 71, 72, 73, 84, 121, 147, 151, 154, 180, 213, 242, 252, 261, 287

Interaktionsmuster 208, 250, 252, 257
Interventionsplan 314
Interventionstechniken 11
Interviewstrategie 275
Intonation 292
Intuition 21, 138, 166, 234
Inzest 167
irritieren 120
Irrtum 288
Isodynamik 72
Isolation 33, 37, 57, 121, 141, 229, 238, 247
Isomorphie 72, 73, 74
Isomorphismus 73, 74, 76, 77

Jugendamt 18, 19, 27, 35, 38, 40, 43, 48, 55, 56, 61, 64, 66, 67, 69, 71, 75, 85, 91, 93, 95, 96, 103, 107, 120, 121, 132, 134, 136, 137, 138, 141, 142, 143, 158, 165, 168, 171, 174, 177, 178, 182, 183, 184, 185, 194, 225, 226, 230, 231, 232, 235, 237, 242, 243, 255, 260, 261, 266, 267, 269, 277, 278, 280, 287, 288, 292, 293, 305, 306, 309, 324, 332, 337, 346, 347, 348
Jugendamtsmitarbeiter 69, 74, 121, 131, 132, 143, 171, 185, 224, 231, 245, 282, 308, 324, 354

Kampfmodus 298, 344
Kausalität 161
Kernbedürfnis 110, 111, 114, 115, 117, 118, 172, 279, 294, 297, 303, 329, 330, 353
Kernkompetenz 310
Kinderrechtsschutz 29, 30
Kinderschutzambulanz 19, 52, 267
Kinderschutzarbeit 75, 117, 140, 145, 174, 177, 306, 313, 332, 345, 347
Kinderschützer 334, 340, 344, 350
Kinderschutzfall 15, 61, 62, 66, 67, 68, 77, 92, 124, 143, 144, 164, 174, 194, 233, 239, 240, 253, 270, 316, 324, 325, 329, 345
Kinderschutzprozess 16, 67, 81, 108, 113, 120, 121, 155, 156, 162, 170, 234, 246, 257, 260, 317, 355
Kinderschutzsystem 61, 75, 117, 183, 239, 257, 292, 317, 347, 353
Kinderschutzverfahren 93, 107, 108, 109, 120, 267, 347
Kindertümelei 265
Kindesmissbrauch 92
Kindesrettung 277

Kindeswille 260, 263, 264
Kindeswohl 25, 29, 31, 53, 61, 69, 107, 160, 168, 232, 247, 261, 262, 310, 334, 356, 357
Kindeswohlgefährdung 15, 27, 53, 54, 66, 93, 114, 144, 145, 152, 227, 229, 230, 231, 237, 238, 243, 244, 246, 247, 257, 258, 259, 266, 277, 280, 292, 321
Kindheitstraumata 46
Kita 27, 37, 38, 55, 56, 58, 59, 63, 72, 73, 78, 79, 92, 93, 96, 97, 102, 104, 125, 136, 143, 152, 184, 194, 199, 233, 234, 235, 236, 238, 248, 249, 250, 251, 264, 266, 269, 270, 280, 284, 292, 295, 306, 307, 314, 328, 329
Klarheit 141, 142, 154, 172, 173, 184, 240, 269, 270, 280
Klärungsphase 270, 280, 288, 292
Klientenbeziehung 123, 184, 355
Klientypologie 180
Kognokokken 328, 342
Kohärenz 135, 287
Kohärenzgefühl 135, 249
Kokken 328, 329
Kommunikation 16, 40, 56, 57, 83, 84, 152, 153, 156, 159, 175, 189, 210, 219, 237, 257, 262, 263, 285, 301, 355
Kommunikationsverbot 36
Komorbidität 286
Kompetenz 12, 22, 28, 32, 61, 67, 78, 83, 86, 87, 92, 94, 113, 125, 126, 127, 128, 130, 140, 141, 176, 188, 189, 230, 236, 239, 242, 250, 278, 285, 305, 310, 322, 329, 332, 338, 339, 340, 350, 353
Kompliment 213, 217, 218, 288
Konfliktdynamik 297, 298
Konstruktionismus 213
Konstruktivismus 213, 228
Kontext 11, 15, 17, 32, 33, 39, 40, 42, 43, 45, 50, 51, 62, 65, 67, 73, 77, 81, 82, 83, 88, 89, 90, 91, 96, 97, 101, 102, 104, 105, 109, 110, 111, 113, 114, 121, 122, 123, 124, 128, 130, 133, 142, 143, 147, 149, 150, 151, 152, 153, 154, 155, 156, 158, 159, 161, 162, 164, 165, 167, 168, 169, 170, 171, 173, 174, 177, 178, 180, 185, 194, 195, 197, 200, 203, 205, 208, 209, 210, 213, 214, 217, 219, 222, 226, 228, 230, 234, 235, 236, 238, 242, 245, 246, 252, 261, 263, 265, 268, 271, 273, 277, 278, 281, 285, 287, 289, 290, 296, 297, 298, 302, 308, 310, 319, 322, 331, 332, 338, 339, 342, 347, 354, 355, 356

Kontextabhängigkeit 153, 343
Kontextmarkierung 151, 152, 153
Kontextreframing 209
kontextsensibel 156, 225, 261, 282, 283, 355, 357
Kontextvergessenheit 154
Kontingenz 254
Kontrolle 56, 62, 113, 140, 161, 162, 163, 167, 178, 183, 248, 286, 325
Kooperation 27, 40, 77, 121, 132, 176, 181, 182, 255, 287, 289, 291, 300
Kooperationsbereitschaft 55, 244, 253
Kooperieren 77, 296
Ko-Regulation 41, 45, 58, 59, 139, 142, 176, 267
Körper 18, 46, 47, 52, 110, 111, 115, 116, 125, 126, 130, 156, 172, 225, 226, 270, 273, 274, 276, 302, 303, 308, 310, 320, 321, 322, 327, 328, 329, 330, 333, 342
Körperhaltung 266, 293, 328
Körperlichkeit 305
Körpersprache 197, 262
Kraftsatz 334, 350
Krankheitsüberzeugung 286
Krieg 56, 82, 124, 335
Kriegsenkel 78
Krise 55, 95, 132, 160, 283, 287, 300, 319
Kurbelübung 127, 322, 331, 333, 335, 336, 338, 339, 340, 343, 350, 351, 352
Kybernetik 149

Leichtigkeit 121, 135, 175, 200, 204, 216, 226, 268, 279, 284, 302, 305, 306, 308, 309, 356
Leid 17, 78, 80, 88, 91, 109, 117, 119, 120, 121, 122, 138, 139, 158, 175, 179, 188, 189, 298, 321, 334, 339, 354, 355
Leitlinie 149, 170, 264, 265, 276
Lernprozess 156, 245
Liebe 269, 279, 286, 297, 307, 308
Lieblingskind 237
Linderung 158, 345
Lob 288
low-pot 342
Loyalitätsbindung 48
Loyalitätskonflikt 89, 262, 263, 264

Macht 140, 176, 177, 293
Manipulation 165
Medaille 53, 55, 99, 140, 144, 218
Mehrdeutigkeit 255

Meldung 75, 80, 85, 93, 103, 137, 138, 143, 166, 174, 175, 226, 231, 243, 244, 253, 255, 261, 268, 270, 273, 280, 292, 293, 295, 335
Metaebene 33, 217, 238
Metaperspektive 98, 168, 227, 353
Metapher 33, 56, 86, 99, 116, 152, 153, 173, 203, 204, 295, 342
Metaposition 224
Methodenkoffer 191
Mimik 156, 262, 266, 305
MiniMax-Intervention 297
Missbrauch 15, 27, 46, 47, 51, 64, 65, 89, 90, 91, 92, 93, 94, 106, 167, 199, 219, 220, 237, 238, 246, 247, 273, 274, 278, 325, 341
Missbrauchskomplex 243, 260, 346
Missbrauchssituation 166
Misshandlung 15, 37, 46, 47, 53, 54, 106, 243, 244, 247, 263
Mitgefühlserschöpfung 78, 323, 327
Mitwirkungsbereitschaft 119, 180, 183, 251, 252, 253, 255, 258, 272, 281, 289
Möglichkeitsraum 251
Multiproblemfamilie 35, 131, 132, 133, 194
Münchhausen-by-Proxy-Syndrom 53
Muster 18, 28, 32, 35, 41, 43, 61, 69, 70, 72, 73, 74, 75, 76, 77, 79, 80, 98, 100, 109, 122, 129, 133, 154, 158, 162, 165, 180, 186, 192, 194, 200, 208, 209, 210, 211, 234, 236, 238, 252, 353
Musterunterbrechung 127, 203
Mut 177, 207, 245, 270, 357

Nähe 41, 48, 58, 209, 220, 224, 225, 231
Neubewertung 90, 208, 322, 323
Neugier 157, 161, 162, 163, 206, 214, 288, 304
Nicht-Anliegen 121
Nicht-Veränderung 182, 310
Nicht-Zustimmung 286

Offenes-Ohr-Kontrakt 182
Öffentlichkeitsarbeit 317, 355
On-off-Beziehung 237
One-Up 161
Opferfalle 83, 124, 126
Opferrolle 55, 336
Opferseite 167
Orientierung 12, 16, 25, 113, 114, 118, 135, 147, 149, 172, 173, 174, 179, 226, 240, 268, 269, 279, 280, 288, 297, 314, 330
Orientierungsphase 269, 280, 288

Pacing 184, 280
Panikattacke 285
parafunktional 125, 162, 188
Parentifizierung 48, 49, 50, 78, 89, 108, 238
parteilich 167, 310
Partizipation 17, 259, 316
PEP 16, 124, 302, 327, 329, 352
Personalmangel 245, 283
Persönlichkeitsstörung 44, 286, 307
Perspektive 11, 12, 13, 16, 17, 28, 34, 42, 61, 62, 65, 68, 81, 106, 123, 124, 148, 150, 157, 160, 162, 168, 169, 176, 185, 192, 194, 203, 212, 213, 216, 218, 219, 223, 225, 226, 227, 232, 238, 239, 251, 256, 296, 308, 321, 345, 353, 356
Perspektivenvielfalt 216
Perspektivwechsel 32, 97, 129, 208, 310
Pertubation 70
Pflegekind 61, 66, 70, 166, 185, 346
Planungskompetenz 250
Polarität 63, 64, 67, 68, 92, 140, 159, 182, 218, 270, 271, 280, 281, 310, 353
Präsenz 114, 304, 305, 306, 358
Präsenzdimension 305, 306
Problemakzeptanz 253, 281
Problembeschreibung 105, 150, 208, 234
Problemeinsicht 55, 183, 292
Problemkongruenz 253
Problemlösefähigkeit 250, 310
Problemtrance 83, 97, 131, 185
Professionalität 67, 85, 168, 344, 352, 356
Prozessorientierung 168, 169, 170, 178, 200, 356
Psychoedukation 196, 250
Psychohygiene 323, 327
Psychopath 22
Psychotherapie 38, 51, 76, 99, 150, 194, 237, 323, 325
Psychotherapieforschung 309
PTBS 46, 325

Rahmenbedingungen 56, 61, 97, 145, 179, 238, 259, 264, 347, 354
Rangfolge 99, 206
Ratschläge 217, 218, 267, 285
Rechtsanspruch 259
Reduktion 154, 220, 254
Regel 30, 42, 68, 78, 82, 83, 93, 124, 138, 139, 154, 166, 195, 196, 218, 219, 225, 228, 238, 245, 249, 256, 274, 284, 291, 322, 336, 354

Regulation 41, 45, 58, 59, 139, 142, 175, 176, 267, 333
Reinszenierung 323
rekursiv 147, 162
Rekursivität 169, 315
Reorientierung 212
Reparaturlogik 162
Resignation 131, 133
Resilienz 57, 101, 103, 134, 136, 250, 276, 353, 354
Resonanz 20, 22, 139, 200, 303
Respekt 111, 118, 119, 157, 163, 164, 218, 279, 297
Ressourcen 15, 32, 35, 52, 98, 99, 103, 117, 131, 134, 136, 154, 159, 163, 170, 175, 178, 185, 186, 187, 189, 194, 198, 199, 200, 217, 219, 229, 234, 236, 237, 238, 243, 244, 245, 246, 252, 253, 259, 270, 271, 280, 285, 289, 305, 307, 309, 310, 315, 345, 353, 354, 356
Ressourcenperson 159, 229
Reue 275
Risikobereitschaft 245
Risikofaktor 32, 35, 37, 46, 53, 55, 136, 143, 159, 187, 199, 217, 229, 234, 246, 247, 253, 254, 271, 280, 307, 345, 354
Rollenklarheit 114, 168, 169, 170, 172, 173, 232, 293
Rotes-Kreuz-Verhalten 158, 166
Rückfälle 90, 91, 310

Salutogenese 135
Scham 47, 108, 121, 141, 144, 181, 333
Scheitern 85, 177
Schizophrenie 285, 286
Schrumpfungsfalle 338
Schubkraft 303, 357
Schuld 36, 89, 90, 125, 270, 274, 303, 346
Schuldgefühle 262
Schutz 11, 15, 17, 18, 20, 26, 29, 30, 31, 32, 41, 51, 68, 69, 77, 79, 85, 86, 94, 100, 103, 106, 107, 108, 109, 111, 113, 114, 118, 136, 137, 138, 142, 144, 145, 160, 161, 166, 174, 179, 185, 187, 204, 220, 222, 224, 226, 227, 228, 242, 247, 250, 255, 259, 267, 272, 275, 276, 277, 278, 279, 280, 281, 287, 288, 289, 294, 297, 301, 305, 306, 308, 309, 310, 314, 332, 348, 353, 354, 355, 356, 357
Schutzauftrag 71, 166, 186, 230, 231, 232, 242

Schutzfaktoren 32, 33, 35, 43, 50, 98, 101, 117, 152, 159, 187, 198, 234, 246, 247, 248, 249, 250, 258, 270, 280, 287, 288, 307, 345
Schutzkonzept 31, 32, 68, 93, 313, 314, 315, 317, 355
Schutzprozesse 209, 314, 315
Schutzrecht 222
Schutzvertrag 179
Schwachstelle 347
schwarzes Schaf 237
sekundäre Traumatisierung 78, 323, 324
Selbstabwertungsstrategie 343, 352
Selbstbestrafung 82
Selbstheilungskräfte 133
Selbsthilfefertigkeiten 249
Selbsthilfetechnik 12, 124, 139, 329, 332, 341, 342, 356
Selbstkontrolle 292
Selbstorganisation 68, 84, 147
Selbstorganisationsprozess 228
Selbstreflexion 55, 127, 155
Selbstreparatur 155
Selbstschutztendenz 144
Selbststeuerung 111, 298
Selbstverpflichtungserklärung 136, 314
Selbstvertrauen 249
Selbstwert 48, 103, 177, 319, 328, 342, 344, 352, 353, 358
Selbstwertgefühl 101, 249, 262, 342, 343
Selbstwerträuber 343, 344, 352
Selbstwirksamkeit 57, 177
Selbstwirksamkeitserwartung 55, 250
Selbstwirksamkeitsüberzeugung 249, 305
Selektionszwang 254
Setting 73, 139, 140, 203, 214, 215, 219, 222, 225, 231, 244, 257, 258, 263, 268, 269, 279, 287, 289, 290, 304, 306, 328, 357, 358
Sexualität 326
sexuelle Gewalt 53, 64, 65, 92, 141, 205, 243, 260, 271, 273, 274, 325
SGB VIII-Reform 313
Sicherheit 11, 12, 20, 31, 41, 46, 51, 86, 87, 94, 111, 113, 114, 115, 141, 142, 144, 148, 172, 173, 174, 175, 176, 200, 210, 226, 227, 240, 243, 250, 254, 266, 268, 272, 275, 279, 292, 293, 297, 307, 316, 322, 330, 332, 350, 353, 354
Sicherheitsdenken 144
Sicherheitseinschätzung 243
Sicherheitsfalle 145

Sicherungsmechanismus 165
Sinnhaftigkeit 294
SMART 244, 256
somatische Marker 110, 116
Sorge 37, 48, 69, 103, 118, 119, 152, 166, 183, 202, 205, 207, 232, 242, 246, 269, 279, 280, 284, 288, 293
Sorgerecht 72, 137, 196, 307
Sozialkompetenz 249
Spiegelneurone 20, 21, 22
Spiegelungsdefizit 21, 22
Spielangebot 267
Spielsituation 249
Sprachanalyse 156
Sprechmelodie 292
Sprechtempo 292
Stigmatisierung 36
Stimmvarianz 266, 285
Strafe 274
Stress 21, 40, 41, 44, 45, 46, 53, 56, 57, 58, 59, 79, 82, 97, 111, 119, 139, 141, 184, 199, 297, 298, 321, 327, 328, 329, 330, 334
Stressniveau 56
Stresspegel 44, 321
Stressreduktion 58, 141, 328, 329, 354
Stressregulationssystem 45
Stressspiegel 321
Stressverarbeitung 52
Struktur 55, 72, 74, 77, 106, 121, 127, 128, 137, 148, 200, 228, 250, 255, 265, 267, 268, 278, 347, 353
Subsystem 71, 72, 153
Sucht 235, 307
Suchterkrankung 35, 286
SUD-Skala 330, 333
Suggestivfrage 276
Suizid 50, 167
Supervision 23, 27, 68, 78, 79, 83, 93, 97, 115, 145, 149, 196, 307, 319, 322, 327, 328, 332, 344, 354, 358
Supervisionsfähigkeiten 290
Symptomverhalten 292
Systemgrenzen 314, 315
Systemmitglied 257
Systemsprenger 56
Systemtheorie 74, 147, 227

Täter 61, 83, 90, 93, 125, 138, 166, 167, 185, 260, 274, 275, 355
Täter-Opfer-Konstellation 83

Teilhabe 251
Temperament 248
Temperaturmessen 241
Tempo 200, 293
Top-down-Strategien 322
Transformation 122, 124, 125, 131, 290, 323
Transformationsprozess 126
Transparenz 32, 171, 172, 173, 183, 196, 200, 234, 244, 277, 278, 286, 291
Tratschen 84, 201, 310
Trauma 44, 46, 47, 51, 52, 65, 74, 78, 91, 239
Traumamaterial 323
Traumaresonanz 56
Traumatherapie 323
Traumatisierung 12, 42, 46, 56, 78, 87, 94, 119, 120, 237, 323, 324, 325, 326
Traumatisierungsfolgen 327
Traumatypen 47
Trennung 38, 139, 224, 237
triadische Fragen 206
Trial-and-Error-Prinzip 288

Überforderungszone 111, 297
Überweisung 183
Ultrastabilität 64
Umdeutung 76, 208
Umformulierung 125, 251
Unfreiwilligkeit 294
UN-Kinderrechtskonvention 29, 106, 107, 222
Unruhe 140, 329
Unvoreingenommenheit 283
Ursprungsfamilie 186
Utilisation 117, 121, 188, 189

Vagusnerv 175, 266, 292
Validieren 284
Verallgemeinerung 284
Veränderungsprozess 74, 76, 155, 168, 356
Verantwortung 29, 48, 50, 82, 85, 90, 125, 126, 127, 138, 163, 167, 170, 231, 237, 262, 302, 336, 337, 351, 354
Verantwortungsübernahme 55, 249, 302
Verbindlichkeit 20, 55, 277, 282
Verdachtsabklärung 243
Verflüssigung 206
Verhaltensauffälligkeiten 120, 243, 249
Verhaltenskodex 314
Vermittlungsarmut 293
Vernachlässigung 15, 27, 37, 51, 53, 141, 185, 237, 238, 243, 244, 246, 247, 257, 271

Vernachlässigungsrisiken 243
Verobjektivierung 211
Verschmelzungsangebot 72
Verständnisbarriere 261
Verstörung 70, 133, 208, 209, 210
Verstrickung 16, 70, 71, 88, 103, 277, 355
Vertrauensperson 265
Vertuschung 165
Viabilitäts-Check 300
Vier-Phasen-Gesprächsstruktur 267, 278
Visualisierung 200, 223, 233, 234
Vortraumatisierung 324
Vulnerabilitätsfaktor 324
VW-Regel 124

Wahrheit 62, 188, 210, 211, 217, 257, 267, 271, 345
Wahrheitsanspruch 154
Wegsehen 257
Weinen 267, 285
Werte 80, 165, 176, 328
Wertesystem 130, 339, 340
Werthaltungen 22, 160, 167
W-Fragen 266
Widerspruch 175, 218
Widerstand 77, 120, 134, 137, 141, 142, 164, 176, 183, 200, 231, 294, 295, 296, 297, 300, 303, 357

Widerstandskraft 319
Wiedergutmachung 275
Wir-Gefühl 306
Wirkfaktor 16, 114, 116, 139, 140, 154, 155, 166, 174, 200, 284, 304, 306
Wirklichkeitskonstruktion 160, 169, 179, 257
Wunderfrage 206
Wunsch 12, 15, 41, 49, 58, 59, 73, 75, 90, 92, 113, 124, 125, 127, 133, 141, 144, 155, 186, 191, 202, 263, 275, 280, 282, 286, 287, 294, 296, 305, 329, 337, 357
Würdigung 117, 118, 119, 120, 121, 122, 175, 179, 188, 189, 268, 269, 279, 298, 302, 304, 355

Zeitstabilität 252
Zeitstruktur 265
Zielfokus 221
Zielvorstellung 187
Zirkularität 161, 169, 315
Zittern 267
Zuschreibungsergebnis 176
Zuversicht 12, 67, 100, 132, 133, 135, 136, 139, 142, 144, 173, 175, 200, 250, 268, 269, 284, 285, 306, 309, 316, 354
Zwangskontext 53, 77, 114, 123, 142, 151, 178, 179, 183, 207, 290, 293, 294, 306, 310, 356
Zweifel 165

Downloadmaterial

Link: www.vandenhoeck-ruprecht-verlage.com/Kinderschutzkompass
Code: wrgbKaED